本书荣获中国石油和化学工业联合会科技进步奖

压力管道设计及工程实例

第二版

宋岢岢　主编

化学工业出版社

·北京·

本书详细介绍了压力管道设计，既有系统的压力管道理论知识介绍，又有国内外大、中型工程项目典型的压力管道设计实例，同时与最新的现代工程技术紧密结合。书中在各章节展示了许多实际工程项目的典型图、典型的计算机三维模型、典型的施工现场照片，介绍了现代计算机技术在压力管道工程设计中的应用及提高压力管道设计工作效率的一些技巧，并结合最新版的国内外标准规范，对压力管道设计进行了系统的讲解。

本书内容具体包括：压力管道基础知识、计算机辅助压力管道设计软件、材料基础知识、压力管道器材及其选择、装置设备布置、管道布置、压力管道的隔热和防腐蚀、长输管道和公用管道设计简述、应力分析和管道支吊架、压力管道设计制图、压力管道施工与检验、专业与项目管理。

本书第二版紧密结合现代化工程技术和最新版国内外压力管道标准规范，对一些压力管道设计方法技巧和典型工程实例等内容进行了更新。

本书内容实用，资料新颖，可供从事压力管道设计人员参考，也可作为工程建设项目管理人员和高等院校相关专业师生的参考资料。

图书在版编目（CIP）数据

压力管道设计及工程实例/宋岢岢主编. —2版.—北京：化学工业出版社，2012.10（2022.9重印）
ISBN 978-7-122-15262-6

Ⅰ.①压… Ⅱ.①宋… Ⅲ.①压力管道-管线设计 Ⅳ.①U173

中国版本图书馆CIP数据核字（2012）第210939号

责任编辑：李军亮　周国庆　　　　文字编辑：吴开亮
责任校对：吴　静　　　　　　　　装帧设计：尹琳琳

出版发行：化学工业出版社（北京市东城区青年湖南街13号　邮政编码100011）
印　　装：北京虎彩文化传播有限公司
787mm×1092mm　1/16　印张46¾　字数1182千字　2022年9月北京第2版第8次印刷

购书咨询：010-64518888　　　　　售后服务：010-64518899
网　　址：http://www.cip.com.cn
凡购买本书，如有缺损质量问题，本社销售中心负责调换。

定　价：148.00元　　　　　　　　　　　　　　　　　版权所有　违者必究

FOREWORD 前言

压力管道设计参考书是设计人员不可缺少的工具书。一本特别实用的、系统的压力管道设计参考书，对提高设计水平、加快设计速度、增进设计质量有着十分重要的作用。

在石油化工行业，既有系统的压力管道理论知识介绍，又有典型的工程应用实例，同时能够紧密结合现代化工程技术在压力管道设计中应用的参考书少之又少。有很多压力管道设计人员苦于找不到合适的参考书，没有办法系统地了解最新的压力管道设计知识；或者只能在抽象的设计规范理论中，在工程项目实践中慢慢地摸索着了解、学习。

随着世界科学技术的飞速发展，压力管道设计技术也在不断提高，各种标准规范在不断地更新、补充和完善，压力管道设计对多个学科的综合性要求越来越强，很多压力管道设计参考书已经不能反映当前的实际和设计水平，难以满足压力管道设计人员的使用要求。

在实际工程设计过程中，对国外标准误用的现象时有发生。1978年，美国B31委员会改组为AMSE压力管道规范B31委员会，对于ASME B31.3自1980年后各版标准分别以ANSI/ASME B31.3、ASME/ANSI B31.3和ASME B31.3代号出版，1996年正式更名为ASME B31.3《工艺管道》，一直沿用到目前最新版的ASME B31.3。本书结合工程设计的实际应用，讲述了一系列压力管道设计常用的国内外标准规范。

经常看到有些压力管道设计技术经验丰富的技术人员，在统计管道的材料时，仍在使用Excel的"自动筛选"、"高级筛选"功能统计材料，更有甚者还在用数"正"字的办法分类统计材料。而用现代的计算机技术，经过一系列准备工作之后，一点鼠标，就可以把用原始的办法几个月才能完成的工作，瞬间保质、保量地完成。21世纪的今天，只有不断地创新压力管道设计技术的规范、理论、工作方法，才能使压力管道设计技术保持高昂的战斗力和竞争力。本书将在某些章节，穿插讲述一些国内外大型工程公司的用于提高压力管道设计工作效率的技巧、方法或工程程序。

压力管道设计是一门综合性的技术，既要求从事这项设计的工程技术人员具有工艺、设备、生产操作、检修和施工等方面的知识，也要求具有材料、力学、机械、设备、结构、仪表、电气等多学科知识，还要求能够运用好计算机和外语两个最重要的工具，根据拟设计装置工艺、设备、土建、仪表、电气等各专业的设计要求，结合装置建设地地理、地质、水文、气候和气象条件，并遵循相关法规和规定，用管道及其组件将装置中各设备安全、经济、合理地连接，成为一个系统的、集体的、创造性的智力劳动。

工程设计已经大量采用计算机辅助设计和工程计算。很多已经拥有了丰富的压力管道设计知识和经验的设计人员在实际专业工作中运用计算机技术的能力很差，造成工作效率不高，在工程项目中的专业技术领导力、执行力下降。本书讲述了一些工程设计的计算机技术。

书中融入了编者多年来在众多国内外大、中型工程项目压力管道设计生产一线的经验和体会，愿借本书与广大读者一起分享这些经验和体会。

本书在系统地阐述基本理论的基础上，结合了很多国内外实际工程项目的精华内容和一些工程项目的施工现场的典型设计照片，同时也列举了一些压力管道设计关键注意点、易犯错误的地方。

对于压力管道设计常用的标准、规范上已经说明得很清楚的内容，本书只列出了需要参考的标准规范名称，没有重复编写，对于容易疑惑的地方，进行了多角度地分析、比较，并引用工程实例给予说明。另外，对于标准规范数值不一样的情况，在书中进行了比较。

压力管道设计越来越热门，从事这个行业的人员越来越多。自《压力管道设计及工程实例》第一版初次发行至今，一直深受各地读者、同行工程公司、设计院、高等院校的关注。与第一版相比，本书第二版主要变化内容如下。

① 更新了有关的压力管道设计标准规范。
② 增加了一些国内外压力管道设计便捷技术方法介绍。
③ 增加了一些最新的典型工程实例，使内容更加丰富，更加与工程实际紧密结合。
④ 增加了一些大、中型项目压力管道器材选用的便捷方法介绍。
⑤ 增加了常见的石油和化工装置（例如，常减压蒸馏、催化裂化、催化重整、乙烯、丁苯橡胶、尿素、丙烯酸及丙烯酯、液化天然气、甲醇、空分空压、火炬等装置）工艺流程简介及设备布置工程实例，增加了工程改造常用到的管道带压开孔/封堵（Hot Tap）讲解。
⑥ 增加了一些管道应力计算的便捷设计方法。
⑦ 更新并增加了管道施工检验标准的选用与比较分析。
⑧ 增加了压力管道设计有关的项目管理内容。
⑨ 更新了一些计算机技术在压力管道设计过程中的应用技术内容。

感谢我的妻子在组织本书编著过程中的大力支持和帮助。感谢中国寰球工程公司汪平、施文焕等压力管道设计高级工程师，全国压力管道设计审定资质技术专家的大力支持并提出许多中肯建议。感谢金祺、代永清、贺安良、刘志伟及来自于中国石化工程建设公司、ABB鲁姆斯公司、煤炭科学院总院、对外经济贸易大学2004级MBA的同行朋友的大力支持和参与。感谢一直关心本书编写的技术专家和领导。参加本书编写与校审的还有嵇霞、尚庆雨、商庆军、林苏等。

由于编者水平有限，不妥之处在所难免，敬请广读者提出宝贵意见。

宋岢岢

目录 CONTENTS

第一章 绪论 ... 1
第一节 压力管道的概念及特点 ... 1
第二节 压力管道设计的特点 ... 2
第三节 压力管道设计的基本要求 ... 4
第四节 压力管道的分级（类）... 6
一、《压力容器压力管道设计许可规则》的管道分级（类）... 6
二、美国国家压力管道标准的管道分级（类）... 6
三、《工业金属管道设计规范》的管道分级（类）... 8
四、《化工金属管道工程施工及验收规范》的管道分级（类）... 8
五、《石油化工管道设计器材选用通则》的管道分级（类）... 8
六、《石油化工有毒、可燃介质管道工程施工及验收规范》的管道分级（类）... 10
七、《石油化工金属管道工程施工质量验收规范》的管道分级（类）... 11
八、《压力管道安全技术监察规程——工业管道》和《压力管道规范 工业管道》的管道分级（类）... 12
九、《工业金属管道工程施工规范》的管道分级（类）... 12

第五节 压力管道设计的任务 ... 13
一、管道布置 ... 13
二、管道材料 ... 16
三、管道应力 ... 16

第六节 压力管道设计阶段的划分 ... 17
一、设计阶段的一般划分 ... 17
二、各设计阶段的内容和深度 ... 17

第七节 压力管道专业与其他专业的条件关系 ... 17
一、与工艺系统专业的接口条件 ... 17
二、与自控专业的接口条件 ... 18
三、与电气专业的接口条件 ... 18
四、与设备专业的接口条件 ... 18
五、与土建专业的接口条件 ... 19
六、与工程经济专业的接口条件 ... 19
七、与采购专业的接口条件 ... 20
八、与施工管理专业的接口条件 ... 20

第八节 工程实例 ... 20

第二章　计算机辅助压力管道设计软件 … 27

第一节　计算机辅助压力管道设计软件的类别 … 27
第二节　压力管道设计软件 AutoCAD … 27
　一、AutoCAD 简介 … 27
　二、压力管道设计常用的 AutoCAD 操作 … 27
第三节　压力管道设计软件 Microstation … 31
第四节　压力管道设计软件 PDS … 31
第五节　压力管道设计软件 PDMS … 32
第六节　压力管道设计软件 AutoPlant … 33
第七节　压力管道设计软件 SmartPlant 3D … 33
第八节　压力管道应力分析软件 AutoPipe … 34
第九节　压力管道应力分析软件 Caesar II … 35
第十节　管道应力分析软件 PipeNet … 35
第十一节　计算机辅助压力管道设计软件的选用 … 36

第三章　材料基础知识 … 37

第一节　压力管道常用材料分类 … 37
第二节　金属材料 … 37
　一、黑色金属 … 37
　二、有色金属 … 41
　三、型钢 … 42
第三节　金属材料的性能 … 43
　一、金属材料的力学性能 … 43
　二、钢材的热处理 … 43
　三、常见元素对金属材料性能的影响 … 44
第四节　金属材料的腐蚀 … 47
　一、根据腐蚀发生的机理分类 … 47
　二、根据腐蚀形态分类 … 47
第五节　常用金属材料的基本限制条件 … 54
　一、一般限制条件 … 54
　二、常用材料的应用限制 … 56
　三、常用金属材料的使用温度 … 58
　四、在国外执行的某工程项目管道材料选用实例 … 58

第四章　压力管道器材及其选择 … 64

第一节　压力等级 … 64
　一、公称压力 (Nominal Pressure) PN … 64
　二、以 ASME B16.5 为代表的美洲系列 … 64
　三、以 DIN 2401 为代表的欧洲系列 … 65

四、ISO 公称压力等级标准 …………………………………………………………… 65
　　五、日本的压力等级标准 …………………………………………………………… 66
　　六、英国、法国的压力等级标准 …………………………………………………… 66
　　七、中国的各种压力等级标准 ……………………………………………………… 66
　　八、影响公称压力等级确定的因素 ………………………………………………… 68
　第二节　管径系列 ……………………………………………………………………… 69
　　一、公称直径（Nominal Diameter）DN ……………………………………………… 69
　　二、GB/T 1047《管道元件 DN（公称尺寸）的定义和选用》管径系列 ………… 69
　　三、SH3059《石油化工管道设计器材选用通则》管径系列 …………………… 69
　第三节　标准体系之间的配伍 ………………………………………………………… 69
　　一、大外径管子和小外径管子标准体系 …………………………………………… 70
　　二、欧式法兰和美式法兰标准体系 ………………………………………………… 70
　　三、压力管道器材选用常用各国标准规范 ………………………………………… 71
　第四节　压力管道设计条件和设计基准 ……………………………………………… 77
　第五节　管子 …………………………………………………………………………… 78
　　一、管子的分类 ……………………………………………………………………… 78
　　二、钢管 ……………………………………………………………………………… 78
　　三、钢管的尺寸系列 ………………………………………………………………… 80
　　四、金属直管壁厚的确定方法 ……………………………………………………… 85
　　五、钢管的选择 ……………………………………………………………………… 85
　　六、国内外常用钢管标准对照表 …………………………………………………… 88
　　七、常用钢管使用温度限制和许用应力 …………………………………………… 89
　　八、非金属管 ………………………………………………………………………… 89
　　九、衬里管 …………………………………………………………………………… 96
　　十、常用地下管道材料简介 ………………………………………………………… 98
　　十一、中国石化标准碳素钢、低合金钢、合金钢、奥氏体不锈钢无缝钢管尺寸及
　　　　　特性数据表 …………………………………………………………………… 99
　　十二、中国石化标准焊接钢管尺寸及特性数据表 ……………………………… 105
　　十三、碳素钢、低合金钢、合金钢、奥氏体不锈钢无缝钢管尺寸及特性数据表 …… 110
　第六节　管件 ………………………………………………………………………… 116
　　一、管件的用途及种类 …………………………………………………………… 116
　　二、管件选择的原则 ……………………………………………………………… 122
　　三、支管连接件的选择 …………………………………………………………… 123
　　四、焊接支管的补强 ……………………………………………………………… 123
　　五、分支管和主管的连接形式表 ………………………………………………… 123
　　六、异径管的选择 ………………………………………………………………… 124
　　七、常用管件系列 ………………………………………………………………… 124
　　八、管件选择常用标准规范 ……………………………………………………… 125
　第七节　法兰 ………………………………………………………………………… 126
　　一、法兰的种类 …………………………………………………………………… 126
　　二、法兰结构形式的选用 ………………………………………………………… 127
　　三、法兰密封面形式的选用 ……………………………………………………… 128

四、法兰系列 ··· 129
　　五、钢制管法兰形式参数 ··· 129
　　六、可配合使用的管法兰标准 ··· 134
　　七、常用法兰标准规范 ··· 135
第八节　螺栓、螺母 ··· 136
　　一、螺栓 ··· 136
　　二、螺母 ··· 136
　　三、螺栓与螺母材料的选择 ··· 136
　　四、常用螺栓许用应力和使用温度 ··· 138
　　五、某工程项目螺栓螺母 ASTM 材料的选用 ······································· 138
第九节　垫片 ··· 138
　　一、垫片的种类及适用范围 ··· 138
　　二、垫片性能参数 y 和 m ·· 140
　　三、垫片选用的原则 ··· 141
　　四、法兰、垫片、紧固件选配表 ··· 142
第十节　盲板、"8"字盲板、插板、垫环、限流孔板和混合孔板 ························· 142
　　一、盲板（Blind）、"8"字盲板（Spectacle Blind；Figure 8 Blind）、插板（Paddle Blank）及
　　　　垫环（Paddle Spacer） ·· 142
　　二、限流孔板（Restriction Orifice） ·· 143
　　三、混合孔板（Mixing Orifice） ··· 143
第十一节　阀门及其他管道设备 ··· 143
　　一、阀门的分类 ··· 144
　　二、阀门的型号 ··· 145
　　三、阀门的标识 ··· 150
　　四、阀门的基本参数 ··· 150
　　五、阀门的质量要求 ··· 151
　　六、阀门规格书的内容 ··· 152
　　七、闸阀 ··· 152
　　八、截止阀 ··· 154
　　九、节流阀 ··· 156
　　十、止回阀 ··· 156
　　十一、蝶阀 ··· 158
　　十二、球阀 ··· 160
　　十三、旋塞阀 ··· 161
　　十四、隔膜阀 ··· 162
　　十五、安全阀 ··· 164
　　十六、爆破片 ··· 165
　　十七、减压阀 ··· 166
　　十八、蒸汽疏水阀 ··· 166
　　十九、阀门类型的选择 ··· 169
　　二十、常用阀门的适用范围 ··· 170
　　二十一、阀门主要零件材料 ··· 171

二十二、驱动方式的选用 …………………………………………………………………… 171
　　二十三、设计文件中应给出的阀门描述 ……………………………………………………… 172
　　二十四、阀门选用工程实例 ………………………………………………………………… 172
第十二节　压力管道特殊件 ……………………………………………………………………… 178
　　一、波纹管膨胀节 …………………………………………………………………………… 178
　　二、过滤器 …………………………………………………………………………………… 178
　　三、阻火器 …………………………………………………………………………………… 178
　　四、消声器 …………………………………………………………………………………… 179
　　五、视镜 ……………………………………………………………………………………… 179
第十三节　压力管道等级及工程应用 …………………………………………………………… 179
　　一、管道等级 ………………………………………………………………………………… 179
　　二、压力管道等级编制原则 ………………………………………………………………… 180
　　三、管道等级代号 …………………………………………………………………………… 180
　　四、管道等级表中的管道壁厚表 …………………………………………………………… 184
　　五、管道等级表中的管道分支表 …………………………………………………………… 184
第十四节　压力管道材料的设计文件及设计条件 ……………………………………………… 186
　　一、管道材料各设计阶段的主要设计文件 ………………………………………………… 186
　　二、管道材料的设计条件接口工程实例 …………………………………………………… 187
第十五节　压力管道材料的设计附加裕量 ……………………………………………………… 188
　　一、管道材料设计附加裕量的必要性 ……………………………………………………… 188
　　二、确定设计附加量应考虑的因素 ………………………………………………………… 189
　　三、确定管道材料设计附加裕量的原则 …………………………………………………… 189
　　四、管道材料的设计附加裕量工程实例 …………………………………………………… 189
第十六节　压力管道材料设计的计算机应用 …………………………………………………… 191
　　一、材料设计过程的计算机应用 …………………………………………………………… 191
　　二、管道材料统计中 Excel 的使用 ………………………………………………………… 191
　　三、用计算机编程自动获取材料汇总报告 ………………………………………………… 195
第十七节　管道材料概算快捷计算方法 ………………………………………………………… 197
　　一、管道隔热结构辅助材料用量快捷计算方法 …………………………………………… 197
　　二、设备隔热结构辅助材料用量快捷计算方法 …………………………………………… 198
　　三、某项目管道外防腐蚀材料用量快捷计算方法 ………………………………………… 199
　　四、管道支吊架材料用量快捷计算方法 …………………………………………………… 199
第十八节　国内外大中型工程公司（设计单位）管道器材选用的常用方法及工程实例 …… 199

第五章　装置设备布置 …………………………………………………………………… 201

第一节　装置设备布置的一般要求及发展趋势 ………………………………………………… 201
　　一、采取三重安全措施 ……………………………………………………………………… 201
　　二、满足工艺设计的要求 …………………………………………………………………… 201
　　三、装置设备布置分区 ……………………………………………………………………… 201
　　四、满足操作、检修和施工的要求 ………………………………………………………… 202
　　五、满足全厂总体规划的要求 ……………………………………………………………… 202

  六、适应所在地区的自然条件 ………………………………………………… 202
  七、力求经济合理 …………………………………………………………… 204
  八、满足甲方要求 …………………………………………………………… 204
  九、注意外观美 ……………………………………………………………… 205
  十、装置设备布置的发展趋势 ………………………………………………… 205
 第二节 设备的间距要求 ………………………………………………………… 205
  一、防火要求 ………………………………………………………………… 205
  二、防爆要求 ………………………………………………………………… 206
  三、其他要求 ………………………………………………………………… 206
  四、设备布置间距设计错误工程实例及 GB 50160 关于装置设备布置常用的间距要求 …… 206
 第三节 净距、净空及有关标高 …………………………………………………… 211
  一、设备间最小净距 …………………………………………………………… 211
  二、净空高度或垂直距离 ……………………………………………………… 211
  三、标高 ……………………………………………………………………… 212
 第四节 管廊的布置 ……………………………………………………………… 213
  一、管廊的布置原则 …………………………………………………………… 213
  二、管廊的布置形式 …………………………………………………………… 213
  三、装置内管廊的结构形式 …………………………………………………… 214
  四、装置外管廊的结构形式 …………………………………………………… 214
  五、管廊的主要尺寸 …………………………………………………………… 215
  六、管廊布置的工程应用实例 ………………………………………………… 217
 第五节 塔的布置 ………………………………………………………………… 220
  一、塔与其关联设备的布置要求 ……………………………………………… 220
  二、塔的布置方式 …………………………………………………………… 220
  三、沿管廊布置的塔应考虑的要求 …………………………………………… 221
  四、塔的安装高度 …………………………………………………………… 221
  五、重沸器的布置 …………………………………………………………… 221
  六、塔布置的工程实例 ………………………………………………………… 221
 第六节 反应器的布置 …………………………………………………………… 225
  一、反应器与其关联设备的布置要求 ………………………………………… 225
  二、反应器的位置及其周围环境要求 ………………………………………… 225
  三、反应器的支承方式与安装高度 …………………………………………… 225
  四、反应器布置的工程实例 …………………………………………………… 226
 第七节 容器的布置 ……………………………………………………………… 230
  一、容器布置的一般要求 ……………………………………………………… 230
  二、立式容器的布置 …………………………………………………………… 232
  三、立式容器的支承方式及高度的确定 ……………………………………… 232
  四、立式容器支腿的方位 ……………………………………………………… 233
  五、卧式容器的布置 …………………………………………………………… 233
  六、容器的布置取齐方式 ……………………………………………………… 234
  七、容器布置的工程实例 ……………………………………………………… 235
 第八节 换热设备的布置 ………………………………………………………… 236

一、管壳式换热器或冷却器的布置 …………………………………… 236
　　二、套管式换热器的布置 ……………………………………………… 238
　　三、空气冷却器的布置 ………………………………………………… 238
　　四、换热设备布置的工程实例 ………………………………………… 240
　第九节　加热炉的布置 …………………………………………………… 243
　　一、加热炉的位置 ……………………………………………………… 243
　　二、加热炉的间距 ……………………………………………………… 243
　　三、加热炉布置的工程实例 …………………………………………… 244
　第十节　泵的布置 ………………………………………………………… 246
　　一、泵的布置方式和要求 ……………………………………………… 246
　　二、泵的间距 …………………………………………………………… 247
　　三、泵的基础 …………………………………………………………… 247
　　四、泵布置的工程实例 ………………………………………………… 248
　第十一节　压缩机的布置 ………………………………………………… 250
　　一、压缩机的布置设计内容 …………………………………………… 250
　　二、压缩机布置的一般要求 …………………………………………… 250
　　三、压缩机的安装高度 ………………………………………………… 251
　　四、压缩机附属设备的布置 …………………………………………… 251
　　五、压缩机维修机具的布置 …………………………………………… 252
　　六、压缩机布置的工程实例 …………………………………………… 252
　第十二节　汽车槽车装卸站的布置 ……………………………………… 260
　　一、汽车槽车装卸站的种类 …………………………………………… 260
　　二、汽车槽车装卸站布置的主要原则和要求 ………………………… 260
　　三、可燃液体的汽车装卸站应符合防火规范上的规定 ……………… 261
　　四、汽车槽车装卸站布置的工程实例 ………………………………… 261
　第十三节　铁路槽车装卸站的布置 ……………………………………… 263
　　一、铁路槽车装卸站的种类 …………………………………………… 263
　　二、铁路槽车装卸站布置的主要原则和要求 ………………………… 263
　　三、可燃液体的铁路装卸站在防火规范上的规定 …………………… 264
　　四、铁路槽车装卸站布置的工程实例 ………………………………… 264
　第十四节　装卸油品码头的布置 ………………………………………… 267
　　一、装卸油品码头布置常用的规范 …………………………………… 267
　　二、装卸油品码头与其他码头或建筑物、构筑物安全距离的规定 … 267
　　三、可燃液体码头、液化烃码头两相邻泊位的船舶间的最小距离 … 267
　　四、可燃液体码头、液化烃码头布置的工程实例 …………………… 267
　第十五节　罐区的布置 …………………………………………………… 269
　　一、罐区的布置原则和要求 …………………………………………… 269
　　二、常用防火规范有关罐区布置的内容范围 ………………………… 269
　　三、《石油化工企业设计防火规范》对罐区布置的要求 …………… 269
　　四、《建筑设计防火规范》对罐区布置的规定 ……………………… 272
　　五、罐区布置的工程实例 ……………………………………………… 274
　第十六节　建筑物的布置 ………………………………………………… 277

一、建筑物的一般要求 …………………………………………………………… 277
　　二、建筑物的防火要求 …………………………………………………………… 278
　　三、控制室的布置 ………………………………………………………………… 278
　　四、变、配电室的布置 …………………………………………………………… 278
　　五、化验室的布置 ………………………………………………………………… 279
　　六、其他要求 ……………………………………………………………………… 279
　第十七节　构筑物的布置 …………………………………………………………… 279
　　一、框架的布置 …………………………………………………………………… 279
　　二、平台梯子的布置 ……………………………………………………………… 280
　　三、放空烟囱的布置 ……………………………………………………………… 281
　第十八节　围堰、防火堤和隔堤的布置 …………………………………………… 281
　　一、围堰的布置 …………………………………………………………………… 281
　　二、防火堤的功能 ………………………………………………………………… 282
　　三、防火堤的设计标准及差异 …………………………………………………… 282
　　四、防火堤和隔堤的设计一般要求 ……………………………………………… 282
　第十九节　通道的布置 ……………………………………………………………… 283
　第二十节　装置设备布置设计工程实例 …………………………………………… 284
　　一、装置设备布置设计要求的一般资料 ………………………………………… 284
　　二、对工艺流程图的研究 ………………………………………………………… 284
　　三、平面布置图的编制 …………………………………………………………… 285
　　四、装置管廊的布置 ……………………………………………………………… 285
　　五、主要设备的布置 ……………………………………………………………… 291
　　六、管线走向研究图 ……………………………………………………………… 292
　　七、修改并完成建议的平面布置图 ……………………………………………… 295
　第二十一节　石油和化工装置工艺及布置简介 …………………………………… 295
　　一、乙烯装置工艺及布置简介 …………………………………………………… 295
　　二、聚丙烯装置工艺及布置简介 ………………………………………………… 298
　　三、线性低密度聚乙烯、高密度聚乙烯装置工艺及布置简介 ………………… 300
　　四、丁苯橡胶装置工艺及布置简介 ……………………………………………… 303
　　五、环氧乙烷和乙二醇装置工艺及布置简介 …………………………………… 304
　　六、尿素装置工艺及布置简介 …………………………………………………… 306
　　七、丁辛醇装置工艺及布置简介 ………………………………………………… 309
　　八、丙烯酸及酯装置工艺及布置简介 …………………………………………… 311
　　九、对二甲苯装置工艺简介 ……………………………………………………… 312
　　十、合成氨装置简介及布置简介 ………………………………………………… 313
　　十一、液化天然气工艺及布置简介 ……………………………………………… 314
　　十二、甲醇装置工艺及布置简介 ………………………………………………… 315
　　十三、原油常减压蒸馏装置工艺及布置简介 …………………………………… 317
　　十四、催化裂化装置工艺及布置简介 …………………………………………… 318
　　十五、催化重整、苯抽提装置工艺及布置简介 ………………………………… 320
　　十六、加氢裂化装置工艺简介 …………………………………………………… 324
　　十七、加氢精制装置工艺简介 …………………………………………………… 326

十八、制氢装置工艺简介 …………………………………………………………… 326
　　十九、延迟焦化装置工艺及布置简介 ……………………………………………… 327
　　二十、气体分馏装置工艺及布置简介 ……………………………………………… 330
　　二十一、污水处理厂工艺简介 ……………………………………………………… 332
　　二十二、空分空压站工艺及布置简介 ……………………………………………… 333
　　二十三、火炬系统工艺及布置简介 ………………………………………………… 334
　第二十二节　压力管道装置设备布置常用的标准规范 ………………………………… 338

第六章　管道布置 ………………………………………………………………………… 340

　第一节　管道布置设计必须具备的条件 ………………………………………………… 340
　第二节　管道的敷设方式和管道布置设计的一般要求 ………………………………… 340
　　一、管道敷设的方式 ………………………………………………………………… 340
　　二、管道布置设计的一般要求 ……………………………………………………… 341
　　三、管道净空高度和埋设深度 ……………………………………………………… 344
　　四、高点排气及低点排液的设置 …………………………………………………… 345
　　五、分支管的引出方向 ……………………………………………………………… 347
　　六、取样管道布置 …………………………………………………………………… 349
　　七、蒸汽管道布置 …………………………………………………………………… 351
　　八、蒸汽管道上的集液包 …………………………………………………………… 352
　　九、非净化压缩空气和净化压缩空气管道布置 …………………………………… 353
　　十、氮气管道布置 …………………………………………………………………… 354
　　十一、氧气管道布置 ………………………………………………………………… 354
　　十二、消防水喷淋管道布置 ………………………………………………………… 355
　　十三、管件布置 ……………………………………………………………………… 356
　　十四、阀门布置的一般要求 ………………………………………………………… 357
　　十五、止回阀布置 …………………………………………………………………… 359
　　十六、安全阀布置 …………………………………………………………………… 360
　　十七、减压阀布置 …………………………………………………………………… 361
　　十八、疏水阀布置 …………………………………………………………………… 361
　　十九、调节阀布置 …………………………………………………………………… 363
　　二十、阻火器布置 …………………………………………………………………… 363
　　二十一、过滤器布置 ………………………………………………………………… 364
　　二十二、消声器布置 ………………………………………………………………… 366
　　二十三、温度测量仪表布置 ………………………………………………………… 366
　　二十四、流量测量仪表布置 ………………………………………………………… 367
　　二十五、压力测量仪表布置 ………………………………………………………… 368
　　二十六、液位测量仪表布置 ………………………………………………………… 369
　　二十七、常见管道布置设计错误及纠正 …………………………………………… 369
　第三节　管道布置常用数据 ……………………………………………………………… 371
　　一、压力管道的间距 ………………………………………………………………… 371
　　二、阀门的适宜位置和所需空间 …………………………………………………… 376

三、操作通道布置和标高基准 … 376
第四节　管廊上管道的布置设计 … 384
　　一、管廊上管道布置的一般要求 … 384
　　二、管廊上管道布置设计工程实例 … 386
　　三、管廊上管道布置设计常见错误及纠正 … 388
第五节　塔的管道布置设计 … 390
　　一、塔的分类 … 390
　　二、塔的管道侧和操作侧划分 … 391
　　三、塔的管道布置设计要点 … 391
　　四、塔的附件及布置 … 393
　　五、塔的管道支架 … 399
　　六、塔的管道布置设计工程实例 … 400
　　七、塔的管道布置设计常见错误及纠正 … 406
第六节　容器的管道布置设计 … 408
　　一、容器的分类 … 408
　　二、开口方位 … 408
　　三、框架平台和梯子 … 409
　　四、管道布置规划 … 411
　　五、容器管道布置设计工程实例 … 412
　　六、容器管道支架 … 412
　　七、容器管道布置设计常见错误及纠正 … 414
第七节　换热设备的管道布置设计 … 415
　　一、换热设备的分类 … 415
　　二、换热器管道布置一般要求及典型实例 … 415
　　三、空冷器管道设计具体要求及典型实例 … 419
　　四、换热设备管道布置设计常见错误及纠正 … 420
第八节　加热炉的管道布置设计 … 420
　　一、加热炉的种类 … 420
　　二、燃烧器（喷嘴）的形式及位置 … 420
　　三、加热炉管道布置设计的一般要求 … 423
　　四、加热炉燃料油管道布置的一般要求 … 423
　　五、加热炉燃料气管道布置的一般要求 … 425
　　六、加热炉区工作蒸汽的用途及其蒸汽分配管与灭火蒸汽管道设计的特点 … 425
　　七、加热炉管道布置设计工程实例 … 426
　　八、加热炉管道布置设计常见错误及纠正 … 431
第九节　泵的管道布置设计 … 431
　　一、泵的分类 … 431
　　二、泵的管道设计一般要求 … 431
　　三、泵的入口管道 … 432
　　四、泵的出口管道 … 437
　　五、往复泵的管道布置 … 442
　　六、泵的辅助管道 … 442

     七、泵的特殊用途管道 …………………………………………………………………… 442
     八、压力管道设计其他注意事项 …………………………………………………………… 444
     九、泵的管道布置设计工程实例 …………………………………………………………… 444
     十、泵的管道布置设计常见错误及纠正 …………………………………………………… 445
   第十节 压缩机的管道布置设计 ……………………………………………………………… 447
     一、压缩机的分类 …………………………………………………………………………… 447
     二、离心式压缩机管道布置设计的一般要求 …………………………………………… 447
     三、往复式压缩机管道布置设计的一般要求 …………………………………………… 448
     四、压缩机蒸汽透平/汽轮机的蒸汽管道 ………………………………………………… 448
     五、压缩机的辅助管道 ……………………………………………………………………… 448
     六、压缩机管道布置设计工程实例 ………………………………………………………… 450
   第十一节 汽车槽车装卸站管道布置设计 …………………………………………………… 453
     一、汽车槽车装卸站管道布置设计的一般要求 ………………………………………… 453
     二、汽车槽车装卸站管道布置设计工程实例 …………………………………………… 454
   第十二节 铁路槽车装卸站的管道布置设计 ………………………………………………… 454
     一、铁路槽车装卸站管道布置设计的一般要求 ………………………………………… 454
     二、铁路槽车装卸站管道布置设计工程实例 …………………………………………… 455
   第十三节 装卸码头的管道布置设计 ………………………………………………………… 456
     一、装卸码头总管的布置 …………………………………………………………………… 456
     二、鹤管的配置 ……………………………………………………………………………… 456
     三、装卸码头管道布置设计工程实例 …………………………………………………… 457
   第十四节 罐区的管道布置设计 ……………………………………………………………… 457
     一、储罐管口的布置 ………………………………………………………………………… 457
     二、储罐区的管道布置 ……………………………………………………………………… 458
     三、罐区管道布置设计工程实例 …………………………………………………………… 458
   第十五节 地下管道的布置设计 ……………………………………………………………… 461
     一、允许直接埋地的管道 …………………………………………………………………… 461
     二、建筑物内和露天装置区埋地管道设计的一般要求 ………………………………… 462
     三、GB 50316《工业金属管道设计规范》对埋地管道设计的要求 …………………… 462
     四、大型管沟内管道布置 …………………………………………………………………… 463
     五、GB 50316《工业金属管道设计规范》对沟内管道设计的要求 …………………… 464
     六、室外地下管道与铁路道路及建筑物间的距离 ……………………………………… 464
     七、地下管道布置设计工程实例 …………………………………………………………… 465
   第十六节 软管站的管道布置设计 …………………………………………………………… 466
     一、软管站的概念 …………………………………………………………………………… 466
     二、软管站的位置 …………………………………………………………………………… 466
     三、软管站管道布置设计的一般要求 …………………………………………………… 466
     四、常用软管站的形式典型图工程实例 ………………………………………………… 467
   第十七节 洗眼器和淋浴器的管道布置设计 ………………………………………………… 469
     一、洗眼器和淋浴器管的布置位置 ………………………………………………………… 469
     二、洗眼器和淋浴器管道布置设计的一般要求 ………………………………………… 469
     三、洗眼器和淋浴器管道布置典型图工程实例 ………………………………………… 469

第十八节 压力管道系统的伴热设计 …… 469
一、常用伴热介质的种类 …… 469
二、工艺管道的伴热方式 …… 470
三、管道选择伴热的原因 …… 470
四、伴热方式的选用原则 …… 470

第十九节 热水、蒸汽伴热系统的设计 …… 471
一、热水、蒸汽伴热系统的组成 …… 471
二、热水、蒸汽伴热类型的选择 …… 471
三、伴热设计的规划 …… 471
四、伴管施工图的设计 …… 471
五、蒸汽供汽站/热水供水站（分配站）管道布置设计的一般要求 …… 472
六、伴管设计 …… 472
七、冷凝液站/热水回水站（收集站）管道布置设计的一般要求 …… 475
八、伴热材料的选择 …… 475
九、SH/T 3040《化工管道伴管和加套管设计规范》的管道伴热设计 …… 476
十、蒸汽伴热和热水伴热布置典型图工程实例 …… 478

第二十节 电伴热系统 …… 483
一、电伴热的概念及应用 …… 483
二、电伴热的方法 …… 483
三、电伴热产品的选型和计算 …… 483
四、电伴热设施的安装要领 …… 485
五、典型部位的电伴热安装图例 …… 486
六、电伴热设计工程实例 …… 486

第二十一节 夹套加热系统 …… 487
一、夹套加热系统的概念 …… 487
二、蒸汽夹套加热系统的设计 …… 488
三、夹套管内定位板 …… 494
四、热水、导热油夹套加热系统的设计 …… 494
五、夹套管跨越管典型布置工程实例 …… 495
六、夹套材料及其他要求 …… 496
七、夹套管的安装要求 …… 496
八、夹套管布置设计典型工程实例 …… 497

第二十二节 管道设计的静电接地 …… 498
一、静电接地的概念 …… 498
二、管道需要静电接地的位置 …… 498
三、管廊的静电接地 …… 498
四、工艺装置内的静电接地 …… 499
五、法兰跨接线设计 …… 500

第二十三节 管道带压开孔/封堵的设计 …… 501
一、带压开孔/封堵（Hot Tap）的概念 …… 501
二、管道带压开孔/封堵应用 …… 503
三、带压开孔/封堵工程实例 …… 503

第二十四节　管道布置设计常用的标准规范 ································· 504

第七章　压力管道的隔热和防腐蚀 ·································· 505

第一节　压力管道隔热设计 ·································· 505
一、隔热的概念和分类 ································· 505
二、隔热设计的目的 ··································· 505
三、隔热的范围 ······································· 506
四、隔热结构 ··· 506
五、隔热设计的原则 ··································· 507
六、隔热厚度的确定方法 ······························· 508
七、详细介绍隔热厚度计算方法的常用标准规范 ··········· 508
八、隔热材料及其制品的考虑因素 ······················· 509
九、隔热材料及其制品的性能要求 ······················· 509
十、常用隔热材料 ····································· 509
十一、保温及人身防护材料的选用 ······················· 512
十二、保冷材料的选用 ································· 512
十三、保护层与防潮层材料选用一般原则 ················· 513
十四、保护层材料的选用 ······························· 513
十五、紧固件材料的选用 ······························· 513
十六、保温和保冷辅助材料的选用 ······················· 514
十七、保温厚度计算工程实例 ··························· 515
十八、保冷厚度计算工程实例 ··························· 515
十九、隔热设计常用标准规范 ··························· 516

第二节　压力管道防腐基本措施 ································· 517
一、正确选择材料 ····································· 517
二、防腐结构设计 ····································· 517
三、防腐强度设计 ····································· 519
四、制造安装及维修时的防腐 ··························· 519
五、防腐涂料 ··· 520
六、采用耐腐蚀非金属材料和耐腐蚀钢-非金属复合材料管道 ···· 521
七、阴极保护技术 ····································· 521
八、缓蚀剂保护技术 ··································· 522

第三节　压力管道外防腐涂漆 ·································· 523
一、防腐常用涂料的性能及用途 ························· 523
二、压力管道外防腐涂漆一般工作范围 ··················· 524
三、涂漆工作现场安全与防护 ··························· 525
四、SH 3022 对钢材表面处理的分级 ····················· 525
五、HG/T 20679 对钢材表面处理的分级 ·················· 525
六、SH 3022 地上管道的防腐 ··························· 526
七、HG/T 20679 地上管道的防腐 ························ 526
八、埋地管道防腐 ····································· 527

九、设备、管道和钢结构外表面涂色及标志 ………………………………………… 529
 十、某工程项目涂色设计统一规定疏漏引起的设计错误 ………………………… 530
 十一、压力管道外防腐涂漆遵循的中国标准 ……………………………………… 531

第八章 长输管道和公用管道设计简述 …………………………………………… 532

第一节 概述 ……………………………………………………………………… 532
 一、长输管道和公用管道的定义 …………………………………………………… 532
 二、长输管道和公用管道的特点 …………………………………………………… 532

第二节 输油管道和输气管道设计 …………………………………………………… 532
 一、输油管道工程和输油站 ………………………………………………………… 532
 二、输气管道工程和输气站 ………………………………………………………… 533
 三、输油线路的选择应符合的条件 ………………………………………………… 533
 四、输气线路的选择应符合的条件 ………………………………………………… 533
 五、长输管道线路工程设计应参考的数据 ………………………………………… 533
 六、埋地输油管道与周围的建筑物最小间距遵循的规范 ………………………… 534
 七、输油管道敷设的一般要求 ……………………………………………………… 534
 八、输气管道敷设的一般要求 ……………………………………………………… 535
 九、管道沿线应设置的标志 ………………………………………………………… 536
 十、石油天然气站、场、库常用标准规范 ………………………………………… 536
 十一、输油和输气管道工程常用标准规范 ………………………………………… 536

第三节 燃气管道设计 ……………………………………………………………… 537
 一、燃气管道的分类 ………………………………………………………………… 537
 二、燃气设计压力级别的确定 ……………………………………………………… 537
 三、输送液态液化石油气的管道设计压力的确定 ………………………………… 537
 四、输送液态液化石油气的管道级别分类 ………………………………………… 538
 五、有毒而无臭味的城镇燃气的使用应采取的安全措施 ………………………… 538
 六、城镇燃气加臭剂应符合的要求 ………………………………………………… 538
 七、用户室内燃气管道的燃气压力的确定 ………………………………………… 538
 八、城镇燃气管道平面布置设计时应考虑的因素 ………………………………… 539
 九、地下燃气管道埋设深度应满足的要求 ………………………………………… 539
 十、液态液化石油气管道设计的一般要求 ………………………………………… 539
 十一、输送液态液化石油气的管道阀门设置的原则 ……………………………… 540
 十二、液化石油气管道及附件材料选择的原则 …………………………………… 540
 十三、燃气管道穿越设计工程实例 ………………………………………………… 540
 十四、燃气管道设计常用标准规范 ………………………………………………… 541

第四节 热力管道设计 ……………………………………………………………… 542
 一、输送干线和输配干线 …………………………………………………………… 542
 二、多热源供热系统、多热源分别运行、多热源解列运行、多热源联网运行 … 542
 三、城市热力网形式的确定 ………………………………………………………… 542
 四、热力网管道的位置应符合的规定 ……………………………………………… 543
 五、热力管网地上或地下敷设的原则 ……………………………………………… 543

六、热力网管道埋地敷设主要要求 …………………………………………………… 543
　　七、地上敷设热力网管道主要要求 …………………………………………………… 544
　　八、热力管网通行管沟的设计要求 …………………………………………………… 544
　　九、城市热力网管道材料选用的一般要求 …………………………………………… 544
　　十、热力网管道及设备保温的一般要求 ……………………………………………… 545
　　十一、城市热力网设计常用的规范 …………………………………………………… 545
　第五节　工程应用实例——西气东输管道工程 ………………………………………… 545
　　一、西气东输管道工程介绍 …………………………………………………………… 545
　　二、西气东输管道工程设计的创新技术 ……………………………………………… 546

第九章　应力分析和管道支吊架 ……………………………………………………… 549

　第一节　管道应力分析基础知识 …………………………………………………………… 549
　　一、管道应力分析的目的 ……………………………………………………………… 549
　　二、管道应力分析的主要内容 ………………………………………………………… 549
　　三、管道应力分析计算需要的文件和资料准备 ……………………………………… 549
　　四、管道上可能承受的荷载 …………………………………………………………… 550
　　五、管道元件变形的几种基本形式 …………………………………………………… 550
　　六、一次应力和二次应力 ……………………………………………………………… 551
　　七、蠕变和应力松弛 …………………………………………………………………… 552
　　八、四种材料的强度理论 ……………………………………………………………… 552
　　九、弹性变形和塑性变形 ……………………………………………………………… 553
　　十、弹性体的应力与虎克定律 ………………………………………………………… 553
　　十一、金属管道组成件耐压强度计算 ………………………………………………… 553
　　十二、应力分析方法的发展趋势 ……………………………………………………… 553
　　十三、快速管道应力分析方法 ………………………………………………………… 554
　第二节　管道的柔性设计 …………………………………………………………………… 554
　　一、管道柔性的概念 …………………………………………………………………… 554
　　二、管道柔性设计的目的 ……………………………………………………………… 554
　　三、柔性分析的方法 …………………………………………………………………… 554
　　四、柔性分析的对比分析法 …………………………………………………………… 555
　　五、柔性分析的 ASME 经验公式判断法 ……………………………………………… 555
　　六、柔性分析的数值解析法 …………………………………………………………… 556
　　七、管道柔性设计计算结果的内容及其合格标准 …………………………………… 558
　　八、管道柔性设计时管道计算温度的确定 …………………………………………… 558
　　九、管道柔性设计时应考虑的管道端点的附加位移 ………………………………… 559
　　十、管件的柔性系数和应力增强系数 ………………………………………………… 559
　　十一、应力集中的问题 ………………………………………………………………… 559
　　十二、管道的一次应力和二次应力的合格判断式 …………………………………… 559
　　十三、压力管道补偿器类型的选用及布置 …………………………………………… 560
　　十四、冷紧和自冷紧 …………………………………………………………………… 561
　　十五、冷紧比及其选择 ………………………………………………………………… 561

十六、带约束的金属波纹管膨胀节的形式 …… 562
十七、膨胀节的选型及计算 …… 562
十八、波纹管膨胀节施工安装应注意的问题 …… 563
十九、转动设备的允许推力限制 …… 563
二十、NEMA SM23 对汽轮机管口受力的限制 …… 563
二十一、高温管道用较厚的管子代替较薄的管子时应注意的问题 …… 564
二十二、无中间约束、两端固定的管道冷紧后固定点推力的瞬时最大值 …… 564
二十三、塔顶部管口的热膨胀量（初位移）的确定 …… 565
二十四、疲劳破坏 …… 565
二十五、安全阀反力计算 …… 565
二十六、某乙烯工程安全阀排放反力计算工程实例 …… 566
二十七、管道的热应力与计算实例 …… 567
二十八、改善管道热应力过大的措施 …… 568
二十九、L 形管系长臂与短臂的补偿设计 …… 568
三十、公式法计算 L 形补偿器短臂长度及实例 …… 569
三十一、导向悬臂法计算 L 形管道短边长度 …… 570
三十二、图表法计算 L 形管道短边长度及实例 …… 570
三十三、公式法计算 Z 形补偿器垂直臂长度及实例 …… 572

第三节　管道支吊架的设计 …… 572
一、管道支吊架设计的内容 …… 572
二、管道支吊架的作用及分类 …… 573
三、支吊架的结构组成 …… 573
四、管道支架生根的结构形式 …… 574
五、支吊架形式的一般选用原则 …… 576
六、确定管道支架位置的要点 …… 576
七、管道布置过程中对支架位置的考虑 …… 577
八、常用支吊架形式及其选用 …… 577
九、弹簧支吊架 …… 584
十、恒力弹簧支吊架、可变弹簧支吊架和刚性支吊架的刚度 …… 586
十一、弹簧支吊架的施工安装 …… 586
十二、管道跨度的确定 …… 587
十三、导向支架的设置 …… 590
十四、水平管段和 Π 形补偿管段的最大导向间距 …… 590
十五、垂直管段的最大导向间距 …… 591
十六、垂直管段支吊架的设置 …… 591
十七、管道固定支架的设置 …… 592
十八、与敏感设备及附件相连管道支吊架的设置 …… 592
十九、防振支架位置的确定 …… 592
二十、支吊架材料 …… 592
二十一、热塑性塑料管道材料支吊架 …… 593
二十二、热成型玻璃钢管道材料支吊架 …… 594
二十三、管架设计常见错误及纠正 …… 595

二十四、压力管道管架设计工程实例 …………………………………………………………… 596
　第四节　压力管道荷载的计算 …………………………………………………………………… 600
　　一、管道荷载的内容 ……………………………………………………………………………… 600
　　二、管道荷载条件依据的资料 …………………………………………………………………… 600
　　三、不同空间几何形状管道基本荷载的确定 …………………………………………………… 600
　　四、位移荷载的计算 ……………………………………………………………………………… 604
　　五、压力管道荷载的最终计算和条件的提出 …………………………………………………… 606
　　六、管道垂直荷载计算工程实例 ………………………………………………………………… 608
　　七、格林乃尔法热膨胀力的计算及实例 ………………………………………………………… 609
　　八、Ⅱ型自然补偿器设计及水平荷载数据查询 ………………………………………………… 610
　第五节　管道的防振设计 ………………………………………………………………………… 612
　　一、压力管道的振源种类 ………………………………………………………………………… 612
　　二、工厂中常见的振动问题及处理方法 ………………………………………………………… 612
　　三、振动管道支架的设计 ………………………………………………………………………… 613
　　四、往复式压缩机管系的振动分析及措施 ……………………………………………………… 613
　　五、固有频率与激振频率 ………………………………………………………………………… 616
　　六、气体的压力脉动 ……………………………………………………………………………… 617
　　七、两相流介质呈柱塞流时引起的管道振动分析及其设计 …………………………………… 617
　　八、水锤引起的管道振动分析及其设计 ………………………………………………………… 617
　　九、振动问题分析工程实例 ……………………………………………………………………… 617
　第六节　管道的抗震设计 ………………………………………………………………………… 620
　　一、地震中管道损坏的特点 ……………………………………………………………………… 620
　　二、抗震设计应注意的问题 ……………………………………………………………………… 621
　　三、管道的抗震验算 ……………………………………………………………………………… 622
　　四、管道柔性设计和防震设计的关系 …………………………………………………………… 622
　第七节　计算机辅助应力分析工作程序 ………………………………………………………… 623
　第八节　CaesarⅡ的工程应用 …………………………………………………………………… 623
　　一、输入和建模 …………………………………………………………………………………… 623
　　二、静态分析 ……………………………………………………………………………………… 624
　　三、动态分析 ……………………………………………………………………………………… 624
　　四、数据转换接口 ………………………………………………………………………………… 625
　　五、CaesarⅡ的工程实例 ………………………………………………………………………… 625
　第九节　管道应力分析和管道支吊架常用标准规范 …………………………………………… 626

第十章　压力管道设计制图 …………………………………………………………………… 628

　第一节　压力管道设计制图的内容 ……………………………………………………………… 628
　第二节　压力管道设计常用图纸的幅面 ………………………………………………………… 628
　第三节　压力管道设计的图纸比例 ……………………………………………………………… 629
　　一、装置设备布置图的比例 ……………………………………………………………………… 629
　　二、管道布置图的比例 …………………………………………………………………………… 629
　　三、轴测图的比例 ………………………………………………………………………………… 629

  四、使用 AutoCAD 实现图纸比例的方法 ……………………………………………………… 629
 第四节 装置设备布置图的设计 ……………………………………………………………… 630
  一、装置设备平面图的设计 ………………………………………………………………… 630
  二、装置设备立面图的设计 ………………………………………………………………… 631
  三、装置设备布置图常用图例 ……………………………………………………………… 631
 第五节 管道布置平面图的设计 …………………………………………………………… 631
  一、管道布置平面图设计的一般要求 ……………………………………………………… 631
  二、管道布置平面图设备的画法 …………………………………………………………… 634
  三、管道布置平面图构筑物的画法 ………………………………………………………… 636
  四、管道布置平面图的一般画法 …………………………………………………………… 638
  五、管道布置平面图维修空间边界的表示法 ……………………………………………… 643
  六、管道布置平面图尺寸的表示法 ………………………………………………………… 644
  七、塔的垂直管线 …………………………………………………………………………… 648
  八、管线和阀门的标高 ……………………………………………………………………… 649
  九、管线号及流向 …………………………………………………………………………… 649
 第六节 轴测图的设计 ………………………………………………………………………… 650
  一、轴测图的概念 …………………………………………………………………………… 650
  二、轴测图的内容 …………………………………………………………………………… 650
  三、轴测图的设计方式 ……………………………………………………………………… 652
  四、轴测图设计的一般要求 ………………………………………………………………… 652
  五、管道布置平面图和管道轴测图常用图例 ……………………………………………… 654

第十一章 压力管道施工与检验 ……………………………………………………………… 662

 第一节 压力管道设计代表在施工现场的任务 ………………………………………………… 662
  一、设计交底 ………………………………………………………………………………… 662
  二、设计修改 ………………………………………………………………………………… 662
  三、吹扫、试压 ……………………………………………………………………………… 663
  四、检验及验收 ……………………………………………………………………………… 663
  五、安全管理 ………………………………………………………………………………… 663
  六、施工完工后的工作 ……………………………………………………………………… 663
 第二节 管道组成件的检验 …………………………………………………………………… 664
  一、SH 3501 规定在施工现场对阀门应进行的检验 ……………………………………… 664
  二、应逐个进行壳体压力试验和密封试验的阀门 ………………………………………… 665
  三、应进行壳体压力试验和密封试验的抽检阀门 ………………………………………… 665
  四、阀门壳体压力试验和密封试验压力的规定 …………………………………………… 665
  五、安全阀调试的规定 ……………………………………………………………………… 665
 第三节 管道焊接 ……………………………………………………………………………… 665
  一、焊接和焊接冶金过程的特点 …………………………………………………………… 665
  二、压力管道施工中经常采用的焊接方法 ………………………………………………… 665
  三、对焊工资格管理要求 …………………………………………………………………… 666
  四、焊接工艺评定及其目的 ………………………………………………………………… 666

五、焊条型号的表示 ………………………………………………………………… 666
　　六、在焊接接头中容易出现的焊接缺陷 …………………………………………… 668
　　七、未焊透和咬边的危害 …………………………………………………………… 668
　　八、SH 3501 对焊接接头表面质量提出的要求 ………………………………… 668
第四节　施工检验标准的比较 …………………………………………………………… 668
　　一、GB 50235《工业金属管道工程施工规范》和 GB 50184《工业金属管道工程
　　　　施工质量验收规范》管道射线检测和超声波检测 ………………………… 668
　　二、GB 50316《工业金属管道设计规范》管道射线照相或超声波检测 ……… 669
　　三、SH 3501《石油化工有毒、可燃介质管道工程施工及验收规范》对管道焊接
　　　　接头的无损检验 …………………………………………………………… 669
　　四、GB 50235《工业金属管道工程施工规范》和 GB 50184《工业金属管道工程
　　　　施工质量验收规范》的适用范围 …………………………………………… 671
　　五、SH 3501《石油化工有毒、可燃介质管道工程施工及验收规范》的适用范围 … 671
　　六、GB 50235、GB 50517、GB/T 20801、SH 3501、SH 3502、HG 20225、DL 5031 施工
　　　　验收规范的比较 …………………………………………………………… 671
第五节　管道的试压和吹扫 ……………………………………………………………… 672
　　一、进行管道系统试压需要符合的条件 …………………………………………… 672
　　二、GB 50235 对管道液压试验压力的规定 ……………………………………… 672
　　三、SH 3501 对管道压力试验的压力规定 ……………………………………… 673
　　四、对不能参与系统试压的设备、管道附件应采取的措施 …………………… 673
　　五、GB 50235 对管道气压试验压力的规定 ……………………………………… 673
　　六、可采用气压试验代替液压试验的 SH 3501 的规定 ………………………… 674
　　七、SH 3501 对液压试验用液体温度的规定 …………………………………… 674
　　八、SH 3501 液体压力试验应用洁净水的要求 ………………………………… 674
　　九、进行管道气体泄漏性试验的 SH 3501 的规定 ……………………………… 674
　　十、奥氏体不锈钢管道器材的酸洗、钝化 ……………………………………… 674
　　十一、管道系统的吹扫方法 ………………………………………………………… 674
　　十二、管道系统吹扫的要求以及吹扫压力的确定 ……………………………… 675
　　十三、管道吹扫压力及各种吹扫介质的吹扫规定 ……………………………… 675
　　十四、装置施工过程中单机试车的目的 ………………………………………… 675
　　十五、工程中间交接过程中"三查"、"四定"的内容 …………………………… 675
　　十六、装置联动试车的目的和内容 ……………………………………………… 675
　　十七、施工现场工程实例 ………………………………………………………… 675
第六节　常用的施工与验收规范 ………………………………………………………… 677

第十二章　专业与项目管理

第一节　压力管道设计专业项目管理问题分析及措施 ………………………………… 678
　　一、项目中压力管道设计专业的组织分解 ……………………………………… 678
　　二、压力管道设计专业项目管理常见的问题分析 ……………………………… 678
　　三、提高压力管道设计专业项目管理水平措施 ………………………………… 680
第二节　管道专业负责人的职责和主要任务 …………………………………………… 681

一、专业负责人应具备的条件 ………………………………………… 681
　　二、专业负责人的主要职责 …………………………………………… 681
　　三、专业负责人的主要任务 …………………………………………… 682
　　四、大、中型工程项目压力管道专业负责人的工作程序 …………… 682
　第三节　项目经理技能和职责 …………………………………………… 684
　　一、管道工程师与项目经理 …………………………………………… 684
　　二、项目经理的技能 …………………………………………………… 684
　　三、项目经理的职责 …………………………………………………… 685

附录 ………………………………………………………………………… 687
　附录一　压力管道设计管道最小连接尺寸 ……………………………… 687
　附录二　金属材料的平均线胀系数 ……………………………………… 716
　附录三　金属材料的弹性模量 …………………………………………… 717
　附录四　常用单位换算 …………………………………………………… 718

参考文献 …………………………………………………………………… 721

第一章 绪 论

第一节 压力管道的概念及特点

（1）管道 管道（Piping）由管道组成件、管道支承件组成，用于输送、分配、混合、分离、排放、计量、控制或截止流体流动。

（2）管道组成件 管道组成件是用于连接或装配管道的元件，包括管子（Pipe）、管件、法兰、垫片、螺栓、阀门以及管道特殊件等设施。

（3）管道支承件 管道支承件（Pipe-supporting Elements）是管道安装件和附着件的总称。

安装件（Fixtures）是将负荷从管子或管道附着件上传递到支承结构或设备上的元件，包括吊杆、弹簧支吊架、斜拉杆、平衡锤、松紧螺栓、支撑杆、链条、导轨、锚固件、鞍座、垫板、滚柱、托座和滑动支架等。

附着件（Structural Attachment）是用焊接、螺栓连接或夹紧等方法附装在管子上的零件，包括管吊、吊（支）耳、圆环、夹子、吊夹、紧固夹板和裙式管座等。

（4）压力管道 压力管道（Pressure Piping）是生产、生活中广泛使用的可能引起燃爆或中毒等危险性较大的特种设备[1]。

压力管道[2]是指利用一定的压力，用于输送气体或者液体的管状设备，其范围规定为最高工作压力大于或等于 0.1MPa（表压）的气体、液化气体、蒸汽介质或者可燃、易爆、有毒、有腐蚀性、最高工作温度高于或等于标准沸点的液体介质，且公称直径大于 25mm 的管道。

（5）压力管道的特点 国务院颁布的《特种设备安全监察条例》明确规定，压力管道和锅炉、压力容器、起重机械并列为不安全因素较多的特种设备。压力管道的特点包括以下几点。

① 压力管道是一个系统，相互关联相互影响，牵一发动全身。

② 压力管道长径比很大，极易失稳，受力情况比压力容器更复杂。压力管道内流体流动状态复杂，缓冲余地小，工作条件变化频率比压力容器高（如高温、高压、低温、低压、位移变形、风、雪、地震等都可能影响压力管道受力情况）。

③ 管道组成件和管道支承件的种类繁多，各种材料各有特点和具体技术要求，材料选用复杂。

---

[1] 2009 年国务院第 549 号令《特种设备安全监察条例》：特种设备是指涉及生命安全、危险性比较大的锅炉、压力容器（含气瓶）、压力管道、电梯、起重机械、客运索道、大型游乐设施和场（厂）内专用机动车辆。

[2] 参见 2009 年国务院第 549 号令《特种设备安全监察条例》。

④ 管道上的可能泄漏点多于压力容器，仅一个阀门通常就有五处。

⑤ 压力管道种类多，数量大，设计、制造、安装、检验、应用管理环节多，与压力容器大不相同。

第二节　压力管道设计的特点

（1）压力管道设计属于多学科综合性专业　压力管道设计是既要求从事这项设计的工程技术人员具有工艺、设备、生产操作、安全生产、检修和施工等方面的知识，也要求其具有材料、力学、机械、设备、结构、仪表、电气、技术经济等多学科知识，还要求其能够运用好计算机和外语两个最重要的工具，根据拟设计装置工艺、设备、土建、仪表、电气等各专业的设计要求，结合装置建设地地理、地质、水文、气候和气象条件，并遵循相关法规和规定，用管道及其组件将装置中各设备安全、经济、合理地连接成为一个系统的、集体的、创造性的智力劳动。

（2）压力管道设计具有严格的法规性　压力管道设计必须遵循相关标准、规范和成功的工程惯例进行。无论是选择管道材料、进行装置设备布置、压力管道布置，还是管道支吊架设计、应力分析，均要遵循相关的标准、规范。

（3）压力管道设计是详细设计的主导专业　压力管道设计是详细设计的主导专业，起着承上启下的作用，随着其他专业设计工作的深入而不断地进行修改和补充，由浅入深、由定性到定量逐步分阶段进行，贯穿了工程设计的全过程。它的工作不但关系到自身的设计安全、质量、进度和费用，而且会对其他相关专业乃至整个装置的设计产生重要的影响。

（4）压力管道设计具有高度的依附性　压力管道设计必须满足工艺、设备、土建、仪表、电气等相关专业的设计要求与拟设计装置当地条件要求以及用户的要求。

（5）压力管道设计图纸复用率低　由于当地条件或用户要求的差异等，即使采用了同工艺、同产品和同规模，压力管道设计却不能照搬，需要重新按照标准规范及其他的规定进行装置设备布置、管道布置、管道支吊架设计、三维模型设计、平面图纸设计等工作。

（6）压力管道设计工作量大且繁杂　很多大、中型项目的压力管道专业设计需要几十人，甚至几百人的共同努力、互相配合才能完成。不同的设计人员之间在设计过程中，相互联系又相互影响。

由图 1-1 和图 1-2 可以看出，在同一石油化工项目中，压力管道专业实际工作日占总工程总工作日的百分比常常是最多的。

■ 图 1-1　某乙烯工程各专业的人工时比较

压力管道设计是一个反复修改、不断完善的过程。例如，某大型乙烯工程是由日本某工程公司和国内一家工程公司合作设计的，压力管道专业使用 PDS 计算机软件，布置设计了

第一章 绪论

■ 图1-2　压力管道设计人工时占项目总工时的比例（详细设计阶段）

四万多根管线。工程设计从开始到结束，压力管道专业共接收到 11 个版次的 PID（工艺流程图）条件，每一个版次的工艺流程图，都有大批量的修改。有时，即使工艺流程图修改很小一部分，也会造成压力管道专业的设计工作大量返工，甚至前功尽弃，必须重新进行设计。项目在工作高峰时，有 130 多位压力管道设计人员同时工作。

（7）施工现场服务的时间长　压力管道设计的成果，必须经过现场的实际检验，工艺装置安全、顺利地正常运行了，才算基本上完成了压力管道设计。

施工现场正式安装建设时，可能由于业主变更、专业条件改变或设计的原因，引起施工现场设计变更。此时，则需要根据施工现场的实际情况，进行变更设计。

（8）现代的压力管道设计技术对计算机依赖性强　随着计算机技术的迅猛发展，压力管道设计已经大量采用计算机辅助设计和工程计算。计算机已经成为压力管道设计的必要的工具和基本手段，没有现代化的计算机技术作支持，就没有现代化的压力管道设计技术，很多工程项目就不能按时、保质、保量地完成，甚至无法开展。

压力管道专业负责人掌握了一定的压力管道设计计算机技术，才能正确地领导和安排工作；才能够知道在每个设计阶段采用什么样的设计软件最能节省工时、最能提高工作效率；才能在压力管道设计的实践过程中，提出和实施切实可行的优化压力管道设计过程的创新创效成果。

国内外的一些工程软件开发商，不断地开发或升级出新的有利于提高压力管道设计效率和质量的软件，需要压力管道设计人员不断地了解、学习和掌握，以逐渐地从繁杂的设计过程中解脱出来。

压力管道设计人员能够熟练掌握一些常用的压力管道设计计算机软件，并能在此基础上获得一些运用技巧，在压力管道设计时，会达到事半功倍的效果。

【工程实例一】　有人收到一个由 AutoCAD 转换成的扩展名为 *.pdf 的文件，项目必须使用 *.pdf 中的图纸内容，而 AutoCAD 电子版原图已经找不到，如果重新绘制，一周都难以完成。事实上，已经有专门的小程序软件可以把 *.pdf 文件内的图形直接转换成 AutoCAD 电子图，这样，可能只需要很短的时间，甚至几分钟就可以完成任务。

【工程实例二】　某项目进行管道材料初步统计，有五张 0 号配管图纸（压力管道布置图），一位压力管道设计经验很丰富的专业负责人，带领几位从大学刚毕业的年轻人，用分

3

类数"正"字的方法一个一个地数，在纸上密密麻麻地写满了"正"字，然后用计算器分类加和。每天都在加班，工作了两个月，才勉强完成。其实，在不采用压力管道设计专用软件的情况下，可以使用计算机常用软件，例如采用 Office Excel 的"透视表"功能就可以实现管道材料的快速汇总，Access 也有这种交叉汇总功能。使用这种计算机处理方法在一周内就可以完成使用原始方法两个月才能完成的工作。

工程实例三 某压力管道设计人员使用 AutoCAD 花费了几个月，设计好了管道布置平面图。突然，设计条件变了，整个工厂的设计图纸需要以某轴线镜像一下，才能符合实际工程需要。使用 AutoCAD 的"Mirror"命令，镜像后，图形符合了实际需要，可是文字方向反了，如果一个一个地改动，工作量很大。事实上，只要使用 AutoCAD 的"Mirrtext"参数命令，问题就会立刻迎刃而解。

(9) 外语运用能力是进行压力管道设计的必备要求

① 阅读国外的新版标准规范需要具备良好的英语阅读能力，在互联网上、图书馆中学习国外最新的压力管道设计技术资料需要具备良好的英语应用能力。

② 一些国外新开发的三维工程设计软件，基本操作命令、菜单、高级操作是英文的。良好的外语运用能力是快速掌握这些新版的压力管道工程设计软件的必备要求。

③ 现在，与外方合作或者在国外建设的工程项目越来越多，具备了良好的英语交流能力，才能与外方设计人员进行有效的沟通，才能保证项目的顺利开展和完成；具备了良好的英语应用能力，才能顺利完成英文工程规定等文档的编制。

第三节　压力管道设计的基本要求

(1) 安全性　压力管道的安全性表现在以下几方面。

① 操作运行风险小，安全系数大，不至于因失效而产生重大事故。

② 运转平稳，没有或者少有跑、冒、滴、漏现象，不至于造成装置短生产周期的停车或频繁停车。

③ 设计时，对可能发生的安全问题做出正确评价，在压力管道布置和装置设备布置时给予充分的考虑，降低事故发生的概率。

安全问题涉及人的生命，是最重要的因素，压力管道设计要把安全问题放在设计的首要位置。设计部门的设计装备、设计环境、设计管理水平、设计质量控制水平、设计手段及其设计人员的责任心、技术水平、设计经验等无不对压力管道的安全性产生影响。一个良好的设计单位，应在上述各个方面做得都比较好。

影响压力管道安全性的因素是多环节、多方位的，每个环节出现问题都将危及其安全性。因此，保证压力管道的安全性要全方位进行。

工程实例一 某石化分公司的爆炸事故

某石化分公司 2002 年 2 月，聚乙烯装置爆炸事故造成 8 人死亡，1 人重伤，18 人轻伤，整个事故调查前后历经半年的时间，事故善后工作一直持续到 2006 年。

由于聚乙烯系统运行不正常，造成压力升高，致使劣质玻璃视镜破裂，导致大量的乙烯气体瞬间喷出，溢出的乙烯又被引风机吸入沸腾床干燥器内，与聚乙烯粉末、热空气形成的爆炸混合物达到爆炸极限，被聚乙烯粉末沸腾过程中产生的静电火花引爆，发生了爆炸。这起事故发生的直接原因是：管道设计人员对管道特殊件——视镜的选型错误；沸腾床引风机入口错误地布置在聚合釜上方，导致视镜或阀门泄漏时，溢出的乙烯被吸入沸腾床干燥器；

厂房错误地设计为封闭式的；采购环节存在疏漏。

工程实例二 管道断面破裂

横贯加拿大和美国的管道已发生多起严重的断面破裂事故，这些事故已经危及到管道的安全问题。仅在加拿大阿尔伯达省发生的管道破裂事故每年就超过 750 起，给人类和环境都造成了潜在的危害。这些管道破裂事故发生的原因主要归于三种：内腐蚀、外腐蚀和第三方破坏。在这些管道破裂事故中，上游管道约占三分之二，而且都发生在阿尔伯达省内；而半数以上又归因于内腐蚀。

(2) 满足工艺

① 满足工艺要求是压力管道设计的最基本要求。工艺流程图是压力管道设计的依据。

② 工艺流程的开发来源。工艺流程的开发来源于工厂的技术革新或研究单位的新技术开发，设计人员在办公室东拼西凑是搞不出新流程的。现代工程设计的工艺流程大都由工艺过程的专利拥有者提供工艺包，包括工艺设计的物料平衡、热平衡、主要工艺设备的计算和工艺流程图，而工艺流程拥有者常是科研单位和这一产品的已有生产厂，或者两者的结合。近年来的大型工程设计已开始向这方向发展，购买工艺包，然后根据工艺包进行工程设计，这对保证工艺流程的先进性和可靠性有极大意义。

③ 工艺流程的种类。工艺工程师通过各种图纸来表达化工装置中单元操作的相互关系，以及它的工艺概念。通常有三种用于工艺流程的设计图纸。

a. 方框图 (Block Flow Diagrams, BFD)：最简单的、最少符号的工艺流程图纸。只有基本的单元操作排序关系，有时还包括一些简单的物料平衡。各个工艺步骤用圆圈或矩形框表示，并用主要的物流线连接起来。

b. 工艺流程图 (Process Flow Diagrams, PFD)：图中表示的内容比方框图的更加详细。表明了工艺装置中所有主要设备及其关系，用类似的符号表达设备，标识出蒸馏塔顶、釜、进料位置，换热器中的管侧用连续线标识，通常在设备符号附近标注一些简短的说明（如设备处理能力），在 PFD 中还应该表明基于总物料平衡的一些主要流股的流率、公用工程量（蒸汽、冷却水）。

c. 管线及仪表流程图 (Piping & Instrumentation Diagrams, PID)：是最详细的图纸，必须包括所有系统组件，如管线、阀、罐、仪表、控制回路及公用工程连接点。其图纸样式、表达深度取决于各工程公司的标准规范。通常所有管线的尺寸或材料、所有与塔或容器或罐相连接的管口、所有塔板及容器内件都要表示清楚。设备描述或说明可以放置在图的底部。

④ 压力管道设计需要参考的工艺流程图，一般指管线及仪表流程图。

(3) 经济性 这是指压力管道的一次投资费用和操作维护费用的综合指数低。一般情况下，如果一次投资费用较高，其可靠性好，操作维护费用低；相反亦然。借助计算机分析可以取最优化的组合。

在设计中，要力争做到管系中各元件具有相同的强度和寿命。

减少装置的占地面积也是降低基建投资的一个有效手段，而减少占地面积又往往与操作、维护、消防以及其他技术需求一定的空间相矛盾。良好的设计应是两者的优化组合。

(4) 标准化、系列化设计 进行标准化、系列化设计将有效地减少设计、生产、安装投入的人力和物力，同时给维护、检修、更换带来方便。设计、制造、安装和生产上越来越多地采用和等效采用国外的一些先进的标准规范。

(5) 美观性　进入石油化工生产装置，给人最直观的感觉就是压力管道的布置和设备平面布置，层次分明、美观的压力管道布置是反映设计水准高低的一个很重要的指标。

第四节　压力管道的分级（类）

一、《压力容器压力管道设计许可规则》的管道分级（类）

管道划分为四大类：长输管道、公用管道、工业管道、动力管道。

长输（油气）管道（GA），是指产地、储存库、使用单位之间的用于输送商品介质的管道。

公用管道（GB），是指城市或乡镇范围内的用于公用事业或民用的燃气管道和热力管道。

工业管道（GC），是指企业、事业单位所属的用于输送工艺介质的工艺管道、公用工程管道及其他辅助管道。

动力管道（GD），是指火力发电厂用于输送蒸汽、汽水两相介质的管道。

二、美国国家压力管道标准的管道分级（类）

美国管道规范属 ASME B31。ASME B31 包括以下七部单独出版的压力管道美国国家标准。

① ASME B31.1《动力管道（Power Piping）》。
② ASME B31.3《工艺管道（Process Piping）》。
③ ASME B31.4《液态烃和其他液体管道输送系统（Pipeline Transportation Systems for Liquid Hydrocarbons and Other Liquids）》。
④ ASME B31.5《致冷管道（Refrigeration Piping）》。
⑤ ASME B31.8《输气和配气管道系统（Gas Transportation and Distribution Piping Systems）》。
⑥ ASME B31.9《建筑管道（Building Services Piping）》。
⑦ ASME B31.11《浆液管道输送系统（Slurry Transportation Piping Systems）》。

每部标准均包括设计、材料、管道组件限制、制作、装配、安装、检查、检验和试验等内容，是一部完整的综合性标准。其中 ASME B31.3《工艺管道》内容涉及化工和石油化工等行业的管道，原标准名为《化工厂和炼油厂管道》。该标准最初由美国标准协会（ASA）组织编制，美国机械工程师学会（ASME）主专业委员会成员来自约 40 个不同的工程学会、行业、政府管理局和各商业团体。首版标准于 1935 年问世，即《美国试行标准——压力管道规范》。1942 年正式以标准号 ASA B31.1 出版。1955 年决定单独出版不同行业的压力管道规范，以适应不同行业的要求，这导致了上述 B31.4、B31.5 和 B31.8 等标准的出版和 ASA B31.3—1959《炼油厂管道》的出版。

由于 1967~1969 年美国标准协会（ASA）先改名为美利坚合众国标准学会（USAS），后又改名为美国国家标准学会（ANSI），故 1973 年标准代号改为 ANSI B31.3。1976 年因并入了化工厂管道内容而更名为《化工厂和炼油厂管道》。1978 年美国国家标准 B31 委员会改组为 ASME 压力管道规范 B31 委员会，自 1980 年后各版标准分别以 ANSI/ASME B31.3，ASME/ANSI B31.3 和 ASME B31.3 代号出版，1996 年版更名为 ASME B31.3《工艺管道》，一直沿用到现在的最新版 ASME B31.3，其发展概况见表 1-1。

表 1-1 ASME B31.3 的发展概况

时 间	标准代号及名称	说 明
1935	American Tentative Standard Code for Pressure Piping	美国试行标准 压力管道规范
1942	ASA B31.1 American Standard Code for Pressure Piping	新编致冷管道部分
1944	ASA B31.1a—1994	增补
1947	ASA B31.1a—1947	增补
1951	ASA B31.1—1951	全面修订：新材料、新标准、澄清规范要求
1953	ASA B31.1a—1953	增补
1955	ASA B31.1—1955	修订版
1959	ASA B31.3—1959 Petroleum Refinery Piping	1955 年决定编制出版各行业的单独规范，该规范取代了 B31.1—1955 中第三部分
1962	ASA B31.3—1962	修订版
1966	ASA B31.3—1966	修订版
1967		美国标准协会（ASA）更名为美利坚合众国标准学会（United States of American Standard Institute）
1969		更名为美国国家标准学会（ANSI）
1973	ANSI B31.3—1973	
1973	ANSI B31.3a—1973	增补
1974	ANSI B31.3b—1974	增补
1975	ANSI B31.3c,d—1975	增补
1976	ANSI B31.3—1976 Chemical Plant and Petroleum Refinery Piping	将原计划的《化工厂管道》ANSI B31.6 并入 B31.3 更名为《化工厂和炼油厂管道》
1976～1980		5 次增补
1980	ANSI/ASME B31.3—1980	1978 年美国国家标准 B31 委员会改组为 ASME 压力管道规范 B31 委员会，更改标准号，非金属内容单独成章
1984	ANSI/ASME B31.3—1984	将低温管道并入 B31.3，包括 3 次增补
1987	ASME/ANSI B31.3—1987	包括 3 次增补，改编附录 A 的表，改编第 V 和 VI 章，增加第 IX 章（高压管道），包括 3 次增补，增加附录 X《金属波纹膨胀节》和附录 Z《技术询问的准备》
1990	ASME B31.3—1990	
	ASME B31.3a—1990	
	ASME B31.3b—1991	
1993	ASME B31.3—1993	
	ASME B31.3a—1993	
	ASME B31.3b—1994	
1996	ASME B31.3—1996 Process Piping	更名，首次应用 SI 单位

ASME B31 委员会是常设机构，为及时反映材料、建造和工业实践中的新发展，每 3～5 年发布新版标准；各修订版之间，基本上每年发表增补，以反映标准的最新修订动态，增补中的内容在发布 6 个月后生效。

美国国家标准 ASME 压力管道规范 ASME B31.3，根据输送流体性质和泄漏时造成的后果，将管道输送的流体分为 D 类、M 类、高压和常规四类流体工况（Fluid Service）。

① D 类流体工况（Category D Fluid Service）：不易燃、无毒、并且在规定操作条件下

对人类肌体无害；设计表压不大于1035kPa（150psi或1.05MPa）；设计温度在－29（－20）～186℃（366℉）之间。

② M类流体工况（Category M Fluid Service）：有剧毒，在输送工程中如有较少量泄漏到环境中，被人吸入或与人体接触时能造成严重的和难以治疗的伤害，即使迅速采取措施也无法挽救。

③ 高压流体工况（High Pressure Fluid Service）：业主规定按ASME标准的高压管道进行设计和建造的工况。

④ 常规流体工况（Normal Fluid Service）：即不受D类、M类或高压流体工况管辖的管道。

流体类别的确定可以参考ASME B31.3附录M（Appendix M Guide To Classifying Fluid Services）的程序图。

流体类别确定后即可按照ASME B31.3有关章节的具体要求对输送流体的管道进行设计、加工和检验。

三、《工业金属管道设计规范》的管道分级（类）

《工业金属管道设计规范》（GB 50316—2000）根据输送的流体性质和泄漏时造成的后果，将管道分为五类。

① A1类流体（Category A1 Fluid）管道：A1类流体系指剧毒流体，在输送过程中如有极少量的流体泄漏到环境中，被人吸入或人体接触时，能造成严重中毒，脱离接触后，不能治愈。相当于现行国家标准《职业性接触毒物危害程度分级》（GB 5044）中Ⅰ级（极度危害）的毒物。

② A2类流体（Category A2 Fluid）管道：A2类流体系指有毒流体，接触此类流体后，会有不同程度的中毒，脱离接触后可治愈。相当于《职业性接触毒物危害程度分级》（GB 5044）中Ⅱ级以下（高度、中度、轻度危害）的毒物。

③ B类流体（Category B Fluid）管道：B类流体系指这些流体在环境或操作条件下是一种气体或可闪蒸产生气体的液体，这些流体能点燃并在空气中连续燃烧。

④ D类流体（Category D Fluid）管道：D类流体系指不可燃、无毒、设计压力小于或等于1.0MPa，设计温度在－20～186℃之间的流体。

⑤ C类流体（Category C Fluid）管道：C类流体系指不包括D类流体的不可燃、无毒的流体。

四、《化工金属管道工程施工及验收规范》的管道分级（类）

《化工金属管道工程施工及验收规范》（HG 20225—95）规定化工行业金属管道应按管道所输送的介质分为四类：A类为输送剧毒介质的管道；B类为输送可燃介质或有毒介质的管道；C类、D类为输送非可燃介质、无毒介质的管道。其中设计压力$p \leqslant 1$MPa，且设计温度为－29～186℃的管道为D类管道。

说明：混合物料应以其主导物料作为分级依据；常见剧毒介质、可燃介质或有毒介质，请参考《化工金属管道工程施工及验收规范》的附录。

五、《石油化工管道设计器材选用通则》的管道分级（类）

《石油化工管道设计器材选用通则》（SH 3059—2001）对输送有毒、可燃介质管道的分级见表 1-2。

表 1-2 输送有毒、可燃介质管道的分级

管道级别	适 用 范 围
SHA	①毒性程度为极度危害介质管道(苯管道除外) ②毒性程度为高度危害介质的丙烯腈、光气、二硫化碳和氟化氢介质管道 ③设计压力大于或等于 10.0MPa 输送有毒、可燃介质管道
SHB	①毒性程度为极度危害介质的苯管道 ②毒性程度为高度危害介质管道(丙烯腈、光气、二硫化碳和氟化氢管道除外) ③甲类、乙类可燃气体和甲 A 类液化烃及甲 B 类、乙 A 类可燃液体介质管道
SHC	①毒性程度为中度、轻度危害介质管道 ②乙 B 类、丙类可燃液体介质管道
SHD	设计温度低于 −29℃的低温管道
SHE	设计压力小于 10.0MPa 且设计温度高于或等于 −29℃的无毒、非可燃介质管道

注:1. 混合物料应以其主导物料作为分级依据。
2. 常见毒性介质、可燃介质,请参考《石油化工管道设计器材选用通则》的附录。

SHA、SHB 和 SHC 级主要根据《职业性接触毒物危害程度分级》(GB 5044—85)和《石油化工企业设计防火规范》[GB 50160—2008]规定来划分,SHA 级主要用于极度危害介质管道,又根据石油化工生产的特点,将 GB 5044 规定的极度危害介质苯归入 SHB 级,将高度危害介质丙烯腈、光气、二硫化碳和氟化氢归入 SHA 级。SHD 级则既包括了有毒、可燃介质低温管道,也包括了无毒、非可燃介质低温管道。SHE 级则仅为无毒、非可燃介质管道。

说明:毒性程度是根据《职业性接触毒物危害程度分级》(GB 5044—85)划分的,见表 1-3;甲类、乙类可燃气体是根据《石油化工企业设计防火规范》[GB 50160—2008]中可燃气体的火灾危险性分类划分的,见表 1-4、表 1-5;可燃气体、液化烃、可燃液体的火灾危险性分类是根据 GB 50160—2008 确定的,见表 1-6。混合物料应以其主导物料作为分级依据;当操作温度超过其闪点的乙类液体,应视为甲 B 类液体;当操作温度超过其闪点的丙类液体,应视为乙 A 类液体。

表 1-3 常用有毒介质举例

级 别	毒 物 名 称
极度危害 (Ⅰ级)	汞及其化合物、苯、砷及其无机化合物、氯乙烯、铬酸盐、重铬酸盐、黄磷、铍及其化合物、对硫磷、羰基镍、八氟异丁烯、氯甲醚、锰及其无机化合物、氰化物
高度危害 (Ⅱ级)	三硝基甲苯、铅及其化合物、二硫化碳、氯、丙烯腈、四氯化碳、硫化氢、甲醛、苯胺、氟化氢、五氯酚及其钠盐、镉及其化合物、敌百虫、氯丙烯、钒及其化合物、溴甲烷、硫酸二甲酯、金属镍、甲苯二异氰酸酯、环氧氯丙烷、砷化氢、敌敌畏、光气、氯丁二烯、一氧化碳、硝基苯
中度危害 (Ⅲ级)	苯乙烯、甲醇、硝酸、硫酸、盐酸、甲苯、二甲苯、三氯乙烯、二甲基甲酰胺、六氯丙烯、苯酚、氮氧化物
轻度危害 (Ⅳ级)	溶剂汽油、丙酮、氢氧化钠、四氟乙烯、氨

表 1-4 可燃气体的火灾危险性分类

类 别	可燃气体与空气混合物的爆炸下限	类 别	可燃气体与空气混合物的爆炸下限
甲	<10%(体积)	乙	≥10%(体积)

表 1-5 可燃气体火灾危险性分类举例

类别	名称
甲	乙炔,环氧乙烷,氢气,合成气,硫化氢,乙烯,氰化氢,丙烯,丁烯,丁二烯,顺丁烯,反丁烯,甲烷,乙烷,丙烷,丁烷,丙二烯,环丙烷,甲胺,环丁烷,甲醛,甲醚,氯甲烷,氯乙烯,异丁烷
乙	一氧化碳,氨,溴甲烷

表 1-6 可燃气体、液化烃、可燃液体的火灾危险性分类

类别		名称	特征	举例
甲	A	液化烃	15℃时的蒸气压力大于 0.1MPa 的烃类液体及其他类似的液体	液化石油气、液化天然气、液化甲烷、液化丙烷等
	B		甲 A 类以外,闪点低于 28℃	汽油、戊烷、二硫化碳、石油醚原油等
乙	A	可燃液体	28℃≤闪点≤45℃	喷气燃料、煤油、丙苯、苯乙烯等
	B		45℃<闪点<60℃	—35 号①轻柴油、环戊烷等
丙	A②		60℃≤闪点≤120℃	轻柴油、重柴油、20 号重油、锭子油等
	B		闪点>120℃	蜡油、100 号重油、油渣、润滑油、变压器油等

① 原文如此。
② SH 3501—2011 规定:闪点小于 60℃且大于或等于 55℃的轻柴油,如果储罐操作温度小于或等于 40℃时,其火灾危险性可视为丙 A 类。

六、《石油化工有毒、可燃介质管道工程施工及验收规范》的管道分级(类)

《石油化工有毒、可燃介质管道工程施工及验收规范》(SH 3501—2011)的管道分级见表 1-7。

表 1-7 《石油化工有毒、可燃介质钢制管道工程施工及验收规范》(SH 3501—2011)的管道分级

序号	管道级别	输送介质	设计条件	
			设计压力/MPa	设计温度/℃
1	SHA1	(1)极度危害介质(苯除外)、光气、丙烯腈	—	—
		(2)苯、高度危险介质(光气、丙烯腈除外)、中度危害介质、轻度危害介质	$p \geq 10$	—
			$4 \leq p < 10$	$t \geq 400$
			—	$t < -29$
2	SHA2	(3)苯、高度危害介质(光气、丙烯腈除外)	$4 \leq p < 10$	$-29 \leq t < 400$
			$p < 4$	$t \geq -29$
3	SHA3	(4)中度危害介质、轻度危害介质	$4 \leq p < 10$	$-29 \leq t < 400$
		(5)中度危害介质	$p < 4$	$t \geq -29$
		(6)轻度危害介质	$p < 4$	$t \geq 400$
4	SHA4	(7)轻度危害介质	$p < 4$	$-29 \leq t < 400$
5	SHB2	(8)甲类、乙类可燃气体介质和甲类、乙类、丙类可燃液体介质	$p \geq 10$	—
			$4 \leq p < 10$	$t \geq 400$
				$t < -29$
6	SHB2	(9)甲类、乙类可燃气体介质和甲 A 类、甲 B 类可燃液体介质	$4 \leq p < 10$	$-29 \leq t < 400$
		(10)甲 A 类可燃液体介质	$p < 4$	$t \geq -29$
7	SHB3	(11)甲类、乙类可燃气体介质,甲 A 类可燃液体介质,乙类可燃液体介质	$p < 4$	$t \geq -29$
		(12)乙类、丙类可燃液体介质	$4 \leq p < 10$	$-29 \leq t < 400$
		(13)丙类可燃液体介质	$p < 4$	$t \geq 400$
8	SHB4	(14)丙类可燃液体介质	$p < 4$	$-29 \leq t < 400$

注:1. 常见的毒性介质和可燃介质参见 SH 3501—2011 的附录 A,也可参照本书的表 1-4~表 1-6。
2. 管道级别代码的含义为:SH 代表石油化工行业、A 为有毒介质、B 为可燃介质、数字为管道的质量检查等级。

管道分级除应符合表 1-7 的规定外，还应符合下列规定。

① 输送氧气介质管道的级别应根据设计条件按本规范表 1-7 中乙类可燃气体介质确定。

② 输送毒性不同的混合介质管道，应根据有毒介质的组成比例及其急性毒性指标（LD50、LC50），采用加权平均法获得混合物的急性毒性指标，然后按照毒性危害程度分级原则，以毒性危害级别最高者确定混合物的毒性危害级别，并据此划分管道。

③ 输送同时具有毒性和可燃性的介质管道，应按表 1-7 中 SHA 和 SHB 的规定分别划分管道级别，并按两者级别的较高者确定。

表 1-7 中所列管道的检查等级除应符合相反管道级别的要求外，还应符合下列规定。

① 设计文件规定为剧烈循环工况管道的检查等级为 1 级。

② 铬钼合金钢、双相不锈钢管道的检查等级不得低于 2 级。

③ 奥氏体不锈钢和设计文件要求低温冲击试验的碳钢管道的检查等级不得低于 3 级。

输送氧气介质管道的施工及验收除符合本规范的规定外，还应符合现行国家标准《深度冷冻法生产氧气及相关气体安全技术规程》（GB 16912）的有关规定。

七、《石油化工金属管道工程施工质量验收规范》的管道分级（类）

《石油化工金属管道工程施工质量验收规范》（GB 50517—2010）的管道分级见表 1-8。

表 1-8 《石油化工金属管道工程施工质量验收规范》（GB 50517—2010）的管道分级

序号	管道级别	输送介质	设计条件		TSG D0001 级别
			设计压力/MPa	设计温度/℃	
1	SHA1	(1)极度危害介质（苯除外）、高度危害丙烯腈、光气介质	—	—	GC1
		(2)苯介质、高度危害介质(丙烯腈、光气除外)、中度危害介质、轻度危害介质	$p \geq 10$	—	GC1
			$4 \leq p < 10$	$t \geq 400$	
			—	$t < -29$	
2	SHA2	(3)苯介质、高度危害介质(丙烯腈、光气除外)	$4 \leq p < 10$	$-29 \leq t < 400$	GC1
			$p < 4$	$t \geq -29$	
3	SHA3	(4)中度危害介质、轻度危害介质	$4 \leq p < 10$	$-29 \leq t < 400$	GC2
		(5)中度危害介质	$p < 4$	$t \geq -29$	
		(6)轻度危害介质	$p < 4$	$t \geq 400$	
4	SHA4	(7)轻度危害介质	$p < 4$	$-29 \leq t < 400$	GC2
5	SHB1	(8)甲类、乙类可燃气体介质和甲类、乙类、丙类可燃液体介质	$p \geq 10$	—	GC1
			$4 \leq p < 10$	$t \geq 400$	
			—	$t < -29$	
6	SHB2	(9)甲类、乙类可燃气体介质及甲 A 类、甲 B 可燃液体介质	$4 \leq p < 10$	$-29 \leq t < 400$	GC1
		(10)甲 A 类可燃液体介质	$p < 4$	$t \geq -29$	GC2
7	SHB3	(11)甲类、乙类可燃气体介质,甲 B 类、乙类可燃液体介质	$p < 4$	$t \geq -29$	GC2
		(12)乙类、丙类可燃液体介质	$4 \leq p < 10$	$-29 \leq t < 400$	GC2
		(13)丙类可燃液体介质	$p < 4$	$t \geq 400$	GC2
8	SHB4	(14)丙类可燃液体介质	$p < 4$	$-29 \leq t < 400$	GC2
9	SHC1	(15)无毒、非可燃介质	$p \geq 10$	—	GC1
			—	$t < -29$	
10	SHC2	(16)无毒、非可燃介质	$4 \leq p < 10$	$t \geq 400$	GC1

续表

序号	管道级别	输送介质	设计条件 设计压力/MPa	设计条件 设计温度/℃	TSG D0001 级别
11	SHC3	(17)无毒、非可燃介质	4≤p<10	-29≤t<400	GC2
			1<p<4	t≥400	
12	SHC4	(18)无毒、非可燃介质	1<p<4	-29≤t<400	GC2
			p≤1	t≥185	
			p≤1	-29≤t≤-20	
13	SHC5	(19)无毒、非可燃介质	p≤1	-20<t<185	GC3

注：1. 输送氧气介质的管道级别应根据设计条件按表1-8中乙类可燃气体确定。
2. 输送毒性或可燃性不同的混合介质的管道级别应按其危害程度及含量确定。
3. 输送同时具有毒性和可燃性介质的管道级别应按表1-8中高管道级别确定。

表1-8中所列管道的检查等级，除应符合相应管道级别的要求处，尚应符合下列规定。

① 钛及钛合金、锆及锆合金、镍及镍基合金、高铬镍钼奥氏体不锈钢管道，以及设计明确规定为剧烈循环工况管道的检查等级不得低于1级。

② 铬钼合金钢、双相不锈钢、铝及铝合金管道的检查等级不得低于2级。

③ 奥氏体不锈钢、设计要求冲击试验的碳钢管道的检查等级不得低于3级。

氧气管道的施工及验收还应符合现行国家标准《深度冷冻法生产氧气及相关气体安全技术规程》(GB 16912)的有关规定。

八、《压力管道安全技术监察规程——工业管道》和《压力管道规范 工业管道》的管道分级(类)

TSG D0001—2009《压力管道安全技术监察规程——工业管道》规定压力管道设计、安装、检验应符合推荐性标准GB/T 20801—2006《压力管道规范 工业管道》的要求。TSG D0001和GB/T 20801的管道分级（类）如下所述。

GC1级：符合下列条件之一的工业管道。

① 输送《职业接触毒物危害程度分级》(GB 5044—1985)中规定的毒性程度为极度危害介质、高度危害气体介质和工作温度高于其标准沸点的高度危害液体介质的管道。

② 输送《石油化工企业设计防火规范》(GB 50160—2008)与《建筑设计防火规范》(GB 50016—2010)中规定的火灾危害性为甲、乙类可燃气体或者甲类可燃液体（包括液化烃），并且设计压力大于或者等于4.0MPa的管道。

③ 输送流体介质，并且设计压力大于或者等于10.0MPa，或者设计压力大于或者等于4.0MPa且设计温度大于或者等于400℃的管道。

GC2级：除本规定的GC3级管道外，介质毒性危害程度、火灾危险性（可燃性）、设计压力和设计温度低于GC1级的工业管道。

GC3级：输送无毒、非可燃流体介质，设计压力小于或者等于1.0MPa且设计温度高于-20℃、但是不高于185℃的工业管道为GC3级。

九、《工业金属管道工程施工规范》的管道分级(类)

《工业金属管道工程施工规范》GB 50235—2010的管道分级（类）如下所述。

工业金属压力管道应按国家现行标准《压力管道安全技术监察规程——工业管道》(TSG D0001) 的有关规定划分为 GC1、GC2 和 GC3。

除压力管道以外的其他管道，应按 C 类流体管道和 D 类流体管道分类。

当输送毒性危害程度或火灾危险性不同的混合介质时，应按其危害程度及其含量，并应由设计文件确定管道级别。

第五节　压力管道设计的任务

国内外工程公司通常把压力管道设计分成管道布置、管道材料和管道机械三个部分。

一、管道布置

管道布置（配管设计）应包括装置设备布置设计和管道布置设计两部分，一般是由配管工程师来完成。

装置设备布置设计是指通过计算机三维模型、电子 CAD 图或者图纸将一个生产装置所用的机械、设备、建筑物、构筑物等按一定的规则进行定位的设计过程。它涉及工艺流程要求，生产操作和检修要求，与四邻关系的要求，所在地形、地貌和面积大小的要求，自然环境和生活环境的要求等。装置设备布置设计的好坏直接影响到装置的操作、检修、安全、美观和经济性，它对管道设计也起到一个宏观控制作用。

管道布置设计是通过计算机三维模型、电子 CAD 图或者图纸来表示出管道位置、走向、支承等，并能满足工艺流程的要求，满足管道强度、刚度的要求，满足操作、维护、消防的要求等，最后给出管道及其元件的用量。

管道布置设计首先要了解设计条件和用户要求，然后确定设计应用标准规范，并由管道材料专业确定管道等级，最后进行管道走向、支承、操作平台等方面的综合规划和布置，并将有关的、必要的管道由管道机械专业进行应力分析。

（1）设计条件　设计的条件应包括装置建设的环境条件（如温度、湿度、风力、风向、雨雪、地震、地质、周边环境等）、工艺条件（如水、电、汽、风等公用工程条件及装置规模、介质性质、介质温度、介质压力、开停工时间、操作工况等）、建设周期（如设计计划表、采购计划表、施工计划表和开工时间等）等。用户有时也常提出一些要求，如操作要求、安全消防要求、环保要求、器材标准要求、设计文件编制内容要求等。设计条件和用户要求都是设计的基础条件。合理的设计在于把这些条件中提出的要求赋以运用，既要十分重视这些要求，又要对某些要求进行适当的平衡，最终做到在技术、经济、安全等方面均为最佳。

（2）管道走向　管道的走向设计就是确定管道以怎样的一个空间、路径和形状把相关的设备连起来。良好的管道走向应规则整齐，建设费用最低，运行起来安全可靠。具体设计过程中应考虑下面一些原则：管道的走向应满足工艺要求，距离最短，不妨碍操作和检查，不妨碍设备的检修，能够排凝排气，支架容易设置，热胀补偿容易进行等；多根管道在一起时应排列整齐，交错层次分明，并尽可能共用支承；并排的法兰和阀门应相互错开以便于操作，并减少间距以节省占用空间；操作点应集中设置；多路管道的布置应对称布置，不能使各路介质相互干扰或发生偏流等。

（3）管道定位　管道的定位就是在管道走向确定的情况下详细计算并确定管道的定位尺寸。在确定管道的定位尺寸时应充分考虑隔热及防腐等施工的影响，热胀位移的影响，法兰及阀门操作检修的影响，仪表元件对管道结构尺寸的要求，管道及其元件的安装空间要求，支承生根位置的要求等。

(4) 阀门定位　阀门的定位首先应满足工艺的要求，其次尚应满足操作、维护的要求，同时还应考虑防冻、防凝要求，大阀门的支承要求，管道振动、热胀等对阀门强度可靠性的影响等。

(5) 操作平台设置　操作平台的设置除满足管道的操作要求之外，尚应考虑设备上仪表、人孔、手孔、视镜等方面的操作维护要求，同时还应考虑设备部件、管道元件的检修要求，巡回检查要求，爬梯或梯子的安全设置要求，消防要求，照明要求等。操作平台一般由相应的设备、加热炉、土建等专业设计，配管专业应向这些专业提供所需要的平台资料。操作平台的委托资料应包括平台的大小、平台荷载、梯子形式等内容。

(6) 放空排净设计　放空排净的设计要满足管道开、停工以及管道液压试验时的高点排气、低点排净的要求。管道在高点存气时会造成管道的气阻、相连泵的抽空或汽蚀及停工时因燃气的积存而产生火灾危险等，而管道在低点存液时会造成介质的凝冻或停工时因燃油的积存而产生火灾危险等。因此，对于管道的高点和低点应设置相应的排气或排净设施。在进行管道的高点排气或低点排净设计时，尚应考虑对环境污染的问题。

(7) 隔热设计　管道隔热的目的是减少管道在运行中的热量或冷量损失，以节约能源；避免、限制或延迟管道内介质的凝固、冻结，以维持正常生产；减少生产过程中介质的"温升"或"温降"，以提高相应设备的生产能力；防止管道表面的结露；降低和维持工作环境温度，改善劳动条件，防止因热表面导致的火灾和防止操作人员烫伤。管道的隔热设计就是通过选取适当的隔热材料和隔热厚度以满足上述的要求。

(8) 防腐设计　防腐的设计是通过选取适当的防腐涂料和防腐结构，以达到管道及其元件免遭环境腐蚀的目的。在选择防腐涂料时，应考虑它与被涂物的使用条件相适应，与被涂物表面的材质相适应。防腐涂料的底漆与面漆应正确配套，并且要求所选涂料应经济合理，并具备施工条件。

(9) 支吊架设计　支吊架的设计应满足管道强度和刚度的需要，同时尚应能有效地降低管道对机械设备产生较大的附加荷载，防止管道的振动等。管道支吊架的设计包括支吊架形式的选用、支吊架材料的选用、支吊架强度的计算、生根点的荷载委托等方面的内容。

(10) 仪表元件定位　仪表元件的定位应满足仪表元件的操作、观察、维护等方面的要求，同时尚要考虑仪表元件对管道结构尺寸的要求（如孔板前、后的直管段要求）、仪表附属元件对操作空间的要求（如浮球液位计对空间的要求、仪表箱开启对空间的要求等）等。

(11) 取样设计　取样的设计应满足操作方便的要求，同时尚应考虑取样时的危险性、取样介质的新鲜性、对环境的污染以及防冻防凝的要求等。不同的介质，其取样位置、接头方式和取样设施有所不同。

(12) 伴热设计　伴热包括电伴热、蒸汽伴热、热水伴热和热油伴热，后三者需要管道设计人员设计伴热站位置，确定伴热管的始、末端，画出伴热图，统计伴热材料。

(13) 计算机三维模型、两维电子图纸的设计　以前，由于计算机水平落后，压力管道设计人员只能徒手在图纸上一笔一画地绘制，把装置设备布置设计和管道布置设计的内容表述出来。现在，更多的是使用效率高的计算机专用软件辅助设计，如三维模型设计软件PDMS、PDS（辅助软件SmartPlant Review）、AutoPlant等，两维设计软件AutoCAD、Microstation、AutoPlant Isometrics等。

对于使用三维模型设计软件PDMS、PDS（辅助软件SmartPlant Review）、AutoPlant

等进行压力管道设计，国内外的一些大型工程公司，基本上都是把装置设备布置设计和管道布置设计的设计内容直接绘制在计算机三维模型中。但是，有的工程公司由于计算机水平的应用限制，则采用了先使用 AutoCAD 或者 Microstation 做好两维平面设计，经校核后，再由制图员抄到 PDMS、PDS 或者 AutoPlant 三维模型中。

使用 PDMS、PDS 或者 AutoPlant 三维模型进行压力管道设计，在设计过程中，还需要进行碰撞检查、轴测图的自动抽取、平面图的切取、平面图的标注等工作内容。

（14）图例标识及图幅安排　图例的标识及图幅的安排应符合绘图规范的要求，并便于识别。图面应清晰整洁，线条分明，表达完整，与相关设计文件的连接表达清楚等。

（15）设计接口　在管道设计的各阶段，应陆续向相关专业提交有关的设计条件。这些资料大致包括设备管口方位、建构筑物的形式及结构尺寸、设备附加管道重量情况（有时是与有关专业一道向土建专业提供设备基础荷重资料）、管架上的管子重量及可预见的管子推力、平台梯子资料、建构筑物开孔埋件资料、照明资料、给排水接点资料、排污点资料、仪表元件位置资料、工程实物量（给技术经济专业或费用控制专业）等。

（16）设计文件的编制　在完成管道的详细设计之后，应编制相应的文件资料，使它与管道设计图纸一起组成一个完整的管道设计文件。这些文件资料应包括资料图纸目录、管道设计说明书、管道表、管道等级表、管段材料表、管道材料表、管道设备规格表、管道设备规格书、管道支吊架汇总表、非标管道设备图、非标支吊架图等。

资料图纸目录分区域目录和装置目录两种。如果该装置不分区，可只编装置目录。资料图纸目录应包括该装置中管道设计专业编制的所有图纸、文件资料和复用设计文件资料的目录，并按照文字资料、图纸、复用文件的先后顺序编排。

管道设计说明书应包括管道的设计原则、设计思路、执行规范、典型配管研究、典型的管道柔性设计数据、与仪表专业的分工、识图方法（图例）、施工要求、采购要求、其他要说明的问题等。

管道等级表是针对一系列介质条件而编制的管道器材应用明细表。它包括等级号、设计条件（设计压力、设计温度和介质）、管道公称压力等级、管道壁厚等级、管道元件材料、管道元件形式、管道元件应用规范和材料规范等内容。一般情况下，管道等级表是由管道材料工程师完成的。

管道材料表和管道设备规格表是管段材料表的分类汇总（有的工程公司把这两个表合在一起称为管道材料汇总表），是采购和备料的重要设计文件。前者主要包括了管子、弯头、三通、大小头、管帽、加强管嘴、加强管接头、异径短节、螺纹短节、管箍、仪表管嘴、漏斗、快速接头、法兰、垫片、螺栓、螺母、限流孔板、盲板、法兰盖等管道器材元件的分类汇总。后者则主要包括了阀门、过滤器、疏水器、视镜、弹簧支吊架等管道器材元件的分类汇总。完整的描述应包括管道元件名称、结构形式、规格、数量、压力等级（或壁厚等级）、连接方式、材料、材料规范、应用标准及其他需要说明的属性等内容。另外，作为装置的管道材料表和管道设备规格表还应计入施工损耗附加量。

管道设备规格书是一个采购用的设计文件，当管道设备规格表不能完全表达管道设备的属性时，应编制该文件。管道设备规格书除给出上述管道设备规格表所包含的内容外，还应给出设计条件、详细结构描述、分解零部件材料等特殊要求。有时，管道设备规格书并不纳入出版的设计文件中，而是作为订货技术文件编入采购时的订货技术附件中。

管道支吊架汇总表是将装置中采用的支吊架进行分类汇总的一个设计文件，它为支吊架的采购和工厂预制提供了方便。

非标管道设备图和非标支吊架图是针对标准之外的管道设备和支吊架而绘制的制造详图。这一类图纸不宜太多,换句话说,应鼓励选用标准的管道设备和支吊架,这样做有利于降低工程投资,加快设计、制造、施工等各阶段的进度。

管道布置是一个繁杂而细致的设计过程,它占据了压力管道设计过程中的大部分工作量。配管工程师在进行管道布置时,除了应具备管道布置的必备知识,还要具备管道材料设计和管道机械设计的一定知识,才能真正地做好装置设备布置设计和管道布置设计。

二、管道材料

(1) 管道材料设计的内容
① 管道材料选用及等级规定。
② 隔热工程规定。
③ 防腐与涂漆工程规定。
④ 管道材料工程规定。
⑤ 设备隔热材料一览表。
⑥ 管道隔热材料一览表。
⑦ 设备涂漆材料一览表。
⑧ 管道涂漆材料一览表。
⑨ 综合材料汇总表。
⑩ 非标管件图。
⑪ 管道材料请购文件。

管道的材料设计一般是由管道材料工程师来完成的。管道材料设计影响到压力管道的可靠性和经济性。管道的材料设计涉及管道器材标准体系的选用、材质选用、压力等级的确定、管道及其元件形式的选用等。

(2) 压力管道材料的汇总　如果项目使用 PDS、PDMS 或者 AutoPlant 等三维模型设计软件,则需要完成计算机软件管道材料数据库的建立。建立的依据就是"管道材料等级表",这项工作由管道材料工程师来完成,有时需要软件开发商进行技术支持。在装置设备布置设计和管道布置设计完成时,使用软件的自动汇总材料功能,可以快速整理好材料的各种报表。

三、管道应力

管道的应力设计一般是由管道机械工程师来完成的。研究的核心是管道的机械强度和刚度问题,它包括管道及其元件的强度、刚度是否满足要求,管道对相连机械设备的附加荷载是否满足要求等。通过对管系应力、管道机械振动等内容的力学分析,适当改变管道的走向和管道的支撑条件,以达到满足管道机械强度和刚度要求的目的。管道机械设计进行的好坏,影响到管系的安全可靠性。

根据作用荷载的特性以及研究方法的不同,可将管系的力学分析分为两大类,即静应力分析和动应力分析。静应力分析的对象是指外力与应力不随时间而变化的工况。动应力分析的对象是指包括管道的机械振动、管道的疲劳等外力与应力随时间而变化的工况。管道的支吊架设计一般是随着管道布置由配管工程师完成的,它与管道的机械强度息息相关。当管道

第一章　绪论

的力学分析不能满足要求时，往往要通过调整支吊架的数量、位置和方式等使其满足要求，因此管道的支吊架设计在此也列入管道应力研究的范畴。

Caesar Ⅱ、Bentley AutoPipe、PipeNet 等压力管道应力分析计算机软件的应用，大大方便了压力管道应力分析工作。

现代的应力分析计算机软件的输入功能使管道应力分析工程师更容易操作，软件的输入格式大大减少了建模时间。管道应力分析工程师可以只查看所关心的问题，模型一旦建成，自动错误检查将检查管道应力分析工程师的输入，从管系的透视图和可能的错误警告中确保建立的模型是正确的。错误检查完成后，管道应力分析工程师只要告诉应力分析计算机软件，程序将自动进行静态和动态分析。

第六节　压力管道设计阶段的划分

一、设计阶段的一般划分

一般情况下，压力管道设计可分为基础设计和详细设计两个阶段。

基础设计（Basic Design）阶段：在工艺包基础上进行的工程前期设计。

详细设计（Detail Design）阶段：为施工而进行的设计，国内常称为施工图设计。

在国内，还有初步设计阶段，是在工艺包基础上，为报政府部门或上级单位批准的工程前期设计。初步设计的设计内容深度，需要按照相关行业的专门规定，初步设计只是一个总体的规划，主要目的是报政府部门或上级单位审批。中国石油化工总公司为了控制石油化工大型建设项目的工程设计规模、设计方案、总投资等，还划分出总体设计阶段。

二、各设计阶段的内容和深度

在实际工程项目中，压力管道各设计阶段的内容和深度，应参考本行业的具体规定，或者根据项目合同商定的具体内容而定。

各行业在基础设计和详细设计两个阶段对设计深度均有不同的具体规定。

化工行业有《化工工艺设计施工图内容和深度统一规定》（HG 20519）。石化行业压力管道设计阶段的内容和深度规定包括：《石油化工装置基础工程设计内容规定》（SH SG-033）和《石油化工装置详细工程设计内容规定》（SH SG-053）。

对于初步设计，中国石油天然气集团公司有《化工项目初步设计内容规定》，化工行业标准有《化工工厂初步设计文件内容深度规定》（HG/T 20688），不同的规定，初步设计内容深度的规定也不同。对于总体设计，中国石油化工总公司有《石油化工大型建设项目总体设计内容规定》（SH SG-050）。

第七节　压力管道专业与其他专业的条件关系

各家大型工程公司或设计单位实际遵循的专业条件关系可能有差异，但大致类似。本节内容将以国内外多家大型工程公司常遵循的专业条件关系为实例进行介绍。

一、与工艺系统专业的接口条件

与工艺系统专业的接口条件见表 1-8。

表 1-8　与工艺系统专业的接口条件

条件种类		条件内容
接收条件	1	管道及仪表流程图(PID 图)
	2	管道数据表
	3	建议的设备布置图
	4	设备数据表(简图)、定型设备和机泵外形尺寸
	5	成套设备布置简图及数据表
	6	特殊件(图)表
	7	安全设施如消防设施、公用工程站及洗眼淋浴站的布置简图
	8	装置的界区条件
	9	安全阀数据表及排放条件
	10	装置区的防火及防腐蚀要求
提出条件	1	管道材料选用及等级规定；隔热、防腐材料设计规定
	2	分阶段提供设备布置图和管道布置图；地下管道走向和布置图
	3	根据工艺专业提出的管道数据条件表完成管道等级索引，提交工艺系统
	4	在最终配管设计完成前，提出对 PID 图的修改意见，如伴热条件、配管所要求的放空、排液，支管、异径管相对位置的修改等(必要时需工艺系统专业认可)

二、与自控专业的接口条件

与自控专业的接口条件见表 1-9。

表 1-9　与自控专业的接口条件

条件种类		条件内容
接收条件	1	电缆槽架布置条件
	2	仪表控制盘(柜)的轮廓尺寸、布置位置
	3	蒸汽、热水仪表伴热要求、所需仪表伴热站的数量要求
提出条件	1	设备布置图
	2	地上、地下管道布置图，对管廊的管道布置图中一般也应标出电缆槽架的位置

三、与电气专业的接口条件

与电气专业的接口条件见表 1-10。

表 1-10　与电气专业的接口条件

条件种类		条件内容
接收条件	1	危险区划分图
	2	电缆槽架布置条件
	3	配电盘(柜)的轮廓尺寸、布置位置
	4	静电接地干线布置图及管道与电气专业静电接地分工范围
提出条件	1	设备布置图
	2	管道布置图或模型
	3	提供用于电伴热及阴极保护的有关条件
	4	管道用静电接地条件
	5	局部照明条件

四、与设备专业的接口条件

与设备专业的接口条件见表 1-11。

表 1-11　与设备专业的接口条件

条件种类		条 件 内 容
接收条件	1	非标设备工程图、装配图
	2	定型设备、转动设备等装配图及条件表
	3	设备制造厂的资料及样本
	4	固体输送用的溜槽、下料管等详图;制造厂反馈的气体输送管线的布置及结构详图;工艺通风管道详图等
提出条件	1	设备布置图
	2	设备上管架预焊件或生根条件
	3	卧式设备支座固定侧及滑动侧条件
	4	设备管口方位图;设备接管及管口受力条件(如果需要)
	5	超出设备专业提供的设备管口允许受力条件的荷载情况
	6	设备上的平台、梯子条件;设备支座条件图
	7	提出在管廊上建议的粉体输送管道走向布置图

五、与土建专业的接口条件

与土建专业的接口条件见表 1-12。

表 1-12　与土建专业的接口条件

条件种类		条 件 内 容
接收条件	1	全厂总平面图
	2	全厂管线综合图
	3	建筑图
	4	结构图
	5	建、构筑物内采暖管线、室内给排水管线的接点位置图或接点表
提出条件	1	根据工艺和相关专业的建议设备布置图及建筑条件,与有关专业商定、确认和修订建、构筑物尺寸、层高、柱间距、轨顶标高、门窗位置等条件
	2	向建筑、结构、总图、暖通专业提供设备布置图
	3	向结构专业提供建、构筑物及管廊上的荷载条件;管道荷载条件;楼面和平台上的开孔条件;地面、楼面和结构梁、柱上的预埋件条件;设备基础和管架基础定位尺寸、固定架位置和支座底板面标高(POS)条件、室外地沟条件
	4	向建筑专业提供建筑物墙面上的开孔条件;预埋件条件;室内地沟条件
	5	向建筑、结构、室内给排水、暖通专业提供设计接口及水工结构条件;地下管道走向和布置图

六、与工程经济专业的接口条件

与工程经济专业的接口条件见表 1-13。

表 1-13　与工程经济专业的接口条件

条件种类		条 件 内 容
提出条件	1	管道材料表

七、与采购专业的接口条件

与采购专业的接口条件见表 1-14。

表 1-14 与采购专业的接口条件

条件种类		条 件 内 容
接收条件	1	合格厂商一览表
	2	制造厂对管道询价文件（MR 文件）的反馈意见
	3	制造厂的产品资料及样本
提出条件	1	管道材料的询价文件（MR 文件）、技术要求和管道综合材料表
	2	提供建议的厂商名录

八、与施工管理专业的接口条件

与施工管理专业的接口条件见表 1-15。

表 1-15 与施工管理专业的接口条件

条件种类		条 件 内 容
接收条件	1	施工用管线表
提出条件	1	设计变更通知单及有关解决施工问题的意见

第八节 工 程 实 例

工程实例一 因设计阶段的内容深度不清楚造成工程合同签订的失误

某工程公司的一位压力管道专业的负责人，在参与和业主的合同谈判时，由于对设计阶段的概念和规定不是很了解，误认为初步设计就是基础设计。并且，设计文件大部分为英文，这位压力管道专业的负责人是学俄文的，对英语不太了解。

当业主提出压力管道的设计工作应该在某某时间内按照石化（SH）标准的基础设计内容和设计深度完成，而这位专业负责人误认为石化（SH）标准和化工（HG）标准的初步设计的设计内容和深度应该是大体一样的，按照化工（HG）标准，感觉时间很宽松，考虑后，就欣然和甲方（业主）签订了工程设计进度合同。

后来经过别人提醒才发现，化工（HG）标准初步设计内容和设计深度与石化（SH）标准基础设计内容和设计深度有很大的区别，石化行业的《石油化工装置基础工程设计内容规定》的设计深度和内容比化工行业的多出很多。衡量自身的设计进度，在甲方（业主）规定的有限时间内根本完不成。这件事给公司造成了不好的影响。所以，在工程设计时，必须区分清楚不同设计阶段的要求内容和设计深度。

工程实例二 某工程公司各个设计阶段的工作内容框架

1. 基础设计阶段

（1）工程项目前期的基本研究

① 了解合同或分包合同内容以及建厂条件。

② 有关法规、标准的确认。

③ 项目介绍、项目进度、工作范围、人工时的初估。

④ 检查项目建议书的人工时、材料费。

⑤ 检查分包合同的有关内容。

⑥ 配管材料采购方案的确认（外购/内购）。
(2) 工程规定的编制　根据项目的实际情况，编制本工程需要的工程规定如下。
① 装置布置工程规定。
② 管道设计工程规定。
③ 管道材料选用及等级规定工程规定。
④ 蒸汽和热水伴热工程规定。
⑤ 管支架设计工程规定。
⑥ 管道材料标记工程规定。
⑦ 隔热设计工程规定。
⑧ 涂漆工程规定。
⑨ 管道焊接和施工工程规定。
(3) 流程图条件研究
① 设备分项。从流程图上归纳以下各种设备的台数和供货范围：炉子、公用工程设备、塔/罐、加热器/换热器、泵（离心/往复）、压缩机（离心/往复）、传动种类（电机/透平）、制造厂供货范围情况研究。
② 管道。从流程图上逐根了解以下内容：流向/管号/尺寸/物流等级；特殊点；阀门种类；有无伴热/夹套；工艺图上备注要求；阀门相对位置/对称管线要求；仪表直管段要求；放空排净要求；冲洗要求；保温（冷）要求；是否上管廊。
③ 仪表。主要了解：
测量点、控制点位置、安全阀要求。
④ 公用工程流程图：
主要管线、特殊件和尺寸。
⑤ 保温和涂漆条件。
a. 从工艺流程图和管线表了解保温和涂漆的基本要求，确定保温材料。
b. 了解客户对保温、涂漆材料的要求。
(4) 管道走向研究（Routing Study）
① 平面研究。
a. 布置上的安全、操作合理、经济、整体性的考虑。
b. 方案的比较和选择（含安装方案）。
② 主要管网结构的规划。
③ 主管廊走向研究（粗估主管廊宽度和走廊的设置）。
④ 地下管道走向研究。
⑤ 电气电缆走向研究。
⑥ 仪表电缆走向研究。
⑦ 厂房规划（如压缩厂房）。
a. 位置。
b. 长、宽、高。
⑧ 重要管线的配置（管道走向图）。
⑨ 设备布置图。
⑩ 第一次管道材料统计。
⑪ 关键设备的管口方位基本安装高度。

⑫ 关键管线的应力分析。
⑬ 设计说明（用于国内初步设计）。
(5) 设备布置图的深化
① 基础设计审核会纪要。
② 工艺流程图（PID 图）。
③ 设备工程图或塔、容器草图。
④ 转动设备资料。
(6) 初版分区图完成和制图比例的决定
① 总平面布置图比例 1：1000、1：500 或 1：200，或者其他适当的规定比例。
② 总平面布置分区图和设备布置分区图比例同上。
③ 设备布置图比例 1：200 或 1：100，或者其他适当的规定比例。
④ 配管图比例 1：30 或 1：50，或者其他适当的规定比例。
(7) 设备相连管线的布置研究
① 了解与主要设备相连管线的口径。
② 塔、转动设备的管线走向的研究。
③ 维修的考虑。
④ 对客户要求的考虑。
(8) 主管廊走向研究
① 管子布置。
② 管廊高度、宽度、跨距。
③ 管廊荷载。
(9) 电气防爆等级的确认　防爆或非防爆区域的确认，根据电气危险区划分图。
(10) 界区接点的研究
① 与用户接点的确定以及接点固定架的位置。
② 标高、位置连接形式的确认。
(11) 主要钢结构的研究及尺寸荷载数据的确定
(12) 仪表、电缆槽走向研究
① 自控阀门开关设置的安装和操作要求。
② 流量计类型及直管段要求。
③ 仪表专业和管道专业范围分界。
④ 仪表、电缆走向的确定。
⑤ 仪表、电缆槽高、宽的确定（仪表给条件）。
⑥ 与仪表的条件往返。
⑦ 电气、电缆走向的确定。
⑧ 电气、电缆槽高、宽的确定（电气给条件）。
⑨ 与电气的条件往返。
(13) 公用工程管线研究
① 蒸汽和凝液管线的分布和抽头。
② 水系统管线的分布和抽头。
③ 工厂空气管线的分布和抽头。
④ 仪表空气管线的分布和抽头。

⑤ 氮气管线的分布和抽头。
(14) 消防系统
① 消防水管线走向研究。
② 泡沫消防管线走向研究。
③ 喷淋水管线走向研究。
(15) 地下管道研究
① 标高、配管走向的确定。
② 尺寸的确认。
③ 工厂的污水、雨水排水处理。
(16) 部分长周期订货设备管口方位图条件（完成后提给设备专业）
(17) 部分平台、梯子条件
(18) 应力分析
(19) 管道材料询价文件的编制
(20) 第二次管道材料统计

2. 详细规划设计阶段

(1) PID 的核对
① 紧急状态时的考虑。
② 开车、停车的考虑。
③ 其他操作的考虑。
④ 放空、排净的考虑。
⑤ 试压、吹扫和清洗的考虑。
(2) 设备管口方位条件的完成
① 塔、罐、槽的管口方位（完成后以条件图方式提给设备专业或设计成品图提给制造厂）。
② 热交换器的管口方位（如果需要则以条件图方式提给设备专业或设计成品图提给制造厂）。
③ 泵、压缩机等转动设备（如果需要以设计文件提给制造厂）。
(3) 设备平台、爬梯条件的完成
① 塔、罐、槽。
② 热交换器。
③ 转动设备。
(4) 管架预焊件条件的完成
① 塔、罐、槽。
② 热交换器。
(5) 次要结构条件的完成
① 阀门操作平台（若支承在设备上完成后交设备专业）。
② 踏步（完成后交结构专业或承包者）。
③ 过桥（完成后交结构专业或承包者）。
(6) 主管廊的平台、梯子条件的完成（完成后交结构专业）
① 位置。
② 尺寸（大小、标高）。

(7) 设备布置图的完成
① 设备布置总图的完成（完成后提交给总图、工艺、电气、安全、仪表等专业）。
② 详细设备布置图（含必要的立面、剖面）的完成（完成后提给各相关专业）。
③ 终版分区索引图的完成（提交给土建、工艺、仪表等专业）。
(8) 应力分析
① 泵口受力、力矩的检查。
② 压缩机管口受力、力矩的检查。
③ 设备管口受力、力矩的检查。
④ 振动管线的处理。
⑤ 配管应力的校核。
⑥ 特殊架的设置。
(9) 安全阀的反力计算
① 计算结果表。
② 支架及管道补强。
(10) 主要管架的决定
① 固定点。
② 限位架。
③ 弹簧架。
④ 导向架。
(11) 对配管图进行可操作性检查
① 检查阀门可操作位置。
② 放空、排液的检查。
③ 操作者巡回检查区域、逃生通道、事故安全区域。
④ 两相流、重力流要求。
⑤ 设备抽芯操作空间。
(12) 与制造厂的有关接点
① 管口方位、标高及连接形式。
② 材料供货范围的确认。
(13) 土建预埋件条件
① 预埋位置指示。
② 预埋标高指示。
③ 预埋件大小形状。
④ 荷载。
(14) 主要基础条件
① 位置和标记。
② 荷载条件（重量、充水重）。
③ 基础形状、大小。
(15) 软管站设置地点研究
① 软管站靠柱、靠边按平面15m半径范围定位。
② 工艺区各楼层都要考虑软管站的设置。
③ 软管站设置内容按工艺要求。

(16) 界区接点条件的完成
① 管架的标记。
② 流体压力与温度、标高、位置。
(17) 制造厂文件评阅、核对配管图中相应尺寸
① 非定型设备。
② 转动设备。
③ 在线仪表。
④ 特殊管件。
(18) 管道平面布置图（含详图）
① 用于材料统计。
a. 含所有管线和所有附件。
b. 接点关系（与制造厂）。
c. 所有尺寸。
② 用于施工。
a. 管架标注。
b. 加备注和标记说明。
③ 地下管网布置图。
a. 平面布置。
b. 空视图。
(19) 伴热、取样、疏水、排液图
① 蒸汽（或热水）伴热。
a. 伴热站布置图。
b. 伴热站及伴管详图。
c. 伴热表（如果有）。
② 取样图。
a. 详图。
b. 检查操作。
③ 蒸汽疏水系统。
a. 详图。
b. 检查。
④ 排液系统（泵、液面计等）。
a. 详图。
b. 检查。
(20) 特殊管件
① 计算和图纸的完成。
② 特殊管件。
a. 三通、异径管、法兰。
b. 喷射器、混合器。
③ 分支补强详图。
④ 链轮、齿轮操作阀门表。
⑤ 阀门伸长杆表。

⑥ 软管接头（含软管堵头）。
⑦ "8"字盲板图表。
⑧ 洗眼器图表。
⑨ T形粗滤器、Y形粗滤器图表。
⑩ 漏斗图表。
⑪ 减温、减压器表。
⑫ 仪表用集合管。
⑬ 分离排放罐。

(21) 轴测图
① 所有管线和管件。
② 切割点、现场焊点。
③ 接点。
④ 材料表。
⑤ 管架的标注。

(22) 管架
① 配管中管架的标注（如果需要可标在轴测图上）。
② 标准架管架图表的完成。
③ 特殊架详图的完成。
④ 弹簧架表的完成。
⑤ 弹簧架详图的完成。

(23) 说明的编制
① 配管设计说明。
② 管架设计说明。
③ 材料设计说明（含保温涂漆）。
④ 施工说明。
⑤ 图纸目录。

(24) 三维模型设计

使用三维模型设计的工程项目应进行30％、60％和90％设计阶段模型检查（小型工程项目通常只进行50％和90％阶段模型检查），各设计阶段的具体设计深度可以遵循工程公司惯例要求或者按照合同商定的要求。

第二章 计算机辅助压力管道设计软件

第一节 计算机辅助压力管道设计软件的类别

国内外常用的压力管道设计软件有很多种,在这里仅介绍以下几种。

压力管道设计、制图软件:AutoCAD、Microstation、PDS(包含 SmartPlant Review,PDS 的渲染软件)、PDMS、AutoPlant、SmartPlant 3D、Plant 4D 等。

压力管道应力分析软件:Caesar Ⅱ、AutoPipe、PipeNet 等。

第二节 压力管道设计软件 AutoCAD

一、AutoCAD 简介

AutoCAD 是美国 Autodesk 公司开发的专门用于计算机绘图设计工作的软件包,是当今各种设计领域广泛使用的绘图工具。

AutoCAD 可以绘制任意二维和三维图形,并且同传统的手工绘图相比,用 AutoCAD 绘图速度更快、精度更高,而且便于个性化,它已经在压力管道设计中得到了广泛应用。

AutoCAD 具有良好的用户界面,通过交互菜单或命令行方式便可以进行各种操作。它的多文档设计环境,让非计算机专业人员也能很快地学会使用。

二、压力管道设计常用的 AutoCAD 操作

AutoCAD 的功能有很多,压力管道设计常用到的仅是其中的一小部分,如绘图工具、标注工具、对象捕捉工具、图层管理、块的操作、在等轴测面中绘制管道轴测图、输出、打印与发布图形等。

具体操作步骤,可以参考 AutoCAD 命令行内的提示,也可以参考 AutoCAD 自带的帮助文件,互联网上也有很多相关的参考资料。

掌握 AutoCAD 的一系列操作技巧,可以很好地提高工作效率。下面仅以 AutoCAD 为例,列举三个压力管道设计时可以提高工作效率的小技巧,以起抛砖引玉的作用。其他压力管道设计软件,也有很多类似的应用技巧,可以在不断地学习、实践、总结和研究中掌握。

【工程实例一】 快捷裁剪技巧

如图 2-1 所示,要对图中边框(可以是圆)外的直线进行裁剪,普通办法就是选择裁剪

■ 图 2-1 裁剪技巧

边界后再选择要裁剪的线段,实际上 AutoCAD 还有较为简捷的办法,其做法如下。

① 按常规执行裁剪命令,选择裁剪边界,回车确认。

② 在提示选择要裁剪的线段元素时输入 "f"(即 fence),回车确认。

③ 在提示 "First Fence Point" 下绘制与要裁剪线段相交的连续橡皮筋直线,回车确认即可。

工程实例二 使用 AutoCAD 2012 的快速选择功能

① 某工程管道专业 AutoCAD 2012 图内,需要修改梯子和平台的线条颜色,如图 2-2 所示。

■ 图 2-2 某工程管道专业 AutoCAD 图

② 可以在命令行输入 "qselect" 或者打开 "工具" 菜单,单击 "快速选择",出现如图 2-3 所示对话框,可以根据提示快速成批选择 AutoCAD 2012 图内目标对象,统一成批修改,比单个选择修改快捷一些。

工程实例三 AutoCAD2012 批处理打印图纸

① 在需要打印的 AutoCAD 2012 图纸内找一张 "1090-15-60-330-0500-001.dwg",打开后进行打印设置,再对页面设置命名为 "1090项目图纸打印一",见图 2-4 所示。

② 选择 AutoCAD 2012 界面左上角小按钮,见图 2-5 所示,或者在命令行输入 "publish",会显示图 2-6。

■ 图 2-3 "快速选择"对话框

■ 图 2-4 页面设置并命名

③ 添加需要批处理打印的所有图纸文件，在"页面设置"列，统一输入并选择"1090-15-60-330-0500-001.dwg"的页面设置"1090项目图纸打印一"，如图2-7所示，即可批处理打印。

■ 图2-5　AutoCAD 2012 的 "批处理打印" 按钮位置

■ 图2-6　批处理打印对话框

■ 图 2-7　批处理打印页面设置

第三节　压力管道设计软件 Microstation

　　Microstation 为美国 Bentley System 公司所研发，是一套可执行于多种软硬体平台（Multi-Platform）的通用电脑辅助绘图及设计（CAD）软件。Microstation 的前身名为 IGDS（Interactive Graphics Design System），是一套执行于小型机（Micro Vax-2）的专业电脑辅助绘图及设计软件，也因为它是由小型机移植的专业电脑辅助绘图及设计软件，在软件功能与结构上不仅远优于一般的 PC 级电脑辅助绘图及设计软件，在软件效率表现上更有一般 PC 级电脑辅助绘图及设计软件所远不能及之处。

　　Microstation 在国际上具有很高的知名度，作为一个 CAD 软件，它具有 CAD 所需要的一切功能，被广泛地应用于工厂设计、建筑设计、土木工程、交通运输、地理信息，甚至一些政府部门也将其作为重要的辅助设计工具。Microstation 运行版本有 Microstation 5.0、Microstation 95、Microstation SE、Microstation J、Microstation V8 等。

　　Microstation 因其强大的作图功能、良好的开放性、高性能价格比，在欧美市场获得人们的普遍认同。由于 Microstation 进入中国市场较晚等原因，所以它在国内的影响力没有 AutoCAD 大，但在推广过程中发现，Microstation 已为人们慢慢认识、喜爱和接受。

第四节　压力管道设计软件 PDS

　　PDS（Plant Design System）是美国 Intergraph 公司开发的三维工厂设计系统软件，基于 Microstation 操作平台，使用 Orale、SQL Server 等通用的商业数据库存储数据的大型工厂设计软件。PDS 主要由下面几个模块组成。

　　① Schematic Environment——用于高阶段设计绘制 PID 图和仪表数据管理。

② Equipment Modeling——用于三维设备模型设计,主要创建设备外形和管口信息。
③ Frameworks Environment——用于三维结构框架设计。
④ Piping Designer——用于三维配管设计。
⑤ Electric Raceway Environment——用于三维电缆托盘的设计。
⑥ Piping Design Data Manager——主要用于三维设计数据检查及二维与三维间的数据校验。
⑦ Pipe Stress Analysis——管道应力分析接口。
⑧ Piping Model Builder——设计者可按照一定语法规则编写文本文件,PDS 能将其自动转换成三维实体模型。
⑨ Pipe Support Designer——用于管道支吊架设计。
⑩ Interference Manager——用于三维工厂碰撞检查。
⑪ Isometric Drawing Manager——用于提取单管轴测图。
⑫ Drawing Manager——用于生成平、剖面配置图。
⑬ Design Review Integrator——智能工厂浏览器(SmartPlant Review)接口。
⑭ Report Manager——用于提取各种材料报告。
⑮ Project Administrator——项目控制和管理。
⑯ Reference Data Manager——参考数据库管理。
⑰ PE-HVAC——用于三维暖通管道设计。

PDS 不仅有多专业设计模块、强大的数据库支持能力,还有应力计算、结构分析等许多第三方软件的接口,而且具有模型的漫游和渲染功能(由专用软件 Smart Plant Review 完成),可以发现模型错误和设计中的错、漏、碰、缺等问题,能保证设计质量。三维模型设计在计算机上可动态直观地展示出工厂或单元装置建成后的实际情景,有利于业主决策和进行施工控制及生产维护。目前国外大型工程公司已广泛采用此软件。

在三维工厂模型建好后,可以进行模型的碰撞检查、抽取材料报告、设备布置图及管道平面、立面、剖面和轴侧图等工作。

第五节 压力管道设计软件 PDMS

PDMS(Plant Design Management System)是由英国 AVEVA 公司开发的三维工厂设计系统,于 1976 年正式发行。它有独立的数据库结构,不依赖第三方数据库,所有设计信息被保存在该数据库中。Autodesk Navisworks 是 PDMS 常用的 3D 模型漫游和渲染软件。

PDMS 的主要优点体现在以下几方面。
① 三维实体建模。
② 专业多用户的工厂设计系统。
③ 一个设计模型(数据库)可以输出多种设计图纸、报告。
④ 等级驱动。
⑤ 交互设计过程中,实时三维碰撞检查。
⑥ 平面图自动生成并标注,当模型修改后,标注自动更新。
⑦ 功能强大的可编程宏语言 PML。

PDMS 主要模块(Module)有如下几个。
① Design——三维模型设计
a. Equipment——设备建模。

b. Pipework——管道建模。
　　c. Structure——结构建模。
　　d. Cable Trays——电缆桥架建模。
　　e. HVAC——暖通建模。
　　f. Hanger&Support——支吊架建模。
② Draft——平、立面图生成模块。
③ Administration——项目用户管理及数据库管理模块。
④ Isodraft——轴测图生成模块。
⑤ Paragon——构造元件库。

第六节　压力管道设计软件 AutoPlant

　　AutoPlant 是以 AutoCAD 作为平台的三维工厂设计软件，由美国 Rebis 公司开发完成，它对工厂设计的全过程提供了较为有力的支持。Bentley 公司收购了 Rebis 公司，AutoPlant 成为 Bentley 公司的产品。

　　AutoPlant 系统采用的项目数据库为 ODBC 驱动，对于中、小型项目，可选择成本低廉的 MS Access 和 MSDE 作为工程数据库引擎，而对于大型项目，则可选择 MS SQL Server 或 Oracle，以使系统广泛适用不同规模的工程项目。系统包括下列模块。

　　Piping——三维管道设计，为本系统的核心模块，提供三维管道建模和详细设计。
　　Equipment——三维设备建模，提供参数化的设备建模和管口布置。
　　Structural——三维钢结构设计，提供三维钢结构建模和汇料出图。
　　Isogen——全自动轴测图生成，从三维管道模型中全自动抽取轴测图。
　　Isometrics——智能化轴测图设计，可以作为独立软件绘制轴测图、生成材料报表，也可从三维模型中抽取带属性的轴测图。

　　此外，通过与其他系统的集成，可以扩展系统的功能。例如，利用"全自动管道标注系统"来全自动生成带标注的管道平、立面图，利用"实时漫游与模拟系统"来进行工厂模型的设计检视（包括碰撞检查），利用"工艺流程与仪表设计系统"来绘制 P&ID 和录入工艺资料（如管线号、设备和阀门位号），利用"施工进度模拟系统"进行工厂建造施工的模拟等。

第七节　压力管道设计软件 SmartPlant 3D

　　SmartPlant 3D 是近二十年来出现的先进的工厂设计软件系统，这套由美国 Intergraph 工厂设计和信息管理软件公司推出的新一代、面向数据、规则驱动的软件主要是为了简化工程设计过程，同时更加有效地使用并重复使用现有数据。SmartPlant 3D 主要提供两方面的功能：首先，它是一个完整的工厂设计软件系统；其次，它可以在整个工厂的生命周期中，对工厂进行维护。

　　SmartPlant 3D 是 Intergraph 公司为了突破 Microstation 的瓶颈而开发的，在未来发展上，PDS Project 的数据在向 SmartPlant 3D 移植。

　　目前，SmartPlant 3D 的优势主要体现在以下几方面。

　　① 简单易用。SmartPlant 3D 的 Microsoft Windows 风格的界面使用户很容易上手，从

而减少学习周期。SmartPlant 3D 大幅度减少了完成任务所需的击键次数及按动鼠标的次数，从而加快了设计过程。它特有的 SmartStep"向导"可以帮助你很容易地完成每一个设计任务。如果一个设计者知道如何配管，那么他就知道如何布置管道。

② 适用于任何规模的项目。

③ 变更管理工具贯穿整个设计过程。

④ 自动图纸生成能力。SmartPlant 3D 可以自动生成管道的轴测图、安装图及相关报告的工厂设计系统。

⑤ 碰撞检查。发现问题的时间越早，解决问题所花的代价就越小。使用 SmartPlant 3D 可以早期发现问题，碰撞也可以被及时发现并解决，这保证了设计的高精确度并且省时。

⑥ 设计规则提高设计质量并保证数据的一致性。SmartPlant 3D 通过在设计过程中强制应用设计规则来提高设计精度和质量。设计规则由系统负责管理及跟踪，以保证在模型修改的过程中能保持最初的设计意图。这样用户的主要注意力将集中在如何完成设计任务，而不是如何操作系统以完成所需完成的设计任务。SmartPlant 3D 可以减少设计错误和设计修改及重复工作。

⑦ SmartPlant 3D 自动地跟踪图纸的状态，当模型被修改后，图纸的状态将被设为过时，系统将通知设计者重新生成图纸，这也可以节省时间从而缩短设计周期。

⑧ 全球性的、并行的工程设计能力增强了项目的执行能力。

传统的全球范围内的项目执行、管理、组织、后勤计划及日常花费庞大。SmartPlant 3D 本身包含支持全球性工程设计过程的功能，从而解决了这些问题。

SmartPlant 3D 用户可以很容易地在全球多个办公室同时进行设计。它允许多个专业在同一个关系数据库上同时进行工作，这时所有对模型所进行的修改在所有用户之间实时共享。SmartPlant 3D 允许多个设计者同时在一个管道区域内工作，共同对同一个结构建模，或指定一个设计者来布置管线走向，而其他设计者在其上添加仪表及放空放净装置等。

数据库可以在世界上任何的办公室之间复制从而将数据自动传到远方的办公室。其他办公室可以自动得到最新的设计数据。

⑨ 扩展工厂设计系统（PDS）的功能。

SmartPlant 3D 通过扩充和完善工厂设计系统（PDS）的功能来使用现有数据。SmartPlant 3D 的自动图纸生成模块可以用来为 PDS 模型，或同时包含 PDS 及 SmartPlant 3D 数据的模型生成图纸。这对于现有的 PDS 用户来说是一个立竿见影的投资回报。同时可以使你按照自己的速度全面移向 SmartPlant 3D。

通过将 PDS 模型参考到 SmartPlant 3D 环境中，SmartPlant 3D 可以立即被用来进行工厂翻修项目。SmartPlant 3D 可将 PDS 规范及相关的管件信息等专有数据移植到新系统中，Intergraph 还可以帮助有需要的用户将完整的 PDS 项目移植到新的系统中。

第八节 压力管道应力分析软件 AutoPipe

Bentley AutoPipe 是一套管线应力计算、法兰分析、管支架设计以及设备管嘴分析的软件，在我国已有多家用户应用十多年。Bentley AutoPipe 内建多国法规标准，并依据法规来计算出管线应力值（Codes Stress）、管线变形量（Deflections）以及各节点所承受的力和力矩（Force & Moment）。Bentley AutoPipe 支持在静态（Static）及动态（Dynamic）状态下的荷载分析。

Bentley AutoPipe 提供全图形的 GUI 接口，让使用者可以轻易建立出分析模型，使用者也可以选择用窗体或批集（Batch）方式建立模型及分析。此外，Bentley AutoPipe 也可以接受由 AutoPlant、Plantspace 及 PDS 系统所建立的 3D CAD 模型，以缩短建立模型的时间；而且分析模型经由 Bentley AutoPipe 修改后可以返回 AutoPlant 以便更新细部设计模型。

Bentley AutoPipe 也支持各种进阶的分析，其中包括波浪荷载（Wave Loading）、非线性地下管分析（Nonlinear Underground Pipeline Analysis）、流体瞬间力（如 Water Hammer）以及风力及地震力的分析。

Bentley AutoPipe 提供多种分析输出格式，除了详细的计算报表外，也可以从图形接口中以颜色来表现应力分布、变形量以及用颜色来表示是否符合法规允许应力值。

利用 Bentley AutoPipe 可以快速地了解管线的应力状况及结果，提供报告并作为后续设计的依据。管线应力分析适合各种电厂、化工厂、电子厂、焚化炉工程等，特别是高温高压管线与设备管嘴有热位移、地震考量、基础有巨大下陷量或是一些特殊配件设计；如弹簧支承（Spring Hanger）、避震器（Snubber or Shock）、伸缩接头（Expansion Joint）等或是设备管嘴允许负荷的检查，这些都适合运用计算机程序来分析，以得到分析的数值与结果作为后续设计的依据与参考。

第九节　压力管道应力分析软件 Caesar Ⅱ

CaesarⅡ是由美国 COADE 公司研发的压力管道应力分析专业软件。它既可以进行静态分析，也可以进行动态分析。CaesarⅡ向用户提供完备的国际上通用的管道设计规范，软件使用方便快捷。

① 输入和建模：交互式数据输入、图形输出，使用户可直观查看模型（单线、线框、实体图）的 3D 计算结果图形分析功能；丰富的约束类型，对边界条件提供最广泛的支承类型选择；多任务批处理，自动的埋地管建模等功能。

② 静态分析：一次应力和二次应力，弹簧设计，埋地管设计，膨胀节选用等。

③ 动态分析：模态分析，时程效应，基震频率，安全阀泄放等。

④ 输出输入：图形及 Word 格式报告，直接生成与工厂设计软件的接口，如 Intergraph PDS、AutoPlant、CADworx/PIPE 双向无缝接口。

CaesarⅡ凭借其强大的分析功能、友好的界面、丰富的数据库等优异的性能而深受国内外管道应力分析工程师的青睐，在中石化、化工、电力、油田等行业拥有众多的用户。对于 CaesarⅡ的工程应用，在本书第九章有更具体的介绍。

第十节　管道应力分析软件 PipeNet

英国 Sunrise System Limited 自 1985 年创立以来，一直致力于管网内流体计算与分析软件的研究和开发。其系列产品 PipeNet 广泛服务于石油、天然气、造船、化工以及电力工业等领域。

该软件包括标准分析模块、消防分析模块和瞬间分析模块三个部分。

① 标准分析模块用于静态管网压力降计算、管径选择、泵选型、流量计算等。

② 消防分析模块用于消防介质的管网压降计算和分析。

③ 瞬间分析模块的主要功能是进行阀门关断和泵失效时的汽锤和水锤分析。该模块可以计算压力骤增和流量变化，软件可以自动计算管道弯头之间的动态不平衡力和模拟控制系统的操作运行。该模块被广泛应用于电力机组汽锤分析和石化、化工储运管道系统的水锤分析等方面。

第十一节　计算机辅助压力管道设计软件的选用

目前，国内外工程公司常用的计算机辅助压力管道设计软件分为三个层次。

(1) 高端软件技术

① 英国 AVEVA 公司的 PDMS (Plant Design Management System)——工厂设计管理软件系统。

② 美国 Intergraph 公司的 PDS (Plant Design System)——工厂设计系统。现在，美国 Intergraph 公司正在致力于 SmartPlant 3D 软件系统的开发，近几年来，Intergraph 公司对 PDS 软件系统开发的动作很少。PDS 是在 Microstation 操作平台上开发的，而 SmartPlant 3D 则采用了独立的操作平台。

上述软件广泛应用于国内外各领域大型设计单位，在许多国内外大型工程项目中均有成功的应用。但是，上述软件在实际运用中，还有很多不完善的地方，需要软件开发商不断地改进、优化软件。

(2) 中端软件技术　荷兰 CEA 公司的 Plant 4D、美国 COADE 公司的 CADworx/Pipe、美国 REBIS 公司的 AutoPlant 等。这些产品适用于中型设计院，在项目数据库建成的情况下，可以较好地应用于中型设计单位。

(3) 低端软件技术　该类软件仅适于小型项目的技术改造，面向的用户也仅为小型设计所。

国内开发的压力管道设计软件比较成熟，它较适应国内的设计方式。压力管道设计软件在不断地创新和发展，它们适用的范围也在不断地变化。

综上所述，工厂化压力管道设计软件将向集成化、专业化、国际化方向发展，工程公司对其应用将更大程度上基于规模、经济性等多方面综合考虑，才能达到最佳的应用效能。

第三章 材料基础知识

第一节 压力管道常用材料分类

压力管道常用的材料种类繁多,总的可以分为金属材料(Metallic Material)、非金属材料(Non-metallic Material)、高分子材料(Polymer Material)和复合材料(Composite Material)四大类(表3-1)。

表3-1 工程材料的一般分类

分类	类别	材料
金属材料	黑色金属	铁、碳素钢、合金钢
	有色金属	铝、铅、铜、镁和镍等及其合金
非金属材料	耐火材料	耐火砌体材料、耐火水泥及耐火混凝土
	耐火隔热材料	玻璃纤维(又称矿渣棉)、石棉及其制品
	耐蚀(酸)非金属材料	石墨、耐酸水泥、天然耐酸石材和玻璃等
	陶瓷材料	电器绝缘陶瓷、化工陶瓷、结构陶瓷和耐酸陶瓷等
高分子材料	橡胶	天然橡胶、丁苯橡胶、氯丁橡胶、硅橡胶等
	塑料	聚四氟乙烯、聚氯乙烯、聚乙烯、ABS、聚丙烯等
	合成纤维	聚砜和聚乙烯等聚酯纤维、含氯纤维和聚酰胺纤维等
复合材料	无机-有机材料 非金属-金属材料 其他复合材料	玻璃纤维增强塑料、聚合物混凝土、沥青混凝土、钢筋混凝土、钢丝网水泥、塑铝复合管、铝箔面油毡、水泥石棉制品和不锈钢包覆钢板等

第二节 金属材料

一、黑色金属

生铁(Pig Iron)和钢(Steel)统称黑色金属(Ferrous Metal),铁是它的主要成分,还含有一定量的碳及其他微量元素。含碳量小于2.11%(质量)的合金称为钢,含碳量大于或等于2.11%(质量)的合金称为生铁。

1. 铁(Iron)

生铁可分为炼钢用生铁(又称白口铁)和铸造用生铁两大类。

铸造用生铁简称铸铁,按照石墨的形状特征,铸铁可分为以下几大类:灰口铸铁(Grey Cast Iron),代号为HT;球墨铸铁(Nodular Cast Iron),代号为QT;耐蚀铸铁

(Anticorrosion Iron)；其他铸铁，如耐热铸铁（Heat Resistant Iron）和可锻铸铁（Malleable Iron），可锻铸铁代号为 KT，又称玛钢。

铸铁压力管及管件在美国和其他国家已不大规模生产，但是可能在某些国家大量生产。球墨铸铁压力管已代替了铸铁压力管。有关的标准规范包括：ASME B16.3、ASME B16.4、ASME B16.12、ASME B16.42、ASTM A74、ASTM A126、AWWA C110、AWWA C111、AWWA C150、AWWA C153 等。

2. 钢（Steel）

钢实质是一种合金，主要成分是铁和少量碳，还含有硅、锰、磷、硫、铬、镍、钼、钨和钒等微量元素。钢的分类如图 3-1 所示。常见钢的简介见表 3-2。

图 3-1 钢的分类

合金钢（Alloy Steel）介绍如下。

(1) 不锈钢（Stainless Steel） 不锈钢含有大量的合金元素，故其耐热、耐蚀等性能大大优于碳素钢和低合金钢，但随之而来的是其价格也远远高于碳素钢和低合金钢。按不锈钢使用状态的金相组织，可分为奥氏体型、奥氏体-铁素体型、铁素体型、马氏体型和沉淀硬化型不锈钢五类。

① 奥氏体型不锈钢（Austenitic Stainless Steel）。

奥氏体型不锈钢具有良好的综合力学性能，也具有良好的可焊性，故工程上应用很广泛，但其价格较高，约是碳钢材料的 10 倍，是普通合金钢的近 4 倍，故不是必须使用时就不要轻易选用。

不锈钢（包括奥氏体型、奥氏体-铁素体型、铁素体型、马氏体型和沉淀硬化型）的表示方法按 GB 221 标准规定如下：除含碳量的表示方法不同外，其他均与低合金钢相同。此时的含碳量以一位数字来表示，该数字为平均含碳量的千分之几。当平均含碳量小于千分之一时，用"0"表示；当平均含碳量小于 0.03% 时，用"00"表示。

表 3-2 常见钢的简介

钢的种类	表示方法	工程应用
碳素钢 (Carbon Steel)	碳素钢的钢号表示方法是：Q215Cb 其中： Q—屈服点； 215—材料的屈服强度值（MPa），分别为 195、215、235、255、275 五个等级； C—质量等级号，分别用 A、B、C、D 字母表示，A 级不做冲击试验，B 级做常温 V 形缺口冲击试验；C、D 两级常用在重要场合下； b—冶炼时的脱氧方法，分别为 F、z、b 三个字母，F 为沸腾钢（Open Steel），z 为镇静钢（Killed Steel）可省略不注，b 为半镇静钢（Semi-killed Steel）	常用的普通碳素结构钢牌号为 Q235A（F、b）、Q235B（F、b）、Q235C、Q235D 四种，这些牌号的质量要求是顺次提高的。材料标准为 GB 700
优质碳素钢 (High-quality Carbon Steel)	优质碳素钢的钢号前面数字表示钢中平均含碳量的万分之几，如 20 钢表示钢中平均含碳量为万分之 20。钢中渗有合金元素时，在钢号后面加上其元素符号，如 Q345（16Mn）、Q390（15MnTi）。特殊用途的优质碳素钢，在钢号后面注有汉语拼音字母，如 20g（20 锅炉钢）	优质碳素钢的表示方法和代号按 GB 221 标准规定。GB 699 标准给出了优质碳素钢的化学成分和力学性能要求。该标准共列出了 08F、10F、15F、08、10、15、20、25、…、70Mn 共 31 种材料牌号，而压力管道中常用的牌号为 08、10、20 三种。08 和 10 钢因含碳量低、硬度低、塑性好，常用于金属垫片。20 钢则常用于管子和管件 GB 8163、GB 9948、GB 6479、GB 3087、GB 5310 等标准给出了优质碳素钢管的材料制造要求，它们都是压力管道常用的钢管标准 GB 710、GB 711、GB 713、GB 5681、GB 6654 等标准给出了优质碳素钢板的材料制造要求，它们是压力管道常用的钢板标准。选用时，应根据其应用范围确定 GB 12225、GB 12228 等标准给出了优质碳素钢的铸件材料制造要求
工具钢 (Tool Steel)	碳素工具钢的常用钢号为 T7～T13，T 表示碳素工具钢，后面的数字表示平均含碳量的千分之几	T7、T8 常用于制造风镐、冲压模具冲头，T10、T11 用于制造铰刀等
合金钢 (Alloy Steel)	（见下面关于合金钢的介绍）	合金钢种类颇多，用途较广，在管道工程中，以不锈钢和低合金钢、调质钢、耐热钢和低温钢应用较多

GB/T 1220 标准共给出了 28 种奥氏体不锈钢的材料牌号，而常用的材料牌号有 0Cr18Ni9（304）（06Cr19Ni10）、00Cr19Ni10（304L）（022Cr19Ni10）、0Cr17Ni12Mo2（316）（06Cr17Ni12Mo2）、00Cr17Ni14Mo2（316L）（022Cr17Ni12Mo2）等。

② 奥氏体-铁素体型不锈钢。

它与奥氏体型不锈钢一样，具有良好的综合机械性能，也具有良好的可焊性，故常代替奥氏体型不锈钢用于容易发生晶间腐蚀的工作环境。但该种材料制造工艺复杂，成本较高，价格约是奥氏体型不锈钢的 3～4 倍，故这种材料在工程上应用的并不普遍。

GB/T 1220 标准给出了 1Cr18Ni11Si4AlTi（14Cr18Ni11Si4AlTi）、00Cr18Ni5Mo3Si2（022Cr19Ni5Mo3Si2N）、022Cr22Ni5Mo3N 等共 6 种奥氏体-铁素体型不锈钢的材料牌号。

③ 铁素体型不锈钢（Ferrite Stainless Steel）。

其防腐性能不如奥氏体型不锈钢，焊接性能也比较差，还容易出现 475℃ 回火脆性和 σ 相析出引起的脆性，因此，这种不锈钢在压力管道中应用得不多，而在压力容器中常用作复合材料的复层。

GB/T 1220 标准共给出了 7 种铁素体型不锈钢的材料牌号，而常用的材料牌号有 00Cr12（022Cr12）和 0Cr13Al（06Cr13Al）。

④ 马氏体型不锈钢（Martensitic Stainless Steel）。

其具有较高的硬度和耐磨性，耐蚀性较弱，常用于医疗中的手术刀，而压力管道中则常用作碳素钢和铬钼钢阀门的阀杆和阀芯。

GB/T 1220 标准共给出了 19 种马氏体型不锈钢的材料牌号，而常用的材料牌号有 1Cr13（12Cr13）、2Cr13（20Cr13）、3Cr13（30Cr13）等。

⑤ 沉淀硬化型不锈钢。

沉淀硬化型不锈钢是指可以进行沉淀硬化处理的奥氏体或马氏体型不锈钢。这种不锈钢有很高的强度和硬度，其耐蚀性则接近于奥氏体型不锈钢，在压力管道中它常用作螺栓和螺母材料。

GB/T 1220 标准给出了 05Cr15Ni5Cu4Nb、0Cr17Ni4Cu4Nb（05Cr17Ni4Cu4Nb）、0Cr17Ni7Al（07Cr17Ni7Al）、0Cr15Ni7Mo2Al（07Cr15Ni7Mo2Al）共 4 种沉淀硬化型不锈钢的材料牌号。

(2) 低合金钢（Low Alloy Steel） 工程上常用的低合金钢有碳锰系、碳锰钒系、铬钼系和铬钼钒系等系列。

① GB/T 1591 标准给出了碳锰系和碳锰钒系低合金钢的化学成分和力学性能要求。当用于常温及以上温度时，可用 SHA、SHB 或 SHC 级；当用于 $-20 \sim -40℃$ 时，可用 SHD 或 SHE 级。

② GB/T 3077（《合金结构钢》）标准给出了铬钼系和铬钼钒系低合金钢的化学成分和机械性能要求。该标准共列出了 77 种材料牌号，其表示方法按 GB/T 221（《钢铁产品牌号表示方法》）标准。常用的铬钼系和铬钼钒系低合金钢材料牌号有 12CrMo、15CrMo、12Cr1MoV 等，它们常用作抗氢腐蚀、抗高温硫或硫化氢腐蚀和耐热（次高温）等材料。例如，12CrMo 和 15CrMo 常用于 550℃ 以下的高温工况，或用于 320℃ 以下的临氢工况；12Cr1MoV 常用于 575℃ 以下的高温高压蒸汽介质。

(3) 调质合金钢（Quenching and Tempering Steel） 其含碳量较高，故强度高，可焊性差，常用于螺栓、螺母材料。

GB/T 3077 标准给出了调质合金钢的化学成分和机械性能要求。常用材料牌号有 40Cr、45Cr、30CrMo、30CrMoA、35CrMo、35CrMoA、25Cr2MoVA 等。

(4) 耐热钢（High Resisting Steel） GB1221 标准共给出了 40 种耐热钢的材料牌号。大多数不锈钢都可用作耐热钢。工程上常用的耐热钢材料牌号如下。

① 奥氏体型：0Cr18Ni9（304）（06Cr19Ni10）、0Cr17Ni12Mo2（316）（06Cr17Ni12Mo2）等。

② 铁素体型：00Cr12（022Cr12）、0Cr13Al（06Cr13Al）等。

③ 马氏体型：1Cr5Mo（12Cr5Mo）、1Cr13（12Cr13）、2Cr13（20Cr13）、等。

④ 沉淀硬化型：0Cr17Ni4Cu4Nb（05Cr17Ni4Cu4Nb）、0Cr17Ni7Al（07Cr17Ni7Al）等。

(5) 低温钢（Cryogenic Service Steel） 我国的低温钢有 16Mn、09Mn2V、06AlCu、06MnNb 等，或者用奥氏体不锈钢，但前者一般适应的低温温度不宜太低，而奥氏体不锈钢又比较贵，故这里介绍 ASTM 中常用的低温钢，即镍（Ni）钢。常用镍钢的化学成分和力学性能见表 3-3。

表 3-3　常用镍钢的化学成分和力学性能

牌号	化学成分/%				强度及塑性			V 形缺口冲击韧性			适用温度/℃
	C	Mn	Si	Ni	σ_s/MPa	σ_b/MPa	δ/%	$T_{试}$/℃	α_k/J·cm^{-2}		
2.5Ni	≤0.17	≤0.70	0.15～0.30	2.1～2.5	260	≥500	23	−50	20		−50
3.5Ni	≤0.17	≤0.70	0.15～0.30	3.25～3.75	260	≥500	23	−101	20		−101
5Ni	≤0.13	0.30～0.60	0.20～0.35	4.75～5.25	460	≥670	20	−170	34		−170
9Ni	≤0.13	≤0.90	0.15～0.30	8.5～9.5	530	≥700	20	−196	34		−196

二、有色金属

管道工程中常用的有色金属（Non-ferrous Metal）有铜、铝、铅和锌等。

1. 铜（Copper）

铜又分纯铜（俗称紫铜）、黄铜和青铜等。有关铜管的标准规范包括 ASTM B42、ASTM B43、ASTM B315、ASTM B466、ASTM B467，有关铜管件的标准规范有 ASME B16.24、ASME B16.22、ASME B16.15、ASME B16.18 等。

（1）纯铜（Copper）　纯铜呈紫红色，有良好的导电性、导热性和耐大气腐蚀性，熔点为 1083℃。在管道工程中常用纯铜制成钢管和法兰垫片。因纯铜硬度较低，退火后变得更柔软，故常用来制作高压管道中的法兰垫片。纯铜管的低温性能比钢材好，故纯铜管常用于空分设备管道、冷冻管道和仪表管道。纯铜的高温性能差，在 120℃ 以下，允许抗拉强度为 29.43MPa。温度若再升高，其机械强度则急剧下降，当温度上升至 250℃ 时，其允许抗拉强度只相当于常温时的 2/3，已不宜在压力下使用。

常用的纯铜牌号为 T2、T3、T4，杂质含量 T2 最少，T4 最多。

（2）黄铜（Brass）　黄铜是铜和锌的合金，其机械强度高，有较好的耐腐蚀性和浇铸性，可用来制作管子、管件和阀门等。化工上常用的有 H80、H68、H62（"H"是黄铜代号，后边的数字表示合金中铜的平均含量）。H80 比 H68 塑性好。进行强度计算时，在 120℃ 以下，黄铜允许抗拉强度为 29.43MPa。随着温度升高，其强度则急剧下降，当温度未超过 225℃ 时，黄铜阀件可用在压力不超过 1.6MPa 的管道中。

（3）青铜（Bronze）　青铜是铜和锡的合金，又称锡青铜。由于锡的价格较高，故制造青铜也常用其他元素代替，因而又有无锡青铜，如铝青铜、铅青铜、硅青铜等。青铜通常由浇铸而成，其强度、硬度及耐腐蚀性都比黄铜好。青铜常用于制造蜗轮、齿轮、轮，以及管道工程中的阀件和管件等。

2. 铝（Aluminum）

铝的熔点为 527℃，它具有良好的导热性和导电性，强度和硬度较低，可塑性好。铝容易氧化，在空气中，铝的表面能形成一层极薄的氧化铝保护膜，防止继续氧化。铝合金薄板常作为压力管道绝热工程的管子、塔、罐、换热器、阀门、法兰以及其他平壁设备保护层材料。

纯铝的强度和硬度虽然很低，但若加入其他元素可以提高。铝合金分为铸造铝合金和可压迫变形的铝合金两大类。管道工程中，常用 L2 和 L3 牌号的铝管输送硝酸和醋酸等，但是铝不能抵抗碱性腐蚀。当温度高于 150℃ 时，铝管不宜用于压力管道。铝和铝合金管的标准规范有

ASTM B241、ASTM B26、ASTM B108、ASTM B209、ASTM B210、ASTM B211、ASTM B221、ASTM B234、ASTM B247 以及 ASME B31.3 的"附录 L——铝合金管法兰"。

3. 铅（Lead）

铅是一种暗灰色的金属，熔点为 327℃，它有很好的耐腐蚀性能，常用来制作硫酸设备和管道衬里。铅质软，可塑性好，管道工程中常用铅管。在安装铸铁管承插口时，常用铅作为接口填塞材料，以牌号为 Pb-6 的铅较适宜。硬铅是铅和锑的合金，它的抗腐蚀性略低于纯铅，但机械强度较高，常用于制造耐酸设备。铅蒸气有毒，故熔化铅时，要防止烫伤和铅中毒。在化工行业中，铅主要用在处理硫酸的设备上。Pb-4 用于设备内衬，Pb-6 用于管道接头，硬铅可制造硫酸工业用的泵、阀门、管道等。

4. 锌（Zinc）

锌呈浅灰色，熔点为 419℃，它有较好的耐腐蚀性和力学性能。有些钢管和管件为增强耐腐蚀性能，常在表面镀一层锌，如室内给水工程中常用的镀锌管。

三、型钢

压力管道工程中用得较多的金属材料，除钢管外，就是各种型钢、钢板和钢筋等。例如，在压力管道管架设计时，就会用到型钢（Steel Section）。

1. 圆钢（Round Steel）

圆钢用于制作管道的吊杆、吊环和拉杆等。它通常以其直径表示规格，如直径 12mm 的圆钢表示方法是圆钢 d12。直径较大的圆钢常用于加工毛坯。

2. 扁钢（Flat Steel）

扁钢用于制作吊环、卡环、活动支架等。规格以扁钢宽度乘以厚度来表示，如 50mm 宽、4mm 厚的扁钢写为 50×4。

3. 角钢（Angle Steel）

角钢分为等边角钢与不等边角钢，用以制作管道支架。等边角钢的规格以角钢的外边宽乘以厚度表示，如边宽 45mm、厚 3mm 的角钢写为∟45×3。不等边角钢的规格以角钢的一外边宽乘以另一外边宽再乘以厚度表示，如一边宽 75mm、另一边宽为 50mm、厚为 7mm 的角钢写为∟75×50×7。

4. 槽钢（Channel Steel）和工字钢（I-section Steel）

槽钢和工字钢一般用于制作较大管道的支架或设备支架等。其规格分别以槽钢或工字钢的高度表示，如 16 号槽钢，其高度为 160mm。

5. 钢板（Steel Plate）

管道工程中常用厚钢板制作设备、容器和法兰等，用薄钢板制作通风管道和保温外壳等。

热轧厚钢板常用 Q235、20、35、45、Q345（16Mn）、20g 等钢种轧制，厚度有 4.5mm、6mm、8mm、10mm、12mm、14mm、16mm、18mm、20～50mm 等多种，可根据需要选用，宽度 0.6～3m，长度 5～12m。

薄钢板常用 Q215、Q235、08、10、20、45、Q345（16Mn）等钢种轧制，厚度分为 0.35mm、0.5mm、1mm、1.5mm、2mm、3mm、4mm 七种，宽度 500～1250mm，长度从 1000mm 至 4000mm。在薄钢板中有时还要给较薄的几种镀上锌，称为镀锌钢板或镀锌铁皮。其规格按厚度有 0.35mm、0.5mm、0.75mm 三种，按宽度乘以长度有 400mm×800mm、750mm×1500mm、800mm×1200mm、900mm×1800mm、1000mm×1200mm 等数十种。薄钢板在管道工程中主要用于制作通风管道和保温外壳。

第三节 金属材料的性能

一、金属材料的力学性能

金属的力学性能是指金属在外力作用下表现出来的特性,主要有下列几项指标。

① 强度极限（Ultimate Strength）σ_b：在拉伸应力-应变曲线上的最大应力点,单位为 MPa。

② 屈服极限（Yield Limit）σ_s：材料的拉伸应力超过弹性范围,开始发生塑性变形时的应力。有些材料的拉伸应力-应变曲线并不出现明显的屈服平台,即不能明确地确定其屈服点。对于此种情况,工程上规定取试样产生 0.2% 残余变形的应力值作为条件屈服极限,用 $\sigma_{0.2}$ 表示,单位为 MPa。

③ 持久极限（Endurance Limit）σ_D^t：在给定温度下,使试样经过一定时间发生蠕变断裂时的平均应力。在工程上通常采用试样在设计温度下 $10^5 h$ 断裂时的应力平均值表示,单位为 MPa。

④ 蠕变极限（Creep Limit）σ_n^t：在给定温度下和规定的持续时间内,使试样产生一定蠕变量的应力值。工程上通常采用钢材在设计温度下,经 $10^5 h$、蠕变率为 1‰ 时的应力值表示,单位为 MPa。

⑤ 伸长率（Percentage Elongation）δ：表明试样在拉伸试验中发生破坏时,产生了百分之几的塑性伸长量。它是衡量钢材塑性的一个指标。试样的原始长度,一般选择为试样直径的 5 倍或 10 倍,因此,试样有 δ_5 和 δ_{10},以 % 计。

⑥ 断面收缩率（Reduction of Area）ψ：表明试样在拉伸试验发生破坏时,缩颈处所产生的塑性变形率。它是衡量材料塑性的另一个指标,以 % 计。

⑦ 冲击值（Impact Value）A_k：是衡量钢材韧性、确定钢材是否产生脆性破坏的一个指标,单位为 J。

⑧ 硬度（Hardness）：反映材料对局部塑性变形的抗力及材料的耐磨性。硬度有三种表示方法,即布氏硬度（Brinell Hardness）HB、洛氏硬度（Rockwell Hardness）HR 和维氏硬度（Vickers Diamond Hardness）HV,其测定方法和适用范围各异。根据经验,钢材的硬度与其抗拉强度有如下近似关系：轧制、正火的低碳钢 $\sigma_b = 0.36HB$；轧制、正火的中碳钢或低合金钢 $\sigma_b = 0.35HB$；硬度为 $250 \sim 400HB$,经热处理的合金钢 $\sigma_b = 0.33HB$。

由于测定方便,对焊接接头也常用测定热影响区硬度的方法来确定其淬硬程度。

二、钢材的热处理

钢材的热处理一般有淬火、回火和退火三种。钢材的热处理方式影响着金属材料的性能。

1. 淬火（Quenching）

淬火是将钢加热到 $800 \sim 900 ℃$,保持一定的时间后,在水中或油中迅速冷却,可以提高钢的硬度和耐磨性,但增加了钢的脆性。

冷却的速度对淬火效果起决定作用。冷却越快,钢的硬度与耐磨性越高,但脆性也越大。钢的淬火性能随其含碳量的增多而提高,含碳量在 0.2% 以下的钢,几乎不能淬火硬化。

当管道与法兰焊接时，焊缝附近受热，相当于淬火，可能引起硬化。但含碳量小于 0.2%的低碳钢不会淬火硬化，这就是低碳钢具有良好的焊接性的原因之一。

2. 回火（Tempering）

淬火后的钢性质硬脆，而且还会产生内应力。为减少这种硬脆性和消除内应力，常常将淬火后的钢加热到 550℃以下，经过保温后冷却，就可以提高钢材的韧性和塑性，达到使用的要求。

3. 退火（Annealing）

为降低钢的硬度和提高塑性，便于加工，或者为消除冷却与焊接时产生的硬脆性与内应力，可将钢材加热到 800～900℃，经过保温后缓慢冷却，可达到使用的要求。例如，白口铁在 900～1100℃退火，可降低硬脆性，得到可锻性。

三、常见元素对金属材料性能的影响

1. 碳（C）

① 含碳量的增加，使得碳素钢的强度和硬度增加，而塑性、韧性和焊接性能下降。

② 一般情况下，当含碳量大于 0.25%时，碳钢的可焊性开始变差，故压力管道中一般采用含碳量小于 0.25%的碳钢。含碳量的增加，其球化和石墨化的倾向增加。

③ 作为高温下耐热用的高合金钢，含碳量应大于或等于 0.04%，但此时奥氏体不锈钢的抗晶间腐蚀性能下降。

2. 硅（Si）

① 硅固溶于铁素体和奥氏体中可起到提高它们的硬度和强度的作用。

② 含硅量若超过 3%时，将显著地降低钢的塑性、韧性、延展性和可焊性，并易导致冷脆，中、高碳钢回火时易产生石墨化。

③ 各种奥氏体不锈钢中加入约 2%的硅，可以增强它们的高温不起皮性。在铬、铬铝、铬镍、铬钨等钢中加入硅，都将提高它们的高温抗氧化性能。但含硅量太高时，材料的表面脱碳倾向增加。

④ 低含硅量对钢的耐腐蚀性能影响不大，只有当含硅量达到一定值时，它对钢的耐腐蚀性能才有显著的增强作用。含硅量为 15%～20%的硅铸铁是很好的耐酸材料，对不同温度和浓度的硫酸、硝酸都很稳定，但在盐酸和王水的作用下稳定性很小，在氢氟酸中则不稳定。高硅铸铁之所以耐腐蚀，是由于当开始腐蚀时，在其表面形成致密的 SiO_2 薄层，阻碍了酸的进一步向内侵蚀。

3. 硫（S）、氧（O）在碳素钢中的作用

硫和氧作为杂质元素常以非金属化合物（如 FeS、FeO）形式存在于碳素钢中，形成非金属夹杂，从而导致材料性能的劣化，尤其是硫的存在常引起材料的热脆[❶]。硫和磷常是钢中要控制的元素，并以其含量的多少来评定碳素钢的优劣。

4. 磷（P）、砷（As）、锑（Sb）在碳素钢中的作用

① 磷、砷和锑作为杂质元素，它们对提高碳素钢的抗拉强度有一定的作用，但同时又都增加钢的脆性，尤其低温脆性[❷]。磷和砷又都是造成碳素钢严重偏析的有害元素。磷对钢

[❶] 由于 FeS 可与铁形成共晶，并沿晶界分布。Fe-FeS 共晶物的熔点为 985℃，当在 1000～1200℃温度下，对材料进行压力加工时，由于它已经熔化而导致晶粒开裂，使材料呈现脆性。这种现象常称为热脆。

[❷] 由于磷以固溶形式存在于铁素体中，影响铁素体的晶格变形，使碳素钢在常温下呈现脆性。这种现象常称为冷脆。

的焊接性不利，它能增加焊裂的敏感性。

② 由于低合金钢熔点较高，磷、砷、锑等杂质元素容易在高温下迁移聚集，从而导致低合金钢的高温回火脆性❶。一般情况下，低合金钢均采用较高级的冶炼方法（如电炉冶炼），故其硫、磷等杂质元素含量较低。

5. 钨（W）在碳素钢中的作用

① 钢中含钨量高时有二次硬化作用，有红硬性，以及增加耐磨性。钨对钢的淬透性、回火稳定性、力学性能的影响均与钼相似，但以质量计，其作用效果不如钼显著。钨提高钢在高温下的蠕变抗力与热强性，当与钼复合使用时，效果更佳。

② 钨能提高钢的抗氢作用的稳定性。钨通常加入低碳和中碳的高级优质合金结构钢中，钨能阻止热处理时晶粒的长大和粗化，降低其回火脆化倾向，并显著提高钢的强度和韧性。

6. 锰（Mn）在低合金钢中的作用

① 锰与铁形成固溶体，可提高钢中铁素体和奥氏体的硬度和强度。在碳锰钢中常利用锰来提高钢的强度，但它使材料的延展性有所降低，而且增加了应力腐蚀开裂的敏感性。在一般碳锰钢和低合金钢中，其含量应在 1%～2%。

② 锰是良好的脱氧剂和脱硫剂。锰与硫形成 MnS，可防止因硫而导致的热脆现象，从而改善钢的热加工性能。因此，在工业用钢中一般都含有一定数量的锰。

③ 锰在钢中由于能降低临界转变温度，故碳锰钢的低温冲击韧性比碳素钢好。

④ 锰能强烈增加碳锰钢的淬透性。含锰量较高时，有使钢晶粒粗化并增加钢的回火脆性的不利倾向。

⑤ 锰对钢的焊接性有不利的影响。为改善钢的焊接性，应在许可的范围内，适当降低钢的含碳量。焊接时也需采用优质低氢焊条和相应的焊接工艺。

7. 铬（Cr）在低合金钢中的作用

① 随含铬量的增加，使铬钼钢和铬钼钒钢有良好的抗高温氧化性和耐氧化介质腐蚀作用，并增加钢的热强性。但含铬量太高时或者处理不当，易发生 σ 相和 475℃ 回火脆化。

② 铬增加钢的淬透性并有二次硬化作用。

③ 铬是显著提高钢的脆性转变温度的元素，随着含铬量的增加，钢的脆性转变温度也逐步提高，冲击值随含铬量增加而下降。

④ 在含钼的锅炉钢中，加入少量的铬，能防止钢在长期使用过程中的石墨化。

⑤ 在单一的铬钢中，材料的焊接性能随含铬量的增加而恶化。

8. 铝（Al）在低合金钢中的作用

① 铝与氮及氧的亲和力很强，因此它也作为炼钢时的脱氧定氮剂，并起到细化晶粒、阻抑碳钢的时效、提高钢在低温下韧性的作用。

② 铝作为合金元素加入钢中时能提高钢的抗氧化性，改善钢的电磁性能，提高渗氮钢的耐磨性和疲劳强度等。因此，铝在不起皮钢、电热合金、磁钢和渗氮钢中，得到了广泛的应用。

③ 铝在铁素体及珠光体钢中，当其含量较高时，材料的高温强度和韧性较低。

④ 当含铝量达到一定量时，可使钢产生钝化现象，使钢在氧化性酸中具有耐蚀性，但

---

❶ 合金钢在进行高温回火热处理或长期在高温下工作时，其中的杂质元素磷、砷、锑等容易在高温下迁移聚集。由于这些元素的熔点一般比合金元素低，它将"割裂"材料基体而导致合金钢在高温下呈现脆性。因为合金钢的这种脆性发生在红热的温度下，故常称为红脆。

使钢的焊接性变坏。

⑤ 铝还能提高钢对硫化氢的耐蚀作用。含铝量在4%左右的钢，在温度不超过600℃时有较好的抗硫化氢腐蚀作用。

⑥ 在钢铁材料表面镀铝和渗铝，可以提高其抗氧化性和在工业和海洋性气氛中的耐蚀性。

⑦ 含铝的钢渗氮后，在钢的表面形成一层牢固的薄而硬的弥散分布的氮化铝层，从而提高其硬度和疲劳强度，并改善其耐磨性。

⑧ 铝是高锰低温钢的主要合金元素。一定量的铝，有提高铁锰奥氏体的稳定度、抑制β-Mn相变的作用，从而使铝在低温钢中得到了应用。

9. 钼（Mo）在低合金钢中的作用

① 钼属于强碳化物形成元素，当其含量较低时，与铁及碳形成复杂的渗碳体；当其含量较高时，则形成特殊碳化物。在较高回火温度下，由于钼的弥散分布，可使材料出现二次硬化。

② 钼对铁素体有固溶强化作用，同时也提高碳化物的稳定性，因此对钢的强度产生有利作用。钼是提高钢热强性最有效的合金元素。钼同样也能提高马氏体钢和奥氏体钢的热强性。

③ 钼在钢中，由于形成特殊碳化物，可以改善在高温高压下抗氢侵蚀的作用。

④ 钼常与其他元素如锰、铬等配合使用，可显著提高钢的淬透性；含钼量约0.5%时，能抑制或降低其他合金元素导致的回火脆性。

⑤ 钼在不锈耐热钢中，也能使钢表面钝化，但作用不如铬显著。钼与铬相反，它既能在还原性酸（HCl、H_2SO_4、H_2SO_3）中又能在强氧化性盐溶液（特别是含有氯离子时）中使钢材表面钝化。因此，钼可以普遍提高钢的耐蚀性能。

⑥ 钼加入奥氏体耐酸钢中，能显著地提高材料对醋酸、环烷酸的耐蚀性。在含有氯化物的溶液中，常会引起奥氏体耐酸钢的点腐蚀和晶间腐蚀。材料中加入钼后，这种倾向在很大程度上会被减缓或抑制。

10. 镍（Ni）在高合金钢中的作用

① 镍是扩大γ相区，形成无限固溶体的元素，它是奥氏体不锈钢中的主加元素。

② 镍能细化铁素体晶粒，改善钢的低温性能。含镍量超过一定值的碳钢，其低温脆化转变温度显著降低，而低温冲击韧性显著提高，因此镍钢常用于低温材料。一般情况下，含镍量达到3.5%的镍钢可以在-100℃低温下使用，含镍量达到9%的镍钢可在-196℃超低温下使用。

③ 含镍的低合金钢还有较高的抗腐蚀疲劳的性能。镍钢不宜在含硫或一氧化碳的气氛中加热，因为镍易与硫化合，在晶界上形成低熔点的NiS网状组织而产生热脆。在高温时镍将与一氧化碳化合形成$Ni(CO)_4$气体而由合金中逸出，从而在材料中留下孔洞。

④ 在不锈耐热钢中，镍与铬、钼等元素适当配合使材料在常温下为奥氏体组织，即得到奥氏体不锈钢或耐热钢。然而，目前镍在全世界范围内都是一种比较稀缺的元素，故作为一种合金元素，应该只有在用其他元素不能获得所需要的性能时，才考虑使用它。

⑤ 由于镍可降低临界转变温度和降低钢中各元素的扩散速度，因而它可以提高钢的淬透性。

⑥ 镍不增加钢对蠕变的抗力，因此一般不作为热强钢中的强化元素。在奥氏体热强钢中，镍的作用只是使钢奥氏体化，钢的强度必须靠其他元素如钼、钨、钒、钛、铝来提高。

⑦ 镍是有一定耐腐蚀能力的元素，对酸、碱、盐以及大气均具有一定的耐腐蚀能力。

11. 钛（Ti）在高合金钢中的作用

① 钛是最强的碳化物形成元素，与氮、氧的亲和力也极强，是良好的脱气剂和固定氮、碳的有效元素，正因为这样，含钛的高合金钢不宜用于铸件。

② 在奥氏体不锈钢中，由于钛能固定碳，有防止和减轻材料晶间腐蚀和应力腐蚀的作用。如果奥氏体不锈钢中的钛、碳含量之比超过 4.5 时，由于此时材料中的氧、氮和碳可以全部被固定住，故使得材料对晶间腐蚀、应力腐蚀和碱脆有很好的抗力。

③ 当钛以碳化钛微粒存在时，由于它能细化钢的晶粒并成为奥氏体分解时的有效晶核，可使钢的淬透性降低，但也使材料的高温固溶强化效果降低。

④ 钛能提高耐热钢的抗氧化性和热强性。

⑤ 钛作为强碳化物形成元素，可以提高钢在高温、高压、氢气中的稳定性。当钢中的含钛量达到含碳量的 4 倍时，可使钢在高压下对氢的稳定性几乎高达 600℃ 以上。

第四节　金属材料的腐蚀

金属腐蚀的危害性是十分普遍的，而且也是十分严重的。腐蚀会造成重大的直接或间接损失，会造成灾难性重大事故，而且危及人身安全。因腐蚀而造成的生产设备和管道的跑、冒、滴、漏，会影响生产装置的生产周期和设备寿命，增加生产成本，同时还会因有毒物质的泄漏而污染环境，危及人类健康。

一、根据腐蚀发生的机理分类

根据腐蚀发生的机理，可将其分为化学腐蚀、电化学腐蚀和物理腐蚀三大类。

1. 化学腐蚀（Chemical Corrosion）

化学腐蚀是指金属表面与非电解质直接发生纯化学作用而引起的破坏。金属在高温气体中的硫腐蚀、金属的高温氧化均属于化学腐蚀。

2. 电化学腐蚀（Electrochemical Corrosion）

电化学腐蚀是指金属表面与离子导电的介质发生电化学反应而引起的破坏。电化学腐蚀是最普遍、最常见的腐蚀，如金属在大气、海水、土壤和各种电解质溶液中的腐蚀都属此类。

3. 物理腐蚀（Physical Corrosion）

物理腐蚀是指金属由于单纯的物理溶解而引起的破坏。其特点是：当低熔点的金属溶入金属材料中时，会对金属材料产生"割裂"作用。由于低熔点的金属强度一般较低，在受力状态下它将优先断裂，从而成为金属材料的裂纹源。应该说，这种腐蚀在工程中并不多见。

二、根据腐蚀形态分类

按腐蚀形态分类，可分为全面腐蚀、局部腐蚀和应力腐蚀三大类。

1. 全面腐蚀（General Corrosion）

全面腐蚀也称均匀腐蚀，是在管道较大面积上产生的程度基本相同的腐蚀。均匀腐蚀是危险性最小的一种腐蚀。

① 工程中往往是给出足够的腐蚀余量就能保证材料的机械强度和使用寿命。

② 均匀腐蚀常用单位时间内腐蚀介质对金属材料的腐蚀深度或金属构件的壁厚减薄量（称为腐蚀速率）来评定。SH3059 标准中规定：腐蚀速率不超过 0.05mm/a 的材料为充分耐腐蚀材料；腐蚀速率为 0.05～0.1mm/a 的材料为耐腐蚀材料；腐蚀速率为 0.1～0.5mm/a 的材料为尚耐腐蚀材料；腐蚀速率超过 0.5mm/a 的材料为不耐腐蚀材料。

2. 局部腐蚀（Local Corrosion）

局部腐蚀又称非均匀腐蚀，其危害性远比均匀腐蚀大，因为均匀腐蚀容易被发觉，容易设防，而局部腐蚀则难以预测和预防，往往在没有先兆的情况下，使金属构件突然发生破坏，从而造成重大火灾或人身伤亡事故。局部腐蚀很普遍，据统计，均匀腐蚀占整个腐蚀中的 17.8%，而局部腐蚀则占 80% 左右。

（1）点蚀（Pitting）

① 集中在全局表面个别小点上的深度较大的腐蚀称为点蚀，也称孔蚀。蚀孔直径等于或小于深度。蚀孔形态如图 3-2 所示。

■ 图 3-2　点蚀孔的各种剖面形状（选自 ASTM 标准）

② 点蚀是管道最具有破坏性的隐藏的腐蚀形态之一。奥氏体不锈钢管道在输送含氯离子或溴离子的介质时最容易产生点蚀。不锈钢管道外壁如果常被海水或天然水润湿，也会产生点蚀，这是因为海水或天然水中含有一定的氯离子。

③ 不锈钢的点蚀过程可分为蚀孔的形成和蚀孔的发展两个阶段。

钝化膜的不完整部位（露头位错、表面缺陷等）作为点蚀源，在某一段时间内呈活性状态，电位变负，与其邻近表面之间形成微电池，并且具有大阴极小阳极面积比，使点蚀源部位金属迅速溶解，蚀孔开始形成。

已形成的蚀孔随着腐蚀的继续进行。小孔内积累了过量的正电荷，引起外部 Cl^- 的迁入以保持电中性，继之孔内氯化物浓度增高。由于氯化物水解使孔内溶液酸

■ 图 3-3　点蚀孔生长机理

化，又进一步加速孔内阳极的溶解。这种自催化作用的结果，使蚀孔不断地向深处发展，如图 3-3 所示。

④ 溶液滞留容易产生点蚀；增加流速会降低点蚀倾向，敏化处理及冷加工会增加不锈钢点蚀的倾向；固溶处理能提高不锈钢耐点蚀的能力。钛的耐点蚀能力高于奥氏体不锈钢。

⑤ 碳钢管道也发生点蚀，通常是在蒸汽系统（特别是低压蒸汽）和热水系统，遭

受溶解氧的腐蚀，温度在 80～250℃ 间最为严重。虽然蒸汽系统是除氧的，但由于操作控制不严格，很难保证溶解氧量不超标，因此溶解氧造成碳钢管道产生点蚀的情况经常会发生。

(2) 缝隙腐蚀（Crevice Corrosion） 当管道输送的物料为电解质溶液时，在管道内表面的缝隙处，如法兰垫片处、单面焊未焊透处等，均会产生缝隙腐蚀。一些钝性金属如不锈钢、铝、钛等，容易产生缝隙腐蚀。

缝隙腐蚀的机理，一般认为是浓差腐蚀电池的原理，即由于缝隙内和周围溶液之间氧浓度或金属离子浓度存在差异造成的。缝隙腐蚀在许多介质中发生，但以含氯化物的溶液中最严重，其机理不仅是氧浓差电池的作用，还有像点蚀那样的自催化作用，如图 3-4 所示。

(3) 焊接接头的腐蚀 通常发生于不锈钢管道，有三种腐蚀形式。

① 焊肉被腐蚀成海绵状，这是奥氏体不锈钢发生的 δ 铁素体选择性腐蚀。

■ 图 3-4 缝隙腐蚀的机理

为改善焊接性能，奥氏体不锈钢通常要求焊缝含有 3%～10% 的铁素体组织，但在某些强腐蚀性介质中则会发生 δ 铁素体选择性腐蚀，即腐蚀只发生在 δ 铁素体相（或进一步分解为 σ 相），结果呈海绵状。

② 热影响区腐蚀。造成这种腐蚀的原因，是焊接过程中这里的温度正好处在敏化区，有充分的时间析出碳化物，从而产生了晶间腐蚀。

晶间腐蚀是腐蚀局限在晶界和晶界附近而晶粒本身腐蚀比较小的一种腐蚀形态，其结果将造成晶粒脱落或使材料机械强度降低。

晶间腐蚀的机理是"贫铬理论"。不锈钢因含铬而有很高的耐蚀性，其含铬量必须要超过 12%，否则其耐蚀性能和普通碳钢差不多。不锈钢在敏化温度范围内（450～850℃），奥氏体中过饱和固溶的碳将和铬化合成 $Cr_{23}C_6$，沿晶界沉淀析出。由于奥氏体中铬的扩散速度比碳慢，这样，生成 $Cr_{23}C_6$ 所需的铅必然从晶界附近获取，从而造成晶界附近区域贫铬。如果含铬量降到 12%（钝化所需极限含铬量）以下，则贫铬区处于活化状态，作为阳极，它和晶粒之间构成腐蚀原电池，贫铬区阳极面积小，晶粒阴极面积大，从而造成晶界附近贫铬区的严重腐蚀。

③ 熔合线处的刀口腐蚀，一般发生在用 Nb 及 Ti 稳定的不锈钢（347 及 321）。刀口腐蚀大多发生在氧化性介质中。刀口腐蚀示意如图 3-5 所示。

(4) 磨损腐蚀 也称冲刷腐蚀。当腐蚀性流体在弯头、三通等拐弯部位突然改变方向，它对金属及金属表面的钝化膜或腐蚀产物层产生机械冲刷破坏作用，同时又对不断露出的金属新鲜表面发生激烈的电化学腐蚀，从而造成比其他部位更为严重的腐蚀损伤。这种损伤是金属以其离子或腐蚀产物从金属表面脱离，而不是像纯粹的机械磨损那样以固体金属粉末脱落。

■ 图 3-5 刀口腐蚀

如果流体中夹有气泡或固体悬浮物时,则最易发生磨损腐蚀。不锈钢的钝化膜耐磨损腐蚀性能较差,钛则较好。蒸汽系统、H_2S-H_2O 系统对碳钢管道弯头、三通的磨损腐蚀均较严重。

(5) **冷凝液腐蚀** 对于含水蒸气的热腐蚀性气体管道,在保温层中止处或破损处的内壁,由于局部温度降至露点以下,将发生冷凝现象,从而造成冷凝液腐蚀,即露点腐蚀。

(6) **涂层破损处的局部大气锈蚀** 对于化工厂的碳钢管线,这种腐蚀有时会很严重,因为化工厂区的大气中常常含有酸性气体,比自然大气的腐蚀性强得多。

3. 应力腐蚀(Stress Corrosion)

金属材料在拉应力和特定腐蚀介质的共同作用下发生的断裂破坏,称为应力腐蚀破裂。发生应力腐蚀破裂的时间有长有短,有经过几天就开裂的,也有经过数年才开裂的,这说明应力腐蚀破裂通常有一个或长或短的孕育期。

应力腐蚀裂纹呈枯树枝状,大体上沿着垂直于拉应力的方向发展。裂纹的微观形态有穿晶型、晶间型(沿晶型)和两者兼有的混合型。

应力的来源,对于管道来说,焊接、冷加工及安装时残余应力是主要的。

并不是任何的金属与介质的共同作用都引起应力腐蚀破裂。其中金属材料只有在某些特定的腐蚀环境中,才发生应力腐蚀破裂。表3-4列出了容易引起应力腐蚀开裂的管道金属材料和腐蚀环境的组合。

表 3-4 易产生应力腐蚀开裂的金属材料和腐蚀环境组合(选自 SH 3059 附录 E)

材料	环境	材料	环境
碳钢及低合金钢	苛性碱溶液 氨溶液 硝酸盐水溶液 含 HCN 水溶液 湿的 $CO-CO_2$ 空气 硝酸盐和重碳酸溶液 含 H_2S 水溶液 海水 海洋大气和工业大气 CH_3COOH 水溶液 $CaCl_2$、$FeCl_3$ 水溶液 $(NH_4)_2CO_3$ $H_2SO_4-HNO_3$ 混合酸水溶液	奥氏体不锈钢	高温碱液如 $NaOH$、$Ca(OH)_2$、$LiOH$ 氯化物水溶液 海水、海洋大气 连多硫酸 高温高压含氧高纯水 浓缩锅炉水 水蒸气(260℃) 260℃硫酸 湿润空气(湿度90%) $NaCl+H_2O_2$ 水溶液 热 $NaCl+H_2O_2$ 水溶液 热 $NaCl$ 湿的 $MgCl_2$ 绝缘物 H_2S 水溶液
钛及钛合金	红烟硝酸 N_2O_4(含 O_2、不含 NO 24~74℃) 湿的 Cl_2(288℃、346℃、427℃) HCl(10%,35℃) 硫酸(7%~60%) 甲醇,甲醇蒸气 海水 四氯化碳 氟里昂	铜合金	氨蒸气及氨水溶液 三氯化铁 水,水蒸气 汞 硝酸银
		铝合金	NaCl 水溶液 海水 $CaCl_2+NH_4Cl$ 水溶液 汞

(1) 碱脆　金属在碱液中的应力腐蚀破裂称碱脆。碳钢、低合金钢、不锈钢等多种金属材料皆可发生碱脆。碳钢（含低合金钢）发生碱脆的趋势如图3-6所示。

■ 图3-6　碳钢在碱液中的
应力腐蚀破裂区

■ 图3-7　产生应力腐蚀破裂
的烧碱浓度与温度关系
注：曲线上部为危险区

由图3-6可知，氢氧化钠浓度在5%以上的全部浓度范围内碳钢几乎都可能产生碱脆，碱脆的最低温度为50℃，所需碱液的浓度为40%～50%，以沸点附近的高温区最易发生。裂纹呈晶间型。奥氏体不锈钢发生碱脆的趋势如图3-7所示。氢氧化钠浓度在0.1%以上的浓度时18-8型奥氏体不锈钢即可发生碱脆。以氢氧化钠浓度40%最危险，这时发生碱脆的温度为115℃左右。超低碳不锈钢的碱脆裂纹为穿晶型，含碳量高时，碱脆裂纹则为晶间型或混合型。当奥氏体不锈钢中加入2%钼时，则可使其碱脆界限缩小，并向碱的高浓度区域移动。镍和镍基合金具有较高的耐应力腐蚀的性能，它的碱脆范围变得狭窄，而且位于高温浓碱区。

(2) 不锈钢的氯离子应力腐蚀破裂　氯离子不但能引起不锈钢孔蚀，更能引起不锈钢的应力腐蚀破裂。

发生应力腐蚀破裂的临界氯离子浓度随温度的上升而减小，高温下，氯离子浓度只要达到10^{-6}，即能引起破裂。发生氯离子应力腐蚀破裂的临界温度为70℃。具有氯离子浓缩的条件（反复蒸干、润湿）是最易发生破裂的。工业中发生不锈钢氯离子应力腐蚀破裂的情况相当普遍。

不锈钢氯离子应力腐蚀破裂不仅仅发生在管道的内壁，发生在管道外壁的事例也屡见不鲜，如图3-8所示。

(a) 管道的破裂部位(渗透探伤)

(b) 直管部位端面(上部为管外侧)×10

■ 图3-8　不锈钢管道应力腐蚀破裂

作为管外侧的腐蚀因素,被认为是保温材料的问题,对保温材料进行分析的结果,被检验出含有约 0.5％的氯离子。这个数值可认为是保温材料中含有的杂质,或由于保温层破损、浸入的雨水中带入并经过浓缩的结果。

(3) 不锈钢连多硫酸应力腐蚀破裂　以加氢脱硫装置最为典型,不锈钢连多硫酸($H_2S_xO_6$, $x=3\sim5$)的应力腐蚀破裂颇为引人关注。

管道在正常运行时,受硫化氢腐蚀,生成的硫化铁,在停车检修时,与空气中的氧及水反应生成了 $H_2S_xO_6$。在 Cr-Ni 奥氏体不锈钢管道的残余应力较大的部位(焊缝热影响区、弯管部位等)产生应力腐蚀裂纹。

(4) 硫化物腐蚀破裂

① 金属在同时含有硫化氢及水的介质中发生的应力腐蚀破裂即为硫化物腐蚀破裂,简称硫裂。在天然气、石油采集,加工炼制,石油化学及化肥等工业部门常常发生管道、阀门硫裂事故。发生硫裂所需的时间短则几天,长则几个月到几年不等,但是未见超过十年发生硫裂的事例。

② 硫裂的裂纹较粗,分支较少,多为穿晶型,也有晶间型或混合型。发生硫裂所需的硫化氢浓度很低,只要略超过 10^{-6},甚至在小于 10^{-6} 的浓度下也会发生。

碳钢和低合金钢在 20~40℃温度范围内对硫裂的敏感性最大,奥氏体不锈钢的硫裂大多发生在高温环境中。随着温度升高,奥氏体不锈钢的硫裂敏感性增加。在含硫化氢及水的介质中,如果同时含醋酸,或者二氧化碳和氯化钠,或磷化氢,或砷、硒、锑、碲的化合物或氯离子,则对钢的硫裂起促进作用。对于奥氏体不锈钢的硫裂,氯离子和氧起促进作用,304L 和 316L 不锈钢对硫裂的敏感性有如下的关系:$H_2S+H_2O < H_2S+H_2O+Cl^- < H_2S+H_2O+Cl^-+O_2$(硫裂的敏感性由弱到强)。

对于碳钢和低合金钢来说,淬火+回火的金相组织抗硫裂最好,未回火马氏体组织最差。钢抗硫裂性能依淬火+回火组织→正火+回火组织→正火组织→未回火马氏体组织的顺序递降。

钢的强度越高,越易发生硫裂。钢的硬度越高,越易发生硫裂。在发生硫裂的事故中,焊缝特别是熔合线是最易发生破裂的部位,这是因为这里的硬度最高。NACE 对碳钢焊缝的硬度进行了严格的规定:≤200HB。这是因为焊缝硬度的分布比母材复杂,所以对焊缝硬度的规定比母材严格。焊缝部位常发生破裂,一方面是由于焊接残余应力的作用,另一方面是焊缝金属、熔合线及热影响区出现淬硬组织的结果。为防止硫裂,焊后进行有效的热处理十分必要。

(5) 氢损伤　氢渗透进入金属内部而造成金属性能劣化称为氢损伤,也称氢破坏。氢损伤可分为四种不同类型:氢鼓泡、氢脆、脱碳和氢腐蚀。

① 氢鼓泡及氢诱发阶梯裂纹。主要发生在含湿硫化氢的介质中。

硫化氢在水中离解:

$$H_2S \longrightarrow H^+ + HS^- \longrightarrow H^+ + S^{2-}$$

钢在硫化氢水溶液中发生电化学腐蚀:

阳极反应　　　　　　　　　$Fe \longrightarrow Fe^{2+} + 2e$

二次反应过程　　　　　　　$Fe^{2+} + S^{2-} \longrightarrow FeS$

阴极反应　　　　　　　$2H^+ + 2e \longrightarrow 2H_{吸附} \rightarrow H_2 \uparrow$
　　　　　　　　　　　　　　　　　　　　$\longrightarrow 2H_{吸收}$

由上述过程可以看出，钢在这种环境中，不仅会由于阳极反应而发生一般腐蚀，而且由于 S^{2-} 在金属表面的吸附对氢原子复合氢分子有阻碍作用，从而促进氢原子向金属内渗透。当氢原子向钢中渗透扩散时，遇到了裂缝、分层、空隙、夹渣等缺陷，就聚集起来结合成氢分子造成体积膨胀，在钢材内部产生极大压力（可达数百兆帕）。如果这些缺陷在钢材表面附近，则形成鼓泡，如图 3-9 所示。如果这些缺陷在钢的内部深处，则形成诱发裂纹。它是沿轧制方向上产生的相互平行的裂纹，被短的横向裂纹连接起来形成"阶梯"。氢诱发阶梯裂纹轻者使钢材脆化，重者会使有效壁厚减小到管道过载、泄漏甚至断裂。

(a) 氢鼓泡机理　　　　　　　　(b) 氢鼓泡破坏形貌

■ 图 3-9　氢鼓泡

氢鼓泡需要一个硫化氢临界浓度值。有资料介绍，硫化氢分压在 138Pa 时将产生氢鼓泡。如果在含湿硫化氢介质中同时存在磷化氢、砷、碲的化合物及 CN^- 时，则有利于氢向钢中渗透，它们都是渗氢加速剂。

氢鼓泡及氢诱发阶梯裂纹一般发生在钢板卷制的管道上。

② 氢脆。

无论以什么方式进入钢内的氢，都将引起钢材脆化，即伸长率、断面收缩率显著下降，高强度钢尤其严重。若将钢材中的氢释放出来（如加热进行消氢处理），则钢的力学性能仍可恢复。氢脆是可逆的。

H_2S-H_2O 介质常温腐蚀碳钢管道能渗氢，在高温高压临氢环境下也能渗氢；在不加缓蚀剂或缓蚀剂不当的酸洗过程能渗氢，在雨天焊接或在阴极保护过度时也会渗氢。

③ 脱碳。

在工业制氢装置中，高温氢气管道易产生碳损伤。钢中的渗碳体在高温下与氢气作用生成甲烷：

$$Fe_3C + 2H_2 \longrightarrow 3Fe + CH_4 \uparrow$$

反应结果导致表面层的渗碳体减少，而碳便从邻近的尚未反应的金属层逐渐扩散到此反应区，于是有一定厚度的金属层因缺碳而变为铁素体。脱碳的结果造成钢的表面强度和疲劳极限的降低。

④ 氢腐蚀。

钢受到高温高压氢作用后，其力学性能劣化，强度、韧性明显降低，并且是不可逆的，这种现象称为氢腐蚀。

氢腐蚀的历程可用图 3-10 来解释。

$$Fe_3C + 4H \Longrightarrow 3Fe + CH_4$$

图 3-10 氢腐蚀的历程

$$C(\alpha\text{-Fe 中}) + 4H(\alpha\text{-Fe 中}) \longrightarrow CH_4$$

氢腐蚀的过程大致可分为三个阶段：孕育期，钢的性能没有变化；性能迅速变化阶段，迅速脱碳，裂纹快速扩展；最后阶段，固溶体中碳已耗尽。

氢腐蚀的孕育期是重要的，它往往决定了钢的使用寿命。

某氢压力下产生氢腐蚀有一起始温度，它是衡量钢材抗氢性能的指标。低于这个温度氢腐蚀反应速度极慢，以至孕育期超过正常使用寿命。碳钢的这一温度大约在 220℃ 左右。

氢分压也有一个起始点（碳钢大约在 1.4MPa 左右），即无论温度多高，低于此分压，只发生表面脱碳而不发生严重的氢腐蚀。

各种抗氢钢发生腐蚀的温度和压力组合条件，就是著名的 Nelson 曲线（在很多管道器材选用标准规范内均有此曲线图，如 SH3059《石油化工管道设计器材选用通则》）。

冷加工变形，提高了碳、氢的扩散能力，对腐蚀起加速作用。

某氮肥厂，氨合成塔出口至废热锅炉的高压管道，工作温度 320℃ 左右，工作压力 33MPa，工作介质为 H_2、N_2、NH_3 混合气，应按 Nelson 曲线选用抗氢钢。其中有一异径短管，由于错用了普通碳钢，使用不久便因氢腐蚀而破裂，造成恶性事故，损失非常惨重。

第五节 常用金属材料的基本限制条件

工程上的实际应用环境条件是十分复杂的，不同的介质、介质温度、介质压力等操作条件的组合，构成了无数个选材条件。工程上，压力管道选材除了要确定材料牌号外，还要确定材料标准，因为不同的材料标准，对材料质量的要求是不一样的。ASME、GB 50316、SH 3059、HG/T 20646 等标准均提到了常用金属材料的基本限制条件。

一、一般限制条件

材料选用时，首先应遵循下列一些原则。

1. 满足操作条件的要求

① 根据操作条件判断该管道是不是压力管道，属于哪一类压力管道。

不同类别的压力管道因其重要性不同，发生事故带来的危害程度不同，对材料的要求也不同。一般情况下,高类别的压力管道(如一类压力管道)从材料的冶炼工艺到最终产品的检查试验都比低类别的压力管道要求高。

② 应考虑操作条件对材料的选择要求。

不同的材料对同一腐蚀介质的耐腐蚀性能是不相同的。在腐蚀环境中,选用材料应避免灾难性的腐蚀形式(如应力腐蚀开裂)出现,而对均匀腐蚀,一般至少应限定在"耐腐蚀"级,即最高腐蚀速率不超过 0.5mm/a。

③ 介质温度也是选用材料的一个重要参数。

因为温度的变化会引起材料的一系列性能变化,如低温下材料的脆性,高温下材料的石墨化、蠕变等问题。很多腐蚀形态都与介质温度有密切的关系,甚至是腐蚀发生的基本条件。因此压力管道的选材应满足温度的限制条件。

2. 满足材料加工工艺和工业化生产的要求

① 理想的材料应该是容易获得的,即它应具有良好的加工工艺性、焊接性能等。

例如,对于一些腐蚀环境,选用碳钢和不锈钢复合制成的压力管道及其元件来代替纯不锈钢材料无疑是经济适用的,但由于许多制造厂的复合工艺不过关,使用中屡次出现问题,从而给复合材料的应用带来了限制,尤其是碳钢与 0Cr13 的复合板材因现场焊接质量不容易保证,以致工程上不敢使用或者说不敢大量使用它。

② 工程上的材料应用是系列化、标准化的。

实际工程中不像在实验室中,可以做到少量、理想化的材料应用。将材料标准化、系列化便于大规模生产,减少材料品种,从而可以节约设计、制造、安装、使用等各环节的投入,同时也将大大降低生产成本。

所以工程上应首先选用标准材料,对于必须选用的新材料,应有完整的技术评定文件,并经过省级及以上管理部门组织技术鉴定,合格后才能使用。

对于进口的材料,应提出详细的规格、性能、材料牌号、材料标准、应用标准等技术要求,并按国内的有关技术要求对其进行复验,合格后才能使用。

3. 符合既适用又经济的要求

这是一个很原则的问题,实际操作起来是很复杂的。它要求材料工程师必须运用工程学、材料学、腐蚀学等方面的知识综合判断。这样的问题有时是可以定量计算的,有时则是不可以定量计算的。一般情况下,应从以下几个方面来考虑。

① 腐蚀方面。

例如,对于某一个腐蚀环境,若选用高级的、价格高的材料时遭受的腐蚀可能是危险性较大的局部腐蚀,而选用低级的、价格低的材料时遭受的腐蚀可能是具有较大腐蚀速率的均匀腐蚀。进行综合的技术经济评定后,此时就应考虑选用低级材料并辅以其他防腐措施。总之这一类型的材料选用应进行经济核算。

② 材料标准及制造方面。

压力管道的类别与材料标准和制造要求并没有一个完全一一对应的关系,这就要求材料工程师应用有关知识来综合考虑。

许多材料标准和制造标准中,都有许多需要用户确认的选择项。当用户没有指定时,制造商将按自己的习惯去做。例如,钢管的供货长度、供货状态等都属于这类项目。

有些项目则是附加检验项目,这些检验项目不是必需的,只有用户要求时制造商才做。用户可以根据使用条件不同,追加若干检验项目以便更好地控制材料的内在质量。但提出了这些特殊要求就意味着产品价格的上升,有些检验项目如射线探伤的费用是很高的。如何追加这些附加检验项目,应结合使用条件和产品的价格综合考虑。

③ 新材料、新工艺应用方面。

采用新材料,支持新材料、新工艺的开发和应用,可以有效地降低建设投资,又能满足生产工艺对材料的要求。

例如,用渗铝碳钢代替不锈钢用于抗硫和有机酸的腐蚀;用碳钢与不锈钢的复合材料代替纯不锈钢材料;用焊接质量有保证的有缝钢管代替无缝钢管等。

二、常用材料的应用限制

1. 铸铁

常用的铸铁有可锻铸铁和球墨铸铁两种。

限制条件如下。

① 使用在介质温度为-29~343℃的受压或非受压管道。

② 不得用于输送介质温度高于150℃或表压大于2.5MPa的可燃流体管道。

③ 不得用于输送任何温度压力条件的有毒介质。

④ 不得用于输送温度和压力循环变化或管道有振动的条件下。

实际上,可锻铸铁经常被用于不受压的阀门手轮和地下管道;球墨铸铁经常被用于工业用管道中的阀门阀体。

2. 普通碳素钢

限制条件如下。

(1) 沸腾钢

① 应限用在设计压力不大于0.6MPa,设计温度为0~250℃的条件下。

② 不得用于易燃或有毒流体的管道。

③ 不得用于石油液化气介质和有应力腐蚀的环境中。

(2) 镇静钢

① 限用在设计温度为0~400℃范围内。

② 当用于有应力腐蚀开裂敏感的环境时,本体硬度及焊缝硬度应不大于200HB,并对本体和焊缝进行100%无损探伤。

(3) 用于压力管道的沸腾钢和镇静钢

① 含碳量不得大于0.24%。

② GB 700标准给出了四种常用的普通碳素结构钢牌号,即Q235A(F、b),Q235B(F、b)、Q235C、Q235D。其适用范围如下。

Q235-A·F钢板:设计压力$p \leqslant 0.6$MPa;使用温度为0~250℃;钢板厚度$\leqslant 12$mm;不得用于易燃,毒性程度为中度、高度或极度危害介质的管道。

Q235-A钢板:设计压力$p \leqslant 1.0$MPa;使用温度为0~350℃;钢板厚度$\leqslant 16$mm;不得用于液化石油气、毒性程度为高度或极度危害介质的管道。

Q235-B钢板:设计压力$p \leqslant 1.6$MPa;使用温度为0~350℃;钢板厚度$\leqslant 20$mm;不得用于高度和极度危害介质的管道。

Q235-C钢板:设计压力$p \leqslant 2.5$MPa;使用温度为0~400℃;钢板厚度$\leqslant 40$mm。

3. 优质碳素钢

优质碳素钢是压力管道中应用最广的碳钢,对应的材料标准有:GB/T 699、GB/T 8163、GB 3087、GB 5310、GB 9948、GB 6479等。这些标准根据不同的使用工况而提出了不同的质量要求。它们共性的使用限制条件如下。

① 输送碱性或苛性碱介质时应考虑有发生碱脆的可能,锰钢(如 16Mn)不得用于该环境。

② 在有应力腐蚀开裂倾向的环境中工作时,应进行焊后应力消除热处理,热处理后的焊缝硬度不得大于 200HB。焊缝应进行 100% 无损探伤。锰钢(如 16Mn)不宜用于有应力腐蚀开裂倾向的环境中。

③ 在均匀腐蚀介质环境下工作时,应根据腐蚀速率、使用寿命等进行经济核算,如果核算结果证明选用碳素钢是合适的,应给出足够的腐蚀余量,并采取相应的其他防腐蚀措施。

④ 碳素钢、碳锰钢和锰钒钢在 425℃ 及以上温度下长期工作时,其碳化物有转化为石墨的可能性,因此限制其最高工作温度不得超过 425℃(锅炉规范则规定该温度为 450℃)。

⑤ 临氢操作时,应考虑发生氢损伤的可能性。

⑥ 含碳量大于 0.24% 的碳钢不宜用于焊连接的管子及其元件。

⑦ 用于 -20℃ 及以下温度时,应进行低温冲击韧性试验。

⑧ 用于高压临氢、交变荷载情况下的碳素钢材料宜是经过炉外精炼的材料。

4. 铬钼合金钢

常用的铬钼合金钢材料标准有 GB 9948、GB 5310、GB 6479、GB 3077、GB 1221 等,其使用限制条件如下。

① 碳钼钢(C-0.5Mo)在 468℃ 温度下长期工作时,其碳化物有转化为石墨的倾向,因此限制其最高长期工作温度不超过 468℃。

② 在均匀腐蚀环境下工作时,应根据腐蚀速率、使用寿命等进行经济核算,同时给出足够的腐蚀余量。

③ 临氢操作时,应考虑发生氢损伤的可能性。

④ 在高温 H_2+H_2S 介质环境下工作时,应根据 Nelson 曲线和 Couper 曲线确定其使用条件。

⑤ 应避免在有应力腐蚀开裂的环境中使用。

⑥ 在 400~550℃ 温度区间内长期工作时,应考虑防止回火脆性问题。

⑦ 铬钼合金钢一般应是电炉冶炼或经过炉外精炼的材料。

5. 不锈耐热钢

压力管道中常用的不锈耐热钢材料标准主要有 GB/T 14976、GB 4237、GB 4238、GB 1220、GB 1221 等。其共性的使用限制条件如下。

① 含铬 12% 以上的铁素体和马氏体不锈钢在 400~550℃ 温度区间内长期工作时,应考虑防止 475℃ 回火脆性破坏,这个脆性表现为室温下材料的脆化。因此,在应用上述不锈钢时,应将其弯曲应力、振动和冲击荷载降到敏感荷载以下,或者不在 400℃ 以上温度使用。

② 奥氏体不锈钢在加热冷却的过程中,经过 540~900℃ 温度区间时,应考虑防止产生晶间腐蚀倾向。当有还原性较强的腐蚀介质存在时,应选用稳定型(含稳定化元素 Ti 和 Nb)或超低碳型(含碳量小于 0.03%)奥氏体不锈钢。

③ 不锈钢在接触湿的氯化物时,有应力腐蚀开裂和点蚀的可能,应避免接触湿的氯化物,或者控制物料和环境中的氯离子浓度不超过 25×10^{-6}。

④ 奥氏体不锈钢使用温度超过 525℃ 时,其含碳量应大于 0.04%,否则钢的强度会显

著下降。

三、常用金属材料的使用温度

常用金属材料的使用温度见表 3-5。

表 3-5 常用金属材料的使用温度

钢 类	钢 号	使用温度/℃
碳素结构钢	Q235-A・F	250
	Q235-A	350
	Q235-B	
	Q235-C	400
优质碳素结构钢	10	−30～425
	20	−20～425
	20G	−20～450
低合金钢	16Mn	−40～450
	16MnD	−40～350
	09MnD	−50～350
	09Mn2VD	−50～100
	09MnNiD	−70～350
	12CrMo	≤525
	15CrMo	≤550
	12Cr1MoVG	≤575
	12Cr2Mo	≤575
	1Cr5Mo	≤600
高合金钢	0Cr13	≤400
	0Cr18Ni9、0Cr18Ni10Ti	−196～700
	0Cr17Ni12Mo2	−196～700
	0Cr18Ni12Mo2Ti	−196～500
	0Cr19Ni13Mo3	−196～700
	00Cr19Ni10	−196～425
	00Cr17Ni14Mo2	−196～450
	00Cr19Ni13Mo3	−196～450

注：表 3-5 内高合金钢材料的牌号，已经过渡修改，例如：0Cr18Ni9 变为 06Cr19Ni10，0Cr17Ni12Mo2 变为 06Cr17Ni12Mo2 等。

四、在国外执行的某工程项目管道材料选用实例

① 管道和管道组成件应根据环境、流体等设计条件，选择表 3-6 中同等或更好的材料（注：有的工程公司基本材料（管道材料）的选用，是由工艺系统专业负责）。

② 考虑焊后热处理的情况。

③ 考虑防止硫应力腐蚀（Sulfide Stress Cracking，SSC），可根据 NACE MR0175/ISO 15156。

④ 考虑防止氢腐蚀（Hydrogen Induced Cracking，HIC）。

⑤ 管子、管件、法兰等材料的选择需遵循本项目的管道材料等级统一规定。

⑥ 最高和最低流速（Maximum and Minimum Velocities）因素。

专有的管道系统不需要考虑最高流速限制，例如，计量橇（Metering Skid，如图3-11）、减压泻放橇等。管道需要流量平衡分支部分需要考虑最高流速限制，例如消防水喷雾洒水系统等。

■ 图 3-11　计量橇

当管线内流速超出表 3-6 限制，碳钢管道内的最大和最小的流体速度应满足以下要求。

1. 单相气体管线

在工厂管线中，除了泄放和火炬流体，管线内气体最大流速应限制在 18.3m/s，否则工厂噪声可能是个大问题。对于管道布置相对简单且配件和阀门非常少，经专门部门审批后超高流速可以接受。

对于跨国管道（Cross-country Pipelines，跨国管道是指管道从一国家开始，目的地是另一个国家，管道经过一个或多个其他国家，它可以进行油气供应等），当噪声不是一个问题时，最大气体速度仅考虑流量、压降和其他因素的经济平衡。

气体管线流速应不小于 4.6m/s，以减少在管道底部的积水。最低速度限制不适用于脱硫干气（Dry Sweet Gas）控制和监测露点限制。

2. 液体管线

单相液体管线内流速超出表 3-6 限制时，流速应限制在 4.6m/s。当较高的流动速度用在某特殊情况或间歇使用时，需经专门部门审批。流速不得小于 1m/s，以减少在管道的底部沉积固体和积累水。

3. 气/液两相管线

除了泄放用，气/液两相流体管线的流速不应超过流体腐蚀速度（Fluid Erosional Velocity），可以参照 API RP14E 的（Design and Installation of Offshore Production Platform Piping Systems，近海生产平台管道系统的设计和安装）第 2.5.a 部分所示的公式确定最高防流体腐蚀流速。

气/液两相流体管线最低速度应为 3.05m/s，以减少设备和管道底部积累水或固体颗粒。

4. 蒸汽管线

保温蒸汽管线流速范围如下。饱和蒸汽（Saturated Steam），30~40m/s。过热蒸汽（Superheated Steam），40~60m/s。排气蒸汽，最大速度是 60m/s。

5. 90-10 铜镍（Cu-Ni）管

根据不同的尺寸允许最大流速如表 3-7 所示。

表 3-6 某炼油和石化工程管道系统材料选用

环 境	质量浓度 /%	设计温度 /℃	流速 /(m/s)	基本材料	备 注
盐酸（Hydrochloric Acid）	1～37	0～49	0～2.4	PVC	无铁离子或其他氧化剂
	1～37	0～82	0～1.5	哈氏合金（Hastelloy Alloy）B2	—
氢氟酸（Hydrofluoric Acid）	1～70	0～50	0～2	蒙乃尔合金（Monel）400	—
	71～100	0～40	0～1	碳钢（Carbon Steel）	可能需要焊后热处理（Post-Weld Heat Treatment）
硝酸（Nitric Acid）	1～70	0～80	0～4	304L S/S	
	71～95	0～50	0～4	304L S/S	
磷酸（Phosphoric Acid）	1～85	0～49	0～2.4	PVC	
	1～85	0～70	0～4	316L S/S	
硫酸（Sulfuric Acid）	0～103	0～50	0～4	Alloy 20（Alloy 20 美标牌号 UNS N08020，一种镍铬铁合金。板材标准 ASTM B463，管材标准 ASTM B729，棒材标准 ASTM B473，锻件标准 ASTM B564）	—
	101～102	0～50	0～1	碳钢（Carbon Steel）	碳素钢和 316L 的管线不得用清水冲洗
	90～103	0～50	0～1	316L S/S	
	0～100	0～250	0～5	高硅铸铁（High Silicon Iron）	
	0～60	0～65	0～2.4	CPVC	—
	0～100	0～200	0～2.4	氟聚合物内衬钢（Fluoropolymer-Lined Steel）	例如，对于碳钢管线下硫酸注入点
氨基磺酸（Sulfamic Acid）	0～20	0～93	Para. 5	Alloy 20	用镍合金 625（Nickel Alloy 625）填充焊丝焊接
	0～100	0～200	0～2.4	氟化物衬里钢（Fluoropolymer-lined steel）	
二异丙醇胺（Amino-Diisopropanol, ADIP。分子式 $C_6H_{15}NO_2$，用作天然气和石油炼制气中二氧化碳和硫化氢酸性气体的吸收剂）	10～30	0～150	0～0.9	碳钢	
工厂空气	N/A	0～400	N/A	碳钢	—
仪表空气	—	0～400	N/A	镀锌钢（Galvanized Steel）	—
无水氨（Ammonia Anhydrous）	100	0～50	—	碳钢	
干二氧化碳（Dry Carbon Dioxide）	100	0～400	—	碳钢	
湿二氧化碳（Wet Carbon Dioxide）	100	0～93	—	304L S/S	
干氯（Dry Chlorine）	100	0～70	—	碳钢	
湿氯（Wet Chlorine）	<100	0～70	—	哈氏合金（Hastelloy）C-276	>2000ppm 水

续表

环境	质量浓度/%	设计温度/℃	流速/(m/s)	基本材料	备注
氯水（Chlorine Water）	1～10	1～49	0～2.4	PVC（Polyvinyl Chloride, 聚氯乙烯）	—
	1～10	1～71	0～2.4	CPVC（Vinyl Chloride, 氯化聚氯乙烯）	—
原油或成品油（Crude Oil or Products）	—	—	—	—	参见碳氢化合物（Hydrocarbons）的选材
富二甘醇胺［Rich DGA (Diglycolamine)］	—	0～138	0～1.5	碳钢	—
贫二甘醇胺（Lean DGA）	—	0～138	0～3.05	碳钢	—
富二甘醇胺	—	139～190	0～1.5	碳钢	—
贫二甘醇胺	—	139～190	0～3.05	碳钢	—
富/贫二甘醇胺	—	0～190	0～4	304L S/S	—
富/贫二甘醇胺	—	0～190	0～4	316L S/S	—
氟利昂（Freons）	100	0～70	0～3	碳钢	—
液压油（Hydraulic Oil）	100	—	0～4	304 或者 304L S/S 316L S/S	—
酸或甜碳氢化合物	100	0～280	—	碳钢	选材基于 McConomy 曲线（关于硫致腐蚀的预测曲线有两种，一种是没有氢气环境下的 McConomy Curves，第二种就是 H_2 + H_2S 环境下的腐蚀预测曲线是 Couper-Gorman curves）
	100	280～340	—	1¼Cr½Mo 5Cr½Mo	
	100	—	—	316L S/S	
挥发油（原油架空线）碳氢化合物	100	130	22.8max	碳钢	—
	100	130	45.7 max	合金 C-276 镀层碳钢	—
加氢的碳氢化合物气体（Hydrocarbon Gas Plus Hydrogen）	—	—	—	根据 Nelson 曲线	—
氢气（Hydrogen）	100	—	—	根据 Nelson 曲线	—
干硫化氢（Dry Hydrogen Sulfide）	100	0～260	—	钢	—
湿硫化氢（Wet Hydrogen Sulfide）	100	0～260	—	碳钢 316L S/S	对高流速或者高抗腐蚀使用 316L
次氯酸盐（钠或钙）［Hypochlorite (Sodium or Calcium)］	5	0～49	0～2.4	CPVC	
	5	0～49	0～5	RTRP（FRP）	
	5	0～49	0～4	合金 C-276	
LPG, NGL	100	>0	0～4	碳钢	—
润滑油（Lube Oil）和密封油（Seal Oil）	100	—	0～6	304/304L	—
	100	—	0～6	316/316L	—
氢氧化钠 Sodium Hydroxide（烧碱，Caustic Soda）	7	0～75	0～1.5	碳钢	—
	7	76～100	0～1.5	碳钢	—
	20	0～50	0～1.5	碳钢	—
	50	15～49	0～1.5	碳钢	—
	50	50～80	0～1.5	碳钢	—
	50	50～150	0～4	Alloy 600	—
	50	50～150	0～4	Monel 400	—

续表

环 境	质量浓度/%	设计温度/℃	流速/(m/s)	基本材料	备 注
蒸汽(Steam)	100	100~400	—	碳钢	—
	100	400~480	—	1¼Cr½Mo 合金钢	
	100	480~560	—	2¼Cr1Mo 合金钢	
蒸汽冷凝水(Steam Condensate)	—	—	0~2.25	碳钢	
	—	—	0~4	304L S/S	二氧化碳污染（CO_2 Contaminated）
熔融硫(Molten Sulfur)	100	MP(熔点，Melting Point)~150	0~2.25	碳钢	保持干燥，水分会引起腐蚀
	100	MP~295	0~4	316L S/S	
锅炉给水（Boiler Feed Water）	—	1~200	0~2.25	碳钢	
冷却水	—	1~99	0~2.25	碳钢	对钢的腐蚀抑制
	—	1~99	0~2.25	镀锌钢	—
冷冻水(Chilled Water)	—	1~49	0~2.4	PVC	
	—	>0	0~2.25	镀锌钢	
脱盐或蒸馏水(Demineralized or Distilled Water)	—	1~49	0~2.4	PVC	
	—	1~71	0~2.4	CPVC	
	—	1~200	0~4	304 S/S	—
饮用水[Drinking (Sweet) Water]	—	0~120	0~3	水泥衬里钢	
	—	1~49	0~2.3	PVC	
	—	50~70	0~2.3	CPVC	
	—	1~80	0~5	RTRP(不掺粒料的玻璃纤维管，Reinforced Thermosetting Resin Pipe)或FRP(纤维增强塑料，也写作 GRP，是一种复合材料，包含基体和增强体两部分)	RTRP 是基于环氧树脂(Epoxy Resin)，温度可超过 70℃，上限可达80℃
	—	1~99	0~2.4	铜	—
消防(海)水[Fire Control (Sea) Water]	—	环境温度	0~3	水泥或 FBE 衬里钢	
	—	环境温度	0~5	RTRP（FRP/GRP）	
	—	环境温度	Table 2	90-10 Cu-Ni	Alloy C70600
	—	环境温度	0~10	254 SMO S/S	用镍(Inconel) 625 填充焊丝
消防(公用)水[Fire Control (Utility) Water]	—	环境温度	0~3	钢、水泥或者 FBE 衬里管	—
	—	环境温度	0~5	RTRP（FRP/GRP）	
	—	环境温度	0~1.2	铜	
	—	环境温度	—	90-10 Cu-Ni	C70600 合金
	—	环境温度	0~2.25	钢	仅用于报警系统，流体不流动
	—	环境温度	0~2.25	镀锌钢	Ambient
	—	环境温度	0~10	254 SMO S/S	用镍(Inconel) 625 填充焊丝
公用工程生水(Raw Water)	—	1~49	0~2.4	PVC	—
	—	50~70	0~2.4	CPVC	
	—	1~70	0~5	RTRP（FRP/GRP）	
	—	0~120	0~3	水泥内衬钢	
	—	1~99	0~1.2	铜(Copper)	

续表

环 境	质量浓度/%	设计温度/℃	流速/(m/s)	基本材料	备 注
海盐水（Sea/Saline Water）	—	0～120	0～3	水泥内衬钢	—
	—	0～50	0～5	RTRP（FRP/GRP）	—
	—	0～50	—	90-10 Cu-Ni	C70600 合金
	—	0～50	0～10	254 SMO S/S（超级奥氏体不锈钢，具有极高的耐点腐蚀和耐缝隙腐蚀性能。这种牌号的不锈钢是为用于诸如海水等，含有卤化物的环境中而研制和开发的。各国标准：UNS S31254、DIN/EN 1.4547、ASTM A240、ASME SA-240）	某些情况下可以和哈氏合金以及钛相媲美。是一种高性价比不锈钢，在国内外化工、脱硫环保等领域广泛使用。应用领域包括以下几项。①海洋：海水淡化，海水养殖，海水热交换等。②环保领域：火力发电的烟气脱硫装置，废水处理等。③能源领域：原子能发电，煤炭的综合利用，海潮发电等。④石油化工领域：炼油，化学化工设备等。⑤食品领域：制盐，酱油酿造。⑥高浓度氯离子环境：造纸工业，各种漂白装置
	—	0～50	0～3.6	钢	氯化，脱气，抑制对钢的腐蚀
	—	0～50	0～6	钢内涂"酚醛树脂"或"熔结环氧内涂层"	沙子能引起腐蚀
海水注入	—	0～50	0～6	钢内涂"酚醛树脂"或"熔结环氧内涂层"	—
含水层，淡化海水，海水	—	0～120	0～3	水泥内衬（Cement-lined）钢	—
	—	0～80	0～6	钢内涂"改性聚氨酯"或"熔结环氧内涂层"	沙子能引起腐蚀
	—	1～80	0～10	254 SMO S/S	—

表3-7 90-10 Cu-Ni 管道系统的最大流体速度

管道公称尺寸（Nominal Pipe Size）/in	流速（Velocity）/(m/s)	管道公称尺寸（Nominal Pipe Size）/in	流速（Velocity）/(m/s)
1	1.4	3	2.8
2	2.2	≥4	3.4

第四章 压力管道器材及其选择

第一节 压力等级

一、公称压力（Nominal Pressure）PN

管道组成件的公称压力是指与其机械强度有关的设计给定压力，它一般表示管道组成件在规定温度下的最大许用压力。目前，国内外管道组成件的公称压力已经标准化，各国管道元件公称压力虽然不同，但基本上可分为两个系列，即美洲系列和欧洲系列。

二、以 ASME B16.5 为代表的美洲系列

美国 ASME B16.5《管法兰和法兰管件》是一套在世界上通用的、系统性较强、内容涉及垫片、螺栓及管子的完整的管法兰标准（表4-1）。其公称直径为 NPS 1/2～24，其适用的钢管外径尺寸应符合 ASME B36.10M。该标准从 1927 年经美国标准协会（ASA）批准为美国试行标准 B16e 以来，已经先后进行了十多次修订。1981 年增加了公制尺寸，称为 ANSI B16.5，但在 1988 年版中取消了公制尺寸，称为 ASME/ANSI B16.5，1996 年开始称为 ASME B16.5，一直沿用到现在的最新版本。

表4-1 ASME B16.5 的发展历程

时间	标准代号和名称	说明
1920		ASA 组织了 B16 专业委员会
1927	American Tentative Standard B16e	美国试行标准
1932	ASA B16e—1932	
1939	ASA B16e—1939	包括 WN 和 RJ 法兰，首次包括了合金钢法兰和管件的压力-温度额定参数
1943	American War Standard B16e5—1943	修订压力-温度额定参数
1949	ASA B16e6—1949	
1953	ASA B16.5—1953	改号，增加了确定额定参数的附录，扩展了焊端制备，采用全新的编辑
1957	ASA B16.5—1957	确定了螺栓长度计算方法，增加了几种新材料，明确了确定额定参数时所用的温度
1961	ASA B16.5—1961	
1968	ASA B16.5—1968	
1973	ANSI B16.5—1973	修订了确定额定参数方法，确定了 150 等级法兰的额定基准，增加了大量新材料，修订了螺栓长度等

续表

时间	标准代号和名称	说　　明
1977	ANSI B16.5—1977	全面修订额定参数
1981	ANSI B16.5—1981	增加镍和镍合金材料,增加公制尺寸表
1988	ASME/ANSI B16.5—1988	1982年美国国家标准B16委员会改组为ASME委员会,按ANSI认可的程序工作。扩展了镍合金的额定参数,取消了公制尺寸表
1996	ASME B16.5—1996	

ASME B16.5公称压力分级（英制）：150、300、400、600、900、1500、2500（psi❶）。同一公称压力管道元件在不同温度下的最大许用压力值可由相关标准的压力-温度参数表查出。

这种压力等级系列在美国、日本等国家得到广泛应用。

三、以 DIN 2401 为代表的欧洲系列

德国标准 DIN 2401《压力和温度说明、概念、公称压力等级》规定的公称压力等级如下（bar❷）：1、1.6、(2)❸、2.5、(3.2)、4、(5)、6、(8)、10、(12.5)、16、(20)、25、(32)、40、(50)、63❹、(80)、100、(125)、160、(200)、250、(315)、400、(500)、630、(700)、(800)、1000、(1250)、1600、(2000)、2500、4000、6300。

在 DIN 2401 压力等级系列标准中，规定公称压力为 200℃时的最大许用工作压力。

此压力等级系列标准在前苏联及东欧影响较大，我国 JB、HG 法兰标准的公称压力等级也与此压力等级标准相同。

四、ISO 公称压力等级标准

上述美洲系列和欧洲系列两个压力等级标准在世界不同区域均有很大的影响，目前还无法统一成一个标准。国际化标准组织考虑到此现状，制定了相应的标准，此标准实际上是一个折中的标准。它将上述两个标准的主要压力等级分别列在两个系列中。

国际标准化组织的法兰标准（ISO 7005-1）同时包括了"美洲系列"和"欧洲系列"两个系列，以期与这两个标准体系都能配伍，它代表了当前世界法兰标准的应用趋势（表 4-2）。

表 4-2　ISO 7005-1 法兰压力等级系列

系列 1	系列 2	系列 1	系列 2
PN10	PN2.5	PN110	
PN16	PN6	PN150	
PN20	PN25	PN260	
PN50	PN40	PN420	

注：系列 1 为基本等级，系列 2 的应用应加上限制，并应尽可能取消，PN40 限制使用。

---

❶ psi 是英制压强单位，全称为 pound square inch，表示每平方英寸承受的重量。有时也写为"LB"，读作"磅"。例如，150LB，读作"150 磅"。有时也写为"Class"，下文有示。1psi＝6894.76Pa。2500LB，读作"2500 磅"，可以书写为"2500♯"。

❷ 1bar＝10^5Pa。

❸ 应优先选用不带括弧的压力等级。

❹ 以前也用过 64 这个数值，63 与 64 可以互换。

上述两个系列中的 PN2.5、PN6、PN10、PN16、PN25、PN40 共六个等级属"欧洲系列"。而 PN20（相当于 Class150）、PN50（相当于 Class300）、PN110（相当于 Class600）、PN150、PN260（相当于 Class1500）、PN420（相当于 Class 2500）共六个等级属于"美洲系列"，两者在结构尺寸和密封面尺寸上是不能互换的。

五、日本的压力等级标准

日本的 JIS B2201 标准自成体系，既不属于"美式"，也不属于"欧式"。该标准包括的公称压力等级共八个，对应的温度-压力等级见表 4-3。

表 4-3 JIS 法兰标准在 120℃时的温度-压力等级近似值

公称压力	2K	5K	10K	16K	20K	30K	40K	63K
120℃时许用压力值/MPa	0.3	0.7	1.4	2.2	2.8	5.0	6.8	10.5

JIS 应用标准体系与 ASME 和 DIN 等都不能配套使用。为了弥补这个缺陷，日本石油学会编制了一套 JPI 标准，它基本上等效采用了 ASME/API 应用标准体系，故它能与 ASME 互换。

六、英国、法国的压力等级标准

英国采用的压力等级标准为两类，相应的法兰标准也分为两类：其一是以 BS 1560 为代表的法兰标准，它基本上等同采用了 ASME 标准，其结构形式和密封面形式同 ASME B16.5；其二是以 BS 4504 为代表的法兰标准，它基本上等同采用了 DIN 标准，其结构形式和密封面形式同 DIN 2500。

相应的管子尺寸标准有两类：其一是以 BS 1600 为代表的管子、管件标准，它基本上等同采用了 ASME 标准，其直径范围和壁厚分级同 ASME B36.10/B36.19；其二是以 BS 3600 为代表的管子、管件标准，它基本上等同采用了 ISO 标准，其直径范围和壁厚分级同 ISO 4200。

法国和英国采用的压力等级标准类似。

七、中国的各种压力等级标准

目前，国内的压力管道及其元件的应用标准很多，又均不完整。常用的标准就有国家标准（GB）、机械行业标准（JB）、石化行业标准（SH）和化工行业标准（HG）等。这些标准各有各自的温度-压力表、密封面尺寸和接管尺寸，相互之间互换性差，有些甚至不能配套使用。

1. GB/T 1048 《管道元件 PN（公称压力）的定义和选用》

我国的管道元件压力标准是在考虑我国工业发展的历史状况和当前国际标准的发展趋势的前提下编制而成的。对 PN（公称压力）的定义按 ISO/CD 7268 和 BS EN 1333《管道元件 PN 的定义和选用》进行了修改。

PN：与管道系统元件的力学性能和尺寸特性相关、用于参考的字母和数字组合的标识。它由字母 PN 和后面无量纲的数字组成。

说明如下：

① 字母 PN 后跟的数字不代表测量值，不应用于计算目的，除非在有关标准中另有

规定。

② 除与相关的管道元件标准有关联外，术语 PN 不具有意义。

③ 管道元件允许压力取决于元件的 PN 数值、材料和设计以及允许工作温度等，允许压力在相应标准的压力-温度等级表中给出。

④ 具有同样 PN 和 DN 数值的所有管道元件同与其相配的法兰应具有相同的配合尺寸。

GB/T 1048—2005《管道元件公称压力》规定的公称压力系列如下。

DIN 系列：$PN2.5$、$PN6$、$PN10$、$PN16$、$PN25$、$PN40$、$PN63$、$PN100$。

ANSI 系列：$PN20$、$PN50$、$PN110$、$PN150$、$PN260$、$PN420$。

必要时允许选用其他 PN 数值（GB/T 1048—2005 使用 ANSI 系列的管道元件公称压力，新版的应采用 ASME 系列）。

2. 石化行业的压力等级标准

石化行业应用标准体系的法兰标准（SH 3406）等效采用了 ASME B16.5 和 API605 标准，属于"美式法兰"。SH 3406 在结构尺寸和密封面形式上与 ASME B16.5 和 API605 有着很好的互换性，因此它能与 ASME、API、MSS 等标准的管道元件配套使用。但因为 SH3406 采用了我国材料标准而不是美国材料标准（ASTM），故两者的温度-压力表有少许偏差，在考虑两者互换时，应注意并核对它们的温度-压力对应允许值。

SH3406 标准的公称压力等级共包括：$PN1.0$、$PN2.0$（Class 150）、$PN5.0$（Class 300）、$PN6.8$（Class 400）、$PN10.0$（Class 600）、$PN15.0$（Class 900）、$PN25.0$（Class 1500）、$PN42.0$（Class 2500）八个等级。

3. 化工行业的压力等级标准

化工行业应用标准体系的管法兰标准参照了 ISO 7005-1 标准的编写模式，即同时包含了"欧式法兰"和"美式法兰"两个体系。

其欧式法兰标准 HG 20592～HG 20605 的公称压力等级共包括 $PN0.25$、$PN0.6$、$PN1.0$、$PN1.6$、$PN2.5$、$PN4.0$、$PN6.3$、$PN10.0$、$PN16.0$、$PN25.0$ 十个压力等级，公称直径范围为 $DN10$～$DN2000$，法兰形式有板式平焊、带颈平焊、带颈对焊、整体式、承插焊、螺纹、对焊环松套、平焊环松套、法兰盖、衬里法兰十种，密封面形式有突面、凹凸面、榫槽面、环连接面、全平面五种。它可以与我国的 JB 阀门配套使用。

其美式法兰标准 HG 20615～HG 20626 基本上等效采用了 ASME 标准。其中，对于 $DN \leqslant 600mm$ 的法兰等效采用了 ASME B16.5 标准，而对 $DN \geqslant 650mm$ 的法兰则等效采用了 API605 标准。法兰的公称压力等级共包括 $PN2.0$、$PN5.0$、$PN11.0$、$PN15.0$、$PN26.0$ 和 $PN42.0$ 六个压力等级，公称直径范围为 $DN15$～$DN1500$ 法兰形式有带颈平焊、带颈对焊、整体法兰、承插焊、螺纹、松套几种，密封面形式有突面、凹凸面、榫槽面、环连接面、全平面几种。

化工行业压力管道应用标准体系也是一个相对比较完整的标准体系，而且经历了若干年的生产实践检验，具有成熟的使用经验。其使用面比较广，它既可以与国外的 ASME、DIN、ISO 等标准配合使用，又可以与国内的 GB、SH、JB 等标准配合使用。

4. 机械行业的压力等级标准

机械行业应用标准体系（JB）中的法兰标准 JB/T 74～JB/T 90 属于欧洲标准体系，其公称压力等级共包括 $PN0.25$、$PN0.6$、$PN1.0$、$PN1.6$、$PN2.5$、$PN4.0$、$PN6.3$、$PN10.0$、$PN16.0$、$PN20.0$ 十个压力等级。

5. 中国的压力等级标准

中国应用标准体系的法兰标准 GB 9112～GB 9123 等效采用了 ISO 7005-1 标准,因此它同时包括了"欧式法兰"和"美式法兰"两个体系。公称压力有两个系列:其一是以 PN0.25、PN0.6、PN1.0、PN1.6、PN2.5、PN4.0 六个等级组成的 I 系列,属于"欧式法兰";其二是以 PN2.0、PN5.0、PN10.0、PN15.0、PN25.0、PN42.0 六个等级组成的 II 系列,属于"美式法兰"。

公称压力标记示例:

八、影响公称压力等级确定的因素

1. 采用的标准体系

相同的设计条件,而选用不同的应用标准,其公称压力等级是不同的。因此,在确定管道公称压力等级之前,应首先确定其应用标准体系。

有时在同一装置甚至同一管道中,可能会同时采用两种或多种应用标准体系的标准。当同一管道中采用了两种或多种公称压力相同但应用标准不同的管道元件时,应注意它们的温度-压力值的差别,并应根据设计条件逐个核对其温度-压力值,并使各标准的温度-压力值均能得到满足。工程实践中,发现这类问题时常出现在 SH 法兰与 API 阀门、GB 法兰与 JB 法兰的配套使用中。

2. 压力管道材料

压力管道材料的选用是由设计温度、设计压力和操作介质确定的。但管道中各元件的材料标准往往是不同的,一般情况下,管子用管材,法兰用锻材,而阀门多用铸材。无论采用什么材料标准,它们都应该是同等级的材料,即具有对操作条件的同等适应性和等强度。

很多标准中如 ASME B16.5、ASME B16.34 都给出了管材、锻材、板材、棒材、铸材的配伍表,但 SH3406 和 GB 法兰没有相应的配伍表,因此使用时应注意法兰和阀门的材质配伍以及它们的温度-压力值的一致性。同时要注意,在一些标准中,如 ASME B16.34 标准,都给出了一些材料的应用限制,设计选用时应注意这些限制。

3. 操作介质

对于输送易造成严重危害或易于产生重大事故的介质的管道,在考虑其公称压力等级时,不应仅仅按温度-压力表来确定,应适当提高其公称压力等级,即提高其安全可靠系数。GB 50316《工业金属管道设计规范》对不同操作介质的管道公称压力也进行了一些规定。

对于有毒、可燃介质管道的法兰连接最低公称压力,SH 3059 标准规定:SHA 级管道的公称压力,不宜低于 5.0MPa;SHB、SHC 级管道的公称压力,不宜低于 2.0MPa。当采用 JB 标准体系时,对输送剧毒介质的管道,公称压力应不低于 4.0MPa;对输送氢气、氨气、液态烃等介质的管道,公称压力应不低于 2.5MPa;

对输送一般可燃介质的管道,当采用 SH 标准体系时,其公称压力等级最低应不低于 2.0MPa,当采用 JB 标准体系时,应不低于 1.6MPa。

4. 介质温度及管系附加力

很多法兰标准的温度-压力表的对应值是指法兰不受冲击荷载的对应值。管道给予法兰的弯曲荷载主要是由管系的热胀冷缩引起的。一般情况下，对于 PN2.0 等级的法兰，当其工作温度大于 200℃时，或 PN5.0 及以上等级的法兰在工作温度大于 400℃时，均应考虑或核算管系对法兰产生的附加荷载的影响，或者提高管系的公称压力等级。

第二节 管径系列

一、公称直径（Nominal Diameter）DN

公称直径表示管子、管件等管道器材元件的名义上的直径，同一公称直径的管子采用不同的标准体系，外径则可能有差异。对于同一标准、公称压力和公称直径相同的管子和法兰是相同的连接尺寸。公称直径的单位，美国采用英寸，中国采用毫米，日本则并列两种单位。

公称直径标记示例：

二、GB/T 1047《管道元件 DN（公称尺寸）的定义和选用》管径系列

GB/T 1047—2005《管道元件 DN（公称尺寸）的定义和选用》DN：用于管道系统元件的字母和数字组合的尺寸标识。它由字母 DN 和后面无量纲的整数数字组成。这个数字与端部连接件的孔径或外径（用 mm 表示）等特征尺寸直接相关。

说明如下。

① 除在相关标准中另有规定，字母 DN 后面的数字不代表测量值，也不能用于计算目的。

② 采用 DN 标识系统的那些标准，应给出 DN 与管道元件的尺寸关系，如 DN/OD 或 DN/ID。

GB/T 1047《管道元件 DN（公称尺寸）的定义和选用》DN 系列优先选用的 DN 数值如下：DN6、DN8、DN10、DN15、DN20、DN25、DN32、DN40、DN50、DN65、DN80、DN100、DN125、DN150、DN200、DN250、DN300、DN350、DN400、DN450、DN500、DN600、DN700、DN800、DN900、DN1000、DN1100、DN1200、DN1400、DN1500、DN1600、DN1800、DN2000、DN2200、DN2400、DN2600、DN2800、DN3000、DN3200、DN3400、DN3600、DN3800、DN4000。

三、SH3059《石油化工管道设计器材选用通则》管径系列

SH3059《石油化工管道设计器材选用通则》管子公称直径 DN 系列，应按以下系列优先选用：15、20、25、40、50、80、100、150、200、250、300、350、400、450、500、600、700、800、900、1000（mm）。公称直径大于 1000mm 时，宜按 200mm 递增。

第三节 标准体系之间的配伍

压力管道应用标准体系是比较多的，而且各标准体系之间有些是不能配套使用的，工程中经常遇到在一个装置上同时采用两套或多套应用标准体系的情况，或者是由于某套标准体

系的应用标准不完善，需要其他体系的标准进行支持。材料工程师除了了解有关的标准体系之外，还应知道各体系之间的标准配合问题。

压力管道设计的第一步就是选择应用标准体系，并作为装置的设计统一规定，通过项目经理分发至各相关专业，以避免各相关专业因采用不能互换的其他应用标准体系而导致错误。

世界各国应用的标准体系虽多，但大体上可以分为两大类。

一、大外径管子和小外径管子标准体系

就管子系列标准而言，一类是以表4-4为对应外径尺寸的"大外径"系列；另一类则是以表4-5为对应外径尺寸的"小外径"系列。

表4-4 "大外径"系列

DN15—ϕ22mm	DN20—ϕ27mm	DN25—ϕ34mm	DN32—ϕ42mm	DN40—ϕ48mm
DN50—ϕ60mm	DN65—ϕ76(73)mm	DN80—ϕ89mm	DN100—ϕ114mm	DN125—ϕ140mm
DN150—ϕ168mm	DN200—ϕ219mm	DN250—ϕ273mm	DN300—ϕ324mm	DN350—ϕ356mm
DN400—ϕ406mm	DN450—ϕ457mm	DN500—ϕ508mm	DN600—ϕ610mm	

表4-5 "小外径"系列

DN15—ϕ18mm	DN20—ϕ25mm	DN25—ϕ32mm	DN32—ϕ38mm	DN40—ϕ45mm
DN50—ϕ57mm	DN65—ϕ73mm	DN80—ϕ89mm	DN100—ϕ108mm	DN125—ϕ133mm
DN150—ϕ159mm	DN200—ϕ219mm	DN250—ϕ273mm	DN300—ϕ325mm	DN350—ϕ377mm
DN400—ϕ426mm	DN450—ϕ480mm	DN500—ϕ530mm	DN600—ϕ630mm	

表4-4和表4-5中在英制单位转化为公制单位时约去了小数点。"大外径"与"小外径"仅是一种习惯称呼。

二、欧式法兰和美式法兰标准体系

就法兰系列标准而言：一类是以200℃作为计算基准温度，而压力等级按PN0.1、PN0.25、PN0.6、PN1.0、PN1.6、PN2.5、PN4.0、PN6.3、PN10.0、PN16.0、PN25.0、PN40.0等分级的"欧式法兰"❶。另一类则是以大约430℃（对Class 150级则是300℃）作为计算基准温度，而压力等级按PN2.0（Class 150）、PN5.0（Class 300）、PN6.8（Class 400）、PN10.0（Class 600）、PN15.0（Class 900）、PN25.0（Class 1500）、PN42.0（Class 2500）分级的"美式法兰"❷。

无论是管子还是法兰，上述的两个系列或两个体系是不能相互混用的。

常用压力管道应用标准体系配伍见表4-6。

表4-6 常用压力管道应用标准体系配伍

项目	"大外径"系列			"小外径"系列	
	SH标准体系	GB标准体系	ASME标准体系	JB标准体系	HG标准体系
一般管道	SH 3405	GB/T 17395	ASME B36.10		HG 20553
长输管道	GB/T 9711.1	GB/T 9711.1	API 5L		

---

❶ 因为这一系列标准为德国DIN标准，并为前苏联等欧洲国家所使用，故通常称为欧式法兰。

❷ 因为这一系列标准为美国ASME标准，并为世界各国石油工业广泛采用，故通常称为美式法兰。

续表

项目	"大外径"系列			"小外径"系列	
	SH 标准体系	GB 标准体系	ASME 标准体系	JB 标准体系	HG 标准体系
管件	SH 3408 SH 3409 SH 3410 GB/T 14626	GB 12459 GB/T 13401 GB/T 14383 GB/T 14626	ASME B16.9 ASME B16.11 ASME B16.28	GB 12459 GB/T 13401 GB/T 14383	HG/T 21634 HG/T 21635 HG/T 21631
法兰	SH 3406	GB/T 9112~ GB 9131	ASME B16.5	JB/T 74~ JB/T 86	HG 20592~ HG 20605
垫片	SH 3401~ SH 3403 SH 3407	GB 4622.1 GB 4622.2	ASME B16.20 ASME B16.21	JB/T 87~ JB/T 90	HG 20606~ HG 20612
紧固件	SH 3404	GB 5780~GB 5782 GB 41 GB 6170	ASME B18.2.1 ASME B18.2.2	GB 5780~GB 5782 GB 41 GB 6170	HG 20613 HG 20614
阀门	API 600 API 602 API 603 API 608 API 609 API 594	GB 12232~ GB 12247	API 600 API 602 API 603 API 608 API 609 API 594	JB 系列	JB 系列

上述各标准体系间的标准配合时应注意下面一些问题。

① GB 法兰与 SH 法兰，两者引用的材料标准不尽相同。

② SH 标准体系中引用 API 阀门时，应注意两者的温度-压力值的差别。尤其是碳素钢和铬钼钢材料，由于两者应用的材料的可比性较差，往往会出现这种情况：对同一个公称压力等级，SH 法兰却比同一温度下 API 阀门的许用压力值低很多，此时就应适当提高法兰材料的强度等级，否则会造成阀门能力的浪费。

③ GB 和 SH 标准体系中，管子尺寸系列有少量的差异，应用时应加以注意。

三、压力管道器材选用常用各国标准规范

关于压力管道器材选用的标准规范有很多种，中国有 GB、SH、HG、SY、DL 等标准规范，美国有 ASME、ASTM、API、MSS 等标准规范，德国有 DIN 标准，法国有 FN 标准，日本有 JIS 标准，俄罗斯有 GOST 标准，英国有 BS 标准，国际标准是由国际标准化组织（International Organization for Standardization，ISO）制订的标准。国际标准化组织是一个由国家标准化机构组成的世界范围的联合会，现有 140 个成员国。根据该组织章程，每一个国家只能有一个最有代表性的标准化团体作为其成员，原国家质量技术监督局以 CSBTS 名义国参加 ISO 活动。

1. 美国石油学会

美国石油学会（American Petroleum Institute，API）建于 1919 年，是美国第一家国家级的商业协会。API 的一项重要任务，就是负责石油和天然气工业用设备的标准化工作，以确保该工业界所用设备的安全、可靠和互换性。一般情况下，API 标准每 5 年至少进行一次复审、修改、重新确认或撤销。有时复审周期可延长一次，但延长不超过两年。所以，除已授权再版延期，API 标准自出版之日起，5 年后不再有效。标准共分三大类：①石油设备设

计及制造规范；②石油设备使用及维护推荐做法；③钻井及采油作业推荐做法。

（1）API 5L Specification for Line Pipe 管线钢管规范

（2）API 6A Specification for Wellhead Equipment 井口装置和采油树设备规范

（3）API 590 Steel Line Blanks 石油系统用"8"字盲板

（4）API 599 Steel and Ductile Iron Plug Valves 法兰端、螺纹端和焊接端金属旋塞阀

（5）API 600 Steel Gate Valves-Flanged and Butt-Welding Ends 石油和天然气工业用阀盖螺栓连接的钢制闸阀（ISO 10434）

（6）API 602 Compact Steel Gate Valves-Flanged，Threaded，Welding and Extended-Body Ends 石油和天然气工业用公称尺寸小于和等于 DN100 的钢制闸阀、截止阀和止回阀（ISO 15761）

（7）API 607 Fire Test for Soft-Seated Quarter-Turn Valves 转 1/4 周软阀座阀门的耐火试验（ISO 10497—5）

（8）API 941 Steels for Hydrogen Service at Elevated Temperatures and Pressures in Petroleum Refineries and Petrochemical Plants 适用于石油精炼厂和石化厂高温和高压气工况的钢

2. 美国机械工程师协会

美国机械工程师协会（American Society of Mechanical Engineers，ASME）成立于 1880 年，在世界各地建有分部，是一个有很大权威和影响的国际性学术组织。ASME 主要从事发展机械工程及其有关领域的科学技术，鼓励基础研究，促进学术交流，发展与其他工程学、协会的合作，开展标准化活动，制定机械规范和标准。它拥有 125 000 个成员，管理着全世界最大的技术出版署，主持每年 30 个技术会议，200 个专业发展课程，并制订了许多工业和制造标准。自成立以来，ASME 领导了机械标准的发展，从最初的螺纹标准开始到现在已发展了超过 600 多个标准。1911 年成立了锅炉机械指令委员会，在 1914 年到 1915 年颁布了机械指令，以后该指令又与各个州及加拿大的法律相结合。ASME 已成为主要在技术、教育及调查领域内世界性的工程学机构。此外，ASME 还是 ANSI 五个发起单位之一。ANSI 的机械类标准，主要由它协助提出，并代表美国家标准委员会技术顾问小组，参加 ISO 的活动。

（1）ASME B31.1 Power Piping 动力管道

（2）ASME B31.3 Process Piping 工艺管道

（3）ASME B31.4 Liquid Transportation Systems for Hydrocarbons，Liquid Petroleum Gas，Anhydrous Ammonia，and Alcohols 液态烃和其他液体管线输送系统

（4）ASME B31.8 Gas Transmission and Distribution Piping Systems 输气和配气管道系统

（5）ASME B16.1 Cast Iron Pipe Flanges and Flanged Fittings 铸铁法兰和管法兰

（6）ASME B16.3 Malleable Iron Threaded Fittings 可锻铸铁螺纹管件

（7）ASME B16.5 Pipe Flanges and Flanged Fittings 管法兰和法兰管件

（8）ASME B16.9 Factory-Made Wrought Steel Buttwelding Fittings 工厂制造的锻钢对焊管件

（9）ASME B16.11 Forged Steel Fittings，Socket-Welding and Threaded 承插焊式和螺纹式锻造管件

(10) ASME B16.12 Cast Iron Threaded Drainage Fittings 铸铁螺纹排水管件

(11) ASME B16.21 Nonmetallic Gaskets for Pipe Flanges 管法兰用非金属平垫片

(12) ASME B16.22 Wrought Copper and Copper Alloy Solder Joint Pressure Fittings 锻压铜和铜合金钎焊连接压力管配件

(13) ASME B16.28 Wrought Steel Buttwelding Short Radius Elbows and Returns 锻轧钢制对接焊小弯头半径弯头和180°弯头

(14) ASME B16.34 Valves — Flanged, Threaded, and Welding End 法兰、螺纹和焊接端连接的阀门

(15) ASME B16.39 Malleable Iron Threaded Pipe Unions 可锻铁螺纹管活接头

(16) ASME B16.42 Ductile Iron Pipe Flanges and Flanged Fittings 球墨铸铁管法兰和法兰连接管配件

(17) ASME B16.47 Large Diameter Flanges 大直径管钢制法兰（NPS 26～NPS 60）

(18) ASME B16.48 Line Blanks 钢制管线盲板

3. 美国材料与试验协会

ASTM（American Society for Testing Materials）前身是国际材料试验协会（International Association for Testing Materials，IATM）。19世纪80年代，主要是研究解决钢铁和其他材料的试验方法问题。同时，国际材料试验协会还鼓励各国组织分会。随后，在1898年6月16日，有70名IATM会员聚集在美国费城，开会成立国际材料试验协会美国分会。1902年在国际材料试验协会分会第5届年会上，宣告美国分会正式独立，取名为美国材料试验学会。随着其业务范围的不断扩大和发展，学会的工作中心不仅仅是研究和制定材料规范和试验方法标准，还包括各种材料、产品、系统、服务项目的特点和性能标准，以及试验方法、程序等标准。1961年该组织又将其名称改为沿用至今的美国材料与试验协会（American Society for Testing and Materials，ASTM）。

ASTM是美国最老、最大的非盈利性的标准学术团体之一。经过一个世纪的发展，ASTM现有33 669个（个人和团体）会员，其中有22 396个主要委员会会员在其各个委员会中担任技术专家工作。ASTM的技术委员会下共设有2004个技术分委员会。有105 817个单位参加了ASTM标准的制订工作，主要任务是制订材料、产品、系统、和服务等领域的特性和性能标准，试验方法和程序标准，促进有关知识的发展和推广。根据ASTM出版物报道，1997年ASTM制定新标准350个，修订标准1698个，开展标准化活动2681次。从这些数字可以看到，活动频繁，并且卓有成效。ASTM标准现分为15类（Section），各类所包含的卷数不同，标准分卷（Volume）出版，共有73卷，以ASTM标准年鉴形式出版发行。标准年鉴分类、各类卷数及标准数如下。第一类：钢铁产品。第二类：有色金属。第三类：金属材料试验方法及分析程序。第四类：建设材料。第五类：石油产品、润滑剂及矿物燃料。第六类：油漆、相关涂料和芳香族化合物。第七类：纺织品及材料。第八类：塑料。第九类：橡胶。第十类：电气绝缘体和电子产品。第十一类：水和环境技术。第十二类：核能，太阳能。第十三类：医疗设备和服务。第十四类：仪器仪表及一般试验方法。第十五类：通用工业产品、特殊化学制品和消耗材料。

ASTM标准的表示形式：ASTM标准用标准代号＋字母分类代码＋标准序号＋制订年份＋标准英文名称来表示。

（1）标准序号后如带字母M则为公制单位标准，不带字母M的为英制单位标准。

（2）制订年代后面如有括号，则括号内的年代表示标准重新审定的年代。

（3）制订年代后面如有a，b，c，…，则表示标准修订版次。

（4）制订年代后面如有£1，£2，£3，…，则表示标准仅进行编辑性修改而无实质内容修改的次数。

（5）字母分类代码的含义：A——黑色金属；B——有色金属；C——水泥，陶瓷，混凝土与砖石材料；D——其他各种材料（石油产品，燃料，低强塑料等）；E——杂类（金属化学分析，耐火试验，无损试验，统计方法等）；F——特殊用途材料（电子材料，防震材料，医用外科用材料等）的腐蚀、变质与降级。

（1）ASTM A36 Structural Steel 结构碳钢

（2）ASTM A53 Pipe, Steel, Black and Hot-Dipped, Zinc Coated, Welded and Seamless 无镀层及热浸镀锌焊接与无缝钢管

（3）ASTM A74 Cast Iron Soil Pipe and Fittings 铸铁污水管及配件

（4）ASTM A105 Forgings, Carbon Steel, for Piping Components 管道部件用碳素钢锻件

（5）ASTM A106 Seamless Carbon Steel Pipe for High Temperature Service 高温设备用无缝碳素钢管规范

（6）ASTM A126 Gray Iron Castings for Valves, Flanges, and Pipe Fittings 阀门、法兰和管配件用灰铁铸件

（7）ASTM A182 Forged or Rolled Alloy-Steel Pipe Flanges, Forged Fittings, and Valves, and Parts for High Temperature Service 高温设备用锻制或轧制合金钢管法兰、锻制管件、阀门及零件

（8）ASTM A193 Alloy-Steel and Stainless Steel Bolting Materials for High Temperature Service 高温设备用合金钢和不锈钢螺栓材料

（9）ASTM A194 Carbon and Alloy Steel Nuts for Bolts for High-Pressure and High Temperature Service 高压设备或高温设备或高压高温设备的螺栓用碳素钢与合金钢螺母

（10）ASTM A216 Steel Casting, Carbon, Suitable for Fusion Welding for High Temperature Service 高温下使用的适合于熔焊的碳素钢铸件

（11）ASTM A217 Steel Casting, Martensitic Stainless and Alloy, for Pressure-Containing Parts Suitable for High Temperature Service 高温设备受压零件用合金钢和马氏体不锈钢铸件

（12）ASTM A234 Pipe Fittings of Wrought Carbon Steel and Alloy Steel for Moderate and Elevated Temperatures 中温与高温设备用锻制碳素钢及合金管配件

（13）ASTM A240 Heat-Resisting Chromium and Chromium-Nickel Stainless Steel Plate, Sheet and Strip for Pressure Vessels 压力容器用耐热铬及铬镍不锈钢板、薄板和带材

（14）ASTM A269 Seamless and Welded Austenitic Stainless Steel Tubing for General Service 通用无缝和焊接奥氏体不锈钢管

（15）ASTM A307 Carbon Steel Bolts and Studs, 60,000 psi Tensile 抗拉强度为60000PSI的碳素钢螺栓和双头螺栓

（16）ASTM A312 Seamless and Welded Austenitic Stainless Steel Pipe 无缝和焊接奥氏体不锈钢管

(17) ASTM A335 Seamless Ferritic Alloy Steel for High-Temperature Service 高温用无缝铁素体合金钢管

(18) ASTM A350 Forgings, Carbon and Low-Alloy Steel Requiring Notch Toughness Testing for Piping Components 管道部件用要求切口韧性试验的碳素钢与低合金钢锻件

(19) ASTM A351 Steel Castings, Austenitic, for High-Temperature Service 用于压力容器的奥氏铬铁，铸铁

(20) ASTM A395 Ferritic Ductile Iron Pressure-Retaining Castings for Use at Elevated Temperatures 高温用铁素体可锻铁保压铸件

(21) ASTM A403 Wrought Austenitic Stainless Steel Piping Fittings 锻制奥氏体管不锈钢配件

(22) ASTM A494 Castings, Nickel and Nickel Alloy 镍和镍合金铸件

(23) ASTM A563 Carbon and Alloy Steel Nuts 碳素钢与合金钢螺母

(24) ASTM A789/A789M Seamless and Welded Ferritic/Austenitic Stainless Steel Tubing for General Service 通用的无缝和焊接铁素体/奥氏体不锈钢管

(25) ASTM A790/A790M Seamless and Welded Ferritic/Austenitic Stainless Steel Pipe 无缝与焊接铁素体/奥氏体不锈钢管

(26) ASTM B61 Steam or Valve Bronze Castings 蒸气或阀门青铜铸件

(27) ASTM B62 Composition Bronze or Ounce Metal Castings 混合青铜或少量金属铸件

(28) ASTM B88 Seamless Copper Water Tube 无缝铜水管

(29) ASTM B165 Nickel-Copper Alloy Seamless Pipe and Tube 无缝镍铜合金管

(30) ASTM B169 Aluminum-Bronze Plate, Sheet, Strip, and Rolled Bar (UNS C61400) 铝青铜中厚板、薄板、带材和轧制棒材

(31) ASTM B366 Factory-Made Wrought Nickel-Alloy Welding Fittings 工厂加工的锻制镍和镍合金焊接配件

(32) ASTM B407 Nickel-Iron-Chromium Alloy Seamless Pipe and Tube 镍铁铬合金无缝管

(33) ASTM B409 Nickel-Iron-Chromium Alloy Plate, Sheet, and Strip 镍铁铬合金板、薄板和带材

(34) ASTM B462 Forged or Rolled UNS N08020, UNS N08024, UNS N08026, and UNS N08367 Alloy Pipe Fittings, and Valves and Parts for Corrosive High-Temperature Service 腐蚀高温作业用锻制或轧制的 UNS NO8020、UNS NO8024、UNS NO8026 和 UNS NO8367 型合金管法兰、锻制配件、阀门及零件

(35) ASTM B463 Forged or Rolled UNS N08020, UNS N08024, UNS N08026 Alloy Plate, Sheet, and Strip UNS NO8020、UNS NO8024 和 UNS NO8026 合金板、薄板及带材

(36) ASTM B464 Welded Chromium-Nickel-Iron-Molybdenum-Copper-Columbium Stabilized Alloy (UNS N08020) Pipe 焊接的 UNS NO8020、NO8024 和 NO8026 合金管

(37) ASTM B466 Seamless Copper-Nickel Pipe and Tube (UNS C70610) 无缝铜镍合金管

(38) ASTM B467 Welded Copper-Nickel Pipe (UNS C71500) 焊接铜镍管

(39) ASTM B474 Electric Fusion Welded UNS N08020, UNS N08024, and UNS N08026 Nickel Alloy Pipe 电熔焊的 UNS NO8020、UNS NO8026 和 UNS NO8024 镍合金管

(40) ASTM B530 Method for Measurement of Coating Thicknesses by Magnetic Method, Electrodeposited Nickel Coatings on Magnetic and Non-Magnetic Substrates 用磁性法测量磁性和非磁性基底上的电解沉积镀镍层厚度的方法

(41) ASTM B564 Nickel Alloy Forgings 镍合金锻件

(42) ASTM D1784 Rigid Poly (Vinyl Chloride) (PVC) Compounds and Chlorinated Poly (Viny Chloride) (CPVC) Compounds 硬质聚氯乙烯化合物和氯化聚氯乙烯化合物

(43) ASTM D1785 Poly (Vinyl Chloride) (PVC) Plastic Pipe, Schedules 40, 80, and 120 聚氯乙烯塑料管 40、80 及 120 号表

(44) ASTM D2467 Socket-Type Poly (Vinyl Chloride) (PVC) Plastic Pipe Fittings, Schedule 80 套节型聚氯乙烯 (PVC) 塑料管配件. 80 号表

(45) ASTM D2564 Solvent Cements for Poly (Vinyl Chloride) (PVC) Plastic Pipe and Fittings

(46) ASTM D2665 Practice for Operating Xenon Arc-Type Light Exposure Apparatus With and Without Water for Exposure of Plastics

(47) ASTM D3034 Type PSM Poly (Vinyl Chloride) (PVC) Sewer Pipe and Fittings 聚氯乙烯 (PVC) 塑料管道系统用溶剂黏结剂

(48) ASTM D3311 Drain, Waste, and Vent (DWV) Plastic Fittings Patterns 排水、废水及通风 (DWV) 塑料管配件图样

(49) ASTM F437 Threaded Chlorinated Poly (Vinyl Chloride) (CPVC) Plastic Pipe Fittings, Schedule 80 加螺纹氯化聚氯乙烯 (PVC) 塑料管配件. 80 号表

(50) ASTM F439 Socket-Type Chlorinated Poly (Vinyl Chloride) (CPVC) Plastic Pipe Fittings 套节型氯化聚氯乙烯 (CPVC) 塑料管配件

(51) ASTM F441 Chlorinated Poly (Vinyl Chloride) (CPVC) Plastic Pipe, Schedules 40 and 80 氯化聚氯乙烯塑料管规格. 40 号表和 80 号表

(52) ASTM F493 Solvent Cements for Chlorinated Poly (Vinyl Chloride) (CPVC) Plastic Pipe and Fittings 氯化聚氯乙烯 (CPVC) 塑料管配件

4. 美国阀门及配件工业制造商标准化协会

美国阀门及配件工业制造商标准化协会,(Manufacturers Standardization Society of the Valve and Fitting Industry, MSS) 成立于 1924 年,其前身为管配件及阀门制造商标准化委员会 (Committee of Manufacturers on Standardization of Pipe Fittings and Valves, CMSPFV),系由美国阀门制造商协会 (Valve Manufacturers Association, VMA)、美国管接头制造商协会 (Pipe Fittings Manufacturers Association, PFMA) 和美国商业协会 (Trade Association, TA) 共同成立。标准制订的项目有阀门、管接头、法兰、螺纹、术语、符号、材料、铸铁与可锻铁管接头、连接器、蝶形阀、水工、焊接器材、管道吊架、阀门传动装置,以及质量标准等。在 11 个美国全国附属标准委员会中,均有该协会的代表。与美国机械工程师协会 (ASME) 和美国机械承包商协会 (MCAA),联合主持制订美国国家标准 (ANSI) 法兰盘及其配件的标准。此外,与美国焊接协会 (AWS)、美国锅炉与压力容器检

验师委员会（NBBPVI）、美国防火协会（NFPA）、美国石油学会（API）和美国给水工程协会（AWWA）等均有协作关系。从1924年起制订标准。标准编号：标准代号 MSS＋SP（Standard Practices）＋序号＋制订年份。MSS 还通过其网站介绍了 ASTM、NFPA、ASM、ASME、AASHTO、SAE 等标准信息，包括内容介绍、适用范围、价格等信息。

(1) MSS SP-44 Steel Pipe Line Flanges 钢制管道法兰

(2) MSS SP-83 Steel Pipe Unions，Socket-Welding and Threaded 承插焊和螺纹连接的碳钢管接头

5. 美国防腐蚀工程师学会

美国防腐蚀工程师学会（National Association of Corrosion Engineers/International Standardization Organization，NACE）成立于1943年，当时的创始人是管道行业的防腐工程师。现在，MACE 是世界上最大的传播腐蚀知识的组织，其职责是提高公众对腐蚀控制和预防技术的认识，NACE 现有300个技术协调委员会，主要工作包括调查，研究和介绍腐蚀技术的发展动态，设置共同的行业标准，为美国，加拿大和其他许多国家的会员和非会员提供各种各样的培训项目等。NACE 实施会员制，会员可以享受一些培训课程和出版物的费用折扣。NACE 每年召开一次年会，是世界上专业人员了解新产品，获得技术信息，与腐蚀专家建立联系的平台，NACE 标准覆盖了腐蚀防控的各个领域，包括方法，设计和材料选择等研究热点。NACE 标准是技术委员会为腐蚀预防和控制领域设定的非强制性指南。NACE 为地下管线提供腐蚀判定，并为相关产品提供材料认证。NACE 还为技术人员提供专业资格认证，如涂料专业服务工程师的认证。NACE 会务组每年都会在中国北京、上海开设培训班，前来参见培训的人员，完成学业要求并考试合格后讲获得 NACE 国际颁发的涂装检查员资格证书，分为 NACE CIP-1/2/3 三个等级。

NACE MR0175/ISO 15156 Petroleum and Natural Gas Industries-Materials for use in H_2S-Containing Environments in Oil and Gas Production 石油和天然气工业，油、气生产中含硫化氢（H_2S）环境下使用的材料。

第四节　压力管道设计条件和设计基准

压力管道的设计条件和压力管道设计基准在 GB/T 20801《压力管道规范工业管道》GB 50316《工业金属管道设计规范》和 SH 3059《石油化工管道设计器材选用通则》等标准规范上均有规定。标准规范对此的规定基本上是一致的。在实际工程设计过程中，确定压力管道设计条件和设计基准可以直接参考标准规范，此处不再重复标准规范的内容。

1. 压力管道设计条件

压力管道操作条件复杂，在正常情况下，管道除了要在一定的温度、压力下工作外，还要受风荷载、地震荷载等一些环境因素以及其他一些附加因素的影响。因此，在设计时要全面考虑管道的荷载条件，正确确定管道设计参数。

压力管道设计条件包括：设计压力、设计温度、环境影响、动力影响、重力荷载影响、热膨胀和冷收缩的影响、支架及管端位移的影响、材料韧性降低的影响等。

2. 压力管道设计基准

压力管道设计基准包括：管道组成件的压力-温度参数、许用应力、设计寿命及最低设计压力等级等。

第五节 管 子

一、管子的分类

1. 按用途分类（表 4-7）

表 4-7 按用途分类

输送用及传热用	流体输送用,长输管道用,石油裂化用,化肥用,锅炉用,换热器用等
结构用	普通结构用,高强结构用,机械结构用等
特殊用	钻井用,高压气体容器用等

2. 按材质分类（表 4-8）

二、钢管

我国压力管道设计常用钢管见表 4-9。

表 4-8 按材质分类

大分类	中分类	小分类	管子名称举例
金属管	铁管	铸铁管	承压铸铁管（砂型离心铸铁管,连续铸铁管）
	钢管	碳素钢管	Q235焊接钢管,10钢、20钢无缝钢管,优质碳素钢无缝钢管
		低合金钢管	16Mn无缝钢管,低温钢无缝钢管
		合金钢管	奥氏体不锈钢管,耐热钢无缝钢管
	有色金属管	铜及铜合金管	拉制及挤制黄铜管,紫铜管,铜基合金管（蒙乃尔等）,耐蚀耐热镍基合金（Hastelloy）
		铅管	铅管,铅锑合金管
		铝管	冷拉铝及铝合金管,热挤压铝及铝合金圆管
		钛管	钛管及钛合金管（Ti-2Al-1.5Mn,Ti-6Al-6V-2Sn-0.5Cu-0.5Fe）
非金属管	—	橡胶管	输气胶管,输水、吸水胶管,输油、吸油胶管,蒸汽胶管
		塑料管	酚醛塑料管,耐酸酚醛塑料管,硬聚氯乙烯管,高、低密度聚乙烯管,聚丙烯管,聚四氟乙烯管,ABS管,PVC/FRP复合管,高压聚乙烯管
		石棉水泥管	—
		石墨管	不透性石墨管
		玻璃陶瓷管	化工陶瓷管（耐酸陶瓷管、耐酸耐温陶瓷管、工业陶瓷管）
		玻璃钢管	聚酯玻璃钢管,环氧玻璃钢管,酚醛玻璃钢管,呋喃玻璃钢管
	衬里管	—	橡胶衬里管,钢塑复合管,涂塑钢管

表 4-9 我国压力管道设计常用钢管

标 准 号	标准名称	尺寸系列/mm	材 料	制造方法
GB 3087—2008	低中压锅炉用无缝钢管	$D_o=10\sim426$ $t=1.5\sim26$	10、20	热轧、冷拔
GB/T 3091—2008	低压流体输送用焊接钢管	1/8～6in,壁厚有普通、加厚两种; $D_o=177.8\sim1626$ $t=4.0\sim16$	Q195 Q215A、B Q235A、B Q295A、B Q345A、B	埋弧焊或电阻焊

续表

标准号	标准名称	尺寸系列/mm	材料	制造方法
GB 5310—2008	高压锅炉用无缝钢管	$D_o=22\sim530$ $t=2\sim70$	20G、12CrMoG、15CrMoG、12Cr1MoNg、1Cr18Ni9、1Cr19Ni11Nb 等23种	热轧、冷拔
GB 6479—2013	化肥设备用高压无缝钢管	$D_o=14\sim273$ $t=2\sim70$	10、20g、16Mn、12CrMo、15CrMo、12Cr5Mo 等10种材料	热轧、冷拔
GB/T 8163—2008	流体输送用无缝钢管	$D_o=6\sim630$ $t=0.25\sim75$	10、20、Q295、Q345、Q390、Q420、Q460	热轧、冷拔
GB 9948—2006	石油裂化用无缝钢管	$D_o=10\sim273$ $t=1\sim20$	10、20、12CrMo、15CrMo、1Cr2Mo、1Cr5Mo、1Cr19Mo、1Cr19Ni11Nb	热轧、冷拔
GB/T 9711.1—2011	石油天然气工业输送管道交货技术条件,第1部分:A级钢管	$D_o=3\sim2032$ $t=1.7\sim31.8$	L210、L245、L290、L320 等	自动电弧焊或电阻焊等
GB/T 12771—2008	流体输送用不锈钢焊接钢管	$D_o=6\sim560$ $t=0.3\sim14$	1Cr18Ni9(12Cr18Ni9)、0Cr19Ni9(06Cr19Ni10)、00Cr19Ni10(022Cr19Ni10) 等14种材料	自动电弧焊或电阻焊等
GB 13296—2007	锅炉、热交换器用不锈钢无缝钢管	$D_o=8\sim114$ $t=1.2\sim1.3$	0Cr18Ni9、00Cr19Ni9、0Cr17Ni12Mo2、00Cr17Ni14Mo2 等31种不锈钢	热轧、冷拔
GB/T 14976—2012	流体输送用不锈钢无缝钢管	$D_o=6\sim426$ $t=0.5\sim15$	0Cr18Ni9、00Cr19Ni10、0Cr17Ni12Mo2、00Cr17Ni14Mo2 等19种不锈钢	热轧、冷拔
SH 3405—2012	石油化工企业钢管尺寸系列	1. 奥氏体不锈钢无缝钢管: $DN=10\sim400$ Sch5s、Sch10s、Sch20s、Sch40s、Sch80s 2. 奥氏体不锈钢焊接钢管: $DN=80\sim1000$ $t=2.0\sim12$ 3. 碳素钢、合金钢无缝钢管: $DN=10\sim600$ Sch20、Sch30、Sch40、Sch60、Sch80、Sch100、Sch120、Sch140、Sch160、XXS 4. 碳素钢、合金钢焊接钢管: $DN=150\sim2000$ $t=5.0\sim18$		

三、钢管的尺寸系列

我国目前还没有压力管道设计用钢管尺寸系列（公称直径、外径、壁厚）的国家标准，只有钢管的生产标准尺寸系列（只有外径、壁厚两个系列），而现行压力管道设计用钢管的行业标准除了公称直径外，外径系列、壁厚系列不完全相同。

1. 钢管的公称直径（DN）系列

公称直径是用以表示管道系统中除用外径表示的组成件以外的所有组成件通用的一个尺寸数字。在一般情况下，是一个完整的数字，与组成件的真实尺寸接近，但不相等。国际上通常把钢管的公称尺寸称为公称直径，而不称为公称通径，主要是因为对于直径大于或等于350mm（14in）的管子的公称直径是指其外径而不是其内径。对于螺纹连接的管子及管件，因其内径往往与公称直径接近，也可称为公称通径。

2. 钢管的外径系列

根据钢管生产工艺的特点，钢管产品是按外径和壁厚系列组织的。目前世界各国的钢管尺寸系列尚不统一，各国都有各自的钢管尺寸系列标准。

（1）国外钢管的外径系列　在国际上比较广泛应用的钢管标准有美国的ASME B36.1、德国的DIN 2448、英国的BS 3600和国际标准化组织的ISO 4200等标准。在日本虽然有JIS标准，但是为了进入国际市场，也按上述的美国、英国、德国的标准生产钢管。常用的管子尺寸ASME标准有ASME B36.10《焊接和无缝可锻钢管》和ASME B36.19《不锈钢管》。

（2）钢管外径采用的单位　在世界各国的钢管外径尺寸系列中，中国、日本、德国和国际标准化组织等用mm表示外径尺寸，美国则有公制和英制两种表示方法，分别用mm和in表示外径尺寸。例如，按JIS标准1in的钢管外径为34mm，而美国1in的钢管外径为33.4mm（或1.31in）。

（3）不同系列钢管外径的一致性　国外钢管外径尺寸虽不完全相同，但当外径小于14in时，除少数几个外径差别较大外其余公称直径钢管的外径尺寸差别很小，不影响互换性。从14in开始，钢管外径等于公称直径。例如14in钢管其外径为355.6(14×25.4)mm。

目前在我国现行标准中，对于同一公称直径的钢管外径尺寸还不统一。中国石化总公司标准SH 3405《石油化工企业钢管尺寸系列》规定的钢管外径系列（DN300的外径除外）与ISO 4200标准基本一致（SH 3405的外径为整数，ISO 4200的外径带小数；DN300的外径SH 3405为325mm，ISO 4200为323.9mm）。当$DN\leqslant 1100$mm时，它能与ASME B36.1/36.9标准配套使用。

国际标准化组织（ISO）统一制定了世界通用的钢管标准外径。其中ISO 65及ISO 559分别是以英国的BS 1387、BS 534为基础制定的。ISO 3183长输管线，参考了世界上普遍采用的美国API5L标准的外径。DIN 4200经过ISO成员国投票通过被采用到ISO标准中作为ISO 4200的基础。

SH3405直径范围和壁厚分级见表4-10，ISO配管用钢管标准尺寸的规格概要见表4-11。

表 4-10　SH 3405 直径范围和壁厚分级

钢管类别	公称直径范围/mm	壁 厚 分 级
奥氏体不锈钢无缝钢管	10~400	Sch5s、Sch10s、Sch20s、Sch40s、Sch80s
碳素钢、合金钢无缝钢管	10~600	Sch20、Sch30、Sch40、Sch60、Sch80、Sch100、Sch120、Sch140、Sch160、XXS
奥氏体不锈钢焊接钢管	80~1000	2.0~12mm
碳素钢、合金钢焊接钢管	150~2000	4.0~18mm

表 4-11　ISO 配管用钢管标准尺寸的规格概要

标　准	标 准 名 称	外径范围/mm	尺寸数量/个	备　　注
ISO 65	钢管螺纹	重的、普通的公称直径 6～150 轻Ⅰ、轻Ⅱ的 6～150	14 12	外径由最大至最小的范围确定，壁厚有重的、普通的、轻Ⅰ、轻Ⅱ四种
ISO 4200	焊接和无缝平端钢管，管的尺寸和单位长度重量的一览表	外径 10.2～2220	68	外径分为三个系列，系列Ⅰ为配管用
ISO 559	清水和污水用管	公称直径 40～2220 外径 48～2220	26	外径 26 种
ISO 3183	石油和天然气工业用管道用钢管，交货技术条件	外径 60.3～1420	33	以 API 5L 标准为基础

3. 钢管的壁厚

钢管的壁厚计算方法，在 ASME B31.3、GB 50316、SH 3509 等标准规范中均有详细的介绍。钢管壁厚的表示方法在不同的标准中各不相同，但主要有三种。

(1) 以管子表号表示公称壁厚　此种表示方法以 ASME B36.10《焊接和无缝钢管》为代表并为其他许多标准所采用，常以"Sch"标示。管子表号是管子设计压力与设计温度下材料许用应力的比值乘以 1000，并经圆整后的数值。

■ 图 4-1　碳钢和合金钢无缝钢管管子表号选用图

$$\text{Sch} = \frac{p}{[\sigma]_t} \times 1000$$

ASME B36.10 和 JIS 标准中管子表号有：Sch10、Sch20、Sch30、Sch40、Sch60、Sch80、Sch100、Sch120、Sch140、Sch160。

ASME B36.19 中不锈钢管管子表号有：Sch5s、Sch10s、Sch40s、Sch80s。

中国石化集团公司标准 SH 3405 中，无缝钢管采用了 Sch20、Sch30、Sch40、Sch60、Sch80、Sch100、Sch120、Sch140、Sch160 九个表号，不锈钢管采用了 Sch5s、Sch10s、Sch20s、Sch40s、Sch80s 五个表号。

无缝钢管和焊接钢管的管子表号可分别查图 4-1 和图 4-2 确定。

图 4-2 大口径焊接钢管管子表号选用图

（2）以管子重量表示公称壁厚

美国 MSS 和 ASME 也规定了以管子重量表示壁厚的方法，并将管子壁厚分为三种：标准重量管，以 STD 表示；加厚管，以 XS 表示；特厚管，以 XXS 表示。

对于 $DN \leqslant 250mm$ 的管子，Sch40 相当于 STD；$DN < 200mm$ 的管子，Sch80 相当于 XS。

（3）以钢管壁厚值表示公称壁厚　中国、ISO 和日本部分钢管标准采用了壁厚值表示钢管公称壁厚。中国石化总公司标准 SH 3405 奥氏体不锈钢焊接钢管壁厚系列与碳素钢、合金钢焊接钢管壁厚系列分别见表 4-12、表 4-13。

表 4-12　中国石化总公司标准 SH 3405 奥氏体不锈钢焊接钢管壁厚系列

公称直径/mm	公称壁厚/mm											
80	2.0	2.5	3.0	3.5	4.0	4.5	5.0	6.0	7.0	8.0		
100	2.0	2.5	3.0	3.5	4.0	4.5	5.0	6.0	7.0	8.0	9.0	
(125)		2.5	3.0	3.5	4.0	4.5	5.0	6.0	7.0	8.0	9.0	10.0
150		2.5	3.0	3.5	4.0	4.5	5.0	6.0	7.0	8.0	9.0	10.0	11.0
200		2.5	3.0	3.5	4.0	4.5	5.0	6.0	7.0	8.0	9.0	10.0	11.0	12.0

续表

公称直径/mm	公称壁厚/mm											
250				3.5	4.0	4.5	5.0	6.0	7.0	8.0	9.0	10.0	11.0	12.0
300					4.0	4.5	5.0	6.0	7.0	8.0	9.0	10.0	11.0	12.0
350					4.0	4.5	5.0	6.0	7.0	8.0	9.0	10.0	11.0	12.0
400					4.0	4.5	5.0	6.0	7.0	8.0	9.0	10.0	11.0	12.0
450					4.0	4.5	5.0	6.0	7.0	8.0	9.0	10.0	11.0	12.0
500						4.5	5.0	6.0	7.0	8.0	9.0	10.0	11.0	12.0
550							5.0	6.0	7.0	8.0	9.0	10.0	11.0	12.0
600							5.0	6.0	7.0	8.0	9.0	10.0	11.0	12.0
(650)								6.0	7.0	8.0	9.0	10.0	11.0	12.0
700								6.0	7.0	8.0	9.0	10.0	11.0	12.0
(750)									7.0	8.0	9.0	10.0	11.0	12.0
800									7.0	8.0	9.0	10.0	11.0	12.0
(850)										8.0	9.0	10.0	11.0	12.0
900										8.0	9.0	10.0	11.0	12.0
(950)										8.0	9.0	10.0	11.0	12.0
1000										8.0	9.0	10.0	11.0	12.0

表 4-13 中国石化总公司标准 SH 3405 碳素钢、合金钢焊接钢管壁厚系列

公称直径/mm	公称壁厚/mm													
150	4.0	5.0	6.0	7.0	8.0	9.0	10.0							
200	4.0	5.0	6.0	7.0	8.0	9.0	10.0							
250	4.0	5.0	6.0	7.0	8.0	9.0	10.0	11.0	12.0	13.0				
300		5.0	6.0	7.0	8.0	9.0	10.0	11.0	12.0	13.0	14.0			
350			6.0	7.0	8.0	9.0	10.0	11.0	12.0	13.0	14.0	15.0		
400			6.0	7.0	8.0	9.0	10.0	11.0	12.0	13.0	14.0	15.0		
450			6.0	7.0	8.0	9.0	10.0	11.0	12.0	13.0	14.0	15.0	16.0	
500			6.0	7.0	8.0	9.0	10.0	11.0	12.0	13.0	14.0	15.0	16.0	
550			6.0	7.0	8.0	9.0	10.0	11.0	12.0	13.0	14.0	15.0	16.0	
600			6.0	7.0	8.0	9.0	10.0	11.0	12.0	13.0	14.0	15.0	16.0	
(650)			6.0	7.0	8.0	9.0	10.0	11.0	12.0	13.0	14.0	15.0	16.0	
700			6.0	7.0	8.0	9.0	10.0	11.0	12.0	13.0	14.0	15.0	16.0	
(750)				7.0	8.0	9.0	10.0	11.0	12.0	13.0	14.0	15.0	16.0	
800				7.0	8.0	9.0	10.0	11.0	12.0	13.0	14.0	15.0	16.0	
(850)					8.0	9.0	10.0	11.0	12.0	13.0	14.0	15.0	16.0	
900					8.0	9.0	10.0	11.0	12.0	13.0	14.0	15.0	16.0	
(950)					8.0	9.0	10.0	11.0	12.0	13.0	14.0	15.0	16.0	
1000					8.0	9.0	10.0	11.0	12.0	13.0	14.0	15.0	16.0	
(1100)							10.0	11.0	12.0	13.0	14.0	15.0	16.0	
1200							10.0	11.0	12.0	13.0	14.0	15.0	16.0	18.0
(1300)							10.0	11.0	12.0	13.0	14.0	15.0	16.0	18.0
1400							10.0	11.0	12.0	13.0	14.0	15.0	16.0	18.0

4. 常用公称直径及相应管子标准及其外径尺寸（表 4-14）

表 4-14 压力管道设计常用的公称直径及相应管子标准及其外径尺寸　　　　mm

公称直径	ISO 4200 系列1	ASME B36.10	BS 3600	DIN 2448 /DIN 2458	JIS	GB 17395 系列1	SH 3405	HG 20553			JB 法兰接管
								I_a 系列	I_b 系列	II 系列	
6	10.2	10.3	10.2	10.2	10.5	10		10.2	10		
8	13.5	13.7	13.5	13.5	13.8	13.5		13.5	14		
10	17.2	17.1	17.2	17.2	17.3	17	17	17.2	17	14	14
15	21.3	21.3	21.3	21.3	21.7	21	22	21.3	22	18	18
20	26.9	26.7	26.9	26.9	27.2	27	27	26.9	27	25	25
25	33.7	33.4	33.7	33.7	34.0	34	34	33.7	34	32	32

续表

公称直径	ISO 4200 系列1	ASME B36.10	BS 3600	DIN 2448 /DIN 2458	JIS	GB 17395 系列1	SH 3405	HG 20553 I_a系列	HG 20553 I_b系列	HG 20553 Ⅱ系列	JB法兰接管
(32)	42.4	42.2	42.4	42.4	42.7	42	42	42.4	42	38	38
40	48.2	48.3	48.3	48.3	48.6	48	48	48.3	48	45	45
50	60.3	60.3	60.3	60.3	60.5	60	60	60.3	60	57	57
(65)	76.1	73.0	76.1	76.1	76.3	76	76	76.1	76	76	73
80	88.9	88.9	88.9	88.9	89.1	89	89	88.9	89	89	89
(90)			101.6	101.6	101.6						
100	114.3	114.3	114.3	114.3	114.3	114	114	114.3	114	108	108
(125)	139.7	141.3	139.7	139.7	139.8	140	140	139.7	140	133	133
150	168.2	168.3	163.3	168.3	165.2	168	168	168.3	168	159	159
(175)			193.7	193.7	190.7						194
200	219.1	219.1	219.1	219.1	216.3	219	219	219.1	219	219	219
(225)					241.8						
250	273.0	273.0	273.0	273.0	267.4	273	273	270.0	273	273	273
300	323.9	323.8	323.9	323.9	318.5	325	325	323.9		325	325
350	355.6	355.6	355.6	355.6	355.6	356	356	355.6		377	377
400	406.4	406.4	406.4	406.4	406.4	406	406	406.4		426	426
(450)	457	457.2	457	457.2	457.2	457	457	457.0		480	480
500	508	508.0	508	508	508.0	508	508	508.0		530	530
(550)		559.0	559	558.8	558.8	559	559				
600	610	610.0	610	609.6	609.6	610	610	610		630	630
(650)		660.0	660	660.4	660.4		660				
700	711	711.0	711	711.2	711.2		711	711		720	720
(750)		762.0	762	762	762.0		762	762			
800	813	813.0	813	812.3	812.8		813	813		820	820
(850)		864.0	864	863.6	863.6		864	864			
900	914	914.0	914	914.4	914.4		914	914		920	920
(950)		965.0					965	965			
1000	1016	1016.0	1016	1016	1016.0		1016	1016		1020	1020
(1050)		1067.0						1067			
(1100)		1118.0			1117.8		1118	1118			
(1150)		1168.0						1168			
1200	1220	1219.0	1220		1219.2		1220	1219		1220	1220
(1250)								1270			
1300		1321.0			1320.8		1321	1321			
(1350)					1371.6			1372			
1400	1420	1422.0	1420				1420	1422		1420	1420
(1450)								1473			
(1500)		1524.0			1524.0		1524	1524			
1600	1620	1626.0	1620		1625.6		1620			1620	1620
(1700)		1727.0					1727				
1800	1820	1829.0	1820		1828.8		1820			1820	
(1900)		1930.0					1930				
2000	2020	2032.0	2020		2032.0		2020			2020	
2200	2220										

四、金属直管壁厚的确定方法

1. 内压直管的壁厚确定方法

对于内压直管，根据 SH3059《石油化工管道设计器材选用通则》（根据执行项目的实际情况，也可按 GB 50316、GB/T 20801 等标准来计算）确定其壁厚。

① 当 $S_0 < D_0/6$ 时，直管的计算壁厚为：

$$S_0 = \frac{PD_0}{2[\sigma]^t\phi + 2PY}$$

直管的选用壁厚为：

$$S = S_0 + C$$

式中 S_0——直管的计算壁厚，mm；

P——设计压力，MPa；

D_0——直管外径，mm；

$[\sigma]^t$——设计温度下直管材料的许用应力，MPa；

ϕ——焊缝系数，对无缝钢管，$\phi = 1$，对于焊接管子种类选择壁厚计算，其焊缝质量系数 ϕ 见表 4-16；

S——包括附加裕量在内的直管壁厚，mm；

C——直管壁厚的附加裕量，mm；

Y——温度修正系数，按表 4-15 选取。

表 4-15 温度修整系数

材料	温度/℃					
	≤482	510	538	566	593	≥621
铁素体钢	0.4	0.5	0.7	0.7	0.7	0.7
奥氏体钢	0.4	0.4	0.4	0.4	0.5	0.7

② $S_0 \geq D_0/6$ 或 $P/[\sigma]t > 0.385$ 时，直管壁厚应根据断裂理论、疲劳、热应力及材料特性等因素综合考虑确定。

表 4-16 焊接管焊缝质量系数 ϕ

焊接	方法及检验要求	单面对接焊	双面对接焊
电熔焊	100%无损检测	0.90	1.00
	局部无损检测	0.80	0.85
	不作无损检测	0.60	0.70
电阻焊	0.65(不作无损检测)　0.85(100%涡流探伤)		
加热炉焊	0.60		
螺旋缝自动焊	0.80~0.85(无损检测)		

注：无损检测指采用射线或超声波检测。

2. 外压金属直管的壁厚确定方法

对于外压直管的壁厚，SH 3059 与 GB 50316 均规定根据 GB 150 的方法确定。

五、钢管的选择

在我国的钢管制造标准中，有结构用钢管和流体输送用钢管之分。

结构用钢管：主要用于一般金属结构如桥、梁、钢构架等，它只要求保证强度与刚度，而对钢管的严密性不作要求。

流体输送用钢管：主要用于带有压力的流体输送，它除了要保证有符合相应要求的强度与刚度外，还要求保证严密性，即在出厂前要求逐根进行水压试验。对压力管道来说，它输送的介质常常是易燃、易爆、有毒、有温度、有压力的介质，故应选用流体输送用钢管。

在实际的工程设计、采购和施工中，经常发现有用结构用钢管代替流体输送用钢管的现象，这是绝对不可以的。

1. 焊接钢管（Welded Steel Pipe）

常用的焊接钢管标准有：GB/T 3091《低压流体输送用焊接钢管》；GB/T 9711.1《石油天然气工业输送钢管交货技术条件》；SY/T 5038《普通流体输送用螺旋缝高频焊钢管》；SY/T 5037《普通流体输送用螺旋缝埋弧焊钢管》；GB 12771《流体输送用不锈钢焊接钢管》；HG 50237.1～4《奥氏体不锈钢焊接钢管》。

目前，常用的焊接钢管根据其生产时采用的焊接工艺不同可以分为：连续炉焊（锻焊）钢管、电阻焊钢管和电弧焊钢管三种。

（1）连续炉焊（锻焊）钢管（Forge Welded Steel Pipe）连续炉焊（锻焊）钢管是在加热炉内对钢带进行加热，然后对已成型的边缘采用机械加压方法使其焊接在一起而形成的具有一条直缝的钢管。

特点：生产效率高，生产成本低；但焊缝质量差，综合机械性能差。

用途：适于设计温度为0～100℃、设计压力不超过0.6MPa的水和压缩空气系统。

标准：GB/T 3091《低压流体输送用焊接钢管》。

（2）电阻焊钢管（Electric-resistance Welded Steel Pipe）电阻焊钢管是通过电阻焊或电感应焊焊接方法生产的，带有一条直焊缝的钢管。

特点：生产效率高，自动化程度高，焊后的变形和残余应力较小。设备投资高，对焊接接头的质量要求也比较高。由于接头处难免有杂质存在，所以接头塑性和冲击韧性较低。

标准：SY/T 5038《普通流体输送用螺旋缝高频焊钢管》。

用途：适用于设计温度≤200℃的水、煤气、空气、采暖蒸汽等。

标准：GB/T 9711.1《石油天然气工业输送钢管交货技术条件》。

用途：石油天然气工业中可燃流体和非可燃流体（中、低压）。

（3）电弧焊钢管（Electric-arc-welded Steel Pipe）电弧焊钢管是通过电弧焊焊接方法生产的钢管。

特点：接头达到完全的冶金结合，接头的机械性能能够完全达到或达到母材的机械性能。在经过适当的热处理和无损检查之后，电弧焊直缝钢管的使用条件可达到无缝钢管的使用条件而取代之。

标准：SY/T 5037《普通流体输送用螺旋缝埋弧焊钢管》。

用途：适用于设计温度≤200℃的水、煤气、空气、采暖蒸汽等。

标准：GB 12771《流体输送用不锈钢焊接钢管》、HG 50237.1～4《奥氏体不锈钢焊接钢管》。

用途：设计压力小于5.0MPa，焊缝系数小于1.0时，不宜用于极度或高度危害介质。

2. 无缝钢管

无缝钢管（Stainless Steel Pipe）是采用穿孔热轧等热加工方法制造的不带焊缝的钢管。必要时，热加工后的管子还可以进一步冷加工至所要求的形状、尺寸和性能。目前，无缝钢管（DN15～600）是石油化工生产装置中应用最多的管子。

(1) 碳素钢无缝钢管

标准：GB/T 8163《流体输送用无缝钢管》；GB/T 9711.1《石油天然气工业输送钢管交货技术条件》；GB 6479《化肥设备用高压无缝钢管》；GB 9948《石油裂化用无缝钢管》；GB 3087《低中压锅炉用无缝钢管》；GB 5310《高压锅炉用无缝钢管》。

GB/T 8163 适用范围：设计温度小于 350℃、压力低于 10MPa 的油品、油气和公用介质。

GB 6479 适用范围：设计温度 -40~400℃（标准内涉及的 10 个牌号材料设计温度范围各不相同）、设计压力 10.0~32.0MPa 的油品、油气。

GB 9948 适用范围：不宜采用 GB/T 8163 钢管的场合。

GB 3087 适用范围：低中压锅炉的过热蒸汽、沸水等。

GB 5310 适用范围：高压锅炉的过热蒸汽介质。

① 检验。

一般流体输送用钢管必须进行化学成分分析、拉力试验、压扁试验和水压试验。

GB 5310、GB 6479、GB 9948 三种标准的钢管，除了流体输送用钢管必须进行的试验外，还要求进行扩口试验和冲击试验。这三种标准的钢管的制造检验要求是比较严格的。GB 6479 标准还对材料的低温冲击韧性作出了特殊要求。

GB 3087 标准的钢管，除了流体输送用钢管的一般试验要求外，还要求进行冷弯试验。GB/T 8163 标准的钢管，除了流体输送用钢管的一般试验要求外，据协议要求进行扩口试验和冷弯试验。这两种标准的管子的制造要求不如前三种标准的严格。

② 制造。

GB/T 8163 和 GB 3087 标准的钢管多采用平炉或转炉冶炼，其杂质成分和内部缺陷相对较多。

GB 9948 多采用电炉冶炼，大多加入了炉外精炼工艺，成分和内部缺陷相对较少。

GB 6479 和 GB 5310 标准本身规定了炉外精炼的要求，其杂质成分和内部缺陷最少，材料质量最高。

上述几个钢管标准的制造质量等级从低到高的顺序：GB/T 8163＜GB 3087＜GB 9948＜GB 5310＜GB 6479。

③ 选用。

一般情况下，GB/T 8163 标准的钢管适用于设计温度低于 350℃、压力小于 10.0MPa 的油品、油气和公用介质条件。

对于油品、油气介质，当其设计温度超过 350℃ 或压力大于 10.0MPa 时，宜选用 GB 9948 或 GB 6479 标准的钢管。

对于临氢操作的管道，或者在有应力腐蚀倾向环境中工作的管道，也宜使用 GB 9948 或 GB 6479 标准。

凡是低温下（低于 -20℃）使用的碳素钢钢管应采用 GB 6479 标准，只有它规定了对材料低温冲击韧性的要求。

GB 3087 和 GB 5310 标准是专门为锅炉用钢管而设置的标准。《锅炉安全监察规程》强调指出，凡与锅炉相连的管子都属监察范围，其材料与标准的应用都应符合《锅炉安全监察规程》的规定，故锅炉、电站、供暖以及石化生产装置中用到的公用蒸汽管道（由系统供给）等均应采用 GB 3087 或 GB 5310 标准。

值得注意的是，质量好的钢管，钢管的价格也比较高，如 GB 9948 比 GB/T 8163 材料的价格高近 1/5，因此，在选用钢管材料标准时，应依据使用条件综合考虑，既要可靠又要经济。

(2) 铬钼钢和铬钼钒钢无缝钢管　常用的铬钼钢和铬钼钒钢无缝钢管标准有：GB 9948《石油裂化用无缝钢管》；GB 6479《化肥设备用高压无缝钢管》；GB 5310《高压锅炉用无缝钢管》。

(3) 不锈钢无缝钢管

常用的不锈钢无缝钢管标准有 GB/T 14976、GB 13296、GB 9948、GB 6479、GB 5310 共 5 个标准。其中，后三个标准中列出的不锈钢材料牌号是不常用的材料牌号。因此，当工程上选用不锈钢无缝钢管标准时，基本上都选用 GB/T 14976 和 GB 13296 标准。

GB/T 14976《流体输送用不锈钢无缝钢管》适用于一般流体的输送。

GB 13296《锅炉、热交换器用不锈钢无缝钢管》常用的材料牌号中超低碳不锈钢（00Cr17Ni14Mo2、00Cr19Ni10）具有优良的抗腐蚀性能，在一定条件下，可代替稳定型不锈钢（0018Ni10Ti、0Cr18Ni11Nb）用于抗介质的腐蚀；超低碳不锈钢高温机械性能较低，一般仅用于温度低于 525℃ 的条件下；稳定型奥氏体不锈钢既具有较好的抗腐蚀性能，又有较高的高温机械性能，但 0Cr18Ni10Ti 中的 Ti 在焊接过程中易被氧化而失掉，从而降低了其抗腐蚀性能，其价格较高，这类材料一般用在较重要的场合。0Cr18Ni9、0Cr17Ni12Mo2 具有一般的抗腐蚀性能，价格便宜，因此被广泛应用。

六、国内外常用钢管标准对照表

国内外常用钢管标准对照表见表 4-17。

表 4-17　国内外常用钢管标准对照表

GB 钢管标准	GB 钢号	ASTM 钢管	ASTM 钢材	BS 钢管	DIN 钢管	JIS 钢管	钢种	
		A53-TypeF	A235-A	1387	1615-st33	SGP	低碳素钢	碳素钢
GB/T 8163 GB 9948	10	A53-A	A105	3601-360	1629-st37	STPG 370	低碳素钢	
GB/T 8163 GB 9948	20	A53-B	A105	3601-410	1629-st48.4	STPG 410	中碳素钢	
GB 5130	20G	A106B	—	—	17155-st45.8Ⅲ	STS 410	中碳素钢(Si 镇静钢)	
GB 6479	16Mn	—	—	—	17175-17Mn4	STS480		
GB 6479	10	A105-A	A105	3602-360	17175-s135.8	STPT 370	低碳素钢(Si 镇静钢)	
GB/T 8163 GB 9948	20	A106-B	A105	3602-410	17175-st45.8	STPT 410	中碳素钢(Si 镇静钢)	
		A106-C	—	3602-460	—	STPT 480	中碳素钢(Si 镇静钢)	
GB 9948 GB 6479 GB 5310	12CrMo	A335-P2	A182-F2	—	17175-15Mo3	STPA 20	1/2Mo 钢	合金钢
	15CrMo	A335-P12	A182-F12	3604-620-440	17175-13CrMo44	STPA 22	1Cr-1/2Mo 钢	
		A335-P11	A182-F11	3604-621	—	STPA 23	1¼Cr-1/2Mo 钢	
GB 6479 GB 5310	12Cr2Mo	A335-P22	A182-F22	3604-622	17175-10CrMo910	STPA 24	2½Cr-1Mo 钢	
	1Cr5Mo	A335-P5	A182-5	3604-625	—	STPA 25	5Cr-1/2Mo 钢	
		A335-P9	A182-9	—	—	STPA 26	9Cr-1Mo 钢	
GB 150 GB/T 8163 附录 A, GB 6479	09MnD, 16Mn	A333-Gr1	A350-LF2	3603-410LT50	17173-TISt35N,35V	STPL 380	Al 镇静钢	低温用钢
		A333-Cr3	A350-LF3	3603-503LT100	—	STPL 450	3½Ni 钢	
		A333-8	A522	3603-503LT196	—	STPL690	9Ni 钢	

续表

钢管标准	GB 钢号	ASTM 钢管	ASTM 钢材	BS 钢管	DIN 钢管	JIS 钢管	钢 种	
GB/T 14976	0Cr18Ni9	A312-TP304	A182-F304	3605-304S18、S25	17458-X5CrNi1810	SUS304TP	18-8 钢	
		A312-TP304H	A182-F304H	3605-304S59	—	SUS304HTP	高温用 18-8 钢	
GB/T 14976	00Cr19Ni10	A312-TP304L	A182-F304L	3605-304S14、S22	17458-X2CrNi1911	SUS304LTP	低碳素 18-8 钢	
		A312-TP309				SUS309STP	22-12 钢	
		A312-TP310	A182-F310	—	—	SUS310STP	25-20 钢	
GB 13296 GB/T 14976	0Cr18Ni10Ti	A312-TP347	A182-F347	3605-347S18、S17	17458 X6CrNiTi1810 X6CrNiNb1810	SUS347TP	18-8-(Nb+Ta) 钢	不锈钢
GB/T 14976	0Cr17Ni12Mo2 00Cr17Ni14Mo2	A312-TP316	A182-F316	3605-316S18、S26	17458 X5CrNiMo17122 X2CrNiMo17132	SUS316TP	18-8-Mo 钢	
		A312-TP316H	A182-F316H	3605-316S59	—	SUS316HTP	高温用 18-8-Mo 钢	
GB/T 14976	0Cr17Ni12Mo2 00Cr17Ni14Mo2	A321-TP376L	A182-F316L	3605-316S14、S22	—	SUS316LTP	低碳素 18-8-Mo 钢	
GB 13296 GB/T 14976	0Cr18Ni10Ti	A312-TP321	A182-F321	3605-321S18、S22	17458	SUS321TP	18-8-Ti 钢	
		A312-TP321H	A182-F321H	3605-321S59	—	SUS321HTP	高温用 18-8-Ti 钢	
	0Cr18Ni11Nb	A312-TP347H	A182-F347H	3605-347S59	—	S347HTP	高温用 18-8-(Nb+Ta)钢	
		A268-TP329	—	—	—	SUS329JITP	25-5-Mo 钢	
GB/T 14976	0Cr19Ni13Mo3 00Cr19Ni13Mo3	A312 TP317 A312 TP317L			17458 X5CrNiMo17133 X2CrNiMo18143	SUS317TP SUS317LTP		

注：按照 GB/T 20878—2007《不锈钢和耐热钢 牌号和化学成分》，不锈钢的钢号有了新牌号，但 GB 13296—2007 的牌号仍沿用表 4-17 的。

七、常用钢管使用温度限制和许用应力

常用钢管使用温度限制和许用应力见表 4-18。

八、非金属管

1. 工程塑料管道

工程塑料管道具有比金属轻、有一定机械强度、优良的耐腐蚀性能和加工性能（可机械加工、热成型和焊接）等特性。

（1）PVC（聚氯乙烯） PVC 具有良好的耐腐蚀性能、加工性能、力学性能。在石油化工方面，PVC 管主要用于输送某些腐蚀性流体，不宜用于输送可燃、剧毒和含有固体颗粒的流体。

表 4-18 常用钢管使用温度限制和许用应力

钢号	标准号	使用状态	厚度/mm	常温强度指标 σ_b/MPa	常温强度指标 σ_s/MPa	在下列温度(℃)下的许用应力/MPa ≤20	100	150	200	250	300	350	400	425	450	475	500	525	550	575	600	使用温度下限/℃	备注
碳素钢钢管(焊接管)																							
Q235-A	GB/T 14980		≤12	375	235	113	113	113	105	94	86	77	—	—	—	—	—	—	—	—	—	0	①
Q235-B	GB/T 13793																						
20	GB/T 13793		≤12.7	390	(235)	130	130	125	116	104	95	86	—	—	—	—	—	—	—	—	—	−20	⑤①
碳素钢钢管(无缝管)																							
10	GB 9948	热轧、正火	≤16	330	205	110	110	106	101	92	83	77	71	69	61	—	—	—	—	—	—		
10	GB 6479 GB/T 8163	热轧、正火	≤15	335	205	112	112	108	101	92	83	77	71	69	61	—	—	—	—	—	—	−29 正火状态	③
			16~40	335	195	112	110	104	98	89	79	74	68	66	61	—	—	—	—	—	—		
10	GB 3087	热轧、正火	≤26	333	196	111	110	104	98	89	79	74	68	66	61	—	—	—	—	—	—		
20	GB/T 8163	热轧、正火	≤15	390	245	130	130	130	123	110	101	92	86	83	61	—	—	—	—	—	—		
			16~40	390	235	130	130	125	116	104	95	86	79	78	61	—	—	—	—	—	—		
20	GB 3087	热轧、正火	≤15	392	245	131	131	130	123	110	101	92	86	83	61	—	—	—	—	—	—	−20	③⑤
			16~26	392	226	131	130	124	113	101	93	84	77	75	61	—	—	—	—	—	—		
20	GB 9948	热轧、正火	≤16	410	245	137	137	132	123	110	101	92	86	83	61	—	—	—	—	—	—		
20G	GB 6479 GB 5310	正火	≤16	410	245	137	137	132	116	104	95	86	79	78	61	—	—	—	—	—	—		
			17~40	410	235	137	132	126	116	104	95	86	79	78	61	—	—	—	—	—	—		
低合金钢钢管(无缝管)																							
16Mn	GB 6479	正火	≤15	490	320	163	163	163	159	147	135	126	119	93	66	43	—	—	—	—	—	−40	
			16~40	490	310	163	163	163	153	141	129	119	116	93	66	43	—	—	—	—	—	—		
15MnV	GB 6479	正火	≤16	510	350	170	170	170	166	153	141	129	—	—	—	—	—	—	—	—	—	−20	⑤
			17~40	510	340	170	170	170	159	147	135	126	—	—	—	—	—	—	—	—	—			
09MnD	—	正火	≤16	400	240	133	133	128	119	106	97	88	—	—	—	—	—	—	—	—	—	−50	④
12CrMoG	GB 6479 GB 5310	正火加回火	≤16	410	205	128	113	108	101	95	89	83	77	75	74	72	71	50	—	—	—	−20	⑤
			17~40	410	195	122	110	104	98	92	86	79	74	72	71	69	68	50	—	—	—		

90

续表

第四章 压力管道器材及其选择

低合金钢钢管（无缝管）

钢号	标准号	使用状态	厚度/mm	常温强度指标 σ_b/MPa	常温强度指标 σ_s/MPa	在下列温度(℃)下的许用应力/MPa ≤20	100	150	200	250	300	350	400	425	450	475	500	525	550	575	600	使用温度下限/℃	备注
12CrMo	GB 9948	正火加回火	≤16	410	205	128	113	108	101	95	89	83	77	75	74	72	71	50	—	—	—		
15CrMo	GB 9948	正火加回火	≤16	440	235	147	132	123	116	110	101	95	89	87	86	84	83	58	37	—	—		
15CrMo / 15CrMoG	GB 6479 / GB 5310	正火加回火	≤16	440	235	147	132	123	116	110	101	95	89	87	86	84	83	58	37	—	—		
			17～40	440	225	141	126	116	110	104	95	89	86	84	83	81	79	58	37	—	—		
12Cr1MoVG	GB 5310	正火加回火	≤16	470	255	147	144	135	126	119	110	104	98	96	95	92	89	82	57	35	—		
12Cr2Mo / 12Cr2MoG	GB 6479 / GB 5310	正火加回火	≤16	450	280	150	150	150	147	144	141	138	134	131	128	119	89	61	46	37	18		
			17～40	450	270	150	150	147	141	138	134	131	128	126	123	119	89	61	46	37	18		
1Cr5Mo	GB 6479	退火	≤16	390	195	122	110	104	101	98	95	92	89	87	86	83	62	46	35	26	18		
	GB 9948		17～40	390	185	116	104	98	95	92	89	86	83	81	79	78	62	46	35	26	18		
10MoWVNb	GB 6479	正火加回火	≤16	470	295	157	157	157	156	153	147	141	135	130	126	121	97	—	—	—	—	−20	⑤
			17～40	470	285	157	157	156	150	147	141	135	129	121	119	111	97	—	—	—	—		

高合金钢钢管

钢号	标准号	使用状态	厚度/mm	σ_b/MPa	σ_s/MPa	在下列温度(℃)下的许用应力/MPa ≤20	100	150	200	250	300	350	400	425	450	475	500	525	550	575	600	625	650	675	700	使用温度下限/℃	备注
0Cr13	GB/T 14976	退火	≤18	137	123	120	119	117	112	109	105	100	89	72	53	38	16	—	—	—	—	—	—	−20	⑤
0Cr19Ni9	GB/T 12771	固溶	≤14	137	137	130	122	114	111	107	105	103	101	100	98	91	64	52	42	32	—	27	②①
0Cr18Ni9	GB/T 14976	固溶	≤18	137	103	96	90	85	82	79	78	76	75	74	73	71	67	62	52	42	32	—	27	
0Cr18Ni11Ti	GB/T 12771	固溶	≤14	137	137	130	122	114	111	108	106	105	104	103	101	83	58	44	33	25	18	13	−196	②①
0Cr18Ni10Ti	GB/T 14976	固溶或稳定化	≤18	137	103	96	90	85	82	80	79	78	77	76	75	74	58	44	33	25	18	13		

91

续表

钢号	标准号	使用状态	厚度/mm	在下列温度(℃)下的许用应力/MPa																使用温度下限/℃	备注
				≤20	100	150	200	250	300	350	400	425	450	475	500	525	550	575	600	625	650	675	700		
高合金钢钢管																									
0Cr17Ni12Mo2	GB/T 12771 GB/T 14976	固溶	≤14 ≤18	137 137	137 117	137 107	134 99	125 93	118 87	113 84	111 82	110 81	109 81	108 80	107 79	106 78	105 78	96 76	81 73	65 65	50 50	38 38	30 30		②①
0Cr18Ni12Mo2Ti	GB/T 14976	固溶	≤18	137	137	137	134	125	118	113	111	110	109	108	107	—	—	—	—	—	—	—	—		②
0Cr19Ni13Mo3	GB/T 14976	固溶	≤18	137	137	137	134	125	118	113	111	110	109	108	107	106	105	96	81	65	50	38	30		②
00Cr19Ni11 00Cr19Ni10	GB/T 12771 GB/T 14976	固溶	≤14 ≤18	118 118	118 97	118 87	110 81	103 76	98 73	94 69	91 67	89 66	—	—	—	—	—	—	—	—	—	—	—	−196	②①
00Cr17Ni14Mo2	GB/T 12771 GB/T 14976	固溶	≤14 ≤18	118 118	118 97	118 87	108 80	100 74	95 70	90 67	86 64	85 63	84 62	—	—	—	—	—	—	—	—	—	—		②①
00Cr19Ni13Mo3	GB/T 14976	固溶	≤18	118	117	107	99	93	87	84	82	81	109 81	—	—	—	—	—	—	—	—	—	—		②

① GB 12771、GB 13793、GB 14980 焊接钢管的许用应力，未计入焊接接头系数。
② 该许用应力，仅适用于允许产生微量永久变形的元件。
③ 使用温度上限不宜超过粗线的界限，粗线以上的数值仅用于特殊条件或短期使用。
④ 钢管的技术要求应符合 GB 150《钢制压力容器》附录 A 的规定。
⑤ 使用温度下限为 −20℃ 的材料，宜在大于 −20℃ 的条件下使用，不需进行低温韧性试验。

注：中间温度的许用应力，可按本表的数值用内插法求得。按照 GB/T 20878—2007《不锈钢和耐热钢 牌号和化学成分》，高合金钢钢管的钢号有了新牌号。例如：
0Cr18Ni9 新牌号为 06Cr19Ni10，00Cr19Ni10 新牌号为 022Cr19Ni10，0Cr17Ni12Mo2 新牌号为 06Cr17Ni12Mo2。

PVC有较好的耐溶剂性和化学稳定性，耐石油、汽油、丙烷、丁烷等烷烃类的腐蚀和溶解，对一般无机酸、有机酸、碱类和醇类均耐蚀。但氯代烷烃、酮类、醚类、芳烃类等溶剂，对它有很大的溶胀性，强氧化剂可和它起作用。

PVC管材规格已经标准化：$\phi 8 \sim 200mm$，另又增加 $\phi 250mm$、$\phi 300mm$、$\phi 350mm$、$\phi 400mm$。有带承插口三通及90°肘形弯头；带螺纹的三通及90°弯头；平口90°弯头；平口异径三通；带凸缘、带螺纹接管及接管螺帽；隔膜阀 $DN65$、$DN80$；45°角形截止阀 $DN25$、$DN30$、$DN40$、$DN50$。

根据使用情况，PVC管可分为0.5MPa、0.6MPa、1.0MPa和1.6MPa四个压力等级；PVC管适用的温度范围为 $-15 \sim 60℃$，低于下限温度使用易开裂，高于上限温度使用会软化。

PVC管一般分为轻型管和重型管两种。硬聚氯乙烯管可用于真空度小于740mmHg[1]的管道。常温下，硬聚氯乙烯管的使用压力如下：轻型管，≤0.6MPa；重型管，≤1.0MPa。

采用承插粘接连接方式的挤压成型的硬聚氯乙烯管的使用压力较高。硬聚氯乙烯的热变形温度为73.8℃，它的线胀系数比较大，约为钢的7倍，而弹性模量较小。硬聚氯乙烯管的聚氯乙烯单体含量及稳定剂中的铅、镉等有害物质超过标准时对环境和人身健康有害。

(2) PP（聚丙烯） PP比水轻，熔化温度为(165±5)℃，推荐使用温度小于120℃。低温性能比PVC还差。线胀系数常温下比PVC大一倍。热收缩率比PVC小。导热性很差（添加石墨可改善导热性）。短时抗拉强度为30~38MPa，随温度升高而下降。弹性模量不到PVC的一半。抗冲击强度不高。伸长率20℃下为12%。长期抗拉强度较低，其蠕变现象比PVC更严重，其蠕变极限为16MPa。

PP管具有优良的耐化学药品性。对于有机酸、碱或盐类溶液（氧化性除外）几乎温度高到100℃而无破坏。例如，在100℃以下的浓磷酸、40%硫酸、浓盐酸及盐类溶液中均可使用。对于发烟硫酸、浓硝酸和氯磺酸等强氧化性酸，即使在室温下也不能使用。对于含有活性氯的次氯酸盐、过氧化氢以及铬酸等氧化性介质，也只能用于低浓度和低温度的情况。对于羧酸（浓醋酸与丙酸除外）有较好的耐蚀性。酚醛、酮类等介质对其无溶胀作用。烷烃特别是卤代烃则能引起溶胀。温度在80℃以上时，芳香烃对其有溶解作用。在100℃以下时，乙醇、乙二醇、丙三醇都可使用。

PP有很好的加工性能，它可以机加工、热成型、焊接和消除应力退火处理。PP管一般比PE管更坚硬，有更好的抗高温性能，常被优先选用，如用于地上管道和热流体输送。PP比ABS或PVC可提供更好的溶剂阻力，因此排水管主要用PP。PP管的主要标准有ASTM D3311、CSA B181.3、CSA B137.11（CSA为加拿大标准协会）。

(3) UPVC（硬聚氯乙烯） UPVC是一种以聚氯乙烯为主体的特级增强聚氯乙烯。目前，UPVC塑料制管、管件和塑料制阀门已广泛使用（表4-19）。

(4) ABS（丙烯腈-丁二烯-苯乙烯三元共聚物） ABS塑料在国内防腐领域内开始得到应用（表4-20）。ABS管标准有ASTM D3311、ASTM D2680、CAS B181.5、ASTM D1527、ASTM 2282。

(5) PE（聚乙烯） 聚乙烯管由高、低压聚乙烯粒状料挤压成型。它具有良好的耐腐蚀、耐溶剂性能，介电性好，吸水性小、无毒、质轻，可供输送腐蚀性液体用，也可用于埋

---

[1] 1mmHg=133.322Pa。

地输送燃气。

承受压力：低压聚乙烯（HDPE）重型管不超过1MPa，轻型管不超过0.5MPa；高压聚乙烯（LDPE）重型管不超过0.6MPa，轻型管不超过0.3MPa。使用温度：-20~60℃。

表4-19 UPVC塑料管、管件和阀门应用情况

介质名称	浓度/%	温度/℃	压力/MPa	产品名称	管子规格/mm
盐酸	浓	45~50	≤0.6		
硝酸	45	30	0.5		
硫酸	50	35~40	≤0.6	隔膜阀	100
铬酸	30	30	≤0.6	球阀	80
磷酸	45	35~40	0.8	管子	65
草酸	10~20	40	0.9	各类管件：	50
高氯酸	10	30~35	0.8	90°弯头、45°弯头、	40
氢氧化钠	浓	50	1.0	管接头、三通、	32
氢氧化钾	浓	45	1.0	四通、活接头、	25
铬酸钾	40	50	1.0	大小头、	20
氨水		55	0.8	管托等	15
氯化铵	40	50	0.9		
显相洗相液		40~50	1.0		

表4-20 ABS塑料管、管件和阀门的应用情况

介质名称	浓度/%	温度/℃	压力/MPa	产品名称	管子规格/mm
盐酸	20	35~40	0.3		150 100 80 65 50 40 32 25 20 15
硝酸	5	20	0.3		100 80 65 50 40 32 25 20 15
硫酸	20	25~30	≤0.4		100 80 65 50 40 32 25 20 15
铬酸	<10	25	≤0.3		80 65 50 40 32 25 20 15
次氯酸钠	30	常温	0.3		100 80 65 50 40 32 25 20 15
氢氧化钠	36	45~50	0.6	隔膜阀 球阀 管子 管件： 90°弯头、 45°弯头、 管接头、三通、 四通、活接头 法兰、大小头、 管托	150 100 80 65 50 40 32 25 20 15
氢氧化钙	30	<50	≤0.6		150 100 80 65 50 40 32 25 20 15
氢氧化钾	30	55~60	≤0.6		150 100 80 65 50 40 32 25 20 15
碳酸氢钠	40	45~55	<0.6		150 100 80 65 50 40 32 25 20 15
氯化钠	>50	40~50	<0.6		150 100 80 65 50 40 32 25 20 15
氯化铵	40	40~45	≤0.6		150 100 80 65 50 40 32 25 20 15
氯酸钾	30	65~75	≤0.6		150 100 80 65 50 40 32 25 20 15
超纯水		常温	≤0.6		200 150 100 80 65 50 40 32 25 20 15
饮用水		常温	≤0.9		150 100 80 65 50 40 32 25 20 15
海水		常温	≤0.9		150 100 80 65 50 40 32 25 20 15

2. 不透性石墨

不透性石墨（Impermeable Graphite）有浸渍石墨、压制石墨和浇注石墨三大类，都是用人造石墨和合成树脂等制成的导热耐蚀材料。不透性石墨膨胀系数小，热导率高，机械强度不高，冲击韧性很低，其突出的特点是对许多腐蚀介质具有优良的耐蚀性。

酚醛树脂浸渍石墨管可用于180℃以下的盐酸、硫酸、磷酸、醋酸、氯代醇、芳香族烃、脂肪族烃等介质，但不耐强氧化剂和碱。改性酚醛树脂浸渍的石墨管道既耐酸又耐碱。呋喃树脂浸渍的石墨管道耐酸、碱、盐和有机溶剂。

压制的石墨塑料管耐所有浓度的盐酸和70%以下的硫酸，特别适合于制造需要耐温降的而且又耐蚀的输送管道，但需要铠装，以免撞碎或压碎。浇注石墨的化学稳定性与浸渍类石墨相似。

用浸渍石墨管或挤压成型的石墨塑料管制作输送管道，输送腐蚀性流体，在合成氯化氢、盐酸生产和有机氯化物等的生产中均已得到广泛的应用并取得良好的效果。它是一种脆性材料，抗冲击强度比较低，在安装使用时要防止冲击和振动。输送较高压力的介质时可用套管铠装的形式并用胶合剂将它镶在钢管中。输送较高温度的介质或气温变化比较大时，管线会伸长或收缩，故在安装时要增设膨胀节。

石墨管线可用法兰连接、螺纹连接、对接（外缠树脂浸渍过的玻璃布加强）或用短的套管胶接的方法进行连接，要放置在支架上，防止变形或受外力作用而断裂，最好全部用玻璃布增强，浸渍玻璃布用的浸渍剂，推荐采用环氧树脂。

标准的石墨管尺寸［外径（mm）×内径（mm）×长度（mm）］如下：29×19×(2000～4000)，32×22×(2000～4000)，38×25×(2000～4000)，51×38×(2000～4000)，68×51×(2000～4000)，86×64×(2000～4000)，102×76×(2000～4000)，133×102×(2000～4000)，159×127×(2000～4000)，190×152×(2000～4000)，254×203×(2000～4000)，330×254×(2000～4000)，共12种。

用浸渍石墨制造的管件有90°弯头、45°弯头、三通、四通、管接头、螺纹管接头、管凸缘、管帽（盖）、装配塞、塞子等。

浇注类不透性石墨产品有管子、弯头、三通等。内径为25mm的管子，其爆破强度为2.5MPa，三通爆破强度为2.0MPa，弯头的渗透压力为1.2～1.5MPa。

3. 玻璃管

玻璃管道具有化学稳定性高、透明、光滑、耐磨、价廉等许多金属材料不能比拟的特点。它除了氢氟酸、氟硅酸、热磷酸及强碱外，能耐任何化学介质的腐蚀，因此常用于极苛刻的腐蚀环境。主要有硼硅玻璃、无硼低碱玻璃、耐高温的硼-硅酸盐玻璃及石英玻璃。玻璃管的标准有 ASTM C5.9、ASTM C600、ASTM C601、ASTM C1053 等。

4. 陶瓷管

化工陶瓷管道具有良好的耐腐蚀性能，足够的不透性、耐热性和一定的机械强度，因此在工业生产特别是化工生产中的应用日益增多。化工陶瓷管可分为耐酸管、耐温管和瓷管三种。除氢氟酸、氟硅酸和强碱外，它能耐大多数化工介质的腐蚀。陶瓷管道一般用于不承压的场合，推荐使用温度：耐酸管不大于90℃，耐温管不大于150℃，瓷管不大于120℃。陶瓷管的标准有 ASTM C301、ASTM C425、ASTM C700、ASTM C1091、ASTM C12、ASTM C896、ASTM C828 等。

5. 玻璃钢管

玻璃钢（Glass Fibre Reinforced Plastic）又称为玻璃纤维增强塑料，是以玻璃纤维及其制品（玻璃布、玻璃带、玻璃毡）为增强材料，以合成树脂为黏结剂，经过一定的成型工艺制作而成。它集中了玻璃纤维和合成树脂的优点,具有质轻、高强、耐温、耐腐蚀、电绝缘、隔热等优异性能,在工业应用上日趋广泛。

玻璃钢管（FRP 管）一般分为以下四种。

(1) FRP-W 型　采用双酚 A 型不饱和聚酯树脂为基材,内衬表面毡,以中碱玻璃纤维织物为骨料。FRP-W 型管专用于输送海水、淡水、污水和循环冷却水。

(2) FRP-R 型　以不饱和聚酯为基材,以中碱玻璃纤维织物为骨料。专用于通风管道。

(3) FRP-F 型　一般以环氧树脂为基材,内衬有机表面毡形成富树脂的抗渗层,以中碱玻璃纤维织物为骨料。用于输送石油化工生产中腐蚀性的介质。

(4) FRP-H 型　采用 F 型改性环氧树脂,优质玻璃纤维表面毡,内衬中碱玻璃纤维织物为骨料,管外涂防老化层。专用于输送温度不高于 120℃ 严重腐蚀介质的管道。

玻璃钢管的标准有 ASME B31.1、ASME B31.3、BS 7159、ASTM D6041、ISO TR 10465-1、ASTM F412、ISO 8572、ASME B31.9 等。

6. 自应力钢筋混凝土压力管

自应力钢筋混凝土压力管（RCCP 管）有平口式管和承插式管两种,已成功地用于输送水、煤气和热电厂粉煤灰等。它与铸铁管相比有下列优点：刚性好,据介绍,这种管道在地下可使用 80 年以上；不导电,能避免杂散电流对管线的腐蚀；热导率低,外界温度变化对管内影响小；长期输水内表面不长锈瘤,通水能力不变；有裂缝闭合和愈合能力,若出现宽度小于 0.25mm 裂纹,在自压应力作用下能闭合,通常仍可作压力为 0.6MPa 以内的输水管使用；铺设简便；接头密封性好,使用可靠；价格便宜。缺点是：自重大；性脆、易断；当输送含有面体颗粒的介质时,耐磨性不及铸铁管。RCCP 管的参考标准有 AWWA C302、AWWA C303 等。

九、衬里管

衬里管的目的是防腐、电绝缘、减少流体阻力、增加耐磨性能、防止金属离子的混入和污染。

衬里是指根据使用介质和工况的不同,在光管里面或外面粘敷不同的材料和涂塑。衬里管的制作多采用粘敷、喷涂、镶嵌、真空注塑的方法,还有一种是通过冷拔形成外管为钢管内管为塑料管的钢塑复合管的方法。

1. 钢衬橡胶管道

橡胶是一种良好的耐酸又耐碱的非金属防腐蚀材料,特别对氢氟酸有很好的耐蚀性。

橡胶分天然橡胶和合成橡胶两大类。用于化工防腐蚀衬里,以天然橡胶为多,经过硫化处理而成,具有一定的耐热性能、机械强度和耐蚀性能。它可分为软橡胶、半硬橡胶和硬橡胶三种（表 4-21）。

表 4-21　橡胶衬里管基体金属材料与内衬橡胶

衬里管	基体金属材料	内 衬 橡 胶	
橡胶衬里管	碳素钢管	天然橡胶	软橡胶（硫含量 2%～4%）
			半硬橡胶（硫含量 12%～20%）
			硬橡胶（硫含量 20%～30%）
		合成橡胶	氯丁橡胶
			丁基橡胶
			氟橡胶
			腈橡胶
			苯乙烯橡胶

橡胶衬里层的选择原则,主要应考虑腐蚀介质的特性、操作条件及具体施工的可能性。

① 介质腐蚀性强,但温度变化不大,无机械振动的管道、管件,宜用 1～2 层硬橡胶,

总厚度约为 3~6mm。

② 对于腐蚀性气体，为了避免气体的扩散渗透作用，用 2 层硬橡胶衬里为宜。

③ 凡介质含有固体悬浮物，需考虑耐磨性时，可采用厚 2mm 硬橡胶制作底层，再衬贴所需厚度软橡胶制作面层。

④ 管道、设备外表面可能经受撞击时，可采用软橡胶制作底层，半硬橡胶制作面层。

⑤ 在真空条件下，一般不采用软橡胶制作底层。

⑥ 在有剧烈振动的场合，不能使用橡胶衬里。

⑦ 在同一管件、设备上，不能同时用硫化条件不同的两种硬橡胶或软橡胶进行橡胶衬里。

(1) 使用温度　硬橡胶衬里长期使用温度为 0~65℃，短时间加热允许提高至 80℃；半硬橡胶、软橡胶及硬橡胶复合衬里的使用温度为 -25~75℃，软橡胶衬里短时间加热允许提高至 100℃。

根据目前资源，天然橡胶、顺丁橡胶、丁基橡胶等制作软橡胶衬里，使用温度约为 -60~+65℃；丁腈橡胶、丁苯橡胶、乙丙橡胶等也可在 -30~+50℃ 的情况下制作衬里使用。

橡胶的使用寿命与使用温度有关，温度过高，会加速橡胶的老化，破坏橡胶与金属间的结合力，导致脱落；温度过低，橡胶会失去弹性（橡胶的线胀系数比金属大三倍）。由于两种基材收缩不一，导致应力集中而拉裂橡胶层。由于软橡胶的弹性比硬橡胶好，故它的耐寒性也较好。

(2) 使用压力　一般用于压力低于 0.6MPa、真空度不大于 80kPa 的场合。橡胶衬里的管件有弯头、三通、四通等。衬胶管子与管件均应用焊接法兰连接。

2. 钢衬玻璃管道

钢衬玻璃管道是钢管、管件与玻璃的复合体，是将熔融的玻璃以吹制法衬在经过焙烧预热的碳钢管或管件内壁，使玻璃牢固地黏附在管子、管件的内壁上，并处于一定的压缩状态。除吹制法外，还有膨胀法及喷涂法。

吹制衬玻璃管道使用温度为 0~150℃，使用压力小于或等于 0.6MPa，冷冲击 $\Delta T = 80℃$，热冲击 $\Delta T = 120℃$，使用介质与玻璃管道相同。

应用实例有稀硫酸（100℃）管线，EDTA 输送管线，苯烃液化介质（HCl，105℃），橡胶胶浆输送管线（易堵）等。

3. 搪玻璃管道

搪玻璃是由非金属无机物质以搪烧的方法施涂在金属底材上面形成的一种玻璃状瓷层（通常称其为瓷釉层）与金属紧密结合的复合材料。

搪玻璃管道标准为 HG/T 2130—91。搪玻璃管道瓷釉厚度一般为 0.8~1.5mm，它能耐大多数无机酸、有机酸、有机溶剂等介质的腐蚀，特别是对常温盐酸、硝酸、王水等介质，具有优良的耐蚀性，也因其表面光滑而用于要求不挂料的化工生产中。耐磨性和电绝缘性也很好。

搪玻璃管道的使用温度一般在 -30~250℃，受压管道一般在 0~180℃，冷冲击应小于 110℃，热冲击应小于 120℃。使用压力不大于 0.3MPa。

4. 塑料衬里管道

钢管内衬聚乙烯或聚丙烯的产品，国内已有生产和应用，但最有实用意义的还是钢管内衬氟塑料。氟塑料是各种含氟塑料的总称，应用较多的品种有聚四氟乙烯（PTFE 或 F4）、可熔性聚四氟乙烯（PFA）、聚全氟乙丙烯（FEP 或 F46）、聚三氟氯乙烯（PCTFE 或 F3）等。氟塑料具有高度的化学稳定性和耐高低温性能。F4 衬里管道已在各种工业部门得到成功的应用，经常接触到的介质有盐酸、硫酸、硝酸、王水、氢氟酸、多种有机酸、强氧化剂和多种有机溶剂。已使用过的最高温度为 220℃，最高工作压力 0.8MPa。塑料衬里管道的工业标准有 ASTM F423、ASTM

F491、ASTM F492、ASTM F546、ASTM F599、ASTM F781、ASTM F1545。

5. 硬质聚氨酯泡沫塑料包覆管道

硬质聚氨酯泡沫塑料具有密度小、强度高、绝热、吸水率低、耐蚀、自熄等特点，作为石油化工输油输热水管道的外包覆材料（既绝热又防腐），已得到广泛应用。

硬质聚氨酯泡沫塑料是以多元羧基化合物和异氰酸为主要原料，在催化剂、发泡剂的作用下，经加工聚合发泡而成。硬质聚氨酯泡沫塑料包覆管及夹克管已成功地用于输油管、热力管数百公里。

6. 防腐带材

用于管道外壁防腐，抗冲击，抗剥离，无污染，操作安全，施工简便，可手工作业，也可机械施工。主要品种有聚乙烯胶带、聚酯矿脂带、玻璃纤维改性石油沥青卷材。

十、常用地下管道材料简介

常用地下管道材料见表 4-22。

表 4-22 常用地下管道材料

管道类别	介质	管材	口径范围	特点
重力流管道	雨水、污染雨水、生活污水、生产污水	混凝土管、钢筋混凝土管	$DN150\sim3000$	价格低廉，耗钢材少。采用预制管时，施工时间短。但不适用有含酸碱的污水
		排水铸铁管（灰口铸铁）	$DN50\sim1000$	管材质量不稳定，易爆管，一般不使用
		高密度聚乙烯双壁波纹管	$DN200\sim1200$	耐腐蚀性，柔性好；管材使用寿命长，易施工，接口牢固，口径大则成本比较高。$DN800$ 以上口径环刚度只能达到 S1 级（$\geqslant 4kN/m^2$），故最好用在 $DN600$ 以下较好
		高密度聚乙烯缠绕增强管	$DN300\sim3000$	耐腐蚀性，柔性好；管材使用寿命长，易施工，接口牢固，最大环刚度可达到 $\geqslant 16kN/m^2$，管道埋深可达 10m 以上。由于需要使用 100% 的原料，成本较高
		硬聚氯乙烯管（UPVC）	$DN20\sim400$	耐化学品性好，柔性较好；可用于酸碱环境，不产生二次污染
		碳钢管	最大可生产到 $DN4000$	对于排水，在超过 2m 的情况下使用
压力流管道	循环冷却水、新鲜水、生产用水、生活用水、消防水	碳钢管	最大可生产到 $DN4000$	被广泛使用，特别是在东北严寒地区；但有时会产生二次污染
		玻璃钢	最大管径可达到 $DN4000$	耐蚀性好，口径范围也广，环刚度高，价格较高，接口易撕裂
		镀锌钢管	一般在 $DN200$ 以下	特殊要求下使用
		聚丙烯（PP）	最高可以应用到 $DN300$	内壁光滑，粗糙系数小，耐蚀性好，不产生给水二次污染，严密性强，最大特点耐热性优良，可输送热水
		氯乙烯管（CPVC）	最高可以生产到 $DN400$	内壁光滑，粗糙系数小，耐蚀性好，不产生给水二次污染，严密性强，可输送热水，价格昂贵
		钢塑复合管	最高可以生产到 $DN500$	耐蚀性好，最高可以耐压 2.0MPa
		HDPE 管	最高可以生产到 $DN250$	内壁光滑，粗糙系数小，耐蚀性好，不产生给水二次污染，严密性强
		PE 管	最高可以生产到 $DN1000$	内壁光滑，粗糙系数小耐蚀性好，不产生给水二次污染，严密性强
		球墨铸铁管	$DN40\sim2600$	具有较好的韧性，耐腐蚀，抗氧化，耐高压。广泛用于输水，输气及其他液体输送

十一、中国石化标准碳素钢、低合金钢、合金钢、奥氏体不锈钢无缝钢管尺寸及特性数据表

中国石化标准碳素钢、低合金钢、合金钢、奥氏体不锈钢无缝钢管尺寸及特性数据见表 4-23。

表 4-23 中国石化标准碳素钢、低合金钢、合金钢、奥氏体不锈钢无缝钢管尺寸及特性数据表

公称直径		外径 D_o /mm	管子表号	厚度 /mm	内径 D_i /mm	惯性矩 I /cm⁴	断面系数 W/cm³	理论质量 W_p/(kg/m)	容积 /(m³/m)
mm	in								
15	1/2	22	Sch5s	1.6	18.8	0.5	0.5	0.78	0.0003
			Sch10s	2.0	18.0	0.6	0.6	1.04	0.0003
			Sch20						
			Sch20s	2.5	17.0	0.7	0.7	1.16	0.0002
			Sch30						
			Sch40	3.0	16.0	0.826	0.75	1.33	0.0002
			Sch40s	3.0	16.0	0.826	0.75	1.35	0.0002
			Sch60						
			Sch80	4.0	14.0	0.96	0.87	1.68	0.00015
			Sch80s	4.0	14.0	0.96	0.87	1.70	0.00015
			Sch120						
			Sch140						
			Sch160	5.0	12.0	1.0	1.0		0.0001
20	3/4	27	Sch5s	1.6	23.8	1.0	0.8	1.02	0.0004
			Sch10s	2.0	23.0	1.2	0.9	1.37	0.0004
			Sch20						
			Sch20s	2.5	22.0	1.5	1.1	1.53	0.0004
			Sch30						
			Sch40	3.0	21.0	1.7	1.2	1.78	0.0003
			Sch40s	3.0	21.0	1.7	1.2	1.80	0.0003
			Sch60						
			Sch80	4.0	19.0	2.0	1.2	2.27	0.0003
			Sch80s	4.0	19.0	2.0	1.2	2.30	0.0003
			Sch120						
			Sch140						
			Sch160	5.0	16.0	2.3	1.7	2.92	0.0002
25	1	34	Sch5s	1.6	30.8	2.1	1.3	1.30	0.0007
			Sch10s	2.8	28.4	3.4	2.0	2.19	0.0006
			Sch20						
			Sch20s	3.0	28.0	3.5	2.1	2.33	0.0006
			Sch30						
			Sch40	3.5	27.0	3.9	2.3	2.60	0.0006
			Sch40s	3.5	27.0	3.9	2.3	2.63	0.0006
			Sch60						
			Sch80	4.5	25.0	4.6	2.7	3.27	0.0005
			Sch80s	4.5	25.0	4.6	2.7	3.32	0.0005
			Sch120						
			Sch140						
			Sch160	6.5	21.0	5.6	3.3	4.41	0.0003

续表

公称直径		外径 D_o /mm	管子表号	厚度 /mm	内径 D_i /mm	惯性矩 I /cm⁴	断面系数 W/cm³	理论质量 W_p/(kg/m)	容积 /(m³/m)
mm	in								
(32)	1¼	42	Sch5s	1.6	38.8	4.1	2.0	1.62	0.0012
			Sch10s	2.8	36.4	6.7	3.2	2.75	0.0010
			Sch20						
			Sch20s	3.0	36.0	7.0	3.3	2.93	0.0010
			Sch30						
			Sch40	3.5	35.0	7.9	3.8	3.72	0.0010
			Sch40s	3.5	35.0	7.9	3.8	3.73	0.0010
			Sch60						
			Sch80	5.0	32.0	10.1	4.8	4.56	0.0008
			Sch80s	5.0	32.0	10.1	4.8	4.63	0.0008
			Sch120						
			Sch140						
			Sch160	6.5	29.0	11.8	5.6	5.69	0.0007
40	1½	48	Sch5s	1.6	44.8	6.3	2.6	1.86	0.0016
			Sch10s	2.8	42.4	10.2	4.2	3.17	0.0014
			Sch20						
			Sch20s	3.0	42.0	10.8	4.5	3.38	0.0014
			Sch30						
			Sch40	4.0	40.0	13.5	5.6	3.84	0.0013
			Sch40s	4.0	40.0	13.5	5.6	3.90	0.0013
			Sch60						
			Sch80	5.0	38.0	15.8	6.6	5.30	0.0012
			Sch80s	5.0	38.0	15.8	6.6	5.38	
			Sch120						
			Sch140						
			Sch160	7.0	34.0	19.5	8.1	7.08	0.0009
50	2	60	Sch5s	1.6	56.8	12.5	4.2	2.90	0.0025
			Sch10s	2.8	54.4	20.6	6.9	4.01	0.0023
			Sch20	3.5	53.0	24.9	8.3	4.88	0.0022
			Sch20s	3.5	53.0	24.9	8.3	4.95	0.0022
			Sch30						
			Sch40	4.0	52.0	27.7	9.2	5.52	0.0021
			Sch40s	4.0	52.0	27.7	9.2	5.61	0.0021
			Sch60	5.0	50.0	32.9	11.0	6.78	0.0020
			Sch80	5.5	49.0	35.3	11.8	7.39	0.0019
			Sch80s	5.5	49.0	35.3	11.8	7.50	0.0019
			Sch120	7.0	46.0	41.6	13.9	9.15	0.0017
			Sch140						
			Sch160	8.5	43.0	46.8	15.6	10.79	0.0015

续表

公称直径		外径 D_o /mm	管子表号	厚度 /mm	内径 D_i /mm	惯性矩 I /cm⁴	断面系数 W/cm³	理论质量 W_p/(kg/m)	容积 /(m³/m)
mm	in								
(65)	2½	76	Sch5s	2.0	72.0	31.8	8.4	3.70	0.0041
			Sch10s	3.0	70.0	45.9	12.1	5.48	0.0038
			Sch20	4.5	67.0	64.8	17.1	7.97	0.0035
			Sch20s	3.5	69.0	52.5	13.8	6.35	0.0037
			Sch30						
			Sch40	5.0	66.0	70.6	18.6	8.75	0.0034
			Sch40s	5.0	66.0	70.6	18.6	8.89	0.0034
			Sch60	6.0	64.0	81.4	21.4	10.36	0.0032
			Sch80	7.0	62.0	91.2	24.0	11.36	0.0030
			Sch80s	7.0	62.0	91.2	24.0	12.09	0.0030
			Sch120	8.0	60.0	100.1	26.3	13.42	0.0028
			Sch140						
			Sch160	9.5	57.0	111.9	29.4	15.58	0.0026
80	3	89	Sch5s	2.0	85.0	51.7	11.6	4.36	0.0057
			Sch10s	3.0	83.0	75.0	16.9	6.46	0.0054
			Sch20	4.5	80.0	106.9	24.0	9.38	0.0050
			Sch20s	4.0	81.0	96.6	21.7	8.51	0.0052
			Sch30						
			Sch40	5.5	78.0	126.2	28.4	11.33	0.0048
			Sch40s	5.5	78.0	126.2	28.4	11.50	0.0048
			Sch60	6.5	76.0	144.1	32.4	13.22	0.0045
			Sch80	7.5	74.0	160.7	36.1	15.07	0.0043
			Sch80s	7.5	74.0	160.7	36.1	15.30	0.0043
			Sch120	9.0	71.0	183.2	41.2	17.76	0.0040
			Sch140						
			Sch160	11.0	67.0	209.0	47.0	21.26	0.0035
100	4	114	Sch5s	2.0	110.0	110.3	19.4	5.61	0.0095
			Sch10s	3.0	108.0	161.2	28.3	8.33	0.0092
			Sch20	5.0	104.0	254.7	44.7	13.44	0.0085
			Sch20s	4.0	106.0	209.2	36.7	11.01	0.0088
			Sch30						
			Sch40	6.0	102.0	297.6	52.2	15.98	0.0082
			Sch40s	6.0	102.0	297.6	52.2	16.22	0.0082
			Sch60	7.0	100.0	338.0	59.3	18.47	0.0079
			Sch80	8.5	97.0	394.3	69.2	22.11	0.0074
			Sch80s	8.5	97.0	394.3	69.2	22.45	0.0074
			Sch120	11.0	92.0	477.2	83.7	27.94	0.0066
			Sch140						
			Sch160	14.0	86.0	560.3	98.3	34.52	0.0058

续表

公称直径		外径 D_o /mm	管子表号	厚度 /mm	内径 D_i /mm	惯性矩 I /cm⁴	断面系数 W/cm³	理论质量 W_p/(kg/m)	容积 /(m³/m)
mm	in								
(125)	5	140	Sch5s	2.8	134.4	283.6	40.5	9.62	0.0142
			Sch10s	3.5	133.0	349.2	49.88	10.49	0.0139
			Sch20	5.0	130.0	483.5	69.1	16.65	0.0133
			Sch20s	5.0	130.0	483.5	69.1	16.90	0.0133
			Sch30						
			Sch40	6.5	127.0	608.5	86.9	21.40	0.0127
			Sch40s	6.5	127.0	608.5	86.9	21.72	0.0127
			Sch60	8.0	124.0	724.8	103.5	26.4	0.0121
			Sch80	9.5	121.0	833.1	119.0	30.57	0.0115
			Sch80s	9.5	121.0	833.1	119.0	31.03	
			Sch120	13.0	114.0	1056.1	150.9	40.71	0.0102
			Sch140						
			Sch160	16.0	108.0	1217.3	173.9	48.93	0.0092
150	6	168	Sch5s	2.8	162.4	495.0	58.93	11.58	0.0207
			Sch10s	3.5	161.0	611.01	72.74	14.41	0.0204
			Sch20	5.5	157.0	927.4	110.4	20.04	0.0193
			Sch20s	5.0	158.0	850.7	101.3	20.40	0.0196
			Sch30	6.5	155.0	1075.0	128.0	25.89	0.0189
			Sch40	7.0	154.0	1148.8	136.8	27.79	0.0186
			Sch40s	7.0	154.0	1148.8	136.8	28.21	0.0186
			Sch60	9.5	149.0	1490.0	177.5	37.13	0.0177
			Sch80	11.0	146.0	1679.0	199.9	42.59	0.0167
			Sch80s	11.0	146.0	1679.0	199.9	43.23	0.0167
			Sch120	14.0	140.0	2023.5	240.9	53.17	0.0154
			Sch140						
			Sch160	18.0	132.0	2418.8	287.9	66.58	0.0137
200	8	219	Sch5s	2.8	213.4	1109.4	101.3	15.15	0.0357
			Sch10s	4.0	211.0	1560.9	142.5	18.88	0.0349
			Sch20	6.5	206.0	2450.4	223.8	34.04	0.0333
			Sch20s	6.5	206.0	2450.4	223.8	34.57	0.0333
			Sch30	7.0	205.0	2620.7	239.3	36.60	0.0330
			Sch40	8.0	203.0	2953.9	269.8	41.63	0.0323
			Sch40s	8.0	203.0	2953.9	269.8	42.25	0.0323
			Sch60	10.0	199.0	3591.5	328.0	51.54	0.0311
			Sch80	13.0	193.0	4478.3	409.0	66.04	0.0292
			Sch80s	13.0	193.0	4478.3	409.0	67.03	0.0292
			Sch100	15.0	189.0	5025.3	458.9	75.46	0.0280
			Sch120	18.0	183.0	5783.2	528.1	89.22	0.0263
			Sch140	20.0	179.0	6248.8	570.7	98.15	0.0252
			Sch160	24.0	171.0	7090.6	647.5	115.41	0.0230

续表

公称直径		外径 D_o /mm	管子表号	厚度 /mm	内径 D_i /mm	惯性矩 I /cm⁴	断面系数 W/cm³	理论质量 W_p/(kg/m)	容积 /(m³/m)
mm	in								
250	10	273	Sch5s	3.5	266.0	2686.0	196.8	23.61	0.0555
			Sch10s	4.0	265.0	3056.7	223.9	26.93	0.0551
			Sch20	6.5	260.0	4831.7	354.0	42.71	0.0531
			Sch20s	6.5	260.0	4831.7	354.0	43.36	0.0531
			Sch30	8.0	257.0	5848.7	428.5	52.28	0.0518
			Sch40	9.5	254.0	6830.8	500.4	61.73	0.0506
			Sch40s	9.5	254.0	6830.8	500.4	62.66	0.0506
			Sch60	13.0	247.0	8990.6	658.7	83.35	0.0479
			Sch80	15.0	243.0	10145.1	743.2	95.43	0.0464
			Sch80s	15.0	243.0	10145.1	743.2	96.87	0.0464
			Sch100	18.0	237.0	11773.1	862.5	113.19	0.0441
			Sch120	22.0	229.0	13759.6	1008.0	136.17	0.0412
			Sch140	25.0	223.0	15119.1	1107.6	152.89	0.0390
			Sch160	28.0	217.0	16373.1	1199.5	169.17	0.0370
300	12	325	Sch5s	4.0	317.0	5193.8	319.6	32.04	0.0789
			Sch10s	4.5	316.0	5816.0	357.9	35.99	0.0784
			Sch20	6.5	312.0	8235.9	506.8	50.89	0.0764
			Sch20s	6.5	312.0	8235.9	506.8	51.66	0.0764
			Sch30	8.5	308.0	10585.1	651.4	66.13	0.0754
			Sch40	10.0	305.0	12280.3	755.7	77.43	0.0730
			Sch40s	9.5	306.0	11705.8	720.4	74.78	0.0735
			Sch60	14.0	297.0	16562.6	1019.2	107.02	0.0692
			Sch80	17.0	291.0	19555.2	1203.4	129.96	0.0665
			Sch80s	17.0	291.0	19555.2	1203.4	130.63	0.0665
			Sch100	22.0	281.0	24147.6	1486.0	163.84	0.0620
			Sch120	25.0	275.0	26677.6	1641.7	184.33	0.0594
			Sch140	28.0	269.0	29047.6	1787.5	204.38	0.0568
			Sch160	34.0	257.0	33333.9	2051.3	243.15	0.0518
350	14	356	Sch5s	4.0	348.0	6839.6	384.3	35.24	0.0951
			Sch10s	5.0	346.0	8477.5	476.3	43.93	0.0940
			Sch20	8.0	340.0	13247.0	744.2	68.65	0.0905
			Sch20s						
			Sch30	9.5	337.0	15536.7	872.6	81.17	0.0892
			Sch40	11.0	334.0	17756.3	997.5	93.58	0.0876
			Sch40s						
			Sch60	15.0	326.0	23402.1	1314.7	126.14	0.0835
			Sch80	19.0	318.0	28647.2	1609.4	157.90	0.0794
			Sch100	24.0	308.0	34669.7	1947.7	196.49	0.0745
			Sch120	28.0	300.0	39083.5	2195.7	226.48	0.0707
			Sch140	32.0	292.0	43158.0	2424.6	255.67	0.0670
			Sch160	36.0	284.0	46911.1	2635.5	284.08	0.0634

续表

公称直径		外径 D_o /mm	管子表号	厚度 /mm	内径 D_i /mm	惯性矩 I /cm⁴	断面系数 W/cm³	理论质量 W_p/(kg/m)	容积 /(m³/m)
mm	in								
400	16	406	Sch5s	4.5	397.0	11418.5	562.5	45.22	0.1237
			Sch10s	5.0	396.0	12640.8	622.7	50.18	0.1231
			Sch20	8.0	390.0	19814.2	976.1	78.52	0.1195
			Sch20s						
			Sch30	9.5	387.0	23268.2	1146.2	92.89	0.1176
			Sch40	13.0	380.0	31021.0	1528.1	125.99	0.1134
			Sch40s						
			Sch60	17.0	372.0	39372.0	1939.5	163.08	0.1087
			Sch80	22.0	362.0	49079.5	2417.7	208.33	0.1029
			Sch100	26.0	354.0	56287.7	2772.8	243.64	0.0984
			Sch120	32.0	342.0	66220.7	3262.1	295.13	0.0919
			Sch140	36.0	334.0	72287.1	3560.9	328.47	0.0876
			Sch160	40.0	326.0	77932.9	3839.1	361.02	0.0835
450	18	457	Sch5s						
			Sch10s						
			Sch20	8.0	441.0	28446.4	1244.9	88.58	0.1528
			Sch20s						
			Sch30	11.0	435.0	38346.2	1678.2	120.98	0.1486
			Sch40	14.0	429.0	47844.7	2093.9	152.94	0.1446
			Sch40s						
			Sch60	19.0	419.0	62813.5	2749.0	205.22	0.1379
			Sch80	24.0	409.0	76748.2	3358.8	256.27	0.1314
			Sch100	30.0	397.0	92173.1	4033.8	315.89	0.1238
			Sch120	35.0	387.0	104002.4	4551.5	364.33	0.1176
			Sch140	40.0	377.0	114949.4	5030.6	411.33	0.1116
			Sch160	45.0	367.0	125059.1	5473.1	457.20	0.1058
500	20	508	Sch5s						
			Sch10s						
			Sch20	9.5	489.0	48520.4	1910.3	116.78	0.1870
			Sch20s						
			Sch30	13.0	482.0	61961.1	2439.4	158.69	0.1825
			Sch40	15.0	478.0	70647.2	2781.4	182.36	0.1795
			Sch40s						
			Sch60	20.0	468.0	91265.0	3593.1	240.68	0.1719
			Sch80	26.0	456.0	114695.9	4515.6	307.76	0.1633
			Sch100	32.0	444.0	136141.4	5359.9	375.62	0.1548
			Sch120	38.0	432.0	155943.7	6139.5	440.43	0.1466
			Sch140	45.0	418.0	177051.5	6970.5	513.79	0.1372
			Sch160	50.0	408.0	190885.4	7515.2	564.71	0.1307

续表

公称直径		外径 D_o /mm	管子表号	厚度 /mm	内径 D_i /mm	惯性矩 I /cm⁴	断面系数 W/cm³	理论质量 W_p/(kg/m)	容积 /(m³/m)
mm	in								
550	22	559	Sch20	9.5	540	61933.8	2215.9	128.73	0.2290
			Sch30	13	533	83164.7	2975.5	175.04	0.2231
			Sch40	17	525	106425.4	3807.7	227.22	0.2165
			Sch60	22	515	134043.4	4795.8	291.33	0.2083
			Sch80	28	503	165127.3	5908.0	366.64	0.1987
			Sch100	35	489	198685.7	7108.6	452.26	0.1878
			Sch120	42	475	229482.3	8210.5	535.47	0.1772
			Sch140	48	463	253799.4	9080.5	604.86	0.1684
			Sch160	54	451	276297.5	9885.4	672.48	0.1598
600	24	610	Sch20	9.5	591	80824.5	2650.0	140.68	0.2473
			Sch30	14	582	116487.1	3819.3	205.76	0.2660
			Sch40	18	574	146828.5	4814.1	262.78	0.2588
			Sch60	25	560	196957.0	6457.6	360.65	0.2463
			Sch80	32	546	243463.6	7982.4	456.11	0.2341
			Sch100	38	534	280579.3	9199.3	536.01	0.2240
			Sch120	45	520	320830.5	10519.0	626.98	0.2124
			Sch140	52	506	357958.5	11736.3	715.53	0.2011
			Sch160	60	490	396779.1	13009.2	813.78	0.1886

十二、中国石化标准焊接钢管尺寸及特性数据表

中国石化标准焊接钢管尺寸及特性数据见表 4-24。

表 4-24 中国石化标准焊接钢管尺寸及特性数据表

公称直径		外径 D_o /mm	厚度 /mm	内径 D_i /mm	惯性矩 I /cm⁴	断面系数 W/cm³	理论质量 W_p/(kg/m)		容积 /(m³/m)
mm	in						碳钢、合金钢	不锈钢	
150	6	168	4	160.0	692.1	82.4	16.18	16.42	0.0201
			5	158.0	849.6	101.1	20.10	20.40	0.0196
			6	156.0	1001.3	119.2	23.97	24.33	0.0191
			7	154.0	1147.3	136.6	27.79	28.03	0.0186
			8	152.0	1287.7	153.3	31.56	32.04	0.0182
			9	150.0	1422.7	169.4	35.29	35.82	0.0177
			10	148.0	1552.4	184.8	38.96	39.55	0.0172
200	8	219.0	4	211.0	1558.9	142.4	21.21	21.53	0.0350
			5	209.0	1921.9	175.5	26.39	26.78	0.0343
			6	207	2280.8	208.2	31.52	31.99	0.0337
			7	205	2624.4	239.6	36.60	37.14	0.0330
			8	203	2958.1	270.0	41.63	42.25	0.0324
			9	201	3282.1	299.6	46.61	47.31	0.0317
			10	199	3596.6	328.3	51.54	52.31	0.0311
250	10	273.0	4	268.0	1939.8	142.1	26.53	26.93	0.0564
			5	263.0	3774.1	276.5	33.04	33.54	0.0543
			6	261.0	4484.8	328.6	39.51	40.10	0.0535
			7	259.0	5174.7	379.1	45.92	46.61	0.0527
			8	257.0	5848.7	428.5	52.28	53.06	0.0518
			9	255.0	6507.3	476.7	59.10	59.47	0.0510
			10	253.0	7150.5	523.8	64.86	65.83	0.0502
			11	251.0	7778.6	569.9	71.07	72.14	0.0495
			12	249.0	8391.9	614.8	77.24	78.39	0.0487
			13	247.0	8990.6	658.7	83.35		0.0479

续表

公称直径		外径 D_o /mm	厚度 /mm	内径 D_i /mm	惯性矩 I /cm⁴	断面系数 W/cm³	理论质量 W_p/(kg/m)		容积 /(m³/m)
mm	in						碳钢、合金钢	不锈钢	
300	12	325.0	5	315.0	6424.1	395.3	39.33	39.92	0.0779
			6	313.0	7637.7	470.0	47.05	47.76	0.0770
			7	311.0	8828.3	543.3	54.72	55.54	0.0760
			8	309.0	9996.1	615.1	62.34	63.28	0.0750
			9	307.0	11141.5	685.6	69.91	70.96	0.0740
			10	305.0	12264.7	754.8	77.43	78.59	0.0731
			11	303.0	13366.0	822.5	84.90	86.18	0.0721
			12	301.0	14445.7	889.0	92.33	93.71	0.0712
			13	299.0	15504.1	954.1	99.70		0.0702
			14	297.0	16541.5	1017.9	107.02		0.0693
350	14	356.0	6	344.0	10087.2	566.7	51.79	52.56	0.0929
			7	342.0	11669.0	655.6	60.24	61.15	0.0919
			8	340.0	13223.4	742.9	68.65	69.68	0.0908
			9	338.0	14750.6	828.7	77.01	78.18	0.0897
			10	336.0	16250.9	913.0	85.32	86.60	0.0887
			11	334.0	17724.6	995.8	93.58	94.99	0.0876
			12	332.0	19172.2	1077.1	101.80	103.32	0.0866
			13	330.0	20593.7	1157.0	109.96		0.0855
			14	328.0	21989.7	1235.8	118.07		0.0845
			15	326.0	23360.4	1312.4	126.14		0.0835
400	16	406.0	6	394.0	15056.2	741.7	59.18	60.07	0.1219
			7	392.0	17435.6	858.9	68.88	69.91	0.1207
			8	390.0	19778.8	973.5	78.52	79.70	0.1195
			9	388.0	22086.3	1088.0	88.11	89.43	0.1182
			10	386.0	24358.4	1199.9	97.65	99.12	0.1170
			11	384.0	26595.4	1310.1	107.15	108.75	0.1158
			12	382.0	28797.8	1418.6	116.59	118.75	0.1146
			13	380.0	30965.8	1525.4	125.99		0.1134
			14	378.0	33099.8	1630.5	135.33		0.1122
			15	376.0	35200.3	1734.0	144.63		0.1110
450	18	457.0	6	445.0	21607.1	945.6	66.73	67.73	0.1554
			7	443.0	25042.7	1096.0	77.68	78.84	0.1541
			8	441.0	28431.9	1244.3	88.58	89.91	0.1527
			9	439.0	31775.4	1390.6	99.43	100.92	0.1513
			10	437.0	35073.5	1534.9	110.23	111.88	0.1499
			11	435.0	38326.7	1677.3	120.98	122.80	0.1485
			12	433.0	41535.2	1817.7	131.68	133.66	0.1472
			13	431.0	44699.6	1956.2	142.34		0.1458
			14	429.0	47759.4	2090.1	152.94		0.1446
			15	427.0	50832.8	2224.6	163.50		0.1432
			16	425.0	53863.3	2357.3	174.00		0.1419

续表

公称直径		外径 D_o /mm	厚度 /mm	内径 D_i /mm	惯性矩 I /cm^4	断面系数 W/cm^3	理论质量 W_p/(kg/m)		容积 /(m^3/m)
mm	in						碳钢、合金钢	不锈钢	
500	20	508.0	6	496.0	29796.4	1173.1	74.28	74.94	0.1931
			7	494.0	34557.0	1360.5	86.48	87.78	0.1916
			8	492.0	39260.0	1545.7	98.64	100.12	0.1900
			9	490.0	43906.1	1728.6	110.75	112.41	0.1885
			10	488.0	48495.6	1909.3	122.81	124.65	0.1869
			11	486.0	53029.1	2087.8	134.82	136.84	0.1854
			12	484.0	57506.9	2264.1	146.78	148.98	0.1839
			13	482.0	61929.6	2438.2	158.69		0.1824
			14	480.0	66213.1	2606.8	170.55		0.1810
			15	478.0	70521.2	2776.4	182.36		0.1795
			16	476.0	74775.7	2943.9	194.12		0.1780
(550)	22	559.0	6	547.0	39830.6	1425.1	81.82	83.05	0.2349
			7	545.0	46219.4	1653.6	95.29	96.72	0.2332
			8	543.0	52538.3	1879.7	108.70	110.33	0.2315
			9	541.0	58787.7	2103.3	122.07	123.90	0.2298
			10	539.0	64968.2	2324.4	135.38	137.41	0.2281
			11	537.0	71080.2	2543.1	148.65	150.88	0.2264
			12	535.0	77124.4	2759.4	161.87	164.30	0.2247
			13	533.0	83101.1	2973.2	175.04		0.2230
			14	531.0	88897.6	3180.6	188.16		0.2215
			15	529.0	94733.6	3389.4	201.22		0.2198
			16	527.0	100503.8	3595.8	214.25		0.2181
600	24	610.0	6	598.0	51897.3	1701.6	89.37	90.71	0.2807
			7	596.0	60248.8	1975.4	104.09	105.65	0.2788
			8	594.0	68516.6	2246.4	118.76	120.54	0.2770
			9	592.0	76701.4	2514.8	133.39	135.39	0.2751
			10	590.0	84803.6	2780.4	147.96	150.18	0.2733
			11	588.0	92823.8	3043.4	162.48	164.92	0.2714
			12	586.0	100762.6	3303.7	176.96	179.61	0.2696
			13	584.0	108620.6	3561.3	191.39		0.2677
			14	582.0	116249.9	3811.5	205.76		0.2660
			15	580.0	123937.9	4063.5	220.09		0.2642
			16	578.0	131546.8	4313.0	234.37		0.2626
(650)	26	660.0	6	648.0	65881.1	1996.4	96.77	98.22	0.3296
			7	646.0	76511.6	2318.5	112.72	114.41	0.3276
			8	644.0	87043.8	2637.7	128.63	130.56	0.3256
			9	642.0	97478.4	2953.9	144.48	146.65	0.3235
			10	640.0	107815.9	3267.1	160.29	162.69	0.3215
			11	638.0	118056.9	3577.5	176.05	178.69	0.3195
			12	636.0	128202.0	3884.9	191.76	194.63	0.3175
			13	634.0	138252.0	4189.5	207.42		0.3155
			14	632.0	148018.4	4485.4	223.03		0.3137
			15	630.0	157867.0	4783.9	238.59		0.3117
			16	628.0	167622.2	5079.5	254.10		0.3098

续表

| 公称直径 | | 外径 D_o /mm | 厚度 /mm | 内径 D_i /mm | 惯性矩 I /cm^4 | 断面系数 W /cm^3 | 理论质量 W_p/(kg/m) | | 容积 /(m^3/m) |
mm	in						碳钢、合金钢	不锈钢	
700	28	711.0	6	699.0	82525.8	2321.4	104.31	105.87	0.3836
			7	697.0	95873.4	2696.9	121.52	123.35	0.3814
			8	695.0	109106.8	3069.1	138.69	140.77	0.3792
			9	693.0	122226.3	3438.2	155.80	158.14	0.3770
			10	691.0	135232.7	3804.0	172.87	175.46	0.3748
			11	689.0	148126.8	4166.7	189.88	192.73	0.3727
			12	687.0	160909.0	4526.3	206.85	209.95	0.3705
			13	685.0	173580.1	4882.7	223.76		0.3683
			14	683.0	185104.7	5214.2	240.63		0.3653
			15	681.0	197484.9	5563.0	257.45		0.3632
			16	679.0	209756.4	5908.6	274.22		0.3610
(750)	30	762.0	7	748.0	118254.0	3103.8	130.33	132.28	0.4392
			8	746.0	134614.8	3533.2	148.75	150.98	0.4369
			9	744.0	150844.4	3959.2	167.12	169.63	0.4345
			10	742.0	166943.8	4381.7	185.44	188.22	0.4322
			11	740.0	182913.3	4800.9	203.72	206.77	0.4299
			12	738.0	198754.1	5216.6	221.94	225.27	0.4275
			13	736.0	214466.5	5629.0	240.11		0.4252
			14	734.0	230051.3	6038.1	258.24		0.4229
			16	730.0	260508.7	6837.5	294.34		0.4185
800	32	813.0	7	799.0	143871.8	3539.3	139.13	141.22	0.5011
			8	797.0	163817.5	4029.9	158.81	161.19	0.4986
			9	795.0	183613.6	4516.9	178.44	181.12	0.4961
			10	793.0	203260.8	5000.3	198.02	200.99	0.4936
			11	791.0	222760.0	5480.0	217.55	220.81	0.4912
			12	789.0	242111.8	5956.0	237.03	240.59	0.4887
			13	787.0	261317.0	6428.5	256.46		0.4862
			14	785.0	280376.4	6897.3	275.85		0.4837
			16	781.0	317655.2	7814.4	314.46		0.4791
900	36	914.0	8	898.0	233532.9	5110.1	178.74	181.42	0.6330
			9	896.0	261860.9	5730.0	200.86	203.87	0.6302
			10	894.0	289999.8	6345.7	222.93	226.27	0.6274
			11	892.0	317950.9	6957.3	244.95	248.62	0.6246
			12	890.0	345714.2	7564.9	266.92	270.92	0.6218
			13	888.0	373291.1	8168.3	288.84		0.6190
			14	886.0	400682.4	8767.7	310.72		0.6162
			15	884.0	427888.6	9363.0	332.54		0.6134
			16	882.0	454911.1	9954.3	354.31		0.6107
1000	40	1016.0	8	1000.0	321616.7	6331.0	198.86	201.84	0.7850
			9	998.0	360749.3	7101.4	223.49	226.99	0.7819
			10	996.0	399647.1	7867.1	248.08	251.80	0.7787
			11	994.0	438311.1	8628.2	272.62	276.71	0.7756
			12	992.0	476742.7	9384.7	297.10	301.56	0.7725
			13	990.0	514942.5	10136.7	321.54		0.7694
			14	988.0	552911.4	10884.1	356.93		0.7663
			15	986.0	590650.8	11627.0	370.27		0.7632
			16	984.0	628160.8	12365.4	394.56		0.7601

续表

公称直径		外径 D_o /mm	厚度 /mm	内径 D_i /mm	惯性矩 I /cm^4	断面系数 W/cm^3	理论质量 W_p/(kg/m)		容积 /(m^3/m)
mm	in						碳钢、合金钢	不锈钢	
1200	48	1220.0	10	1200.0	695385.9	11399.8	298.39		1.1304
			11	1198.0	763040.3	12508.9	327.95		1.1266
			12	1196.0	830357.1	13612.4	357.47		1.1229
			13	1194.0	897337.0	14710.4	386.94		1.1191
			14	1192.0	963980.4	15803.0	416.36		1.1154
			15	1190.0	1030290.0	16890.0	445.73		1.1116
			16	1188.0	1096266.0	17971.6	475.05		1.1079
			18	1184.0	1225658.2	20092.8	533.54		1.1010
1400	56	1420.0	10	1400.0	1100319.0	15497.5	347.71		1.5386
			11	1398.0	1207791.0	17011.1	382.21		1.5342
			12	1396.0	1314802.2	18518.3	416.66		1.5298
			13	1394.0	1421354.0	20019.1	451.06		1.5254
			14	1392.0	1527449.0	21513.4	485.41		1.5211
			15	1390.0	1633088.0	23001.2	519.71		1.5167
			16	1388.0	1738270.0	24482.7	553.96		1.5123
			18	1384.0	1944796.6	27391.5	622.32		1.5036
1600	64	1620.0	10	1600.0	1638077.0	20223.2	397.03		2.0096
			11	1598.0	1798544.0	22204.2	436.46		2.0046
			12	1596.0	1958409.0	24177.9	475.84		1.9996
			13	1594.0	2117675.0	26144.1	515.17		1.9946
			14	1592.0	2276341.0	28103.0	554.46		1.9896
			15	1590.0	2434414.0	30054.5	593.96		1.9846
			16	1588.0	2591887.0	31998.6	632.87		1.9796
			18	1584.0	2901355.4	35819.2	711.10		1.9696
1800	72	1820.0	10	1800.0	2327494.0	25576.9	446.35		2.5434
			11	1798.0	2556021.0	28088.1	490.71		2.5378
			12	1796.0	2783787.0	30591.1	535.02		2.5321
			13	1794.0	3010786.0	33085.6	579.29		2.5265
			14	1792.0	3237034.0	35571.8	623.50		2.5208
			15	1790.0	3462526.0	38049.7	667.67		2.5152
			16	1788.0	3687257.0	40519.3	711.79		2.5096
			18	1784.0	4129203.5	45375.9	799.87		2.4984
2000	80	2020.0	10	2000.0	3187415.0	31558.6	495.67		3.1400
			11	1998.0	3500946.0	34662.8	544.96		3.1337
			12	1996.0	3813535.0	37757.8	594.21		3.1275
			13	1994.0	4125184.0	40843.4	643.40		3.1212
			14	1992.0	4435901.0	43919.8	962.55		3.1149
			15	1990.0	4745681.0	46986.9	741.65		3.1087
			16	1988.0	5054526.0	50044.8	790.70		3.1024
			18	1984.0	5662209.2	56061.5	888.65		3.1000

十三、碳素钢、低合金钢、合金钢、奥氏体不锈钢无缝钢管尺寸及特性数据表

碳素钢、低合金钢、合金钢、奥氏体不锈钢无缝钢管尺寸及特性数据见表 4-25。

表 4-25 碳素钢、低合金钢、合金钢、奥氏体不锈钢无缝钢管尺寸及特性数据表

| 公称直径 | | 外径 D_o /mm | 管子表号 | 厚度 /mm | 内径 D_i /mm | 惯性矩 I /cm^4 | 断面系数 W/cm^3 | 理论质量 W_p/(kg/m) | 容积 /(m^3/m) |
mm	in								
15	1/2	21.3	Sch5s	1.6	18.1	0.5	0.5	0.777	0.0003
			Sch10	1.6	18.1	0.5	0.5	0.777	0.0003
			Sch10s	2.0	17.3	0.6	0.5	0.951	0.0002
			Sch20	2.0	17.3	0.6	0.5	0.951	0.0002
			Sch20s	2.6	16.1	0.7	0.6	1.198	0.0002
			Sch30						
			Sch40	2.9	15.5	0.7	0.7	1.315	0.0002
			Sch60						
			Sch80	3.6	14.1	0.8	0.8	1.571	0.0002
			Sch100						
			Sch120						
			Sch140						
			Sch160	4.5	12.3	0.9	0.8	1.863	0.0001
20	3/4	26.9	Sch5s	1.6	23.7	1.0	0.8	0.998	0.0004
			Sch10	1.8	23.3	1.1	0.8	1.114	0.0004
			Sch10s	2.0	22.9	1.2	0.9	1.228	0.0004
			Sch20	2.3	22.3	1.4	1.0	1.395	0.0004
			Sch20s	2.6	21.7	1.5	1.1	1.557	0.0004
			Sch30						
			Sch40	2.9	21.1	1.6	1.2	1.716	0.0003
			Sch60						
			Sch80	4.0	18.9	1.9	1.4	2.258	0.0003
			Sch100						
			Sch120						
			Sch140						
			Sch160	5.6	15.7	2.3	1.7	2.940	0.0002
25	1	33.7	Sch5s	1.6	30.5	2.1	1.2	1.266	0.0007
			Sch10	2.0	29.7	2.5	1.5	1.563	0.0007
			Sch10s	2.9	27.9	3.4	2.0	2.202	0.0006
			Sch20	2.6	28.5	3.1	1.8	1.993	0.0006
			Sch20s	3.2	27.3	3.6	2.1	2.406	0.0006
			Sch30						
			Sch40	3.2	27.3	3.6	2.1	2.406	0.0006
			Sch60						
			Sch80	4.5	24.7	4.5	2.7	3.239	0.0005
			Sch100						
			Sch120						
			Sch140						
			Sch160	6.3	21.1	5.4	3.2	4.255	0.0003

续表

公称直径 mm	公称直径 in	外径 D_o /mm	管子表号	厚度 /mm	内径 D_i /mm	惯性矩 I /cm^4	断面系数 W/cm^3	理论质量 W_p/(kg/m)	容积 /(m^3/m)
(32)	1¼	42.4	Sch5s	1.6	39.2	4.3	2.0	1.609	0.0012
			Sch10	2.6	37.2	6.5	3.0	2.551	0.0011
			Sch10s	2.9	36.6	7.1	3.3	2.824	0.0011
			Sch20	2.9	36.6	7.1	3.3	2.824	0.0011
			Sch20s	3.2	36.0	7.6	3.6	3.092	0.0010
			Sch30						
			Sch40	3.6	35.2	8.3	3.9	3.443	0.0010
			Sch60						
			Sch80	5.0	32.4	10.5	4.9	4.609	0.0008
			Sch100						
			Sch120						
			Sch140						
			Sch160	6.3	29.8	12.0	5.7	5.606	0.0007
40	1½	48.3	Sch5s	1.6	45.1	6.4	2.7	1.842	0.0016
			Sch10	2.6	43.1	9.8	4.0	2.929	0.0015
			Sch10s	2.9	42.5	10.7	4.4	3.245	0.0014
			Sch20	2.9	42.5	10.7	4.4	3.245	0.0014
			Sch20s	3.2	41.9	11.6	4.8	3.557	0.0014
			Sch30						
			Sch40	3.6	41.1	12.7	5.3	3.967	0.0013
			Sch60						
			Sch80	5.0	38.3	16.1	6.7	5.337	0.0012
			Sch100						
			Sch120						
			Sch140						
			Sch160	7.1	34.1	20.1	8.3	7.210	0.0009
50	2	60.3	Sch5s	1.6	57.1	12.7	4.2	2.315	0.0026
			Sch10	2.9	54.5	21.6	7.2	4.103	0.0023
			Sch10s	2.9	54.5	21.6	7.2	4.103	0.0023
			Sch20	3.2	53.9	23.5	7.8	4.504	0.0023
			Sch20s	3.6	53.1	25.9	8.6	5.031	0.0022
			Sch30						
			Sch40	4.0	52.3	28.2	9.3	5.551	0.0021
			Sch60						
			Sch80	5.6	49.1	36.4	12.1	7.550	0.0019
			Sch100						
			Sch120						
			Sch140						
			Sch160	8.8	42.7	48.6	16.1	11.171	0.0014

续表

公称直径		外径 D_o /mm	管子表号	厚度 /mm	内径 D_i /mm	惯性矩 I /cm⁴	断面系数 W/cm³	理论质量 W_p/(kg/m)	容积 /(m³/m)
mm	in								
(65)	2½	76.1	Sch5s	2.0	72.1	32.0	8.4	3.653	0.0041
			Sch10	4.0	68.1	59.0	15.5	7.109	0.0036
			Sch10s	3.2	69.7	48.8	12.8	5.750	0.0038
			Sch20	4.5	67.1	65.1	17.1	7.942	0.0035
			Sch20s	3.6	68.9	54.0	14.2	6.433	0.0037
			Sch30						
			Sch40	5.0	66.1	70.9	18.6	8.763	0.0034
			Sch60						
			Sch80	7.1	61.9	92.5	24.3	12.076	0.0030
			Sch100						
			Sch120						
			Sch140						
			Sch160	10.0	56.1	116.0	30.5	16.293	0.0025
80	3	88.9	Sch5s	2.0	84.9	51.5	11.6	4.284	0.0057
			Sch10	4.0	80.9	96.3	21.7	8.371	0.0051
			Sch10s	3.2	82.5	79.2	17.8	6.760	0.0053
			Sch20	4.5	79.9	106.5	24.0	9.362	0.0050
			Sch20s	4.0	80.9	96.3	21.7	8.371	0.0051
			Sch30						
			Sch40	5.6	77.7	127.6	28.7	11.498	0.0047
			Sch60						
			Sch80	8.0	72.9	167.9	37.8	15.953	0.0042
			Sch100						
			Sch120						
			Sch140						
			Sch160	11.0	66.9	208.2	46.8	21.122	0.0035
100	4	114.3	Sch5s	2.0	110.3	111.2	19.5	5.536	0.0096
			Sch10	4.5	105.3	234.2	41.0	12.179	0.0087
			Sch10s	3.2	107.9	172.4	30.2	8.763	0.0091
			Sch20	5.0	104.3	256.8	44.9	13.471	0.0085
			Sch20s	4.0	106.3	211.0	36.9	10.875	0.0089
			Sch30						
			Sch40	6.3	101.7	312.6	54.7	16.771	0.0081
			Sch60						
			Sch80	8.8	96.7	408.4	71.5	22.884	0.0073
			Sch100						
			Sch120	11.0	92.3	481.3	84.2	28.009	0.0067
			Sch140						
			Sch160	14.2	85.9	570.3	99.8	35.037	0.0058

续表

公称直径		外径 D_o /mm	管子表号	厚度 /mm	内径 D_i /mm	惯性矩 I /cm⁴	断面系数 W/cm³	理论质量 W_p/(kg/m)	容积 /(m³/m)
mm	in								
(125)	5	139.7	Sch5s	2.9	133.9	291.5	41.7	9.779	0.0141
			Sch10	4.5	130.7	437.0	62.6	14.996	0.0134
			Sch10s	3.6	132.5	356.5	51.0	12.077	0.0138
			Sch20	5.0	129.7	480.3	68.8	16.601	0.0132
			Sch20s	5.0	129.7	480.3	68.8	16.601	0.0132
			Sch30	5.6	128.5	531.0	76.0	18.510	0.0130
			Sch40	6.3	127.1	588.3	84.2	20.716	0.0127
			Sch60	8.0	123.7	719.9	103.1	25.970	0.0120
			Sch80	10.0	119.7	861.5	123.3	31.970	0.0112
			Sch100						
			Sch120	12.5	114.7	1019.5	146.0	39.192	0.0103
			Sch140						
			Sch160	16	107.7	1208.6	173.0	48.785	0.0091
150	6	168.3	Sch5s	2.9	162.5	515.2	61.2	11.823	0.0207
			Sch10	5.0	158.3	855.4	101.7	20.126	0.0197
			Sch10s	3.6	161.1	631.6	75.1	14.615	0.0204
			Sch20	5.6	157.1	947.8	112.6	22.458	0.0194
			Sch20s	5.0	158.3	855.4	101.7	20.126	0.0197
			Sch30	6.3	155.7	1052.9	125.1	25.157	0.0190
			Sch40	7.1	154.1	1169.6	139.0	28.211	0.0186
			Sch60	8.0	152.3	1296.6	154.1	31.610	0.0182
			Sch80	11.0	146.3	1688.6	200.7	42.650	0.0168
			Sch100						
			Sch120	14.2	139.9	2056.9	244.4	53.937	0.0154
			Sch140						
			Sch160	17.5	133.3	2387.2	283.7	65.049	0.0139
200	8	219.1	Sch5s	2.9	213.3	1150.5	105.0	15.454	0.0357
			Sch10	5.9	207.3	2245.9	205.0	31.006	0.0337
			Sch10s	4.0	211.1	1563.0	142.7	21.208	0.0350
			Sch20	6.3	206.5	2384.9	217.7	33.045	0.0335
			Sch20s	6.3	206.5	2384.9	217.7	33.045	0.0335
			Sch30	7.1	204.9	2658.2	242.6	37.102	0.0330
			Sch40	8.0	203.1	2958.1	270.0	41.627	0.0324
			Sch60	10.0	199.1	3596.6	328.3	51.541	0.0311
			Sch80	12.5	194.1	4342.4	396.4	63.656	0.0296
			Sch100	16.0	187.1	5293.9	483.2	80.099	0.0275
			Sch120	17.5	184.1	5670.3	517.6	86.962	0.0266
			Sch140	20.0	179.1	6258.1	571.3	98.152	0.0252
			Sch160	22.2	174.7	6736.2	614.9	107.745	0.0240

续表

公称直径 mm	in	外径 D_o /mm	管子表号	厚度 /mm	内径 D_i /mm	惯性矩 I /cm⁴	断面系数 W/cm³	理论质量 W_p/(kg/m)	容积 /(m³/m)
250	10	273.0	Sch5s	3.6	265.8	2763.2	202.4	23.906	0.0555
			Sch10	5.9	261.2	4414.9	323.4	38.844	0.0536
			Sch10s	4.0	265.0	3056.7	223.9	26.522	0.0551
			Sch20	6.3	260.4	4693.4	343.8	41.416	0.0532
			Sch20s	6.3	26.0	4693.4	343.8	41.416	0.0532
			Sch30	8.0	257.0	5848.7	428.5	52.256	0.0518
			Sch40	8.8	255.4	6376.8	467.2	57.308	0.0512
			Sch60	12.5	248.0	8693.0	636.9	80.263	0.0483
			Sch80	16.0	241.0	10701.4	784.0	101.357	0.0456
			Sch100	17.5	238.0	11510.2	843.2	110.212	0.0445
			Sch120	22.2	228.6	13853.7	1014.9	137.240	0.0410
			Sch140	25.0	223.0	15119.1	1107.6	152.824	0.0390
			Sch160	28.0	217.0	16373.1	1199.5	169.092	0.0370
300	12	323.9	Sch5s	4.0	315.9	5140.6	317.4	31.541	0.0783
			Sch10	5.9	312.1	7449.4	460.0	46.247	0.0765
			Sch10s	4.5	314.9	5756.3	355.4	35.428	0.0778
			Sch20	6.3	311.3	7924.9	489.3	49.320	0.0761
			Sch20s	6.3	311.3	7924.9	489.3	49.320	0.0761
			Sch30	8.8	306.3	10814.5	667.8	68.349	0.0736
			Sch40	10.0	303.9	12152.2	750.4	77.373	0.0725
			Sch60	14.2	295.5	16590.7	1024.4	108.400	0.0685
			Sch80	17.5	288.9	19822.5	1224.0	132.168	0.0655
			Sch100	22.2	279.5	24058.2	1485.5	165.093	0.0613
			Sch120	25.0	273.9	26386.7	1629.3	184.190	0.0589
			Sch140	28.0	267.9	28727.9	1773.9	204.222	0.0563
			Sch160	32.0	259.9	31614.0	1952.1	230.241	0.0530
350	14	355.6	Sch5s	4.0	347.6	6825.0	383.9	34.666	0.0948
			Sch10	6.3	343.0	10541.9	592.9	54.242	0.0924
			Sch10s	5.0	345.6	8459.3	475.8	43.210	0.0938
			Sch20	8.0	339.6	13194.7	742.1	68.544	0.0905
			Sch20s						
			Sch30	10.0	335.6	16215.3	912.0	85.187	0.0884
			Sch40	11.0	333.6	17685.6	994.7	93.435	0.0874
			Sch60	16.0	323.6	24650.5	1386.4	133.933	0.0822
			Sch80	20.0	315.6	29776.6	1674.7	165.444	0.0782
			Sch100	25.0	305.6	35658.6	2005.5	203.724	0.0733
			Sch120	28.0	299.6	38921.6	2189.1	226.100	0.0705
			Sch140	32.0	291.6	42977.5	2417.2	255.245	0.0667
			Sch160	36.0	283.6	46713.1	2627.3	283.602	0.0631

续表

公称直径		外径 D_o /mm	管子表号	厚度 /mm	内径 D_i /mm	惯性矩 I /cm⁴	断面系数 W/cm³	理论质量 W_p/(kg/m)	容积 /(m³/m)
mm	in								
400	16	406.4	Sch5s	4.0	398.4	10230.9	503.5	39.675	0.1246
			Sch10	6.3	393.8	15841.4	779.6	62.131	0.1217
			Sch10s	5.0	396.4	12694.3	624.7	49.471	0.1233
			Sch20	8.0	390.4	19863.8	977.5	78.561	0.1196
			Sch20s						
			Sch30	10.0	386.4	24463.4	1203.9	97.709	0.1172
			Sch40	12.5	381.4	30015.4	1477.1	121.366	0.1142
			Sch60	17.5	371.4	30482.8	1992.3	167.755	0.1083
			Sch80	22.2	362.0	49580.6	2440.0	210.237	0.1029
			Sch100	28.0	350.4	59871.8	2946.4	261.161	0.0964
			Sch120	30.0	346.4	63191.7	3109.8	278.337	0.0942
			Sch140	36.0	334.4	72483.4	3567.1	328.680	0.0878
			Sch160	40.0	326.4	78146.8	3845.8	361.256	0.0836
450	18	457.0	Sch5s	4.0	449.0	14595.8	638.8	44.664	0.1583
			Sch10	6.3	444.4	22642.7	990.9	69.989	0.1550
			Sch10s	5.0	447.0	18125.0	793.2	55.707	0.1569
			Sch20	8.0	441.0	28431.9	1244.3	82.539	0.1527
			Sch20s						
			Sch30	11.0	435.0	38326.7	1677.3	120.928	0.1485
			Sch40	14.2	428.6	48439.2	2119.9	154.987	0.1442
			Sch60	20.0	417.0	65648.2	2873.0	215.432	0.1365
			Sch80	25.0	407.0	79374.8	3473.7	266.209	0.1300
			Sch100	30.0	397.0	92126.2	4031.8	315.754	0.1237
			Sch120	36.0	385.0	106206.8	4648.0	373.580	0.1164
			Sch140	40.0	377.0	114890.9	5028.0	411.145	0.1116
			Sch160	45.0	367.0	124995.4	5470.3	456.992	0.1057
500	20	508.0	Sch5s	5.0	498.0	24977.9	983.4	61.992	0.1947
			Sch10	6.3	495.4	31230.7	1229.6	77.908	0.1927
			Sch10s	5.6	496.8	27876.0	1097.5	69.349	0.1937
			Sch20	10.0	488.0	48495.6	1909.3	122.752	0.1869
			Sch20s						
			Sch30	12.5	483.0	59725.1	2351.4	152.670	0.1821
			Sch40	16.0	476.0	74871.1	2947.7	194.037	0.1779
			Sch60	20.0	468.0	91381.4	3597.7	240.574	0.1719
			Sch80	28.0	452.0	121954.2	4801.3	331.283	0.1604
			Sch100	32.0	444.0	136072.0	5357.2	375.454	0.1548
			Sch120	40.0	428.0	162105.7	6382.1	461.429	0.1438
			Sch140	45.0	418.0	176961.4	6967.0	513.562	0.1372
			Sch160	50.0	408.0	190788.2	7511.3	564.462	0.1307

第六节 管 件

管件（Pipe Fitting）在管系中起着改变走向、改变标高或改变直径、封闭管端以及由主管上引出支管的作用。在石油化工装置中管道品种多，管系复杂、形状各异、简繁不等，所用的管件品种、材质、数量也就很多，选用时需要考虑的因素也很复杂。

非金属管件和衬里管件的标准化程度不如钢制管件高，使用时要注意各制造厂在制造工艺、规格尺寸、各种性能等方面的差异。本节主要介绍钢制管件，需要选用非金属管件和衬里管件时可从有关的标准规范中查找。

一、管件的用途及种类

管件的用途见表 4-26。

表 4-26 管件的用途

用 途	管 件 名 称
直管与直管连接	活接头、管箍
改变走向	弯头、弯管
分支	三通、四通、承插焊管接头、螺纹管接头、加强管接头、管箍、管嘴
改变管径	异径管（大小头）、异径短节、异径管箍、内外丝
封闭管端	管帽、丝堵
其他	螺纹短节、翻边管接头等

根据管件端部连接形式可将管件分为对焊连接管件（简称对焊管件）、承插焊连接管件（简称承插焊管件）、螺纹连接管件（简称螺纹管件）、法兰连接管件以及其他管件。

压力管道设计中，常用对焊管件、支管台、承插焊及螺纹连接管件的形式。法兰管件多用于特殊场合，使用范围及数量相对比较少。需要时可根据《钢制法兰管件》（GB/T 17185）的规定选用。

1. 对焊管件（Butt Welded Fitting）

对焊管件通常用于 $DN \geqslant 50mm$ 的管道，广泛应用于易燃、可燃介质，以及高的温度-压力参数的其他介质管道。对焊管件比其他连接形式的管件连接可靠、施工方便、价格便宜、没有泄漏点。

管件的壁厚等级用管子表号表示，常用的管子表号为 Sch40、Sch80，选用对焊管件时，管件应与其连接的管子的管子表号相同，即管件与管子等强度（而不是等壁厚），只是管件端部的壁厚与管子的壁厚相同。我国钢制对焊管件的国家标准（GB 12459）、中国石油化工总公司标准（SH 3408）基本与 ASME B16.9、ASME B16.28、JIS、JPI-7S、JPI-7S-1 相同。

常用的对焊管件包括弯头、三通、异径管（大小头）和管帽，前三项大多采用无缝钢管或焊接钢管通过推制、拉拔、挤压而成，管帽多采用钢板冲压而成。

它们通过公称壁厚等级（管子表号或壁厚值）来实现与管子等强度，至于其局部应力集中的补强，是制造厂应解决的问题。制造厂应对对焊管件的强度进行设计，并通过验证试验法进行验证。

(1) 弯头（Elbow） 长半径弯头（Long Radius Elbow）（$R=1.5DN$），一般情况下，应优先采用；短半径弯头（Short Radius Elbow）（$R=1.0DN$），多用于尺寸受限制的场合，其最高工作压力不宜超过同规格长半径弯头的 0.8。

弯管（Bend）（$R=nDN$）用于缓和介质在拐弯处的冲刷和动能，可用到 R 分别等于 $3DN$、$6DN$、$10DN$、$20DN$。

根据制造方法不同又分为推制弯头、挤压弯头和焊制斜接弯头。推制弯头和挤压弯头常用于介质条件比较苛刻的中、小尺寸管道上，焊制斜接弯头常用于介质条件比较缓和的大尺寸管道上，同时要求其弯曲半径不宜小于其公称直径的 1.5 倍。当斜接弯头的斜接角度大于 45°时，不宜用于剧毒、可燃介质管道上，或承受机械振动、压力脉动及由于温度变化产生交变荷载的管道上。

对焊弯头的几种形式如图 4-3 所示。

(a) 碳素钢弯头
90°(长半径)

(b) 碳素钢弯头
90°(短半径)

(c) 碳素钢弯头
45°(短半径)

(d) 不锈钢弯头

■ 图 4-3　对焊弯头

(2) 三通（Tee） 等径三通（Straight Tee）、异径三通（Reducing Tee）、y 形三通。y 形三通常常代替一般三通，用于输送有固体颗粒或冲刷腐蚀较严重的管道上。

三通的几种形式如图 4-4 所示。

(a) 碳素钢三通（等径）

(b) 碳素钢三通（异径）

(c) 不锈钢三通

■ 图 4-4　三通

(3) 异径管（大小头）（Reducer） 通常有同心异径管（Concentric Reducer）、偏心异径管（Eccentric Reducer）。

异径管的几种形式如图 4-5 所示。

(4) 管帽（封头）（Cap） 有平盖封头、标准椭圆封头。

平盖封头制造较容易，价格也较低，但其承压能力不如标准椭圆封头，故它常用于 $DN \leqslant 100mm$、介质压力低于 1.0MPa 的条件下。标准椭圆封头为一带折边的椭圆封头，椭圆的内径长短轴之比为 2：1，它是应用最广的封头。

(a) 碳素钢异径管（偏心）　　(b) 碳素钢异径管（同心）　　(c) 不锈钢异径管

■ 图 4-5　异径管（大小头）

在很多情况下，如管廊上的管子端部，不用管帽而用法兰代替，以便于管子的吹扫和清洗。

对于 $DN \leqslant 40mm$ 的管子及其元件，因为其壁厚一般较薄，采用对焊连接时错口影响较大，容易烧穿，焊接质量不易保证，故此时一般不采用对焊连接。但下列几种情况例外。

① 对于 $DN \leqslant 40mm$、壁厚大于或等于 Sch160 的管道及其元件，其壁厚已比较厚，采用对焊连接时，前面所述的问题已不存在，故也常用对焊连接。

② 有缝隙腐蚀介质（如氢氟酸介质）存在的情况下，即使 $DN \leqslant 40mm$、壁厚小于 Sch160，也采用对焊连接，以避免缝隙腐蚀的发生，此时在焊接施工时常采用小焊丝直径、小焊接电流的氩弧焊，而不用一般的电弧焊。

③ 对润滑油管道，当采用承插焊连接时，其接头缝隙处易积存杂质而对机械设备产生不利影响，此时也应采用对焊连接。

2. 承插焊管件（Socket Welding Fitting；SW）

通常情况下，承插焊管件用于 $DN \leqslant 40mm$、管壁较薄的管子和管件之间的连接。包括弯头、三通、支管台、管帽、管接头、异径短节、活接头、丝堵、仪表管嘴、软管站快速接头、水喷头等。

在我国，主要的承插焊管件标准有国家标准《锻钢制承插焊管件》（GB/T 14383）、中国石油化工总公司标准《锻钢制承插焊管件》（SH 3410）、化工行业标准《锻钢承插焊管件》（HG/T 21634）。承插焊管件通常采用模压锻造后再机械加工成型工艺制造。

一般异径短节、螺纹短节等为插口管件；弯头、三通、管帽、支管台、活接头、管接头等为承口管件。承插焊是插口与承口之间的连接，因此，在应用中应考虑这些管件之间的搭配组合以及所需的结构空间。

承插焊管件如图 4-6 所示。

3. 螺纹管件（Threaded Fitting；SCR′D）

① 常用材料有锻钢、铸钢、铸铁、可锻铸铁，石油化工装置的工艺管道大多选用锻钢制锥管螺纹管件。常用锻钢制螺纹管件的标准有 HG/T 21632、GB/T 14626。

② 螺纹连接也多用于 $DN \leqslant 40mm$ 的管子及其元件之间的连接。常用于不宜焊接或需要可拆卸的场合。螺纹连接件有阳螺纹（Male Screw）和阴螺纹（Female Screw）之分。常用的管件中，螺纹短节为阳螺纹，而弯头、三通、管帽、活接头等多为阴螺纹，使用时应注意它们之间的搭配和组合。

螺纹连接与焊接相比，其接头强度低，密封性能差，因此其使用时，常受下列条件的限制。

a. 螺纹连接的管件应采用锥管螺纹。

b. 螺纹连接不推荐用在大于 200℃ 及低于 −45℃ 的温度下。

c. 螺纹连接不得用在剧毒介质管道上。

d. 按国标 GB 50316，螺纹连接不得用于有缝隙腐蚀的流体工况中，不应使用于有振动的管道。

■ 图4-6 承插焊管件

图 4-7 螺纹管件

e. 用于可燃气体管道上时，宜采用密封焊进行密封。

③ 常用的锥管螺纹可分为：55°锥管螺纹（多用于欧洲）；60°锥管螺纹（多用于美国）。

a. ISO 7/1 为 55°锥管螺纹。日本标准同时包含 55°锥管螺纹和 60°锥管螺纹两种。

b. GB 7306 为 55°锥管螺纹，等同采用 ISO 7/1。

螺纹锥度为 1∶16；牙型角为 55°；尺寸范围为 1/16～6in；螺纹标志代号有 R（圆锥外螺纹）、Rc（圆锥内螺纹）。

c. GB 12716 为 60°锥管螺纹，等同采用 ASME B1.20.1。

螺纹锥度为 1∶16；牙型角为 60°；尺寸范围为 1/16～12in；标识 NPT。

两种圆锥管螺纹不能互换。

螺纹管件如图 4-7 所示。

4. 法兰连接管件

法兰连接管件多用于特殊配管场合，实际用量相对比较少。

5. 其他常用管件

其他常用的管件还有加强管接头，例如螺纹加强管接头（Threadolet）、承插焊加强管接头（Sockolet）、对焊加强管接头（Weldolet）、插入加强管接头（Insert Weldolet）、斜接加强管接头（Latrolet）、弯头加强管接头（Elbolet）以及一种英文为 Sweepolet 的镶入式加强管接头（这些"加强管接头"按 2003 年中国寰球工程公司编写的《英汉化学工程图解词汇》分别被称为螺纹支管台、承插支管台、焊接支管台、插入焊接支管台、斜接支管台、弯头支管台、镶入式支管台）。这些加强管接头可直接焊在主管上，与三通一样从主管上引出支管，不需另外补强，适用于高、中压管道。国内有化工行业标准《锻钢承插焊、螺纹和对焊管台》（HG/T 21634）。

图 4-8 所示的插入加强管接头、斜接加强管接头、弯头加强管接头以及 Sweepolet 加强管接头与主管连接的焊缝可进行无损探伤检查，焊接可靠，克服了"马鞍焊"的角焊缝质量不宜保证、检查困难的缺点，适用于火灾危险分类为甲、乙类介质和剧毒介质的管道，是理想的管接头。目前，国内还没有制造厂生产这几种接头。图 4-9 所示是承插焊与螺纹连接的变径管接头，用于 $DN50$ 以下管道及其管配件的连接。

■ 图 4-8 加强管接头（支管台）

二、管件选择的原则

① 管件的选择是指根据管道级（类）别、设计条件（如设计温度、设计压力）、介质特性、材料加工工艺性能、焊接性能、经济性以及用途来合理确定管件的温度-压力等级、管

件的连接形式。

② 管件的选择应符合相应的标准规范，如《石油化工管道设计器材选用通则》（SH 3059）、《工业金属管道设计规范》（GB 50316）等。

③ 管件的连接形式多种多样，相应的结构也有所不同，常用的有对焊连接、螺纹连接、承插焊连接和法兰连接四种连接形式。

按照国际通用作法，DN50 及以上的管道

■ 图 4-9　承插焊与螺纹连接管件

多采用对焊连接管件，DN40 及以下多采用煨弯、承插焊或锥管螺纹连接管件。选用对焊连接管件时，应根据等强度的原则使管件的管子表号与所连接的管子的管子表号一致。

三、支管连接件的选择

① 由于各国管件标准化程度不同，分支管连接方式及管件的选择也不尽相同。一般情况下，支管连接多采用成型支管连接件、焊接的引出口连接件以及支管直接焊接在主管上等连接形式。

② 支管连接件的选择主要依据管道等级中已经确定的法兰压力等级或公称压力来选用支管连接件。

一般情况下，当法兰的公称压力不大于 $PN2.5$（Class 150）时，支管直接焊接在主管上；当公称压力不小于 $PN4.0$（Class 300）时，则根据主管、支管公称直径的不同按对焊三通、焊接支管台、承插焊或螺纹连接三通、承插焊或螺纹支管台的顺序选用。

③ 支管连接件的管子表号。

值得注意的是在确定支管连接件的管子表号时，应根据管子与管件等强度的原则以及管件与管子连接方式而定。例如，当管子与管件采用对焊连接时，管子与管件的管子表号应一致；而当管子与管件采用承插焊或螺纹连接时，标准的承插焊和螺纹管件的管子表号只有 Sch80、Sch160、XXS 三挡，最低的管子表号就是 Sch80，也就是说只要当承插焊或螺纹管件所连接的管子表号不大于 Sch80 时，承插焊或螺纹管件的管子表号就选 Sch80，而当所连接的管子表号大于 Sch80 时，承插焊或螺纹管件的管子表号就选 Sch160 或 XXS。

另外，当对焊三通主管、支管所连接的管子的管子表号不同时，应注意三通主管、支管端部的管子表号应分别与其所连接的管子的管子表号相同，这样就非常方便管道施工，管件不必现场再打坡口。

四、焊接支管的补强

值得注意的是选用支管直接焊接在主管上这一种连接形式，要核算管子是否需要补强。支管补强的方法在 ASME B31.3、SH 3059《石油化工管道设计器材选用通则》、GB 50316《工业金属管道设计规范》、GB/T 20801《压力管道规范工业管道》等标准规范中均有详细的介绍。

五、分支管和主管的连接形式表

分支管和主管的连接形式见表 4-27。

表 4-27 分支管和主管的连接形式

公称直径		主管公称直径 DN/mm															
		600	500	450	400	350	300	250	200	150	100	80	50	40	25	20	15
支管公称直径 DN/mm	15	B	B	B	B	B	B	B	B	B	B	B	B	B	T	T	T
	20	B	B	B	B	B	B	B	B	B	B	B	B	B	T	T	
	25	B	B	B	B	B	B	B	B	B	B	B	B	T、B	T		
	40	B	B	B	B	B	B	B	B	B	B	T、B	T、B	T			
	50	B	B	B	B	B	B	B	B	B	M	M	M				
	80	B	B	B	B	B	B	B	B	M	M	M					
	100	B	B	B	B	B	M	M	M	M							
	150	N	N	N	N	M	M	M	M								
	200	N	N	M	M	M	M										
	250	N	N	M	M	M											
	300	N	M	M	M	M											
	350	M	M	M	M												
	400	M	M	M													
	450	M	M														
	500	M															
	600	M															

注：T 表示承插焊或螺纹三通；M 表示对焊三通；B 表示半管接头、支管台接头；N 表示焊接支管（低压时用）。

① 一般情况下，设计压力大于或等于 2.0MPa、设计温度超过 250℃ 以及支管公称直径之比大于 0.8，或承受机械振动、压力脉动和温度急剧变化的管道分支，应采用三通、45°斜三通和四通连接。

② 公称直径小于或等于 40mm 的管道，应采用承插焊（或螺纹）锻制三通。

③ 公称直径大于或等于 50mm 的管道，应采用对焊三通。

六、异径管的选择

① 相对于支管连接件而言，异径管的选择就没有那么复杂了。同样根据等强度的原则，异径管应采用与所连接的管子相同的管子表号。

② 是选择同心异径管还是选择偏心异径管，应根据工艺流程图要求或者配管布置的要求而定。例如，管廊上水平放置的异径管通常为底平的偏心异径管，泵的入口管道通常选择偏心异径管。是顶平还是底平需要依具体情况而定。

③ 通常，对于 $DN \geqslant 50mm$ 的管道上的异径管，多采用对焊异径管，而对于 $DN \leqslant 40mm$ 的管道，则采用承插焊异径管箍，但对于镀锌管道上的异径管则要采用螺纹连接形式。

七、常用管件系列

国内各种管件标准，对焊无缝和钢板制对焊管件均等效采用 ASME B16.9 和 ASME B16.28。锻钢制承插焊和螺纹管件均等效采用 ASME B16.11。但各标准同类管件的结构尺寸不尽相同。

常用的仪表管嘴有管嘴、直式温度计管嘴、直式双金属温度计管嘴、斜式温度计管嘴、斜式双金属温度计管嘴，可按 SYJT3000 选用。

管件的公称直径、外径和壁厚系列与对应的管子的尺寸系列是一致的。

(1) 外径系列　国家管件标准 GB 12459、GB/T 13401 和 GB/T 14383 外径分为 A、B 两个系列：A 系列与 ASME B36.10《焊接和无缝钢管》的管子外径系列是一致的，即与 ASME B16.9 和 ASME B16.28 是一致的；B 系列是沿用过去我国炼油等行业使用的系列，B 系列中 $DN \leqslant 150mm$（除 $DN80$ 外）的外径系列就是常说的"小外径"系列。

(2) 壁厚系列　国家标准 GB 12459、GB/T 14383 和 GB/T 14626 的壁厚以管子表号表示，其中 GB 12459 有十二个系列，GB/T 14383 只有 Sch80 和 Sch160 两个系列，GB/T 14626 有 Sch80、Sch160 和 XXS 三个系列；GB/T 13401 的壁厚分别按重量和管子表号两种方法表示，有 LG、STD、XS 和 Sch5s、Sch10s、Sch20s、Sch40、Sch80 八个系列。

八、管件选择常用标准规范

① GB/T 12459—2005《钢制对焊无缝管件》：$DN=10\sim500mm$，A、B 系列。
② GB/T 13401—2005《钢板制对焊管件》：$DN=350\sim1200mm$，A、B 系列。
③ GB/T 14383—2008《锻制承插焊和螺纹管件》：$DN=15\sim80mm$，A、B 系列。
④ GB/T 14626—2008《锻钢制螺纹管件》：$DN=8\sim100mm$。
⑤ GB/T 17185—2012《钢制法兰管件》：$DN=25\sim600mm$，PN 分别为 2.0MPa、5.0MPa、11.0MPa、15.0MPa、26.0MPa。
⑥ SH 3408—2012《石油化工钢制对焊管件》：$DN=15\sim500mm$。
⑦ SH 3409—2012《石油化工钢制对焊管件》：$DN=200\sim1200mm$。
⑧ SH/T 3410—2012《石油化工锻钢制承插焊和螺纹管件》：$DN=10\sim80mm$。
⑨ HG/T 21634—1998《锻钢承插焊管件》：$1/2''\sim1\frac{1}{2}''$❶，3000 及 6000Class。
⑩ HG/T 21635—1987《碳钢、低合金钢无缝对焊管件》：$DN=50\sim600mm$，PN 分别为 $25kg/cm^2$❷、$40kg/cm^2$、$64kg/cm^2$、$100kg/cm^2$。
⑪ HG/T 21631—1990《钢制有缝对焊管件》：$DN=300\sim1000mm$。
⑫ SY/T 0510—2010《钢制对焊管件》：$DN=15\sim600mm$。
⑬ SY/T 5257—2012《油气输送用钢制弯管》。
⑭ ISO 3419《非合金钢和合金钢对焊管件》。
⑮ ISO 5251《不锈钢对焊管件》。
⑯ ASME B16.9《工厂制造锻钢对焊管件》。
⑰ ASME B16.11《承插焊和螺纹锻钢管件》。
⑱ ASME B16.28《锻钢对焊小半径弯头和回弯头》。
⑲ MSS SP-43《锻制不锈钢对焊管件》。
⑳ MSS SP-75《锻钢对焊管件》。
㉑ MSS SP-79《承插焊异径插入件》。
㉒ MSS SP-83《承插焊和螺纹活接头》。
㉓ MSS SP-95《缩径管和圆堵头》。
㉔ MSS SP-97《承插焊、螺纹和对焊端的整体加强式管座》。
㉕ JIS B2311《通用钢制对焊管件》。

---

❶ $1''=1in=25.4mm$。
❷ $1kgf/cm^2=98.0665kPa$。

㉖ JIS B2312《钢制对焊管件》。
㉗ JIS B2313《钢板制对焊管件》。
㉘ JIS B2316《钢制承插焊管件》。
㉙ DIN 2605《钢制对焊管件　弯头和弯管》。
㉚ DIN 2615《钢制对焊管件　三通》。
㉛ DIN 2616《钢制对焊管件　异径管》。
㉜ DIN 2617《钢制对焊管件　管帽》。

第七节　法　兰

一、法兰的种类

1. 结构形式

按法兰与管子的连接方式分为以下五种基本类型，如图 4-10 所示：螺纹法兰 [Threaded Flange (Th)]、平焊法兰 [Slip-on Welding Flange (SO)]、对焊法兰 [Welding Neck Flange (WN)]、承插焊法兰 [Socket Welding Flange (SW)]、松套法兰 [Lap Joint Flange (LF)]。

■ 图 4-10　法兰与管子的连接方式

2. 密封面形式

法兰密封面有宽面、光面、凹凸面、榫槽面和梯形槽面等几种，如图 4-11 所示。

■ 图 4-11　法兰密封面形式

3. 法兰代号

不同的标准其法兰的密封面及形式的名称、代号略有区别（表 4-28、表 4-29）。

表 4-28 法兰密封面名称及代号对照

密封面名称	中石化总公司(SH)	中国化工行业(HG)	中国机械部(JB/T)	中国国标(GB)	美国 ASME
宽面	全平面(FF)	全平面(FF)	—	平面(FF)	全平面(FF)
光面	凸台面(RF)	突面(RF)	凸面	凸面(RF)	凸面(RF)
凹凸面	凹凸面(MF)	凹凸面(MFM)	凹凸面	凹凸面(MF)	凹凸面(L,M,F)(S,M,F)
榫槽面	榫槽面(TG)	榫槽面(TG)	榫槽面	榫槽面(TG)	槽面(L,T,G)(S,T,G)
梯形槽面	环槽面(RJ)	环连接面(RJ)	环连接面	环连接面(RJ)	环连接面(RJ)

表 4-29 结构形式代号对照

序号	中石化总公司(SH)	中国化工行业(HG)	中国机械部(JB/T)	中国国标(GB)
1	对焊(WN)	对焊(WN)	对焊(—)	对焊(—)
2	承插焊(SW)	承插焊(SW)		承插焊(—)
3	平焊(SO)	平焊(SO)	平焊(—)	平焊(—)
4	螺纹(PT)	螺纹(Th)		螺纹(—)
5	松套(LJ)	松套(PJ/LF)	松套(—)	松套(—)
6	法兰盖(—)	法兰盖(BL)	法兰盖(—)	法兰盖(—)
7		整体法兰(IF)	整体法兰(—)	整体法兰(—)

二、法兰结构形式的选用

1. 螺纹法兰 [Threaded Flange (Th)]

(1) 螺纹法兰的特点 螺纹法兰是管子与法兰之间用螺纹连接，在法兰内孔加工螺纹，将带螺纹的管子旋合进去，不必焊接。因而具有方便安装、方便检修的特点。

(2) 螺纹法兰的种类 螺纹法兰有两种。一种螺纹法兰公称压力较低，一般用在镀锌钢管等不宜焊接的场合，温度反复波动或高于 260℃ 和低于 -45℃ 的管道也不宜使用。另一种用于高压工况，利用带外螺纹，并加工成一定形状密封面的两个管端配透镜垫加以密封。这种法兰以往多用于合成氨生产。此外，在任何可能发生缝隙腐蚀、严重侵蚀或有循环荷载的管道上，应避免使用螺纹法兰。

2. 平焊法兰 [Slip-on Welding Flange (SO)]

平焊法兰是将管子插入法兰内孔中进行正面和背面焊接，具有容易对中，价格便宜等特点。多用于介质条件比较缓和的情况下，如低压非净化压缩空气、低压循环水。

平焊法兰有板式平焊法兰与带颈平焊法兰两种。

板式平焊法兰刚性较差，焊接时易引起法兰面变形，甚至在螺栓力作用下法兰也会变形，引起密封面转角而导致泄漏，因而一般用于压力、温度较低，相对不太重要的管道上，石化工业中一般规定只宜用于 $PN \leqslant 1.0$ MPa 的水、低压蒸汽和空气管道上。

带颈平焊法兰的短颈使法兰刚度和其承载能力大有提高。法兰本身的制造工艺比对焊法兰要简单，与管子连接的焊接与板式平焊法兰一样为角焊缝结构，施工比较简单。带颈平焊法兰的公称压力等级由低到高，范围较广，完全适用于过去国内习惯使用板式平焊法兰的场合，但在有频繁的大幅度温度循环的管道上不应使用。

3. 对焊法兰 [Welding Neck Flange (WN)]

这种法兰是将法兰焊颈端与管子焊接端加工成一定形式的焊接坡口后直接焊接，施工比较方便。由于法兰与管子焊接处有一段圆滑过渡的高颈，法兰颈部厚度逐渐过渡到管壁厚度，降低了结构的不连续性，法兰强度高，承载条件好，适用于压力、温度波动幅度大或高温、高压和低温管道。

4. 承插焊法兰 [Socket Welding Flange (SW)]

与带颈平焊法兰相似,只是将管子插入法兰的承插孔中进行焊接,一般只在法兰背面有一条焊缝。常用于 $PN \leqslant 10.0MPa$,$DN \leqslant 40mm$ 的管道中。美国法兰标准 ASME B16.5 不推荐承插焊法兰用于具有热循环或较大温度梯度条件下的高温($\geqslant 260℃$)或低温($\leqslant -45℃$)的管道上。在可能产生缝隙腐蚀或严重侵蚀的管道上也不应使用这种法兰。

5. 松套法兰 [Lap Joint Flange (LF)]

这种法兰常用于介质温度和压力都不高而介质腐蚀性较强的情况。松套法兰一般与翻边短节(Stub End)组合使用,即将法兰圈松套在翻边短节外,管子与翻边短节对焊连接,法兰密封面(凹凸面、榫槽面除外)加工在翻边短节上。

此外,还有平焊环和对焊环板式松套法兰。由于法兰本身不与介质相接触,只要求翻边短节或焊环与管材一致,法兰本体的材质完全可与管材不同,因而尤其适用于腐蚀性介质管道上,可以节省不锈钢、有色金属等贵重耐腐蚀材料。

6. 整体法兰 [Integral Flange (IF)]

常常是将法兰与设备、管子、管件、阀门等做成一体,这种形式在设备和阀门上常用。

7. 法兰盖 [Blind Flange (BL)]

法兰盖又称盲法兰,设备、机泵上不需接出管道的管嘴,一般用法兰盖封死,而在管道上主要用于管道端部作封头用。为了与法兰匹配,基本上有一种法兰就有相应的法兰盖。

8. 大小法兰 (Reducing Flange)

大小法兰也称异径法兰,除接管口径外,法兰的尺寸为两口径中较大口径的标准平焊法兰尺寸,只是接管口径,比该法兰的正常口径要小,这种法兰一般不推荐使用,只有当设备、机泵管嘴口径大于所要连接的管子,且安装尺寸又不允许装大小头或装几个大小头显得很不合理时才选用大小法兰。目前大小法兰仅限于 $PN \leqslant 2.5MPa$ 且只有原石油部有此标准。

三、法兰密封面形式的选用

1. 全平面密封面 [Flat Face; Full Face (FF)]

这种密封面常与平焊形式配合以适用于操作条件比较缓和的工况下(ASME B16.5 仅 $PN2.0$ 的法兰有这种密封面);常用于铸铁设备和阀门的配对法兰。我国石化工业管道很少用这种密封面的法兰。

2. 凸台面密封面 [Raised Face (RF)]

这种密封面是应用最广的一种形式,尤其是国外不少公司所有公称压力等级的法兰几乎都用凸台面密封面,它常与对焊和承插焊形式配合使用。在"美式法兰"中,常用在 $PN2.0$、$PN5.0$ 和部分 $PN10.0$ 压力等级中;在"欧式法兰"中则常用在 $PN1.6$、$PN2.5$ 压力等级。这种法兰的法兰面上有凸出的密封面,凸台高度国内机标法兰与 DN 有关,$DN15 \sim 32$ 为 2mm,$DN40 \sim 250$ 为 3mm,$DN300 \sim 500$ 为 4mm,大于或等于 $DN600$ 为 5mm,与公称压力无关。美国法兰则与公称压力有关,$PN \leqslant 300psi$ 的凸面高度一律为 1.6mm,$PN \geqslant 400psi$ 则为 6.4mm,与公称直径无关。

3. 凹凸面密封面 [Male-female Face (MF)]

这种密封面常与对焊和承插形式配合使用,由两个不同的密封面一凹一凸组成。这种密封面减少了垫片被吹出的可能性,但不能保护垫片不挤入管中,它不便于垫片的更换。在"美式法兰"中不常采用,在"欧式法兰"中常用在 $PN4.0$ 的法兰上,$PN6.4$、$PN10.0$ 的法兰也有用这种密封面的。

4. 榫槽面密封面 [Tongue-groove Face (TG)]

这种密封面使用情况同凹凸面法兰。

5. 环槽面密封面 [Ring Joint Face (RJ)]

这种密封面常与对焊形式配合（不与承插焊配合）使用，主要用在高温、高压或两者均较高的工况。在"美式法兰"中，常用在 $PN10.0$（部分）、$PN15.0$、$PN25.0$、$PN42.0$ 压力等级中。在"欧式法兰"中常用于 $PN10.0$、$PN16.0$、$PN25.0$、$PN32.0$、$PN42.0$。

四、法兰系列

目前国际上管法兰主要有两个体系。

一是以德国 DIN（包括前苏联）为代表的法兰体系，公称压力为（MPa）0.1、0.25、0.6、1.0、1.6、2.5、4.0、6.3、10.0、16.0、25.0、32.0、40.0，公称直径范围 6～4000mm，法兰类型有板式平焊、带颈对焊、螺纹、翻边松套、平焊环松套、对焊环松套、法兰盖等，密封面有全平面、突面、凹凸面、榫槽面、环连接面、透镜面等。

另一体系是以美国 ASME B16.5 为代表的法兰体系，其公称压力为（psi）150、300、400、600、900、1500、2500，公称直径范围 15～600mm，法兰类型有带颈平焊、承插焊、螺纹、松套、带颈对焊和法兰盖，密封面有全平面、突面、大小凹凸面、大小榫槽面和环连接面。

我国目前使用的法兰标准较多，但归纳起来也是分别靠国际上的两个体系。以往使用较多的机械部标准（JB）法兰靠德国标准；中国石化法兰标准（SH）靠美国 ASME B16.5；国标法兰（GB）根据公称压力分别靠两个体系；中国化工行业法兰标准（HG）很清楚地分为欧洲与美洲系列，分别靠德国与美国的法兰标准，而且在欧洲系列中有两种接管外径尺寸，能适应不同外径系列的管道，因而适用性大大提高。

表示管法兰特征的应是法兰类型、公称压力、密封面形式、公称直径和材质。所有法兰标准均有各自的范围，因此必须查找有关法兰标准核实后方能正确选用所需要的法兰。

五、钢制管法兰形式参数

1. 欧洲体系（表 4-30～表 4-32）

表 4-30 钢制管法兰形式参数（欧洲体系）（HG/T 20592—2009）

法兰类型	密封面型式	公称压力 PN/MPa(bar)							
		2.5	6	10	16	25	40	63	100	160
板式平焊法兰(PL)	突面(RF)	DN10~2000	DN10~600					—		
	全平面(FF)	DN10~2000	DN10~600				—			
带颈平焊法兰(SO)	突面(RF)	—	DN10~300	DN10~600						
	凹面(FM)凸面(M)	—		DN10~600						
	榫面(T)槽面(G)	—		DN10~600						
	全平面(FF)	—	DN10~300	DN10~600	—					

续表

法兰类型	密封面型式	公称压力 PN/MPa(bar)								
		2.5	6	10	16	25	40	63	100	160
带颈对焊法兰(WN)	突面(RF)	—	—	DN10～2000		DN10～600		DN10～400	DN10～350	DN10～300
	凹面(FM) 凸面(M)	—	—	DN10～600				DN10～400	DN10～350	DN10～300
	榫面(T) 槽面(G)			DN10～600				DN10～400	DN10～350	DN10～300
	全平面(FF)	—	—	DN10～2000				—		
	环连接面(RJ)			—				DN15～400		DN15～300
整体法兰(IF)	突面(RF)	—	—	DN10～2000		DN10～1200	DN10～600	DN10～400		DN10～300
	凹面(FM) 凸面(M)		—	DN10～600				DN10～400		DN10～300
	榫面(T) 槽面(G)			DN10～600				DN10～400		DN10～300
	全平面(FF)	—	DN10～2000				—			
	环连接面(RJ)			—				DN15～400		DN15～300
承插焊法兰(SW)	突面(RF)	—	—			DN10～50		—		
	凹面(FM) 凸面(M)	—	—			DN10～50		—		
	榫面(T) 槽面(G)					DN10～50				
螺纹法兰(Th)	突面(RF)	—	—	DN10～150				—		
	全平面(FF)	—	DN10～150				—			
对焊环松套法兰(PJ/SE)	突面(RF)	—	DN10～600							
平焊环松套法兰(PJ/RJ)	突面(RF)	—	DN10～600							
	凹面(FM) 凸面(M)		DN10～600							
	榫面(T) 槽面(G)		—	DN10～600						
法兰盖(BL)	突面(RF)	DN10～2000		DN10～1200		DN10～600		DN10～400		DN10～300
	凹面(FM) 凸面(M)	—		DN10～600				DN10～400		DN10～300
	榫面(T) 槽面(G)		—	DN10～600				DN10～400		DN10～300
	全平面(FF)	DN10～2000		DN10～1200				—		
	环连接面(RJ)			—				DN15～400		DN15～300
衬里法兰盖[BL(S)]	突面(RF)	—		DN40～600				—		
	凸面(M)	—		DN40～600				—		
	槽面(T)	—		DN40～600						

第四章 压力管道器材及其选择

表 4-31 公称直径和钢管外径   mm

DN	钢管外径 A	钢管外径 B	DN	钢管外径 A	钢管外径 B	DN	钢管外径 A	钢管外径 B
10	17.2	14	125	139.7	133	700	711	720
15	21.3	18	150	168.3	159	800	813	820
20	26.9	25	200	219.1	219	900	914	920
25	33.7	32	250	273	273	1000	1016	1020
32	42.4	38	300	323.9	325	1200	1219	1220
40	48.3	45	350	355.6	377	1400	1422	1420
50	60.3	57	400	406.4	426	1600	1626	1620
65	76.1	76	450	457	480	1800	1829	1820
80	88.9	89	500	508	530	2000	2032	2020
100	114.3	108	600	610	630			

表 4-32 钢制管法兰参数（欧洲体系）（HG/T 20592—2009）

类别号	类别	钢板 材料牌号	钢板 标准编号	锻件 材料牌号	锻件 标准编号	铸件 材料牌号	铸件 标准编号
1C1	碳素钢	—	—	A105 16Mn 16MnD	GB/T 12228 JB 4726 JB 4727	WCB	GB/T 12229
1C2	碳素钢	Q345R	GB 713			WCC LC3,LCC	GB/T 12229 JB/T 7248
1C3	碳素钢	16MnDR	GB 3531	08Ni3D 25	JB 4727 GB/T 12228	LCB	JB/T 7248
JC4	碳素钢	Q235A,Q235B 20 Q245R 09MnNiDR	GB/T 3274 (GB/T 700) GB/T 711 GB 713 GB 3531	20 09MnNiD	JB 4726 JB 4727	WCA	GB/T 12229
1C9	铬钼钢 (1~1.25Cr~0.5Mo)	14Cr1MoR 15CrMoR	GB 713 GB 713	14Cr1Mo 15CrMo	JB 4726 JB 4726	WC6	JB/T 5263
1C10	铬钼钢 (2.25Cr~1Mo)	12Cr2Mo1R	GB 713	12Cr2Mo1	JB 4726	WC9	JB/T 5263
1C13	铬钼钢 (5Cr~0.5Mo)	—	—	1Cr5Mo	JB 4726	ZG16Cr5MoG	GB/T 16253
1C14	铬钼钒钢 (9Cr-1Mo-V)					C12A	JB/T 5263
2C1	304	0Cr18Ni9	GB/T 4237	0Cr18Ni9	JB 4728	CF3 CF8	GB/T 12230 GB/T 12230
2C2	316	0Cr17Ni12Mo2	GB/T 4237	0Cr17Ni12Mo2	JB 4728	CF3M CF8M	GB/T 12230 GB/T 12230
2C3	304L 316L	00Cr19Ni10 00Cr17Ni14Mo2	GB/T 4237 GB/T 4237	00Cr19Ni10 00Cr17Ni14Mo2	JB 4728 JB 4728	—	—
2C4	321	0Cr18Ni10Ti	GB/T 4237	0Cr18Ni10Ti	JB 4728		
2C5	347	0Cr18Ni11Nb	GB/T 4237	—	—		
12E0	CF8C	—	—	—	—	CF8C	GB/T 12230

注：1. 管法兰材料一般应采用锻件或铸件，不推荐用钢板制造。钢板仅可用于法兰盖、衬里法兰盖、板式平焊法兰、对焊环松套法兰、平焊环松套法兰。
2. 表列铸件仅适用于整体法兰。
3. 管法兰用对焊环可采用锻件或钢管制造（包括焊接）。

2. 美洲体系（表 4-33～表 4-37）

表 4-33　钢制管法兰形式参数（美洲体系）（HG/T 20615—2009）

法兰类型	密封面型式	公称压力 PN/MPa(Class)					
		150 (20)	300 (50)	600 (110)	900 (150)	1500 (260)	2500 (420)
带颈平焊法兰(SO)	突面(RF)		DN15～600			DN15～65	—
	凹面(FM) 凸面(M)	—	DN15～600			DN15～65	
	榫面(T) 槽面(G)	—	DN15～600			DN15～65	
	全平面(FF)	DN15～600	—				
带颈对焊法兰(WN) 长高颈法兰(LWN)	突面(RF)		DN15～600			DN15～300	
	凹面(FM) 凸面(M)	—	DN15～600			DN15～300	
	榫面(T) 槽面(G)	—	DN15～600			DN15～300	
	全平面(FF)	DN15～600	—				
	环连接面(RJ)	DN25～300	DN15～600			DN15～300	
整体法兰(IF)	突面(RF)		DN15～600			DN15～300	
	凹面(FM) 凸面(M)	—	DN15～600			DN15～300	
	榫面(T) 槽面(G)	—	DN15～600			DN15～300	
	全平面(FF)	DN15～600	—				
	环连接面(RJ)	DN25～600	DN15～600			DN15～300	
承插焊法兰(SW)	突面(RF)		DN15～80		DN15～65		—
	凹面(FM) 凸面(M)	—	DN15～80		DN15～65		
	榫面(T) 槽面(G)	—	DN15～80		DN15～65		
	环连接面(RJ)	DN25～80	DN15～80		DN15～65		
螺纹法兰(Th)	突面(RF)	DN15～150					
	全平面(FF)	DN15～150	—				
对焊环松套法兰(LF/SE)	突面(RF)		DN15～600			—	
法兰盖(BL)	突面(RF)		DN15～600			DN15～300	
	凹面(FM) 凸面(M)	—	DN15～600			DN15～300	
	榫面(T) 槽面(G)	—	DN15～600			DN15～300	
	全平面(FF)	DN15～600	—				
	环连接面(RJ)	DN25～600	DN15～600			DN15～300	

表 4-34　大直径钢制管法兰形式参数（美洲体系）（HG/T 20623—2009）

密封面型式		公称压力 PN/MPa(Class)			
		150(20)	300(50)	600(110)	900(150)
突面(RF)	A 系列		DN650～1500		DN650～1000
	B 系列	DN650～1500		DN650～900	
环连接面(RJ)	A 系列	—		DN650～900	

表 4-35 钢制管法兰公称通径和钢管外径（美洲体系）(HG/T 20615—2009)   mm

公称尺寸	DN	15	20	25	32	40	50	65	80	100
	NPS	½	¾	1	1¼	1½	2	2½	3	4
钢管外径		21.3	26.9	33.7	42.4	48.3	60.3	76.1	88.9	114.3
公称尺寸	DN	125	150	200	250	300	350	400	450	500	600
	NPS	5	6	8	10	12	14	16	18	20	24
钢管外径		139.7	168.3	219.1	273.0	323.9	355.6	406.4	457	508	610

表 4-36 大直径钢制管法兰公称通径和钢管外径（美洲体系）(HG/T 20623—2009)   mm

公称尺寸	DN	650	700	750	800	850	900	950	1000
	NPS	26	28	30	32	34	36	38	40
钢管外径		660	711	762	813	864	914	965	1016
公称尺寸	DN	1050	1100	1150	1200	1250	1300	1350	1400	1450	1500
	NPS	42	44	46	48	50	52	54	56	58	60
钢管外径		1067	1118	1168	1219	1270	1321	1372	1422	1473	1524

表 4-37 钢制管法兰用材料（美洲体系）(HG/T 20615—2009)

类别号	类别	钢板		锻件		铸件	
		材料牌号	标准编号	材料牌号	标准牌号	材料牌号	标准牌号
1.0	碳素钢	Q235A、Q235B 20 Q245R	GB/T 3274 (GB/T 700) GB/T 711 GB 713	20	JB 4726	WCA	GB/T 12229
1.1	碳素钢			A105 16Mn 16MnD	GB/T 12228 JB 4726 JB 4727	WCB	GB/T 12229
1.2	碳素钢	Q345R	GB 713	—	—	WCC LC3、LCC	GB 12229 JB/T 7248
1.3	碳素钢	16MnDR	GB 3531	08Ni3D25	JB 4727 GB/T 12228	LCB	JB/T 7248
1.4	碳素钢	09MnNiDR	GB 3531	09MnNiD	JB 4727		
1.9	铬钼钢(1.25Cr-0.5Mo)	14Cr1MoR	GB 713	14Cr1Mo	JB 4726	WC6	JB/T 5263
1.10	铬钼钢(2.25Cr-1Mo)	12Cr2Mo1R	GB 713	12Cr2Mo1	JB 4726	WC9	JB/T 5263
1.13	铬钼钢(5Cr-0.5Mo)			1Cr5Mo	JB 4726	ZG16Cr5MoG	GB/T 16253
1.15	铬钼铬钢(9Cr-1Mo-V)	—				C12A	JB/T 5263
1.17	铬钼钢(1Cr-0.5Mo)	15CrMoR	GB 713	15CrMo	JB 4726		
2.1	304	0Cr18Ni9	GB/T 4237	0Cr18Ni9	JB 4728	CF3 CF8	GB/T 12230 GB/T 12230
2.2	316	0Cr17Ni12Mo2	GB/T 4237	0Cr17Ni12Mo2	JB 4728	CF3M CF8M	GB/T 12230 GB/T 12230
2.3	304L 316L	00Cr19Ni10 00Cr17Ni14Mo2	GB/T 4237	00Cr19Ni10 00Cr17Ni14Mo2	JB 4728	—	—

续表

类别号	类别	钢板		锻件		铸件	
		材料牌号	标准编号	材料牌号	标准牌号	材料牌号	标准牌号
2.4	321	0Cr18Ni10Ti	GB/T 4237	0Cr18Ni10Ti	JB 4728	—	—
2.5	347	0Cr18Ni11Nb	GB/T 4237	—	—	—	—
2.11	CF8C	—	—	—	—	CF8C	GB/T 12230

注：1. 管法兰材料一般应采用锻件或铸件，带颈法兰不得用钢板制造。钢板仅可用于法兰盖。
2. 表列铸件仅适用于整体法兰。
3. 管法兰用对焊环可采用锻件或钢管制造（包括焊接）。

大直径钢制管法兰（美洲体系）（HG/T 20623—2009）的管法兰材料选用按下列要求：

大口径钢制管法兰用材料按 HG/T 20615 表 4.0.1 的规定，其化学成分、力学性能以及其他技术要求应符合表 4-37 中所列有关标准的规定。

管法兰用锻件（包括锻轧件）的级别及其技术要求（参照 JB 4726、JB 4727、JB 4728）应符合下列规定。

a. 符合下列条件之一者，应按Ⅲ级或Ⅲ级以上锻件的要求：
ⅰ. 公称压力大于或等于 Class600 者；
ⅱ. 公称压力大于或等于 Class300 的铬钼钢锻件；
ⅲ. 公称压力大于或等于 Class300 且工作温度小于或等于 −20℃ 的铁素体钢锻件。

b. 除上述规定以外，公称压力小于或等于 Class300 的锻件应符合Ⅱ级或Ⅱ级以上锻件的要求。

除法兰盖以外，法兰应采用锻件（或锻轧工艺）或铸（钢）件制作，且不得拼焊。法兰盖可采用钢板制作。

六、可配合使用的管法兰标准

管法兰与管子标准系列，见表 4-38；欧洲体系管法兰见表 4-39；美洲体系管法兰见表 4-40 和表 4-41。

表 4-38　国内常用管法兰标准

配管	欧洲体系(PN 系列)	美洲体系(Class 系列)
英制管	GB/T 9112～9124—2000 HG 20592～20605—1997	GB/T 9112～9124—2000 HG 20615～20626—1997 SH 3406—1996
公制管	HG 20592～20605—1997 JB/T 74～86—1994	—

表 4-39　可配合使用的欧洲体系管法兰

标准编号	标准名称	压力等级 PN/bar
EN 1092-1—2002	钢制法兰	2.5,6,10,16,25,40,63,100,160
JB/T 74～90—1994	管路法兰	2.5,6,10,16,25,40,63,100
HG/T 20592—2009	钢制管法兰	2.5,6,10,16,25,40,63,100,160
GB/T 9112～9124—2000	钢制管法兰	2.5,6,10,16,25,40,63,100,160

注：JB/T 74～90—1994 管路法兰中，管法兰 PN 2.5-DN 500、PN 6-DN500 和 PN 10-DN 80 与 HG/T 20592—2009 不能配合使用。

表 4-40　配合使用的美洲体系管法兰（≤$DN600$）

标准编号	标准名称	压力等级
ASME B16.5—2009	管法兰和法兰管件	Class150,Class300,Class600,Class900,Class1500,Class2500
EN 1759-1—2004	钢制法兰及法兰管件	Class150,Class300,Class600,Class900,Class1500,Class2500
JPI 7S-15—2005	钢制法兰及法兰管件	Class150,Class300,Class600,Class900,Class1500,Class2500
GB/T 9112～9124—2000	钢制管法兰	PN 20,PN 50,PN 110,PN 150,PN 260,PN 420
SH 3406—1996	石油化工钢制管法兰	PN 20,PN 50,PN 100,PN 150,PN 250,PN420

表 4-41　可配合使用的美洲体系管法兰（>$DN600$）

标准编号	标准名称	压力等级	备注
ASME B16.47—2006	大直径钢制法兰	Class150,Class300,Class600,Class900	A 系列 B 系列
JPI 7S-43—2001	大直径钢制法兰	Class 150,Class300,Class600,Class900	A 系列 B 系列
SH 3406—1996	石油化工钢制管法兰	PN 20,PN 50	B 系列

七、常用法兰标准规范

① GB/T 9112～9124—2010《钢制管法兰》。

② GB/T 13402—2010《大直径碳钢管法兰》。

③ HG/T 20592～20635—2009《钢制管法兰、垫片、紧固件》。

注：

HG/T 20592 为钢制管法兰标准 PN 系列（欧洲体系）

HG/T 20606～20607、HG/T 20609～20612 为钢制管法兰用垫片标准 PN 系列（欧洲体系）

HG/T 20613 为钢制管法兰用紧固件 PN 系列（欧洲体系）

HG/T 20614 为钢制管法兰、垫片、紧固件选配规定 PN 系列（欧洲体系）。

HG/T 20615 为钢制管法兰标准 Class 系列（美洲体系）

HG/T 20623 为大直径钢制管法兰标准 Class 系列（美洲体系）

HG/T 20627～20628、HG/T 20630～20633 为钢制管法兰用垫片标准 Class 系列（美洲体系）

HG/T 20634 为钢制管法兰用紧固件 Class 系列（美洲体系）

HG/T 20635 为钢制管法兰、垫片、紧固件选配规定 Class 系列（美洲体系）

④ SH 3406—1996《石油化工钢制管法兰》。

⑤ ASME B16.5《管法兰和法兰配件》。

⑥ ASME B16.47《大直径钢管法兰》。

⑦ MSS SP-44《钢制管法兰》。

⑧ JIS B2220《钢制焊接式管法兰》。

⑨ JIS B2238《钢制管法兰通则》。

⑩ BS 1560《管、阀门和配件用圆法兰》。

⑪ DIN 2527，2573，2576，2627～2638，2673，2552，2653，2655，2656，2641，2642，2565～2569 德标法兰系列。

第八节 螺栓、螺母

一、螺栓

根据结构形式的不同，螺栓可分为六角头螺栓（又称单头螺栓）和螺柱（又称双头螺栓）两类，而双头螺栓又分为通丝和非通丝两种，如图 4-12 所示。

■ 图 4-12 螺栓

1. 六角头螺栓（Hexagonal Head Bolt）

常与平焊法兰和非金属垫片配合，用于操作较缓和的工况下。常配 $H=0.8D$ 螺母。六角头螺栓常用材料是 BL3 或者是 Q235B。石化工业中一般用在压力、温度较低的冷却水、空气等公用工程管道上。

2. 螺柱（Stud Bolt）

常与对焊法兰配合，使用在操作条件比较苛刻的工况下。

螺柱本身又分全螺纹螺柱（通丝型）和等长双头螺柱（非通丝型），其中，因为通丝型双头螺栓上没有截面形状的变化，故其承载能力强，而非通丝型双头螺栓则相对承载能力较弱。螺柱适用于所有公称压力等级的管法兰，以往规定 $PN \leqslant 2.5MPa$ 的法兰可配六角头螺栓，也可配螺柱，而 $PN \geqslant 4.0MPa$ 的法兰只配螺柱。

《石油化工管道设计器材选用通则》（SH 3059）规定除 $PN < 5.0MPa$，采用软质垫片的法兰连接可选用六角头螺栓外，其他法兰连接均应选用全螺纹螺柱。ASME B16.5 也有类似规定，公称压力≥400psi 法兰连接均采用螺柱。

此外，由于同样直径螺栓的保证荷载与最小拉力荷载，细牙螺纹均比粗牙螺纹要大，中石化总公司标准规定大于或等于 M36 一律用螺距为 3mm 的细牙螺纹。化工行业标准规定螺纹直径 M10~M27 时，采用粗牙螺纹；M30~M45 时，采用细牙螺纹。《工业金属管道设计规范》（GB 50316）规定法兰连接用紧固件螺纹的螺距不宜大于 3mm，直径 M30 以上的紧固件可采用细牙螺纹。

二、螺母

关于螺母（图 4-13），由于已被证明增加螺母高度尺寸是解决 $H=0.8D$ 螺母脱扣问题的最可行方法，为简化品种，现在石油化工管法兰已大多采用 $H=D$ 的六角形螺母。

■ 图 4-13 六角螺母

三、螺栓与螺母材料的选择

螺柱、螺栓和螺母的公差等级均分 A、B、C 三级。C 级过去称粗制，A、B 级过去有的分别称精制、半精制，也有的统称为精制。石油化工管法兰紧固件标准规定一律符合 B 级产品要求。化工行业规定压力不大于 0.6MPa 时可采用 C 级产品。

选择法兰连接用紧固件材料时，应同时考虑管道操作压力、操作温度、介质种类和垫片类型等因素。

表 4-42 常用螺栓许用应力和使用温度

钢 号	钢材标准号	钢材使用状态	螺栓规格/mm	常温强度指标 σ_b/MPa	常温强度指标 σ_s/MPa	≤20	100	150	200	250	300	350	400	425	450	475	500	525	550	575	600	使用温度下限/℃	备注
碳素钢螺栓																							
Q235-A	GB 700	热轧	≤M20	375	235	87	78	74	69	62	56	—	—	—	—	—	—	—	—	—	—	0	
35	GB 699	正火	≤M22	530	315	117	105	98	91	82	74	69	—	—	—	—	—	—	—	—	—	−20	②
			M24～M27	510	295	118	106	100	92	84	76	70	—	—	—	—	—	—	—	—	—		
低合金钢螺栓																							
40MnB	GB 3077	调质	≤M22	805	685	196	176	171	165	162	154	143	126	—	—	—	—	—	—	—	—	−20	②
			M24～M36	765	635	212	189	183	180	176	167	154	137	—	—	—	—	—	—	—	—		
40MnVB	GB 3077	调质	≤M22	835	735	210	190	185	179	176	168	157	140	—	—	—	—	—	—	—	—	−20	②
			M24～M36	805	685	228	206	199	196	193	183	170	154	—	—	—	—	—	—	—	—		
40Cr	GB 3077	调质	≤M22	805	685	196	176	171	165	162	157	148	134	—	—	—	—	—	—	—	—	−20	②
			M24～M36	765	635	212	189	183	180	176	170	160	147	—	—	—	—	—	—	—	—		
30CrMoA	GB 3077	调质	≤M22	700	550	157	141	137	134	131	129	124	116	111	107	103	79	—	—	—	—	−100	
			M24～M48	660	500	167	150	145	142	140	137	132	123	118	113	108	79	—	—	—	—		
			M52～M56	660	500	185	167	161	157	156	152	146	137	131	126	111	79	—	—	—	—		
35CrMoA	GB 3077	调质	≤M22	835	735	210	190	185	179	176	174	165	154	147	140	111	79	—	—	—	—	−100	
			M24～M48	805	685	228	206	199	196	193	189	180	170	162	150	111	79	—	—	—	—		
			M52～M80	805	685	254	229	221	218	214	210	200	189	180	150	111	79	—	—	—	—		
			M85～M105	735	590	219	196	189	185	181	178	171	160	153	145	111	79	—	—	—	—		
35CrMoVA	GB 3077	调质	M52～M105	835	735	272	247	240	232	229	225	218	207	201	—	—	—	—	—	—	—	−20	②
			M110～M140	785	665	246	221	214	210	207	203	196	189	183	—	—	—	—	—	—	—		
25Cr2MoVA	GB 3077	调质	≤M22	835	735	210	190	185	179	176	174	168	160	156	151	141	131	72	39	—	—	−20	②
			M24～M48	835	735	245	222	216	209	206	203	196	186	181	176	168	131	72	39	—	—		
			M52～M105	805	685	254	229	221	218	214	210	203	196	191	185	176	131	72	39	—	—		
			M110～M140	735	590	219	196	189	185	181	178	174	167	164	160	153	131	72	39	—	—		
40CrNiMoA	GB 3077	调质	M50～M140	930	825	306	291	281	274	267	257	244	—	—	—	—	—	—	—	—	—	−50	①
1Cr5Mo	GB 1221	调质	≤M22	590	390	111	101	97	94	92	91	90	87	84	81	77	62	46	35	26	18	−20	②
			M24～M48	590	390	130	118	113	109	108	106	105	101	98	95	92	62	46	35	26	18		
高合金钢螺栓																							
2Cr13 (20Cr13)	GB 1220	调质	≤M22	126	117	111	106	103	100	97	91	—	—	—	—	—	—	—	—	—	—	−20	②
			M24～M27	147	137	130	123	120	117	113	107	—	—	—	—	—	—	—	—	—	—		
0Cr18Ni9 (06Cr19Ni10)	GB 1220	固溶	≤M22	129	107	97	90	84	79	77	74	71	69	68	66	63	58	52	42	32	27	−196	
			M24～M48	137	114	103	96	90	85	82	79	76	74	73	71	67	62	52	42	32	27		
0Cr17Ni12Mo2 (06Cr17Ni12Mo2)	GB 1220	固溶	≤M22	129	109	101	93	87	82	79	77	75	74	73	71	68	65	50	38	30		−196	
			M24～M48	137	117	107	99	93	87	84	82	81	79	78	78	76	73	65	50	38	30		
0Cr18Ni10Ti (06Cr18Ni11Ti)	GB 1220	固溶	≤M22	129	107	97	90	84	79	77	75	73	71	70	69	58	44	33	25	18	13		
			M24～M48	137	114	103	96	90	85	82	80	78	76	75	74	58	44	33	25	18	13		

① M80 及以下使用温度下限为−70℃。
② 使用温度下限为−20℃的材料，宜在高于−20℃的条件下使用，不需进行低温韧性试验。
注：中间温度的许用应力，可按本表的数值用内插法求得。

螺母材料常根据与其配合的螺栓材料确定，这些组合在一般的标准中都有规定。一般情况下，螺母材料应稍低于螺栓材料，并保证螺母硬度比螺栓硬度低 30HB 左右。

垫片类型和操作压力、操作温度一样，都直接对紧固件材料强度提出了要求。例如，采用缠绕式垫片密封的低压剧毒介质管道的法兰连接，尽管管道的操作压力和温度都不高，但因为使缠绕式垫片形成初始密封时所需要的比压力较大，从而要求紧固件的承受荷载也大，因此，在这种情况下就要求紧固件采用高强度合金钢材料。

合金钢螺柱均应采用高级优质钢，即材料牌号后均应加字母 A，如 35CrMoA、25CrMoVA。

管法兰大量采用专用级紧固件，这种用材料牌号表示的螺栓、螺母的力学性能依照《压力容器》(GB 150) 的规定。石油化工管法兰常用紧固件材料和力学性能，可以参考 SH 标准中的相应表格。

四、常用螺栓许用应力和使用温度

常用螺栓许用应力和使用温度见表 4-42。

五、某工程项目螺栓螺母 ASTM 材料的选用

某工程项目螺栓螺母 ASTM 材料的选用见表 4-43。

表 4-43　某工程项目螺栓螺母 ASTM 材料的选用

流体介质	温度范围/℃		ASTM 材料种类	
	Min	Max	螺栓	螺母
工艺和普通流体	−40	+450	A193 Grade B7	A194 Grade 2H
低温流体	−73	+450	A320 Grade L7M	A194 Grade 7M
	−101	+343	A320 Grade L7	A194 Grade 4or7
高温流体	+450	+645	ASTM A193 Grade B16	A194 Grade 4
湿酸流体	−48	+450	A193 Grade B7M	A194 Grade 2HM
	−73	+450	A320 Grade L7M	A194 Grade 7M

第九节　垫　　片

垫片 [Gasket (GSKT)] 是借助于螺栓的预紧载荷通过法兰进行压紧，使其发生弹塑性变形，填充法兰密封面与垫片间的微观几何间隙，增加介质的流动阻力，从而达到阻止或减少介质泄漏的目的。垫片性能的好坏以及选用的合适与否对密封副的密封效果影响很大。

一、垫片的种类及适用范围

常用的垫片可以分为三大类，即非金属垫片、半金属垫片和金属垫片。

1. 非金属垫片（Non-metallic Gasket）

（1）石棉橡胶垫片（Elastomer with Asbestos Fabric Insertion Gasket）

① 特点。通过向石棉中加入不同的添加剂压制而成。在美国，很多标准中都将石棉制品列为致癌物质而禁用，但在世界范围内，石棉仍以其弹性好、强度高、耐油性好、耐高温、易获得等优点而得到广泛应用。

② 适用范围：$T \leqslant 260℃$，$PN \leqslant 2.0\mathrm{MPa}$（SH 3401）；$T \leqslant 400℃$，$PN \leqslant 4.0\mathrm{MPa}$

(GB/T 539)；用于水、空气、氮气、酸、碱、油品等介质工况下。

（2）聚四氟乙烯（PTFE）包覆垫片（PTFE Impregnated Asbestos Gasket）

适用范围：$T=-180\sim200℃$，$PN\leqslant4.0MPa$；常用于低温或者要求干净的场合。

2. 半金属垫片（Semimetallic Gasket）

半金属垫片有缠绕式垫片（Spiral Wound Gasket）、金属包覆垫片（Metallic Jacket Gasket）和柔性石墨垫片（Flexible Graphite Gasket）三大类。

（1）缠绕式垫片

① 特点。缠绕式垫片是半金属垫片中最理想、也是应用最普遍的垫片。其压缩回弹性好、强度高，有利于适应压力和温度的变化，能在高温、低温、冲击、振动及交变荷载下保持良好的密封性能。

② 材料。缠绕钢带：20、1Cr13、0Cr19Ni9、0Cr18Ni10Ti、0Cr17Ni12Mo2 等材料。

非金属缠绕带：特制石棉、柔性石墨带和聚四氟乙烯带。

③ 适用范围（表 4-44、表 4-45）。

表 4-44 缠绕式垫片的形式及代号

形式	适用密封面形式	垫片形式代号			
		SH 3407	HG 20610	JB/T 90	GB 4622.1
基本型	榫槽面	A	A	A	A
带内环	凹凸面	C	B	B	C
带外环	凸台面	B	C	C	B
内外环	凸台面（$PN\geqslant5.0MPa$，$T\geqslant350℃$）	D	D	D	D

表 4-45 常用缠绕式垫片的使用条件

垫 片 材 料	法兰公称压力/MPa	温度范围/℃
奥氏体不锈钢/特制石棉	≤25.0	－50～500
奥氏体不锈钢/柔性石墨	≤25.0	－196～600
奥氏体不锈钢/聚四氟乙烯	≤10.0	－196～200

（2）铁包式垫片　密封性能不如缠绕式垫片，故压力管道中用得不多，它常用于换热器封头等大直径的法兰连接密封。

（3）柔性石墨复合垫片　由冲齿或冲孔金属芯板与膨胀石墨粒子复合而成。适用于突面、凹凸面和榫槽面法兰。

3. 金属垫片（Metallic Gasket）

金属垫片常用在高压力等级法兰上，以承受较高的密封比压。常用的金属垫片有平垫（Flat Gasket）、八角形垫（Octagonal Ring Gasket）和椭圆形垫（Oval Ring Gasket）三种。

金属平垫片：常与凸面、凹凸面、榫槽面法兰一起使用。

八角形金属垫片和椭圆形金属垫片：常与环槽面法兰一起使用。与椭圆形金属垫片相比，八角形金属垫片容易加工，故其应用较多。

一般情况下，金属垫片的材料应配合法兰材料选用，且要求垫片硬度比法兰密封面硬度低（不少于 30HB）。常用的金属垫片材料及其硬度和最高使用温度见表 4-46。

表 4-46 常用金属垫片材料的硬度和最高使用温度

材料名称		最高硬度		材料标准	最高使用温度/℃
		布氏/HB	洛氏/HRC		
ASTM 材料	软铁	90	52	软铁	530
	5Cr-0.5Mo	130	74	ASTM A182 F5a AISI 502	700
	13Cr	170	84	ASTM A182 F6 AISI 410	$-196\sim700$
	18Cr-8Ni	160	84	ASTM A182 F304 AISI 304	$-196\sim750$
	18Cr-8Ni 超低碳	150	81	AISI 304L	$-196\sim800$
	18Cr-12Ni-Mo	160	84	ASTM A182 F316 AISI 316	$-196\sim800$
	18Cr-12Ni-Mo 超低碳	150	81	AISI 316L	$-196\sim800$
GB 材料	软铁	90			450
	08、10	120		GB 699	450
	0Cr13	140		JB 4728	540
	0Cr18Ni9	160		JB 4728	$-196\sim700$
	00Cr19Ni10、00Cr17Ni14Mo2	150		JB 4728	$-196\sim450$
	铜				$-70\sim316$
	铝				$-70\sim428$

二、垫片性能参数 γ 和 m

为形成初始密封条件而必须施加在垫片单位面积上的最小压紧力称为预紧密封比压 γ。在操作条件下,发生临界泄漏时,单位密封面上所具有的密封压紧力称为工作密封比压,工作密封比压 σ_E 与介质操作压力 p 的比值称为垫片系数 m,即 $m=\sigma_E/p$。

γ 和 m 是反映垫片性能的两个重要参数,其数值与垫片的种类和材质有关,γ 和 m 值大表明垫片达到密封时需要更大的螺栓荷载。垫片泄漏率是垫片密封性能的主要指标,各种垫片的泄漏率均按《管法兰用垫片密封性能试验方法》(GB 12385—2008) 测定。此方法同时可测定垫片的 γ、m 值。

非金属和半金属垫片的应力松弛率按《管法兰垫片应力松弛试验方法》(GB/T 12621—90) 测得。这两类垫片的压缩率和回弹率按《管法兰垫片压缩率及回弹率试验方法》(GB/T 12622—90) 测定。此外,国标还规定了缠绕垫的试验方法,见 GB/T 14180—93。常用垫片的比压 γ 和垫片系数 m 见表 4-47。

表 4-47 常用垫片的比压 γ 和垫片系数 m

垫片材料		垫片系数 m	比压 γ/MPa
橡胶垫片	肖氏硬度小于 75	0.5	0
	肖氏硬度大于或等于 75	1.0	1.4
石棉橡胶垫片	厚度 3mm	2.0	11
	厚度 1.5mm	2.75	25.5
	厚度 0.75mm	3.5	44.8
石棉缠绕垫片	金属带为碳钢	2.5	69
	金属带为不锈钢或蒙乃尔合金	3.0	69

续表

垫 片 材 料		垫片系数 m	比压 y/MPa
石棉金属包垫片	金属包为软铝	3.25	38
	金属包为软铜或黄铜	3.5	44.8
	金属包为铁或软钢	3.75	52.4
	金属包为蒙乃尔合金	3.5	55.2
	金属包为 4%～6%铬钢	3.75	62.1
	金属包为不锈钢	3.75	62.1
齿形金属垫片	软铝	3.25	38
	软铜或黄铜	3.5	44.8
	铁或软钢	3.75	52.4
	蒙乃尔合金或 4%～6%铬钢	3.75	62.1
	不锈钢	4.25	69.6
金属平垫片	软铝	4.0	60.7
	软铜或黄铜	4.75	89.6
	铁或软钢	5.5	124.1
	蒙乃尔合金或 4%～6%铬钢	6.0	150.3
	不锈钢	6.5	179.3
金属环垫片	铁或软钢	5.5	124.1
	蒙乃尔合金或 4%～6%铬钢	6.0	150.3
	不锈钢	6.5	179.3

三、垫片选用的原则

选用垫片时，必须综合考虑法兰密封面形式、工作介质、操作条件和垫片本身性能等诸多因素，一般应遵循以下原则。

（1）垫片的形式　必须与法兰密封面形式相匹配。

（2）垫片的材质　根据被密封介质、工作温度和工作压力确定垫片的材质。垫片与介质相接触，直接受到工作介质、温度和压力的影响，因而必须用能满足以下要求的材料制作。

① 具有良好的弹性和复原性，较少应力松弛现象。

② 有适当的柔软性，能与密封面很好吻合，有较大的抗裂强度，压缩变形适当。

③ 有良好的物理性能，不因低温硬化脆变，不因高温软化塑流，也不会因与介质接触而产生膨胀和收缩。

④ 材料本身能耐工作介质的腐蚀，不污染工作介质和不腐蚀法兰密封面。

⑤ 有良好的加工性，制作容易且成本低廉，易于在市场上购买。

（3）垫片的类型　通常高温、高压工况多采用金属垫片；常压、低压、中温工况多采用非金属垫片；介于两者之间用半金属垫片。

（4）垫片的厚度　当密封面加工良好，压力不太高时，宜选用薄垫片。在压力较高时，对应于螺栓的伸长，薄垫片的回弹太小，不能达到必要的复原量而易产生泄漏，因而压力较高时，应选用较厚的垫片。

（5）垫片的宽度　太窄不能起密封作用，太宽必须相应地增大预紧力。预紧力不够会影响密封效果，且太宽必将增加生产成本。

（6）材料品种的归并　在满足使用要求的前提下，应尽量归并材料品种，切忌不必要的多样化。事实上各种垫片已有各自的系列尺寸和材质，只需根据工作介质和操作条件正确选用与法兰密封面相匹配的垫片。

四、法兰、垫片、紧固件选配表

《钢制管法兰、垫片、紧固件选配规定(欧洲体系)》HG/T 20614—2009 给出了法兰、垫片、紧固件选配表(欧洲管法兰体系);《钢制管法兰、垫片、紧固件选配规定(美洲体系)》HG/T 20635—2009 给出了法兰、垫片、紧固件选配表(美洲管法兰体系)。这些选配表把可以选配的垫片形式、使用压力、密封面形式、密封面表面粗糙度、法兰形式、垫片最高使用温度、紧固件形式、紧固件性能等级或材料牌号均列了出来。

第十节 盲板、"8"字盲板、插板、垫环、限流孔板和混合孔板

一、盲板(Blind)、"8"字盲板(Spectacle Blind;Figure 8 Blind)、插板(Paddle Blank)及垫环(Paddle Spacer)

盲板、"8"字盲板、插板以及垫环,制造方法一般分三种:锻打、铸锻、中板割制。其中锻打产品价格最高,中板次之,铸锻最低。而质量是锻打和中板的好,铸锻的要稍差些。盲板或"8"字盲板与阀门相比,其关断作用更可靠而且更经济。

盲板、"8"字盲板、插板以及垫环都应有两个和匹配法兰同样的密封面。常用的密封面包含平面、凹凸面、榫槽面和环连面。

盲板(见图 4-14)用于起隔离、切断作用的,和封头、管帽所起的作用是一样的。由于其密封性能好,对于需要完全隔离的系统,一般都作为可靠的隔离手段。盲板就是一个带柄的实心的圆,用于通常状况下处于隔离状态的系统。盲板的有关标准,可参见 HG/T 20592~20635《钢制管法兰、垫片、紧固件》和 ASME B16.5《管法兰和法兰管件》。

■ 图 4-14 盲板　　　　　　　　■ 图 4-15 "8"字盲板(榫槽面)

"8"字盲板(见图 4-15),形状像"8"字,一端是盲板,另一端是节流环,但直径与管道的管径相同,并不起节流作用。"8"字盲板,使用方便,需要隔离时,使用盲板端,需要正常操作时,使用节流环端,同时也可用于填补管路上盲板的安装间隙。另一个特点就是标识明显,易于辨认安装状态。主要用于小于等于 DN600 的管道系统。插板(见图 4-16)和垫环(见图 4-17)互为盲通,和"8"字盲板的作用类似,主要用于大于 DN600 的管道系统。"8"字盲板、插板和垫环的有关标准,可参见 HG 21547《管道用钢制插板、垫环、"8"字盲板》、ASME B16.48 Steel Line Blanks("8"字盲板、插板、垫环)、API 590 Steel Line Blanks("8"字盲板、插板、垫环)。

■ 图 4-16　插板（凹凸面）

■ 图 4-17　垫环（平面）

二、限流孔板（Restriction Orifice）

限流孔板是在板面上开一个小锥孔（该小锥孔的尺寸由工艺专业提出），如图 4-18 所示。它也应有两个和匹配法兰同样的密封面。限流孔板可以作为流量测量元件用来测量流量，也可以作为节流元件用来限定流量和降低压力。当孔板前后存在一定压差，流体流经孔板，对于一定的孔径，流经孔板的流量随着压差增大而增大。但当压差超过某一数值（称为临界压差）时，流体通过孔板缩孔处的流速达到音速，这时，无论压差如何增加，流经孔板的流量将维持在一定数值而不再增加。限流孔板就是根据这一原理来限定流体的流量和降低压力的。限流孔板按孔板上开孔数量分为单孔板和多孔板；按孔板数量可分为单级和多级。

限流孔板主要使用在下列场合。

① 工艺物料需要降压的场合。

② 在管道中阀门上、下游需要有较大压降时，为减少流体对阀门的冲蚀，当经孔板节流不会产生气相时，可在阀门上游串联孔板。

■ 图 4-18　限流孔板

③ 流体需要小流量且连续流通的地方，如泵的冲洗管道、热备用泵的旁路管道（低流量保护管道）、分析取样管等场所。

④ 需要降压以减少噪声或磨损的地方，如放空系统。

限流孔板有关的标准有：HG/T 20570.15、ISO 5167 和 GB 2624。

三、混合孔板（Mixing Orifice）

混合孔板是在板面上开设一个或若干个小孔，以便于两种介质在经过混合孔板时能充分混合而达到工艺操作的目的。它也应有两个和匹配法兰同样的密封面。

第十一节　阀门及其他管道设备

阀门是压力管道系统的重要组成部件，其主要功能是接通和截断介质；防止介质倒流；调节介质压力、流量；分离、混合或分配介质；防止介质压力超过规定数值，以保证管道或设备安全运行等。选用阀门主要从装置的操作和经济两方面考虑。

一、阀门的分类

1. 按动力分

（1）自动阀门　依靠介质自身的力量进行动作的阀门，如止回阀、减压阀、疏水阀、安全阀等。

（2）驱动阀门　依靠人力、电力、液力、气力等外力进行操纵的阀门，如截止阀、节流阀、闸阀、蝶阀、球阀、旋塞阀等。

2. 按结构特征根据关闭件相对于阀座移动的方向分

（1）截门形　关闭件沿着阀座中心移动（图 4-19）。

（2）闸门形　关闭件垂直阀座中心移动（图 4-20）。

（3）旋塞和球形　关闭件是柱塞或球，围绕本身的中心线旋转（图 4-21）。

（4）旋启形　关闭件围绕阀座外的轴旋转（图 4-22）。

■ 图 4-19　截门形结构

■ 图 4-20　闸门形结构

■ 图 4-21　旋塞形结构

■ 图 4-22　旋启形结构

■ 图 4-23　蝶形结构

■ 图 4-24　滑阀形

（5）蝶形　关闭件的圆盘，围绕阀座内的轴旋转（图 4-23）。

（6）滑阀形　关闭件在垂直于通道的方向滑动（图 4-24）。

3. 根据阀门的不同用途分

（1）开断用　用来接通或切断管道介质，如截止阀、闸阀、球阀、蝶阀等。

（2）止回用　用来防止介质倒流，如止回阀。

（3）调节用　用来调节介质的压力和流量，如调节阀、减压阀。

（4）分配用　用来改变介质流向、分配介质，如三通旋塞、分配阀、滑阀等。

（5）安全阀　在介质压力超过规定值时，用来排放多余的介质，保证管道系统及设备安全，如安全阀、事故阀。

（6）其他特殊用途　如疏水阀、放空阀、排污阀等。

4. 根据不同的驱动方式分

（1）手动　借助手轮、手柄、杠杆或链轮等，有人力驱动，传动较大力矩时，装有蜗轮、齿轮等减速装置。

(2) 电动 借助电机或其他电气装置来驱动。

(3) 液动 借助水、油来驱动。

(4) 气动 借助压缩空气来驱动。

5. 根据阀门的公称压力分

(1) 真空阀 绝对压力小于 0.1MPa 即 760mmHg 的阀门,通常用 mmHg 或 mmH_2O 表示压力。

(2) 低压阀 公称压力 $PN \leqslant 1.6$MPa 的阀门(包括 $PN \leqslant 1.6$MPa 的钢阀)。

(3) 中压阀 公称压力 $PN = 2.5 \sim 6.4$MPa 的阀门。

(4) 高压阀 公称压力 $PN = 10.0 \sim 80.0$MPa 的阀门。

(5) 超高压阀 公称压力 $PN \geqslant 100.0$MPa 的阀门。

6. 根据阀门工作时的介质温度分

(1) 普通阀门 适用于介质温度 $-40 \sim 425$℃ 的阀门。

(2) 高温阀门 适用于介质温度 $425 \sim 600$℃ 的阀门。

(3) 耐热阀门 适用于介质温度 600℃ 以上的阀门。

(4) 低温阀门 适用于介质温度 $-40 \sim -150$℃ 的阀门。

(5) 超低温阀门 适用于介质温度 -150℃ 以下的阀门。

7. 根据阀门的公称通径分

(1) 小口径阀门 公称通径 $DN < 40$mm 的阀门。

(2) 中口径阀门 公称通径 $DN = 50 \sim 300$mm 的阀门。

(3) 大口径阀门 公称通径 $DN = 350 \sim 1200$mm 的阀门。

(4) 特大口径阀门 公称通径 $DN \geqslant 1400$mm 的阀门。

8. 根据阀门与管道连接方式分

(1) 法兰连接阀门 阀体带有法兰,与管道采用法兰连接的阀门。

(2) 螺纹连接阀门 阀体带有内螺纹或外螺纹,与管道采用螺纹连接的阀门。

(3) 焊接连接阀门 阀体带有焊口,与管道采用焊接连接的阀门。

(4) 夹箍连接阀门 阀体上带有夹口,与管道采用夹箍连接的阀门。

(5) 卡套连接阀门 采用卡套与管道连接的阀门。

二、阀门的型号

我国第一机械工业部,曾于 1962 年颁布过《阀门型号编制方法》,即 JB 308—62 标准;由于阀门技术的不断发展,到 1975 年又以 JB 308—75 标准代替原标准,这就是现在遵循的新的 JB/T 308—2004《阀门型号编制方法》。这个标准适用于工业管道的闸阀、截止阀、节流阀、球阀、蝶阀、隔膜阀、旋塞阀、止回阀、安全阀、减压阀、疏水阀,包括了各种基本的类型。

特别需要注意的是,由于阀门形式、用途的增加,此编号系统已不完全适应其发展要求,故许多阀门厂已不再使用此编号系统,而通过采购的阀门规格书的要求进行选用。国外厂家阀门产品代码和中国的不同,但是,阀门的型号编码道理是类似的。本书只介绍我国的阀门型号编码方法。

阀门的型号由七个单元组成,用来表明阀门类别、驱动种类、连接和结构形式、密封面或衬里材料、公称压力及阀体材料。

按照《阀门型号编制方法》规定,阀门型号分七个单元:

在五、六单元之间,用一横杠连接。

1. 类型代号

第一单元是类型代号,用字母表示(表 4-48)。

表 4-48 类型代号

阀门类型	代 号	阀门类型	代 号
安全阀	A	球阀	Q
蝶阀	D	疏水阀	S
隔膜阀	G	柱塞阀	U
止回阀和底阀	H	旋塞阀	X
截止阀	J	减压阀	Y
节流阀	L	闸阀	Z
排污阀	P		

注:对于低于-40℃的低温阀、带加热夹套的保温阀、带波纹管(代替填料函)的阀门及抗硫的阀门,在类型代号前,分别加上汉语拼音字母"D"、"B"、"W"和"K"。

2. 传动方式代号

第二单元是传动方式代号,用阿拉伯数字表示(表 4-49)。

3. 连接形式代号

第三单元是阀门的连接形式代号,用阿拉伯数字表示(表 4-50)。

4. 结构形式代号

第四单元是结构形式代号,用阿拉伯数字表示(表 4-51~表 4-61)。

表 4-49 传动方式代号

传动方式	代 号	传动方式	代 号
电磁阀	0	锥齿轮	5
电磁-液动	1	气动	6
电-液动	2	液动	7
蜗轮	3	气-液动	8
正齿轮	4	电动	9

注:1. 对于手轮、手柄或扳手传动的阀门以及所有安全阀、减压阀、疏水阀,此代号省略。
2. 某些气动或液动阀门,分常开式和常闭式两种,常开式用 6K、7K 表示,常闭式用 6B、7B 表示;气动又带手动的阀门,用 6S 表示;防爆电动,用 9B 表示。
3. 代号 2 及代号 8 用于阀门启闭需由两种动力源同时对阀门进行动作的执行机构。

表 4-50 连接形式代号

连接形式	代 号	连接形式	代 号
内螺纹	1	焊接	6
外螺纹	2	对夹	7
两不同连接	3	卡箍	8
法兰	4	卡套	9

表 4-51　闸阀结构形式代号

闸阀结构形式				代　号
明杆	楔式	弹性闸板		0
		刚性	单闸板	1
			双闸板	2
	平行式		单闸板	3
			双闸板	4
暗杆	楔式		单闸板	5
			双闸板	6
	平行式		单闸板	7
			双闸板	8

表 4-52　截止阀、柱塞阀和节流阀结构形式代号

截止阀、柱塞阀和节流阀结构形式		代　号
直通式		1
Z形直通式		2
三通式		3
角式		4
直流式（Y形）		5
平衡	直通式	6
	角式	7
针形截止阀		8

表 4-53　球阀结构形式代号

球阀结构形式			代　号
浮动	直通式		1
	Y形		2
	L形	三通式	4
	T形		5
固定	直通式		7
	四通		6
	T形	三通	8
	L形		9
	半球直通		0

表 4-54　蝶阀结构形式代号

蝶阀结构形式		代　号	蝶阀结构形式		代　号
密封型	中线式	1	非密封型	中线式	6
	单偏心	2		单偏心	7
	双偏心	3		双偏心	8
	连杆偏心（变偏心）	4		连杆偏心（变偏心）	9

表 4-55　隔膜阀结构形式代号

隔膜阀结构形式	代　号	隔膜阀结构形式	代　号
屋脊式	1	闸板式	7
截止式	3	角式Y形	8
直流板式	5	角式T形	9
直通式	6		

表 4-56 旋塞阀结构形式代号

旋塞阀结构形式		代 号
填料密封	L形	2
	直通式	3
	T形三通式	4
	四通式	5
油封密封	L形	6
	直通式	7
	T形三通式	8
静配	直通式	9
	T形三通式	0

表 4-57 止回阀和底阀结构形式代号

止回阀和底阀结构形式		代 号
升降	直通式	1
	立式	2
	角式	3
旋启	单瓣式	4
	多瓣式	5
	双瓣式	6
回转蝶式止回阀		7
截止止回阀		8

表 4-58 安全阀结构形式代号

安全阀结构形式				代 号
弹簧	封闭	带散热片	全启式	0
			微启式	1
			全启式	2
		带扳手	全启式	4
			双弹簧微启式	3
			微启式	7
	不封闭		全启式	8
		带控制机构	全启式	6
脉冲式				9
杠杆式				6

注：杠杆式安全阀，在类型代号前加 G 字（汉语拼音字母），数字代号，新标准未作规定。旧标准以1代表单杆微启式，2代表单杆全启式，3代表双杆微启式，4代表双杆全启式，6代表脉冲式。

表 4-59 减压阀结构形式代号

减压阀结构形式	代 号	减压阀结构形式	代 号
直接作用波纹管式	1	先导波纹管式	4
直接作用薄膜式	2	先导薄膜式	5
先导活塞式	3		

表 4-60 疏水阀结构形式代号

疏水阀结构形式	代 号	疏水阀结构形式	代 号
浮球式	1	蒸汽压力式	6
孔板式	2	双金属片式或弹性式	7
浮桶式	3	脉动式	8
液体或固体膨胀式	4	热动力式	9
钟形浮子式	5		

表 4-61 排污阀结构形式代号

排污阀结构形式		代　号
液面连接	截止型直通式	1
	截止型角式	2
液底间断	截止型直流式	5
	截止型直通式	6
	截止型角式	7
	浮动闸板型直通式	8

5. 阀座密封面或衬里材料代号

第五单元是阀座密封面或衬里材料代号，用字母表示（表 4-62）。

表 4-62 阀座密封面或衬里材料代号

阀座密封面或衬里材料	代　号	阀座密封面或衬里材料	代　号
锡基轴承合金（巴氏合金）	B	尼龙塑料	N
搪瓷	C	渗硼钢	P
渗氮钢	D	衬铅	Q
18-8 系不锈钢	E	Mo2Ti 系不锈钢	R
氟塑料	F	塑料	S
玻璃	G	铜合金	T
Cr13 系不锈钢	H	橡胶	X
衬胶	J	硬质合金	Y
蒙乃尔合金	M		

注：1. 当密封面是在阀体上直接加工出来时，则用 W 表示。
　　2. 当密封副的密封面材料不同时，以硬度低的材料代号表示。

6. 公称压力数值

横杠之后，是表示公称压力数值的第六单元。公称压力是指阀门名义上能够承受的压力。实际上它的承压能力总要大些，而使用时为安全起见，控制在公称压力之内。

公称压力代号用阿拉伯数字表示，其数值是以 MPa 为单位的公称压力值的 10 倍。

7. 阀体材料代号

第七单元为阀体材料代号，用字母表示（表 4-63）。

表 4-63 阀体材料代号

阀体材料	代　号	阀体材料	代　号
钛及钛合金	A	球墨铸铁	Q
碳钢	C	Cr18Ni12Mo2Ti 钢	R
Cr13 系不锈钢	H	塑料	S
Cr5Mo 钢	I	铜及铜合金	T
可锻铸铁	K	12Cr1MoV 钢	V
铝合金	L	灰铸铁	Z
1Cr18Ni9Ti 钢	P		

8. 阀门命名实例

① 电动机传动、法兰连接、明杆楔式双闸板、阀座密封面材料由阀体直接加工、公称压力为 0.2MPa、阀体材料为灰铸铁的闸阀：Z942W-2 电动楔式双闸板闸阀。

② 如果阀门的铭牌上标示为 D741X-1，则表示液动、法兰连接、垂直板式、阀瓣密封面材料为橡胶、公称压力 0.1MPa、阀体材料为灰铸铁的碟阀。

③ Q21F-30P 表示手动、外螺纹连接、浮动直通式、阀座密封面为氟塑料、公称压力为 3.0MPa、阀体材料为 1Cr18Ni9Ti 钢的球阀。

④ 电动机传动、焊接、直通式、阀座密封面材料为堆焊硬质合金、公称压力 10MPa、

阀体材料为 12Cr1MoV 钢的截止阀，应表示为 J961Y-100V。

显然，现在的《阀门型号编制方法》还是不够完备的，它未能包括新发展的结构形式和新材料，因此编制方法必将不断补充和改进。新的方法产生时，阀门的结构和材料又有了新的发展，它们之间的差距将永远存在。对于上述方法未能包括的阀门，可以参照这种方法，自行编制型号。

三、阀门的标识

为了从阀门的外观看出它的结构、材质和基本特性，要求在阀体上铸造、打印或装上铭牌，表明阀门型号、公称直径、介质流向及厂名，并在阀体、手轮及法兰外缘上按规定刷不同颜色的漆。按照 JB/T 106—2004《阀门的标志和涂漆》规定，表示阀体材料的油漆应刷在阀体不加工外表面上，其颜色与阀体材料的关系见表 4-64。

表 4-64　漆颜色与阀体材料的关系

阀体材料	涂漆颜色	阀体材料	涂漆颜色
灰铸铁、可锻铸铁、球墨铸铁	黑色	铬-钼合金钢	中蓝色
碳素钢	灰色	LCB、LCC 系列等低温钢	银灰色

注：1. 阀门内外表面可使用满足的喷塑工艺代替。
　　2. 铁制阀门内表面，应涂满足使用温度范围、无毒、无污染的防锈漆。钢制阀门内表面不涂漆。

耐酸钢或不锈钢阀体，也可以不涂漆。有色金属阀体，不必涂漆。

表示密封面材料的油漆，刷在手轮、手柄或自动阀件的盖上，其颜色与密封面材料的关系见表 4-65。

表 4-65　刷漆颜色与密封面材料的关系

密封面材料	刷漆颜色	密封面材料	刷漆颜色
青铜或黄铜	红色	硬质合金	灰色周边带红色条
巴氏合金	黄色	塑料	灰色周边带蓝色条
铝	铝白色	皮革或橡胶	棕色
耐酸钢或不锈钢	浅蓝色	硬橡胶	绿色
渗氮钢	浅紫色	直接在阀体上制作密封面	同阀体颜色

带有衬里的阀门，应在连接法兰的外圆表面上刷以补充的识别油漆，颜色见表 4-66。

表 4-66　刷漆颜色与衬里材料的关系

衬里材料	刷漆颜色	衬里材料	刷漆颜色
搪瓷	红色	铝锑合金	黄色
橡胶及硬橡胶	绿色	铝	铝白色
塑料	蓝色		

四、阀门的基本参数

1. 公称直径

公称直径是指阀门与管道连接处通道的名义内径，用 DN 表示。它表示阀门规格的大小。

2. 公称压力

公称压力是指与阀门的机械强度有关的设计给定压力，用 PN 表示。公称压力系列参见 GB/T 1048《管道元件 PN（公称压力）的定义和选用》。

在我国，涉及公称压力时，为了明确起见，通常给出计量单位，以 MPa 表示。对用于电站的阀门，当介质最高温度超过530℃时，则一般标注工作压力，如"$P_{54}17.0MPa$"，表示阀门在540℃下的最大允许工作压力为17.0MPa。在英国、美国，尽管目前在有关标准中已列入了公称压力的概念，但仍采用磅级（Class）。由于公称压力和磅级的温度基准不同，因此两者没有严格的对应关系。两者参考的对应关系见表4-67。

表4-67 磅级与公称压力参考对应关系

磅级 Class	150	300	400	600	800	900	1500	2500
公称压力 PN/MPa	2.0	5.0	6.8	10.0	14.0	15.0	25.0	42.0

日本的K级制，其温度基准与英国、美国的磅级相同，但计量单位采用米制，K级与磅级之间的关系见表4-68。

表4-68 K级与磅级对照

K级	10	20	40	63	100
磅级 Class	150	300	600	900	1500

3. 适用介质

按照阀门材料和结构形式的要求，阀门能适用的介质如下。

① 气体介质，如空气、蒸汽、氨、石油气和煤气等。
② 液体介质，如油品、水、液氨等。
③ 含固体介质。
④ 腐蚀性介质和剧毒介质。

4. 试验压力

① 强度试验压力：按规定的试验介质，对阀门受压零件材料进行强度试验时规定的压力。
② 密封试验压力：按规定的试验介质，对阀门进行密封试验时规定的压力。

五、阀门的质量要求

1. 内漏问题

是否有内漏或内漏的大小是衡量一个阀门质量的主要技术指标。对于压力管道来说，处理的介质大都是可燃、易燃、易爆、有毒的介质，阀门关闭时，希望通过阀板的泄漏（内漏）越少越好，甚至有些介质的泄漏要求为零。常用的评判阀门内漏的标准有 API 598、ASME B16.10 和 JB/T 9092。

2. 外漏问题

外漏是指通过阀杆填料和阀盖垫片处的介质外泄漏。它同样是衡量阀门好坏的一个重要指标。对有些介质，外漏的要求甚至比内漏要求更严格，因为它直接泄入大气，会直接引起事故，造成人身伤害。对于这种情况，有时不得不采用波纹管密封阀或隔膜阀来保证阀门的外漏为零。限制外漏的标准目前大多数采用美国环保局的限定，即不超过 500×10^{-6}。

3. 材料质量

材料质量是衡量阀门强度可靠性和使用寿命的一个重要指标。众所周知，大多数 $DN \geqslant 50mm$ 的阀门都是铸造阀体，如果质量不好，会直接影响到阀门的可靠性和使用寿命。ASTM 和我国的材料标准通常情况下的要求都是比较低的，为了保证在苛刻情况下材料能较好地满足操作条件的要求，这些标准中都设置许多选择性附加检验项目，设计人员如何根据使用条件来选择这些附加项目是一个技术性很强的问题，如果要求不当，会无意义的增加基建投资。

4. 阀门出厂前试验要求

① 阀门出厂前要根据 JB/T 9092—1999《阀门的检验与试验》进行壳体压力试验和密封试验。密封试验分上密封、低压密封和高压密封试验。

② 根据阀门类别不同选择密封试验。闸阀和截止阀要进行上密封和低压密封试验。

③ 壳体压力试验，一般采用温度不超过 52℃ 的水或黏度不大于水的非腐蚀性流体，以 38℃ 时 1.5 倍的公称压力进行。

④ 低压密封试验，一般采用空气或惰性气体，以 0.5～0.7MPa 压力进行。

⑤ SH 3064《石油化工钢制通用阀门选用、检验及验收》对不同等级的压力管道提出了相应的检验要求，比 JB/T 9092 要求更严格。

六、阀门规格书的内容

通用阀门规格书应包括下列内容。
① 采用的标准代号。
② 阀门的名称、公称压力、公称直径。
③ 阀体材料、阀体对外连接方式。
④ 阀座密封面材料。
⑤ 阀杆与阀盖结构、阀杆等内件材料，填料种类。
⑥ 阀体中法兰垫片种类、紧固件结构及材料。
⑦ 设计者提出的阀门代号或标签号。
⑧ 其他特殊要求。

国内现行的阀门型号表示方法，对阀杆及内件材料、填料种类、法兰垫片种类、法兰紧固件材料种类等均无规定，不能全面说明阀门的属性。

七、闸阀

闸阀（Gate Valve）也称闸板阀、闸门阀，是广泛使用的一种阀门。它的闭合原理是，闸板密封面与闸座密封面高度光洁、平整与一致，互相贴合，可阻止介质流过，并依靠顶楔、弹簧或闸板的楔形来增强密封效果。

1. 闸阀的分类（图 4-25）

■ 图 4-25 闸阀的分类

(1) 按闸杆上螺纹位置分

① 明杆式（图 4-26）。阀杆螺纹露在上部，与之配合的阀杆螺母装在手轮中心，旋转手轮就是旋转螺母，从而使阀杆升降。

这种阀门，启闭程度可以从螺纹中看出，便于操作；对于阀杆螺纹的润滑和检查很方便；特别是螺纹与介质不接触，可避免腐蚀性介质的腐蚀，所以石油化工管道中采用较多。但其螺纹外露，容易粘上空气中的尘埃，加速磨损，故应尽量安装于室内。

■ 图 4-26 明杆式闸阀

■ 图 4-27 暗杆式闸阀

■ 图 4-28 平行式闸阀

② 暗杆式（图 4-27）。阀杆螺纹在下部，与闸板中心螺母配合，升降闸板依靠旋转阀杆来实现，而阀杆本身看不出移动。

这种阀门的唯一优点是，开启时阀杆不升高，适合于安装在操作位置受到限制的地方。它的缺点很明显，启闭程度难以掌握，阀杆螺纹与介质接触，容易腐蚀损坏。

(2) 按闸板构造分

① 平行式（图 4-28）。密封面与垂直中心线平行，一般制成双闸板。撑开两个闸板，使其与阀座密封面可靠密合，一般是用顶楔来实现的，除上顶式之外，还有下顶式，有的阀门也用弹簧。

② 楔式。密封面与垂直中心线成一角度，即两个密封面成楔形。楔形倾角的大小，要视介质的温度，一般来说，温度越高，倾角越大，以防温度变化时卡住。楔形闸阀有双闸板和单闸板（图 4-26、图 4-27）两种。

单闸楔式阀门中，有一种弹性闸阀，它能依靠闸阀的弹性变形来弥补制造中密封面的微量误差。闸阀可以做得很大，如 2m 口径，但大口径闸阀，往往需要外力来开动，如电动闸阀。

纵观各种闸阀可以发现，在楔式闸阀中，双闸板式比较容易制作，对温度的敏感性不突出，所以在蒸汽和水中常用。平行式双闸板也有类似优点，制造修理更简便，对温度的适应性稍差。各种双闸板，都不适于腐蚀性介质和黏性介质，所以在石油、化工管道中经常使用楔式单闸板阀门。楔式单闸板阀门，结构简单，使用牢靠，但修理比较困难，主要是密封面的加工研磨，很不容易达到要求。

2. 闸阀的共同特点及选用

① 闸阀的共同缺点是：高度大；启闭时间长；在启闭过程中，密封面容易被冲蚀；修理

比截止阀困难；不适用于含悬浮物和析出结晶的介质；也难以用非金属耐腐蚀材料来制造。

② 阀体与阀盖多采用法兰连接。阀体截面的形状主要取决于公称压力，如低压阀门的阀体多为扁平状，以缩小其结构长度；高、中压阀门阀体多为椭圆形或圆形，以提高其承压能力，减小壁厚。阀体形状还与阀体材料及制造工艺有关。

③ 闸阀在管道中主要起切断作用。关闭件（闸板）沿闸座中心线的垂直方向移动。闸阀与截止阀相比，流阻小、启闭力小，密封可靠，是最常用的一种阀门。

④ 当部分开启时，介质会在闸板背面产生涡流，易引起闸板的冲蚀和振动，阀座的密封面也易损坏，故一般不作为节流用。

⑤ 与球阀和蝶阀相比，闸阀开启时间较长，结构尺寸较大，不宜用于直径较大的情况。

⑥ 可双向流动。

3. 闸阀的主要标准

在 API 和 ASME B16.34 中，前者专用于石油化工装置，后者则使用面较广。

闸阀的主要标准如下。

① GB 12232—2005《通用阀门 法兰连接铁制闸阀》
② GB 12234—2007《石油、天然气用螺柱连接阀盖的钢制闸阀》
③ GB 8464—2008《水暖用内螺纹连接阀门》
④ GB 8465.1—87《内螺纹连接闸阀、截止阀、球阀、止回阀 基本尺寸 铁制闸阀》
⑤ JB/T 53162—94《闸阀产品质量分等》
⑥ JB/T 5298—91《管线用钢制平板闸阀》
⑦ JB/Z 243—85《闸阀 静压寿命试验规程》
⑧ JB/TQ 648—88《铁制对夹式平板闸阀》
⑨ JB/T 53200—1999《对夹式刀形闸阀 产品质量分等》
⑩ JB/T 53242—1999《管线用钢制平板闸阀 产品质量分等》

八、截止阀

截止阀（Globe Valve）也称截门、球心阀、停止阀、切断阀，是使用最为广泛的一种阀门。它的闭合原理是，依靠阀杆压力，使阀瓣密封面与阀座密封面紧密贴合，阻止介质流通。

1. 截止阀的分类（图 4-29）

■ 图 4-29 截止阀的分类

截止阀可按通道方向分三类。

① 直通式（图 4-30）：进、出口通道成一直线，但经过阀座时要拐 90°。

② 直角式（图 4-31）：进、出口通道成一直角。

③ 直流式（图 4-32）：进、出口通道成一直线，与阀座中心线相交。这种截止阀阀杆是倾斜的。

■ 图 4-30　直通式截止阀　　■ 图 4-31　直角式截止阀　　■ 图 4-32　直流式截止阀

直通式截止阀安装于直线管道，由于操作方便，用得最多。但它的流体阻力大，对于阻力损失要求严格的管道，使用直流式为好。但直流式阀杆倾斜，开启高度大，操作不便。直角式截止阀安装于垂直相交的管道，常用于高压。

2. 截止阀的特点及选用

① 截止阀的动作特性是关闭件（阀瓣）沿阀座中心线移动。它的作用主要是切断，也可粗略调节流量，但不能作为节流阀使用。

② 开闭过程中，密封面间摩擦力小，比较耐用；开启高度不大；制造容易，维修方便；不仅适用于中、低压，而且适用于高压、超高压。

③ 截止阀只允许介质单向流动，安装时有方向性。

④ 截止阀结构长度大于闸阀，同时流体阻力较大，长期运行时，其密封可靠性不强。

⑤ 与闸阀相比截止阀具有一定的调节作用，故常用于调节阀组的旁路。

⑥ 截止阀在关闭时需要克服介质的阻力，因此其最大直径仅用到 $DN200$。

⑦ 对要求有一定调节作用的开关场合（如调节阀旁路、软管站等）和输送液化石油气、液态烃介质的场合，宜选用截止阀代替闸阀。

3. 截止阀的主要标准

① GB 12233—2005《通用阀门　铁制截止阀与升降式止回阀》

② GB 12235—2007《截止阀与止回阀》

③ JB/T 53174—1999《截止阀　产品质量分等》

④ JB/T 53165—1999《高压平衡截止阀　产品质量分等》

⑤ GB/T 587—2008《船用法兰青铜截止阀》

⑥ GB/T 590—2008《船用法兰铸铁截止阀》

⑦ GB 8464—1998《水暖用内螺纹连接阀门》

⑧ GB 8465.2—87《内螺纹连接闸阀、截止阀、球阀、止回阀 基本尺寸 铁制截止阀》

九、节流阀

节流阀（Throttle Valve）也称针形阀，外形与截止阀并无区别，但阀瓣形状不同，用途也不同。它以改变通道面积的形式来调节流量和压力，有直角式和直通式两种，都是手动的。

1. 节流阀的分类（图4-33）

最常见的节流阀阀瓣为圆锥形的，如图4-34所示。用这种阀瓣制成的节流阀也是最常见的节流阀（图4-35）。

■ 图4-33 节流阀的种类

■ 图4-34 圆锥形阀瓣

■ 图4-35 节流阀

2. 节流阀的特点及选用

① 通常用于压力降较大的场合。

② 但它的密封性能不好，作为截止阀是不合适的。同样，截止阀虽能短时间粗略调节流量，但作为节流阀也不合适，当形成狭缝时，高速流体会使密封面冲蚀磨损，失去效用。

③ 节流阀特别适用于节流，用于改变通道截面积，调节流量或压力。

十、止回阀

止回阀（Check Valve）又称单向阀，它只允许介质向一个方向流动，当介质顺流时阀瓣会自动开启，当介质反向流动时能自动关闭。安装时，应注意介质的流动方向应与止回阀上的箭头方向一致。

1. 止回阀的分类（图4-36、图4-37）

① 升降式止回阀（Lift Check Valve）：是靠介质压力将阀门打开，当介质逆向流动时，

■ 图 4-36 止回阀的种类

■ 图 4-37 止回阀的种类

靠自重关闭（有时是借助于弹簧关闭），因此升降式止回阀只能安装在水平管道上，受安装要求的限制，常用于小直径场合（$DN \leqslant 40mm$）。

② 旋启式止回阀（Swing Check Valve, Flap Check Valve）：是靠介质压力将阀门打开，靠介质压力和重力将阀门关闭，因此它即可以用在水平管道上，又可用在垂直管道上（此时介质必须是自下而上），常用于 $DN \geqslant 50mm$ 的场合。

③ 对夹式止回阀（Wafer Type Check Valve）：结构尺寸小，制造成本低，常用来代替升降式和旋启式止回阀。

④ 梭式止回阀（Shuttle Check Valve）：解决 $DN40$ 的升降式止回阀不能用在竖管上的问题。

⑤ 底阀（Foot Valve）：是在泵的吸入管的吸入口处使用的阀门。为防止水中混有异物被吸入泵内，设有过滤网。使用底阀的目的是：开泵前灌注水使泵与入口管充满水；停泵后保持入口管及泵体充满水，以备再次启动，否则泵就无法启动。底阀如图 4-38 所示。

■ 图 4-38　底阀

2. 止回阀的特点及选用

① 对于要求能自动防止介质倒流的场合应选用止回阀。
② $DN \leqslant 40mm$ 时宜用升降式止回阀（仅允许安装在水平管道上）。
③ $DN = 50 \sim 400mm$ 时，宜采用旋启式止回阀（不允许装在介质由上到下的垂直管道上）。
④ $DN \geqslant 450mm$ 时，宜选用缓冲型（Tillting-Disc）止回阀。
⑤ $DN = 100 \sim 400mm$，也可以采用对夹式止回阀，其安装位置不受限制。

3. 止回阀的主要标准

① GB/T 12233—2006《通用阀门　铁制截止阀与升降式止回阀》
② GB 12235—2007《截止阀与止回阀》
③ GB 12236—2008《通用阀门　钢制旋启式止回阀》
④ GB/T 13932—92《通用阀门　铁制旋启式止回阀》
⑤ GB/T 8464—2008《铁制和铜制螺纹连接阀门》
⑥ GB 8465.4—87《内螺纹连接闸阀、截止阀、球阀、止回阀　基本尺寸　铁制止回阀》
⑦ JB/T 53036—1999《止回阀　产品质量分等》

十一、蝶阀

蝶阀（Butterfly Valve）也称蝴蝶阀，顾名思义，它的关键性部件好似蝴蝶逆风，自由回旋。它的阀瓣是圆盘，围绕阀座内的一个轴旋转。旋角的大小，便是阀门的开闭度。

1. 蝶阀的分类（图 4-39、图 4-40）

■ 图 4-39　蝶阀的分类

图 4-40 蝶阀类型
(a) 板式 (b) 斜板式 (c) 偏置板式 (d) 杠杆式

蝶阀的外形与内部结构如图 4-41 所示。

图 4-41 蝶阀

2. 蝶阀的特点及选用

① 这种阀门具有轻巧的特点，比其他阀门要节省许多材料，且结构简单、开闭迅速（只需旋转 90°）。

② 切断和节流都能用。

③ 流体阻力小；操作省力。

④ 在工业生产中，蝶阀日益得到广泛的使用。但它用料单薄，经不起高压、高温，通常只用于风路、水路和某些气路。

⑤ 蝶阀可以制成很大口径。大口径蝶阀，往往用蜗轮-蜗杆或电力、液压来传动。

⑥ 密封性能不如闸阀可靠，在某些条件下可以代替闸阀。能够使用蝶阀的地方，最好不要使用闸阀，因为蝶阀比闸阀要经济，而且调节流量的性能也要好。对于设计压力较低、管道直径较大，要求快速启闭的场合一般选用蝶阀。

3. 蝶阀的主要标准

① GB/T 12238—2008《法兰和对夹连接弹性密封蝶阀》

② JB/T 53171—1999《蝶阀 产品质量分等》

③ JB/T 8863—2004《蝶阀 静压寿命试验规程》

十二、球阀

球阀（Ball Valve）的动作原理与旋塞阀一样，都是靠旋转阀芯来使阀门打开或关闭。球阀的阀芯是一个带孔的球，当该孔的中心轴线与阀门进出口的中心轴线重合时，阀门打开；当旋转该球 90°，使该孔的中心轴线与阀门进出口的中心轴线垂直时，阀门关闭。

1. 球阀的分类（图 4-42）

■ 图 4-42 球阀的分类

球阀可分为两大类：浮动球阀和固定球阀。

（1）浮动球阀（图 4-43） 球体有一定浮动量，在介质压力下，可向出口端位移，并压紧密封圈。这种球阀结构简单，密封性好。但由于球体浮动，将介质压力全部传递给密封圈，使密封圈负担很重；考虑到密封圈承载能力的限制，又考虑到大型球阀如采用这种结构形式，势必操作费力，所以只用于中、低压小口径阀门。

（2）固定球阀（图 4-44） 球体是固定的，不能移动。通常上、下支承处装有滚动轴承或滑动轴承，开闭较轻便。这种结构适合于制作高压大口径阀门。

■ 图 4-43 浮动球阀　　　　　　　■ 图 4-44 固定球阀

阀座密封圈常用聚四氟乙烯制成，因为其摩擦因数小，耐腐蚀性能优异，耐温范围宽

（－180～＋200℃）。也可用聚三氟氯乙烯，它比前者耐腐蚀性能稍差，但机械强度高。橡胶密封性能很好，但耐压、耐温性能较差，只用于温度不高的低压管道。大型球阀，可以制成机械传动，还可以由电力、液力、气力来操作。球阀与旋塞阀一样，可以制成直角、三通、四通等形式。

2. 球阀的特点及选用

① 球阀的最大特点是在众多的阀门类型中其流体阻力最小，流动特性最好。

② 对于要求快速启闭的场合一般选用球阀。

③ 与蝶阀相比，其重量较大，结构尺寸也比较大，故不宜用于直径太大的管道。

④ 球阀与旋塞阀相比，开关轻便，相对体积小，所以可以制成很大口径的阀门。

⑤ 球阀密封可靠，结构简单，维修方便，密封面与球面常处于闭合状态，不易被介质冲蚀。

⑥ 与蝶阀一样，长期影响它不能在石化生产装置上应用的问题是热胀或磨损后会造成密封不严。软密封球阀虽有较好的密封性能，但当它用于易燃、易爆介质管道上时，尚需进行火灾安全试验和防静电试验。因此，石化生产装置上球阀应用不多。近年来，许多球阀生产厂开发出了一些新型结构的球阀，如轨道球阀、偏心球阀等，一些球阀将阀座设置成金属弹性阀座，使其在热胀和磨损的情况下仍有良好的密封。因此，这些球阀已在石化生产装置上开始应用。

⑦ 直通球阀用于截断介质，三通球阀可改变介质流动方向或进行分配。球阀启闭迅速，便于实现事故紧急切断。由于节流可能造成密封件或球体的损坏，一般不用球阀节流。全通道球阀不适于调节流量。

3. 球阀主要标准

① GB 12237—2007《石油、石化及相关工业用的钢制球阀》

② GB/T 15185—1994《铁制和铜制球阀》

③ GB/T 8464—2008《铁制和铜制螺纹连接阀门》

④ GB 8465.3—87《内螺纹连接闸阀、截止阀、球阀、止回阀 基本尺寸 铁制球阀》

⑤ JB/T 53167—1999《球阀 产品质量分等》

⑥ JB/T 8861—2004《球阀 静压寿命试验规程》

十三、旋塞阀

旋塞阀（Plug Valve）是一种结构比较简单的阀门，其启闭件制成柱塞状，通过旋转90°使阀塞的接口与阀体接口相合或分开。旋塞阀主要由阀体、塞子、填料压盖组成（图4-45）。

1. 旋塞阀的分类（图4-46）

填料式旋塞阀用于表面张力和黏性较高的液体时，密封效果较好。

■ 图 4-45 旋塞阀

润滑式旋塞阀的特点是密封性能可靠、启闭省力。适用于压力较高的介质，但使用温度受润滑脂限制，由于润滑脂污染输送介质，不得用于高纯物质的管道。

2. 旋塞阀的结构特点及选用

① 旋塞阀流体直流通过，阻力降小、启闭方便、迅速。

② 旋塞阀在管道中主要用于切断、分配和改变介质流动方向。它易于适应多通道结构，以至一个阀可以获得两个、三个、甚至四个不同的流道，这样可以简化管道系统的设计，减

■ 图 4-46　旋塞阀的分类

少阀门用量以及设备中需要的一些连接配件。

③ 旋塞阀是历史上最早被人们采用的阀件。由于结构简单，开闭迅速（塞子旋转 1/4 圈就能完成开闭动作），操作方便，流体阻力小，至今仍被广泛使用。目前主要用于低压、小口径和介质温度不高的情况下。

④ 根据旋塞阀的结构特点和设计上所能达到的功能，可以按下列原则选用。

a. 用于分配介质和改变介质流动方向，其工作温度不高于 300℃，公称压力 $PN \leqslant$ 1.6MPa、公称通径不大于 300mm，建议选用多通路旋塞阀。

b. 牛奶、果汁、啤酒等食品企业及制药厂等的设备和管道上，建议选用奥氏体不锈钢制的紧定式圆锥形旋塞阀。

c. 油田开采、天然气田开采、管道输送的支管、精炼和清洁设备中，公称压力级不大于 Class300、公称通径不大于 300mm，建议选用油封式圆锥形旋塞阀。

d. 油田开采、天然气开采、管道输送的支管、精炼和清洁设备中，公称压力级不大于 Class2500、公称通径不大于 900mm、工作温度不高于 340℃，建议选用油封式圆锥形旋塞阀。

e. 在大型化学工业中，含有腐蚀性介质的管道和设备中，要求开启或关闭速度较快的场合，对于以硝酸为基的介质可选用聚四氟乙烯套筒密封圆锥形旋塞阀；对于以醋酸为基的介质，可选用 Cr18Ni12Mo2Ti 不锈钢镶聚四氟乙烯套筒密封圆锥形旋塞阀。

f. 在煤气、天然气、暖通系统的管道中和设备上，公称通径不大于 200mm，宜选用填料式圆锥形旋塞阀。

十四、隔膜阀

隔膜阀（Diaphragm Valve）的结构形式，与一般阀门很不相同，它是依靠柔软的橡胶膜或塑料膜来控制流体运动的。其工作原理如图 4-47 所示。

■ 图 4-47　隔膜阀工作原理

1. 隔膜阀的分类

隔膜阀按结构形式可分为以下几类。

(1) 屋脊式　也称突缘式,是最基本的一类。其结构如图 4-48 所示。从图中可以看出,阀体是衬里的。隔膜阀阀体衬里,就是为了发挥它的耐腐蚀特性。这类结构,除直通式之外,还可制成直角式,如图 4-49 所示。

■ 图 4-48　屋脊式隔膜阀

■ 图 4-49　直角式隔膜阀

(2) 截止式　其结构形状与截止阀相似,如图 4-50 所示。这种形式的阀门,流体阻力比屋脊式大,但密封面积大,密封性能好,可用于真空度高的管道。

(3) 闸板式　其结构形式与闸阀相似,如图 4-51 所示。闸板式隔膜阀流体阻力最小,适合于输送黏性物料。

■ 图 4-50　截止式隔膜阀

■ 图 4-51　闸板式隔膜阀

隔膜材料常用天然橡胶、氯丁橡胶、丁腈橡胶、异丁橡胶、氟化橡胶和聚全氟乙丙烯塑料 (F46) 等。

隔膜阀的缺点是耐压不高,一般在 6kgf/cm² (0.6MPa) 之内;耐温性能也受隔膜的限制,一般只能耐 60～80℃,最高 (氟化橡胶) 也不超过 180℃。

2. 隔膜阀的特点及选用

① 流体阻力小。

② 能用于含硬质悬浮物的介质;由于介质只与阀体和隔膜接触,所以无需填料函,不存在填料函泄漏问题,对阀杆部分无腐蚀的可能。

③ 适用于有腐蚀性、黏性、浆液介质。

④ 不能用于介质压力较高的场合。
⑤ 隔膜材质的推荐使用范围见表 4-69。

表 4-69　隔膜材质的推荐使用范围

隔膜材质（代号）	使用温度	适　用　介　质
丁基胶（B级）	−40～100℃	良好的耐酸与耐碱性（85%硫酸、盐酸、氢氟酸、磷酸、苛性碱和多种酯类等）
天然胶（Q级）	−50～100℃	用于净化水、无机盐、稀释无机酸等
聚全氟乙丙烯（FEP或F46）	≤150℃	多种浓度的硫酸、氢氟酸、王水、高温浓硝酸、各类有机酸及强碱、强氧化剂、浓酸与稀酸交替、酸与碱交替和各种有机溶剂等强腐蚀性介质
可溶性聚四氟乙烯（PFA）	≤180℃	

十五、安全阀

安全阀（Safety Valve）是一种自动阀门，它不借助任何外力而是利用介质本身的能力来排出一额定数量的介质，以防止系统内压力超过预定的安全值。当压力恢复正常后，阀门再行关闭并阻止介质外流。

安全阀也称安全门或保险阀，是一种自动机构，它在介质压力超过工作压力时自动开启，而在压力回降到工作压力或略低于工作压力时又自动关闭。

安全阀大量使用于锅炉、压缩机、压力容器和管道中。

1. 安全阀的分类

安全阀按阀瓣开启高度与阀座口径之比分两种：比数为 1/20～1/10 的称微启式，比数为 1/4～1/3 的称全启式。又根据阀体的构造分两种：一种称封闭式安全阀，它的排泄介质全部通过排泄管引到一定地方放掉；另一种称不封闭式安全阀，排泄介质出密封口后立即散失于空间。

安全阀可以分为三个基本类型（如果把很久以前就不用的弹簧平衡式包括进去，就是四类）。三类分别是弹簧式（图 4-52 和图 4-53）、脉冲式（图 4-54）和杠杆式（图 4-55）。

■ 图 4-52　弹簧式安全阀

■ 图 4-53　带扳手的双弹簧微启式安全阀

（1）弹簧式安全阀　尽管人们熟悉杠杆式，并加以提倡，有的还优先选用它们，但弹簧式仍然是最通用的一种。图 4-52 是弹簧式安全阀的一种。它的作用原理是，弹簧力与介质作用于阀瓣的正常压力相平衡，使密封面密合；当介质压力过高时，弹簧受到压缩，使阀瓣离开阀座，介质从中泄出；当压力回降到正常值时，弹簧力又将阀瓣推向阀座，密封面重新密合。

在一些重要部位往往使用带扳手的双弹簧微启式安全阀。这种结构如图 4-53 所示。

(2) 脉冲式安全阀 即一个大的安全阀（主阀）和一个小的安全阀（辅阀）配合动作，通过辅阀的脉冲作用带动主阀启闭。大的安全阀比较迟钝，小的安全阀则比较灵敏。将通向主阀的介质与辅阀相连通，压力过高时，辅阀开启，介质从旁路进入主阀下面的一个活塞，推动活塞将主阀打开。压力回降时，辅阀关闭，主阀活塞下的介质压力降低，主阀瓣也跟着下降密合（图 4-54）。这种安全阀结构复杂，只有在口径很大的情况下才采用。

(3) 杠杆式（重锤式）安全阀 这是一种古老的阀门。它依靠杠杆和重锤来平衡阀瓣的压力。通过重锤在杠杆上的移动，调整压力的大小。它与弹簧式安全阀比较，显得笨重而迟钝。好处是因为没有弹簧，不怕介质的热影响，所以至今还在某些锅炉上使用。其结构如图 4-55 所示。

■ 图 4-54　脉冲式安全阀

■ 图 4-55　杠杆式安全阀

2. 安全阀的主要标准

① GB/T 12241—2005《安全阀一般要求》
② GB/T 12242—2005《压力释放装置性能试验规范》
③ GB/T 12243—2005《弹簧直接载荷式安全阀》
④ JB/T 9624—1999《电站安全阀技术条件》
⑤ JB/T 53170—1999《弹簧直接载荷式安全阀 产品质量分等》

十六、爆破片

爆破片（Rupture Disk）在设备或管道压力突然升高尚未引起爆炸前，由于爆破片两侧压力差达到预定温度下的预定值时，即先行破裂，排出设备或管道内的高压介质。因此爆破片是防止设备或管道破裂的一种安全泄放装置。

1. 爆破片的特点

① 爆破片与安全阀比较，具有结构简单、灵敏、可靠、经济、适用性强等优越性。

② 密封性能好，在设备正常工作压力下能保持严密不漏。

③ 泄压反应迅速，爆破片的动作一般在 2~10ms 内完成，而安全阀则因为机械滞后作用，全部动作时间要高 1~2 个数量级。

④ 对黏稠性或粉末状污物不敏感。即使气体中含有一定量的污物也不致影响它的正常动作，不像安全阀那样，容易黏结或堵塞。

⑤ 爆破元件（膜片）动作后不能复位，不但设备内介质全部流失，设备也必须中止运行。

⑥ 动作压力不太稳定，爆破片的爆破压力允许偏差一般都比安全阀的稳定压力允许偏差大一些。

⑦ 爆破片的使用寿命较短，常因疲劳而早期失效。

2. 爆破片的适用场所

① 化学反应将使压力急剧升高的设备。

② 超高压容器优先使用。

③ 昂贵或剧毒介质的设备。

④ 介质对安全阀有较强的腐蚀性。

⑤ 介质中含有较多的黏稠性或粉末状、浆状物料的设备。

⑥ 由于爆破片为一次性使用的安全设施，动作后（爆破后）该设备必须停止运行，因此一般广泛应用于间断生产过程。

⑦ 爆破片不宜用于液化气体储罐，也不宜用于经常超压的场所。

3. 有关爆破片的标准

HG/T 20570.3—95《工艺系统工程设计技术规定——爆破片的设置和选用》。

十七、减压阀

减压阀（Reducing Valve, Reduction Valve, Relief Valve）的作用是依靠敏感元件，如膜片、弹簧等来改变阀瓣的位置，将介质压力降低，达到减压的目的。

减压阀与节流阀不同，虽然它们都利用节流效应降压，但是节流阀的出口压力是随进口压力和流量的变化而变化的。但减压阀却能进行自动调节，使阀后压力保持稳定。

1. 减压阀的分类

（1）按作用方式分类　直接作用式和先导式两种。

（2）按结构形式分类　薄膜式减压阀；弹簧薄膜式减压阀；活塞式减压阀；波纹管式减压阀；杠杆式减压阀。

2. 减压阀的选用

选用减压阀时除考虑其公称直径、公称压力和工作温度外，还应考虑减压阀的出口压力范围。同时要考虑所选用的减压阀静态特性偏差和不灵敏性偏差。如要求灵敏度较高时可选用弹簧薄膜式减压阀；如介质温度较高时，则应选用活塞式减压阀。

十八、蒸汽疏水阀

蒸汽疏水阀（Steam Trap）（简称疏水阀）的作用是自动排除加热设备或蒸汽管道中的

蒸汽凝结水及空气等不凝气体，且不漏出蒸汽。由于疏水阀具有阻汽排气的作用，可使蒸汽加热设备均匀给热，充分利用蒸汽潜热防止蒸汽管道中发生水锤。

1. 蒸汽疏水阀的分类（表4-70）

表4-70　蒸汽疏水阀的分类

基础分类	动作原理	中分类	小分类
机械型	蒸汽和凝结水的密度差	浮球式	杠杆浮球式 自由浮球式 自由浮球先导活塞式
		开口向上浮子式	浮桶式 差压式双阀瓣浮桶式
		开口向下浮子式	倒吊桶式（钟形浮子式） 差压式双阀瓣吊桶式
热静力型	蒸汽和凝结水的温度差	蒸汽压力式	波纹管式
		双金属片式	圆板双金属式
热动力型	蒸汽和凝结水的热力学特性	圆盘式	大气冷却圆盘式 空气保温圆盘式 蒸汽加热凝结水冷却圆盘式
		孔板式	脉冲式

自由浮球式蒸汽疏水阀外形如图4-56(a)所示，杠杆浮球式蒸汽疏水阀外形如图4-56(b)所示。

(a) 自由浮球式蒸汽疏水阀　　　　(b) 杠杆浮球式蒸汽疏水阀

■ 图4-56　疏水阀外形

2. 各种疏水阀的主要特征（表4-71）

3. 疏水阀的选用方法

在某一压差下排除同量的凝结水，可采用不同形式的疏水阀。各种疏水阀都具有一定的技术性能和最适宜的工作范围。要根据使用条件进行选择，不能单纯地从最大排水量的观点去选用，更不应只根据凝结水管径的大小去选用疏水阀。

一般在选用时，首先要根据使用条件、安装位置参照各种疏水阀的技术性能选用最为适宜的疏水阀形式，再根据疏水阀前、后的工作压差和凝结水量，从制造厂样本中选定疏水阀的规格、数量。

① 在凝结水负荷变动到低于额定最大排水量的15%时不应选用孔板式疏水阀，因为在低负荷下将引起部分新鲜蒸汽的泄漏损失。

表 4-71　各种疏水阀的主要特征

形　式		优　点	缺　点
机械型	浮桶式	动作准确、排放量大、抗水击能力强	排除空气能力差、体积大、有冻结的可能
	倒吊桶式	排除空气能力强、没有空气气阻、排量大、抗水击能力强	有冻结的可能
	杠杆浮球式	排放量大、排除空气性能良好、能连续(按比例动作)排除凝结水	体积大、抗水击能力差、排除凝结水时有蒸汽卷入
	自由浮球式	排量大、排除空气性能好、能连续(按比例动作)排除凝结水、体积小、结构简单、浮球和阀座易互换	抗水击能力比较差、排除凝结水时有蒸汽卷入
热静力型	波纹管式	排量大、排除空气性能良好、不泄漏蒸汽、不会冻结、可控制凝结水温度、体积小	反应迟钝、不能适应负荷的突变及蒸汽压力的变化、不能用于过热蒸汽、抗水击能力差、只适用于低压场合
	圆板双金属式	排量大、排除空气性能良好、不会冻结、动作噪声小、无阀瓣堵塞事故、抗水击能力强、可利用凝结水的显热	很难适应负荷的急剧变化、在使用中双金属的特性有变化
热动力型	脉冲式	体积小、重量轻、排除空气性能良好、不易冻结、可用于过热蒸汽	不适用于大排量、泄漏蒸汽、易有故障、背压允许度低(背压限制在 30%)
	圆盘式	结构简单、体积小、重量轻、不易冻结、维修简单、可用于过热蒸汽、抗水击能力强	动作噪声大、背压允许度低(背压限制在 50%)、不能在低压(0.03MPa 以下)使用、蒸汽有泄漏、不适用于大排量

② 在凝结水一经形成后必须立即排除的情况下，不宜选用孔板式疏水阀，不能选用热静力型的波纹管式疏水阀，因两者均要求一定的过冷度（约 1.7～5.6℃）。

③ 由于孔板式疏水阀和热静力型疏水阀不能将凝结水立即排除，所以不可用于蒸汽透平、蒸汽泵或带分水器的蒸汽主管，即使透平外壳的疏水，也不可选用。上述情况均选用浮球式疏水阀，必要时也可选用热动力型疏水阀。

④ 热动力型疏水阀有接近连续排水的性能，其应用范围较大，一般都可选用。但最高允许背压不得超过入口压力的 50%，最低工作压力不得低于 0.05MPa。要求安静的地方应选用浮球式疏水阀。

⑤ 间歇操作的室内蒸汽加热设备或管道，可选用倒吊桶式疏水阀，因其排气性能好。

⑥ 室外安装的疏水阀不宜用机械型疏水阀，必要时应有防冻措施（如停工放空、保温等）。

⑦ 疏水阀安装的位置虽各不相同，但根据凝结水流向及疏水阀的方向大致分为三种情况，如图 4-57 所示：图(a)所示可选用任何形式的疏水阀；图(b)所示不可选用浮桶式，可选用双金属式疏水阀；图(c)所示凝结水的形成与疏水阀位置的标高基本一致，可选用浮桶式、热动力型或双金属式疏水阀。

⑧ 疏水阀的进、出口压差大，动作频繁，易于损坏，对于产生凝结水量大的加热设备，可用液面控制阀代替疏水阀，一般可以得到良好的使用效果。

■ 图 4-57 疏水阀安装位置示意

十九、阀门类型的选择

阀门类型的选择一般应根据介质的性质、操作条件及其对阀门的要求等因素确定。表 4-72 与表 4-73 所列可作为阀门类型选择的参考。各种阀门的使用范围、材质及结构尺寸等见有关制造厂的产品说明书及样本。

表 4-72 阀门类型选择（一）

类别	型号	流束调节形式			介质				
		截断	节流	换向分流	无颗粒	带悬浮颗粒		黏滞性	清洁
						带磨蚀性	无磨蚀性		
闭合式	截止阀 　直通式 　角式 　柱塞式	可用 可用 可用	可用 可用 可用		可用 可用 可用		可用		
滑动式	闸阀 　楔式刚性单闸板 　楔式弹性单闸板 　楔式双闸板 　平行式双闸板	可用 可用 可用 可用			可用 可用 可用 可用	适当可用 可用	可用 适当可用		
旋转式	旋塞阀 　非润滑式（直通） 　（三通,四通） 　润滑式（直通） 　（三通,四通） 　球阀 　蝶阀	可用 可用 可用 可用 可用 可用	适当可用 适当可用 可用	可用 可用	可用 可用 可用 可用 可用 可用	可用 可用 可用 可用	可用 可用	可用	可用 可用
挠曲式	隔膜阀 　堰式 　直通式	可用 可用	可用 适当可用		可用 可用			可用 可用	可用 可用

表 4-73 阀门类型选择（二）

使用条件	阀门基本形式					
	闸阀	截止阀	止回阀	球阀	旋塞阀	蝶阀
温度、压力						
常温-高压	⊕	⊕	⊕	⊕	◆	◆
常温-低压	○	○	○	○	○	○
高温-高压	○	⊕	⊕	▲	◆	◆
高温-低压	○	○	○	▲	◆	◆
中温-中压	○	○	○	⊕	⊕	⊕
低温	○	○	⊕	◆	◆	◆
公称直径/mm						
>1000	▲	◆	▲	◆	◆	○
>500	○	◆	○	▲	◆	○
300～500	○	▲	○	▲	◆	○
<300	○	○	○	⊕	○	⊕
<50	⊕	○	⊕	○	○	◆

注：○表示适用，⊕表示可用，▲表示适当可用，◆表示不适用。

二十、常用阀门的适用范围

常用阀门的适用范围见表 4-74。

表 4-74 常用阀门的适用范围

序号	阀门类型	阀体材质	适用温度/℃	适用介质	公称压力范围 PN/MPa	公称直径范围 DN/mm	备注
一	闸阀	碳钢	≤425	水、蒸汽、油品	1.6、2.5	15~1000	
		铬镍钛钢	≤200	硝酸类	4.0	15~600	
		铬镍钼钛钢	≤200	醋酸类	6.4	15~500	
		铬钼钢	≤550	油品、蒸汽	10.0	15~400	
					16.0	15~300	
		铬镍钛钢	≤50	水、蒸汽、油品	1.6、2.5、4.0	50~300	
		铬镍钛钢	≤650	烟气、空气	1.6、2.5、4.0	50~300	
		不锈钢及耐磨衬里	650~730	催化裂化催化剂、高温烟气、蒸汽	1.6、2.5、4.0	80~600	
二	截止阀	碳钢	≤425	水、蒸汽、油品	1.6、2.5、4.0	15~300	
		碳钢	≤425	水、蒸汽、油品	6.4~16.0	15~200	
		碳钢	−40~130	氨、液氨	2.5	15~200	即为氨阀类
		铬镍钛钢	≤200	硝酸类	1.6、2.5、4.0、6.4	15~200	
		铬镍钛钢	≤100	硝酸类	10.0	15~200	
		铬镍钼钛钢	≤200	醋酸类	1.6、2.5、4.0、6.4	15~200	
		铬镍钼钛钢	≤100	醋酸类	10.0	15~200	
		铬钼钢	≤550	油品、蒸汽	1.6~2.5	15~300	
		铬钼钢	≤550	油品、蒸汽	4.0~16.0	15~200	
三	止回阀	碳钢	≤425	水、蒸汽、油品	1.6	50~600	
		碳钢	≤425	水、蒸汽、油品	2.5、4.0	15~600	
		碳钢	≤425	水、蒸汽、油品	6.4	15~500	
		碳钢	≤425	水、蒸汽、油品	10.0	15~400	
		碳钢	≤425	水、蒸汽、油品	16.0	15~300	
		铬镍钛钢	≤200	硝酸类	1.6、2.5、4.0、6.4	15~200	
		铬镍钼钛钢	≤200	醋酸类	1.6、2.5、4.0、6.4	15~200	
		铬钼钢	≤550	油品、蒸汽	1.6、2.5、4.0	50~600	
		铬钼钢	≤550	油品、蒸汽	6.4~16.0	50~300	
四	球阀						
1	软密封球阀	碳钢	≤150	水、蒸汽、油品	1.6、2.5、4.0	15~200	密封材质为聚四氟乙烯
		碳钢	≤180	水、蒸汽、油品	1.6、2.5、4.0	15~200	密封材质为增强聚四氟乙烯
		碳钢	≤250	水、蒸汽、油品	1.6、2.5、4.0	15~200	密封材质为对位聚苯
		铬镍钼钛钢	≤180	硝酸类	1.6、2.5、4.0	15~200	密封材质为增强聚四氟乙烯
		铬镍钛钢	≤180	硝酸类	6.4	15~150	
		铬镍钼钛钢	≤180	醋酸类	1.6、2.5、4.0	15~200	密封材质为增强聚四氟乙烯
		铬镍钼钛钢	≤180	醋酸类	6.4	15~150	

续表

序号	阀门类型	阀体材质	适用温度/℃	适用介质	公称压力范围 PN/MPa	公称直径范围 DN/mm	备注
2	硬密封球阀	碳钢	≤425	水、蒸汽、油品	1.6、2.5、4.0	150～200	
		碳钢	≤425	水、蒸汽、油品	6.4	15～150	
		优质碳钢	≤425	水、蒸汽、油品	10.0	50～300	
		铬镍钼钛钢	≤200	硝酸类	1.6、2.5、4.0	15～200	
		铬镍钛钢	≤200	硝酸类	6.4	15～150	
		铬镍钼钛钢	≤200	醋酸类	1.6、2.5、4.0	15～200	
		铬镍钼钛钢	≤200	醋酸类	6.4	15～150	
五	蝶阀						
1	软密封蝶阀	碳钢	≤150	水、蒸汽、油品、煤气	1.0、1.6、2.5	50～150	手动操作
		碳钢	≤150	水、蒸汽、油品、煤气	1.6、2.5	50～1200	蜗轮手动及电动
		铬镍钛钢	≤200	硝酸等腐性介质	1.6、2.5	80～1000	
		铬镍钼钛钢	≤200	醋酸等腐性介质	1.6、2.5	80～1000	
2	金属密封蝶阀	碳钢	≤425	水、蒸汽、油品	1.6、2.5	50～700	蜗轮手动
		铬镍钛钢	≤540	蒸汽、油品、空气等	1.6、2.5	300～1200	

二十一、阀门主要零件材料

在石油化工企业引进装置中，阀门主要采用美国 ASME、API 和日本 JIS 等标准进行设计和制造。阀门材料主要是指阀体、阀盖、启闭件的材料。根据零件的结构尺寸、形状决定采用锻造或铸造工艺。

石油化工企业使用的通用阀门选用材料应执行行业标准 SH 3064—94《石油化工钢制通用阀门选用、检验及验收》标准。该标准的材料部分是参考机械行业标准 JB/T 5300—91 结合石油化工企业特点编制的。SH 3064 给出了下列情况的阀门的主要零件（包括阀体、阀盖、启闭件、支架、阀杆、阀杆螺母、阀座、启闭件的密封面、螺栓、螺母、垫片、填料、手轮）的材料名称、牌号、标准。

① 用于输送介质温度为-20～425℃碳素钢制阀门的主要零件材料。

② 用于输送介质温度小于或等于 540℃的合金钢制阀门的主要零件材料；用于输送介质温度小于或等于 550℃的合金钢制阀门的主要零件材料。

SH 3064 标准规定合金钢两个级别的阀门主要零件材料。540℃的合金钢制阀门的主要零件材料主要用于动力系统的高压蒸汽；550℃的合金钢制阀门的主要零件材料主要用于炼油厂的催化裂化装置。

③ 用于输送介质温度小于或等于 200℃的不锈钢制阀门主要零件材料。

④ 阀座、启闭件密封面材料，阀门的密封性能是考核阀门的主要指标，密封面的选材是否合理，直接影响阀门的使用寿命。

二十二、驱动方式的选用

一般情况下，阀门均采用手动操作，但在较高压力和较大直径下，采用手动操作因扭矩过大而比较费力，此时应采用齿轮传动或电动、气动操作。电动操作是在阀门上安装一个电机，操作人员通过操作电源开关就可实现阀门的启闭。同样，气动操作则是在阀门上安装一个气动马达,操作人员通过操作气源开关来实现阀门的启闭。电动和气动操作阀门因为增加了驱动装置,价格将上升 3~5 倍,因此它常用在远距离控制或者要求实现快开快关的情况,很少用它来代替人力开启阀门而节省人力。

电动和气动操作阀门的设计条件,通常由工艺和仪表电气专业提供。

二十三、设计文件中应给出的阀门描述

对于 API 阀门,它不像我国的 JB 阀门那样有统一的代号,故工程公司或设计院应给出自己的代号,并对所需要的阀门进行详细的描述。一般情况下,常通过阀门规格书给出对阀门的详细要求。通用的阀门规格书至少应包括下列内容。

① 阀门的名称、公称压力、公称直径及数量。
② 采用的阀门代号和应用标准。
③ 阀门的结构形式、阀杆支撑形式、阀盖结构形式及阀体的对外连接方式。
④ 介质条件(包括介质名称、介质压力、介质温度等)。
⑤ 阀体材料、阀座及阀板密封面材料、阀杆等内件材料、填料等。
⑥ 阀盖垫片及紧固件材料。
⑦ 驱动方式及动力参数(如果有)。
⑧ 其他特殊要求。

二十四、阀门选用工程实例

工程实例一 选择闭路阀门(蒸汽管道工作压力为 1.4MPa,温度为 350℃,公称直径 100mm),与工程实例(给定设计工况选择闭路阀门的一种方法,仅适用于小型工程项目,不适合国际化工程项目)有关的阀门及相关标准见表 4-75~表 4-79。

选用步骤如下。

① 阀体材料:已知蒸汽压力为 1.4MPa,温度为 350℃,按照表 4-78 可选用球墨铸铁或优质碳素钢为阀体材料,但考虑 350℃已达到球墨铸铁的最高使用温度,为了安全使用,应选用优质碳素钢(ZG25)阀门。

② 公称压力:根据优质碳素钢和蒸汽的压力与温度,由表 4-75 查出阀门的公称压力 $PN=2.5$MPa。

③ 密封材料:根据阀门公称压力和介质温度,按表 4-79,密封面材料应选用不锈钢。

④ 驱动方式:根据给定的公称直径 $DN=100$mm,因管径较小,且开闭时所需要扭矩不大,本例未提出操作方式的特殊要求,故选用手轮驱动。

⑤ 连接形式:根据给定的蒸汽压力和温度,管材应采用无缝钢管,而无缝钢管应采用焊接,但为了便于阀门的装卸和维修,其连接形式不宜采用焊接,应采用法兰连接。

⑥ 阀门类别与型号:根据介质特性、公称压力与公称直径,可选用截止阀或闸阀,因在同一压力等级下,闸阀的价格比截止阀高,故宜优先选用截止阀,但根据截止阀参数表(表 4-77),没有公称压力 $PN=2.5$MPa 的碳钢制的产品,故本例仍选用闸阀,按闸阀参数表(表 4-76)中选用阀门型号 Z40H-25,即明杆楔形弹性闸板闸阀。

工程实例二 选用适合的闭路阀门(油品管道介质工作压力为 1.1MPa,温度为 340℃,管子外径为 108mm)。

选用步骤如下。

① 阀体材料：根据介质特性和参数，按表 4-78 可选用优质碳素钢制品。
② 公称压力：按优质碳素钢材质和介质参数，由表 4-75 查得阀门公称压力 $PN=16MPa$。
③ 密封面材料：根据阀门公称压力和介质温度，按表 4-79 可选用不锈钢或硬质合金钢。
④ 驱动方式：本例未提特殊要求，可采用手轮驱动。
⑤ 连接形式：法兰连接。
⑥ 公称直径：阀门的公称直径应与管子相同。
⑦ 阀门的类型与型号：油品管道应选用闸阀，根据阀门参数表（表 4-76、表 4-77）中，当 $PN=16MPa$ 时，截止阀最大公称直径为 50mm，而同样压力等级下，闸阀的最大公称直径为 200mm，因此也应选用闸阀，按闸阀参数表，在 $PN16$ 下的碳素钢手轮法兰闸阀型号有 Z41H-160 和 Z40Y-160 两种，但 Z41H-160 型的最大公称直径为 40mm，而 Z40Y-160 型的最大公称直径为 200mm，故应选用 Z40Y-160 型闸阀，其密封面为硬质合金，其全称为明杆楔式单闸阀（$DN100$）。

表 4-75　碳素钢及合金钢件的公称压力和最大工作压力

材料	介质工作温度/℃															
	a	b	c	d	e	f	g	h	i	j	k	l	m	n	o	p
A3、A3F	至 200	250	275	300	325	350										
10、20、25、35、20g、ZG25	至 200	250	275	300	325	350	370	400		425	435	450				
16Mn、ZG20Mn	至 200	300	325	350	375	400	410	415		425	435	440	450			
15MnV	至 250	300	350	375	400	410	420	430	440	450						
12-15MnMoV、16Mo	至 250	350	400	425	450	460	470	480	490	500	510	520				
12CrMo、15CrMo	至 250	350	400	425	450	460	470	480	490	500	510	520	525	530	535	540
Cr5Mo	至 250	350	400	425	450	475	480	490	500	505	515	525	535	540	545	550
12Cr1MoV、13MoVWBSiRe	至 250	350	400	425	450	475	500	510	520	530	540	550	560	570	580	
12CrMoWVB	至 250	350	400	425	450	475	500	520	540	560	570	580	590	595	600	
1Cr18Ni9Ti、1Cr18Ni12Mo2N	至 250	350	400	425	450	475	500	525	545	560	580	600	610	620	630	635
0Cr13、1Cr13、2Cr13	至 250	300	350	375	400											
公称压力/MPa	最大工作压力/MPa															
	a	b	c	d	e	f	g	h	i	j	k	l	m	n	o	p
0.1	0.1	0.09	0.09	0.08	0.08	0.07	0.07	0.06	0.06	0.06	0.05	0.04	0.04	0.04	0.03	0.03
0.25	0.25	0.23	0.21	0.2	0.19	0.18	0.17	0.16	0.15	0.14	0.12	0.11	0.1	0.09	0.08	0.07
0.6	0.6	0.55	0.51	0.48	0.45	0.43	0.4	0.38	0.36	0.33	0.3	0.27	0.24	0.21	0.19	0.18
1.0	1.0	0.92	0.86	0.81	0.75	0.71	0.67	0.64	0.6	0.55	0.5	0.45	0.4	0.36	0.32	0.3
1.6	1.6	1.5	1.4	1.3	1.2	1.1	1.05	1.0	0.95	0.9	0.8	0.7	0.64	0.6	0.5	0.48
2.5	2.5	2.3	2.1	2.0	1.9	1.8	1.7	1.6	1.5	1.4	1.2	1.1	1.0	0.9	0.8	0.75
4.0	4.0	3.7	3.4	3.2	3.0	2.8	2.7	2.5	2.4	2.2	2.0	1.8	1.6	1.4	1.3	1.2
6.4	6.4	5.9	5.5	5.2	4.9	4.6	4.4	4.1	3.8	3.5	3.2	2.8	2.5	2.3	2.0	1.9
10.0	10.0	9.2	8.6	8.1	7.6	7.2	6.8	6.4	6.0	5.6	5.0	4.5	4.0	3.6	3.2	2.0
16.0	16.0	14.7	13.7	13.0	12.1	11.5	10.8	10.2	9.6	9.0	8.0	7.2	6.4	5.7	5.1	4.8
20.0	20.0	18.4	17.2	16.2	15.2	14.4	13.6	12.8	12.0	11.2	10.0	9.0	8.0	7.2	6.4	6.0
22.0	22.0	20.2	18.9	17.8	16.7	15.8	15.0	14.0	13.2	12.3	11.0	9.9	8.8	7.9	7.0	6.6
25.0	25.0	23.0	21.5	20.2	19.0	18.0	17.0	16.0	15.0	14.0	12.5	11.2	10.0	9.0	8.0	7.5
32.0	32.0	29.4	27.5	25.9	24.3	23.0	21.7	20.5	19.2	17.9	16.0	14.4	12.8	11.5	10.2	9.6

注：1. 当工作温度为表中温度级的中间值时，可用内插法决定允许最大工作压力。

2. 表中未列的钢号，可用下式进行公称压力与允许最大工作压力的换算。

$$p_{max}=\frac{[\sigma]_i}{[\sigma]_j}PN \text{（MPa）}$$

式中　p_{max}——工作温度下的允许最大工作压力；
　　　$[\sigma]_i$——工作温度下的材料额定许用应力；
　　　$[\sigma]_j$——基准温度下的材料额定许用应力。

3. 本表上下两部分相同英文字头的竖行系对应。

表 4-76 闸阀规格、型号、参数（JB 309—75）

名　　称	型　号	公称压力 PN/MPa	适用介质	适用温度 /℃(≤)	公称直径 DN/mm
楔式双闸板闸阀	Z42W-1	0.1	煤气	100	300,350,400,450,500
锥齿轮传动楔式双闸板闸阀	Z542W-1				600,700,800,900,1000
电动楔式双闸板闸阀	Z942W-1				600,700,800,900,1000,1200,1400
电动暗杆楔式双闸板闸阀	Z946T-2.5	0.25	水		1600,1800
电动暗杆楔式闸阀	Z945T-6	0.6			1200,1400
楔式闸阀	Z41T-10	1.0	蒸汽、水	200	50,65,80,100,125,150,200,250,300,350,400,450
楔式闸阀	Z41W-10		油品	100	50,65,80,100,125,150,200,250,300,350,400,450
电动楔式闸阀	Z941T-10		蒸汽、水	200	100,125,150,200,250,300,350,400,450
平行式双闸板闸阀	Z44T-10				50,65,80,100,125,150,200,250,300,350,400
平行式双闸板闸阀	Z44W-10		油品	100	50,65,80,100,125,150,200,250,300,350,400
液动楔式闸阀	Z741T-10		水		100,125,150,200,250,300,350,400,450,500,600
电动平行式双闸板闸阀	Z944T-10		蒸汽、水	200	100,125,150,200,250,300,350,400
电动平行式双闸板闸阀	Z944W-10		油品		100,125,150,200,250,300,350,400
暗杆楔式闸阀	Z45T-10		水	100	50,65,80,100,125,150,200,250,300,350,400,450,500,600,700
暗杆楔式闸阀	Z45W-10		油品		50,65,80,100,125,150,200,250,300,350,400,450
正齿轮传动暗杆楔式闸阀	Z455T-10				800,900,1000
电动暗杆楔式闸阀	Z945T-10		水		100,125,150,200,250,300,350,400,450,500,600,700,800,900,1000
电动暗杆楔式闸阀	Z945W-10		油品		100,125,150,200,250,300,350,400,450
楔式闸阀	Z40H-16C	1.6	油品、蒸汽、水	350	200,250,300,350,400
电动楔式闸阀	Z940H-16C				200,250,300,350,400
气动楔式闸阀	Z640H-16C				200,250,300,350,400,450,500
楔式闸阀	Z40H-16Q				65,80,100,125,150,200
电动楔式闸阀	Z940H-16Q				65,80,100,125,150,200
楔式闸阀	Z40W-16P		硝酸类	100	200,250,300
楔式闸阀	Z40W-16I		醋酸类		200,250,300
楔式闸阀	Z40Y-16I		油品	550	200,250,300,350,400
楔式闸阀	Z40H-25	2.5	油品、蒸汽、水	350	50,65,80,100,125,150,200,250,300,350,400
电动楔式闸阀	Z940H-25				50,65,80,100,125,150,200,250,300,350,400
气动楔式闸阀	Z640H-25				50,65,80,100,125,150,200,250,300,350,400
楔式闸阀	Z40H-25Q				50,65,80,100,125,150,200
电动楔式闸阀	Z940H-25Q				50,65,80,100,125,150,200
锥齿轮传动楔式双闸板闸阀	Z542H-25		蒸汽、水	300	300,350,400,450,500
电动楔式双闸板闸阀	Z942H-25				300,350,400,450,500,600,700,800

续表

名　　称	型　号	公称压力 PN/MPa	适用介质	适用温度 /℃(≤)	公称直径 DN/mm
承插焊楔式闸阀	Z61Y-40	4.0	油品、蒸汽、水	425	15,20,25,32,40
楔式闸阀	Z41H-40				15,20,25,32,40
楔式闸阀	Z40H-40				50,65,80,100,125,150,200,250
正齿轮传动楔式闸阀	Z400H-40				300,350,400
电动楔式闸阀	Z940H-40				50, 65, 80, 100, 125, 150, 200, 250, 300,350,400
气动楔式闸阀	Z640H-40				50, 65, 80, 100, 125, 150, 200, 250, 300,350,400
楔式闸阀	Z40H-40Q			350	50,65,80,100,125,150,200
电动楔式闸阀	Z940H-40Q				50,65,80,100,125,150,200
楔式闸阀	Z40Y-40P		硝酸类	100	200,250
正齿轮传动楔式闸阀	Z440Y-40P				300,350,400,450,500
楔式闸阀	Z40Y-40I		油品	550	50,65,80,100,125,150,200,250
楔式闸阀	Z40H-64	6.4	油品、蒸汽、水	425	50,65,80,100,125,150,200,250
正齿轮传动楔式闸阀	Z440H-64				300,350,400
电动楔式闸阀	Z940H-64				50, 65, 80, 100, 125, 150, 200, 250, 300,350,400,450,500,600,700,800
电动楔式闸阀	Z940Y-64I		油品	550	300,350,400,450,500
楔式闸阀	Z40Y-64I				50,65,80,100,125,150,200,250
楔式闸阀	Z40Y-100	10.0	油品、蒸汽、水	450	50,65,80,100,125,150,200
正齿轮传动楔式闸阀	Z440Y-100				250,300
电动楔式闸阀	Z940Y-100				50, 65, 80, 100, 125, 150, 200, 250,300
承插焊楔式闸阀	Z61Y-160	16.0	油品		15,20,25,32,40
楔式闸阀	Z41H-160				15,20,25,32,40
楔式闸阀	Z40Y-160				50,65,80,100,125,150,200
电动楔式闸阀	Z940Y-160				50, 65, 80, 100, 125, 150, 200, 250,300
楔式闸阀	Z40Y-160I			550	50,65,80,100,125,150,200
电动楔式闸阀	Z940Y-160I				50,60,80,100,125,150,200

表 4-77　截止阀型号、规格、参数 (JB 1681—75)

名　　称	型　号	公称压力 PN/MPa	适用介质	适用温度 /℃(≤)	公称直径 DN/mm
衬胶直流式截止阀	J45J-6	0.6	酸、碱类	50	40,50,65,80,100,125,150
衬铅直流式截止阀	J45Q-6		硫酸类	100	25,32,40,50,65,80,100,125,150
焊接波纹管式截止阀	WJ61W-6P		硝酸类		10,15,20,25
波纹管式截止阀	WJ41W-6P				32,40,50
内螺纹截止阀	J11W-16	1.6	油品	100	15,20,25,32,40,50,65
内螺纹截止阀	J11T-16		蒸汽、水	200	15,20,25,32,40,50,65
截止阀	J41W-16		油品	100	25,32,40,50,65,80,100,125,150
截止阀	J41T-16		蒸汽、水	200	25,32,40,50,65,80,100,125,150
截止阀	J41W-16P		硝酸类	100	80,100,125,150
截止阀	J41W-16R		醋酸类		80,100,125,150

续表

名　　称	型　号	公称压力 PN/MPa	适用介质	适用温度 /℃(≤)	公称直径 DN/mm
外螺纹截止阀	J21W-25K	2.5	氨、氨液	−40～150	6
外螺纹角式截止阀	J24W-25K				6
外螺纹截止阀	J21B-25K				10,15,20,25
外螺纹角式截止阀	J24B-25K				10,15,20,25
截止阀	J41B-25Z				32,40,50,65,80,100,125,150,200
角式截止阀	J44B-25Z				32,40,50
波纹管式截止阀	WJ41W-25P		硝酸类	100	25,32,40,50,65,80,100,125,150
直流式截止阀	J45W-25P				25,32,40,50,65,80,100
外螺纹截止阀	J21W-40	4.0	油品	200	6,10
卡套截止阀	J91W-40				6,10
卡套截止阀	J91H-40		油品、蒸汽、水	425	15,20,25
卡套角式截止阀	J91W-40		油品	200	6,10
卡套角式截止阀	J94H-40		油品、蒸汽、水	425	15,20,25
外螺纹截止阀	J21H-40				15,20,25
外螺纹角式截止阀	J24W-40		油品	200	6,10
外螺纹角式截止阀	J24H-40		油品、蒸汽、水	425	15,20,25
外螺纹截止阀	J21W-40P		硝酸类	100	6,10,15,20,25
外螺纹截止阀	J21W-40R		醋酸类		6,10,15,20,25
外螺纹角式截止阀	J24W-40P		硝酸类		6,10,15,20,25
外螺纹角式截止阀	J24W-40R		醋酸类		9,10,15,20,25
承插焊截止阀	J61Y-40		油品、蒸汽、水	425	10,15,20,25
截止阀	J41H-40				10,15,20,25,32,40,50,65,80,100,125,150
截止阀	J41W-40P		硝酸类	100	32,40,50,65,80,100,125,150
截止阀	J41W-40R		醋酸类		32,40,50,65,80,100,125,150
电动截止阀	J941H-40			425	50,65,80,100,125,150
截止阀	J41H-40Q			350	32,40,50,65,80,100,125,150
角式截止阀	J44H-40				32,40,50
截止阀	J41H-64	6.4	油品、蒸汽、水	425	50,65,80,100
电动截止阀	J941H-64				50,65,80,100
截止阀	J41H-100	10.0		450	10,15,20,25,32,40,50,65,80,100
电动截止阀	J941H-100				50,65,80,100
角式截止阀	J44H-100				32,40,50
承插焊截止阀	J61Y-160	16.0	油品		15,20,25,32,40,50
截止阀	J41H-160				15,20,25,32,40,50
截止阀	J41Y-160			550	15,20,25,32,40,50
外螺纹截止阀	J21W-160			200	6,10

表 4-78 常用阀体材料选用

类别	材料牌号	代号	常用工况 PN/MPa	t/℃	主要介质
灰铸铁	HT20-14	Z	≤1.6	≤200	水、蒸汽、油类等
	HT25-47		氨≤2.5	氨≥-40	
可锻铸铁	KT30-6	K	≤2.5	≤300	
	KT30-8			氨≥-43	
球墨铸铁	QT40-17	Q	≤4	≤350	
高硅铸铁	NSTSi-15	G	≤0.6	≤120	硝酸等腐蚀性介质
优质碳素钢	ZG25	C	≤16	≤450	水、蒸汽、油类等
	25、35、40		≤32	≤200	氨、氮、氢气等
铬钼合金钢	15CrMo	I	$P_{54}10$①	540	蒸汽等
	ZG20CrMo				
	Cr5Mo		≤16	≤550	油类
	ZGCr5Mo				
铬钼钒合金钢	12Cr1MoV	V	$P_{57}14$	570	蒸汽等
	15Cr1MoV				
	ZG15Cr1MoV				
镍、铬、钛耐酸钢	1Cr18Ni9Ti	P	≤6.4	≤200	硝酸等腐蚀性介质
	ZG1Cr18Ni9Ti			-100~-196	乙烯等低温介质
				≤600	高温蒸汽、气体等
镍、铬、钼、钛耐酸钢	Cr18Ni12Mo2Ti	R	≤20	≤200	尿素、醋酸等
	ZGCr18Ni12Mo2Ti				
铜合金	HSi80-3	T	≤1.6	≤2	水、蒸汽、气体等

① 表中 $P_{54}10$ 指温度为 540℃时公称压力为 10MPa,余类推。

表 4-79 常用密封面材料选用

材料		代号	常用工况 PN/MPa	t/℃	适用阀类
橡胶		X	≤0.1	≤60	截止、隔膜阀、蝶阀、止回阀等
尼龙		N	≤32	≤80	球阀、截止阀等
聚四氟乙烯塑料		F	≤6.4	≤150	球阀、截止阀、旋塞阀、闸阀等
巴氏合金		B	≤2.5	-70~150	氨用截止阀
铜合金	QSn6-6-3	T	≤1.6	≤200	闸阀、截止阀、止回阀、旋塞阀等
	HMn58-2-2				
不锈钢	2Cr13、3Cr13	H	≤3.2	≤450	中、高压阀门
	TDCr-2				
	TDCrMn				
硬质合金	WC、TiC	Y	按阀体材料确定		高温阀、超高压阀
	TDCoCr-1		按阀体材料确定		高压、超高压阀
	TDCoCr-2				高温、低温阀
在本体上加工	铸铁	W	≤1.6	≤100	气、油类用闸阀、截止阀等
	优质碳素钢		≤4	≤200	油类用阀门
	1Cr18Ni9Ti		≤32	≤450	酸类等腐蚀性介质用阀门
	Cr18Ni12Mo2Ti				

第十二节 压力管道特殊件

一、波纹管膨胀节

波纹管膨胀节常用于大直径高温管道上,用来吸收管道热胀而产生的长度伸长。在石化生产装置中,有一些高温大直径管道很难用自然补偿方法来吸收其热胀位移,或者用自然补偿法不经济,或者即使能够吸收其热胀位移,但管系反力已超出相连设备的允许值,在这些情况下就应考虑用膨胀节。常用的膨胀节基本上可以分为两大类,即非约束型和约束型。

非约束型金属波纹管膨胀节的特点是管道的内压推力(俗称盲板力)由固定点或限位点承受,因此它不适宜用在与敏感机械设备相连的管道上。非约束型波纹管膨胀节主要用于吸收轴向位移和少量的角向位移。常用的非约束型波纹管膨胀节一般为自由型波纹管膨胀节。

约束型波纹管膨胀节的特点是管道的内压推力没有作用于固定点或限位点处,而是由约束波纹膨胀节用的金属部件(拉杆)承受。它主要用于吸收角向位移和拉杆范围内的轴向位移。常用的约束型波纹管膨胀节有单式铰链型、单式万向铰链型、复式拉杆型、复式铰链型、复式万向铰链型、弯管压力平衡型、直管压力平衡型等。

在本书的第九章介绍了带约束的金属波纹管膨胀节的形式。

二、过滤器

过滤器(图4-58)是用于滤去管道中的固体颗粒,以达到保护机械设备或其他管道设备目的的管道设备。过滤器的种类很多,一般情况下有临时性过滤器和永久性过滤器之分,从形状上分有Y形、三通直流、三通侧流、加长等形式。

(a) Y形过滤器　　　　　　　　(b) T形过滤器

■ 图4-58　过滤器

一般情况下,当管道 $DN \leqslant 80mm$ 时,应选用Y形过滤器。当 $DN \geqslant 100mm$ 时,应根据管道布置情况选用直流式或侧流式三通过滤器。当需要较大的过滤面积时,可选用加长三通过滤器或篮式过滤器。常用的过滤器过滤等级为30目,当与之相连的机械对过滤器的滤网有更高的要求时,应根据要求选择相应的滤网目数。

三、阻火器

阻火器常用在低压可燃气体管道上,而管道的末端为明火端或者有可能产生明火的设施。当管道中的介质压力降低时，可能会因介质的倒流而将明火引向介质源头而引起着火或爆炸。在这些管道的靠终端处，安装一台阻火器能防止或阻止火焰随介质的倒流而窜入介质的源头管道或设备。由于阻火器是一个安全保护元件，因此阻火器生产厂必须通过消防部门的认证。

图 4-59 所示的管道阻火器专用于加热炉的燃料气管道上。当喷嘴回火时，阻火器内金属网由于器壁效应转化为热能使火焰熄灭，防止因回火而引起燃料气管道内爆炸的危险。

图 4-59　管道阻火器

四、消声器

消声器（图 4-60）通常用于介质放空管的终端，以消除可能因高压高速介质的放空而产生的噪声。通常包括蒸汽排气消声器、气体排空消声器、油浴式消声过滤器、电机消声器等。

图 4-60　消声器

五、视镜

视镜（图 4-61）通常用于冷却水管道和润滑油管道等，通过其透明的视窗可以观察到管道内循环冷却水或润滑油是否在流动。

图 4-61　视镜

第十三节　压力管道等级及工程应用

一、管道等级

管道等级（Piping Class）是在工程设计的基础设计阶段进行编制，随着详细设计开展深入，将不断地完善。正确选用不仅使工程选材合理、保证装置正常安全运行，而且能加快安装速度，节约投资。

它的编制基础是根据项目开工报告、公用工程专业管道物料特性表、工艺流程图工艺管线表等条件，首先将流体按易燃易爆、腐蚀性、特殊性（如热处理要求、脱脂要求等）分类，然后根据用户或外商及专利商的合同确定材料的标准。按输送介质的温度、压力等分成不同类别的等级并考虑仪表、设备专业所选用的标准及配合条件，明确每一等级所用的管子、管件、阀门、紧固件、垫片等规格范围、特性、材料及标准，对本工程应尽量做到统一规格标准。

压力管道等级表是管道设计、管道材料汇总、采购和工程施工安装、生产维修的重要依据。管道等级应将每个等级中所使用的全部管道组成件的材料、标准、尺寸范围、压力等级、型号及温度与压力的使用关系进行规定。管道等级所规定的内容是工程项目中有关专业遵循的准则。

二、压力管道等级编制原则

① 选用管子和管道组成件必须是符合国家现行标准、国际现行标准或企业标准。
② 管道等级代号的编制一般根据材料类别、顺序号和压力等级来确定。
③ 选用的管道组成件等，在同一等级中必须相互匹配，其材料必须满足工艺流体操作条件。
④ 选用的管子和组成件应经济、实用。当选用较昂贵材料时，应进行材料的经济比较。
⑤ 管道等级应包括用户名称、设计项目、设计阶段、工程号等。
⑥ 管道等级所列内容一般不包括由工艺系统专业所提的安全阀、电动阀、减压阀、疏水器（伴热管用除外）、防爆膜、阻火器、过滤器、消声器等特殊管件。
⑦ 管道等级中应注明该等级号的使用范围（温度、压力、流体）。
⑧ 管道等级表一般包括如下具体内容。
a. 表头，其内容包括流体介质、腐蚀余量、温度-压力、焊后热处理等。
b. 管子和管件的材料详细描述（包括公称直径、材料、制造、端部、壁厚、标准号等）。
c. 法兰、垫片及紧固件的材料详细描述（包括公称直径、材料、等级、类型、密封面、标准号等）。
d. 阀门的材料详细描述（包括公称直径、阀体/阀芯材料、等级、端部、类型、阀号、标准号等）。
e. 管道特殊件的材料详细描述。
f. 管子壁厚表（可以几个等级共用）。
g. 支管连接表（可以几个等级共用）。

三、管道等级代号

管道等级代号（Piping Class Code Number）没有统一的规定，不同的行业、国家或公司，代号的组成和包含的内容也不尽相同，有的工程项目用七单元组成，有的工程项目用八单元组成，有的工程项目只用三单元组成，不管怎样，管道等级代号，三单元形式是最基本的，一般需要包含材料类别、顺序号和压力等级等信息。

例如，2006年某石化乙烯改扩建工程的管道等级代号为八单元组成，如下所示为等级代号。

等级：03CS1S01

03 表示 ASME Class300。

CS 表示碳钢。

1 表示腐蚀裕量 1.5mm。

S 表示小口径承插焊连接，大口径法兰或对焊。

01 表示序列号。

下面仅以三单元的管道等级号为例说明管道等级代号的组成。

1. 管道等级代号的组成

2. 各单元内容

第一单元由一位大写的英文字母表示管道公称压力（MPa）等级（表4-80）。

表4-80 管道公称压力等级代号

第一单元	法兰公称压力			
	HG,GB(MPa)	ASME,JPI,BS(Class)	JIS(kgf/cm²)	其他(kgf/cm²)
A		150/125		
B		300/250		
C		400		
D		600		
E		900		
F		1500		
G		2500		
H		4200		
J	0.25			
K	0.6			
L	1.0			
M	1.6			
N	2.5			
P	4.0			
Q	6.3			

表 4-81 管道材料类别代号

第三单元	钢管材质	材质标号		
		GB标准及代号	ASTM	JIS
S	碳钢	Q235-A	A120, A134	SGP, STPY41
T	碳钢	10、20	A106Gr. A, A106Gr. B	STS38, STS42
U	碳钢	20	API5L. Gr. B	STPG42
B	1/2Mo	16Mo	A335Gr. P1	STPA12
C	1Cr-0.5Mo	15CrMo	A335Gr. P12	STPA22
D	1Cr-0.5Mo	12CrMoV	A335Gr. P11	STPA23
G	5Cr-0.5Mo	Cr5Mo	A335Gr. P5	STPA25
H	9Cr-1Mo		A335Gr. P9	STPA26
K	18Cr-8Ni	0Cr18Ni9	A312Gr. TP304	SUS304TP
J	18Cr-8Ni	00Cr19Ni10	A312Gr. TP304L	SUS304LTP
L	18Cr-12Ni-Mo	0Cr18Ni12Mo2Ti 0Cr18Ni12Mo3Ti	A312Gr. TP316 A312Gr. TP317	SUS316TP SUS317TP
P	低温钢	09Mn2V	A333Gr. 7 or Gr9	
Q	镇静钢	16Mn	A333Gr. 1or Gr6	STPL39
X	镀锌	Q235-A、Q235-B	A53 Gr. B(Galv)	STPG42

第二单元由阿拉伯数字表示顺序号（1~9）。顺序号用于表示一、三单元相同时，不同的材质和管道连接形式等。

第三单元由一位大写的英文字母表示管道材料类别（表 4-81）。

3. 管道等级索引

管道等级索引是管道材料专业编制的主要文件之一，一般应有管道等级代码、物料代号、介质种类、设计温度、压力范围、管子材料及尺寸范围，供工艺系统、管道、仪表、采购等专业使用，是工艺系统专业在基础设计阶段设计的主要依据文件。

管道等级索引表的基本内容和格式见表 4-82。管道材料等级表见表 4-83。

表 4-82 某液化气分离项目管道等级索引（例表）

等级号	介质名称及代号	最大口径	设计温度/℃	设计压力（表压）/MPa	法兰等级	材质	腐蚀裕度/mm
M1A	冷却水 CWR CWS	DN500	60	0.5	PN1.6 RF	ST. 20	1.5
	消防水 FW	DN400	60	1.6			
	丙烯;LPG VF	DN400	60	0.2			
	工厂空气 PA	DN50	60	0.7			
	氮气 N	DN50	60	0.7			
M2A	消防水 FW	DN400	60	1.6	PN1.6 RF	ST. 20(GALV)	0.0
	仪表空气 IA	DN50	60	0.7			
	新鲜水(中水)RW	DN80	60	0.6			
N1A	低压蒸汽 LS	DN300	200	1.1	PN2.5 RF	ST. 20	1.5
	低压凝液 LC		200	0.5			
N2A	LPG LP	DN200	60	1.3	PN2.5 RF	ST. 20	1.5
	排放液 LD	DN50	100	2.0			
	脱盐水 DW	DN40	60	2.2			
P1A	丙烯 P;PR	DN150	60	2.6	PN4.0 RF	ST. 20	1.5
	LPG;C3 P	DN800	60	2.42			
	排放液 LD	DN50	60	3.41			
Q1A	LPG LP;P	DN400	120	3.41	PN6.3 RF	ST. 20	1.5
	C2+C3 P	DN100	60	3.74			
	排放液 LD	DN50	110	3.41			

表 4-83 某液化气分离项目管道材料等级（例表）

等级号：M1A

流体介质	冷却水 CWS/CWR;新鲜水 RW;VF;氮气 N;工厂空气 PA;消防水 FW			分支表	T-1
腐蚀裕量	1.5mm	温度-压力额定值	温度	≤20℃	100℃
焊后热处理	不要		压力	1.6MPa	1.6MPa

名称 ITEM	公称直径 NOM. SIZE	材料 MATERIAL	制造 PRODUCT	端部 END	壁厚 WALL THICK	标准号 REF. TO	备注 NOTE
管子 PIPE	15~40	20	SMLS	PE	见附表(1)①	GB/T 8163, HG20553(Ⅰa)	
	50~350	20	SMLS	BE	见附表(1)①	GB/T 8163, HG20553(Ⅰa)	
	400~500	20	ERW	BF	见附表(1)①	GB/T 13793, HG20553(Ⅰa)	
弯头,异径管,三通, 管帽 ELBOW,REDUCER,TEE,CAP	15~40	20	FORGE	SW	Sch80	GB/T 14383(A)	
	50~350	20	SMLS	BW	见附表(2)①	GB 12459(A)	
	400~500	20	WELD	BW	见附表(2)①	GB/T 13401(A)	
螺纹管帽 CAP	15~40	20	FORGE	NPT	Sch160	GB/T 14626	
丝堵 PLUG	15~40	20	FORGE	NPT		GB/T 14626	
管接头 COUPLING	15~40	20	FORGE	SW	Sch80	GB/T 14383(A)	
半管接头 HAALF COUPLING	15~40	20	FORGE	SW	Sch80	GB/T 14383(A)	

名称 ITEM	公称直径 NOM. SIZE	材料 MATERIAL	等级 CLASS	类型-密封面 TYPE-FACE	厚度	标准号 REE. TO	备注 NOTE
法兰 FLANGE	15~40	20	$PN1.6$	SW-RF		HG20597(A)	
	50~500	20	$PN1.6$	SO-RF		HG20594(A)	
	50~500	20	$PN1.6$	WN-RF		HG20595(A)	
法兰盖 BLIND FLANGE	15~500	20	$PN1.6$	BLD-RF		HG20601	
垫片 GASKET	15~300	石棉橡胶垫 XB350	$PN1.6$	RF	1.5mm	HG20606	
	350~500	石棉橡胶垫 XB350	$PN1.6$	RF	3.0mm	HG20606	
	15~500	金属缠绕垫 石墨/304(内、外环)	$PN1.6$	RF D2222	4.5mm	HG20610	
螺栓/螺母 BOLT/NUT	15~500	8.8/8	$PN1.6$	双头螺柱/六角螺母		HG20613	
	15~500	35CrMoA(调质)/ 30CrMo(调质)	$PN1.6$	双头螺柱/六角螺母		HG20613	
"8"字盲板 SPECTACLE	15~500	20	$PN1.6$	RF		HG21547	

名称 ITEM	公称直径 NOM. SIZE	阀体/阀芯 BODY/TRIM	等级 CLASS	端部 END	类型 TYPE	阀号 VALVE NO.	标准号 REF. TO	备注 NOTE
闸阀 GATE VALVE	15~40	C.S/S.S	$PN2.5$	SW	BB,OS&Y	Z61H-25		
	50~500	C.S/S.S	$PN1.6$	FLG-RF	BB,OS&Y	Z41H-16C		
截止阀 GLOBE VALVE	15~40	C.S/S.S	$PN2.5$	SW	BB,OS&Y	J61H-25		
	50~150	C.S/S.S	$PN1.6$	FLG-RF	BB,OS&Y	J41H-16C		
止回阀 CHECK VALVE	15~40	C.S/S.S	$PN2.5$	SW	BC,LIFT	H41H-25		
	80~300	C.S/S.S	$PN1.6$	FLG-RF	BC,SWING	H44H-16C		
蝶阀 BUTTERFLY VALVE	40~300	C.S/S.S+NR	$PN1.6$	WAFER		D71X-16C		
	350~500	C.S/S.S+NR	$PN1.6$	WAFER		D371X-16C		
Y形过滤器 Y TYPE STRAINER	100~200	C.S/S.S	$PN1.6$	FLG-RF		MFR-STD		

① 本例表未列出 M1A 等级壁厚的附表（1）和附表（2）。

四、管道等级表中的管道壁厚表

管道壁厚表（表 4-84）是指导工艺系统、配管及管架等专业工程设计的重要文件之一。管道壁厚表是根据管道壁厚计算，按管道的标准厚度进行调整后的用于工程使用的壁厚表。

表 4-84 管道壁厚表（例表）   mm

公称直径	管子外径	管道等级的壁厚		
(NPS)	(MM)	M1A	M1K	M3A
15	21.3	3.0	2.0	4.0
20	26.9	3.0	2.0	4.0
25	33.7	3.0	3.0	4.5
32	42.4	3.0	3.0	4.5
40	48.3	3.5	3.0	5.0
50	57	3.5	3.0	5.0
65	76	4.0	3.0	5.5
80	89	4.0	3.0	5.5
100	108	4.5	3.0	6.0
125	133	4.5	3.5	6.0
150	159	5.0	3.5	7.0
200	219	5.0	3.5	
250	273	6.0	4.0	
300	325	6.5	4.5	
350	377	7.0	5.0	
400	426	7.0	5.0	
450	480	8.0	5.0	
500	530	8.0	5.0	
600	630	9.0		

注：1. M2A 等级管子壁厚与 M1A 的相同。
2. M2K 等级管子壁厚与 M1K 的相同。

编制原则如下。

① 管道壁厚表一般应包括管道等级、公称直径、外径和壁厚。
② 管道壁厚一般以 mm 计，保留一位小数，或采用管表号表示。
③ 根据装置的性质和用户要求决定管子选用的尺寸系列。

编制要求如下。

① 管道壁厚表一般应将不同类别的材料，按等级分项编制（如碳钢类、不锈钢类、合金钢类）。
② 当有不同外径管道时，其壁厚表应分开编制。

五、管道等级表中的管道分支表

分支表是对各管道等级的支管连接形式作出具体的规定。

编制原则如下。

① 支管连接表应按各管道等级的要求分别编制，支管连接形式相同的管道等级也可合并编制。

② 支管连接应在保证管道安全运行、经济合理的前提下选择根部元件连接形式。

编制一般要求如下。

① 1½in 以下三通一般采用锥管螺纹或承插三通，除有缝隙腐蚀介质外，2in 以上采用对焊连接三通。

② 管道分支表依据开孔补强计算表，确定其焊接支管是否需要补强。

③ 2in 及 2in 以上主管、2in 以下的支管应优先选用半管接头或支管台。

④ 设计压力大于 6.3MPa 的管道主支管为异径时，不宜采用现场制造的焊接支管，宜采用三通，或在主管上开孔并焊接支管台，当支管为等径时宜采用三通。

⑤ 支管连接表的具体格式见表 4-85 及表 4-86。

表 4-85　分支表　TABLE NO. T-101　（例表）　　本表用于等级 M2K

主管直径																	
15	S																
20	S	S															
25	S	S	S														
32	S	S	S	S													
40	S	S	S	S	S												
50	H	H	H	H	H	B											
65	H	H	H	H	H	P	B										
80	H	H	H	H	H	P	P	B									
100	H	H	H	H	H	P	P	P	B								
125	H	H	H	H	H	P	P	P	P	B							
150	H	H	H	H	H	P	P	P	P	P	B						
200	H	H	H	H	H	P	P	P	P	P	P	B					
250	H	H	H	H	H	P	P	P	P	P	P	P	B				
300	H	H	H	H	H	R	R	R	R	R	R	R	R	B			
350	H	H	H	H	H	R	R	R	R	R	R	R	R	R	B		
400	H	H	H	H	H	R	R	R	R	R	R	R	R	R	R	B	
450	H	H	H	H	H	R	R	R	R	R	R	R	R	R	R	R	B
500	H	H	H	H	H	R	R	R	R	R	R	R	R	R	R	R	R	B
600	H	H	H	H	H	R	R	R	R	R	R	R	R	R	R	R	R	R	B
	15	20	25	32	40	50	65	80	100	125	150	200	250	300	350	400	450	500	600

支　管　直　径

S:承插焊三通　　　　　　　　P:焊接支管　　　　　　　　B:对焊三通

R:焊接支管（带补强板）　　　H:承插焊半管接头

表 4-86　管道变径选用表（例表）
本表用于等级 M2K

主管直径 \ 支管直径	15	20	25	40	50	65	80	100	150	200	250	300	350	400	450	500
15	S															
20	S															
25	S	S														
40		S	S													
50			R	R												
65				R	R											
80				R	R	R										
100					R	R	R									
150						R	R	R								
200								R	R							
250								R	R	R						
300									R	R	R					
350									R	R	R	R				
400										R	R	R	R			
450										R	R	R	R	R		
500											R	R	R	R	R	

S：承插焊异径管　　　R：对焊异径管

第十四节　压力管道材料的设计文件及设计条件

一、管道材料各设计阶段的主要设计文件

1. 基础设计阶段主要设计文件

① 初步的管道材料工程规定。
② 初步的管道等级索引表。
③ 初步的管道材料等级。
④ 初步的管道壁厚表。
⑤ 初步的管道隔热工程规定。
⑥ 初步的管道防腐与涂漆工程规定。
⑦ 初步的材料汇总表。
⑧ 对需要国外订货或订货周期较长的材料，进行数量估计，并提出请购单。
⑨ 提出用于工程采购工程概算的材料汇总表以及初步请购文件。

2. 详细工程设计阶段主要设计文件

① 管道材料工程规定。
② 管道隔热工程规定。

③ 管道防腐与涂漆工程规定。
④ 管道等级索引表。
⑤ 管道材料等级。
⑥ 管道壁厚表。
⑦ 管道分支表。
⑧ 管道与仪表材料分界规定。
⑨ 隔热材料一览表。
⑩ 涂漆材料一览表。
⑪ 综合材料汇总表、分区材料表。
⑫ 隔热结构图。
⑬ 非标管件图。
⑭ 阀门数据表。
⑮ 特殊件数据表（图）。
⑯ 管道材料控制专业请购文件。
⑰ 管道材料汇总表编制说明。

二、管道材料的设计条件接口工程实例

工程实例 某工程项目压力管道材料设计的条件接口

1. 提出条件（表 4-87）

表 4-87 提出条件

序号	条件名称	接受专业	阶段	备注
1	管道材料工程规定 管道材料绝热工程规定 管道涂漆工程规定	工艺 管道布置	基础、详细 基础、详细 基础、详细	
2	管道等级索引表	工艺 管道布置	基础、详细 基础、详细 基础、详细	
3	管道材料选用及等级规定	工艺 管道布置	基础、详细 基础、详细 基础、详细	
4	管道壁厚表	管道布置、管道机械	基础、详细	
5	管道初版材料表	造价、采购	基础	
6	阀门、管件数据表	管道布置	详细	
7	支管表	管道布置	详细	
8	特殊管件请购单	采购	详细	
9	管道综合材料汇总表	采购、归档	详细	
10	设备、管道绝热材料一览表	采购、归档	详细	
11	设备、管道涂漆材料一览表	采购、归档	详细	
12	管道材料请购文件	采购	基础、详细	
13	非标管件制造图	采购、归档	详细	

2. 接收条件（表4-88）

表4-88 接收条件

序号	提出条件(或专业内部交接)	条件名称	阶段	备注
1	设计经理	开工报告及附件 工程设计基础数据	基础、详细 基础	
2	工艺系统	工艺流程图PFD 管道特性表 工艺说明 工艺设备表 管道、保温、保冷、防冻等数据表 PID图附命名表 特殊管件数据表 疏水器数据表、限流孔板数据表 过滤器数据表 阀门类型及尺寸范围	基础 基础、详细 基础、详细 基础、详细 基础、详细 详细 详细 详细 详细 基础、详细	
3	管道布置	管道初版材料估算表 特殊附件及其安装材料汇总表(图) 垫圈或垫片材料汇总表 螺栓及螺母汇总表 法兰汇总表 管件汇总表 阀门汇总表 管子材料汇总表 特殊管件数据表 管道设计规定(伴管加热) 高压管道、阀门、管件数量表 非标管件数据表(图) 高压管空视图制造版 设备、管道绝热一览表 设备、管道涂漆一览表	基础 详细 详细 详细 详细 详细 详细 详细 详细 详细 详细 详细 详细 详细 详细	
4	管道机械	膨胀节规格数量表	详细	
5	采购部门	提供有关样本、制造厂图纸	基础、详细	
6	设备专业	提供有关设备安装图	基础、详细	
7	供货厂商	特殊管件图纸、厂商供货管道元件图纸	详细	
8	计划部门	工程计划进度表	基础、详细	

第十五节 压力管道材料的设计附加裕量

一、管道材料设计附加裕量的必要性

合理的订货数量，既能满足工程建设的需要，又不会因有大量剩余而造成管道材料的积压浪费，也不会因订货数量不足而影响工程建设进度。因此，必须确定一个合理的管道材料设计附加裕量。

需要明确指出的是，有的工程项目由采购专业增加管道材料附加裕量，有的工程项目由管道设计专业增加管道材料附加裕量，工程项目必须事先分清职责，防止设计和采购均层层加码，造成大量库存积压，引起很大的浪费。

二、确定设计附加量应考虑的因素

① 安装时的正常损耗。
② 设计用量的统计误差。
③ 运输和现场保管过程中的差错。

三、确定管道材料设计附加裕量的原则

① 对于尺寸小、数量大的管道材料，应考虑较多的裕量。
② 对于在运输、保管和施工过程中易损坏的材料，应考虑较多的裕量。
③ 对于一些贵重材料、大尺寸配件等，应少一些裕量或不考虑裕量。
④ 余量系数一般应将不锈钢、合金钢、碳钢等材质分别列出。
⑤ 应对管子、阀门、法兰、管件（对焊、承插焊和螺纹管件）、紧固件、垫片分别列出其余量系数。

四、管道材料的设计附加裕量工程实例

【工程实例】 某工程项目的管道材料的设计附加裕量

1. 管子的附加裕量（表 4-89）

表 4-89　管子的附加裕量

管子材质	管径					
	$DN \leqslant 40mm$		$DN 50 \sim 150mm$		$DN \geqslant 200mm$	
	裕量/%	最低量/m	裕量/%	最低量/m	裕量/%	最低量/m
碳钢	5	1	4	1	3	1
不锈钢	3	0.5	2	0.5	1	0.5
低合金钢	4	1	2	0.5	1	0.5

项目采用了 PDS 自动汇总管道材料，管子的实际附加裕量按照表 4-89 中的数字增加一倍左右（如采用 PDMS、Smart Plant 3D 或 AutoPlant 等软件自动汇总管道材料，也可这样处理）。

2. 弯头、管帽、法兰、三通、异径管等附加裕量（表 4-90）

表 4-90　弯头、管帽、法兰、三通、异径管等附加裕量

管件材质	管径					
	$DN \leqslant 40mm$		$DN 50 \sim 150mm$		$DN \geqslant 200mm$	
	裕量/%	最低量/个	裕量/%	最低量/个	裕量/%	最低量/个
碳钢	5	<20 且 ≥10 加 1 个	5	<20 且 ≥10 加 1 个	3	<30 且 ≥15 加 1 个
不锈钢	3	<30 且 ≥10 加 1 个	3	<30 且 ≥15 加 1 个	2	<50 且 ≥20 加 1 个
低合金钢	4	<25 且 ≥10 加 1 个	3	<25 且 ≥10 加 1 个	2	<50 且 ≥20 加 1 个

注：对于大口径管件，可根据项目实际情况，不附加裕量。

3. 阀门的附加裕量（表 4-91）

表 4-91 阀门的附加裕量

阀门材质	公称直径					
	DN≤40mm		DN50～150mm		DN≥200mm	
	裕量/%	最低量/个	裕量/%	最低量/个	裕量/%	最低量/个
碳钢	10	<10 且≥5 加1个	5	<20 且≥10 加1个	2	<50 且≥20 加1个
铸铁	10	<10 且≥5 加1个	5	<20 且≥10 加1个	2	<50 且≥20 加1个
合金钢 不锈钢	5	<25 且≥10 加1个	2	<50 且≥20 加1个	2	<50 且≥20 加1个

注：对于大口径阀门，可根据项目实际情况，不附加裕量。

4. 垫片、螺栓、螺母的附加裕量（表 4-92）

表 4-92 垫片、螺栓、螺母的附加裕量

垫片材质	规 格					
	DN≤40mm		DN50～150mm		DN≥200mm	
	裕量/%	最低量/个	裕量/%	最低量/个	裕量/%	最低量/个
非金属垫片	20	<5 且≥2 加1个	15	<6 且≥3 加1个	10	<10 且≥5 加1个
半金属垫片	10	<10 且≥5 加1个	10	<10 且≥5 加1个	5	<20 且≥10 加1个
金属垫片	5	<20 且≥10 加1个	5	<20 且≥10 加1个	3	<30 且≥15 加1个

螺栓、螺母材质	规 格					
	≤M12		≥M12 至≤M22		≥M27	
	裕量/%	最低量/付	裕量/%	最低量/付	裕量/%	最低量/付
碳钢和合金钢	10	<10 且≥5 加1付	10	<10 且≥5 加1付	5	<20 且≥10 加1付
合金钢和不锈钢	5	<20 且≥10 加1付	5	<20 且≥10 加1付	3	<30 且≥15 加1付

注：对于大口径管道的垫片、螺栓。螺母，可根据项目实际情况，不附加裕量。

5. 隔热材料的附加裕量（表 4-93）

表 4-93 隔热材料的附加裕量

名 称	裕量/%	最低量/m³（或 m²）	名 称	裕量/%	最低量/m³（或 m²）
硬质和半硬质隔热材料制品	15	0.5m³	镀锌铁皮、薄钢板、铝或铝合金板	15	1m²
软质隔热材料制品	10	0.5m³	勾缝用胶泥	15	0.5m³
泡沫塑料制品	10	0.5m³	玻璃布	25	1m²
			防潮层材料	15	0.5m³

6. 支吊架材料的附加裕量（表 4-94）

表 4-94　支吊架材料的附加裕量

名　称	材　料			
	碳钢		合金钢和不锈钢	
	裕量/%	最低量/m 或 m² 或件	裕量/%	最低量/m 或 m² 或件
型材	10	＜10 且≥5 加 0.5m	5	＜20 且≥10 加 0.5m
板材	5	＜20 且≥10 加 0.5m²	5	＜30 且≥15 加 1m²
标准件	10	＜10 且≥5 加 1 件	5	＜20 且≥10 加 1 件

第十六节　压力管道材料设计的计算机应用

一、材料设计过程的计算机应用

有的工程公司把实际做过的工程项目的管道材料等级收集、归纳起来，用计算机编制了材料选用等级库，只要输入或者选择管道材料选用的工况等条件，就会自动列出一系列可以采用的材料和相应的描述，以及其他必要的有用信息。在压力管道材料的选择上，会方便很多。

使用 PDS、PDMS 或 AutoPlant 等三维模型软件进行压力管道设计时，需要管道材料工程师使用软件的材料等级库建立模块程序，完成项目的三维模型数据库加载工作。使用这些软件的自动生成材料报表模块，可以快速得到各种压力管道材料统计报表。

二、管道材料统计中 Excel 的使用

Excel 中的很多功能对压力管道材料设计工作效率的提高具有很大的作用。例如，求和、拖拽拷贝、排序、分列、筛选、函数、公式计算等常用的功能。下面仅介绍 Excel "数据透视表"功能在管道材料统计 [Piping Material Take-off（MTO）] 时的应用。

大、中型项目的材料统计可以凭借 PDS、PDMS 或 AutoPlant 等压力管道设计软件建立压力管道三维模型，然后，自动、快速生成各种压力管道材料数据报告。小型项目的管线只有很少的管线，如只有 200 多根管线，如果使用 PDS、PDMS 或 AutoPlant 等软件，则需要做很多的前期准备工作，如大型软件的材料等级数据库的搭建，建立三维管道模型等工作。一些小型项目，可以使用 Office 中 Excel 的"数据透视表"功能，快速汇总管道材料，制作管道综合材料表。

① 根据管道布置图，使用元件代码（为了方便，使用英文字母代表各种管材，如管子可用 P 代表；90°弯头可用 E 代表；法兰可用 F 代表；垫片可用 G 代表；螺栓可用 B 代表；闸阀可用 VA 代表；截止阀可用 VB 代表等）记录下相应的等级、尺寸、数量（相同的管材数量不用相加，最后计算机统一分门别类汇总），得出下面的表格（图 4-62）；"项目短代码工作文件"（是由管道设计人员依据管道布置图数出来的）。

	A	B	C	D	E	F	G	H	I
1	区号	管线号	等级	元件代码	规格	数量	备注(螺栓加长量)		
2	1	PL120245	A1A	P	1/2	1.50			
3			A1B	F	2	6			
4			A1A	E	3	8			
5			A1A	E	3	8			
6			A1B	F	2	6			
7			A1B	G	2	12			
8			A1B	B	2	12			
9			A1A	HA	1/2	3			
10			A1B	VA	2	1			
11			A1B	VB	2	1			
12			A1B	VC	2	1			
13		PL130030	A1A	P	1.1/2	2.00			
14			A1A	P	1	10.8			
15			A1C	T	6X6	5			
16			A1C	T	10X10	5			
17			A1C	T	6X3	5			
18			A1B	F	2	6			
19			A1B	F	2	6			
20		PL130031	A1A	P	4	11			
21			A1A	P	3/4	10.8			
22			A1B	P	1	30.7			
23			A1B	P					

■ 图4-62 项目短代码工作文件

② 在Excel菜单中选择"数据"→"数据透视表"(图4-63)。

■ 图4-63 选择创建类型

点击"下一步"(图4-64)。
点击"下一步"(图4-65)。
点击"完成"(图4-66)。

③ 根据管道综合材料表汇总的要求,用鼠标依次将"元件代码、等级、规格"拖入"将行字段拖至此处",每拖一个字段,双击字段,会弹出图4-67所示的对话框。
点中"求和",点"确定"。

④ 把"数量"拖至"请将数据项拖至此处"。
把写着"求和"、"汇总"的没有用处的汇总项,点鼠标右键设置为隐藏。

⑤ 把表格全选中,拷贝到新的表格中,使用Excel"编辑"→"选择性粘贴",把写着"(空白)"的项,用"替换"功能,替换为空格,就得出了管道材料数量汇总表(图4-68)。

■ 图 4-64 选择数据区域

■ 图 4-65 选择显示位置

■ 图 4-66 数据拖拽

⑥ 把短代码转化为代表的管道材料的相应名称；根据等级、尺寸在管道等级表（图 4-69）中的相应描述，拷贝到综合材料表中，就完成了管道综合材料表的制作。

■ 图 4-67 字段属性选择

■ 图 4-68 自动生成管道材料分类汇总数据表

■ 图 4-69 材料库表

三、用计算机编程自动获取材料汇总报告

对于上面提出的小型工程项目，可以使用 VB 语言编程，实现在短代码工作文件上，自动添加管道材料描述和汇总管道材料。

从管道平面布置图得到"项目短代码工作文件"（简称"表一"，图 4-62），利用项目的"管道材料等级表"得出的"材料库表"（简称"表二"，图 4-69）、"螺栓表"（简称"表三"，图 4-70），通过编制程序，实现管道描述的快速、自动加载，最终实现标准格式、带有材料描述的"管段表"（简称"表四"，图 4-71）（每根管线的材料汇总表，与每根管线的徒手绘制详图配合，组成轴测图）和"管道材料汇总表"（简称"表五"，图 4-72）（分区或者整个项目的管道材料汇总表）。

■ 图 4-70 螺栓表

■ 图 4-71 管段表

使用 VB 语言，可以实现利用表二和表三，续表一自动生成表四和表五的目标文件。各表之间的关系和原理如下所述。

（1）分类汇总　表四是把表一中管线号一样的汇总到一页，汇总时，按照元件代码、等级、口径制约因素进行分类汇总。

（2）自动加描述　只要代码元件、等级、规格一致，程序就会把表二中的描述自动拷贝到表四中元件描述的相应位置上。

（3）自动计算螺栓数量（图 4-73～图 4-76）　表四为目标文件。

■ 图 4-72 管道材料汇总表

■ 图 4-73 某项目短代码工作文件

■ 图 4-74 材料库表中的螺栓项

■ 图 4-75 螺栓表

■ 图 4-76 管段表中的螺栓项

① 表一中"等级"、"元件代码"与"规格"和表二中照应，程序会把"元件描述"的内容自动拷贝到表四。"等级"与"元件代码"则视情况，可以让程序加载到表四，也可以不加。

② 同时，表四的"规格"中"M14X125"内容也被程序加载。"M14"是由表一中的"等级"与"规格"和表三中的"等级"与"规格"照应，从表三拷贝出的"螺栓直径"。"125"是由表三"螺栓长度"中的"85"，加上表一"备注（螺栓加长量）"中的"40"，即 85+40=125。

■ 图 4-77 自动获取管道材料汇总报告计算机编程界面实例

图 4-77 是使用编程语言，按照上面介绍的条件关系编写出的一个程序的界面。

第十七节　管道材料概算快捷计算方法

一、管道隔热结构辅助材料用量快捷计算方法

管道隔热结构辅助材料用量快捷计算方法见表 4-95。

表 4-95　管道隔热结构辅助材料用量快捷计算方法

项　　目		材料的名称、规格	单　　位	用量	备　注
保护层	镀锌薄钢板或铝板	镀锌薄钢板 0.4～0.8mm　铝板 0.6～1mm	m^2/m^2 隔热层外表面积	1.4	
		半圆头自攻螺钉　A4×14	kg/100m 管长	0.9	保温管道用
	玻璃布	石油沥青 10 号或 30 号	kg/m^2 隔热层外表面积	5	
		无碱细格平纹玻璃布 0.1mm 厚　90～100mm 宽	m^2/m^2 隔热层外表面积	1.4	
		电镀锌铁丝 20 号	kg/m^2 隔热层外表面积	0.12	—
		石油沥青油毡 #200 粉毡	m^2/m^2 隔热层外表面积	1.4	
	石棉水泥	石棉水泥	m^3/m^2 隔热层外表面积	0.024	
		热镀锌六角铁丝网　网孔 1/2″～1″	m^2/m^2 隔热层外表面积	1.4	—
		石油沥青油毡　#200 粉毡	m^2/m^2 隔热层外表面积	1.4	
防潮层	玛琋脂油毡沥青玛琋脂(或沥青)玻璃布聚乙烯薄膜沥青	热(冷)沥青玛琋脂	kg/m^2 隔热层外表面积	6	
		石油沥青　10 号或 30 号	kg/m^2 隔热层外表面积	10	
		无碱粗格平纹玻璃布　0.1mm 厚　90～100mm 宽	m^2/m^2 隔热层外表面积	1.4	—
		石油沥青油毡　#350 粉毡	m^2/m^2 隔热层外表面积	1.4	
		聚乙烯薄膜　0.1～0.2mm 厚	m^2/m^2 隔热层外表面积	1.4	
		电镀锌铁丝　20 号	m^2/m^2 隔热层外表面积	0.12	

续表

项 目		材料的名称、规格		单 位	用量	备 注
隔热层	软质毡、垫或硬质、半硬质管壳结构	电镀锌铁丝	外径≤130 的隔热层用 20 号	kg/m² 隔热层外表面积	0.12	—
			外径 133~460 的隔热层用 18 号	kg/m² 隔热层外表面积	0.2	
			外径≥480 的隔热层用 14 号	kg/m² 隔热层外表面积	0.69	
		钢带 20×0.5mm		kg/m² 隔热层外表面积	1.98	—
		热镀锌六角铁丝网 网孔 1/2″~1″		m²/m² 隔热层外表面积	1.2	
其他材料	胶黏剂	聚氨酯预聚体		kg/m² 隔热层外表面积	0.002	—
	沟缝用胶泥	水玻璃		kg/m³ 隔热层体积	50	

二、设备隔热结构辅助材料用量快捷计算方法

设备隔热结构辅助材料用量见表 4-96。

表 4-96 设备隔热结构辅助材料用量（每 10m² 隔热层表面积需要量）

材料的名称、规格和标准号		单位	隔热结构形式		备 注
			毡或垫	预制块	
镀锌铁丝网	线径 0.8 六角形孔 1/2″	m²	2.4	—	泵或异形管件的不可拆卸隔热结构用
	线径 0.8 六角形孔 3/4″	m²	11.1	—	室外设备胶泥保护层、人孔、手孔等用
	线径 1.2 六角形孔 1″	m²	12.2	—	室内设备胶泥保护层用
	线径 1.2 六角形孔 1″	m²	11.1	11.1	底部封头用
镀锌铁丝	线径 0.8	m/kg	8/0.032	—	缝合铁丝网用
	线径 1.2	m/kg	10/0.09	2/0.02	封头或胶泥保护层捆扎用
	丝径 2,2.5	m/kg	15/0.4	15/0.4	封头或筒体捆扎用
	丝径 4	m/kg	49/4.85	49/4.85	封头捆扎用
钢带	20×0.5	m/kg	25/2	25/2	捆扎隔热层用
金属外壳	铝板(0.6~1mm)	m²/kg	12/136.4	12/136.4	保护层用
	镀锌薄钢板(0.4~0.8mm)	m²/kg	18/70	18/70	保护层用（重量按厚 0.5mm 计）
圆钢丝	镀锌钢丝 φ3	m/kg	15/0.83	—	销钉用
	镀锌钢丝 φ5	m/kg	15/2.31	—	销钉用
扁钢 30mm×3mm		m/kg	8/5.68	8/5.68	不可焊接设备焊销钉用
半圆头自攻螺钉 A5×16		m/kg	150/0.24	150/0.24	保温设备固定金属外壳用
玻璃布		m²	15	15	胶泥保护层用
油毡	#350 粉毡	m²	15	15	室外设备胶泥保护层或保冷设备防潮层用
	#200 粉毡	m²	15	15	胶泥保护层用
热(冷)沥青玛琋脂		m³/kg	0.2/200	0.25/250	室外设备胶泥保护层或保冷设备防潮层用

注：1. 表中未考虑损耗量。
2. 表内除说明外，单位均为 mm。

三、某项目管道外防腐蚀材料用量快捷计算方法

某项目管道外防腐蚀材料用量快捷计算方法见表 4-97。

表 4-97 某项目管道外防腐蚀材料用量快捷计算方法

涂刷部位及防蚀结构型式		材料用量			备 注
		名 称	单 位	用量	
不隔热管道	管道外壁先涂刷红丹防锈漆一遍	红丹	$\dfrac{kg}{每\,m^2\,表面积\cdot每遍}$	0.12	如无红丹防锈漆,可用铝粉铁红或铝粉硼酸钡
		汽油	$\dfrac{kg}{每\,m^2\,表面积\cdot每遍}$	0.12	
		清油	$\dfrac{kg}{每\,m^2\,表面积\cdot每遍}$	0.06	
	管道外壁再涂刷醇酸磁漆两遍	醇酸磁漆	$\dfrac{kg}{每\,m^2\,表面积\cdot每遍}$	0.09	
		醇酸磁漆稀料	$\dfrac{kg}{每\,m^2\,表面积\cdot每遍}$	0.01	
隔热管道	保温管道外壁先涂刷红丹防锈漆两遍,用量与不隔热管道同				
	保冷管道外壁先涂刷冷底子油两遍	冷底子油	$\dfrac{kg}{每\,m^2\,表面积\cdot每遍}$	0.12	如无红丹防锈漆和冷底子油,可用铝粉铁红或铝粉硼酸钡
		清油		0.06	
		汽油		0.12	
	镀锌薄钢板、玻璃布和石棉水泥保护层	保护层外壁涂刷醇酸磁漆两遍,用量与不隔热管道同			—
	薄钢板(黑铁皮)保护层	钢板内外表面涂刷防锈底漆各两遍,保温管道刷红丹防锈漆,保冷管道刷冷底子油,用量与未敷设隔热层前的管道同			如无红丹防锈漆和冷底子油,可用铝粉铁红或铝粉硼酸钡
		保护层外表面涂刷醇酸磁漆两遍,用量与不隔热管道同			—
	薄铝板保护层	铝板外表面不刷漆			
	冷底子油	轻柴油	$\dfrac{kg}{每\,m^2\,表面积\cdot每遍}$	2.4	
		30号石油沥青	$\dfrac{kg}{每\,m^2\,表面积\cdot每遍}$	1.2	

四、管道支吊架材料用量快捷计算方法

在概算阶段,管道支吊架材料用量可按管子总重量的 5%~10% 估算。

第十八节 国内外大中型工程公司(设计单位)管道器材选用的常用方法及工程实例

国内外大中型项目管道器材选用的方法有很多种。有的工程公司根据以往众多工程项目的积累总结,把适应不同工况的各种管道器材分门别类列表,汇总为管道器材选用数据库,在新工程项目设计时,根据工况要求直接从数据库中拷贝相应的管道器材直接使用即可。有的工程公司把管道器材选用数据库制作成了计算机软件,输入设计工况会自动生成相应体系的管道材料等级表。有的工程公司在承接的工程项目中,在工艺专利

商提供的工艺包内已经包含了详细和完整的管道材料等级表；有的大型石化、炼化企业集团（拥有很多家炼化工厂），有统一的管道材料等级表规定，企业所属所有工程项目都遵循此管道材料等级规定，如果某工程公司承接这家石化、炼化企业集团的项目，就不用重新设计管道材料等级表。

2012年执行的某国外大型炼化企业集团（拥有上几十家炼化和石化企业）的某装置改造项目，大型炼化企业集团上几十家炼化和石化企业执行同一个管道材料等级表（共81个材料等级）。其他工程公司承接某装置改造项目时，不用重新设计新的管道材料等级表，三维管道设计模型的数据库也是统一配套做好的。

第五章 装置设备布置

第一节 装置设备布置的一般要求及发展趋势

一、采取三重安全措施

压力管道的流体，大多数属于可燃、易燃、易爆或有毒物质，潜藏着火灾、爆炸或中毒的危险。

火灾和爆炸的危险程度，从生产安全的角度来看，可划分为一次危险和次生危险两种。装置设备布置设计的三重安全措施是根据有关防火、防爆规范的规定，首先预防一次危险引起的次生危险，其次是一旦发生次生危险则尽可能限制其危害程度和范围，第三是次生危险发生以后，能为及时抢救和安全疏散提供方便条件。

二、满足工艺设计的要求

装置的生产是由工艺设计确定的，它主要体现在工艺流程图和设备汇总表（容器类、换热器类、工业炉类、机泵类、机械类五种）及其数据表上。

① 在这些图表中表示出工艺设备和管道的操作条件、规格型号、外形尺寸等以及设备与管道的连接关系。装置设备布置设计将以此为依据进行。一般按照生产流程顺序和同类设备适当集中的方式进行布置。

② 对于处理有腐蚀性、有毒和易凝物料的设备宜全部按流程顺序紧凑地布置在一起，以便对这类特殊物料采取统一的措施，如设置围堰、敷设防蚀地面等。为防止结焦、堵塞、控制温降、压降避免发生副反应等有工艺要求的相关设备，也要靠近布置。

对于在生产过程中设备之间有高差要求的，如塔顶冷凝冷却器的凝液到回流罐，塔底或容器内流体到机泵，依靠重力流动的流体由高到低，固体物料的装卸要求等都需要按工艺设计要求使各种设备布置在合适的层高位置。必要时需设置厂房、框架或利用管廊的上部空间布置设备。

三、装置设备布置分区

按道路或防护要求分为下列装置区。

① 工艺装置区：主要工艺装置；产品储存；控制楼（控制室、实验室和开关室）。

② 辅助装置区：公用工程系统设施如空分、空压、循环水、脱盐水、蒸汽锅炉房等；污水处理；废物焚烧；装车装置（产品）；全厂管廊；其他。

国内外很多工程公司装置区的划分，通常由总图专业负责，装置区内的设备布置由压力管道专业来完成。

四、满足操作、检修和施工的要求

① 装置设备布置设计必须为操作管理提供方便。主要包括：必要的操作通道和平台；楼梯与安全出入口要符合规范要求；合理安排设备间距与净空高度。对于主要操作点和巡回检查路线，提供较宽的通道平台过桥、梯子等，经常上下的梯子应尽量采用斜梯，控制室的位置应避开危险区，远离振动设备，以免影响操作人员的工作环境和人身安全以及仪表的运行。

② 检修工作应尽量采用移动式的机动设备。将需要检修的设备或部件运走并同时运来备用的同样设备或部件。这样，可以缩短检修时间。对于没有备用部件的大型设备，需要就地检修时，则需要提供必要的检修场地和通道。在厂房内布置的设备检修时，还需要为大部件的起吊、搬运设置必要的吊车、吊装孔、出入口、通道和场地。

③ 一个装置的施工和设备的安装，虽然是在较短时间内完成的，但也需要在装置设备布置设计中提供必要的条件，如吊装主要设备和现场组装大型设备需要的场地、空间和通道。

④ 在装置设备布置设计时应将上述操作、检修、施工所需要的通道、场地、空间结合起来综合考虑。

五、满足全厂总体规划的要求

全厂总体规划包括全厂总体建设规划、全厂总流程和全厂总平面布置设计。

① 根据全厂总体建设规划要求，在装置设备布置设计时，使后期施工的工程不影响或尽量少影响前期工程的生产。

② 根据全厂总流程设计要求，为了合理利用能源将一些装置合并在一起组成联合装置，或者为了集中管理将联系不太密切甚至不相干的装置排列在一起合用一个仪表控制室，即合理化集中装置，也称联合装置。

③ 中国国家《工业企业噪声控制设计规范》对设备的噪声有要求，高噪声级设备宜相对集中，并尽量布置在厂房的一角。

④ 在全厂总平面布置图上确定装置的位置和占地之后，要了解原料、成品、半成品的储罐区及装置外管带、道路及有关相邻装置等的相对位置，以便确定本装置的管廊位置和设备、建筑物的布置，使原料、产品的储运系统和公用工程系统管道的布置合理，并与相邻装置在布置风格方面相互协调。

六、适应所在地区的自然条件

① 根据气温、降水量、风沙等气候条件和生产过程或某些设备的特殊要求，决定是否采用室内布置。

② 结合所在地区的地形特点，在一般情况下，装置设备布置在宽度约 60m 以上的长方形平整地段上，以便把管廊设在与长边平行的中心地带，设备布置在管廊两侧，这是常用的方案。然而，有时总平面布置已经确定装置处于坡度较大的地段，可通过竖向设计，使装置占地平坦。

工艺设备的竖向布置，应按下列原则考虑。

  a. 工艺设计不要求架高的设备，尤其是重型设备，应落地布置。
  b. 由泵抽吸的塔和容器以及真空、重力流、固体卸料等设备，应满足工艺流程的要求，布置在合适的高层位置。
  c. 当装置的面积受限制或经济上更为合理时，可将设备布置在构架上。
  ③ 装置设备布置设计应结合地质条件，应考虑将地质条件好的地段，布置重荷载设备和有振动的设备，使其基础牢固可靠。
  ④ 在我国根据全年最小频率风向确定设备、设施与建筑物的相对位置。
  a. 装置设备布置采用全年频率风向概念的原则是：避免生产装置中的一些单元，产生的危害性较大的有害气体、烟、雾、粉尘等有害物对人员集中场所、明火或散发火花地点产生危害。常年最小频率风向是指按下面公式计算出的最小值的风向，亦即风向玫瑰图中最靠近坐标原点的风向。
  b. 对风向频率有两种计算法。

$$某风向年（月）频率 = \frac{该风向一年（月）出现的次数}{全年（月）各风向（含静风）记录总次数} \times 100\%$$

$$累年平均年（月）某风向频率 = \frac{历年（月）该风向次数之和}{记录总年数（包括该风向未出现年份）} \times 100\%$$

  风向玫瑰图的制法：将风向分为8个或16个方位，按照各个方位风的出现频率以相应的比例长度点在8个或16个轴线上，再将各相邻方向的线端用直线连接，即成为闭合折线，此闭合折线即风向风玫瑰图。距离中心远的方向的风的频率大。风向玫瑰可分为月、季、年三种，采用多年统计资料为最好，但是，由于风向受地方性影响较大，如地形不同，有山、有谷等，往往邻近的气象台站资料联系性不大，最好是在所在地区进行实测。
  c. 然而，考虑风向的影响，只能做到相对合理，因为一个地区的风向观察只能在该地区的某一个观察站，该站与该地区的工厂建设地点可能相差很远，有地区性的影响。
  d. 在我国不按主导风向的原因如下。
  ⅰ. 我国的风向特征。我国是属于季风气候型，其特征是一般存在偏南和偏北的两个盛行风向，这两个风向往往是频率相近方向相反，一个在暖季起控制作用，一个在冷季起控制作用，但均不能在全年各季起控制作用。多数情况是，冬季盛行风的上风侧往往正是夏季盛行风的下风侧。
  ⅱ. 主导风向。建国后我国一度沿用前苏联"主导风向"的概念处理工业企业总平面设计中的布置问题，即将工业生产中产生污染、易燃有害气体的生产设施布置在居住区、明火区主导风向的下风侧，实践证明这样做的结果是不符合我国季风气候特征的。
  前苏联和欧洲大部分国家，只有单一优势的盛行风向，并且这一盛行风向在全年各季节均起主导作用，所以主导风向的概念在前苏联是适合的。
  ⅲ. 20世纪70年代末我国工业部门根据我国的实际风向特征，会同气象部门一同提出了最小频率风向这一概念，将产生有害气体的生产设施布置在最小频率风向的上风侧是最为有利的，是符合我国风向特征的。
  e. 在生产装置中，产生危害性较大的有害气体、烟、雾、粉尘等有害物的单元，宜布置在人员集中场所、明火或散发火花地点的全年最小频率风向的上风侧。
  ⅰ. 燃煤锅炉房和自备电站宜位于厂区全年最小频率风向的上风侧。
  ⅱ. 有油气散发的场所，宜布置在有明火或散发火花的地点全年最小频率风向的上风侧。

ⅲ．控制室、变配电室、化验室应布置在散发粉尘、水雾和有毒介质设备的常年最小频率风向的下风侧。

ⅳ．空冷器宜布置在装置全年最小频率风向的下风侧。

ⅴ．加热炉应布置在装置的边缘地区，并宜位于装置常年最小频率风向的下风侧。

我国释放源与明火风向平面位置关系实例分析见表 5-1。

表 5-1　我国释放源与明火风向平面位置关系实例分析

风向玫瑰图类型		按主导风向要求		按最小频率风向要求
主导风向与次导风向在同一轴线上	（北京）	释放源在明火的下风向		释放源在明火的上风向
		不合理		合理
主导风向的侧风向与次导风向在同一轴线上	（杭州）	释放源在明火的侧风向		释放源在明火的上风向
		不合理	合理	不合理

注：图例　明火；　释放源；———→ 主导风向；— — → 次导风向；- - - - → 最小频率风向。

七、力求经济合理

① 节约占地、减少能耗。装置设备布置应在遵守国家法令、贯彻执行国家标准规范和满足各项要求的前提下，尽可能缩小占地面积，避免管道不必要的往返，减少能耗，节省投资和钢材。

② 国内外大、中型工程项目中常见的经济合理的典型布置是：中央架空管廊，管廊下方布置泵及其检修通道，管廊上方布置空气冷却器或其他换热设备、容器，管廊两侧按流程顺序布置塔、容器、换热器等，控制室、变配电室、办公室或压缩机房等成排布置。

八、满足甲方要求

设计是为甲方服务的。有的用户由于国情不同，或当地习惯不同，或为了操作偏好，往往提出要求，如建筑物类型、铺砌范围、楼梯、升降设备、净空高度、搬运工具等。应做好解释工作，在不增加过多投资、不违背工程设计规范、规定的情况下使甲方用户满意。

九、注意外观美

装置设备布置的外观美，能给工作人员以美好印象。外观美也是设计人员、设计单位的实物广告。

装置设备布置的外观美表现在以下几个方面。

① 设备排列整齐，成条成块。
② 塔群高低排列协调，人孔尽可能排齐，并都朝向检修道路侧。
③ 框架、管廊主柱对齐纵横成行。
④ 建筑物轴线对齐，立面高矮适当。
⑤ 管道横平竖直，避免不必要的偏置歪斜。
⑥ 检修道路与工厂系统对齐成环形通道。
⑦ 与相邻装置设备布置格局协调。

十、装置设备布置的发展趋势

装置设备布置的特点和发展趋势可以归结为"四个化"，即"露天化、流程化、集中化、定型化"。

① 露天化：优点是节省占地、减少建筑物、利于防爆、便于消防。
② 流程化：以管廊为纽带按工艺流程顺序将设备布置在管廊的上下和两侧，成为三条线，一个装置形成一个长条形区。
③ 集中化：将长条形装置，集中在一个大型街区内，用通道将各装置分开，此通道可作为两侧装置设备的检修通道，也作为消防通道，控制室集中在一幢建筑物内，控制室朝着设备的墙不开门窗，甚至全为密封式的，用计算机控制操作，用电视屏幕了解主要设备的操作实况，装置办公室和生活间也集中在一幢建筑物内。
④ 定型化：装置的定型设备采用定型布置，如泵、汽轮机、压缩机及其辅助设备采用定型布置，配管也可以定型布置，又如加热炉的燃料油、燃料气管道系统，装置内软管服务站管道也可以定型布置，甚至整个装置采用定型化设计，用于不同地区仅进行局部修改即可重复利用。

第二节　设备的间距要求

一、防火要求

① 防止火灾的发生大致有两种方法：一种是工艺安全采用各种安全措施，如加强设备的强度和密闭性能，设置防护设备和消火设备等；另一种是采取三重安全措施，保持安全距离，使发生火灾的设备不影响未发生火灾的设备或其他设施。

② 防火间距一般是指设备外缘或建筑物、构筑物的最外轴线间的距离。设备之间的防火间距是指设备外缘之间的距离。

　　a. 安全距离究竟多少为最恰当，这是一个很难确定的问题，仅从安全角度出发，当然距离越远越安全。然而发生火灾和爆炸的原因是多方面的，影响的因素很多，即使符合规定的安全距离，也还有发生火灾、爆炸的危险和可能，所以安全距离只能是相对的。

　　b. 在国外的标准、规范中没有一个统一的标准。由于各国技术水平和消防设施不同以及国情等多方面因素的影响，因而制定的防火间距也不尽相同。例如，有些国家国土面积不大，地皮昂贵，偏重于采用较高程度的安全设备而较少占用土地，因而制定的防火间距较小，而另一些国家则相反，如美国石油保险协会推荐安全距离往往偏大。

③ 在我国，应根据实际的压力管道工程项目，选择相应行业的防火技术设计规范，根据防火技术规范提供的设备、建筑物间距表，确定设备、建筑物之间的距离。常用到的防火规范有：GB 50016《建筑设计防火规范》、GB 50160《石油化工企业设计防火规范》、GB 50183《石油天然气工程设计防火规范》、GB 50074《石油库设计规范》，电力行业有 GB 50229《火力发电厂与变电所设计防火规范》。

二、防爆要求

正确处理易燃物质释放源与装置内的变配电所、仪表室、明火设备之间的关系，做到协调合理。在装置设计中一般由电气专业绘制爆炸危险区域划分图，在爆炸危险区域内的电气设备和电气仪表照明灯具、电气开关和电气线路均应满足防爆要求。

不同的生产装置和环境，规范的规定不可能完全一致。例如，美国石油学会的防爆炸规范就有三个。其中，API RP500A 适用于炼油厂，API RP500B 适用于油田，API RP500C 适用于储运系统。

在装置设备布置设计中应考虑以下各点。

① 将不同等级的爆炸危险介质设备与非爆炸危险区、明火设备分隔在各自的界区内。

② 设备尽可能采用露天或半露天式布置，对于必须布置在厂房内的设备，应采取通风设施，使厂房内空气流通，以便将释放出的爆炸危险物质迅速稀释到爆炸下限以下。

③ 对于可能释放和容易积聚爆炸性气体或蒸气的地点，设置测量和报警装置，当气体浓度接近下限的一半时，能可靠地发出报警信号，以便及时处理。

④ 由于新的防火规范与防爆规范中爆炸危险区域的划分协调一致，因而一般情况下设备和建筑物等的间距，能够满足防火要求的也能够满足防爆要求。另外，对于防爆规范中附加 2 区的确定，应遵照 GB 50058《爆炸和火灾危险环境电力装置设计规范》的有关条文。

三、其他要求

设备、建筑物的间距要求，除防火、防爆要求外，还应按照操作维修以及施工、安装所需的最小距离确定。例如，两座并排布置的塔，其净距一般不小于 2.5m，以便敷设管道和设置平台，但是高大的塔，可能净距 2.5m 基础仍然相碰，如果采用联合基础，净距还可以小于 2.5m，塔与管廊立柱中心线间距不宜小于 3m，以便在其间设置排水管道及排水井和调节阀组。

四、设备布置间距设计错误工程实例及 GB 50160 关于装置设备布置常用的间距要求

某国外工程项目详细设计刚开始，做螺杆压缩机的设备布置设计时，依据当地防火规范要求压缩机距离其他设备至少 7500mm（和中国标准规范上要求的数据不同）。一位工程师做的设备布置图，如图 5-1 所示。占地面积非常大，达到 17.4m×15.2m，造成基础设计阶段规划用地面积不够，项目无法开展后续工作。其实，依据所在国家的防火规范，作为撬块（Package），压缩机的分液罐、分离罐、冷却器与压缩机以及其他与主体设备密切相关的设备，可直接连接或靠近布置（我国的防火规范 GB 50160 也有此条规定）。也可以由压缩机厂家来确定整个撬块的布置尺寸。根据此规定，调整后的设备布置占地面积仅为 12m×

图 5-1　设计不合理的设备布置图

9.5m，原来规划用地足够用。

我国的 GB 50160—2008《石油化工企业设计防火规范》也有类似的明确规定，装置设备布置常用到的要求整理如下。

① 设备、建筑物平面布置的防火间距，应符合表 5-2 的规定。

② 为防止结焦、堵塞，控制温降、压降，避免发生副反应等有工艺要求的相关设备，可靠近布置。

③ 分馏塔顶冷凝器、塔底重沸器与分馏塔，压缩机的分液罐、缓冲罐、中间冷却器等与压缩机，以及其他与主体设备密切相关的设备，可直接连接或靠近布置。

④ 明火加热炉附属的燃料气分液罐、燃料气加热器等与炉体的防火间距不应小于 6m。

⑤ 以甲 B、乙 A 类液体为溶剂的溶液法聚合液所用的总容积大于 800m³ 的掺合储罐与相邻的设备、建筑物的防火间距不宜小于 7.5m，总容积小于或等于 800m³ 时，其防火间距不限。

⑥ 可燃气体、液化烃和可燃液体的在线分析仪表间与工艺设备的防火间距不限。

⑦ 布置在爆炸危险区的在线分析仪表间内设备为非防爆型时，在线分析仪表间应正压通风。

⑧ 设备宜露天或半露天布置，并宜缩小爆炸危险区域的范围。爆炸危险区域的范围应按《爆炸和火灾危险电力装置设计规范》（GB 50058）的规定执行。受工艺特点或自然条件限制的设备可布置在建筑物内。

⑨ 联合装置视同一个装置，其设备、建筑物的防火间距应按相邻设备、建筑物的防火间距确定，其防火间距应符合 GB 50160 的规定。

⑩ 装置内消防道路的设置应符合下列规定。

a. 装置内应设贯通式道路，道路应有不少于两个出入口，且两个出入口宜位于不同方位。当装置外两侧消防道路间距不大于 120m 时，装置内可不设贯通式道路。

b. 道路的路面宽度不应小于 4m，路面上的净空高度不应小于 4.5m，路面内缘转弯半径不宜小于 6m。

表 5-2 设备、建筑物平面布置的防火间距 (GB 50160—2008) m

项目			控制室、机柜间、变配电所、化验室、办公室	明火设备	可燃气体压缩机或压缩机房		装置储罐（总容积）			其他工艺设备				操作温度等于或高于自燃点的工艺设备	含可燃液体的污水池、隔油池、酸性污水罐、含油污水罐	丙类物品仓库、乙类物品储存间	备注
							可燃气体 200~1000m³	液化烃 50~100m³	可燃液体 100~1000m³	可燃气体		液化烃	可燃液体				
					甲	乙	甲、乙		甲B、乙A 丙A	甲	乙		甲B、乙A 丙A				
控制室、机柜间、变配电所、化验室、办公室				15													
明火设备			15														
操作温度低于自燃点的工艺设备	可燃气体压缩机或压缩机房	甲	15	22.5													注1
		乙	9	9													
	装置储罐（总容积）	可燃气体 200~1000m³ 甲	15	15	9	7.5											注2
		乙	9	9	7.5												
		液化烃 50~100m³	22.5	22.5	15	9											
		可燃液体 100~1000m³ 甲B、乙A	15	15	9	7.5	—	—									
		丙A	9	9	7.5	—	—	—									
	其他工艺设备或房间	可燃气体 甲	15	15	9	9	7.5	9	7.5								
		乙	9	9	7.5	7.5	—	7.5	—								
		液化烃	15	22.5	9	9	7.5	9	7.5	9	7.5						
		可燃液体 甲B、乙A	9	15	7.5	7.5	—	7.5	—	7.5	—	7.5					
		丙A	9	9	7.5	7.5	—	7.5	—	7.5	—	—	—				
操作温度等于或高于自燃点的工艺设备			9	4.5	4.5	4.5	9	7.5	9	4.5	4.5	7.5	4.5	4.5	4.5		注3
含可燃液体的污水池、隔油池、酸性污水罐、含油污水罐			15	15	9	9	15	15	9	9	9	15	9	9	15	9	
丙类物品仓库、乙类物品储存间			15	15	15	15	15	15	15	15	15	15	15	15	15	15	15
装置储罐（组）（总容积）	可燃气体 >1000~5000m³	甲、乙	20	20	25	25	*	20	*	25	20	30	26	20	30	15	25	注4
	液化烃 >100~500m³	甲A	30	30	30	25	25	25	25	25	15	25	15	15	25	25	25
	可燃液体 >1000~5000m³	甲B、乙A	25	25	25	20	20	*	20	20	15	20	15	15	20	20	20
		乙B、丙A	20	20	20	15	15	20	*	15	15	15	15	15	20	15	15

注：1. 单机驱动功率小于150kW的可燃气体压缩机，可按操作温度低于自燃点的"其他工艺设备"确定其防火间距。
2. 装置储罐（组）的总容积应符合 GB 50160 的规定。当装置储罐的总容积小于100m³时，可燃气体储罐小于200m³时，可按操作温度低于自燃点的"其他工艺设备"确定其防火间距。
3. 查不列自燃点时，可取250℃。
4. 装置储罐组与其他设备组的防火设计应符合本规范 GB 50160 第6章的有关规定。
5. 丙B类液体设备的防火间距不限。
6. 散发火花地点与其他设备防火间距同明火设备。
7. 表中"—"表示无防火间距要求或应执行相关规范，"*"装置储罐集中成组布置。

⑪ 在甲、乙类装置内部的设备、建筑物区的设置应符合下列规定。

a. 应用道路将装置分割成为占地面积不大于10000m²的设备、建筑物区。

b. 当大型石油化工装置的设备、建筑物区占地面积大于10000m²小于20000m²时，在设备、建筑物区四周应设环形道路，道路路面宽度不应小于6m，设备、建筑物区的宽度不应大于120m，相邻两设备、建筑物区的防火间距不应小于15m，并应加强安全措施。

⑫ 设备、建筑物、构筑物宜布置在同一地平面上，当受地形限制时，应将控制室、机柜间、变配电所、化验室等布置在较高的地平面上，工艺设备、装置储罐等宜布置在较低的地平面上。

⑬ 明火加热炉，宜集中布置在装置的边缘，且宜位于可燃气体、液化烃和甲B、乙A类设备的全年最小频率风向的下风侧。

⑭ 当在明火加热炉与露天布置的液化烃设备或甲类气体压缩机之间设置不燃烧材料实体墙时，其防火间距可小于表5-2的规定，但不得小于15m。实体墙的高度不宜小于3m，距加热炉不宜大于5m，实体墙的长度应满足由露天布置的液化烃设备或甲类气体压缩机经实体墙至加热炉的折线距离不小于22.5m。当封闭式液化烃设备的厂房或甲类气体压缩机房面向明火加热炉一面为无门窗洞口的不燃烧材料实体墙时，加热炉与厂房的防火间距可小于表5-2的规定，但不得小于15m。

⑮ 当同一建筑物内分隔为不同火灾危险性类别的房间时，中间隔墙应为防火墙。人员集中的房间应布置在火灾危险性较小的建筑物一端。

⑯ 装置的控制室、机柜间、变配电所、化验室、办公室等不得与设有甲、乙A类设备的房间布置在同一建筑物内。装置的控制室与其他建筑物合建时，应设置独立的防火分区。

⑰ 装置的控制室、化验室、办公室等宜布置在装置外，并宜全厂性或区域性统一设置。当装置的控制室、机柜间、变配电所、化验室、办公室等布置在装置内时，应布置在装置的一侧，位于爆炸危险区范围以外，并宜位于可燃气体、液化烃和甲B、乙A类设备全年最小频率风向的下风侧。

⑱ 在装置内的控制室、机柜间、变配电所、化验室、办公室等的布置应符合下列规定。

a. 控制室宜设在建筑物的底层。

b. 平面布置位于附加2区的办公室、化验室室内地面及控制室、机柜间、变配电所的设备层地面应高于室外地面，且高差不应小于0.6m。

c. 控制室、机柜间面向有火灾危险性设备侧的外墙应为无门窗洞口、耐火极限不低于3h的不燃烧材料实体墙。

d. 化验室、办公室等面向有火灾危险性设备侧的外墙宜为无门窗洞口不燃烧材料实体墙。当确需设置门窗时，应采用防火门窗。

e. 控制室或化验室的室内不得安装可燃气体、液化烃和可燃液体的在线分析仪器。

⑲ 高压和超高压的压力设备宜布置在装置的一端或一侧，有爆炸危险的超高压反应设备宜布置在防爆建筑物内。

⑳ 装置的可燃气体、液化烃和可燃液体设备采用多层构架布置时，除工艺要求外，其构架不宜超过4层。

㉑ 空气冷却器不宜布置在操作温度等于或高于自燃点的可燃液体设备上方；若布置在其上方，应用不燃烧材料的隔板隔离保护。

㉒ 装置储罐（组）的布置应符合下列规定。

a. 当装置储罐总容积：液化烃罐小于或等于100m³、可燃气体或可燃液体罐小于或等于1000m³时，可布置在装置内，装置储罐与设备、建筑物的防火间距不应小于表5-2的规定。

b. 当装置储罐组总容积：液化烃罐大于100m³小于或等于500m³、可燃液体罐或可燃气体罐大于1000m³小于或等于5000m³时，应成组集中布置在装置边缘；但液化烃单罐容积不应大于300m³，可燃液体单罐容积不应大于3000m³。装置储罐组的防火设计应符合本规范第6章的有关规定，与储罐相关的机泵应布置在防火堤外。装置储罐组与装置内其他设备、建筑物的防火间距不应小于表5-2的规定。

㉓ 甲、乙类物品仓库不应布置在装置内。若工艺需要，储量不大于5t的乙类物品储存间和丙类物品仓库可布置在装置内，并位于装置边缘。丙类物品仓库的总储量应符合本规范第6章的有关规定。

㉔ 可燃气体和助燃气体的钢瓶（含实瓶和空瓶），应分别存放在位于装置边缘的敞篷内。可燃气体的钢瓶距明火或操作温度等于或高于自燃点的设备防火间距不应小于15m。分析专用的钢瓶储存间可靠近分析室布置，钢瓶储存间的建筑设计应满足泄压要求。

㉕ 建筑物的安全疏散门应向外开启。甲、乙、丙类房间的安全疏散门不应少于两个，面积小于等于100m²的房间可只设一个。

㉖ 设备的构架或平台的安全疏散通道应符合下列规定。

a. 可燃气体、液化烃和可燃液体的塔区平台或其他设备的构架平台应设置不少于两个通往地面的梯子，作为安全疏散通道，但长度不大于8m的甲类气体和甲、乙A类液体设备的平台或长度不大于15m的乙B、丙类液体设备的平台，可只设一个梯子。

b. 相邻的构架、平台宜用走桥连通，与相邻平台连通的走桥可作为一个安全疏散通道。

c. 相邻安全疏散通道之间的距离不应大于50m。

㉗ 装置内地坪竖向和排污系统的设计应减少可能泄漏的可燃液体在工艺设备附近的滞留时间和扩散范围。火灾事故状态下，受污染的消防水应有效收集和排放。

㉘ 凡在开停工、检修过程中，可能有可燃液体泄漏、漫流的设备区周围应设置不低于150mm的围堰和导液设施。

㉙ 泵和压缩机。

a. 可燃气体压缩机的布置及其厂房的设计应符合下列规定。

ⅰ. 可燃气体压缩机宜布置在敞开或半敞开式厂房内。

ⅱ. 单机驱动功率等于或大于150kW的甲类气体压缩机厂房不宜与其他甲、乙和丙类房间共用一幢建筑物。

ⅲ. 压缩机的上方不得布置甲、乙、丙类工艺设备，但自用的高位润滑油箱不受此限。

ⅳ. 比空气轻的可燃气体压缩机半敞开式或封闭式厂房的顶部应采取通风措施。

ⅴ. 比空气轻的可燃气体压缩机厂房的楼板宜部分采用钢格板。

ⅵ. 比空气重的可燃气体压缩机厂房的地面不宜设地坑或地沟，厂房内应有防止可燃气体积聚的措施。

b. 液化烃泵、可燃液体泵宜露天或半露天布置。液化烃、操作温度等于或高于自燃点的可燃液体的泵上方，不宜布置甲、乙、丙类工艺设备，若在其上方布置甲、乙、丙类工艺设备，应用不燃烧材料的隔板隔离保护。

c. 液化烃泵、可燃液体泵在泵房内布置时，其设计应符合下列规定。

ⅰ. 液化烃泵、操作温度等于或高于自燃点的可燃液体泵，操作温度低于自燃点的可燃液体泵应分别布置在不同房间内，各房间之间的隔墙应为防火墙。

ⅱ. 操作温度等于或高于自燃点的可燃液体泵房的门窗与操作温度低于自燃点的甲B、乙A类液体泵房的门窗或液化烃泵房的门窗的距离不应小于4.5m。

ⅲ. 甲、乙A类液体泵房的地面不宜设地坑或地沟，泵房内应有防止可燃气体积聚的措施。

ⅳ. 在液化烃、操作温度等于或高于自燃点的可燃液体泵房的上方，不宜布置甲、乙、丙类工艺设备。

ⅴ. 液化烃泵不超过两台时，可与操作温度低于自燃点的可燃液体泵同房间布置。

d. 气柜或全冷冻式液化烃储存设施内，泵和压缩机等旋转设备或其房间与储罐的防火间距不应小于15m。其他设备之间及非旋转设备与储罐的防火间距应按本规范表5-2执行。

e. 罐组的专用泵区应布置在防火堤外，与储罐的防火间距应符合下列规定。

ⅰ. 距甲A类储罐不应小于15m。

ⅱ. 距甲B、乙类固定顶储罐不应小于12m，距小于或等于500m^3的甲B、乙类固定顶储罐不应小于10m。

ⅲ. 距浮顶及内浮顶储罐、丙A类固定顶储罐不应小于10m，距小于或等于500m^3的内浮顶储罐、丙A类固定顶储罐不应小于8m。

f. 除甲A类以外的可燃液体储罐的专用泵单独布置时，应布置在防火堤外，与可燃液体储罐的防火间距不限。

g. 压缩机或泵等的专用控制室或不大于10kV的专用变配电所，可与该压缩机房或泵房等共用一幢建筑物，但专用控制室或变配电所的门窗应位于爆炸危险区范围之外，且专用控制室或变配电所与压缩机房或泵房等的中间隔墙应为无门窗洞口的防火墙。

第三节　净距、净空及有关标高

一、设备间最小净距

针对石油化工的装置设备间距，在我国首先应符合GB 50016《建筑设计防火规范》、GB 50160《石油化工企业设计防火规范》的要求。在国外，应根据所在国家的有关规定或工程设计合同约定的规范来确定设备间最小净距。

依据HG 20546中非防火因素决定的，或防火规范中未加规定的设备间距见表5-3。

二、净空高度或垂直距离

道路、铁路、通道和操作平台上方的净空高度或垂直距离见表5-4。

表5-3　设备之间或设备与建、构筑物（或障碍物）间的净距（HG 20546—2009）

区　域	内　容	最小净距/mm
	控制室、配电室至加热炉	15000
管廊下或两侧	两塔之间(考虑设置平台,未考虑基础大小)	2500①
	塔类设备的外壁至管廊(或构筑物)的柱子	3000
	容器壁或换热器端部至管廊(或构筑物)的柱子	2000
	两排泵之间维修通道	3000
	相邻两台泵之间(考虑基础及管道)	800
建筑物内部	两排泵之间或单排泵至墙的维修通道	2000②
	泵的端面或基础至墙或柱子	1000②

续表

区域	内容	最小净距/mm
任意区	两个卧式换热器之间维修净距	600
	两个卧式换热器之间有操作时净距(考虑阀门、管道)	750
	卧式换热器外壳(侧向)至墙或柱(通行时)	1000
	卧式换热器外壳(侧向)至墙或柱(维修时)	600
	卧式换热器封头前面(轴向)的净距	1000
	卧式换热器法兰边周围的净距	450
	换热器管束抽出净距(L:管束长)	$L+1000$
	两个卧式换热器(平行、无操作)	750
	两个容器之间	1500
	立式容器基础及墙	1000
	立式容器人孔至平台边(三侧面)距离	750
	立式换热器法兰至平台边(维修净距)	600
	压缩机周围(维修及操作)	2000
	压缩机	2400
	反应器与提供反应热的加热炉	4500

① SH3011 也规定为 2.5m。
② SH3011 规定泵布置在管廊下方或外侧时，泵端前面操作通道的宽度，不应小于1m。泵布置在室内时，两排泵净距不应小于2m。泵端或泵侧与墙之间的净距应满足操作、检修要求，且不宜小于1m。

表 5-4 道路、铁路、通道和操作平台上方的净空高度或垂直距离（HG 20546—2009）

项目		说明	尺寸/mm
道路		厂内主干道	5000①
		装置内道路(消防通道)	4500
铁路		铁路轨顶算起	5500
		终端或侧线	5200
通道、走道和检修所需净空高度		操作通道、平台	2200
		管廊下泵区检修通道	3500
		两层管廊之间	1500(最小)
		管廊下检修通道	3000(最小)
		斜梯:一个梯段间休息平台的垂直间距	5100(最大)
		直梯:一个梯段间休息平台的垂直间距	9000(最大)②
		重叠布置的换热器或其他设备法兰之间需要的维修空间	450(最小)
		管墩	300
		卧式换热器下方操作通道	2200
		反应器卸料口下方至地面(运输车进出)	3000
		反应器卸料口下方至地面(人工卸料)	1200
炉子		炉子下面用于维修的净空	750
平台	立式、卧式容器、立式、卧式换热器;塔类	人孔中心线与下面平台之间距离	600~1000
		人孔法兰面与下面平台之间距离	180~1200
		法兰边缘至平台之间的距离	450
		设备或盖的顶法兰面与下面平台之间距离	1500(最大)

① 对于任何架空的输电线路，净空高度至少应为 6500mm。
② 梯段高不宜大于 9m。超过 9m 时宜设梯间平台，以分段交错设梯。攀登高度在 15m 以下时，梯间平台的间距为 5~8m，超过 15m 时，每 5m 设一个梯间平台。平台应设安全防护栏杆。

三、标高

标高见表 5-5。

表 5-5　标高① （HG 20546—2009）

项　目		距基准点的高度/mm	相对标高/m
地面	室内	0	EL±0.000②③
	室外	-300	EL-0.300⑦
柱脚的底板底面（基础顶面）		150	EL+0.150
离心泵的底板底面	大泵	150	EL+0.150
	中、小泵	300④	EL+0.300④
斜梯和直梯基础	顶面	100	EL+0.100
卧式容器和换热器⑥	底面	600（最小）	EL+0.600（最小）
立式容器和特殊设备	环形底座或支腿底面	200	EL+0.200
桩台基础及连接梁	顶面	300	EL-0.300⑤
管廊柱子基础和基础梁⑤	顶面	450	EL-0.450⑤
炉子底部平台的底面	侧烧或顶烧	1100	EL+1.100
	底烧　炉底需要操作通道的	2300	EL+2.300
	炉底不需要操作通道的	1100	EL+1.100
鼓风机、往复泵、卧式和立式的压缩机等		按需要	按需要

① 标高均按 EL±0.000m 为基准，与这个标高相对应的绝对标高由总图专业确定。
② 与敞开的建筑物周围连接的铺砌面的边缘应同建筑物地面的边缘同一标高，并且有向外的坡度，而且这个地面的坡度应从厂房向外面坡。
③ 有腐蚀性介质的厂房地面标高定为 EL-0.300m。对降雨强度大的地区，室内标高可根据工程情况而定。
④ 小尺寸的泵，如比例泵、喷射泵和其他小齿轮泵，可以将基础的顶面标高位于 300mm。并且几台小泵可以安装在一个公用的基础上。
⑤ 如有地下管线穿过时，可降低个别基础的标高。
⑥ 卧式设备的基础标高应按设备底部排液管及出入口配管的具体情况定，但不得小于 EL+0.600m。
⑦ 对于可能产生重度大于空气的易燃易爆气体装置，控制室和配电室内地面应高出室外地面 600mm。办公室及辅助生活用室，其室内地面高出室外地面不应小于 300mm。如室内为空铺式木板地面，室内外高差不小于 450mm。

第四节　管廊的布置

一、管廊的布置原则

① 管廊（Pipe Rack）应处于易于与各类主要设备联系的位置上。要考虑能使多数管线布置合理，少绕行，以减少管线长度。典型的位置是在两排设备的中间或一排设备的旁侧。

② 布置管廊要综合考虑道路、消防的需要，以及地下管道与电缆布置和临近建、构筑物等情况，并避开大、中型设备的检修场地。

③ 管廊上部可以布置空冷器以及仪表和电气电缆槽等，下部可以布置泵等设备。

④ 管廊上设有的阀门需要操作或检修时，应设置人行走道或局部操作平台。

二、管廊的布置形式

如图 5-2 所示。

① 对于小型装置，通常采用盲肠式或直通式管廊。
② 对于大型装置，可采用 L 形、T 形和 Π 形等形式的管廊。
③ 对于大型联合装置，一般采用主管廊、支管廊组合的结构形式。

(a) 盲肠式管廊　　　　(b) 直通式管廊　　　　(c) L形管廊

(d) T形管廊　　　　(e) Π形管廊　　　　(f) 大型装置用组合管廊

■ 图 5-2　管廊的布置形式

1—道路；2—工艺设备；3—压缩机室；4—控制室；5—加热炉

三、装置内管廊的结构形式

装置内管廊一般分为单柱独立式、双柱连系梁式和纵梁式。

① 单柱独立式：宽度小于或等于 1.8m，一般为单层，如图 5-3 所示。

■ 图 5-3　单柱独立式

② 双柱连系梁式：宽度在 2m 以上，分单层与双层，根据需要也可以多层，如果管廊两侧进出管线多时，一般在该层横梁顶部以下 750~1250mm 处加纵向连系梁，以支撑侧向进出管线，如图 5-4 所示。

③ 纵梁式：分单柱和双柱结构，双柱纵梁式一般为多层结构，这种管廊的特点是管廊之间设有纵梁，可以根据管道允许跨距在纵梁间加支撑用次梁，如图 5-5 所示。

四、装置外管廊的结构形式

装置外管廊一般分为单柱（T形）式和双柱（Π形）式。单柱管廊一般为单层，必要时

■ 图 5-4　双柱连系梁式

■ 图 5-5　纵梁式

也可采用双层。双柱管廊根据需要可分为单层、双层及多层。如图 5-6 所示。

■ 图 5-6　管廊的柱形及断面形式

按连接结构形式，可分为独立式、纵梁式、轻型桁架式、桁架式、吊索式、悬索式及轴向悬臂式（图 5-7）。

五、管廊的主要尺寸

1. 管廊宽度

① 管廊的宽度主要由管道的数量和管径的大小确定。并考虑一定的预留宽度，新设计的管廊一般留有扩建预留量［全厂性管廊或管墩上（包括穿越涵洞）应根据项目实际需要留有 10%～30% 的裕量。装置主管廊宜留有 10%～20% 的裕量］。同时，要考虑管廊下设备和通道以及管廊上空冷设备等结构的影响。如果要求敷设仪表引线槽架和电力电缆时，还应考虑它们所需的宽度。

② 管廊上布置空冷器时，支柱跨距最好与空冷器的间距尺寸相同，以使管廊立柱与空冷器支柱中心线对齐。

③ 管廊下布置泵时，应考虑泵的布置及其所需操作和检修通道的宽度，如果泵的驱动机用电缆地下敷设时，还应考虑电缆沟所需宽度。此外，还要考虑泵用冷却水管道和排水管道的干管所需宽度。不过，电缆沟和排水管道可以布置在通道的下面。

■ 图 5-7 装置外管廊（架）

④ 由于整个管廊的管道布置密度并不相同，通常在首尾段的管道数量较少，因此在必要时可以减少首尾段的宽度或层数。

2. 管廊支柱的间距

管廊的柱距和跨距是由敷设在其上的管道因垂直荷载所产生的弯曲应力和挠度决定的，通常为6～9m，如中、小型装置中、小直径的管道较多时，可在两根支柱之间设置副梁使管道的跨距缩小，另外管廊支柱的间距，宜与设备框架支柱的间距取得一致，以便管道通过。

如果是混凝土管廊，横梁上应埋放一根 $\phi 20mm$ 圆钢或 60～100mm 宽的钢板，以减少管道与横梁间的摩擦力。

对于装置外管廊（架）：纵梁式管廊轴向柱距一般为6～12m；吊索式管廊轴向柱距一般为12～15m；桁架式管廊轴向柱距一般为16～24m；悬索式管廊轴向柱距一般为20～25m。

管墩的间距按管径最小的管道允许跨距进行设置。

3. 管廊的高度

管廊的高度根据下面条件确定。

① 在道路上空横穿时，其净空高度为：装置内的检修道不低于4.5m；工厂主干道不低于5.0m；铁路（轨面以上）不低于5.5m；管廊下检修通道不低于3.0m（按 SH 3011 和 SH 3012）。

当管廊有桁架时要按桁架底高计算。

② 管廊的最小高度。为有效地利用管廊空间，多在管廊下布置泵。考虑到泵的操作和维护，宜有 4.0m 净空高度（表 5-4）。

管廊上管道与分区设备相接时，一般应比管廊的底层管道标高低或高 600～1000mm。管廊下布置管壳式换热设备时，根据设备实际高度需要增加管廊下的净空。

③ 管廊外设备的管道进入管廊所必需的高度：若为大型装置，其设备和管径较大，为防止管道出现不必要的袋形，管廊最下一层横梁底标高应低于设备管口 500～750mm。

若管廊附近有换热框架，换热设备的下部管道要从它的框架平台接往管廊，此时至少要保证管廊的下层横梁要低于换热框架第一层平台。

④ 同其他装置的协调：若管廊与有关装置的管廊衔接，宜采用 T 形相接以便于管道的衔接布置。

⑤ 垂直相交的管廊高差：若管廊改变方向或两管廊成直角相交，其高差以 750～1000mm 为宜，当高差为 250mm 时，$DN250$ 以下的管子用两个直角弯头和短管相接，大于 $DN250$ 的管子用一个 45°弯头、一个 90°弯头相接；对于大型装置也可采用 1000mm 以上的高差。

⑥ 管廊的结构尺寸：在确定管廊高度时，要考虑到管廊横梁和纵梁的结构断面和形式，务必使梁底或桁架底的高度，满足上述确定管廊高度的要求，对于双层管廊，上、下层间距一般为 1.5～2.0m，主要决定于管廊上多数的管道直径。

至于装置之间管廊的高度取决于管廊地区的具体情况。如沿工厂边缘或罐区，不会影响厂区交通和扩建的地段，从经济性和检修方便考虑，可用管墩敷设，离地面高 300～500mm，即可满足要求。

六、管廊布置的工程应用实例

工程实例一 某乙烯工程装置内主管廊

某乙烯工程的装置内主管廊侧面图，管廊主体总长 203m，宽 13m，顶层标高 22m，其中管廊上设备框架最高处距地标高 38m。主管廊大约布置了两千多条管线。图 5-8 加粗部分为主管廊在整个装置区内的位置，图 5-9 是一小段主管廊结构侧面结构图。

■ **图 5-8** 某乙烯工程主管廊位置图（图中涂黑加粗部分）

■ 图 5-9 某乙烯工程主管廊侧面结构图（部分）

工程实例二 最小管廊宽度的确定

管廊上的工艺管线规划设计时，可以根据平面布置图和工艺流程图（图 5-10、图 5-11），找出管道数目最多处来估算管廊宽度：

$$W = fnS + A$$

式中　W——管廊宽度，m；
　　　f——安全系数；
　　　n——DN450 以下的管线根数，根；
　　　S——每根管道所需的平均管廊宽度，m；
　　　A——附加需要宽度，m。

■ 图 5-10 平面图

■ 图 5-11　工艺流程图

■ 图 5-12　管廊断面图

如果从平面布置图和工艺流程图来计算管线根数，安全系数 $f=1.5$；如果根据详细的管道仪表流程图来计算则 $f=1.2$。

每根管道所需要的管廊宽度一般取 $S=0.3m$；若管廊上的管道直径平均值小于或等于 $DN150$，则取 $S=0.225m$（以上均按非保温管线考虑）。

附加宽度 A 考虑了下列因素：大于 $DN450$ 管道所需的管廊宽度；装置扩建所需要的附加宽度；仪表管道所需的位置（$0.5\sim0.9m$）；若电缆布置在管廊上，电缆槽盒所占的位置（$0.5\sim0.9m$）。

当泵完全布置在管廊下时，泵出口管和公用工程管道上、下穿越所需的间隙为 $0.45\sim0.9m$；但是，当管廊下泵出口中心线伸出管廊柱中心线外时则不留此间隙。

管廊宽度一般 $6\sim10m$，超过 $9m$ 采用部分或全部双层管廊，管廊下布置设备时，设备大小和通道的宽度便成为决定管廊宽度的因素。当单排泵时，通道在一侧需要 $2.5\sim3m$ 加上泵的长度，因此管廊的宽度为 $6.0\sim7.3m$；当双排泵时，通道位于中间，或布置一排换热器，则需要 $8.5\sim10.0m$。

管廊上布置空冷器时，空冷器管束长度与管廊宽度的关系：最大管廊宽度=管束长－$0.6m$，例如管束长 $9.76m$，最大管廊宽度为 $9.76-0.6=9.16m$，留有 $0.6m$ 空间是作为支撑管束构件和出入口管道用；最小管廊宽度=$0.75\times$管束长度，例如管束长 $9.76m$，最小管廊宽度为 $0.75\times9.76=7.3m$（《石油化工管道设计》蔡尔辅）。

在一些大、中型工程项目中，通常先根据工艺系统专业提供的系统图和总图专业提供的装置规划图，对需要占用管廊的管线、仪表电气槽架和设备进行初步的布置研究，综合考虑管廊的层数、层高和预留裕量等因素，最终确定最小管廊宽度。管廊横断面是两个立柱的，宽度一般不超过 $10m$，如果超过 $10m$，管廊横断面宜采用三个立柱，如图 5-8 中涂黑加粗部分的立管廊。

> **工程实例三** 典型管廊断面图（图 5-12）

第五节 塔 的 布 置

一、塔与其关联设备的布置要求

塔（Tower）与其关联设备如进料加热器，非明火加热的重沸器、塔顶冷凝冷却器、回流罐、塔底抽出泵等，宜按工艺流程顺序，在不违反防火规范的条件下，尽可能靠近布置，必要时可形成一个独立的操作系统，这样便于操作管理。

二、塔的布置方式

① 单排布置：一般情况下较多采用单排布置的方式，管廊的一侧有两个或两个以上的塔或立式容器时，一般中心线对齐，如两个或两个以上的塔设置联合平台时，可以中心线对齐，也可以一边切线对齐。

② 非单排布置：对于直径较小本体较高的塔，可以双排布置或成三角形布置，这样，可以利用平台将塔联系在一起提高其稳定性，但应注意平台生根构件应采用可以滑动的导向节点以适应不同操作温度的热胀影响。

③ 框架式布置：对直径 $DN\leqslant1000mm$ 的塔还可以布置在框架内或框架的一边，利用框架提高其稳定性。

三、沿管廊布置的塔应考虑的要求

① 塔和管廊之间应布置管道,在背向管廊的一侧应设置检修通道和场地,塔的人孔、手孔朝向检修区一侧。

② 塔和管廊的间距。

a. 塔和管廊立柱之间没有布置泵时,塔外壁与管廊立柱之间的距离,一般为 3～5m,不宜小于 3m,一般在此范围内,设置调节阀组和排水管道与排水井等。国外某些公司的装置设备布置中塔与管廊立柱间距也有小于 3m 的。

b. 塔和管廊立柱之间布置泵时,可能泵的驱动机仍在管廊内,泵的进出口或其中之一在管廊立柱外,这时泵的基础与塔外壁的间距,应按泵的操作、检修和配管要求确定,一般情况下,不宜小于 2.5m。

c. 两塔之间净距不宜小于 2.5m(按 SH 3011 规定,HG 20546 规定两塔之间最小净距为 2.4m),以便敷设管道和设置平台。如采用联合基础时也可小于 2.5m。

四、塔的安装高度

塔的安装高度应考虑以下各方面因素。

① 对于利用塔的内压或塔内流体重力将物料送往其他设备和管道时,应由其内压和被送往设备或管道的压力和高度来确定塔的高度。

② 对于用泵抽吸塔底液体时,应由泵的需要汽蚀余量和吸入管道的压力降来确定塔的高度。处于负压状态的塔,为了保证塔底泵的正常操作,最低液面应不低于 10m。

③ 带有非明火加热的重沸器的塔,其安装高度,应按塔和重沸器之间的相互关系和操作要求来确定。

④ 塔的安装高度还应满足底部管道安装和操作的要求,且其基础面一般宜高出地面 0.2m。

⑤ 对于成组布置的塔采用联合平台时,有时平台标高取齐有困难,可以调整个别塔的安装高度,便于平台标高取齐。

五、重沸器的布置

① 明火加热的重沸器与塔的间距,应按防火规范中加热炉与塔的间距要求布置。

② 用蒸汽或热载体加热的卧式重沸器应靠近塔布置,并与塔维持一定高差(由工艺设计确定),两者之间的距离应满足管道布置要求,重沸器管束的一端应有检修场地和通道。

③ 立式热虹吸式重沸器宜用塔作为支撑布置在塔侧,并与塔维持一定高差(由工艺设计确定),其上方应留有足够的检修空间。

④ 一座塔具有多台并联的立式重沸器时,重沸器的位置和安装高度,除与塔维持一定高差之外,还应满足布置进出口集合管的要求并便于操作和检修。

六、塔布置的工程实例

工程实例一　小直径塔和框架的联合布置

图 5-13 所示为一组小直径塔和框架联合布置。由于塔径小,一般靠近框架或在框架内布置,便于设导向支架以增加塔的稳定性。B 塔布置在框架的外侧,有利于塔顶冷凝器的安

■ 图 5-14　成排的塔和框架的分开布置（平面）

■ 图 5-13　小直径塔和平台的联合布置

■ 图 5-16 成组的塔与平台联合布置（平面）

■ 图 5-15 成排的塔和框架的分开布置（立面）

图 5-17 成组的塔与平台联合布置（立面）

图 5-18 某 80 万吨/年乙烯工程塔群的布置

装和检修，并可利用框架设置重沸器支架。D塔是分节塔，布置在框架内。在塔上方设置吊梁，便于安装和检修。除框架楼面外，根据需要在塔顶和塔底设了操作平台。

工程实例二 成排的塔和框架的分开布置

图5-14、图5-15所示为成排的塔和框架分开布置。塔组合框架之间设置管廊，四个塔按塔外壁成一线成排布置。塔的回流泵、进料泵布置在管廊下靠近塔一侧。塔顶冷凝器和回流罐等布置在框架上，联系管道可利用管廊或管廊顶部加设支架支承。图5-14中包含了重沸器的三种支承方式。

工程实例三 成组的塔与框架联合布置

图5-16、图5-17所示为成组的塔与框架联合布置。框架和塔均布置在管廊的一侧，A塔、B塔和C塔、D塔为两组塔，分别布置在框架的南北两侧，每组塔外壁取齐布置，并留有检修空地，框架东侧留有供吊车进出的通道，以便吊装框架上的设备。塔平台与相邻框架平台相连，便于操作与维修。图5-16、图5-17中包含了重沸器的两种支承方式。

工程实例四 某80万吨/年乙烯工程塔群的布置（图5-18）

第六节 反应器的布置

一、反应器与其关联设备的布置要求

反应器（Reactor）与提供反应热量的加热炉或取走反应热的换热器，可视为一个系统，没有防火间距的要求。

① 反应器与加热炉的间距，在防火规范和设备布置设计通则中规定为4.5m，这是因为在反应器与加热炉之间只留出通道和管道布置及检修需要的空间即可。据统计国内外12个装置的设备布置间距，反应器与加热炉之间净距大于4.5m者有8个，小于4.5m者4个，大于4.5m者往往是两者之间有管廊或有一排单柱管架。

② 在催化裂化装置中，反应器与再生器的布置是由催化剂循环线的尺寸要求确定的。按照流化输送管道的最佳流动条件确定其高度和位置。这样反应器和再生器相对位置及安装高度也就确定下来。一般反应器与再生器中心线对齐。

③ 对于内部装有搅拌或输送机械的反应器，应在顶部或侧面留出搅拌或输送机械的轴和电机的拆卸、起吊等检修所需的空间和场地。

二、反应器的位置及其周围环境要求

① 固定床反应器的布置。固定床反应器一般成组布置在框架内。框架顶部设有装催化剂和检修用的平台和吊运机具，框架下部应有催化剂的空间。框架的一侧应有堆放和运输催化剂所需的场地和通道。

② 根据工艺过程需要，反应器顶部可设顶棚，反应器也可布置在厂房内。厂房内的反应器除需要卸催化剂和检修所需吊装机具之外，还要在厂房内设置吊装孔和场地，吊装孔应靠近厂房大门和运输通道。

③ 操作压力超过3.5MPa的反应器宜布置在装置的一端或一侧。

三、反应器的支承方式与安装高度

① 反应器的支承方式。

a. 裙座支承分为同径裙座和喇叭形裙座两种，一般多为同径裙座，大直径或球形底盖的反应器用喇叭形裙座。

b. 反应温度在200℃以上的反应器，为了便于散热，反应器裙座应有足够的长度，使裙座与基础接触处的温度不超过钢筋混凝土结构的受热允许温度❶。

c. 直径较小的反应器采用支腿或支耳支承。支承的使用范围参照立式容器。

② 反应器的安装高度应考虑催化剂卸料口的位置和高度。

a. 卸料口在反应器正下方时，其安装高度应能使催化剂的运输车辆进入反应器底部，以便卸出废催化剂，一般净空不小于3m。

b. 卸料口伸出反应器底座外并允许将废催化剂就地卸出，卸料口的高度不应低于1.2m。

c. 反应器的废催化剂如果结块需要处理时，在反应器底部应有废催化剂粉碎过筛所需的空间。

四、反应器布置的工程实例

工程实例一 反应器的布置（图5-19、图5-20）

■ 图5-19 反应器的布置（平面）

工程实例二 重整反应器的布置（图5-21）

工程实例三 大型釜式反应器的布置（图5-22～图5-25）

大型釜式反应器底部有固体催化剂卸料时，反应器底部需留有不小于3m的净空，以便车辆进入。带搅拌器的大型反应器应尽量在地面上支承。

为了便于检修和装填催化剂，反应器顶部可设单轨吊车或吊柱。

工程实例四 某PTA项目反应器的框架布置（图5-26）

---

❶ 钢筋混凝土在热的作用下钢筋和骨料膨胀、水泥石收缩，所以会产生细微裂缝，使其强度降低。试验证明混凝土抗压强度，假定常温时为1.0，则60℃时为0.9，100℃时为0.85。国外某公司将钢筋混凝土的受热允许温度定为100℃，在GB 50051—2002《烟囱设计规范》中定为150℃。必要时在基础与裙座之间填一层耐热石棉垫。

图 5-20 反应器的布置（立面）

注：1. 反应器底部如有催化剂卸料口，为便于卡车进出应有 3m 净空。
2. 大型立式换热器，不能采用移动式吊车抽管束时，可设置吊车梁。
3. 反应器支座应有足够的长度散热。

图 5-21 重整反应器的布置

注：1. 反应器框架、管廊与炉子的立柱排列成行便于管道布置且美观。
2. 检修场地用于装卸催化剂，不应设置管道和障碍物。
3. 反应器与加热炉之间无防火间距的要求。

■ 图 5-22 典型图 1（立面）

■ 图 5-23 典型图 2（典型图 1 的接近地面的平面图）

■ 图 5-24　典型图 3（典型图 1 的顶层平面图）

■ 图 5-25　典型图 4（典型图 1 的中间层平面图）

■ 图 5-26　某 PTA 项目反应器的框架布置

第七节　容器的布置

一、容器布置的一般要求

容器（Vessel）一般布置在地面上或框架上。应根据容器的功能、工艺过程、形状、大小和经济性等因素来确定是布置在地面上还是框架上。

1. 安装高度

① 有工艺过程要求的高度时，应满足此高度。工艺过程要求如下。

a. 泵的吸入管道应满足泵的汽蚀余量的高度。

b. 必须自流的管道应满足这个高度条件。

② 距操作面的最小高度如下。

a. 如图 5-27 所示最小安装高度，使放净阀端与操作面间距在 150mm 以上。

■ 图 5-27　放净阀端与操作面间距在 150mm 以上

b. 框架上布置容器的最小高度，应考虑拆卸管口法兰的螺栓，操作面与法兰面间距应在 200mm 以上，如图 5-28 所示。

2. 布置形式

布置形式按布置场所和支承方法分类，见表 5-6。

■ 图 5-28 操作面与法兰面间距应在 200mm 以上

表 5-6 容器布置形式

支承形式 \ 布置形式	地上布置	框架上布置	其他
裙座式			
支腿式			—
鞍座式			—
支耳式	—		—
基础式		—	

231

二、立式容器的布置

立式容器（Vertical Vessel）的外形与塔类似，只是内部结构没有塔的内部结构复杂，所以在一些标准规范和参考资料中，塔和立式容器的布置合并在一起。立式容器的布置方式和安装高度等可参考本章中塔的布置要求，另外尚应考虑以下诸因素。

① 为了操作方便，立式容器可以安装在地面、楼板或平台上，也可以穿越楼板平台用支耳支撑在楼板或平台上，如图5-29、图5-30所示。

② 立式容器穿越楼板或平台安装时，应尽可能避免容器上的液面指示、控制仪表也穿越楼板或平台。

③ 立式容器为了防止黏稠物料的凝固或固体物料的沉降，其内部可能带有大负荷的搅拌器时，为了避免振动影响，应尽可能从地面设置支承结构，如图5-31所示。

■ 图5-29 穿越楼板的容器布置（三层）

■ 图5-30 穿越楼板的容器布置（两层）

■ 图5-31 立式容器从地面设置支承结构

注：1. 顶部开口的立式容器，需要人工加料时，加料点不能高出楼板或平台1m，如超过1m，要另设加料平台或台阶。
2. 为了便于装卸电机和搅拌器，需设吊车梁。
3. 应校核取出搅拌器的最小净空。

三、立式容器的支承方式及高度的确定

在设计初期确定立式容器的内径和切线高度之后，容器采用裙座、支耳或支腿中的哪一种方式支承，应满足工艺操作和布置要求。仅从设备的支承要求来看，最佳方案可以参照以

下经验做法。

■ 图 5-32 立式容器支腿

① 在常温条件下满足图 5-32 中所列三个条件可用支腿支承。
② 立式容器内径小于或等于 1m 时可用三个支腿；大于 1m 时用四个支腿较好。
③ 压缩机气液分离罐的支承不宜采用支腿。
④ 立式容器采用裙座支承时，裙座的高度除应满足工艺操作和设备结构设计要求外，在容器内介质温度较高时，裙座的高度还应考虑散热要求。在表 5-7 中列出裙座最佳高度经验数据供参考。

四、立式容器支腿的方位

立式容器支腿为三个时，支腿的方位应按下述常用的设备布置设计规定或根据管道布置需要而定。

表 5-7　裙座最佳高度数据　　　　　　　　　　　　　　　　　　　　　　　m

容器内径/m \ 操作温度/℃	不保温	保温			
	<200	200~<250	250~<300	300~<350	350~450
0.6~1.2	1.20	1.40	1.50	1.65	1.80
>1.2~1.8	1.35				
>1.8~2.4	1.50				
>2.4~3.0	1.65				
>3.0~3.6	1.65				
>3.6~4.8	1.80				

图 5-33 中管廊两侧的设备 Ⅰ、Ⅱ 支腿方位相差 180°，在管廊转角处的设备 Ⅲ 按 A、B 尺寸大小决定，图中为 $A<B$ 时布置方法，若 $A>B$ 时，则设备 Ⅲ 应改为设备 Ⅱ 支腿方位，设备 Ⅳ 与设备 Ⅲ 对称。

五、卧式容器的布置

① 卧式容器（Horizonal Vessel）宜成组布置，成组布置的卧式容器宜按支座基础中心线对齐或按封头切线对齐。卧式容器之间的净距可按表 5-3 考虑。
② 在工艺设计中确定卧式容器尺寸时，尽可能选用相同长度不同直径的容器，以利于设备布置。
③ 确定卧式容器的安装高度时，除应满足物料重力流或泵吸入高度等要求外，尚应满足下列要求。

■ 图 5-33 支腿的方位

a. 容器下有集液包时,应有集液包的操作和检测仪表所需的足够高度。

b. 容器下方需设通道时,容器底部配管与地面净空不应小于 2.2m。

c. 不同直径的卧式容器成组布置在地面或同一层楼板或平台上时,直径较小的卧式容器中心线标高需要适当提高,使与直径较大的卧式容器筒体顶面标高一致,以便于设置联合平台。

④ 卧式容器在地下坑内布置,应妥善处理坑内的积水和有毒、易爆、可燃介质的积聚,坑内尺寸应满足容器的操作和检修要求。

⑤ 卧式容器的平台设置要考虑人孔和液面计等操作因素。对于集中布置的卧式容器可设联合平台,如图 5-34 所示。顶部平台标高比顶部管口法兰面低 150mm,如图 5-35 所示。当液面计上部接口高度距地面或操作平台超过 3m 时,液面计要设在直梯附近。

■ 图 5-34 卧式容器的联合平台

■ 图 5-35 顶部平台标高的确定

六、容器的布置取齐方式

1. 卧式容器的布置取齐方式

① 中心线取齐:地面上的卧式容器与立式设备采用中心线对齐布置,如图 5-36 所示。

② 切线取齐:两台以上的卧式容器采用此对齐方式,如图 5-37 所示。

③ 支座取齐:两台以上的卧式容器布置在同一框架上时,采用此对齐方式是为了简化框架结构,如图 5-38 所示。

2. 立式容器的布置取齐方式

立式容器与其周围的设备一般采用同一中心线取齐布置(图 5-39)。

■ 图 5-36 中心线取齐

■ 图 5-37 切线取齐

■ 图 5-38 支座取齐

■ 图 5-39 立式容器取齐

七、容器布置的工程实例

工程实例一 卧式容器的典型布置（图 5-40）

■ 图 5-40 卧式容器的典型布置

注：1. 卧式容器的支座尽可能布置在主梁上。
2. 由泵吸入的卧式容器的安装高度，应校核泵的吸入要求高度。

工程实例二 框架上容器的典型布置（图 5-41、图 5-42）

■ 图 5-41 框架上容器的典型布置（平面）

■ 图 5-42 框架上容器的典型布置（A—A 立面）

注：卧式容器布置在两层平台之间时，容器的安装高度应考虑操作平台和管道阀门仪表等需要的净空。

第八节　换热设备的布置

一、管壳式换热器或冷却器的布置

1. 管壳式换热设备布置的一般要求

① 与分馏塔有关的管壳式换热设备，如塔底重沸器、塔顶冷凝冷却器，宜按工艺流程顺序布置在分馏塔的附近。

② 两种物料进行热交换的换热器，宜布置在两种物料管道最短的位置。

③ 一种物料如需要连续经过多个换热器进行热交换时，宜成组布置。
④ 用水或冷剂冷却几组不同物料的冷却器，宜成组布置。
⑤ 成组布置的换热设备，宜取支座基础中心线对齐，当支座间距不相同时，宜取一端支座基础中心线对齐。为了管道连接方便，也可采用管程进、出口管口中心线对齐。
⑥ 换热设备应尽可能布置在地面上，但其数量较多时可布置在框架上。
⑦ 为了节约占地或工艺操作方便可以将两台换热设备重叠在一起布置，但对于两相流介质或操作压力大于或等于 4MPa 的换热器，为避免振动影响不推荐重叠布置，壳体直径大于或等于 1.2m 的不宜重叠布置。
⑧ 物料温度超过自燃点的换热设备不宜布置在框架内的底层。
⑨ 重质油品或污染环境的物料的换热设备不宜布置在框架上。
⑩ 可燃液体的换热器操作温度高于其自燃点或超过 250℃ 时，如无楼板或平台隔开，其上方不宜布置其他设备。

2. 换热设备的间距

① 换热设备之间或换热设备与其他设备之间的间距，应考虑在管道布置以后净距不小于 0.7m（按 SH 3011 的规定，HG 20546 规定两卧式换热器之间的维修净距为 0.6m，如果有操作时，最小净距为 0.75m）。

② 布置在地面上的换热设备，为便于检修应满足以下要求。

a. 浮头式管壳换热器，在浮头的两侧，应有宽度不小于 0.6m 的空地，浮头端的前方应有宽度不小于 1.2m 的空地，管箱两侧应有不小于 0.6m 的空地，管箱端的前方，应留有比管束长度至少长 1.5m 的空地（按 SH 3011 规定）。

b. 尽可能避免把换热设备的中心线，正对着框架或管廊立柱的中心线。如果不考虑换热设备在就地抽管束，而准备整体吊运，在装置外检修时，可不受此限，但要有吊装的空间通道和场地。

③ 布置在框架上的换热设备，为便于检修应满足以下要求。

a. 浮头式管壳换热器，在浮头端前方宜有 0.8~1.0m（国外某些公司为 1.2m）的平台面，在管箱端前方宜有 1.0~1.5m 的平台面。并应考虑管束抽出所需空间，即在管束抽出的区域内，不应布置小型设备，且平台的栏杆采用可拆卸式的。

b. 换热设备周围平台应留有足够的操作和维修通道，并考虑采用机动吊装设备装卸换热设备的可能性，如果由于占地限制，不能使用机动吊装设备装卸时，尚应考虑设置永久性的吊装设施。

c. 布置在框架下或两层框架之间的换热设备和布置在管廊下的换热设备，都应考虑吊装检修的通道和场地。

3. 换热设备的安装高度

① 换热设备的安装高度应保证其底部接管最低标高（或排液阀下部）与当地地面或平台面的净空不小于 150~250mm。

② 为了外观一致，成组布置的换热设备的混凝土支座高度最好相同。

③ 两个重叠布置的换热设备，只给出下部换热器中心线标高即可。但是，如果两台互不相干的换热设备重叠在一起布置，则两台中心线的高差应满足管道设计的要求。

④ 重叠布置的管壳式换热器一般都是两个重叠在一起，个别情况下（如技术改造或技术措施），也可三台重叠在一起布置。这样的布置方法，要考虑最上一台换热器中心线的高度不宜超过 4.5m。

二、套管式换热器的布置

套管式换热器的布置和检修要求与管壳式换热器大体相同,可参照管壳式换热器的布置。此外还应注意以下两点。

① 套管式换热器的位置和安装高度。套管式换热器一般成组布置在地面上,为了节约占地也可以支撑在框架立柱的侧面。对于组合数量不多的套管式换热器,可以将两种相近介质的换热器组合在一起设在同一个基础上。

② 套管式换热器作为往复式压缩机的中间冷却器时,为了防止振动应设加强支座,可在原有的两个支座之外增加1~2个加强支座。

三、空气冷却器的布置

1. 空气冷却器(以下简称空冷器)的位置

空冷器通常设在管廊的顶部或框架上,很少直接放在地面上。例如,气体压缩机的凝汽式汽轮机采用空冷器作为其冷凝冷却器时,由于与管廊距离远,则应将空冷器设在靠近气体压缩机的框架上。

塔顶冷凝冷却器采用空冷器时,可以考虑将空冷器直接设在塔顶,这样可以节约占地和塔顶管道。

空冷器不宜设在操作温度高于物料自燃点的设备上方,也不宜设在输送或储存液化烃设备的上方。如果限于占地面积不得已时,则应按防火规范的要求采用非燃烧体的隔板,将上、下两类设备隔开。

2. 空冷器的选型要求

在工艺设计过程中,当进行换热设备选型时,应考虑设备布置的合理性。空冷器的选型应首先考虑将空冷器布置在管廊上的尺寸要求。为使布置合理,水平式空冷器建议采用管束长度为9m和6m两种;斜顶式空冷器建议采用管束长度为6m;如选用增湿空冷器或干湿联合的空冷器时,则无论立式或斜顶式宜采用管束长度为6m。这样,管廊尺寸可以定为6m或9m,配合空冷器的构架尺寸为8.7m×6m和5.7m×6m。如果管廊尺寸与空冷器构架结构尺寸不能取得一致但相差不大时,将空冷器直立支柱改为斜支柱也是可行的。

布置在框架上的空冷器,可以结合空冷器的构架结构设计框架,对于选型没有特殊要求。然而,由于需要单独设置框架,势必增加装置的占地面积。因此,从设备布置设计角度出发,仍希望按上述建议选型。

3. 空冷器的布置要求

① 塔顶馏出物冷凝冷却用空冷器的布置应考虑塔顶馏出物管道的热膨胀影响。

② 为了操作和检修方便,在布置空冷器的管廊或框架一侧地面,应留有检修通道和场地。空冷器管束两端的管箱处应设置平台和梯子。

③ 多组空冷器布置在一起时,应采用一致的布置形式,一般多采用成列布置,应避免一部分成列布置而另一部分成排布置。

④ 斜顶式空冷器宜成列布置(图5-43),如成排布置时,两排中间应有不小于3m空间,便于管道安装与操作维修。

⑤ 空冷器是利用空气冷却管束内介质的换热设备。因此,其冷却效果的好坏与风向有一定的关系,在可能的条件下,应考虑风向的影响,尤其是夏季的风向。

■ 图 5-43 斜顶式空冷器宜成列布置

a. 空冷器宜布置在装置夏季最小频率风向的下风侧（图 5-44），以避免或减少腐蚀性气体或热风进入管束的周围。

■ 图 5-44 空冷器宜布置在装置夏季最小频率风向的下风侧

b. 在空冷器的夏季最小频率风向的上风侧 20～25m 范围内，不宜有高于冷却器的建筑物、构筑物和大型设备，以免阻碍空冷器的通风。

c. 为了防止造成热风循环，两组空冷器应靠近布置（图 5-45），不应留有间距，多组形式相同的空冷器应互相靠近布置（图 5-46）。如需要隔开布置时，为避免热风循环，两组空冷器距离不宜小于 20m。

■ 图 5-45 两组空冷器的布置　　　　　■ 图 5-46 多组空冷器的布置

⑥ 不同形式的空冷器，如引风式与鼓风式的空冷器布置在一起时应注意以下问题。

a. 引风式空冷器宜布置在鼓风式空冷器的最小频率风向的下风侧（图 5-47）。

b. 鼓风式空冷器的管束应比引风式空冷器的管束标高提高（图 5-48）。

⑦ 空冷器与加热炉之间的距离不应小于 15m。

⑧ 两台增湿空冷器或干湿组合空冷器的构架立柱之间，应有不小于 3m 的距离，以便增湿的给水系统管道的操作和维修。

■ 图 5-47 引风式空冷器与鼓风式空冷器的相邻布置

■ 图 5-48 鼓风式空冷器的管束应比引风式空冷器的管束标高提高

四、换热设备布置的工程实例

工程实例一 地面上成组布置的换热器（图 5-49）

■ 图 5-49 地面上成组布置的换热器

工程实例二 地面上换热器的布置（图 5-50）

图 5-50 地面上换热器的布置

注：1. 换热器外壳和配管净空对于不保温外壳最小为 50mm，对于保温外壳最小为 250mm。
2. 两个换热器外壳之间有配管，但无操作要求时，其最小间距为 750mm。
3. 塔和立式容器附近的换热器，与塔和立式容器之间应有 1m 宽的通道。两台换热器之间无配管时最小距离为 600mm。
4. 按 SH 3011 的数值，若按 HG 20546，抽管束区至少有管束长度加 500mm 的空地。

工程实例三 框架上换热器的布置（图 5-51）

图 5-51 框架上换热器的布置

工程实例四 空冷器的典型布置（图5-52）

(a) 鼓风式空冷器的典型布置

(b) 引风式空冷器的典型布置

注：1. 空冷器管束的长度可以大于支柱的跨距，但最大的外伸长度应在1m以内。

2. 管箱宽度的近似尺寸为最大接管直径加200mm。

3. 空冷器的管程数应与图纸校核，避免关联设备的位置布置不当。通常管程为偶数时，进、出口接管位于空冷器的同一侧。

4. 所示尺寸仅为推荐性的，供参考，管道要能从管廊的上方、电机检修平台的下方进出。电机检修平台和风机进口之间，应保持人通行的净空。

5. 空冷器构架支柱的间距，应与管廊或框架跨距相一致。

6. 在检修平台上或空冷器立柱上设置管架时，应与空冷器制造厂和结构设计人员协商。

7. 校核直梯高度与位置是否合适。直梯周围地面不得有设备或障碍物。

8. 采用空冷器样本或设备图纸校核空冷器的管程数，以便确定与之相关的设备位置。通常管程为奇数时进、出口接管分别位于两侧。

9. 热位移数据和方向应由管道应力分析人员计算决定后，标注在图上提供给空冷器制造厂考虑设计活动支架。

10. 采用延伸空冷器柱子以支承管道时，应与空冷器制造厂及管道应力分析人员协商。

■ 图5-52 空冷器的典型布置

第九节　加热炉的布置

一、加热炉的位置

① 一般加热炉（Heating Furnace）被视为明火设备之一，因此加热炉通常布置在装置区的边缘地区（图 5-53），最好在工艺装置常年最小频率风向的下风侧，以免泄漏的可燃物触及明火而发生事故。

■ 图 5-53　加热炉布置在装置区边缘

② 加热炉应布置在离含油工艺设备 15m 以外（除反应器外）。从加热炉出来的物料温度较高，往往要用合金钢管道，为了尽量缩短昂贵的合金钢管道，以减少压降和温降，减少投资，常常把加热炉靠近反应器布置。

③ 加热炉与其他明火设备应尽可能布置在一起。几座加热炉可按炉中心线对齐成排布置。在经济合理的条件下，几座加热炉可以合用一个烟囱。

④ 对于设有蒸汽发生器的加热炉，汽包宜设置在加热炉顶部或邻近的框架上。

⑤ 当加热炉有辅助设备如空气预热器、鼓风机、引风机等时，辅助设备的布置不应妨碍其本身和加热炉的检修。

加热炉的布置如图 5-54 所示。

二、加热炉的间距

① 两座加热炉的净距不宜小于 3m（按 SH 3011）。

② 加热炉外壁与检修道路边缘的间距不应小于 3m。

③ 当加热炉采用机动维修机具吊装炉管时，应有机动维修机具通行的通道和检修场地，对于带有水平炉管的加热炉，在抽出炉管的一侧，检修场地的长度不应小于炉管长度加 2m。

④ 加热炉与其附属的燃料气分液罐、燃料气加热器的间距，不应小于 6m。

■ 图 5-54 加热炉的布置

注：1. 加热炉的一侧应有消防用的空间和通道。
2. 加热炉平台应避开防爆门，且防爆门不应正对操作地带和其他设备。
3. 加热炉的安装高度应考虑底部烧火喷嘴的安装、维修所需空间。

⑤ 炼油厂酮苯脱蜡、脱油装置的惰性气体发生炉与煤油储罐的间距，不应小于6m。

⑥ 加热炉与露天布置的液化烃设备之间设置防火墙时，其间距可由22.5m减至15m。防火墙的高度不宜不小于3m，防火墙与加热炉间距不宜大于5m，并能防止可燃气体窜入炉体。防火墙的结构应为非燃烧材料的实体墙。

⑦ 加热炉与液化烃设备厂房或甲类气体压缩机房的间距，当厂房朝向加热炉一面为封闭墙时，其间距可由22.5m减至15m。

三、加热炉布置的工程实例

- 工程实例一　箱式加热炉的布置（图5-55）
- 工程实例二　立式加热炉的布置（图5-56）
- 工程实例三　加热炉和汽包的布置（图5-57）
- 工程实例四　加热炉作为重沸器的布置（图5-58）
- 工程实例五　加热炉阀组的布置（图5-59）

■ 图 5-55　箱式加热炉的布置

■ 图 5-56　立式加热炉的布置

注：R 值即加热炉和建筑物、罐区（储罐）和各类生产单元或设备等的防火距离的确定，见 GB 50016《建筑设计防火规范》和 GB 50160《石油化工企业设计防火规范》。

■ 图 5-57　加热炉和汽包的布置

注：R 值的确定，见实例二。

■ 图 5-58　加热炉作为重沸器的布置

注：确定 R 值时，应注意作为重沸器的加热炉与精馏塔的最小安全距离（按照 GB 50160 确定最小安全距离），并注意尽量缩短重沸器返回管线的长度。

图 5-59 加热炉阀组的布置

第十节 泵 的 布 置

一、泵的布置方式和要求

① 露天布置。

泵布置在管廊下或管廊与塔、容器之间，平行于管廊排成一列。在管廊下布置泵时，一般是泵-原动机的长轴与管廊成直角，当泵-电机长轴过长妨碍通道时，可转 90°，即与管廊平行。泵也可分散布置在被抽吸设备的附近。其优点是通风良好，操作和检修方便。

a. 在国内露天布置的泵，一般都布置在管廊下，无论管廊上方是否布置空冷器。在 6m 一跨之内可布置大型泵 1 台、中型泵 2 台、小型泵 3 台，一般泵单排布置，泵端第一个管口或出口中心线对齐，距管廊柱中心线的间距在 0.6~2.0m 之间。

b. 在国外露天布置的泵，在管廊上方无空冷器时，泵布置在管廊内侧，泵出口中心线对齐，距管廊柱中心线 0.6m。在管廊上方有空冷器时，如泵的操作温度为 340℃ 以下，则泵布置在管廊外侧，泵出口中心线对齐，伸出管廊距柱中心线 0.6m，泵的驱动机在管廊内侧；如泵的操作温度等于或高于 340℃ 时，则泵布置在管廊外侧，泵出口中心线对齐，距管廊柱中心线 3m，泵的驱动机也在管廊外侧。

② 半露天布置。

半露天布置的泵适用于多雨地区，一般在管廊下方布置泵，在上方管道上部设顶棚，或将泵布置在框架的下层地面上，以框架平台作为顶棚。这些泵可根据与泵有关的设备布置要求，将泵布置成单排、双排或多排。

③ 室内布置。

在寒冷或多风沙地区，泵布置在室内。如果工艺过程要求设备布置在室内时，其所需的泵也应在室内布置。

　　a. 泵布置在室内时，热油泵（操作温度等于或高于自燃点的可燃液体泵）与冷油泵（操作温度低于自燃点的甲 B、乙 A 类可燃液体泵）或液态烃泵应分别布置在各自的房间内。各泵房中间应采用防火墙隔开。门窗的距离不应小于 4.5m。如果泵的数量较少，热油泵可以与冷油泵同房布置，但冷、热油泵之间应有不小于 4.5m 的间距。

　　b. 甲、乙 A 类液体泵房的地面不应有地坑或地沟，为防止油气积聚，宜在侧墙下部采取通风措施。

　④ 单排布置的泵。

　　大小不一的泵成排布置时，一般有三种排列方式。

　　a. 泵端第一个管口或出口中心线取齐。离心泵并列布置时，泵端第一个管口或出口中心线对齐，这样布置管道比较整齐，泵前也有了方便统一的操作面。

　　b. 泵端基础面取齐，便于设置排污管或排污沟以及基础施工方便。

　　c. 动力端基础面取齐。如泵用电机带动时，引向电机的电缆接线容易且经济；泵的开关和电流盘在一条线上取齐，不仅排列整齐，且电机端容易操作。但是泵的大小差别很大时可能造成吸入管过长。

　⑤ 双排布置的泵。

　　泵成双排布置时，宜将两排泵的动力端相对，在中间留出检修通道。

　⑥ 多排布置的泵。

　　泵成多排布置时，宜两排泵的动力端相对，两排中的一排与另两排中的一排出口端相对，中间留出检修和操作通道。

　⑦ 蒸汽往复泵的动力侧和泵侧应留有抽出活塞和拉杆的位置。

　⑧ 立式泵布置在管廊下方或框架下方时，其上方应留出泵体安装和检修所需的空间。

二、泵的间距

　① 按 SH 3011 规定，两台泵之间的净距，不宜小于 0.7m（HG 20546 规定，最小净距为 0.8m，需根据项目实际情况选择），但安装在联合基础上的泵除外。

　② 泵布置在管廊下方或外侧时，泵的检修空间净空不宜小于 3m。泵端前面的操作通道宽度不应小于 1m。对于多级泵泵端前面的检修通道宽度不应小于 1.8m，一般泵端前面的检修通道宽度不应小于 1.25m，以便小型叉车通过。

　③ 泵布置在室内时，一般不考虑机动检修车辆的通行要求。泵端或泵侧与墙之间的净距不宜小于 1.0m，两排泵净距不应小于 2m。

　④ 泵进、出口阀门手轮到邻近泵的最突出部分或柱子的净距最少为 0.75m，电机之间的距离为 1.5～2m。

　　泵的间距如图 5-60 所示。

三、泵的基础

　① 泵的基础尺寸一般由泵制造厂给出泵的底座尺寸的大小确定。可按地脚螺栓中心线到基础边 200～250mm 估计。设计泵的基础时应按预留孔方案考虑，现场施工需待泵到货后核实尺寸后方可施工。

　② 泵的基础面宜比地面高出 200mm，大型泵可高出 100mm，小型泵如比例泵、柱塞泵、小齿轮泵等可高出地面 300～500mm，使泵轴中心线高出地面 600mm，并可 2～3 台成

■ 图 5-60 泵的间距

组安装在同一个基础上。

四、泵布置的工程实例

工程实例一 管廊上安装空冷器时泵的布置（图 5-61）

■ 图 5-61 管廊上安装空冷器时泵的布置

注：1. 管廊上安装空冷器，泵的操作温度在 340℃ 以下时，泵出口中心线在管廊柱中心线外侧 600mm；在 340℃ 及以上时，则在外侧 3000mm。

2. 泵前方的操作检修通道，可能有小型叉车通行，其宽度不小于 1250mm，在多级泵前方的宽度不小于 1800mm。

3. 两排泵之间的检修通道，宽度不小于 3000mm，如不够时，泵端应有 3000mm 通道。

工程实例二 管廊上没有安装空冷器时泵的布置（图5-62）

■ **图5-62** 管廊上没有安装空冷器时泵的布置

工程实例三 框架下的泵的布置（图5-63）

■ **图5-63** 框架下的泵的布置

工程实例四 室内泵的布置（图5-64）

■ 图5-64 室内泵的布置

注：尺寸C按阀门布置情况决定。

第十一节 压缩机的布置

一、压缩机的布置设计内容

压缩机通常有离心式（Centrifugal Compressor）和往复式（Reciprocating Compressor）两大类。其布置设计内容包括机组的布置和附属设备的布置。机组由压缩机和驱动机组成。多级压缩机的附属设备有气液分离器和各级冷却器等，驱动机如为凝汽式汽轮机时，附属设备有冷凝冷却器、凝结水泵等。此外还有机组用的润滑、封油系统的设备和维修机具的布置。

二、压缩机布置的一般要求

① 压缩机的布置方式与泵相同，也分为露天布置、半露天布置和厂房内布置三种。可燃气体压缩机宜露天布置和半露天布置，这样通风良好，如有可燃气体泄漏则可快速扩散，有利于防火防爆。如在严寒或多风沙地区可布置在厂房内。厂房内通风应符合国家现行的《工业企业采暖通风和空气调节设计规范》的规定。

② 机组及其附属设备的布置应满足制造厂的要求，制造厂在设备出厂时包装箱内的图纸中有时会带有推荐的机组及其附属设备的布置图或提出设备安装、检修需要的净距，可以参照该图或要求进行设备布置。

③ 露天布置的压缩机，宜尽可能靠近被抽吸的设备，这样可以减少吸入管道的阻力。

其附属设备宜靠近机组布置，压缩机的附近应有供检修、消防用的通道，机组与通道边距离不应小于5m。

④ 可燃气体压缩机的布置及其厂房设计如下。

a. 单机驱动功率等于或大于150kW的甲类气体压缩机厂房，不宜与其他甲、乙、丙类设备间共用一幢建筑物，压缩机的上方除自用的高位润滑油箱外不得布置其他甲、乙、丙类设备。

b. 比空气轻的可燃气体压缩机厂房的顶部，应采取通风措施。

c. 比空气轻的可燃气体压缩机厂房的楼板宜部分采用箅子板。

d. 比空气重的可燃气体压缩机厂房的地面，不应有地坑或地沟，若不能避免时应有防止气体积聚的措施。侧墙下部宜有通风措施。

⑤ 压缩机布置在厂房内时，除应考虑压缩机本身的占地要求外，尚应满足下列要求。

a. 机组与厂房墙壁的净距应满足压缩机或驱动机的转子或压缩机活塞、曲轴等的抽出要求，并应不小于2m。

b. 机组一侧应有检修时放置机组部件的场地，其大小应能放置机组最大部件并能进行检修作业。如有可能，两台或多台机组可合用一块检修场地。

c. 如压缩机布置在两层厂房的上层，应在楼板上设置吊装机械。

d. 压缩机和驱动机的全部一次仪表盘，如制造厂无特殊要求，应布置在靠近驱动机的侧部或端部，仪表盘的后面应有维修通道。

e. 压缩机的基础与厂房基础应有一定距离。

三、压缩机的安装高度

压缩机的安装高度，应根据其构造特点确定。构造特点主要指进、出口的位置和附属设备的多少。

① 离心式压缩机的进、出口在机体的上部且驱动机采用电机或背压式汽轮机时，可就地安装。就地安装的压缩机，由于基础较低，稳定性强，有利于抗振。进、出口向上，管道架空敷设不影响通行。在机体上方管道要求可以拆卸，不会影响部件检修。

② 离心式压缩机的进、出口在机体下部且附属设备较多时，宜两层布置，上层布置机组，下层布置附属设备，压缩机的安装高度，除满足其附属设备的安装以外还应满足下述要求。

a. 进、出口连接管道与地面的净空要求。

b. 进、出口连接管道与管廊上管道的连接高度要求。

c. 吸入管道上过滤器的安装高度与尺寸要求。

③ 往复式压缩机，为了减少振动宜尽可能降低其安装高度，由于进、出口管道采用管墩敷设有利于抑制振动，而且管道与压缩机进、出口之间可能还有减振系统如脉冲减振器或缓冲器等，此时压缩机的安装高度应由与减振系统相接的管道所需最小的净空决定。

四、压缩机附属设备的布置

① 布置压缩机的附属设备时，应满足下列要求。

a. 多级离心式压缩机的各级气液分离罐和冷却器应尽可能靠近布置。在满足操作和维修需要场地的前提下，应考虑压缩机进、出口的综合受力影响，合理布置各级气液分离罐和冷却器的相对位置。

b. 高位油箱应满足制造厂的高度要求，布置在建筑物构架上的油箱应设平台和直梯。

c. 润滑油和封油系统宜靠近压缩机布置并应留出油冷却器的检修场地。

② 压缩机的驱动机为汽轮机时，汽轮机及其附属设备的布置，应考虑下列因素。

a. 背压式汽轮机周围应留有足够的空地，以满足配管和操作阀门的需要。

b. 凝汽式汽轮机采用空冷器时，空冷器的位置应靠近汽轮机，空冷器的安装高度应能满足地面上布置凝结水泵的吸入高度的需要。

c. 凝汽式汽轮机采用冷凝冷却器时，冷凝冷却器除可布置在靠近汽轮机的侧面外，也可直接布置在汽轮机的下方，汽轮机与冷凝冷却器之间的排汽管应采用柔性连接。冷凝冷却器的安装高度也应能满足在下面布置的凝结水泵的吸入高度的需要。冷凝冷却器管箱外应留出抽管束所需要的空地。

五、压缩机维修机具的布置

（1）维修机具的高度和运行范围

① 吊车的起吊高度应满足压缩机制造厂要求。一般情况下，制造厂应给出机组中心线到吊车梁底面的净空高度。

② 吊车行车运行范围不可能达到吊车梁的尽头，吊车有死点位置。设计时应按死点位置留出空地和确定吊装孔的位置。

（2）吊车的选用的要求

① 压缩机的最大检修部件超过 1.0t 时应设吊车。

a. 起重量小于 1.0t，宜选用移动式三角架，配电动葫芦或手拉葫芦。

b. 起重量 1.0~3.0t，宜选用手动梁式吊车。

c. 起重量 3.0~10.0t，宜选用手动桥式吊车。

d. 起重量大于 10.0t，宜选用电动桥式吊车。

② 按压缩机台数和用途选用吊车。

a. 压缩机露天布置，可不设固定吊车。

b. 压缩机布置在单层厂房内数量超过 4 台或虽然数量小于 4 台，但基础在 2m 以上，宜选用手动桥式吊车。

c. 压缩机数量超过 4 台或检修次数频繁，吊运行程较长时，宜选用电动桥式吊车。

六、压缩机布置的工程实例

工程实例一 室内离心式压缩机的典型布置（进、出管口在上部）（图 5-65～图 5-67）

工程实例二 离心式压缩机的典型布置（进、出管口在下部）（图 5-68～图 5-70）

工程实例三 室外离心式压缩机的立面布置（一）（图 5-71）

工程实例四 室外离心式压缩机的立面布置（二）（图 5-72）

工程实例五 室外离心式压缩机的平面布置（图 5-73）

工程实例六 离心式压缩机辅助设备的位置（图 5-74）

工程实例七 多台离心式压缩机的平面布置（图 5-75、图 5-76）

工程实例八 某尿素工程室内往复式压缩机的平面布置（图 5-77）

工程实例九 某尿素工程室内往复式压缩机的立面布置（图 5-78）

工程实例十 室外往复式压缩机的布置（图 5-79）

■ **图 5-65** 室内离心式压缩机的典型布置（进、出管口在上部）（平面）

注：1. 为了维修方便，压缩机房应靠近室外通道，并要求通道能通到吊装区。
2. 为了操作方便，压缩机周围应有不小于 2m 的操作通道。
3. 楼梯应靠近操作通道，并应设置第二楼梯或直梯以便安全疏散。
4. 压缩机和驱动机的全部仪表盘，应布置在靠近驱动机的端部。
5. 应考虑冷凝器与汽轮机基础间的净距和冷凝器抽管束的空间。

■ **图 5-66** 室内离心式压缩机的典型布置（进、出管口在上部）（1—1 立面）

■ 图 5-67 室内离心式压缩机的典型布置（进、出管口在上部）（2—2 立面）

■ 图 5-68 离心式压缩机的典型布置（进、出管口在下部）（平面）

注：1. 压缩机进、出口管在下部的优点是维修方便，容易打开机顶盖。
2. 下部冷凝器要考虑检修时抽出管束所需要的空间。

■ 图 5-69 离心式压缩机的典型布置（进、出管口在下部）（1—1 立面）

注：1. 润滑油管道自流应有坡度。
2. 冷凝器安装高度应考虑凝结水泵的吸入高度要求。

■ 图 5-70 离心式压缩机的典型布置（进、出管口在下部）（2—2 立面）

注：1. 冷凝器安装在汽轮机下方，汽轮机与冷凝器之间的排汽管采用柔性连接，安装高度要求同图 5-67 的注 2。
2. 压缩机气体入口管安装过滤器。
3. 回油总管设坡度，以便自流入油箱。

■ 图 5-71 室外离心式压缩机的立面布置（一）

注：1. 压缩机布置在室外，需明确现场使用检修机时对通道的要求。
2. 润滑油和密封油系统的位置，一般由压缩机制造厂提供。
3. 压缩机的操作平台应与压缩机基础分开。

■ 图 5-72 室外离心式压缩机的立面布置（二）

■ 图 5-73 室外离心式压缩机的平面布置

■ 图 5-74 离心式压缩机辅助设备的位置

■ 图 5-75 多台离心式压缩机的平面布置（一）

■ 图 5-76 多台离心式压缩机的平面布置（二）

■ 图 5-77　某尿素工程室内往复式压缩机的平面布置

■ 图 5-78　某尿素工程室内往复式压缩机的立面布置

■ 图 5-79 室外往复式压缩机的布置

第十二节 汽车槽车装卸站的布置

一、汽车槽车装卸站的种类

1. 下卸式

下卸式是利用槽车的下卸口，通过胶管将物料自流到地下槽，接卸口分敞开式和密闭式两类。对于重油类物料可采用敞开式，方形卸料槽经管道流至地下槽；对于危险品采用密闭管道系统卸车，经集合管送至地下槽，再经泵送至储罐。

2. 上卸式

上卸式可采用抽吸能力大的往复泵、齿轮泵等卸料；或用压缩机为槽车增压，将槽车内的物料经鹤管压入储罐。

二、汽车槽车装卸站布置的主要原则和要求

① 汽车槽车装卸站与储罐、建筑物、道路、厂内铁路之间防火间距以及站内设备之间的防火间距，见 GB 50016《建筑设计防火规范》、GB 50160《石油化工企业设计防火规范》、GB 50183《石油天然气工程设计防火规范》中的有关汽车槽车装卸站的规定。

② 装卸站一般布置在厂区的边缘便于车辆进出的位置。

③ 装卸不同性质物料的装卸站应分开布置。

三、可燃液体的汽车装卸站应符合防火规范上的规定

① 装卸站的汽车进、出口宜分开设置，当进、出口合用时，站内应设回车场。
② 装卸车场应采用现浇混凝土地面。
③ 装卸鹤管之间的距离，不应小于 4m；装卸鹤管与缓冲罐之间的距离，不应小于 5m。
④ 甲 B、乙 A 类液体装卸鹤位与泵的距离，不应小于 8m。
⑤ 站内无缓冲罐时，在距装卸鹤位 10m 以外的装卸管道上，应设便于操作的紧急切断阀。
⑥ 甲 B、乙 A 类液体装卸车，应采用液下装卸鹤管。

四、汽车槽车装卸站布置的工程实例

工程实例一 汽车装油站（图 5-80）
工程实例二 高位罐装车站（图 5-81）
工程实例三 双侧装车台（图 5-82）
工程实例四 密闭下卸系统卸车站（图 5-83）

■ 图 5-80　汽车装油站

■ 图 5-81　高位罐装车站

(a)单柱双侧装车台

(b)某汽车装卸站平面布置图

(c)某汽车装卸站A—A立面图

(d) 某汽车装卸站的实景照片

■ 图 5-82 双侧装车台

■ 图 5-83 密闭下卸系统卸车站

第十三节 铁路槽车装卸站的布置

一、铁路槽车装卸站的种类

1. 下卸式

下卸式多用于原油铁路槽车卸车,采用密闭管道系统。

2. 上卸式

上卸式可采用抽吸能力大的往复泵、齿轮泵等;或用压缩机为槽车增压,此法一般用在酸、碱及其他化工物料的卸车。卸车时槽车内压力不允许超过槽车允许压力。

二、铁路槽车装卸站布置的主要原则和要求

① 铁路槽车装卸站与储罐、建筑物、道路、厂内铁路之间防火间距以及站内设备之间的防火间距,见 GB 50016《建筑设计防火规范》、GB 50160《石油化工企业设计防火规范》、

GB 50183《石油天然气工程设计防火规范》中的有关铁路槽车装卸站的规定。

② 装卸站一般布置在厂区的边缘便于车辆进出的位置。

③ 装卸不同性质物料的装卸站应分开布置。

④ 装卸腐蚀性物料的场地及铁路道床,应进行防腐处理。

⑤ 当装卸量大时,一般采用双侧装卸台,两股铁路装卸线的中心线距离一般为 6.5m。双侧装卸台边缘与铁路中心线距离为 1.85m,台宽 2.8m,装卸鹤管距铁路中心线 3.25m(如果采用万向鹤管或耳型鹤管时,可向两侧转动装车)。单侧装卸台宽度不小于 1.5m,装卸鹤管距铁路中心线 2.8m。

⑥ 装卸台高度距轨顶 3.6m。装卸台长度:一般铁路槽车长 12m。装卸台应设栏杆,在每个鹤位处有活动跳板可搭接槽车顶部,在装卸台两端和每隔 60m 设置安全梯。

⑦ 铁路槽车装车站的装车方式一般采用上装。铁路装卸线中心线距装车鹤管 2.8m。

三、可燃液体的铁路装卸站在防火规范上的规定

① 在液化烃、可燃液体的铁路装卸区内,内燃机车至另一栈台的鹤管的距离应符合下列规定。

    a. 对甲、乙类液体鹤管,不应小于 12m。

    b. 对丙类液体鹤管,不应小于 8m。

可燃液体采用密闭装卸时,其防火距离可减少 25%。

② 当液化烃、可燃液体或甲、乙类固体的铁路装卸线为尽头线时,其车挡至最后车位的距离,不应小于 20m。

③ 液化烃、可燃液体的铁路装卸线,不得兼作走行线。

④ 液化烃、可燃液体或甲、乙类固体的铁路装卸线停放车辆的线段,应为平直段。当受地形条件限制时,可设在半径不小于 500m 的平坡曲线上。

⑤ 在甲、乙、丙类液体的铁路装卸区内,两相邻栈台鹤管之间的距离,不应小于 10m;装卸丙类液体的两相邻栈台鹤管之间的距离,不应小于 7m。可燃液体采用密闭装卸时,其防火距离可减少 25%。

四、铁路槽车装卸站布置的工程实例

    工程实例一 单侧铁路槽车装卸台(图 5-84)

    工程实例二 双侧铁路槽车装卸台(图 5-85)

    工程实例三 铁路槽车装卸站布置(图 5-86)

(a) 平面示意图

第五章 装置设备布置

(b) A—A截面图

(c) 某工程单侧铁路槽车装卸站装卸臂（鹤管）近距离照片

(d) 某工程单侧铁路槽车装卸站照片

■ 图5-84 单侧铁路槽车装卸台

注：液体物料铁路装卸中心线与装卸栈桥边缘的距离，自轨面算起3m及以下不应小于2m，3m以上不应小于1.85m，在无栈桥一侧，其中心线与其他建筑物或构筑物的距离，露天场所不应小于3.5m，非露天场所不应小于2.44m（SH/T 3107《石油化工液体物料铁路装卸车设施设计规范》）。

图 5-85 双侧铁路槽车装卸台

图 5-86 铁路槽车装卸站布置

第十四节 装卸油品码头的布置

一、装卸油品码头布置常用的规范
装卸油品码头的消防应符合 GB 50160《石油化工企业设计防火规范》、GB 50074《石油库设计规范》、JTJ 237《装卸油品码头防火设计规范》的规定。

二、装卸油品码头与其他码头或建筑物、构筑物安全距离的规定
装卸油品码头与其他码头或建筑物、构筑物的安全距离，应不小于表 5-8 中的规定。

表 5-8　装卸油品码头与其他码头或建筑物、构筑物的安全距离

装卸油品码头位置	油品类别	安全距离/m
沿海、河口码头	甲、乙	300
	丙	200
内河其他码头或建筑物、构筑物的下游	甲、乙	150
	丙	100
内河其他码头或建筑物、构筑物的上游	甲、乙	300
	丙	200
内河大型船队锚地、固定停泊场、城市水源取水口的上游	甲、乙、丙	1000

注：1. 装卸油品码头与其他相邻码头的距离，是指相邻两码头所停靠设计船型首尾间的净距。
　　2. 受潮流影响产生往复流的河段属河口范围。
　　3. 停靠小于 500t 油船的码头，距离可减少 50%。

三、可燃液体码头、液化烃码头两相邻泊位的船舶间的最小距离
① 在 GB 50160《石油化工企业设计防火规范》中的规定见表 5-9。

表 5-9　码头相邻泊位的船舶间的最小距离　　　　　　　　　　m

船长	<110	110~150	151~182	183~235	236~279
最小距离	25	35	40	50	55

注：船舶在码头外停靠时，不得小于 25m。

② 在 GB 50074《石油库设计规范》中，装卸油品两泊位间安全距离，应符合下列规定。

　a. 长度小于或等于 150m 的机动船舶，不应小于两泊位中较大设计船型总长度的 20%。

　b. 长度大于 150m 的机动船舶和非机动船舶，不应小于两泊位中较大设计船型总长度的 30%。

当码头前沿线有交角时，上述距离应适当加大。

四、可燃液体码头、液化烃码头布置的工程实例
工程实例一　某 LNG 工程装卸码头（图 5-87、图 5-88）

工程实例二 某 LPG 工程装卸码头（图 5-89）
工程实例三 某 LNG 工程装卸码头（图 5-90）

■ 图 5-87　某 LNG 工程项目全厂三维计算机模型

■ 图 5-88　某 LNG 工程船舶在码头外停靠实景

■ 图 5-89　某 LPG 工程 50000t 级冷冻式 LPG 船在码头卸料

■ 图 5-90 某 LNG 工程码头卸料计算机三维模型

第十五节 罐区的布置

一、罐区的布置原则和要求

① 全厂性集中布置的甲、乙、丙类液体（按 GB 50160 分类）罐区（Tank Farm）、装卸站、储气罐应在厂区边缘，全年最小频率风向的上风侧。其装卸站还应靠近铁路或道路。

② 甲、乙、丙类液体储罐，宜露天布置。

③ 按照防爆规范的要求，罐区应设置静电接地和防雷设施。

④ 甲、乙、丙类液体储罐（或储气罐）与建筑物、道路、铁路、泵房、装卸鹤管以及罐与罐之间的防火距离见 GB 50160《石油化工企业设计防火规范》、GB 50183《石油天然气工程设计防火规范》、GB 50016《建筑设计防火规范》的相关规定。

二、常用防火规范有关罐区布置的内容范围

GB 50160—2008《石油化工企业设计防火规范》对可燃液体的地上储罐防火间距，对液化烃、可燃气体、助燃气体的地上储罐的防火间距给出了规定。

GB 50016—2014《建筑设计防火规范》对甲、乙、丙类液体储罐的布置和防火间距，对可燃、助燃气体储罐的防火间距，对储罐和铁路、道路的防火间距，对液化石油气储罐的布置和防火间距给出了规定。

GB 50183—2004《石油天然气工程设计防火规范》对油罐区的布置和防火间距，对天然气凝液及液化石油气罐区的布置和防火间距给出了规定。

三、《石油化工企业设计防火规范》对罐区布置的要求

① 可燃液体的地上储罐。

a. 罐组的总容积应符合下列规定。

ⅰ. 固定顶罐组的总容积，不应大于 $120000m^3$。

ⅱ. 浮顶、内浮顶罐组的总容积，不应大于 $600000m^3$。

ⅲ. 固定顶罐和浮顶、内浮顶罐的混合罐组的总容积不应大于 $120000m^3$；其中浮顶、内浮顶罐的容积可折半计算。

b. 罐组内的单罐容积大于或等于 10000m³ 的储罐个数不应多于 12 个；单罐容积小于 10000m³ 的储罐个数不应多于 16 个；但单罐的容积均小于 1000m³ 储罐，以及丙 B 类液体储罐的个数不受此限。

c. 罐组内相邻可燃液体地上储罐的防火间距，不应小于表 5-10 的规定。

d. 罐组内的储罐，不应超过两排；但单罐容积小于或等于 1000m³ 的丙 B 类的储罐，不应超过 4 排，其中润滑油罐的单罐容积和排数不限。

e. 两排立式储罐的间距，应符合表 5-10 的规定，且不应小于 5m；两排卧式储罐的间距，不应小于 3m。

f. 罐组应设防火堤，但位于丘陵地区的罐组，可利用地形设事故存液池，而不设防火堤。

g. 立式储罐至防火堤内堤脚线的距离，不应小于罐壁高度的一半；卧式储罐至防火堤内堤脚线的距离，不应小于 3m。

表 5-10 罐组内相邻可燃液体地上储罐的防火间距

液体类别	储罐型式			
	固定顶罐		浮顶、内浮顶罐	卧罐
	≤1000m³	>1000m³		
甲 B、乙类	0.75D	0.6D	0.4D	0.8m
丙 A 类	0.4D			
丙 B 类	2m	5m		

注：1. 表中 D 为相邻较大罐的直径，单罐容积大于 1000m³ 的储罐取直径或高度的较大值。
2. 储存不同类别液体的或不同型式的相邻储罐的防火间距应采用本表规定的较大值。
3. 现有浅盘式内浮顶罐的防火间距同固定顶罐。
4. 可燃液体的低压储罐，其防火间距按固定顶罐考虑。
5. 储存丙 B 类可燃液体的浮顶、内浮顶罐，其防火间距大于 15m 时，可取 15m。

h. 相邻罐组防火堤的外堤脚线之间，应留有宽度不小于 7m 的消防空地。设有事故存液池的罐组与相邻罐组储罐间的距离，不应小于 25m，且其间应留有宽度不小于 7m 的消防空地。

i. 设有防火堤的罐组内，应按下列要求设置隔堤。

ⅰ. 单罐容积小于或等于 5000m³ 时，隔堤所分隔的储罐容积之和不应大于 20000m³。

ⅱ. 单罐容积大于 5000m³ 至小于 20000m³ 时，可每 4 个一隔。

ⅲ. 单罐容积 20000m³ 至 50000m³ 时，可每 2 个一隔。

ⅳ. 单罐容积大于 50000m³ 时，应每 1 个一隔。

ⅴ. 隔堤所分隔的沸溢性液体储罐，不应超过 2 个。

j. 多品种的液体罐组内，应按下列要求设置隔堤。

ⅰ. 甲 B、乙 A 类液体与其他类可燃液体储罐之间。

ⅱ. 水溶性与非水溶性可燃液体储罐之间。

ⅲ. 相互接触能引起化学反应的可燃液体储罐之间。

ⅳ. 助燃剂、强氧化剂及具有腐蚀性液体储罐与可燃液体储罐之间。

k. 储罐在使用过程中，基础有可能继续下沉时，其进、出口管道应采用金属软管连接或其他柔性连接。

② 液化烃、可燃气体、助燃气体的地上储罐。
a. 液化烃储罐、可燃气体储罐和助燃气体储罐应分别成组布置。
b. 液化烃储罐成组布置时，应符合下列规定。
ⅰ. 液化烃罐组内的储罐不应超过两排。
ⅱ. 每组全压力式或半冷冻式储罐的个数不应多于12个。
ⅲ. 全冷冻式储罐的个数不宜多于2个。
ⅳ. 全冷冻式储罐应单独成组布置。
ⅴ. 储罐材质不能适应该罐组介质最低温度时不应布置在同一罐组内。
c. 液化烃、可燃气体、助燃气体的罐组内，储罐的防火间距不应小于表5-11的规定。

表5-11 液化烃、可燃气体、助燃气体的罐组内储罐的防火间距

介 质			球罐	卧（立）罐	全冷冻式储罐（容积）		水槽式气柜	干式气柜
					≤100m³	>100m³		
液化烃	全压力式或半冷冻式储罐	有事故排放至火炬的措施	0.5D	1.0D	*	*	*	*
		无事故排放至火炬的措施	1.0D	*	*	*	*	*
	全冷冻式储罐	≤100m³	*	*	1.5m	0.5D	*	*
		>100m³	*	*	0.5D	0.5D	*	*
助燃气体		球罐	0.5D	0.65D	*	*	*	*
		卧（立）罐	0.65D	0.65D	*	*	*	*
可燃气体		水槽式气柜	*	*	*	*	0.5D	0.65D
		干式气柜	*	*	*	*	0.65D	0.65D
		球罐	0.5D	*	*	*	0.65D	0.65D

注：1. D 为相邻较大储罐的直径。
2. 液氨储罐间的防火间距要求应与液化烃储罐相同，液氧储罐间的防火间距应按《建筑设计防火规范》(GB 50016) 的要求执行。
3. 沸点低于45℃的甲B类液体压力储罐，按全压力式液化烃储罐的防火间距执行。
4. 液化烃单罐容积≤200m³的卧（立）罐之间的防火间距超过1.5m时，可取1.5m。
5. 助燃气体卧（立）罐之间的防火间距超过1.5m时，可取1.5m。
6. "*"表示不应同组布置。

d. 两排卧罐的间距不应小于3m。
e. 防火堤及隔堤的设置应符合下列规定。
ⅰ. 液化烃全压力式或半冷冻式储罐组宜设不高于0.6m的防火堤，防火堤内堤脚线距储罐不应小于3m，堤内应采用现浇混凝土地面，并应坡向外侧，防火堤内的隔堤不宜高于0.3m。
ⅱ. 全压力式储罐组的总容积大于8000m³时，罐组内应设隔堤，隔堤内各储罐容积之和不宜大于8000m³。单罐容积等于或大于5000m³时应每一个一隔。
ⅲ. 全冷冻式储罐组的总容积不应大于200000m³，单防罐应每一个一隔，隔堤应低于防火堤0.2m。
ⅳ. 沸点低于45℃甲B类液体压力储罐组的总容积不宜大于60000m³，隔堤内各储罐容积之和不宜大于8000m³，单罐容积等于或大于5000m³时应每一个一隔。
ⅴ. 沸点低于45℃的甲B类液体的压力储罐，防火堤内有效容积不应小于一个最大储

罐的容积。当其与液化烃压力储罐同组布置时,防火堤及隔堤的高度尚应满足液化烃压力储罐组的要求,且二者之间应设隔堤。当其独立成组时,防火堤距储罐不应小于3m,防火堤及隔堤的高度设置尚应符合要求。

　　ⅵ. 全压力式、半冷冻式液氨储罐的防火堤和隔堤的设置同液化烃储罐的要求。

　　f. 液化烃全冷冻式单防罐罐组应设防火堤,并应符合下列规定。

　　ⅰ. 防火堤内的有效容积不应小于一个最大储罐的容积。

　　ⅱ. 单防罐至防火堤内顶角线的距离 X 不应小于最高液位与防火堤堤顶的高度之差 Y 加上液面上气相当量压头的和,当防火堤的高度等于或大于最高液位时,单防罐至防火堤内顶角线的距离不限。

　　ⅲ. 应在防火堤的不同方位上设置不少于两个人行台阶或梯子。

　　ⅳ. 防火堤及隔堤应为不燃烧实体防护结构,能承受所容纳液体的静压及温度变化的影响,且不渗漏。

　　g. 液化烃全冷冻式双防或全防罐罐组可不设防火堤。

　　h. 全冷冻式液氨储罐应设防火堤,堤内有效容积应不小于一个最大储罐容积的60%。

　　i. 液化烃、液氨等储罐的储存系数不应大于0.9。

　　j. 液氨的储罐,应设液位计、压力表和安全阀,低温液氨储罐尚应设温度指示仪。

　　k. 液化烃的储罐应设液位计、温度计、压力表、安全阀,以及高液位报警和高高液位自动联锁切断进料措施。对于全冷冻式液化烃储罐还应设真空泄放设施和高、低温度检测,并应与自动控制系统相连。

　　l. 气柜应设上、下限位报警装置,并宜设进出管道自动联锁切断装置。

　　m. 液化烃储罐的安全阀出口管应接至火炬系统。确有困难时,可就地放空,但其排气管口应高出8m范围内储罐罐顶平台3m以上。

　　n. 全压力式液化烃储罐宜采用有防冻措施的二次脱水系统,储罐根部宜设紧急切断阀。

　　o. 液化石油气蒸发器的气相部分应设压力表和安全阀。

　　p. 液化烃储罐开口接管的阀门及管件的管道等级不应低于2.0MPa,其垫片应采用缠绕式垫片。阀门压盖的密封填料应采用难燃烧材料。全压力式储罐应采取防止液化烃泄漏的注水措施。

　　q. 全冷冻卧式液化烃储罐不应多层布置。

四、《建筑设计防火规范》对罐区布置的规定

　　甲、乙、丙类液体储罐区,液化石油气储罐区,可燃、助燃气体储罐区,可燃材料堆场等,应设置在城市(区域)的边缘或相对独立的安全地带,并宜设置在城市(区域)全年最小频率风向的上风侧。

　　甲、乙、丙类液体储罐(区)宜布置在地势较低的地带。当布置在地势较高的地带时,应采取安全防护设施。液化石油气储罐(区)宜布置在地势平坦、开阔等不易积存液化石油气的地带。

　　① 桶装、瓶装甲类液体不应露天存放。

　　② 液化石油气储罐组或储罐区四周应设置高度不小于1.0m的不燃烧体实体防护墙。

　　③ 甲、乙、丙类液体储罐区,液化石油气储罐区,可燃、助燃气体储罐区,可燃材料堆场,应与装卸区、辅助生产区及办公区分开布置。

④ 甲、乙、丙类液体储罐成组布置时，应符合下列规定。
a. 组内储罐的单罐储量和总储量不应大于表 5-12 的规定。
b. 组内储罐的布置不应超过两排。甲、乙类液体立式储罐之间的防火间距不应小于 2m，卧式储罐之间的防火间距不应小于 0.8m，丙类液体储罐之间的防火间距不限。
c. 储罐组之间的防火间距应根据组内储罐的形式和总储量折算为相同类别的标准单罐，并应按本规范第 4.2.2 条的规定确定。

表 5-12　甲、乙、丙类液体储罐分组布置的限量

名　称	单罐最大储量/m³	一组罐最大储量/m³
甲、乙类液体	200	1000
丙类液体	500	3000

⑤ 甲、乙、丙类液体的地上式、半地下式储罐区的每个防火堤内，宜布置火灾危险性类别相同或相近的储罐。沸溢性液体储罐与非沸溢性液体储罐不应布置在同一防火堤内。地上式、半地下式储罐与地下式储罐，不应布置在同一防火堤内，且地上式、半地下式储罐应分别布置在不同的防火堤内。

⑥ 甲、乙、丙类液体的地上式、半地下式储罐或储罐组，其四周应设置不燃烧体防火堤。防火堤的设置应符合下列规定。
a. 防火堤内的储罐布置不宜超过两排，单罐容量小于等于 1000m³ 且闪点大于 120℃ 的液体储罐不宜超过 4 排。
b. 防火堤的有效容量不应小于其中最大储罐的容量。对于浮顶罐，防火堤的有效容量可为其中最大储罐容量的一半。
c. 防火堤内侧基脚线至立式储罐外壁的水平距离不应小于罐壁高度的一半。防火堤内侧基脚线至卧式储罐的水平距离不应小于 3m。
d. 防火堤的设计高度应比计算高度高出 0.2m，且其高度应为 1～2.2m，并应在防火堤的适当位置设置灭火时便于消防队员进出防火堤的踏板。
e. 沸溢性液体地上式、半地下式储罐，每个储罐应设置一个防火堤或防火隔堤。
f. 含油污水排水管应在防火堤的出口处设置水封设施，雨水排水管应设置阀门等封闭、隔离装置。

⑦ 甲类液体半露天堆场，乙、丙类液体桶装堆场和闪点大于 120℃ 的液体储罐（区），当采取了防止液体流散的设施时，可不设置防火堤。

⑧ 甲、乙、丙类液体储罐与其泵房、装卸鹤管的防火间距不应小于表 5-13 的规定。

表 5-13　甲、乙、丙类液体储罐与其泵房、装卸鹤管的防火间距　　单位：m

液体类别和储罐形式		泵　房	铁路装卸鹤管、汽车装卸鹤管
甲、乙类液体储罐	拱顶罐	15	20
	浮顶罐	12	15
丙类液体储罐		10	12

注：1. 总储量小于等于 1000m³ 的甲、乙类液体储罐，总储量小于等于 5000m³ 的丙类液体储罐，其防火间距可按表 5-13 的规定减少 25%。
2. 泵房、装卸鹤管与储罐防火堤外侧基脚线的距离不应小于 5m。

⑨ 甲、乙、丙类液体装卸鹤管与建筑物、厂内铁路线的防火间距不应小于表 5-14 的

表 5-14 甲、乙、丙类液体装卸鹤管与建筑物、厂内铁路线的防火间距　　　单位：m

名称	建筑物的耐火等级			厂内铁路线	泵房
	一、二级	三级	四级		
甲、乙类液体装卸鹤管	14	16	18	20	8
丙类液体装卸鹤管	10	12	14	10	

注：装卸鹤管与其直接装卸用的甲、乙、丙类液体装卸铁路线的防火间距不限。

规定。

⑩ 甲、乙、丙类液体储罐与铁路、道路的防火间距不应小于表 5-15 的规定。

表 5-15 甲、乙、丙类液体储罐与铁路、道路的防火间距　　　单位：m

名称	厂外铁路线中心线	厂内铁路线 中心线	厂外道路 路边	厂内道路路边	
				主要	次要
甲、乙类液体储罐	35	25	20	15	10
丙类液体储罐	30	20	15	10	5

⑪ 零位罐与所属铁路装卸线的距离不应小于 6m。

⑫ 石油库的储罐（区）与建筑物的防火间距，石油库内的储罐布置和防火间距以及储罐与泵房、装卸鹤管等库内建筑物的防火间距，应按现行国家标准《石油库设计规范》（GB 50074）的有关规定执行。

⑬ 可燃、助燃气体储罐（区）的防火间距主要规定了湿式可燃气体储罐与建筑物、储罐、堆场的防火间距，氧气储罐与建筑物、储罐、堆场的防火间距。

⑭ 液化石油气储罐之间的防火间距不应小于相邻较大罐的直径。数个储罐的总容积大于 3000m³ 时，应分组布置，组内储罐宜采用单排布置。组与组相邻储罐之间的防火间距，不应小于 20m。

⑮ 液化石油气储罐与所属泵房的距离不应小于 15m。当泵房面向储罐一侧的外墙采用无门窗洞口的防火墙时，其防火间距可减少到 6m。液化石油气泵露天设置在储罐区内时，泵与储罐之间的距离不限。

⑯ 全冷冻式液化石油气储罐与周围建筑物之间的防火间距，应按现行国家标准《城镇燃气设计规范》（GB 50028）的有关规定执行。

⑰ 液化石油气气化站、混气站的储罐，与周围建筑物之间的防火间距，应按现行国家标准《城镇燃气设计规范》（GB 50028）的有关规定执行。

工业企业内总容积小于等于 10m³ 的液化石油气气化站、混气站的储罐，当设置在专用的独立建筑内时，其外墙与相邻厂房及其附属设备之间的防火间距可按甲类厂房有关防火间距的规定执行。当露天设置时，与建筑物、储罐、堆场的防火间距应按现行国家标准《城镇燃气设计规范》（GB 50028）的有关规定执行。

五、罐区布置的工程实例

工程实例一　某化工全压力罐区的布置（图 5-91）

工程实例二　某工程罐区的设备布置（图 5-92）

工程实例三　某 NAE 工程罐区的设备布置（图 5-93）

图 5-91 某化工全压力罐区的布置

注：1. 球罐之间以及球罐与其他设备之间的距离符合 GB 50160 的要求。罐顶采用了联和平台。

2. 甲方（业主）要求接近地面的阀门设置在围堰外，考虑到一些罐底操作阀需要布置在围堰处，因此设置了 N01～N11 一排地磙。

3. 泵布置在管廊下面。

4. 雨淋阀室要求距离泵大于 15m（由于防爆的原因）。

5. 每个围堰内需画出集液池位置，以及进入围堰的小梯子的位置。

(a) 某工程全压力罐区的设备布置

(b) 某工程常压罐区的设备布置

■ 图 5-92 某工程罐区的设备布置

■ 图 5-93 某 NAE 工程罐区的设备布置

第十六节　建筑物的布置

一、建筑物的一般要求

1. 装置内建筑物的类型

① 生产厂房：包括各种需要在室内操作的厂房如泵房、压缩机房及合成纤维装置的酯化聚合厂房、抽丝与后加工厂房等。

② 控制室和辅助生产厂房：辅助生产厂房包括变、配电室及化验室、维修间、仓库等。

③ 非生产厂房：如办公室、值班室、更衣室、浴室、厕所等。

2. 建筑统一模数

建筑物的跨度、柱距、层高等除有特殊要求者外，一般可按照建筑统一模数设计，也可根据实际情况不按模数设计。常用模数如下。

① 跨度：6.0m、7.5m、9.0m、10.5m、12.0m、15.0m、18.0m、21m、24m。

② 柱距：4.0m、6.0m、9.0m、12.0m。钢筋混凝土结构厂房柱距多用6m。

3. 厂房高度

厂房高度主要根据设备吊装所需空间和设备进、出口管道标高确定。对于有固定式起重设备厂房的高度 H 参照图5-94。

4. 厂房的门

① 厂房出、入口应便于操作人员通行，并至少应有一个门能使房内设备的最大检修部件出入。但可不考虑安装在房内的大型设备如容器的进出。一般此类设备是在吊装以后再行砌墙封闭厂房的。

② 检修时有可能进入车辆时，门的宽度和高度应能使车辆方便地通过。

③ 安全疏散出口应向外开启，有可燃介质设备厂房的疏散出口不应少于两个，但面积小于 $60m^2$ 的乙B、丙类介质设备厂房可只设一个出口。

■ 图5-94　厂房最小高度

H—厂房的最小高度；a—起重设备最小结构高度；b—被吊起部件高度；c—被吊起部件顶部与吊钩的间隙，按索具与垂直线的夹角不大于60°且不小于0.5m考虑；d—被吊起部件底部与固定件顶部的间隙，不小于0.5m；h—固定件的高度或被吊起部件吊运时必须跨越的其他设备的高度

5. 吊装孔的位置

在两层和两层以上的生产厂房内布置设备时，应使厂房结构能够满足设备整体吊装要求。并应按设备检修部件的大小设置吊装孔和通道。吊装孔的位置应设在出入口附近或便于搬运的地方。

6. 建筑物内地面高度

一般室内地面高出室外地面不小于200mm。在有可能产生易燃易爆气体的装置内控制室和变、配电室，室内地面应比室外地面高出600mm。

7. 建筑物的屋顶要求

在办公室或学习会议室需要在屋内顶板上安装吊式电风扇时，屋面板的选用，应能适应安装吊扇的要求。经验证明，如果在屋面板的选用时，没有注意安装吊扇的要求，往往出现吊扇的位置不恰当，不能设在合适位置。

二、建筑物的防火要求

① 根据防火规范，同一房间内，布置有不同火灾危险性类别的设备，房间的火灾危险性类别按其中火灾危险性类别最高的设备确定。但火灾危险性大的设备所占面积比例小于5％，且发生事故时，不足以蔓延到其他部位或采取防火措施能防止火灾蔓延时，可按火灾危险性类别较低的设备确定。

② 同一建筑物内，布置有不同火灾危险性类别的房间，其中间隔墙应为防火墙。

③ 同一建筑物内，应将人员集中的房间布置在火灾危险性较小的一端。

④ 甲、乙A类房间与可能产生火花的房间相邻时，其门窗之间的距离应按现行的《爆炸和火灾危险环境电力装置设计规范》的有关规定执行。

三、控制室的布置

控制室是装置的自动控制中心，又是操作人员集中之处，属于重点保护建筑物。因此，在装置设备布置设计中对控制室的位置与布置要求，必须给以足够的重视。

1. 控制室的位置

① 全厂性控制室或联合装置的集中控制室应靠近主要工艺装置，装置内的控制室应靠近主要操作区。

② 处理易燃、有毒、有粉尘或有腐蚀性介质的装置，控制室宜设在本地区常年最小频率风向的下风侧。

③ 控制室应远离振源，避免周围环境对室内地面造成振幅为0.1mm（双振幅）、频率为25Hz以上的连续性振源，不能排除时，应采取减振措施。

④ 控制室不应靠近主要交通干道，如不能避免时，外墙与干道中心线的距离不应小于20m。

⑤ 控制室应远离噪声大的设备，在室内控制台处测得的噪声量应不大于65dB。

⑥ 可燃气体、液化烃、可燃液体的在线分析一次仪表间工艺设备的防火间距不限。

⑦ 非防爆型的在线分析一次仪表间（箱）布置在爆炸危险区域内时，应采用正压通风。

2. 控制室的布置要求

① 控制室不宜与高压配电室、压缩机厂房、鼓风机厂房和化学药剂库毗邻布置。

② 高压和有爆炸危险的装置，控制室朝向设备的一侧，不应开门窗。

③ 使用电子仪表的控制室，周围环境对室内仪表的磁场干扰场强应不大于400A/m，不能排除时，应采取防护措施。

3. 控制室的面积和高度（由自控专业确定）

① 控制室的长度应根据仪表盘的数量和排列形式确定。长度超12m时宜设两个门。

② 控制室的进深，如设控制台时，不宜小于7.5m，如不设时，不宜小于6m。

③ 控制室的净高，有空调装置时，不应小于3.0m，无空调时，不应小于3.3m。

④ 控制室的仪表维修室，一般需要15～18m²，大型装置应适当增加。

四、变、配电室的布置

① 变、配电室是散发火花的地点，是装置的动力中心，属于重点保护建筑物，其位置尽可能设在便于引接电源、接近负荷中心和进出线方便之处，避免设在有剧烈振动的场所。

② 变、配电室一般不与可燃气体压缩机共用一幢建筑物，常与控制室共用一幢建筑物。对于用电量较大的装置往往变、配电室设在独立的建筑内。

③ 变压器可露天或半露天布置，这时变压器周围应设固定围栏，变压器外廊与围栏或建筑物墙的距离不应小于0.8m。

④ 电缆敷设方式有两种，即电缆沟敷设和架空敷设。有的装置两种方式齐备，即从配电室地下沟内引电缆至用电设备区，对于泵和压缩机的驱动机用电缆一般仍采用沟内敷设，对于架空设备或设施如空冷器、检修用固定式吊车和照明电缆则采用架空敷设，这样比较经济合理。

⑤ 变、配电室还需要一间维修值班室。

五、化验室的布置

当装置设在距全厂性控制分析化验室较远（超过1500m），且分析项目和分析次数较多时，可在装置内设化验室，化验室的占地面积按分析项目和次数多少确定。化验室为明火房间不应与甲、乙A类房间布置在一起，可与控制室共用一幢建筑物时，化验室应在最外部一端，房间的门向外开启。可燃气体、液化烃、可燃液体采样管道不应引入化验室内。

六、其他要求

① 高层厂房内的控制室与变、配电室宜设在第一层，若生产需要或受其他条件限制时，可布置在第二层。

② 控制室与变、配电室及化验室朝向甲A类中间储罐一面的墙壁为封闭墙时，其防火间距可由22.5m减少到15m。

③ 控制室或化验室的室内不得安装液化烃、可燃气体、可燃液体的在线分析一次仪表。当上述仪表安装在控制室、化验室的相邻房间内时，中间隔墙应为防火墙。

④ 压缩机或泵等的专用控制室或不大于10kV的专用配电室，可与该压缩机房、泵房等共用一幢建筑物。但专用的控制室、配电室的门窗应位于爆炸危险区范围之外。

⑤ 两个及两个以上的装置共用集中控制室距甲、乙A类设备、储罐或加热炉不应小于30m。

第十七节　构筑物的布置

装置内构筑物包括管架（包括管廊）、框架、平台梯子、放空烟囱、防火墙、管沟、围堰等。

一、框架的布置

1. 框架的类型

框架按设备布置需要可以和管廊结合在一起布置，如管廊下布置机、泵，管廊的管道在泵的上方，管道上方第一层框架布置高位容器，第二层布置冷却器和换热器，最上一层布置空冷器或冷凝冷却器。框架也可以独立布置。根据各类设备要求设置，如塔框架、反应器框架、换热设备和容器框架等。

2. 框架的结构尺寸

框架的结构尺寸，按设备的不同要求确定，在管廊附近的框架，其柱距与管廊柱距对齐为宜，一般为 6m。框架跨度随架空设备要求不同而异。框架的高度应满足设备的工艺操作、设备的安装检修和敷设管道的要求。框架的层高按最大设备要求确定，但在布置设备时尽可能将尺寸相近的设备布置在同一层框架上，而且要考虑设备支座梁的位置，使其经济合理。

二、平台梯子的布置

在需要操作和经常维修的场所应设置平台和梯子，并按防火要求设置安全梯。

在设备和管道上，操作中需要维修、检查、调节和观察的地方，如人孔、手孔、塔、容器管口法兰、调节阀、安全阀、取样点、流量孔板、液面计、工艺盲板、经常操作的阀门和需要用机械清理的管道转弯处都应设置平台和梯子。

① 平台的尺寸要求。

a. 一般平台宽度不应小于 0.8m，平台上净空不应小于 2.2m。

b. 相邻塔器的平台标高应尽量一样，布置成联合平台。

c. 为设备人孔、手孔设置的平台，与人孔中心的距离宜为 0.6~1.2m，不宜大于 1.5m；与手孔的距离不宜大于 0.8~1.4m。

d. 为设备加料口设置的平台，距料口顶不宜大于 1.0m。

e. 装设在设备上的平台不应妨碍设备的检修；否则，应做成可拆卸式的。

f. 为立式换热器设置的平台与上部管箱法兰或管箱盖的距离不宜大于 1.5m。

g. 为了便于检修水箱内的管束，水箱上的平台应是可拆卸的。

② 梯子的设置要求。

a. 厂房和框架的主要梯子和操作频繁的平台的梯子应采用斜梯。

b. 成组布置的塔的联合平台，宜采用斜梯。

c. 在设置平台有困难而又需要操作和维修的地方可设置直梯。如在设备上安装的压力计、温度计，不经常打开的手孔，液位控制器在 2.0~3.5m 之间，以及为地下设备设置的地坑深度为 2.0m 以上等处。

③ 梯子的尺寸要求。

a. 斜梯的角度一般为 45°，由于条件限制也可为 55°，每段斜梯的高度不宜大于 5m。超过 5m 时可设梯间平台，分段设梯子。

b. 斜梯的宽度不应小于 0.7m。

c. 直梯的宽度宜为 0.4~0.6m。

d. 设备上的直梯宜从侧面通向平台。每段直梯的高度不应大于 8m。超过 8m 时必须设梯间平台，分段设梯子。

④ 超过 2m 的直梯应设安全护笼。

⑤ 平台的防护栏杆高度为 1m，20m 以上平台的防护栏杆高度一般为 1.2m。防护栏杆为固定式设施。对于影响检修的栏杆，应设可拆卸式的。

⑥ 根据防火规范要求，甲、乙、丙类塔区联合平台以及其他工艺设备和大型容器或容器组的平台，均应设置不少于两个通往地面的梯子，作为安全出口，各安全口的距离不应大于 25m。但对不大于 8m 的甲类平台和长度不大于 15m 的乙、丙类平台可只设一个梯子，相邻的框架、平台宜根据安全疏散的需要用走桥连通。

⑦ 平台荷重一般为 $200kgf/m^2$，对于供检修用的平台一般按 $400kgf/m^2$ 均布荷载设计。对于大型设备应按其最大部件荷重与土建专业商定。

⑧ 操作和检修的设施参照表 5-16。

表 5-16 操作和检修设施

设 施	部 位
永久性直梯	在容器上所有尺寸的止回阀
	在容器上不大于 DN80 的闸阀和截止阀
	玻璃液位计和试液位旋塞
	人孔
	在容器上的压力表
	在容器上的温度计
	在地面以上 2.0m 和 3.6m 之间的液位控制器
	深度大于 1.8m 和长度大于 6.0m 的地坑
平台 (平台设在设备下面)	各种尺寸的控制阀（调节阀）
	换热器
	人孔
	盲板、视镜、过滤器
	不小于 DN80 的安全阀（在立式容器上）
	电动阀
	清扫点（如装置中要求经常机械清扫的管道）
平台 (平台设在设备侧面)	不小于 DN100 的闸阀和截止阀（在容器上）
	不大于 DN80 的安全阀
	不小于 DN100 的安全阀（在卧式容器上）
	高出地面 3.6m 的液位控制器
	取样阀

三、放空烟囱的布置

① 可燃气体及有害气体的排放要求和高度，应符合现行 GB 16297《大气污染综合排放标准》和 GB 50160《石油化工企业设计防火规范》有关泄压排放的要求。

② 放空用烟囱应设置在装置的一端或边缘地区，且位于装置常年最小频率风向的上风侧。

③ 放空用烟囱与周围平台的位置关系应符合下列要求。

a. 如在烟囱顶部外缘水平方向 20m 范围内布置平台，烟囱顶部至少高出平台 3.5m，如图 5-95 所示。如平台上还有操作室，烟囱应高出操作室的屋顶 2m。

b. 如在烟囱顶部外缘算起水平方向 20m 以外布置平台，平台应按图 5-95 要求设置。

图 5-95 放空用烟囱高度与周围平台关系

第十八节 围堰、防火堤和隔堤的布置

一、围堰的布置

① 在开停工检修过程中有可能被油品、腐蚀性介质或有毒物料污染的区域应设围堰，装有腐蚀性介质的设备区除围堰外，尚应铺设防蚀地面。

② 围堰应符合下列要求。
a. 围堰与堰区地面的高差不应小于 150mm。
b. 围堰内应有排水设施。
c. 围堰内地面应坡向排水设施，坡度不宜小于 0.003。
③ 围堰内排水设施的做法
a. 对于一般油品污染的区域，排水设施采用格栅或地漏，将含油污水排入含油污水系统。
b. 对于腐蚀性介质或有毒物料的排水设施，应考虑腐蚀性介质或有毒物料收集和处理措施，即在围堰内设小坑，围堰外设收集池，由小坑通向池内的接管加阀门，以便物料的收集和转移。

二、防火堤的功能

① 当储罐一旦破裂或失火，使储罐内的物料不致蔓延到其他处，减少损失，及时处理。
② 正常生产时，由于储罐内的介质一般属于有污染的液体，操作过程中管道阀门又有滴漏，设置防火堤便于进行污水处理。
③ 夏天便于集中罐体的喷淋冷却水。

三、防火堤的设计标准及差异

我国的防火堤设计标准有几个，总体设计思想是一致的，就是确保任何情况下将流出的液体限制在堤内。只是，各个标准在个别细微处有些差异。例如，GB 50016《建筑设计防火规范》规定防火堤的高度宜为 1~1.6m，其实际高度应比计算高度高出 0.2m，而 GB 50160《石油化工企业设计防火规范》则要求立式储罐防火堤的高度，应为计算高度加 0.2m，其高度应为 1.0~2.2m；卧式储罐防火堤的高度，不应低于 0.5m。

美国的防火规范 NFPA 和日本的《危险物限制规则》对防火堤高度的确定都有不同的方法。

防火堤常用的设计标准如下。
① GB 50351《储罐区防火堤设计规范》。
② GB 50160《石油化工企业设计防火规范》。
③ GB 50016《建筑设计防火规范》。
④ GB 50183《石油天然气工程设计防火规范》。
⑤ SY 0075《油罐区防火堤设计规范》。
⑥ SH 3125《石油化工防火堤设计规范》。

四、防火堤和隔堤的设计一般要求

① 防火堤及隔堤应能承受所容纳液体的静压，且不应渗漏。
② 立式储罐防火堤的高度，应为计算高度加 0.2m，其高度宜为 1.0~2.2m；卧式储罐防火堤的高度，不宜低于 0.5m。
③ 隔堤顶应比防火堤顶低 0.2~0.3m。
④ 管道穿堤处应采用非燃烧材料严密封闭。
⑤ 在防火堤内雨水沟穿堤处，应设防止可燃液体溢流出堤外措施。
⑥ 应在防火堤的不同方位上设置两个以上人行台阶或坡道，隔堤均应设置人行台阶。

⑦ 防火堤和隔堤的设置位置，见罐区的布置有关介绍。
⑧ 防火堤和隔堤的高度，通常由总图专业确定。

第十九节　通道的布置

进行设备布置时，应根据本装置施工、维修、操作和消防的需要，综合考虑，设置必要的通道和场地。GB 50016《建筑设计防火规范》、GB 50160《石油化工企业设计防火规范》、GB 50183《石油天然气工程设计防火规范》等防火设计规范，均包含了对厂（站）内道路的设计要求。

大型装置内部，应用道路将装置分隔成占地面积不大于 10000m^2 的设备、建筑物区。当合成纤维装置的酯化聚合、抽丝与后加工厂房的占地面积大于 10000m^2，对应在其两侧设置通道，装置内主要车行通道应与工作道路衔接。

① 消防通道的设置应符合下列要求。
a. 装置宽度大于 60m 时，应在装置内设贯通式消防通道。
b. 装置宽度小于或等于 60m 且装置外两侧有消防车道时，可不设贯通式消防通道。
c. 工艺装置区、液化烃储罐区应设环形消防车道。可燃液体的储罐区、装卸区及化学危险品仓库区应设环形消防车道；当受地形条件限制时，也可设有回车场的尽头式消防车道。消防道路的路面宽度不应小于 6m，路面内缘转弯半径不宜小于 12m，路面上净空高度不应低于 5m。
d. 当道路路面高出附近地面 2.5m 以上，且在距道路边缘 15m 范围内，有工艺装置或可燃气体、液化烃、可燃液体的储罐及管道时，应在该段道路的边缘设护墩、矮墙等防护设施。

② 检修通道应满足机动检修用机具对道路的宽度、转弯半径和承受荷载的要求，并能通向设备检修的吊装孔。

③ 装置内主要车行通道、消防通道、检修通道应尽可能合并设置。

④ 操作通道的设置，应根据生产操作、巡回检查、小型维修等的频繁程度和操作点的分布决定。

⑤ 各种通道的宽度和净空要求，应根据装置规模、通行机具的规格考虑确定，其最小尺寸应符合表 5-17 的规定。

表 5-17　装置内通道的最小宽度和最小净高　　　　　　　　　　　　　　　　　　　m

通道名称	最小宽度/m	最小净高/m
消防通道	4.0①	5.0①
主要车行通道	4.0(6.0)②	4.5(5.0)②
次要车行通道	3.0(4.0)	3.0(4.5)
管廊下泵区检修通道	2.0(3.0)	3.0(3.5)
操作通道	0.8(常通行 0.8~1.0，不常通行 0.65)	2.2(2.2)
斜梯	(0.6~1.1)	—

① 对于大型装置内，有大型通行机具通过时，最小净高可适当提高。
② 括号内数字为 HG 标准的规定。

⑥ 设备的框架或平台的安全疏散通道应满足以下要求。
a. 液化烃、可燃气体、可燃液体的塔区平台或其他设备的框架平台，应设两个通往地

面的梯子，作为安全疏散通道。但甲、乙 A 类设备平台不大于 8m；乙 B、丙类设备平台不大于 15m 可只设一个梯子。

　　b. 相邻框架、平台宜用走桥连通作为安全疏散通道。

　　c. 相邻安全疏散通道之间的距离不应大于 50m。

第二十节　装置设备布置设计工程实例

　　以某炼油项目装置作为一个实例，列出了在已有工厂中开展新装置平面布置设计的步骤。通过例子展示了某些推荐的做法和布置设计的原则。

一、装置设备布置设计要求的一般资料

　　当开始做装置设备平面布置图时，需要从工程设计项目组及工艺、设备、仪表、电气、总图等专业得到下列资料。

　　① 新装置区域附近现场资料（在某些设计单位，这些条件由总图专业供给管道专业）。

　　a. 工程设计资料（包括新装置区域现场平面图，地上或地下设施，水、电、汽等公用工程条件，选用的防火规范、安全距离、噪声控制的标准等）。

　　b. 常年最小频率风向。

　　c. 装置及进出管线建议的位置。

　　d. 电缆进出口位置。

　　e. 新装置区附近的道路、铁路等交通条件及其详图。

　　f. 装置的基准点位置。

　　g. 装置的指北向。

　　h. 检修用吊车的能力和尺寸。

　　i. 消防车通道。

　　② 从其他专业得到的资料。

　　a. 工艺流程图或管道-仪表流程图。

　　b. 设备表及设备尺寸。例如：大型储罐的直径、高度或容量；加热炉的外形尺寸、形式，烟囱是独立的还是安装在加热炉顶部，烟囱尺寸；压缩机的形式、外形尺寸，其密封油、润滑油系统的布置，辅助设备的布置；泵的形式、外形尺寸，驱动机的形式和要求；各种非定型设备的规格，包括塔器、换热器、容器等。

　　c. 设备安装和检修要求。例如：塔的最小安装高度（从地面至塔底封头切线处）；有重力流或固体卸料的立式或卧式容器的安装标高要求（立式的指底部封头切线处至地面的距离，卧式的指储槽底部至地面的距离）；换热器管束抽芯所需空间；压缩机、泵或其他回转设备拆卸和更换零部件的要求。

　　③ 空冷器形式和外形尺寸需要和工艺专业协商，因为空冷器通常安装在管廊的上方，管廊的尺寸要和空冷器的规格相适应。

　　通常在管廊的下方布置泵，需要泵的型号、规格、外形尺寸及泵的吸入口和排出口管线连接尺寸，如能提供样本更好。

二、对工艺流程图的研究

　　作平面布置图时，工艺流程图已准备好（图 5-96）。

请工艺设计人员介绍装置的工艺流程，并研究出直接影响设备布置的若干结论，例如下面所列内容。

① 设备布置要顺流程。原油加料泵 P-101 要紧贴装置西边界管线进出口"A"。因为原油管线从"A"处进入装置（图 5-97）。

② 泵应布置在相应的设备附近，以免泵吸入管线压降太大。

③ 要满足大型设备布置上的要求。如加热炉 F-101，要保证安全距离。另外，燃料管线用分配台分配，进口接管多，故炉子周围要有足够的空间。

④ 关键管线的柔性要求，在布置阶段请应力分析人员协助，例如：加热炉的转油管线是高温合金管线，要尽可能短，且没有袋形；T-101 塔底管线是高温的，要考虑管线的柔性以及备用泵的热和冷的工况；进出汽提塔 T-102 和 T-103 的管线尽可能短；汽提塔至火炬系统的泄压管线应尽可能短。

⑤ 设备布置要考虑配管要求，例如：从 T-101 至 E-115 的架空管线应避免有袋形，在满足管线柔性和塔膨胀的前提下，管线走向应简单些；从 E-115 至 V-101 的冷凝液管线应避免有袋形；从 V-101 至压缩机 C-101 的气体管线尽可能短，避免有袋形。

三、平面布置图的编制

在完成工艺流程图的研究后，进一步检查新收到的各专业的资料是否有其他的要求。开始平面布置图的设计。

① 如工程没有特殊的要求，装置的操作通道、检修通道及平台的设置等均按设计规范确定，下列各项在设计中应予遵循。

a. 装置检修时，需汽车（吊车）通过的主要检修通道上方最小净空 4.5m。

b. 装置四周环形道路上方最小净空 5.0m，铁轨上方最小净空 5.5m（SH 3012—2000）。

c. 泵的操作温度 340℃ 或 340℃ 以上时，不能布置在管廊下，应布置在距管廊外侧 3m 以外。泵的操作温度在 340℃ 以下时，可布置在管廊下，必须考虑泵和驱动机的检修，泵上方最小净空 3m。

d. 通常，空冷器布置在管廊上。

e. 储存烃类设备的支架及输送烃类管道的管廊支柱应进行防火保护的处理。

② 要考虑运输、安装设备的位置。道路或通道要有足够的空间，以满足大型设备的运输和安装。

③ 进行初步的设备布置。如图 5-97 所示，用方块的形式绘出管廊、加热炉、蒸馏塔、框架、控制室等的位置。这张布置图讨论通过，即可开始设计正式的平面布置图。

④ 绘制平面布置图的步骤。

a. 在装置设备布置区域内确定管廊的布置。

b. 加热炉的布置。

c. 控制室的布置。

d. 主要设备的布置，包括分馏塔、空冷器、大型容器、压缩机、泵等。

全部设备布置完成后，经校验，并适当调整，使用计算机绘出正式平面布置图。

四、装置管廊的布置

装置管廊的位置必须优先考虑，因为它会影响设备的布置。

图 5-98 表示了新装置管廊的位置与已有管廊的关系，下面叙述如何布置管廊。

图 5-96 工艺流程图

注：本图隐去了一些内容，不是标准的 PID 图，仅供参考。

图 5-97 设备布置研究图（一）

■ 图 5-98 设备布置研究图（二）

■ 图5-99 设备布置研究图(三)

图 5-100　设备布置研究图（四）

① 首先应与土建协商确定结构材料，是使用钢筋混凝土的还是钢结构的。钢筋混凝土的较为经济。

② 管廊的柱距 6m，可满足 DN80 和 DN80 以上的管线，不需要中间支承。管廊下两个柱距之间可布置两台中型的泵。

③ 管廊的宽度，首先应明确管廊上是否安装空冷器。若安装空冷器，管廊的宽度由空冷器的管长决定。若管廊上没有空冷器，则作完管线走向草图后，根据管子排列宽度，再预留 20% 的裕量 [全厂性管廊或管墩上（包括穿越涵洞）应留有 10%～30% 的裕量，装置主管廊宜留有 10%～20% 的裕量]，并考虑管廊下设备检修的最小通道，确定管廊的宽度。

④ 根据已有管廊的位置，新装置管廊东、西向布置较为合理。管廊的柱子边缘距道路不应小于 1m。

⑤ 加热炉应放在常年最小频率风向的下风侧，位于管廊南侧（图 5-99）。炉子所占面积较大，总宽度为 10m，其四周要设置平台，从装置南边界线往北 20m 设管廊第一排柱子。

五、主要设备的布置

1. 原油加热炉 F-101 的布置（图 5-100）

原油加热炉是长 23m 宽 10m 的箱式炉，烟囱和加热炉组装在一起。

加热炉布置的要点如下。

① 位于常年最小频率风向的下风侧。

② 加热炉周围保持 15m 的安全距离。

③ 对流段管束抽芯所需要的空间，在布置图上要表示出，抽芯区域内不得有任何障碍物。

④ 为便于施工安装，加热炉应位于主要道路旁。

2. 控制室的布置（图 5-100）

确定控制室的位置时应考虑安全性，控制室应离逸出可燃性气体的设备有 15m 的距离。在有的设计单位，控制室的布置是由总图专业完成的。

3. 分馏塔 T-101 及有关设备的布置（图 5-100）

从加热炉 F-101 到塔 T-101 的转油线是一根关键管线，尽可能短些，因为管口是在炉子的西面，所以 T-101 在 F-101 的西面是合理的。

汽提塔 T-102 和 T-103 紧靠 T-101。

如图 5-101 所示，应按工艺流程和重力流要求布置设备。从 T-101 来的塔顶管线经换热器 E-101 至空冷器 E-115，再经冷凝器 E-110 到储槽 V-101。

在正式画平面布置图以前，先画一张草图。研究所有设备安装和检修是否可行。

4. 空冷器的布置

大型空冷器 E-115 放在中间，便于从 E-101 来的管线敷设。

管线的走向要和流程一致。因为煤油和轻组分油管线在装置东边界进出口点"B"连接，故空冷器 E-116 和 E-117 放在 E-115 的东边。

便于扩建时预留空冷器的安装，预留的空冷器放在 E-115 的西边。

5. 脱盐水 V-102 及有关设备的布置（图 5-100）

V-102 是一个大型设备，直径 3m，切线至切线长度为 11m，加上球形封头总长为 14m。因为管廊至南边界线的距离是 20m，可放置脱盐器，故把 V-102 放在管廊的南边。

换热器 E-102、E-103 和 E-104 布置在管廊的北面，因为原油进料管线从西面进入后，经换热器后进入脱盐器。

加热炉加料泵 P-102 旁布置抑制剂配制设备。脱盐器入口要加入抑制剂，配制设备放在这里，袋子拆卸方便。

6. 原油预热器群的布置（图 5-100 和图 5-99）

换热器 E-105、E-106、E-107 放在管廊的北面换热器区域内，和 E-102、E-103、E-104 排成一行。

这些换热器的布置，不能妨碍换热器周围的检修通道，并要提供足够的管束抽芯空间。在管廊和换热器之间要有足够的距离，以便于接近换热器封头。

完成换热器 E-108、E-113 和 E-114 的定位：蒸汽发生器 E-108 布置在 E-107 的东边，它靠近泵 P-107 及相对地接近 F-101。

要符合流程图的流向，水冷却器 E-113 紧靠 E-104 布置，使得 E-101 来的配管距离最短。冷却器 E-114 位于 E-108 的东边，在控制室最小安全距离之外。

7. 压缩机 C-101 及附属设备的布置（图 5-100 和图 5-99）

压缩机为往复式、两段、电机驱动的双缸对置式压缩机，带一、二段冷却器，一台，占地面积约 $5m^2$。

甲方没有提出建造压缩机厂房的要求时，则压缩机露天安装。它和吸入罐 V-104 及 V-105 一起布置在装置的最西端。

因为气体和二段冷凝液管线在"A"处进出装置，压缩机 C-101 布置在装置边界线附近是很理想的。

8. 泵的布置

图 5-99 示出了管廊下泵的布置。

当管廊柱间距为 6m 时，可安装两台中型泵，并有供电缆的足够空间。泵的排出口位于管廊柱中心线外侧 600mm（见图 5-101）。

原油加料泵 P-101 位于装置西边界管线进出口附近。

泵 P-103、P-105 和 P-108 靠近有关设备 T-101 布置，分馏塔 T-101 及泵的吸入管线要有一定的柔性。

泵 P-104、P-106 布置在框架下。

9. 油水分离器的布置（图 5-99）

油水分离器是把烃类和雨水、消防水分离，然后用泵将烃送至废油罐（在装置以外）处理，分离器排出的污水送至全厂污水处理系统。

场地西南角的尺寸和位置布置油水分离器合适，理由如下：装置污水管要接至工厂已有污水总管，正好在油水分离器的南面；废油管线理想的引出位置在"A"点，离加热炉 F-101 的距离最远。

六、管线走向研究图

平面布置图供给各有关专业前，根据管道-仪表流程图画管线走向图以校验平面布置图。

① 管线走向图的用途有：决定管廊的宽度和层数；校核设备布置和物料流向。

② 管线走向图由装置设备布置设计者负责绘制。管线走向图由一根根管线组成，管线走向尽可能使距离缩短，减少不必要的绕行。通常，管廊的走向改变的，要改变标高，图上不必表示管子的上升和下降。

管廊上的调节阀组、孔板和主要管线中的特殊配件应表示出位置，以便校核所需要的

■ 图 5-101　建议的立面布置图

空间。

当管线走向图完成后，应校核管廊的宽度，为今后的扩建，每一层管廊预留一定的余量。如果管廊的宽度超过 10m，通常改为双层管廊。

③ 管线走向图应做到如下各点。

a. 管廊的宽度一般不超过 10m。

b. 只有安装空冷器组的一段管廊需要双层的。

c. 为加热炉 F-101 转油线的支承，需设一单层管廊。

d. 在管廊上敷设电气和仪表电缆，两电缆槽之间要有 1m 的净距。

e. 确定管廊横梁的标高。

f. 在管线进出口"A"处若为单层管廊时，需增加管廊的宽度，在管线进出口"B"处为单层管廊时，也需增加管廊的宽度（去火炬干管除外）。

g. 确定从控制室来的电缆架的位置。

h. 确定冷却水、循环水在装置进出口的位置。

i. 完成装置进出口管线表，包括管线尺寸和流动介质。

■ 图5-102 设备布置研究图（五）

七、修改并完成建议的平面布置图

将建议的平面布置图修改了,把管廊北面的换热器群南移,使换热器壳体的一部分和封头位于管廊下,因为附近没有泵。图 5-102 中还表示了空冷器管束抽芯所需的吊车通道。

为了保证装置检修时吊车能吊装各种负荷,要校核吊车的荷载能否达到要求。

图 5-101 是装置的剖视图,这张图需要与甲方及施工单位结合,它进一步验证了通道等检修条件是否满足要求。

图 5-103 为用坐标标注平面布置图的实例:建、构筑物的尺寸要以坐标标注,设备的安装尺寸从有坐标的柱号标注相对尺寸。

■ 图 5-103 用坐标标注平面布置图

第二十一节 石油和化工装置工艺及布置简介

一、乙烯装置工艺及布置简介

1. 乙烯装置工艺的技术发展

乙烯(Ethylene 或者 Ethene)是石油化工的重要基础原料,乙烯装置是石油化工生产有机原料的基础,是石油化工的龙头,它的规模、产量、技术,标志着一个国家的石油化学工业的发展水平。乙烯生产装置起源于 1940 年,美孚公司建成了第一套以炼厂气为原料的乙烯生产装置,开创了以乙烯装置为中心的石油化工历史,目前世界上乙烯生产的主要技术是管式炉蒸汽热裂解和深冷分离流程。

乙烯装置主要由裂解和分离两部分组成。管式裂解法可以分为鲁姆斯裂解法、斯通-韦伯斯特裂解法、凯洛格裂解法、三菱油化裂解法、福斯特-惠勒裂解法和西拉斯裂解法等。分离部分根据分离形式可以分为顺序分离法、前端脱乙烷、前端脱丙烷和渐进分离流程。

2. 乙烯装置工艺流程简介

乙烯装置的基本组成单元为：裂解炉单元、急冷单元、裂解气压缩单元、深冷分离单元、脱甲烷单元、脱乙烷与乙烯精制单元、乙烯产品外送单元、脱丙烷与丙烯精制单元、脱丁烷单元、脱戊烷单元、火炬单元、制冷压缩单元和污水处理单元。各单元作用介绍如下。

① 裂解炉单元。原料油与稀释蒸汽按比例混合，进入裂解炉发生高温断链反应，生成氢气、甲烷、乙烯丙烯、碳四等目的产物，同时副产超高压蒸汽，属高温单元。

② 急冷单元。裂解气在此单元先后经油洗、水洗，温度降低至 40℃，同时将较重组分如渣油、重汽油分离出来。

③ 裂解气压缩单元。利用超高压蒸汽作动力驱动汽轮机将裂解气升压，分离其中较重组成，减少进入冷箱系统的物料量，同时将裂解过程中产生的酸性气体用碱中和脱除。过程中产生废碱、含硫污水。

④ 深冷分离单元。将压缩后的裂解气干燥后，依次降温最终达到氢气的分离。利用镍基催化剂将氢气中的杂质脱除。

⑤ 脱甲烷单元。进行甲烷与碳二以上组分的切割。

⑥ 脱乙烷与乙烯精馏单元。进行碳二与碳三以上组分的切割，并将碳二在钯系催化剂作用下选择加氢，使乙炔加氢生成乙烯，分离乙烯与乙烷，乙烷循环裂解。

⑦ 乙烯产品外送单元。进行乙烯储存和汽化外送，为下游装置提供不同压力等级的气相乙烯。

⑧ 脱丙烷与丙烯精制单元。进行碳三与碳四以上组分的切割，并将碳三在催化剂作用下选择加氢，使 MAPD 加氢生成丙烯，分离丙烯与丙烷，丙烯送下游加工，丙烷循环裂解或外送。

⑨ 脱丁烷单元。进行碳四与碳五以上组分的切割。

⑩ 脱戊烷单元。将碳五与汽油分离，碳五送制苯抽提。

⑪ 火炬单元。提供可燃气体安全排放燃烧或回收，是事故状态下的安全防护措施。

⑫ 制冷压缩单元。为裂解气顺序分离提供不同等级的冷剂，是乙烯装置的心脏部位。

⑬ 污水处理单元。预处理装置产生的废碱等污水，间断处理，有剧毒物料。

顺序分离流程如图 5-104 所示。

① 从界区外来的 HGO、石脑油、加氢尾油原料分别储存在进料罐，原料经过泵加压后，用急冷水预热送至裂解炉。经预热后裂解原料进入裂解炉对流段原料预热段预热后与稀释蒸汽按比例混合后，经裂解炉混合预热段预热至起始反应温度（即横跨温度），进入裂解炉辐射段进行裂解。裂解气先进入废热锅炉尽快冷却以防止二次反应的发生，并回收裂解气的显热，然后进入急冷器用急冷油进一步冷却后送入汽油分馏塔。

② 裂解气在汽油分馏塔中用循环急冷油进一步冷却，重组分通过塔釜采出作为裂解燃料油（PFO）产品，较轻的组分通过侧线采出作为裂解柴油（PGO）产品，裂解汽油和更轻的组分在塔顶以气相采出。急冷油带走的热量经过稀释蒸汽发生系统、工艺水汽提塔再沸器、对去工艺水汽提塔及稀释蒸汽发生器的工艺水加热进行回收。

③ 急冷水塔塔顶汽相经带有段间冷却和分离的五段裂解气压缩机压缩。裂解气压缩机五段出口裂解气经冷却水、丙烯冷剂和脱乙烷塔进料激冷后进入裂解气干燥器。过程中分离的汽油送出界区，凝液汽提塔釜出料送至脱丙烷系统。在三段和四段之间，裂解气经过碱洗除去 H_2S 和 CO_2。

④ 裂解气经过脱水干燥，进入冷箱，依次经丙烯冷剂、乙烯冷剂、甲烷节流降温冷凝

■ 图 5-104 乙烯顺序分离流程图

1—裂解炉；2—急冷油塔；3—急冷水塔；4—汽油汽提塔；5—工艺水汽提塔；6—稀释蒸汽发生器；
7—裂解气压缩机；8—碱洗塔；9—裂解气干燥器；10—脱甲烷塔；11—甲烷压缩机；12—脱乙烷塔；
13—碳二加氢反应器；14—绿油吸收罐；15—乙烯干燥器；16—乙烯精馏塔；17—双脱丙烷塔；
18—丙烯干燥器；19—碳三加氢反应器；20—轻组分汽提塔；21—双丙烯精馏塔；22—脱丁烷塔；
23—甲烷化反应器；24—氢气干燥器

注：本书不列出具体的工艺流程图和参数，仅供参考，后面的工艺流程图也是如此。

分离，最终气相降温至−165℃从低压甲烷中分离出氢气，氢气经甲烷化精制后提供给乙炔、丙炔加氢用。

⑤ 低压脱甲烷塔接收深冷分离单元来的各股液体进料，塔顶用二元冷剂部分冷凝，分离出的高压甲烷产品在冷箱中回收冷量后去再生气、燃料气系统，中压甲烷产品去燃料气系统。塔釜物料经塔釜泵加压后依次经回收冷量至作为脱乙烷塔进料。塔釜再沸器用−37℃裂解气和二元冷剂作为热源。

⑥ 脱乙烷塔进行碳二与碳三以上组分的切割分离。塔釜再沸器采用来至急冷水塔的急冷水加热，釜液经冷却水换热器和脱砷反应器去高压脱丙烷塔，塔顶气体经−24℃丙烯冷剂部分冷凝，气体去乙炔转化器。加氢后的气体经冷却后经绿油吸收塔、乙烯干燥器进入乙烯精馏塔，由侧线采出液态乙烯产品送入乙烯产品储罐，塔釜乙烷循环裂解。

⑦ 乙烯产品经乙烯泵送出，用气体丙烯加热蒸发、液体丙烯过热，然后以气相产品送出界区。

⑧ 脱丙烷塔系统采用双塔脱丙烷，一个加氢催化剂的高压脱丙烷塔和一个低压脱丙烷塔组成。首先经过碳三脱砷保护床脱除砷。而后用干燥后的氢气进入在塔上部的催化剂床层中与碳三中的 MAPD 反应，将甲基乙炔和丙二烯加氢为丙烯。将碳三馏分精制分离，聚合级丙烯产品液相送出，丙烷循环裂解或作为液化气外送。低压塔釜将碳四以上馏分送至脱丁烷塔。

⑨ 脱丁烷塔系统采用两个并联的塔操作，塔顶物料一部分作回流，一部分作为碳四产品送出界区。塔釜物料一部分去脱戊烷塔，另一部分直接作为裂解汽油送出界区。脱丁烷塔塔釜来的物料进入脱戊烷塔，塔顶气相经冷凝后作为碳五产品送出界区。塔釜液则作为裂解汽油送至界区。

⑩ 火炬系统分为第一火炬系统、第二火炬系统和火炬气回收系统。用以将正常时的低压甲烷排放和无组织泄漏物安全燃烧，并将工艺紊乱时的安全排放燃烧。火炬头上有三股中压蒸汽，其目的是为了保护火炬头，消烟和助燃。在装置操作稳定，提高排放系统的压力，投用火炬气回收压缩机，回收火炬气、燃料气系统。

⑪ 制冷压缩机由丙烯制冷压缩机、乙烯制冷压缩机和二元制冷压缩机构成，其中乙烯机和丙烯机构成复叠式制冷，为分离过程中裂解气等提供多种等级的冷剂。本单元是乙烯装置的心脏，一旦停车，系统无法正常运行。

⑫ 将裂解气压缩单元中碱洗的废碱和含硫污水利用二氧化碳中和处理，使之合格排放，减少环境污染。

3. 在国外执行的某工程乙烯装置布置典型实例（图 5-105）

■ 图 5-105　在国外执行的某工程乙烯装置布置典型实例

二、聚丙烯装置工艺及布置简介

1. 聚丙烯工艺的技术发展

聚丙烯（Polypropylene，PP）是以丙烯为单体经聚合反应而生成的聚合树脂。已经成为我国经济建设中不可缺少的材料。具体应用在包装材料、服装用料、产业用料、过滤用料、卫生用料和烟用丝束等。

四十多年来，聚丙烯的催化剂不断开发，不断改性，尤其是近二十年来，其技术一次又一次飞跃式的进步，极大地简化了聚丙烯的工艺流程，使装置的投资和生产成本降到很低的水平。

聚丙烯常用工艺方法包括淤浆法工艺和本体法工艺。

① 淤浆法工艺（Slurry Process）又称浆液法或溶剂法工艺，是世界上最早用于生产聚丙烯的工艺技术。从 1957 年第一套工业化装置到现在一直是最主要的聚丙烯生产工艺。典型工艺主要包括意大利 Montedison 工艺、美国 Hercules 工艺、日本三井东压化学工艺、美国 Amoco 工艺、日本三井油化工艺以及索维尔工艺等。这些工艺的开发都基于当时的第一代催化剂，采用立式搅拌釜反应器，需要脱灰和脱无规物，因采用的溶剂不同，工艺流程和操作条件有所不同。近年来，传统的淤浆法工艺在生产中的比例明显减少，保留的淤浆产品主要用于一些高价值领域，如特种 BOPP 薄膜、高相对分子质量吹塑膜以及高强度管材等。近年来，人们对该方法进行了改进，改进后的淤浆法生产工艺使用高活性的第二代催化剂，可删除催化剂脱灰步骤，能减少无规聚合物的产生，可用于生产均聚物、无规共聚物和抗冲共聚物产品等。目前世界淤浆法 PP 的生产能力约占全球 PP 总生产能力的 13%。

② 本体法工艺的研究开发始于 20 世纪 60 年代，1964 年美国 Dart 公司采用釜式反应器建成了世界上第一套工业化本体法聚丙烯生产装置。1970 年以后，日本住友、Phillips、美国 EI Psao 等公司都实现了液相本体聚丙烯工艺的工业化生产。与采用溶剂的浆液法相比，采用液相丙烯本体法进行聚合具有不使用惰性溶剂，反应系统内单体浓度高，聚合速率快，催化剂活性高，聚合反应转化率高，反应器的时空生产能力更大，能耗低，工艺流程简单，设备少，生产成本低，"三废"量少；容易除去聚合热，并使撤热控制简单化，可以提高单位反应器的聚合量；能除去对产品性质有不良影响的低分子量无规聚合物和催化剂残渣，可以得到高质量的产品等优点。不足之处是反应气体需要气化，冷凝后才能循环回反应器。反应器内的高压液态烃类物料容量大，有潜在的危险性。此外，反应器中乙烯的浓度不能太高，否则在反应器中形成一个单独的气相，使得反应器难以操作，因而所得共聚产品中的乙烯含量不会太高。

本体法不同工艺路线的区别主要是反应器的不同。反应器可分为釜式反应器和环管反应器两大类。釜式反应器是利用液体蒸发的潜热来除去反应热，蒸发的大部分气体经循环冷凝后返回到反应器，未冷凝的气体经压缩机升压后循环回反应器。而环管反应器则是利用轴流泵使浆液高速循环，通过夹套冷却撤热，由于传热面积大，撤热效果好，因此其单位反应器体积产率高，能耗低。

本体法生产工艺按聚合工艺流程，可以分为间歇式聚合工艺和连续式聚合工艺两种。

a. 间歇式本体法工艺。间歇本体法聚丙烯聚合技术是我国自行研制开发成功的生产技术。它具有生产工艺技术可靠，对原料丙烯质量要求不是很高，所需催化剂国内有保证，流程简单，投资省、收效快，操作简单，产品牌号转换灵活、"三废少"，适合中国国情等优点，不足之处是生产规模小，难以产生规模效益；装置手工操作较多，间歇生产，自动化控制水平低，产品质量不稳定；原料的消耗定额较高；产品的品种牌号少，档次不高，用途较窄。目前，我国采用该法生产的聚丙烯生产能力约占全国总生产能力的 24%。

b. 连续式本体法工艺。该工艺主要包括美国 Rexall 工艺、美国 Phillips 工艺以及日本 Sumitimo 工艺。

2. Dow 化学公司 Unipol 工艺

该工艺属于 Dow 化学公司所有，Unipol 聚丙烯工艺和其聚乙烯工艺类似。工艺过程主要包括原料精制、催化剂进料、聚合反应、聚合物脱气和尾气回收、造粒、掺混和包装码垛等工段。

Unipol 聚丙烯工艺流程，如图 5-106 所示。

■ 图 5-106　Unipol 聚丙烯工艺流程图

1—聚合反应器；2—反应器循环气冷却器；3—循环压缩机；4—程控下料系统；5—干燥器；6—转向阀；
7—输送过滤器；8—抗冲共聚反应器；9—抗冲共聚反应器循环气冷却器；10—循环鼓风机；11—程控下料系统；
12—回收气压缩机；13—产品接收仓；14—产品吹出仓；15—精馏塔；16—气液分离罐；
17—丙烯循环泵；18—冷冻换热器；19—丙烯脱轻组分塔

3. BASF 公司的 Novolen 工艺

该工艺是由 BASF 公司开发成功的。1999 年，该工艺拥有者 Targor 公司和 ABB Lummus 公司达成协议。由 ABB Lummus 公司负责在全球范围内推广 Novolen 工艺。2000 年 9 月，被 ABB 公司和 Equistar 公司所组成的合资公司 Novolen Technology Holding（简称 NTH）收购。2008 年，由 CB&-I 整体收购了 Lummus，Novolen 工艺由新成立的 CB&-I Lummus 负责全球转让。

Novolen 包括原料精制、催化剂配制、聚合反应、聚合物粉料的净化、挤压造粒等工序，如图 5-107 和图 5-108 所示。

4. 某国外工程聚丙烯装置布置实例（图 5-109）

三、线性低密度聚乙烯、高密聚乙烯装置工艺及布置简介

1. 线性低密度聚乙烯装置工艺简介

线性聚乙烯也称线性低密度聚乙烯（Linear Low Density Polyethylen，LLDPE）是一种乙烯与 α-烯烃共聚生成的共聚物，分子呈线性结构，无长支链并且密度为 0.860～0.965g/cm^3 的聚乙烯树脂，1959 年由加拿大杜邦（DuPont）公司采用溶液法生产成功，1977 年美国联碳公司（UCC）利用气相流化床工艺装置和 1979 年美国道化学公司利用溶液法工艺装置相继实现了 LLDPE 的工业化生产。

生产线性低密度聚乙烯的工艺根据反应条件可分为气相法工艺、溶液法工艺、浆液法工艺。国际上各大公司为了提高竞争能力，保持竞争中的优势，除了开发新的产品外，还加大力度对催化剂技术、工艺技术和 LLDPE 的功能化进行专门开发和研究。如茂金属催化剂、冷凝态循环撤热技术、超临界浆液法技术和球形粒子树脂技术都是各大公司 20 世纪 90 年代

■ 图 5-107 Novolen 聚丙烯工艺流程图

1—膜回收单元；2—助催化剂进料罐；3—催化剂进料罐；4—循环气冷凝器；5—循环丙烯泵；6—第一聚合反应器；
7—第二聚合反应器；8—尾气回收系统；9—载气压缩机；10—第二反应器循环气压缩机；11—脱气仓；12—净化仓；
13—循环气旋风分离器；14—循环气过滤器；15—第一反应循环气压缩机；16—循环气旋风分离器；
17—循环气过滤器；18—循环气冷却器

研制出来并实现大规模生产时采用的主要技术。

① 气相法工艺。以美国 Univation 公司的 Unipol 工艺、英国 BP 公司的 Innovene 工艺（均为气相流化床反应器）、Basell 公司的 Spherilene 工艺（环管预聚合加双气相流化床反应器）及 Borealis 公司的 Borstar 工艺（环管聚合加单气相流化床反应器）为代表。乙烯气体通过反应器在催化剂作用下直接聚合（或先预聚合），得到干燥粉料。

② 浆液法工艺。以美国 Chevron Phillips 公司的 CPC 工艺为环管聚合代表。乙烯气体分散溶解于溶剂中，在催化剂作用下，乙烯聚合形成悬浮在烃类稀释剂中的聚合物粒子。

③ 溶液法工艺。以加拿大 NOVA 工艺、美国的道化学工艺、荷兰 DSM 的 Stamienrbon 工艺为代表。乙烯溶解在溶剂中并聚合，形成的聚合物溶解于溶剂中。

2. 某线性低密度聚乙烯装置布置实例（图 5-110）

3. 高密聚乙烯装置工艺简介

高密聚乙烯（HDPE）因其综合性能优良，原料来源丰富，成本较低而得到广泛应用。HDPE 于 20 世纪 70 年代开始推向市场，习惯称之为聚乙烯（PE）第二代产品。HDPE 是目前世界生产能力和需求量位居第三大类的聚烯烃品种。

■ 图5-108 Novolen聚丙烯挤压造粒工艺流程图简图

1—聚丙烯粉料料仓；2—聚合物加料器；3—添加剂母料混合器；4—添加剂加料器；5—液体添加剂；6—挤压机；7—齿轮泵；8—切粒水冷却器；9—切粒水泵；10—切粒水罐；11—切粒水过滤器；12—离心干燥器；13—振动器；14—聚合物料斗；15—鼓风机；16—真空泵；17—气液分离罐

■ 图5-109 某国外工程聚丙烯装置布置实例

■ 图 5-110　某线性低密度聚乙烯装置布置实例

HDPE 的生产技术有三种，即淤浆法、气相法和溶液法。淤浆法根据反应器不同，分为釜式反应与管式反应两种工艺路线。HDPE 产品主要用途为膜料、压力管、大型中空容器和挤压板材。

埃克森-美孚化学公司的高压聚乙烯工艺，如图 5-111 所示。该工艺包括乙烯压缩、聚合、引发剂配制、高压分离和循环、低压分离和循环、挤出及颗粒干燥、批量掺混等单元。

4. 某工程高密聚乙烯装置布置典型实例，见图 5-112。

四、丁苯橡胶装置工艺及布置简介

1. 丁苯橡胶装置工艺简介

丁苯橡胶（Styrene-Butadiene Rubber，SBR）是最大的通用合成橡胶（SR）品种，其物理机械性能、加工性能和制品使用性能都接近于天然橡胶（NR），是橡胶工业的骨干产品。丁苯橡胶是 1,3-丁二烯和苯乙烯的共聚物，按聚合体系又可分为乳液聚合丁苯橡胶（ESBR，乳聚丁苯橡胶）和溶液聚合丁苯橡胶（SSBR，溶聚丁苯橡胶）两类，其中国内乳聚丁苯橡胶约占 80%～90%。丁苯橡胶已成为合成橡胶中品种牌号最多、产量最大的胶种。

目前，世界上 SBR 生产工艺技术主要有低温乳聚工艺技术和溶液聚合工艺技术，可根据产品方案选择相应的工艺技术。

(1) 低温乳聚工艺技术

丁二烯、苯乙烯、水、乳化剂、电解质、活化剂和引发剂在聚合反应釜中聚合。聚合反应热由列管内的液氨蒸发移出。聚合后的胶浆经二级闪蒸脱除未反应的丁二烯，再经水蒸气直接汽提脱除未反应的苯乙烯。脱气后的胶浆经掺混后进入后处理工序，经凝聚、挤压脱水、干燥、压块、包装，得到最终产品 SBR。

(2) 溶液聚合工艺技术

丁二烯、苯乙烯在非极性烃类溶剂的存在下，经烷基锂引发共聚。由于丁二烯和苯乙烯的竞聚率相差悬殊，要制得无规溶液丁苯橡胶，可通过在丁二烯和苯乙烯共聚体系中加入无规剂，提高苯乙烯的相对活性，改变它的竞聚率，提高丁二烯和苯乙烯的聚合反应速度。通过改变无规剂的种类和用量，可以调节共聚物的微观结构，获得满足各种不同性能的胶料。无规剂一般采用四氢呋喃（THF），醇类为终止剂。此方法有间歇法和连续法两种。具有代

■ 图 5-111 埃克森-美孚化学公司的高压聚乙烯工艺

1—排放气压缩机；2—一次压缩机；3—二次压缩机；4—排放气压缩机一段入口分离罐；5—一次压缩机一段入口分离器；6—排放气冷却中间分离罐；7—聚合物分离罐；8—引发剂加料罐；9—共聚单体泵；10—调节剂泵；11～15—引发剂注入泵；16～19—引发剂加料罐；20—反应器；21—低压分离器；22—高压分离器；23—高压循环气体分离罐；24—高压循环气中间分离罐；25—高压循环气热分离罐；26—第二测流冷却器；27—一次压缩机入口加热器；28—排放气压缩机一段入口分离罐；29—一次压缩机三段后冷器；30—一次压缩机三段最终后冷却器；31—排放气最终冷却器；32—排放气冷却器；33—反应器进料预热器；34—中压蒸汽废热锅炉；35—高压循环气中间冷却器；36—高压循环气冷却器；37—第一测流冷却器；38—液压阀门站；39—液体添加剂混合罐；40—液体添加剂混合罐；41—粒料冷却水泵；42—母料输送气冷却器；43—母料风机；44—辅助挤压机；45—母料掺混料斗；46—辅助挤压机；47—辅助挤压机；48～50—辅助挤压机；51—振动筛；52—母料输送风机

表性的间歇法工艺路线为 Phillips 法，连续法为 Firestone 法。

2. 某工程丁苯橡胶装置布置典型实例（图 5-113）

五、环氧乙烷和乙二醇装置工艺及布置简介

1. 环氧乙烷和乙二醇装置工艺简介

环氧乙烷，别名氧化乙烯、恶烷、一氧三环，英文名 Ethylene Oxide，简称 EO，分子式为 $C_2H_4O_2$，相对分子质量为 44.05。

乙二醇即一乙二醇，俗称甘醇，英文名 Ethylene Glycol，分子式为 $C_2H_5O_2$，相对分子质量为 62.07。

几乎 70% 以上的环氧乙烷用于生产乙二醇，因而环氧乙烷的生产通常与乙二醇的生产建设在一个工厂。目前世界上环氧乙烷/乙二醇生产都采用乙烯氧气直接氧化技术生产环氧乙烷，环氧乙烷加压直接水合法生产乙二醇。拥有该两项技术的专利商主要有 SD 公司、Shell 公司、道化学公司，这三家专利商的工艺技术与工艺流程基本类同。流程基本都由环氧乙烷反应、环氧乙烷回收、二氧化碳脱除、环氧乙烷精制、乙二醇水合反应、多效蒸发及干燥、

图 5-112 某高密聚乙烯装置布置实例

图 5-113 某丁苯橡胶装置布置实例

乙二醇精制等主要工序组成。

SD工艺流程主要由环氧乙烷反应和洗涤系统、二氧化碳脱除系统、环氧乙烷解吸和再吸收系统、环氧乙烷精制系统、乙二醇反应和蒸发系统、乙二醇脱水和精制系统、多乙二醇分离系统7个单元组成。Shell工艺流程主要由环氧乙烷反应工序、二氧化碳脱除及环氧乙烷回收工序、轻组分脱除及环氧乙烷精制工序、乙二醇反应及回收工序、乙二醇精制工序5个单元组成。

EO极易燃烧，其闪点为-17.8℃，泄漏时产生的静电荷也会导致EO燃烧。当空气EO气浓度超过2.6％mol时就会形成爆炸性的混合物，当浓度达到100%时，EO气会由燃烧转变为分解。所以EO装置内不设火炬总管，安全阀都是直排大气。

2. 某环氧乙烷和乙二醇装置布置典型实例（图5-114）

■ 图5-114 某环氧乙烷和乙二醇装置布置实例

六、尿素装置工艺及布置简介

1. 尿素装置工艺简介

尿素，英文名称为Urea，化学名称为脲或碳酰胺。结构式为$CO(NH_2)_2$或NH_2CONH_2，分子式为CH_4ON_2，相对分子质量为60.056。纯尿素含氮46.65％（质量分数），是含氮量最高的氮肥。

尿素生产工艺流程基本由6个工艺单元，即原料供应、尿素的高压合成、含尿素溶液的分离过程、未反应氨和二氧化碳的回收、尿素溶液的浓缩、造粒与产品输送和工艺冷凝液处理，其基本过程如图5-115所示。原料CO_2和NH_3被加压送到高压合成圈，反应生成尿素，二氧化碳转化率在50％～75％，此过程被称为合成工序；分离过程与未反应物回收单元承担着把未转化为尿素的氨和二氧化碳从溶液中分离出来,并回收返回合成工序,因此这两个单元被统称为循环工序;最后在真空蒸发和造粒设备中把 70%～75% 的尿素溶液经浓缩加工为固体产品,称为最终加工工序。

■ 图 5-115　尿素生产基本流程

尽管尿素生产的基本过程相似,但在具体的流程、工艺条件、设备结构等方面,不同工艺存在一定的差异。迄今世界各地的尿素工厂,绝大多数都是由几家工程设计公司所开发设计的,已形成几种典型的工艺流程,典型的有荷兰斯太米卡邦(Stamicarbon)公司的水溶液全循环 CO_2 气提法、意大利斯那姆(Snamprogetti)公司的氨气提法和蒙特爱迪生集团公司的等压双循环工艺(IDR)、日本三井东亚-东洋工程公司的全循环改良 C 法和改良 D 法及 AC-ES 法、美国尿素技术公司 UTI 的热循环法尿素工艺(HR)等。但不论是哪种工艺流程,生产过程中主要原料 NH_3 和 CO_2 的消耗基本上是相同的,其流程的先进与否主要表现在公用工程,即水、电、汽的消耗上。尿素生产流程的改进过程,实质就是公用工程消耗降低的过程。

目前国内建有尿素装置 200 多套,规模分为大型(48 万吨/年以上)、中型(11 万吨/年以上)、小型(4 万吨/年以上)。中、小型尿素装置均采用国内的水溶液全循环技术,大型装置多采用国外引进工艺技术。在国内的大型尿素装置工艺技术中,多数采用 CO_2 气提工艺和氨气提工艺。

目前设计的采用 CO_2 气提工艺和氨气提工艺的尿素装置,其尿素氨耗基本接近于理论水平,公用工程消耗更低,相对于传统的设计,其投资更低。下面仅介绍 Snamprogetti 氨气提法尿素工艺。

意大利斯纳姆普罗盖蒂(Snamprogetti)公司创立于 1956 年,在 20 世纪 60 年代初开始尿素生产的研究。1966 年第一个建成以氨作为气提气的日产 70t 的尿素装置。早期第一代氨气提法尿素装置,设备采用框架式立体布置,氨直接加入气提塔底部。在 20 世纪 70 年代中期,改进了设计,设备改为平面布置,而且也不向气提塔直接加入氨气,这就是所谓的自气提工艺或称为第二代氨气提工艺,是目前采用的方法。斯纳姆氨气提法尿素工艺由以下几个主要工序组成。

① CO_2 气体的压缩。
② 液氨的加压。
③ 高压合成与氨气提回收。
④ 中压分解与循环回收。
⑤ 低压分解与循环回收。
⑥ 中、低压分解与循环回收。
⑦ 真空蒸发与造粒。
⑧ 解吸与水解系统。

氨气提法尿素生产工艺流程、如图 5-116 所示。

■ 图5-116 氨气提法尿素生产工艺流程图

C-1—中压吸收塔；C-2—解吸塔；E-1—汽提塔；E-2—中压冷凝器；E-3—低压分解器；E-4—真空浓缩器；E-5—高压甲铵冷凝器；E-6—高压甲铵预热器；E-7—高压液氨预热器；E-8—低压甲铵冷凝器；E-9—氨冷凝器；E-10—中压冷凝器；E-11—低压氨吸收器；E-12—低压甲铵吸收器；E-14——段真空蒸发器；E-15—二段真空蒸发器；E-17—解吸塔顶冷凝器；E-18—解吸塔废水换热器；E-19—水解塔预热器；K-1—CO_2压缩机；L-1—甲铵喷射泵；L-4—造粒塔；L-5—造粒器；P-1—高压氨泵；P-2—高压甲铵泵；P-3—中压碳铵液泵；P-5—氨水泵；P-6—尿液泵；P-7—氨水泵；P-8—熔融尿素泵；P-9—尿液回收泵；R-2—水解塔；P-14—工艺冷凝液泵；P-15—解吸塔给料泵；P-16—水解塔供料泵；P-18—碳铵液闭路排放泵；P19—尿素闭路排放回收泵；V-1—甲铵分离器；V-2—中压分解器；V-3—低压分解分离器；T-1—尿液储槽；T-2—工艺冷凝液储槽；T-3—尿素储槽；T-4—碳铵液储槽；V-7——段蒸发分离器；V-8—二段蒸发分离器；V-9—回流槽；V-4—真空浓缩分离器；V-5—液氨储槽；V-6—碳铵液储槽

2. 某尿素装置布置实例（图 5-117～图 5-120）

■ 图 5-117 某尿素装置布置

■ 图 5-118 某尿素装置设备布置图 A—A

七、丁辛醇装置工艺及布置简介
1. 丁辛醇工艺流程简介

丁辛醇装置的主要产品为正丁醇、辛醇，副产品为异丁醛和异丁醇。正丁醇（n-Butylalcohol 或 n-Butyl Alcohol），又称 1-丁醇。辛醇（2-Ethylhexanol），化学名为 2-乙基-1-己醇。异丁醇（2-Methylpropanol 或 Isobutylalcohol），化学名为 2-甲基丙醇。异丁醛（Isobutylaldehyde），化学名为 2-甲基丙醛。

■ 图 5-119　某尿素装置设备布置图 B—B

■ 图 5-120　某尿素装置造粒塔及框架

丁辛醇是重要的有机化工、精细化工原料，用途十分广泛。目前大部分丁辛醇生产装置是以丙烯、合成气及氢气为原料，少数以生物法制丁辛醇的装置其原料是纤维素或淀粉质的农副产品。一般以天然气、液化石油气、重油或煤为原料生产合成气（CO/H_2）及氢气。丙烯来自乙烯、炼油或煤质烯烃装置。

以丙烯为原料的羰基合成法分为高压钴法、改性钴法、高压铑法和改性铑法，其中改性铑法是当代丁辛醇合成技术的主流。改性铑法又分为气相循环和液相循环两种方法。低压液相循环改性铑法是目前最先进、最广泛使用的丁辛醇合成技术。

丁辛醇工艺流程，如图5-121所示。

■ 图5-121 丁辛醇工艺流程

2. 某丁辛醇装置布置实例（图5-122和图5-123）

■ 图5-122 某丁辛醇装置布置实例

注：本装置主要由主管廊，原料净化及羰基合成、丁醇单元及压缩机房、醛异构分离及缩合、辛醇单元组成。

八、丙烯酸及酯装置工艺及布置简介

丙烯酸及酯装置产品包括丙烯酸（Acrylic Acid，AA），丙烯酸甲酯（Methyl Acrylate，MA，或 Acrylic Acid Methyl Ester），丙烯酸乙酯（Ethyl Acrylate，EA，或 2-Porpenioc Acid Ethyl Ester），丙烯酸丁酯（n-Butyl Acrylate，BA），丙烯酸异辛酯（或丙烯酸-2-乙基

■ 图 5-123　某丁辛醇装置

己酯，2-Ethylhexyl Acrylate，2-EHA）等，统称为丙烯酸系单体。

丙烯酸及酯是重要的聚合单体，以其为主体聚合或与其他乙烯基单体共聚制备的聚合物、共聚物被广泛用于涂料、油墨、纺织、皮革、造纸、胶黏剂、橡胶及塑料等领域。

20 世纪 60 年代末，随着世界石油化工的高速发展，丙烯价格日趋下降，由于高活性、高选择性和长寿命的催化剂开发成功，使得丙烯直接氧化制丙烯酸的方法为工业界所接受。

丙烯两步氧化法使每步氧化反应均处于最佳状态，是最经济的工艺。在氧化催化剂存在下，第一步丙烯氧化生成丙烯醛，第二步将丙烯醛进一步氧化成丙烯酸。

丙烯氧化法制丙烯酸工艺技术的关键在于催化剂的开发。最早成功开发催化剂的是美国的索亥俄石油公司，日本触媒化学公司、三菱化学公司和德国巴斯夫公司随后相继发明了该项技术。

下面仅介绍巴斯夫丙烯酸及酯工艺流程，如图 5-124 所示。

九、对二甲苯装置工艺简介

对二甲苯（P-Xylene，PX）分子式为 C_8H_{10}，结构简式为 $CH_3\text{—}\bigcirc\text{—}CH_3$。PX 主要来自氯化重整生成油和裂解汽油加氢油中分离出的芳烃。在工业化的芳烃生产中，实际上是把催化重整、芳烃抽提、芳烃精馏、甲苯歧化、二甲苯异构化、PX 分离等单独工艺过程组合在一起，形成一套芳烃联合加工装置。根据原料来源和期望的目标产品，通过产品结构的优化、提高目标产品的收率和降低加工能耗，最终达到良好的经济效益。

来自催化重整的生成油经过预分馏得到 $C_4 \sim C_6$ 馏分，然后送去抽提分离。来自加氢裂解的汽油首先经过预分馏，再经过两段加氢处理除去双烯烃和烯烃后，才能送去溶剂抽提分

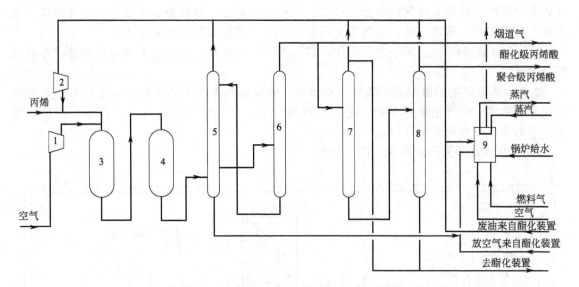

■ 图 5-124 巴斯夫丙烯酸及酯工艺流程示意图

1—新鲜空气压缩机；2—循环气压缩机；3——段氧化反应器；4——二段氧化反应器；
5—吸收/解吸塔；6—溶剂分离塔；7—脱轻组分塔；8—脱重组分塔；9—焚烧炉

离。通过抽提和芳烃分馏得到联合芳烃装置的产品——苯、甲苯和混合二甲苯。为了得到更多的二甲苯，特别是 PX，产品甲苯常被用作歧化反应的原料，歧化后的芳烃与抽提得到的芳烃一起再经过芳烃分馏、芳烃分馏得到的二甲苯则送入 PX 吸附分离装置回收 PX，含乙苯和间二甲苯的分离液进行异构化，达到平衡组成后，再循环回芳烃分馏的二甲苯分馏塔。通常，典型的 PX 装置包括制备 PX 的甲苯歧化与烷基转移和二甲苯异构化单元以及分离混合二甲苯的二甲苯精馏和 PX 分离等单元。

某工程对二甲苯工艺流程，如图 5-125 所示。

■ 图 5-125 典型芳烃联合装置方块流程图

十、合成氨装置简介及布置简介

1. 合成氨装置工艺流程简介

氨（Ammonia）分子的空间结构是三角锥形，三个氢原子处于锥底，氮原子处在锥顶。每两个 N—H 键之间的夹角为 $107°18'$，因此，氨分子属于极性分子，其分子式为 NH_3。

我国合成氨的消费主要有两个方面，即农业和工业。农业方面，除直接作为肥料施用以外,最主要的还是作为中间产品加工成多种化肥,如尿素、硝酸铵、碳酸氢铵、硫酸铵、氯化铵、磷酸一铵、磷酸二铵、硝酸磷肥及氨水,还有部分以商品液氨出售。

国际上合成氨约54%用于生产尿素,16%用于生产硝铵,30%用于制造其他铵类和有机胺类产品。

生产合成氨的主要原料有天然气、石脑油、重质油和煤(或焦炭)等,生产合成氨的工艺技术有很多,但无论采用何种工艺,都可将合成氨工艺流程分为以下三部分:原料气制备、原料合成气净化及氨合成。

2. 某合成氨装置布置实例(图5-126)

■ 图5-126 某合成氨装置布置实例

十一、液化天然气工艺及布置简介

1. 液化天然气工艺流程简介

液化天然气(Liquefied Natural Gas,LNG)是天然气的液态产品。

世界上环保先进的国家都在推广使用LNG。LNG作为优质绿色能源被当作工业及民用燃料,可大大提高产品质量和经济效益,而且是石油化学工业的重要原料,可用于制造肥料、甲醇、合成醋酸、甲烷氯化物、氢氰酸、硝基甲烷、乙烯、丙烯及塑料等产品。此外,超低温的LNG在大气压力下转变为常温气态的过程中,可提供大量的冷能,如能将这些冷能回收利用,可进行空气分离、干冰生产、冷能发电、食品冷冻、橡胶等行业的低温破碎处理、海水淡化、大型空调系统供冷、建造大型滑雪场或滑冰场。

天然气的液化流程有不同的形式,按照制冷方式分,可分为以下三种类型。

① 阶式液化流程。

② 混合冷剂液化流程。

③ 带膨胀机液化流程。

以上三种类型的天然气液化流程不是严格区分和隔离的,工程上通常采用由上述流程组合的复合流程。

再冷凝汽化工艺流程，如图 5-127 所示。

图 5-127　再冷凝汽化工艺流程示意图

1—LNG 运输船；2—LNG 卸船臂；3—LNG 储罐；4—低压输送泵；5—再冷却器；6—BOG 压缩机；
7—高压输出泵；8—开架式汽化器；9—浸没燃烧式汽化器；10—天然气计量；11—槽车装车系统；
12—火炬分液罐；13—火炬；14—气相返回臂

2. 某液化天然气布置实例（图 5-128）

十二、甲醇装置工艺及布置简介

1. 甲醇工艺流程简介

甲醇是一种透明、无色、易燃、有毒的液体，略带酒精味。它是重要有机化工原料和优质燃料。主要用于制造甲醛、醋酸、氯甲烷、甲胺、硫酸二甲酯等多种有机产品，也是农药、医药的重要原料之一。甲醇亦可代替汽油作燃料使用。

目前工业上甲醇的工艺流程几乎都是采用一氧化碳、二氧化碳加压催化氢化法合成甲醇。典型的流程包括原料气制造、原料气净化、甲醇合成、粗甲醇精馏等工序。甲醇生产的总流程长，工艺复杂，根据不同原料与不同的净化方法可以演变为多种生产流程，例如：高压法（高压工艺流程一般指的是使用锌铬催化剂，在 300~400℃、30MPa 高温高压下合成甲醇的过程）、中压法（压力为 10MPa 左右的甲醇合成中压法。与低压法相比，它能有效地降低建厂费用和甲醇生产成本）、低压法（ICI 低压甲醇法为英国 ICI 公司在 1966 年研究成功的甲醇生产方法，从而打破了甲醇合成的高压法的垄断，这是甲醇生产工艺上的一次重大变革，它采用 51-1 型铜基催化剂，合成压力 5MPa）。甲醇的具体生产方法包括天然气制甲醇、煤、焦炭制甲醇、石脑油或重油制甲醇，与合成氨联合生产甲醇。下面以天然气制甲醇简要介绍工艺流程，如图 5-129 所示。

来自外部管网的原料天然气经过脱硫后，输向原料压缩机增压，与来自二氧化碳工序的

图 5-128　某液化天然气布置实例

二氧化碳混合，一起进入蒸汽转化炉的对流段换热，并顺序经过加氢脱硫、转化炉对流段预热、蒸汽转化、废热锅炉、锅炉给水预热器、分离器后，进入压缩工序。

转化气经过新增加的合成气增压，和来自吸附工序的氢气混合，经过原有的联合压缩机增压，循环气经过循环机增压，两股气体在联合压缩机缸内混合并增压，一起经过入塔气预热器、甲醇合成塔、入塔气预热器、甲醇水冷器（ABC）、醇分离器后，气相流体进入水洗工序。

冷凝后的出塔气进入水洗工序，脱盐水从水洗塔的上部喷淋流下，冷凝后的出塔气从水洗塔的下部进入，其中含有的少量甲醇进入吸收相中，釜液是水和甲醇的混合物，经过甲醇浓缩塔后，送往精馏工序，未吸收的大部分气体进入联合压缩机第二段，少部分气体进入吸附工序，这部分气体称为回收气。其余部分送往转化工序，添加到原料天然气中。

■ 图 5-129　天然气制甲醇流程方框图

出塔气的冷凝液相流体进入闪蒸槽，闪蒸气送往造气工序，粗甲醇送往精馏工序。

回收气经过吸附分离工序被分为三部分。

① 强吸附组分的甲烷和二氧化碳停留在吸附剂上，通过降压的方式从吸附剂上解吸出来，送往二氧化碳工序与脱硫后的二氧化碳混合后一并压缩。

② 弱吸附组分氢从吸附塔顶流出，氢气送往联合压缩机。

③ 中间吸附能力的氮、一氧化碳等组分，送往转化炉工序与燃料天然气混合后，进入转化炉作为燃料。

转化炉的烟道气进入二氧化碳工序，经过水洗降温、除尘，吸收塔中乙醇胺溶液将烟道气中的大部分二氧化碳组分吸收掉。吸收塔底部吸收了二氧化碳的吸收剂，经过一系列换热升温，在再生塔中被加热再生。二氧化碳气体从吸收剂中解吸出来，经过换热冷却、冷凝、脱硫后，二氧化碳气体与来自吸附工序的二氧化碳和甲烷气体混合后，经过二氧化碳压缩机增压，添加到原料天然气中。

2. 某甲醇装置布置实例（图 5-130）

十三、原油常减压蒸馏装置工艺及布置简介

1. 原油常减压蒸馏装置工艺流程简介

炼油厂的大型化是提高其劳动生产率和经济效益，降低能耗和物耗的一项重要措施。据统计，到 2007 年全世界共有 657 座炼油厂，总加工能力 42.65 亿吨/年，其中北美洲和亚太地区的原油加工能力接近，约占世界总加工能力的 50%。到 2007 年，2000 万吨/年以上的炼油厂共有 19 座。目前，世界上最大的炼油厂是委内瑞拉的帕拉瓜纳炼油中心，加工能力为 4700 万吨/年。

随着炼油厂规模的扩大，单套蒸馏装置的加工规模也日益大型化。在炼油技术发达的国家，单套蒸馏装置的规模一般都在 500 万吨/年以上，不少装置已达到 1000 万吨/年以上。目前，世界上最大的常减压装置为印度贾拉加炼油厂常减压装置，其单套加工能力为 1500 万吨/年，美国 ExxonMobil 公司贝汤炼油厂的一套蒸馏装置规模为 1300 万吨/年。

对于原油常减压蒸馏装置工艺流程简图，如图 5-131 所示，主要工艺过程如下所述。

① 我国原油常减压蒸馏装置，一般均在常压分馏塔前设置初馏塔或闪蒸塔。初馏塔或闪蒸塔的主要作用，在于将原油在换热升温过程中已经汽化的轻质油及时蒸出，使其不进入常

■ 图 5-130 某甲醇装置布置实例

压加热炉，以降低加热炉的热负荷和原油换热系统的操作压降，从而节省装置能耗和操作费用；此外，初馏塔或闪蒸塔还具有使常压塔操作稳定的作用，原油中的气体烃和水在其中全部被除去，从而使常压分馏塔的操作平稳，有利于保证多种产品特别是煤油、柴油等侧线产品的质量。

② 常压塔设 3 或 4 个侧线，生产汽油、溶剂油、煤油（或喷气燃料）、轻柴油、重柴油等产品或调和组分。为了调整各侧线产品的闪点和馏程范围，各侧线都设汽提塔。

③ 减压塔侧线出催化裂化或加氢裂化原料，产品较简单，分馏精度要求不高，故只需根据热回收率和全塔负荷均匀考虑，设 2 或 3 个侧线，且不设汽提塔。如对最下一个侧线产品的残炭和重金属含量有较高要求，则需在塔进口与最下一个侧线抽出口之间设 1 或 2 个洗涤段。

④ 减压塔一般按"湿式"或"干式"（即减压塔底和减压炉管不注或注少量蒸汽）操作。干式减压塔顶的气体负荷小，故一般可采用三级抽空器，建立残压很低的减压系统，以获得较高的拔出率。

2. 某工程原油常减压蒸馏装置布置实例（图 5-132）

十四、催化裂化装置工艺及布置简介

1. 原油常减压蒸馏装置工艺流程简介

石油炼制工业是国民经济的重要支柱产业，其产品被广泛用于工业、农业、及交通运输和国防建设等领域。催化裂化（FCC）作为石油炼制企业的主要生产装置，在石油加工中占有相当重要的地位，是实现原油深度加工、提高轻质油收率、品质和经济效益的有效途径，催化裂化使原油二次加工中重要的加工过程，是液化石油气、汽油、煤油和采油、柴油的主

■ 图5-131 原油常减压蒸馏装置工艺流程简图

1—电脱盐罐；2—初馏塔；3—常压加热炉；4—常压塔；5—常压汽提塔；6—减压加热炉；7—减压塔；8—减压汽提塔

■ 图 5-132　某原油常减压蒸馏装置布置实例

要生产手段，在炼油厂中站有举足轻重的地位。传统原料采用原油蒸馏所得到的重质馏分油，主要是直馏减压馏分油（VGO），也包括焦化重馏分油（CGO）。近二十年一些重质油或渣油也作为催化裂化的原料，例如减压渣油、溶剂脱沥青油、加氢处理的重油等。

催化裂化的工艺原理是：反应物（蜡油、脱沥青油、渣油）在 500℃ 左右、$0.2\sim0.4$MPa 及与催化剂接触的作用下发生裂化、异构化、环化、芳化、脱氢化等诸多化学反应，反应物为汽油、轻柴油、重柴油，副产物为干气、焦炭、油浆等。催化剂理论上在反应过程中不损耗，而是引导裂化反应生成更多所需的高辛烷值烃产品。催化裂化过程相当的灵活性，允许制造车用和航空汽油以及粗柴油产量的变化来满足燃油市场的主要部分被转化成汽油和低沸点产品，通常这是一个单程操作。在裂化反应中，所生产的焦炭被沉积在催化剂上，它明显地减少了催化剂的活性，所以除去沉积物是非常必要的，通常是通过燃烧方式使催化剂再生来重新恢复其活性。

催化裂化采用哪种技术是由需要多生产哪种产品确定的，催化裂化"家族工艺"包括多产汽油和液化气的技术（MGG、ARGG）、提高轻质油和柴油产率的技术（TSRFCC），降低烯烃含量的技术（SR20、MIP、MGD）、多产丙烯的技术（DCC、CPP、TMP）、多产异构烯烃的技术（MIO）等。

典型工艺流程简图，如图 5-133 和图 5-134 所示。

2. 某催化裂化装置布置实例（图 5-135）

十五、催化重整、苯抽提装置工艺及布置简介

1. 催化重整装置工艺流程简介

催化重整（Catalytic Reforming）是炼油和石油化工重要的工艺过程之一。它以石脑油为原料，在一定的温度、压力条件下，通过临氢催化反应，生成富含芳烃的重整生成油，同时副产含氢气体。

催化重整反应需要在一定温度、压力和催化剂作用的临氢条件下进行，工艺过程包括原料预处理、重整、芳烃抽提等。

图 5-133 分馏部分工艺流程（热进料）

图 5-134 吸收稳定部分双塔流程

图 5-135 某催化裂化装置布置实例

催化重整装置工艺流程，如图 5-136 所示。

图 5-136 催化重整装置工艺流程

原料预处理部分的目的是为重整反应部分提供合格的原料。直馏重石脑油经加氢反应后,送入预加氢汽提塔(ST)脱除其中含有的硫、氮化合物和水,塔底为合格的重整进料,送往重整反应部分。

重整部分的目的是通过重整反应、产品回收(再接触)及产品分离(脱戊烷塔 DP、脱丁烷塔 DB、重整油塔 RS)等工序,生产含氢气体、燃料气、液化气、戊烷、抽提原料以及高辛烷值的汽油调和组分。

催化重整工艺按其催化剂再生方式不同通常可分为半再生(固定床)和连续再生(移动床)两种类型。

半再生重整具有工艺流程简单、投资少等优点,但为保持催化剂较长的操作周期,产品辛烷值不能太高,同时重整反应必须维持在较高的反应压力和较高的氢油比下操作,因而重整反应产物液体收率较低,氢气产率也低。并且随着操作周期的延长,催化剂活性因结焦逐渐降低,重整产物 C_5^+ 液体收率及氢气产率也将逐渐降低,需逐步提高反应温度直至达到催化剂最高使用温度,然后装置停工对催化剂进行再生。

连续重整增加了一个催化剂连续再生系统,可将因结焦失活的重整催化剂进行连续再生,始终保持重整催化剂高活性稳定,因而重整反应可在低压、高温、低氢油比的苛刻条件下操作,充分发挥催化剂的活性及选择性,使重整产物的 C_5^+ 液体收率及氢气产率都高,催化剂的性能基本保持稳定,因而装置能维持较长的操作周期。

2. 苯抽提工艺流程简介

(1) 液-液抽提工艺

液-液抽提工艺是在溶剂的作用下,利用芳烃和非芳烃在溶剂中溶解度的差异来进行分离,然后通过汽提的方法将富溶剂中的少量轻烃除去,再通过减压蒸馏的方法将芳烃分开的技术。

目前世界上已工业化的芳烃液-液溶剂抽提法很多,主要的溶剂有环丁砜(Sulfolane 法)、N-甲基吡咯烷酮(Arosolan 法)、二甲基亚砜(IFP 法)及 N-甲酰基吗啉(Formax 法)。

Sulfolane 法和 Formax 法能耗最低,而芳烃回收率最高,产品纯度相对也高,但 Formax 法的溶剂 N-甲酰基吗啉来源相对困难,且工业经验较少,应用远没有环丁砜广泛。

环丁砜液-液抽提工艺流程,如图 5-137 所示。

(2) 抽提蒸馏工艺

较常见的溶剂抽提蒸馏法有 Krupp Unde 公司于 20 世纪 60 年代中叶开发的 Morphylane 法,美国 UOP 抽提蒸馏、CTC-BTX 抽提蒸馏和近年来石油化工科学研究院开发的环丁砜抽提蒸馏工艺(SED)。

抽提蒸馏工艺将抽提与蒸馏过程合二为一,在抽提蒸馏塔中直接分出富溶剂和非芳烃抽余油产品,因而流程短,投资省。但由于全部非芳烃要在抽提蒸馏塔中汽化,装置能耗随抽提进料中芳烃含量的降低而增加。

抽提蒸馏工艺流程,如图 5-138 所示。

3. 某催化重整/苯抽提装置布置实例(图 5-139)

十六、加氢裂化装置工艺简介

加氢裂化是原料油在高温、高压、临氢及催化剂存在下进行加氢、脱硫、脱氮、分子骨架结构重排和裂解等反应的一种催化转化过程,是重油深度加工的主要工艺手段之一。它可

■ 图 5-137 环丁砜液-液抽提工艺流程简图

■ 图 5-138 抽提蒸馏工艺流程简图

以加工的原料范围宽,包括直馏汽油、柴油、减压蜡油以及其他二次加工得到的原料如催化柴油、焦化柴油、焦化蜡油和脱沥青油等,可以生产的产品品种多且质量好,通常可以直接生产优质液化气、汽油、煤油、喷气燃料、柴油等清洁燃料和轻石脑油、重石脑油、尾油等优质石油化工原料。除此之外,加氢裂化还具有生产灵活性大和液体产品收率高等特点。

尽管加氢裂化有多种工艺过程,但其中的反应均可概括为两类:加氢精制反应和加氢裂

■ 图5-139 某催化重整、苯抽提装置布置实例

化反应。加氢精制反应，一般指杂原子烃中杂原子的脱除反应，如加氢脱硫、加氢脱氮、加氢脱氧、加氢脱金属以及不饱和烃的加氢饱和等，这些反应主要发生在单段串联流程中的第一反应器或两段流程中的第一段。加氢裂化反应，主要是烃类的加氢异构化和裂化（包括开环）反应，这些反应主要在单段串联流程中的第二反应器和两段流程中的第二段中进行。因在加氢裂化工艺中发生的化学反应几乎包括了馏分油加氢过程的所有平行-顺序反应综合过程。这些反应有以下几种。

① 含硫、含氮、含氧化合物等非烃类的加氢分解反应。
② 烷烃的加氢裂化反应。
③ 环烷烃的开环反应。
④ 烷烃和环烷烃的异构化反应。
⑤ 烯烃和芳烃的加氢饱和反应。
⑥ 烷基芳烃的断链反应。

某工程两段加氢工艺流程，如图 5-140 所示。

十七、加氢精制装置工艺简介

加氢精制是在氢气压力下进行催化加氢反应，脱除原料中大部分的硫、氮等杂质，饱和绝大部分的烯烃和部分芳烃。加氢精制的主要反应为加氢脱硫、加氢脱氮、加氢脱氧，烯烃与芳烃的加氢饱和，以及加氢脱金属。

某工程加氢精制装置工艺流程简介，如图 5-141 所示。

十八、制氢装置工艺简介

21世纪原油重质化和劣质化的趋势将越来越明显，我国炼油行业加工含硫原油和重质原油的比例将越来越大。在炼油厂含硫重质原油加工工艺流程的选择和配置上，可采用延迟焦化、渣油加氢、重油催化裂化（RFCC）或相应的组合工艺；对于产品精制则普遍采用加氢精制工艺，以满足日益提高的环保和产品质量的要求。因此，在炼油厂总的加工流程中，各种临氢工艺已日益成为炼油厂主要的加工手段。

工业上生产氢气的方法有很多，如煤或焦炭的水煤气法、渣油或重油的部分氧化法、轻烃水蒸气转化法、炼油厂富氢气体净化分离法、甲醇为原料蒸汽重整法以及电解水法等。而

■ 图 5-140 某工程两段加氢工艺流程简图

■ 图 5-141 某工程加氢精制装置工艺流程简介

轻烃水蒸气转化法以其工艺成熟可靠、投资低廉、操作方便而占主导地位。就全球范围而言，对于炼油企业，除从含氢气体中回收氢外，目前大约90%的制氢装置都采用烃类水蒸气转化法。

常规脱碳法制氢装置典型工艺流程，如图 5-142 所示。

十九、延迟焦化装置工艺及布置简介

1. 延迟焦化装置工艺流程简介

焦化过程是以渣油等重质油为原料，在高温（500～550℃）下进行深度热裂化反应的一

图 5-142 常规脱碳法制氢装置典型工艺流程

■ 图 5-143 延迟焦化工艺典型流程图

种热加工过程。在焦化技术发展的过程中，曾经出现过多种工业形式，其中一些已经被淘汰，目前主要存在的工业形式是延迟焦化、流化焦化和灵活焦化。世界上85%以上的焦化处理都属延迟焦化类型，只有少数国家（如美国）的部分炼油厂采用流化焦化和灵活焦化。流化焦化是20世纪50年代开发的工艺技术，与延迟焦化工艺相比，具有反应温度高，液体收率高、焦炭及气体收率较低的优点。流化焦化从20世纪70年代后很少建设。灵活焦化是在流化焦化基础上发展的，它是由渣油流化床焦化与焦炭汽化组成的联合工艺过程。

国外延迟焦化技术以美国为代表，比较成熟的有凯洛格（Kellogg）公司、鲁姆斯（ABB Lummus Grest）公司、大陆（Conoco）石油公司和福斯特·惠勒（Foster Wheeler）公司的技术，从近几年设计的延迟焦化装置的套数、液体产品收率和公用工程消耗等方面来看，福斯特·惠勒公司的技术占有一定的优势。

焦化工艺是重要的渣油热加工过程，包括延迟焦化、流化焦化、灵活焦化等多种工艺过程，如图5-143所示。

2. 某工程延迟焦化布置实例（图5-144）

■ 图5-144 某工程延迟焦化布置实例

二十、气体分馏装置工艺及布置简介

1. 气体分馏装置工艺流程简介

炼油厂二次加工装置所产液化气是一种非常宝贵的气体资源，富含丙烯、正丁烯、异丁烯等组分，它既可以作为民用燃料，又可以作为重要的石油化工原料。随着油气勘探开发的快速发展，天然气资源得到充分利用后，民用液化气的需求量将大幅度减少，同时，丙烯、丁烯的需求量也因为下游消费领域的迅速发展而大幅增加。因此，充分利用液化气资源以提高其加工深度，最终增产聚合级丙烯、正丁烯、异丁烯等高附加值化工产品的工作日益受到石化行业的重视。液化气经气体分馏装置通过物理分馏的方法，除了可得到高纯度的精丙烯以满足下游装置要求外，C_4 产品、副产丙烷可作为溶剂，并且是优质的乙烯裂解原料。它们分别可为聚丙烯装置、MTBE 装置、甲乙酮装置、烷基化装置等提供基础原料。

气体分馏主要以炼油厂催化、焦化装置生产的液化气为原料，原料组成（体积分数）一般为：乙烷 0.01%～0.5%，丙烯 28%～45%，丙烷 7%～14%，轻 C_4 27%～44%，重 C_4 15%～25%。

气体分馏工艺就是对液化气即 C_3、C_4 的进一步分离，这些烃类在常温、常压下均为气体，但在一定压力下成为液态，利用其不同沸点进行精馏加以分离。由于彼此之间沸点差别不大，而分馏精度要求又较高，故通常需要用多个塔板数较多的精馏塔。气体分馏装置的工艺流程是根据分离的产品种类及纯度要求来确定的，其工艺流程主要有二塔、三塔、四塔和五塔流程 4 种。五塔常规流程，如图 5-145 所示。

■ 图 5-145　五塔常规流程

脱硫后的液化气进入原料缓冲罐用脱丙烷塔进料泵加压，经过脱丙烷塔进料换热器换热后进入脱丙烷塔。脱丙烷塔底热量由重沸器提供，塔底 C_4 以上馏分自压至碳四塔，塔顶分出的气相 C_2 和 C_3 经脱丙烷塔顶冷凝冷却器后进入脱丙烷塔回流罐，回流罐冷凝液一部分经回流泵加压后作为塔顶回流，另一部分送至脱乙烷塔作为该塔的进料。

脱乙烷塔底由重沸器提供热量，塔底物料自压进入丙烯精馏塔进行丙烯与丙烷的分离过程。脱乙烷塔塔顶分出的乙烷进入脱乙烷塔顶冷凝器后自流进入脱乙烷塔回流罐，回流罐冷凝液全部由脱乙烷塔回流泵加压打回塔顶作回流，回流罐顶的不凝气可经压控阀排入燃料气管网或至催化装置的吸收稳定系统以回收其中的丙烯，达到增产丙烯的目的。

丙烯精馏塔Ⅰ底由重沸器提供热量，塔底丙烷馏分经冷却器冷却后自压出装置。丙烯精馏塔Ⅰ的塔顶气相自压进入丙烯精馏塔Ⅱ的下部，作为丙烯精馏塔Ⅱ的气相内回流，而丙烯精馏塔Ⅱ的塔底液相经过泵加压后，作为丙烯精馏塔Ⅰ的塔顶液相内回流。丙烯精馏塔Ⅱ的塔顶气相经冷凝冷却后自流进入精丙烯塔顶回流罐，冷凝液经丙烯塔回流泵加压，一部分作为塔顶回流，另一部分作为精丙烯产品经过冷却器冷却后送出装置。

碳四塔底热量由重沸器提供，塔底重 C_4 以上馏分（主要为丁烯-2 和正丁烷）自压至碳五塔。塔顶分出的气相轻 C_4 馏分（主要为异丁烷、异丁烯、丁烯-1），经碳四塔顶冷凝冷却器后进入碳四塔回流罐，回流罐冷凝液一部分经回流泵加压后作为塔顶回流，另一部分经冷却器冷却后自压出装置。

碳五塔底热量由重沸器提供，塔底 C_5 馏分自压出装置。塔顶分出的气相重 C_4 馏分经碳五塔顶冷凝冷却器后进入碳五塔回流罐，回流罐冷凝液一部分经回流泵加压后作为塔顶回流，另一部分重 C_4 馏分经过冷却器冷却后送出装置。

2. 某工程气体分馏装置布置实例（图 5-146）

■ 图 5-146 某工程气体分馏装置布置（四塔）实例

二十一、污水处理厂工艺简介

某工程污水处理厂工艺流程简图，如图 5-147 所示，典型的工艺装置区污染雨水收集池示意图，如图 5-148 所示。

■ 图 5-147 某工程污水处理厂工艺流程简图

1. 生产污水的收集

① 对于无需预处理且自身有压力连续排放的生产污水，可直接通过生产污水管线送到污水处理厂处理。

■ 图 5-148　典型的工艺装置区污染雨水收集池示意图

② 对于间断排放的没有压力的生产污水，经地下管道收集，靠重力送到装置内污水调节池，由泵提升定量地通过生产污水管线送到污水处理厂处理。

③ 对于排水水质不能满足污水处理厂接管标准的污水，需经过预处理满足接管指标后才能送到污水处理厂进一步处理。

2. 污染雨水的收集

（1）装置污染雨水的收集

装置（单元）污染界区的污染雨水，经重力管渠收集进入污染雨水池，然后用泵定量地送到污水处理厂处理。

对于含油量过高，不能满足污水处理厂接管指标的污染雨水，还需经过除油预处理后才能送到污水处理厂进一步处理。

污染雨水池的有效容积按照一次降雨的污染雨水总量考虑。

污染雨水量按污染面积与其 15～30mm 降雨深度的乘积计算。

污染雨水池的设计应考虑后期清净雨水的分流措施。

（2）罐区污染雨水的收集

罐区内的泵区、阀区的雨水按全部为污染雨水考虑，污染雨水量按一次最大降雨量与污染面积的乘积计算。

二十二、空分空压站工艺及布置简介

1. 空分站工艺流程简介

空分装置（Air Separation Unit，ASU）是用来分离空气中的各组分气体，为全厂工艺装置及各辅助装置提供所需要的氧气、氮气、氩气等气体和液体产品的装置。氧气和氮气是炼化装置中不可缺少的原料气和保护气。

在空分领域中，深冷法、变压吸附法、膜分离法是应用于工业生产的三大分离方法。深冷法是传统的制氧（氮）方法，在国内外的制氧（氮）行业中仍占据着统治地位，适用于氧（氮）气需求量大、纯度高，且要求连续供气，并将液氧（氮）作为储备气源的生产场合，变压吸附法（PSA）和膜分离法是新兴的制氧（氮）方法，其技术日臻成熟，适用于氧（氮）气需求量小、纯度低、开停迅速、操作弹性大、无需液体产品的生产场合。

目前，国内外大型空分装置流程多数采用深冷法。根据产品压缩情况，深冷法可分为外压缩流程和内压缩流程。其中，内压缩流程较为广泛地应用在冶金、石油化工等行业。根据循环增压机压缩介质的不同，内压缩流程通常可分为空气循环流程和氮气循环流程。

空分设备系统，如图 5-149 所示。

■ 图 5-149　空分设备系统流程图

目前空分设备流程主要分为外压缩流程和内压缩流程。外压缩流程就是空分设备生产低压氧气，然后经氧压机加压至所需压力供给用户。内压缩流程是相对于外压缩而言的。就是取消氧压机，直接从空分设备生产出中高压的氧气供给用户。内压缩流程与外压缩流程的主要区别在于产品氧的供氧压力是液氧在冷箱内经液氧泵加压达到的，如图 5-150 所示。

2. 空压站工艺流程简介

在炼油和石油化工企业的生产中，作为常用吹扫介质的工厂空气及仪表动力来源的仪表空气是必不可少的。因此，在炼油和石油化工企业的工厂设计中，经常能遇到作为重要辅助设施的空压站的设计。

工厂空气工艺流程图，如图 5-151 所示。仪表空气工艺流程图，如图 5-152 所示。布置实例，如图 5-153 所示。

3. 某空分空压站布置实例

二十三、火炬系统工艺及布置简介

1. 火炬系统工艺流程简介

火炬根据燃烧特性可分为有烟火炬、无烟火炬、吸热火炬。

火炬根据支撑结构可分为高架火炬、地面火炬、坑式火炬。一般按火炬的支撑结构进行分类。

高架火炬即采用竖立的火炬筒体将燃烧器（又称火炬头）高架于空中，火炬气通过火炬筒体进入燃烧器，燃烧后的烟气直接进入空气中，随气流扩散至远处。根据火炬筒体的支撑形式，高架火炬又可分为塔架式、半塔架式、自支撑式、拉线式。

■ 图 5-150 内压缩流程图

AC—空气冷却塔；AF—空气过滤器；AP1，AP2—循环液氩泵；ATC1—空气压缩机；ATC2—循环增压机；B—增压机；C1—下塔；C2—上塔；C3Ⅰ—粗氩Ⅰ塔；C3Ⅱ—粗氩Ⅱ塔；C4—精氩塔；E1—主换热器；E2—过冷器；EH—电加热器；ET—透平膨胀机；K1—冷凝蒸发器；K2—粗氩冷凝蒸发器；K3—精氩冷凝器；K4—精氩蒸发器；LQ—精氩液化器；MS1，MS2—分子筛吸附器；WC—水冷却塔；OP—液氧泵；SL—消音器；WP1，WP2—水泵

空气过滤器→空气压缩机→气液分离器→干燥（根据需求）→工厂空气

■ 图 5-151　工厂空气工艺流程图

■ 图 5-152　仪表空气工艺流程图

■ 图 5-153　某空分空压站布置实例

火炬筒体支撑结构形式，如图 5-154 所示。

地面火炬没有支撑结构，一般粗短、无烟、不发光且几乎无声，光、噪声符合环保要求，操作维修比较方便，近年来有被推广使用的趋势。但随着处理气量的增加，地面火炬造价增加的幅度往往比高架火炬大得多，而且地面火炬不能用于有毒物质的燃烧。如果气体中含有相当量的硫，则地面上的二氧化硫浓度可能超过空气污染控制规

■ 图 5-154　火炬筒体支撑结构形式

定的限制值。

　　坑式火炬在地面以下的坑中燃烧，主要处理可燃液体废物，现在用得较少。

　　火炬形式的选择应根据火炬系统的设计处理量、项目所在地的总图布置以及环境保护的要求等因素确定。

　　高架火炬主要包括分液罐（也称排放罐，有的火炬系统不止一个）、密封罐（大多用水封，称为水封罐）、火炬收集管线、火炬筒体、火炬头、气体密封、长明灯及监测长明灯的热电器、清烟装置、航标指示灯、点火设施、监视电视（也称CCTV，一般离火炬有一定距离）。

　　典型的高架火炬系统工艺流程，如图 5-155 所示。

■ 图 5-155　典型的高架火炬系统工艺流程图

火炬气回收流程，如图 5-156 所示。

■ 图 5-156 火炬气回收流程图

2. 某工程火炬系统布置实例（图 5-157）

■ 图 5-157 某工程火炬系统布置三维模型

第二十二节 压力管道装置设备布置常用的标准规范

① GB 50160—2008《石油化工企业设计防火规范》
② GB 50016—2014《建筑设计防火规范》
③ GB 50183—2004《石油天然气工程设计防火规范》
④ GB 50058—92《爆炸和火灾危险环境电力装置设计规范》
⑤ GB 50074—2014《石油库设计规范》

⑥ GB 50493—2009《石油化工企业可燃气体和有毒气体检测报警设计规范》
⑦ GB 50029—2014《压缩空气站设计规范》
⑧ GB 50030—2013《氧气设计规范》
⑨ GB 50031—91《乙炔站设计规范》
⑩ GB 50087—2013《工业企业噪声控制设计规范》
⑪ GB 5044—85《职业性接触毒物危害程度分级》
⑫ HG/T 20546—2009《化工装置设备布置设计规定》
⑬ HG 20571—2014《化工企业安全卫生设计规范》
⑭ SH 3047—93《石油化工企业职业安全卫生设计规范》
⑮ SH 3024—95《石油化工企业环境保护设计规范》
⑯ SH/T 3146—2004《石油化工噪声控制设计规范》
⑰ GB 50041—2008《锅炉房设计规范》
⑱ GB 50177—2005《氢氧站设计规范》
⑲ GB 50195—2013《发生炉煤气站设计规范》
⑳ GB 50265—2010《泵站设计规范》
㉑ GB 50316－2000《工业金属管道设计规范》(2008年版)
㉒ GB 50235－2010《工业金属管道工程施工及验收规范》
㉓ GB 50236－2011《现场设备、工业管道焊接工程施工及验收规范》
㉔ SH 3011—2011《石油化工工艺装置布置设计通则》
㉕ SH 3501－2011《石油化工有毒、可燃介质管道工程施工及验收规范》
㉖ HG/T 20519－2009《化工工艺设计施工图内容和深度统一规定》
㉗ SHSG-033—2008《石油化工装置基础工程设计内容规定》
㉘ SHSG-053—2011《石油化工装置详细工程设计内容规定》

第六章 管道布置

第一节 管道布置设计必须具备的条件

管道设计必须具备下列条件或资料。
① 管道布置设计应遵守的有关设计标准、规范和规定。
② 管道布置专业工程设计统一规定。这些规定是对各种规范、标准和规定的补充和说明，并列入用户的特殊要求。
③ 工艺管道及仪表流程图（PID 图）、公用系统流程图。在管道设计过程中有可能对流程图提出某些调整。
④ 管道表。表中列有管道编号、输送介质、起止点、管径、设计压力和设计温度、材料选用等级、保温伴热要求等。
⑤ 设备布置图、设备表、设备规格书及设备图。
⑥ 仪表规格表。
⑦ 有关专业的设计条件。
⑧ 管道材料等级规定、管道布置材料数据库。
⑨ 界区接点条件。

第二节 管道的敷设方式和管道布置设计的一般要求

一、管道敷设的方式

管道敷设方式有地面以上和地面以下两大类。
① 地面以上统称架空敷设，是工业生产装置管道敷设的主要方式，具有便于施工、操作、检查、维修及经济等优点。
② 地下敷设。
a. 埋地敷设：其优点是利用地下的空间，使地面以上空间较为简洁，并不需支承措施；其缺点是管道腐蚀性较强，检查和维修困难，在车行道处有时需特别处理以承受大的荷载，低点排液不便，易凝油品凝固在管内时处理困难，带隔热层的管道很难保持其良好的隔热功能等。因此，只有架空敷设不可能时，才予以采用。
b. 管沟敷设：其优点是充分利用地下空间，并提供了较方便的检查维修条件；还可敷设有隔热层的高温、易凝介质或腐蚀性介质的管道；其缺点是费用高，占地面积大，需设排水点，易积聚或窜入油气，增加不安全因素，污物清理困难等。

二、管道布置设计的一般要求

① 管道布置设计应符合管道及仪表流程图的要求。

② 管道布置应统筹规划,做到安全可靠、经济合理、满足施工、操作、维修等方面的要求,并力求美观整齐。

③ 在确定进出装置(单元)的管道的方位与敷设方式时,应做到内外协调。

④ 厂区内的全厂性管道的敷设,应与厂区内的装置(单元)、道路、建筑物、构筑物等协调,一般沿厂区道路设计厂内管廊,减少管道与铁路、道路的交叉。

⑤ 管道应架空或地上敷设,特殊情况下可敷设在管沟内。

⑥ 管道宜集中成排布置。地上的管道应敷设在管廊或管墩上。

⑦ 在管廊、管墩上布置管道时,宜使管廊或管墩所受的垂直荷载、水平荷载均衡。

⑧ 全厂性管廊或管墩上(包括穿越涵洞)应留有 10%~30% 的裕量,并考虑其荷重。装置主管廊宜留有 10%~20% 的裕量,并考虑其荷重。

⑨ 输送介质对距离、角度、高差等有特殊要求的管道以及大直径管道的布置,应符合设备布置设计的要求。

⑩ 管道布置不应妨碍设备、机泵及其内部构件的安装、检修和消防车辆的通行。

⑪ 管道布置应使管道系统具有必要的柔性。在保证管道柔性及管道对设备、机泵管口作用力和力矩不超过允许值的情况下,应使管道最短,组成件最少。

⑫ 应在管道规划的同时考虑其支承点设置,宜利用管道的自然形状达到自行补偿。

⑬ 管道布置宜做到"步步高"或"步步低",减少"气袋"⌐⌐ 或"液袋"⌐⌐,否则应根据操作、检修要求设置放空、放净。管道布置应减少"盲肠"。

⑭ 气液两相流的管道由一路分为两路或多路时,管道布置应考虑对称性或满足管道及仪表流程图的要求。

⑮ 管道除与阀门、仪表、设备等需要用法兰或螺纹连接者外,应采用焊接连接。

⑯ 下列情况应考虑法兰、螺纹或其他可拆卸连接。

a. 因检修、清洗、吹扫需拆卸的场合。

b. 衬里管道或夹套管道。

c. 管道由两段异种材料组成且不宜用焊接连接者。

d. 焊缝现场热处理有困难的管道连接点。

e. 公称直径小于或等于 100mm 的镀锌管道。

f. 设置盲板或"8"字盲板的位置。

⑰ 蒸汽管道或可凝性气体管道的支管宜从主管的上方相接。蒸汽冷凝液支管应从收回总管的上方接入。

⑱ 有毒介质管道应采用焊接连接,除有特殊需要外不得采用法兰或螺纹连接。有毒介质管道应有明显标志以区别于其他管道。有毒介质管道不应埋地敷设。

⑲ 布置固体物料或含固体物料的管道时,应使管道尽可能短、少拐弯和不出现死角。

a. 固体物料支管与主管的连接应顺介质流向斜接,夹角不宜大于 45°。

b. 固体物料管道上弯管的弯曲半径不应小于管道公称直径的 6 倍。

c. 含有大量固体物料的浆液管道和高黏度的液体管道应有坡度。

⑳ 不应在振动管道上弯矩大的部位设置分支管。

㉑ 在易产生振动的管道(如往复式压缩机、往复泵的出口管道等)的转弯处,应采用弯

曲半径不小于1.5倍公称直径的弯头。分支管宜顺介质流向斜接。

㉒ 从有可能发生振动的管道上接出公称直径小于或等于40mm的支管时，无论支管上有无阀门，连接处均应采取加强措施。

㉓ 自流的水平管道应有不小于0.003的顺介质流向坡度。

㉔ 各种弯管的最小弯曲半径应符合表6-1。

表 6-1　弯管最小弯曲半径

管道设计压力/MPa	弯管制作方式	最小弯曲半径
<10.0	热弯	3.5倍公称直径
<10.0	冷弯	4.0倍公称直径
≥10.0	冷、热弯	5.0倍公称直径

㉕ 管道穿过建筑物的楼板、屋顶或墙面时，应加套管，套管与管道间的空隙应密封。套管的直径应大于管道隔热层的外径，并不得影响管道的热位移。管道上的焊缝不应在套管内，并距离套管端部不应小于150mm。套管应高出楼板、屋顶面50mm（图6-1）。管道穿过屋顶时应设防雨罩。管道不应穿过防火墙或防爆墙。

■ 图 6-1　穿围堰处理

㉖ 布置腐蚀性介质、有毒介质和高压管道时，应避免由于法兰、螺纹和填料密封等泄漏而造成对人身和设备的危害。易泄漏部位应避免位于人行通道或机泵上方，否则应设安全防护。

㉗ 有隔热层的管道，在管墩、管架处应设管托。无隔热层的管道，如无要求，可不设管托。当隔热层厚度小于或等于80mm时，选用高100mm的管托；隔热层厚度大于80mm时，选用高150mm的管托；隔热层厚度大于130mm时，选用高200mm的管托。保冷管道应选用保冷管托。

㉘ 厂区地形高差较大时，全厂性管道敷设应与地形高差保持一致，在适当位置调整管廊标高。管道的最小坡度宜为0.002。管道变坡点宜设在转弯处或固定点附近。

㉙ 对于跨越、穿越厂区内铁路和道路的管道，在其跨越段或穿越段上不得装设阀门、金属波纹管补偿器和法兰、螺纹接头等管道组成件。

㉚ 有热位移的埋地管道，在管道强度允许的条件下可设置挡墩，否则应采取热补偿措施。

㉛ 距离较近的两设备的连接管，最好不直接连（有波形伸缩器的或设备中的一个设备没有同建筑物固定者除外）。一般采用90°连接或45°斜接，如图6-2所示。

(a) 90°连接　　　　　　　　　　　(b) 45°斜接

■ 图 6-2　距离较近的两设备的管道连接

㉜ 大气排放的相关规定。

a. 可燃气体排气筒、放空管的高度，应符合下列规定。

ⅰ. 连续排放的可燃气体排气筒顶或放空管口，应高出 20m 范围内的平台或建筑物顶 3.5m 以上。位于 20m 以外的平台或建筑物如图 6-3 所示。

ⅱ. 间歇排放的可燃气体筒顶或放空管口，应高出 10m 范围内的平台或建筑物顶 3.5m 以上。位于 10m 以外的平台或建筑物如图 6-3 所示。

b. 向大气排放的非可燃气体放空管高度应符合下列要求。

ⅰ. 设备上或管道上的放空管口应高出邻近的操作平台 2m 以上。

ⅱ. 紧靠建筑物、构筑物或其内部布置的设备或管道的放空口，应高出建筑物、构筑物 2m 以上。

■ 图 6-3 可燃气体排气筒顶或放空管口高度示意

注：阴影部分为平台或建筑物的设置范围。

c. GB 50316《工业金属管道设计规范》对气体排放的规定，引入了环境保护的国家标准。

ⅰ. B 类气体的放空管管口及安全阀排放口与平台或建筑物的相对距离应符合现行国家标准 GB 50160《石油化工企业设计防火规范》中的相应规定。

ⅱ. 放空口位置除上述要求外，还应符合现行国家标准 GB/T 3840《制定地方大气污染物排放标准的技术方法》的规定。

㉝ GB 50316《工业金属管道设计规范》对 B 类流体进行了一些强制的布置规定。

a. 在车间内或装置内不便维修的区域，不宜将输送强腐蚀性及 B 类流体的管道敷设在地下。

b. 在无可靠的通风条件及无安全措施时，不得在通行管沟内布置窒息性及 B 类流体的管道。

c. B 类流体的管道，不得安装在通风不良的厂房内、室内的吊顶内及建（构）筑物封闭的夹层内。

d. 密度比环境空气大的室外 B 类气体管道，当有法兰、螺纹连接或有填料结构的管道组成件时，不应紧靠有门窗的建筑物敷设。

e. B 类流体的管道不得穿过与其无关的建筑物。

f. B 类流体的管道不应在高温管道两侧相邻布置，也不应布置在高温管道上方有热影响的位置。

g. B 类流体管道与仪表及电气的电缆相邻敷设时，平行净距不宜小于 1m。电缆在下方敷设时，交叉净距不应小于 0.5m。当管道采用焊接连接结构并无阀门时，其平行净距可取上述净距的 50%。

h. B 类液体排放应符合 GB 50316 的规定。含油的水应先排入油水分离装置。

ⅰ. B 类流体管道与氧气管道的平行净距不应小于 500mm。交叉净距不应小于 250mm。当管道采用焊接连接结构并无阀门时，其平行净距可取上述净距的 50%。

㉞ 布置管道应留有转动设备维修、操作和设备内填充物装卸及消防车道等所需空间。

a. 吊装孔范围内不应布置管道。在设备内件抽出区域及设备法兰拆卸区内不应布置管道。

b. 仪表接口的设置应符合下列规定。
　ⅰ. 就地指示仪表接口的位置应设在操作人员看得清的高度。
　ⅱ. 管道上的仪表接口应按仪表专业的要求设置，并应满足元件装卸所需的空间。
　ⅲ. 设计压力不大于 6.3MPa 或设计温度不高于 425℃ 的蒸汽管道，仪表接口公称直径不应小于 15mm。大于上述条件及有振动的管道，仪表接口公称直径不应小于 20mm，当主管公称直径小于 20mm 时，仪表接口不应小于主管径。
㉟ 管道布置时管道焊缝的设置应符合下列要求。
a. 管道对接焊口的中心与弯管起弯点的距离不应小于管子外径，且不小于 100mm。
b. 管道上两相邻对接焊口的中心间距如下。
　ⅰ. 对于公称直径小于 150mm 的管道，不应小于外径，且不得小于 50mm。
　ⅱ. 对于公称直径等于或大于 150mm 的管道，不应小于 150mm。
c. 管道的环焊缝不宜在管托的范围内。需热处理的焊缝从外侧距支架边缘的净距宜大于焊缝宽度的 5 倍，且不应小于 100mm。
㊱ 厂内管线综合。
a. 沿地面或低支架敷设的管道，不应环绕工艺装置或罐组四周布置。
b. 可燃气体、液化烃、可燃液体的管道横穿铁路或道路时，应敷设在管涵或套管内。
c. 可燃气体、液化烃、可燃液体的管道，不得穿越或跨越与其无关的炼油工艺装置、化工生产单元或设施；但可跨越罐区泵房（棚）。在跨越泵房（棚）的管道上，不应设置阀门、法兰、螺纹接头和补偿器等。
d. 距散发密度大于空气的可燃气体设备 30m 以内的管沟、电缆沟、电缆隧道，应采取防止可燃气体窜入和积聚的措施。
e. 各种工艺管道或含可燃液体的污水管道，不应沿道路敷设在路面或路肩上下。
f. 布置在公路型道路路肩上的管架支柱、照明电杆、行道树或标志杆等，应符合下列规定。
　ⅰ. 至双车道路面边缘不应小于 0.5m（很多现行标准规定管架立柱边缘距铁路中心线不应小于 3m，距道路路肩不应小于 1m）。
　ⅱ. 至单车道中心线不应小于 3m。

三、管道净空高度和埋设深度

① 管道跨越装置区的铁路和道路，应符合下列规定。
a. 管道跨越铁路时，轨顶以上的净空高度不应小于 5.5m（此值按 SH 3011 的规定，注意与下面提到的 GB 50316 数值的比较，在实际工程项目中，应以选定的标准为准）。
b. 管道跨越检修道路或消防道路时，路面以上的净空高度不应小于 4.5m，跨越厂内道路时，路面上净空高度不应小于 5m（以上数值按 SH 3011 的规定）。
c. 在人行通道上方的管道，其管底的净空不宜小于 2.2m（按石化标准）。
d. 对于全厂性管道的管墩，墩顶距地面不宜小于 0.4m。
② 装置内管廊的高度，除应满足设备接管和检修的需要外，还应符合下列规定。
a. 管廊下布置泵或换热器时，管底至地面的净空高度不宜小于 3.5m。
b. 管廊下不布置泵或换热器时，管底至地面的净空高度不宜小于 3m。
c. 管廊下作为消防通道时，管底至地面的净空高度不应小于 4.5m。
d. 多层管廊的层间距应根据管径大小和管架结构确定；上下层间距宜为 1.5～2.0m。

e. 当管廊上的管道改变方向或两管廊成直角相交，其高差以 600~750mm 为宜；对于大型装置也可采用 1000mm 及以上高差。

f. 当管廊有桁架时要按桁架底高计算管廊的净高。

③ 接近地面敷设的管道的布置应满足阀门和管件等的安装高度的要求，管底或隔热层的底部距地面净空高度不应小于 100mm。

④ 管道穿越铁路和道路时，应符合下列规定。

a. 管道穿越铁路和道路的交角不宜小于 60°，穿越管段应敷设在涵洞或套管内，或采取其他防护措施。

b. 套管的两端伸出路基边坡不应小于 2m；路边有排水沟时，伸出水沟边不应小于 1m。

c. 套管顶距铁路轨面不应小于 1.2m，距道路路面不应小于 0.8m，否则，应核算套管强度。

⑤ GB 50316《工业金属管道设计规范》也对管道净空给出了规定。架空管道穿过道路、铁路及人行道等的净空高度是指管道隔热层或支承构件最低点的高度，净空高度应符合下列规定。电力机车的铁路轨顶以上≥6.6m；铁路轨顶以上≥5.5m；道路推荐值≥5.0m，最小值为 4.5m；装置内管廊横梁的底面≥4.0m；装置内管廊下面的管道，在通道上方≥3.2m；人行过道，在道路旁≥2.2m；人行过道，在装置小区内≥2.0m。

管道与高压电力线路间交叉净距应符合架空电力线路现行国家标准的规定。

另外，在外管架（廊）上敷设管道时，管架边缘至建筑物或其他设施的水平距离除按以下要求外，还应符合现行国家标准 GB 50160《石油化工企业设计防火规范》、GB 50187《工业企业总平面设计规范》及 GB 50016《建筑设计防火规范》的规定。

管架边缘与以下设施的水平距离：至铁路轨外侧≥3.0m；至道路边缘≥1.0m；至人行道边缘≥0.5m；至厂区围墙中心≥1.0m；至有门窗的建筑物外墙≥3.0m；至无门窗的建筑物外墙≥1.5m。

⑥ 输送天然气或人工煤气管道跨越道路、铁路的净空高度规定见表 6-2。

表 6-2 输气管道跨越道路、铁路净空高度

道路类型	净空高度/m	道路类型	净空高度/m
人行道路	2.2	铁路	6.0
公路	5.5	电气化铁路	11.0

四、高点排气及低点排液的设置

① 此处的高点排气及低点排液是指在 PID 图上可以不表示的。高点排气用于水压试验及液体管道的排气，低点排液用于水压试验及停车排净等。PID 图上所表示的排气和排液应按流程要求，并遵循有关规定进行设计。

② 管道的高点与低点均应分别备有排气口与排液口，并位于容易接近的地方。如该处（相同高度）有其他接口可利用时，可不另设排气口或排液口。除管廊上的管道外，对于公称直径小于或等于 25mm 的管道可省去排气口。对于蒸汽伴热管迂回时出现的低点处，可不设排液口。

③ 高点排气管的公称直径最小应为 15mm；低点排液管的公称直径最小应为 20mm。当主管公称直径为 15mm 时，可采用等径的排液口。SH 3012 规定了放气口、排液口的最小公称直径，对于小于或等于 $DN25$ 的为 15mm，对于 $DN40$~150 的为 20mm，对于 $DN200$~350 的为

25mm，对于大于或等于 DN400 的为 40mm。高黏度介质管道排液口大于或等于 DN25。

④ 气体管道的高点排气口可不设阀门，接管口应采用法兰盖或管帽等加以封闭。

⑤ 所有排液口最低点与地面或平台的距离不宜小于 150mm。

⑥ 饱和蒸汽管道的低点应设集液包及蒸汽疏水阀组。

⑦ 对于全厂性的工艺、凝结水和水管道，在历年最冷月月平均温度的平均值高于 0℃ 的地区，应少设低点排液，低于或等于 0℃ 的地区，应在适当位置设低点排液。

⑧ 氢气管道上不宜设置高点排气和低点排液。

⑨ 蒸汽主管（干管）的排液设施应包括扑集管、切断阀和疏水阀（具体可见本书"蒸汽管道集液包"所述）。

⑩ 公用工程管道的末端应设置低点排液口，以利排液和吹扫。

⑪ 凡向大气排放的排气管道，应设置低点排液口，如图 6-4 所示。

■ 图 6-4 设置低点排液口

⑫ 输送催化剂或高黏度的物料（如焦油、沥青、重质燃料油等）管道排气、排液口的直径应不小于 DN25。

⑬ 浆液管道不宜设置排气和排液口，如需要设置排液口时其型式和尺寸见图 6-5 和表 6-3 所示。

D、d——公称直径   L——排液口长度

■ 图 6-5 浆液管道排液口

表 6-3 尺寸表　　　　　　　　　　　　　　　　　　　　　　　　　mm

d \ L \ D	40	50	65	80	100	125	150	200	250	300
20	100	100	110	120	120	130	140	170	180	200
25		100	110	120	120	130	140	170	180	200
40				130	130	140	150	180	200	220

⑭ 输送固体或浆料管道上的排气、排液管的切断阀宜选用球阀或旋塞阀。

⑮ 管道上排气、排液口设置的阀门应靠近主管。

⑯ 振动管道上直径小于 DN40 密闭放空、放净管根部接口处应采取加强措施。

⑰ 输送液态丁烷和更轻的液化烃类管道上的排气、排液管的切断阀应设双阀。

⑱ 放气或排液管上的切断阀，宜用闸阀，阀后可接带管帽短管；对于高压、极度及高度危害介质的管道应设双阀。当设置单阀时，应加盲板或法兰盖；连续操作的可燃气体管道低

点的排液阀,应为双阀。排出的液体应排放至密闭系统;仅在开停工时使用的排液阀,可设一道阀门并加螺纹堵头、管帽、盲板或法兰盖。可燃液体管道以及大于 2.5MPa 蒸汽管道上排液管装一个切断阀时,应在端头加管帽(管堵)盲板或法兰盖。

⑲ 容器设备上的排气管除作为进出料呼吸用外,应设置切断阀,阀门宜直接与设备管口相接。当只安装一个切断阀时其端部应设置丝堵、管帽或盲法兰密封。

⑳ 允许向大气排放的介质排气管端部的高度应符合本书"管道布置设计的一般要求"中"㉜大气排放的相关规定"。

㉑ 为保证阀门检修、丝堵、管帽及法兰拆卸、软管连接,管道上低点排液管管端距地面或楼板面的净距不得小于 100mm。

㉒ 接地漏或开口罐的放净管管口应高出地漏或罐口大于或等于 50mm。

㉓ 管道布置呈∪形Ⅱ形时,其水平或垂直管道上的排气、排液口安装位置尽量设置在物料流向的下游端部。

㉔ 对易自聚、易冻结、易凝固、含固体介质的管道上的排液管不应配成如图 6-6(a) 所示的弯管形式。一般应采用图 6-6(b) 的形式。图 6-6(c) 右侧的排净阀门放置不合理,阀门上侧易积液。

图 6-6

㉕ 排气、排液管端部连接形式。

a. 当采用管螺纹管件连接时,排气、排液阀出口处加丝堵密封。

b. 当采用承插焊接型管件连接时,排气、排液阀出口处加螺纹管帽密封。如排气、排液阀为法兰连接时,可采用盲法兰密封,亦可采用螺纹法兰加丝堵。

c. 当采用定型管件连接时,管端部加盲板法兰,需要时可采用螺纹法兰加丝堵。

㉖ 排气和排液型式分为两类,一类为带阀门型,一类为不带阀门型。不带阀门的排气和排液不宜采用。

㉗ 各种类型的排气、排液配管的选用应根据工程管道等级规定选用。

其中螺纹连接主要用于低压公用工程管道上的排气和排液。承插焊连接主要用于碳钢或低合金钢的工艺管道或压力较高的公用工程管道上。法兰连接主要用于不锈钢等合金钢工艺管道上。设备上的排气类型较多。图 6-7 所示为常用排气、排液管安装图(含工艺要求排气和排净)。

五、分支管的引出方向

① 火炬线及放空线的分支方向:支管管径 $DN \geqslant 50mm$ 者,应由主管上方斜接,支管

径 $DN\leqslant40mm$ 者，可由主管上方90°直接。如图6-8所示。

② 公用工程管道的分支方向如下。

a. 下列分支管，原则上由水平主管的上方引出：蒸汽管道；压缩空气管道；蒸汽凝结水管道（一般宜在主管上方45°斜接，以减少压降）；N_2 等惰性气体管道；小于 $DN40$ 的水管道；燃料气管道等。

	1	2	3	4
1	DR1.1	DR1.2	DR1.3	DR1.4
2	DR2.1	DR2.2	DR2.3	DR2.4
3	DR3.1	DR3.2	DR3.3	DR3.4
4	DR4.1	DR4.2	DR4.3	
1	VT1.1	VT1.2	VT1.3	
2	VT2.1	VT2.2	VT2.3	

■ 图6-7 常用排气、排液管安装图

1. DR3.1～3.4仅适用于管内介质在生产过程不可能冻凝的管道。
2. DR4.1～4.3，VT2.1～2.3仅适用于水压试验或其他极少使用的场所。

b. 下列的分支管，可按照管道布置的方便方向，即可由水平管的上方或下方引出：大于 $DN50$ 的水管道；大于 $DN50$ 的燃料油管道。

六、取样管道布置

① 取样管引出位置按下列原则确定。

a. 取样管应避免设在与振动设备直接连接的管道上，如果难以避免，应采取减振措施。

b. 气体取样管引出位置如下。

ⅰ. 在水平管段上，取样管一般从管道上方引出。

ⅱ. 在垂直管段上，当气体自下而上流动，取样管应从垂直管斜上 45°夹角引出，当气体自上而下流动，取样管从垂直管上水平开设。

c. 液体取样管引出位置如下。

ⅰ. 在水平管段上，对于压力管道，如无粒状或粉状颗粒，取样管可以从管道侧面或顶部引出。对于自流管道，不含粉状催化剂或粒状颗粒，取样管应从管下部引出；含有固体颗粒的液体管道的取样口应设在管道的侧面。

ⅱ. 在垂直管段上，对于压力管道，取样管可以从管道侧面引出。对自流管道，不能接取样管。

d. 含有固体颗粒的气体管道上的取样口，应设在立管上，并将取样管伸入管道中心。

② 取样管道设计应符合下列要求。

a. 取样口的位置，应使采集的样品具有代表性，取样系统的管道布置应避免死角或袋形管。

b. 有毒气体取样时，凡设有人身防护箱的，其放空管应高出附近建筑物平台 2m 以上。

c. 取样阀应装在便于操作的地方，设备或管道与取样阀之间的管段应尽量短。

d. 极度危害和高度危害的介质应采取密闭循环系统取样。

e. 样品出口管端与漏斗、地面或平台之间，应有安放取样器皿的空间。

f. 取样口不宜设在有振动的管道上。

介质温度高于或等于 60℃的取样管道应予保温；高凝固点、高黏度的管道应予保温或伴热，或设蒸汽吹扫；液化烃取样管应予保温，以防结霜。

③ 取样阀门的设置。

a. 取样点靠近设备或管道根部的阀门，一般选用 $DN20$ 的切断阀。

■ 图 6-8 支管与主管斜接和垂直连接

b. 需要频繁取样的点，且介质具有毒、易燃、易爆及强腐蚀性，公称压力大于或等于 1.0MPa 时，以及一般介质公称压力大于或等于 4.0MPa 时，取样管上除根部阀外，在取样阀的上游应再加一个切断阀。不经常取样的点或不属于上述范围的可设一个切断阀。

c. 通常取样阀宜选用 $DN10$ 或 $DN15$ 的针形阀，对于黏稠物料或易结晶物料，可按其性质选用带冲洗的取样专用阀门或三通旋塞阀（图 6-9）。

④ 典型取样配管。

a. 一般气体（无害气体）采用球胆取样时，取样阀出口应带有齿形管嘴（图 6-10）。

■ 图 6-9 带冲洗口的三通旋塞阀的液体取样

b. 一般液体取样，在取样阀下应设有漏斗，管端与漏斗的距离约150mm。不允许直接排放的介质可改用收集桶（图6-11）。

c. 对于需要隔离空气取样的介质，应按照工艺要求设取样管，如采用密闭取样器或经氮气置换的钢瓶取样等措施。

d. 对黏度大、易结晶液体的取样管，必要时设置伴热管（图6-12）。

■ 图6-10 一般气体取样（无害气体）

■ 图6-11 一般液体取样

■ 图6-12 黏度大、易结晶液体的取样

e. 对人体有害有毒的或易燃易爆的危险介质在压力下（不减压）取样时，应采取钢瓶取样，同时还应设置人身保护箱或其他防护措施（图6-13）。

(a) 对人体有害的介质带保护箱的取样（不带冷却器）　　(b) 对人体有害的介质带保护箱的取样（带冷却器）

■ 图6-13 在压力下（不减压）取样

f. 真空介质取样要设置破真空设施。

g. 部分取样点带有蒸汽吹扫（图 6-14）。

h. 高温介质取样要设置取样冷却器。减压后为常温的气体管道可不设取样冷却器（图 6-15）。

i. 取样冷却器的配管应便于冷却器的清理。应设有漏斗将水排入下水道。对人体有害的气体取样应在冷却器后增加放空管。

ii. 取样冷却器应固定在合适的构件上，且不影响通行，便于操作及维修。

■ 图 6-14　带吹扫设施的液体取样

■ 图 6-15　高温介质用冷却器取样

七、蒸汽管道布置

① 蒸汽支管应自蒸汽主管的顶部接出，支管上的切断阀应安装在靠近主管的水平管段上。

② 蒸汽主管的末端应设集液包。

③ 水平敷设的蒸汽主管上集液包的设计见后。

④ 不得从用汽要求很严格的蒸汽管道上接出支管作其他用途。

⑤ 各分区的消防蒸汽应单独从主管上引出，不允许消防蒸汽和吹扫蒸汽合用一根蒸汽支管。

⑥ 蒸汽支管的低点，应根据不同情况设排液阀或疏水阀。

⑦ 在蒸汽管道的Ⅱ形补偿器上，不应引出支管。在靠近Ⅱ形补偿器两侧的直管上引出支管时，支管不应妨碍主管的变形或位移。因主管热胀而产生的支管引出点的位移，不应使支管承受过大的应力或过多的位移。

⑧ 多根蒸汽伴热管应成组布置并设分配管，分配管的蒸汽宜就近从主管接出。

⑨ 直接排至大气的蒸汽放空管，应在该管下端的弯头附近开一个 $\phi 6mm$ 的排液孔，并接 $DN15$ 的管子引至排水沟、漏斗等合适的地方。如果放空管上装有消声器，则消声器底部应

■ 图 6-16　直接排大气的蒸汽放空管

设 DN15 的排液管并与放空管相接。放空管应设导向和承重支架（见图 6-16）。

⑩ 连续排放或经常排放的泛汽管道，应引至非主要操作区和操作人员不多的地方。

⑪ 蒸汽凝结水管道布置，当回收凝结水时，宜架空敷设在管廊上。为减少压降，凝结水支管宜顺介质流向 45°斜接在凝结水回收总管顶部，如工艺要求时应在靠近总管的支管水平管段上设切断阀。当支管从低处向高处汇入总管时，在汇入处宜设止回阀，有止回作用的疏水阀可不设止回阀。

八、蒸汽管道上的集液包

① 集液包应设置在下列场合。

a. 蒸汽主管的末端。

b. 蒸汽管线的立式 II 形补偿弯管或立管最低处。

c. 蒸汽水平管的低点处。

d. 装置边界蒸汽管线切断阀之前。

② 水平敷设的长蒸汽管应设集液包，其间隔如下。

a. 在装置内，饱和蒸汽宜为 80m，过热蒸汽宜为 160m。

■ 图 6-17　集液包及接管与梁之间的净距

b. 在装置外，顺坡时宜为 300m，逆坡时宜为 200m。

③ 管廊上蒸汽总管末端的集液包配管应考虑以下要求。

a. 集液包及接管与梁之间的净距应大于热位移量及保温所需的空间，且不小于 200mm（图 6-17）。

b. 集液包的冷凝水出口管的方位不宜向管廊梁的一侧引出，同时避免与管廊下层管道相碰。疏水阀应布置在不影响通行的地方。

c. 集液包的冷凝水出口管的走向，除考虑管道柔性要求外，还要考虑便于设置管道支架及疏水阀组的支架。

d. 在蒸汽主管的位移较大时，靠近主管的小管支架应尽量利用主管生根，以减小相对位移。

e. 蒸汽管径小于 DN80 时，根据项目要求可不必采用集液包，仅设低点排放至疏水阀即可。

④ 集液包的结构如下。

a. 集液包的冷凝水出口管线应设切断阀或蒸汽疏水阀组。

b. 集液包通常采用标准管件组合而成，应符合管道等级规定。集液包下端宜用法兰盖，兼作吹扫用。也可以用焊接管帽，但需增加排液口。

c. 根据蒸汽主管的管径范围组合形式，集液包有如图 6-18 所示的几种形式。蒸汽总管、集液包、阀门 A 和 B 的尺寸见表 6-4。

■ 图 6-18 集液包的形式

注：1. 阀门 B 只在疏水阀高出蒸汽包 5m 以上的情况下安装。
2. 管墩上阀门 A 水平安装。

表 6-4 蒸汽总管、集液包、阀门 A 和 B 的尺寸

总管	包	阀门	
		A	B
2″	2″	3/4″	
3″	3″	3/4″	
4″	3″	3/4″	
6″	4″	3/4″	
8″	6″	3/4″	
10″	8″	3/4″	直径等同于疏水器尺寸（最小 3/4″）
12″	10″	3/4″	
14″	12″	3/4″	
16″	12″	3/4″	
18″	12″	3/4″	
20″	12″	3/4″	
24″	12″	3/4″	

注：1″=1in=25.4mm。

九、非净化压缩空气和净化压缩空气管道布置

① 用于吹扫、反吹等的非净化压缩空气总管架空敷设在管廊上，支管由总管上部引出，并在装置的软管站内设非净化压缩空气软管接头。

② 对于塔、反应器构架以及多层换热设备框架，为了便于检修时使用风动扳手，应在有人孔和设备头盖法兰的平台上设置非净化压缩空气软管接头。

③ 空气压缩机（或鼓风机）等吸气管道顶部应设防雨罩，并以防鸟罩或铜丝网保护。布置空气压缩机的吸、排气管道时，应考虑管道振动对建筑物的影响，应在进出口管道设置单独基础的支架。

④ 空气压缩机的放空管和吸气管应按有关规定尽量考虑降低噪声。

⑤ 净化压缩空气支管宜从总管上部引出并在水平管段上设切断阀。

十、氮气管道布置

① 装置中吹扫氮气，应在同装置的软管站内设置氮气软管接头，并宜设置双阀。

② 工厂系统的高压氮气需减压使用时，可用角式截止阀或减压阀减压。

③ 催化剂系统需要的高纯度氮气，应从总管单独接出。

十一、氧气管道布置

① 氧气管道的布置常遵循的规范有 GB 50030《氧气站设计规范》。

② 氧气管道宜架空敷设。由于氧气密度大于空气，易在低洼处聚积，只有当架空有困难时，方可采用不通行地沟敷设或直接埋地敷设。

③ 氧气管道应考虑温度差变化的热补偿。补偿方法宜采用自然补偿。

④ 氧化管道应严禁与油脂接触，使用前，管内应进行脱脂处理。氧气管道的连接，应采用焊接，但与设备、阀门连接处可采用法兰或螺纹连接。螺纹连接处，应采用一氧化铅、水玻璃或聚四氟乙烯薄膜作为填料，严禁用涂铅红的麻或棉丝，或其他含油脂的材料。

⑤ 为消除管内由于气流摩擦产生的静电聚集，氧气管道应有导除静电的接地装置。装置内氧气管道，可与装置的静电干线相连接。接地电阻不应大于 10Ω；直接埋地管道，可在埋地之前及出地后各接地一次。当每对法兰或螺纹接头间电阻值超过 0.03Ω 时，应设跨接导线。

⑥ 氧气管道的弯头、分支处，不应紧接安装在阀门的下游；阀门的下游侧宜设长度不小于管外径 5 倍的直管段。

⑦ 厂房内氧气管道宜沿墙、柱或专设的支架架空敷设，其高度应不妨碍交通和便于检修；氧气管道可以与各种气体、液体（包括燃气、燃油）管道共架敷设。共架时，氧气管道宜布置在其他管道外侧，并宜布置在燃油管道上面。各种管道之间的最小净距按表 6-5 确定。

表 6-5 架空氧气管道与其他架空管线之间最小净距　　　mm

名　称	并行净距	交叉净距	名　称	并行净距	交叉净距
蒸汽、凝结水	250	100	可燃液体	500	250
新鲜水、循环水、软化水等	250	100	绝缘导线或电缆	500	300
净化风、非净化风、氮气	250	100	穿有导线的电缆管	500	100
可燃气体	500①	250			

① 氧气管道与同一使用目的的可燃气体并行敷设时，可减少到 250mm。GB 50160 规定，B 类流体管道与氧气管道的平行净距不应小于 500mm，交叉净距不应小于 250mm。当管道采用焊接连接结构并无阀门时，其平行净距可取上述净距的 50%。

注：氧气管道的阀门及管件接头与可燃气体、可燃液体上的阀门及管件接头，应沿管道轴线方向错开一定距离；当必须设置在一处时，则应适当的扩大管道之间的净距。

⑧ 氧气管道采用不通行地沟敷设时，沟上应设防止可燃气体、火花和雨水浸入的非燃烧体盖板。严禁各种导电线路与氧气管道敷设在同一地沟内。当氧气管道与压缩空气、氮气和水管同地沟敷设时，氧气管道应布置在上面，地沟应能排除积水。当氧气管道与同一使用目的燃气管道同地沟敷设时，沟内应填满沙子，并严禁与其他地沟相通。

⑨ 进入装置的氧气总管，应在进装置便于接近操作的地方设切断阀，并宜在适当位置设放空管，放空管口应设在高出平台 4m 以上的空旷、无明火的地方。

⑩ 通往氧气压缩机的氧气管道以及装有压力、流量调节阀的氧气管道上，应在靠近压缩机入口或压力、流量调节阀的上游侧装设过滤器，过滤器的材料应为不锈钢或铜基合金。

⑪ 通过高温作业以及火焰区域的氧气管道，应在该管段增设隔热措施，管壁温度不应超过 70℃。

⑫ 穿过墙壁、楼板的氧气管道应加套管，套管内应用石棉或其他不燃材料填实。氧气管道不应穿过生活间、办公室，并不宜穿过不使用氧气的房间。当必须通过不使用氧气的房间时，则在该房间内的管段上不应有法兰或螺纹连接接口。

十二、消防水喷淋管道布置

① 喷雾、喷淋系统的进水总管，除另有规定外，一般均为环形管网供水，有两个供水点。为了确保安全使用，所有喷雾、喷淋系统的手动控制阀门应设在装置边界之外的道路边侧。

② 在供给喷雾、喷淋系统的水管上，应设过滤器以防止水中固体杂质堵塞喷头。

③ 消防喷淋系统水管与地下消防水干管连接处，应有防冻和切断喷淋系统后的放空设施。

④ 设备的水喷雾、喷淋布置如下。

a. 卧式储罐的水喷雾、喷淋布置如图 6-19 所示。

■ 图 6-19 卧式设备喷雾、喷淋的布置

■ 图 6-20 立式设备消防喷淋系统

b. 对于立式设备，可设多层喷头环管，环管的间距约 3.5m，最上层的环管到顶部最大距离为 2.7m（图 6-20）。喷淋系统典型例子如图 6-21～图 6-24 所示。

■ 图 6-21 全压力球罐的消防喷淋系统（罐体上的环管和罐体下部管线）

■ 图 6-22 常压罐的消防喷淋系统

■ 图 6-23 常压罐的消防喷淋系统（罐体上的环管）

■ 图 6-24 某天然气处理装置的罐体消防管线的喷淋效果

十三、管件布置

① 弯头宜选用曲率半径等于 1.5 倍公称直径的长半径弯头；输送气固、液固两相流物料的管道应选用大曲率半径弯管。

② 管廊上水平管道变径连接，如无特殊要求，应选用底平偏心异径管；垂直管上宜选用同心异径管。

③ 平焊法兰不应与无直管段的弯头直接连接。
④ 阀门和其他静密封接头宜安装在管道支承点的附近。
⑤ 除工艺有特殊要求外，塔、反应器、立式容器等设备裙座内的管道上不应布置法兰和螺纹接头。
⑥ 机泵润滑油系统的碳素钢管道、输送有固体沉积及结焦介质的管道等应分段设置法兰。机泵润滑油系统的碳素钢管道每段管道上的弯头不宜超过2个。
⑦ 机泵润滑油系统的润滑油主管的末端，应用法兰盖封闭。
⑧ 调节阀两侧管道上的异径管应紧靠调节阀。
⑨ 采用异径法兰连接时，输送介质的流向宜自小口径流向大口径。

十四、阀门布置的一般要求

① 阀门应设在容易接近且便于操作、维修的地方。成排管道（如进出装置的管道）上的阀门应集中布置，并考虑设操作平台及梯子（图6-25）。地面以下管道上的阀门应设在阀井内，必要时，应设置阀门延伸杆。消防水阀井应有明显的标志。

② 立管上阀门手轮中心最适宜的安装高度为距离操作面1.2m，不宜超过1.8m。当阀门手轮中心的高度超过操作面2m时，对于集中布置的阀组或操作频繁的单独阀门以及安全阀应设置平台，对不经常操作的单独阀门也应采取适当的措施（如链轮、延伸杆、活动平台和活动梯子等）。

③ 水平管道上的阀门，阀杆方向可按下列顺序确定：垂直向上、水平、向上倾斜45°；不允许垂直向下。

④ 布置在操作平台周围的阀门的中心距操作平台边缘不宜大于450mm，当阀杆和手轮伸入平台上方且高度小于2m时，应注意不影响操作和通行（图6-26、图6-27、表6-6）。

■ 图6-25 设操作及检修平台

■ 图6-26 阀门手轮距离操作平台太远使操作不便

■ 图6-27 阀门手轮在梯子旁使操作不便

表 6-6　设计对比

不当设计	正确设计	工程实例说明
		塔的进料阀门距离直爬梯约 1.5m 远，人员无法操作。工程实际中，只能在阀门旁边又额外增加了一个直梯

⑤ 阀杆水平安装的明杆式阀门，当阀门开启时，阀杆不得影响通行。

⑥ 平行布置管道上的阀门，其中心线应尽量取齐，手轮间的净距不应小于 100mm。为了减小管道间距，可把阀门错开布置。对于较大的阀门应在其附近设支架。该支架不应设在检修时需要拆卸的短管上，并考虑取下阀门时不应影响对管道的支承（表 6-7）。

表 6-7　阀门布置常见错误及纠正（一）

错误设计	正确设计	工程实例说明
	≥200mm	并排管线上的阀门宜错开布置，这样可适当减小管间距并便于检修（如果一定要阀门的中心线对齐布置，要保证阀门手轮的净距为 100mm）
		对于较大的阀门应在其附近设支架。阀门法兰与支架的距离应大于 300mm。该支架不应设在检修时需要拆卸的短管上，并考虑取下阀门时不应影响对管道的支承
≤DN50	min	由于直接连接，法兰螺栓无法插入，宜加一小段直管
≤DN50		两个口径较小的法兰阀直接连接，没有插入螺栓的距离，中间应加一小段直管

某工厂的管线，阀门的中心线对齐布置，因管线间距太小，造成阀门手轮不能安装，如图 6-28 所示。平时只能把阀门手轮拆卸下来，使用时再安装上。

■ 图 6-28 阀门中心线对齐布置使操作不便

⑦ 塔、反应器、立式容器等设备底部管道上的阀门，不得布置在裙座内。

⑧ 阀门应尽量靠近干管或设备安装。与设备管口相连接的阀门宜直接连接，与装有剧毒介质设备相连接的管道上阀门，应与设备管口直接相接，该阀门不得使用链轮操纵。

⑨ 从干管上引出的水平支管，宜在靠近根部的水平管段设切断阀（表 6-8）。

⑩ 甲、乙、丙类设备区附近，宜设置半固定式消防蒸汽接头。在操作温度高于或等于自燃点的气体或液体设备附近，宜设固定式蒸汽筛孔管，其阀门距设备不宜小于 7.5m。加热炉的蒸汽分配管距加热炉炉体的距离不宜小于 7.5m。用于固定式灭火蒸汽筛孔管和半固定式接头的灭火蒸汽管道上的阀门，应设在既安全又便于操作的地方。

表 6-8　阀门布置常见错误及纠正（二）

错误设计	正确设计	工程实例说明
（平面图）	（平面图）	氮气吹扫或蒸汽吹扫，应靠近主管设切断阀，且在水平管上安装
		阀门宜设在水平管段上，防止积液

十五、止回阀布置

① 升降式止回阀应装在水平管道上，立式升降式止回阀可安装在管内介质自下而上流动的垂直管道上。

② 旋启式止回阀应优先安装在水平管道上，也可安装在管内介质自下而上流动的垂直管

道上（表 6-9）。

③ 底阀应装在离心泵吸入管的立管端。

④ 为降低泵出口切断阀的安装高度，可选用蝶形止回阀，泵出口与所连接管道直径不一致时，可选用异径止回阀。

表 6-9　阀门布置常见错误及纠正（三）

错误设计	正确设计	工程实例说明
立面图	立面图	旋启式止回阀、转子流量计等，其介质流向只能由下而上

十六、安全阀布置

① 安全阀应直立安装在被保护的设备或管道上。

② 安全阀的安装应尽量靠近被保护的设备或管道。如不能靠近布置，则从保护的设备到安全阀入口的管道压头总损失，不应超过该阀定压值的 3%。

③ 安全阀设置位置应考虑尽量减少压力波动的影响，安全阀在压力波动源后的位置如图 6-29 所示。

压力波动源	最小直管段长度 L
调节阀和截止阀	25 倍公称直径
不在一个平面内的两个弯头	20 倍公称直径
同一平面内的两个弯头	15 倍公称直径
一个弯头	10 倍公称直径
脉动衰减器	10 倍公称直径

■ 图 6-29　安全阀在压力波动源后的位置

④ 安全阀不应安装在长的水平管段的死端，以免死端积聚固体或液体物料，影响安全阀正常工作。

⑤ 安全阀应安装在易于检修和调节之处，周围要有足够的工作空间。

⑥ 安全阀宜设置检修平台。布置重量大的安全阀时要考虑安全阀拆卸后吊装的可能，必要时要设吊杆。

⑦ 安全阀的管道布置应考虑开启时反力及其方向，其位置应便于出口管的支架设计。阀的接管承受弯矩时，应有足够的强度。

⑧ 安全阀入口管道应采用长半径弯头。

⑨ 安全阀出口管道的设计应考虑背压不超过安全阀定压的一定值。对于普通型弹簧式安全阀，其背压不超过安全阀定压值的 10%。

⑩ 排入密闭系统的安全阀出口管道应顺介质流向 45°斜接在泄压总管的顶部，以免总管内的凝液倒流入支管，并且可减小安全阀背压（图 6-30）。

■ 图 6-30　泄压系统放液阀

⑪ 安全阀出口管道不能出现袋形，安全阀出口管较长时，宜设一定坡度（干气系统除外）。

⑫ 安全阀向大气排放时，要注意其排出口不能朝向设备、平台、梯子、电缆等（图6-31）。

⑬ 对于排放烃类等可燃气体的安全阀出口管道，应在其底部接入灭火用的蒸汽管或氮气管，并在楼面上控制。重组分气体的安全阀出口管道应接火炬管道。

⑭ 向大气排放的安全阀排放管管口朝上时应切成平口，并设置防雨水措施，注意避免泄放时冲击力过大，导致防雨设施脱落伤人。安全阀排放管水平安装时，应将管口切成45°防雨水，要避免切口方向安装不合适，致使排出物喷向平台。对于气体安全阀出口管，应在弯头的最低处开一泪孔（$\phi 6\sim 10mm$），如图6-32所示，必要时接上小管道将凝液排往安全的地方。

■ 图6-31 一组安全阀向大气排放管道的布置

⑮ 由于安全阀排放时的反力以及出口管的自重、振动和热膨胀等力的作用，安全阀出口应设置合理的支架，对于安全阀排放压差较大的管道必要时需设置减振支架（支架设置要根据安全阀反力计算确定）。

⑯ 湿气体泄压系统排放管内不应有袋形积液处，安全阀的安装高度应高于泄压系统。若安全阀出口低于泄压总管或排出管需要抬高接入总管时，应在低点易于接近处设分液包。

■ 图6-32 在弯头最低处开泪孔

⑰ 当安全阀进出口管道上设有切断阀时，应选用单闸板闸阀，并铅封开，阀杆宜水平安装，以免阀杆和阀板连接的销钉腐蚀或松动时，阀板下滑。当安全阀设有旁通阀时，该阀应铅封关。

十七、减压阀布置

① 减压阀不应设置在靠近转动设备或容易受冲击的地方，并应考虑便于检修。
② 减压阀宜安装在水平管道上。
③ 为避免管道中杂质对减压阀磨损，应在减压阀前设置过滤器。
④ 减压阀出口管线应设有可靠的支承以避免减压过程中管线的振动破坏。

十八、疏水阀布置

① 疏水阀的安装位置不应高于疏水点，并应便于操作和维修。
② 对于恒温型疏水阀为得到动作需要的温度差，应有一定的过冷度，应在疏水阀前留有1m长的不保温段。
③ 当疏水阀本体没有过滤器时，应在疏水阀入口前安装过滤器。
④ 布置疏水阀的出口管道时，应采取措施降低疏水阀的背压段尽量减小背压。
⑤ 疏水阀的安装应符合下列要求。
a. 热动力式疏水阀应安装在水平管道上。

b. 浮球式疏水阀必须水平安装，布置在室外时，应采取必要的防冻措施。
c. 双金属片式疏水阀可水平安装或直立安装。
d. 脉冲式疏水阀宜安装在水平管道上，阀盖朝上。
e. 倒吊桶式疏水阀应水平安装。
⑥ 多个疏水阀同时使用时必须并联安装。
⑦ 疏水阀组的管道布置设计如图 6-33 所示。
⑧ 典型的疏水阀管线设计如下。
a. 凝结水回收的疏水阀管线设计如图 6-34 所示。
b. 凝结水不回收的疏水阀管线设计如图 6-35 所示。
c. 并联疏水阀的管线设计如图 6-36 所示。

■ 图 6-33　疏水阀组的管道布置设计

■ 图 6-34　凝结水回收的疏水阀管线设计

■ 图 6-35　凝结水不回收的疏水阀管线设计

(a) 凝结水回收的疏水阀管线设计　　(b) 凝结水不回收的疏水阀管线设计

■ 图 6-36　并联疏水阀的管线设计

十九、调节阀布置

① 调节阀的安装位置应满足工艺流程设计的要求，并应靠近与其有关的一次指示仪表，便于在用旁路阀手动操作时能观察一次仪表。

② 调节阀组应尽量布置在地面、楼面、操作平台上或通道两旁，且易于接近的地方，并尽量靠近与其操作有关的现场监测仪表等便于调试、检查、拆卸的地方。

③ 调节阀应正立垂直安装于水平管道上，特殊情况下才可水平或倾斜安装，但须加支承。

④ 为便于操作和维护检修，调节阀应布置在地面或平台上且易于接近的地方。与平台或地面的净空不应小于 250mm。对于反装阀芯的单双座调节阀，宜在阀体下方留出抽阀芯的空间。

⑤ 调节阀组（包括调节阀、旁路阀、切断阀和排液阀）立面安装时，调节阀应安装在旁路阀的下方。公称直径小于 25mm 的调节阀，也可安装在旁路阀的上方。

⑥ 为避免调节阀鼓膜受热及便于就地取下膜头，膜头顶部上净距应不小于 200mm。调节阀与旁路阀上下布置时应错开位置。

⑦ 介质中含有固体颗粒的管道上的调节阀应与旁路阀布置在同一个平面上或将旁路阀布置在调节阀的下方。

⑧ 有热伸长管道上的调节阀组的支架，两个支架中应有一个是固定支架，另一个是滑动支架。

⑨ 调节阀应安装在环境温度不高于 60℃且不低于 -40℃的地方，并远离振动源。

⑩ 在一个区域内有较多的调节阀时，应考虑形式一致、整齐、美观及操作方便。

⑪ 调节阀典型布置如图 6-37～图 6-40 所示。

二十、阻火器布置

① 加热炉燃料气主管上的管道阻火器，应靠近加热炉，并便于检修，管道阻火器与燃烧

■ 图 6-37 调节阀组典型图（一）

■ 图 6-38 调节阀组典型图（二）（某乙烯工程计算机三维模型）

■ 图 6-39 调节阀组典型图（三）

器距离不宜大于 12m。

② 储罐用阻火器应直接安装在储罐顶的管口上，通常与呼吸阀配套使用，也可单独使用。

二十一、过滤器布置

① 机泵入口均应安装过滤器。过滤器的安装位置应靠近被保护的设备。

② 过滤器的布置应符合下列要求。

a. 角式 T 形过滤器必须安装在管道 90°拐弯的场合。

(a) 某乙烯工程计算机三维模型　　　　　　　　(b) 某LNG工程照片

■ 图 6-40　调节阀组典型图（四）

b. 直通式 T 形过滤器必须安装在管道的直管上，安装在立管上时，应考虑方便滤网的抽出；安装在水平管时，滤网抽出方向应向下。

c. Y 形过滤器安装在水平管道上时，滤网抽出方向应向下，并应考虑 Y 形过滤器抽芯的空间。

③ 安装在立管上的泵入口过滤器，为降低泵入口阀门的高度，可采用异径过滤器。

④ Y 形过滤器安装在介质自下向上的垂直管道上时，应选用反流式。

⑤ 压缩机入口管道上应装过滤器或可拆卸短节，以便开车前安装临时过滤器和清扫管道。

⑥ 工程应用实例（图 6-41、图 6-42、表 6-10）。

图 6-41 所示某工程设计实例，Y 形过滤器放置于水平管，由于设计失误，造成 Y 形过滤器距离地面很近，其抽芯空间不足。图 6-42 所示为该工程施工照片，把 Y 形过滤器放在立管上，注意避免使上面的操作阀门手轮中心标高超过 1.8m 而造成操作上的不方便。

■ 图 6-41　Y 形过滤器抽芯空间不足　　　　■ 图 6-42　Y 形过滤器放在立管上的工程照片
（计算机模拟三维模型）

表 6-10　某裂解汽油工程中的芳烃分离装置 Y 形过滤器设计对比

不当设计	较好设计	工程实例说明
		水平安装时，Y 形过滤器应向下或者倾斜角度 α（$\alpha \leqslant 45°$）

二十二、消声器布置

① 消声器应立式安装，是否需要支承需视消声器的重量、排放管道的刚度、应力的大小等因素由安装使用者确定。消声器本身的反力和振动不大。

② 消声器不得装于室内，应放在室外空旷处。

③ 油浴式消声过滤器应与相应排气量的空压机配套。过滤器一般安装在室外，其进气管口应高于房屋顶面 1m 以上，并设置防雨帽。

二十三、温度测量仪表布置

管道上的仪表或测量元件的布置应便于安装、观察和维修。必要时应设置专用的操作平台或梯子。仪表管口的长度应根据管道的隔热层厚度确定。

① 温度计、热电偶宜安装在直管段上，其安装要求最小管径规定如下：工业水银温度计 $DN50$；热电偶、热电阻、双金属温度计 $DN80$；压力式温度计 $DN150$；扩径管长度不应小于 250mm。

② 温度计、热电偶在管道拐弯处安装时，管径不应小于 $DN40$，且与管内流体流向成逆流接触。

③ 温度计可垂直安装或倾斜 45°安装，倾斜 45°安装时，应与管内流体流向成逆流接触（表 6-11）。

表 6-11　设计对比

不当设计	正确设计	工程实例说明
温度计 $\leqslant DN80$	温度计 $\leqslant DN80$	小口径管道（$\leqslant DN80$）上的温度计管口应按自控专业要求扩径（图 6-43）
温度计	温度计	斜插式温度计的插入方向应逆着介质流向

■ 图 6-43 小口径管道（≤DN80）上的温度计管口应扩径（某乙烯工程照片）

④ 现场指示温度计的安装高度宜为 1.2～1.5m。高于 2m 时宜设直梯或活动平台。为了便于检修，距离平台最低不宜小于 300mm。

⑤ 压力式温度调节系统由一个温包和带有规定长度的连接在仪表上的金属毛细管组成，压力式温度调节系统，接管尺寸或温包的长度由自控专业提供。管道布置设计时应确定温包的位置（图 6-44）。

⑥ 对于有分支的工艺管道，安装温度计或热电偶时，要特别注意安装位置与工艺流程相符，且不能安装在工艺管道的死角、盲肠位置。热电偶温度计接口应设在两个或两个以上进入流体相遇点的下游至少 8 倍管径处。但在 8 倍管径内允许有安全阀及放空的接管（图 6-45）。

■ 图 6-44 压力式温度调节系统

■ 图 6-45 温度计接口位置

二十四、流量测量仪表布置

① 为了保证孔板流量计测量准确，孔板前宜有 15～20 倍管子内径的直管段，孔板后有不小于 5 倍管子内径的直管段。

② 流量计安装应符合下列规定。

a. 转子流量计必须安装在介质流向自下向上的、无振动的垂直管道上。安装时要保证流量计前应有不小于 5 倍管子内径的直管段，且不小于 300mm。

b. 当被测量介质中含在固体悬浮物时，靶式流量计需要水平安装。靶式流量计安装在垂直管道上时，液体流向宜由下而上。靶式流量计入口端前直管段长度不应小于 5 倍管子内径，出口端后的直管段长度不应小于 3 倍管子内径。

c. 腰轮流量计宜安装在调节阀前。当流量计需进行现场校验时，应在腰轮流量计前切断阀的前后设两个带快速接头的校验用闸阀。

③ 节流装置安装在水平或垂直管道上时，取压管口方位图见表6-12。

表 6-12　节流装置取压管口方位

项目	液体	热汽	气体或浆液
水平管道	0~45° 0~45°	0~45° 0~45°	0~45° 0~45°
垂直管道			

节流装置一般安装在水平管道上，若要在垂直管道上安装需要得到自控专业的确认。

二十五、压力测量仪表布置

① 为了准确地测得静压，压力表取压点应在直管段上，并设切断阀。

② 泵出口的压力表应装在出口阀前并朝向操作侧。

③ 现场指示压力表的安装高度宜为 1.2~1.8m，当超过 2m 时，应有平台或直梯。

④ 差压仪表接口，在 PID 图上表示测量一台设备的压差，而接口布置在管道上时，接口应尽量靠近这台设备。

⑤ 接口不要靠近节流元件如限流孔板、节流阀等。

⑥ 压力调节器的取压接口应当布置在距离流体扰流元件如调节阀、手动阀、弯头等至少 6~10 倍管径的地方（图 6-46）。

⑦ 压力表与安全阀应在同一侧（表 6-13）。

■ 图 6-46　压力调节器的取压接口位置

表 6-13 设计对比

不当设计	正确设计	工程实例说明
		压力表与安全阀应在同一侧

二十六、液位测量仪表布置

① 玻璃管液面计和玻璃板液面计应直接安装在设备上，液面计的位置不应妨碍人员的通行。

② 外浮筒液位计的安装位置不应妨碍人员通行，液位计表头上端距地面或平台不宜高于 1.8m，超过 2m 应增设平台或爬梯。

③ 内浮球液位计距平台或地面的高度宜为 1.0～1.5m，安装的位置不应妨碍人员通行，并留有足够的空间，便于检修和调整。

二十七、常见管道布置设计错误及纠正

常见管道布置设计错误及纠正见表 6-14。

表 6-14 常见管道布置设计错误及纠正

错误设计	正确设计	工程实例说明
法兰		高温管道法兰部分要保温，如这部分不保温，法兰和螺栓温度差就成为泄漏的原因。低温管道的法兰也同样需要绝热保冷，以减少泄漏
等级分界 低压侧（低温侧） 高压侧（高温侧）	①压力等级相同,材质不同: 低材质 高材质 ②材质相同,压力等级不同: 低压侧 高压侧 低材质 高材质 ③压力等级和材质均不相同: 低压侧 高压侧 低材质a 高材质b 材质为a的高压等级的F,G	应按低压（低温）侧阀门关闭时考虑管道等级划分的界线，以确保管线器材材质可靠

续表

错误设计	正确设计	工程实例说明
		需要经常清扫的分配主管,管的一端不能封闭,应做成能拆卸的形式
		分支管线不应先变径后分支
		分支管的弯头,不能直接与主管相接,应在主管上焊 50～200mm 短管,再与弯头相接
		平焊钢法兰不能直接与无缝弯头焊接,必须有一直管段
		平焊钢法兰不能直接与无缝大小头焊接,必须有一直管段
		操作通道上的管道高度不得妨碍人的通行,不能让人弯腰通过
		避免让人跨过管线,必要时应设置踏步
		管线应集中敷设,力求美观整齐。不得任意敷设,杂乱无章
		法兰连接的管线,不得过于靠近墙壁,应留有扳手空间,否则不易紧固法兰螺栓

续表

错误设计	正确设计	工程实例说明
操作通道	操作通道	腐蚀性介质管线上的阀门,法兰或螺纹管件不得敷设在操作通道的上方,以避免泄漏时伤人

第三节　管道布置常用数据

一、压力管道的间距

压力管道的间距以便于安装或检修管子、阀门、保温层为原则,但也不宜过大。不同的文献和规范规定的计算方法和管间距稍有差异,如德国鲁奇公司标准规范规定,不保温管道管外壁间最小净距为30mm,保温管道管外壁间最小净距为50m,林德公司规定,无论保温与否管外壁间最小净距一律为50mm;日本挥发油公司管道间距标准规定,管外壁间最小净距为25mm。

1. 管道间距的确定

下面仅以近期执行的某石油化工项目所采用的压力管道最小间距为例。

① 依据 SH/T 3405《石油化工企业钢管尺寸系列》中管子外径和 SH/T 3406《石油化工钢制管法兰》中法兰外径计算管道间距。

② 在管架上并排布置的无法兰管道无论有无隔热层,管道外表面净距不应小于50mm。无法兰无隔热层管道间距见图6-47和表6-15。在管架上并排布置的有法兰管道无论有无隔热层,法兰外缘与相邻管道的净距不应小于25mm。有法兰无隔热层管道间距见图6-48、图6-49、表6-16和表6-17。

表6-15　无法兰无隔热层管道间距　　　　　　　　　　　　　　　　　　　　mm

20	14	80													
25	17	80	85												
40	24	90	95	100											
50	30	95	100	105	110										
65	37	105	110	115	120	130									
80	45	110	115	120	125	135	140								
100	57	120	125	130	140	145	155	165							
125	70	135	140	145	150	160	165	180	190						
150	84	150	150	160	165	175	180	195	205	220					
200	110	175	180	185	190	200	205	220	230	245	270				
250	137	200	205	210	220	225	235	245	260	275	300	325			
300	163	225	230	235	245	255	260	270	285	300	325	350	380		
350	178	245	245	255	260	270	275	285	300	315	340	365	395	410	
400	203	270	275	280	285	295	300	310	325	340	365	390	420	435	460
450	229	295	300	305	310	320	325	340	350	365	390	420	445	460	485	510
500	254	320	325	330	335	345	350	365	375	390	415	445	470	485	510	535	560
600	305	370	375	380	385	395	400	415	425	440	465	495	520	535	560	585	610	660
DN	半径	14	17	24	30	37	45	57	70	84	110	137	163	178	203	229	254	305
管径	DN	20	25	40	50	65	80	100	125	150	200	250	300	350	400	450	500	600

表 6-16 管道间距（有法兰大管道/无法兰小管道） mm

法兰公称直径 (DN)	压力等级 (PN)	半径	17	24	30	45	57	84	110	137	163	178	203	229	254	305
		管径 (DN)	25	40	50	80	100	150	200	250	300	350	400	450	500	600
25	2.0		54	100												
	5.0		62	105												
	10.0		62	105												
40	2.0		64	110	115											
	5.0		78	120	130											
	10.0		78	120	130											
50	2.0		76	120	125	135										
	5.0		83	125	135	140										
	10.0		83	125	135	140										
80	2.0		95	140	145	150	165									
	5.0		105	150	155	160	175									
	10.0		105	150	155	160	175									
100	2.0		115	160	165	170	185	200								
	5.0		127	170	180	185	200	210								
	10.0		137	180	190	195	210	220								
150	2.0		140	185	190	195	210	225	260							
	5.0		159	205	210	215	230	245	270							
	10.0		178	220	230	235	250	260	290							
200	2.0		172	215	225	230	245	255	280	305						
	5.0		191	235	240	250	265	275	300	325						
	10.0		210	255	260	265	280	295	320	345						
250	2.0		203	245	255	260	275	290	315	340	365					
	5.0		222	265	275	280	295	305	330	355	385					
	10.0		254	300	305	310	325	340	365	390	415					
300	2.0		242	285	295	300	315	325	350	375	405	430				
	5.0		261	305	310	320	335	345	370	395	420	445				
	10.0		280	325	330	335	350	365	390	415	440	465				
350	2.0		267	310	320	325	340	350	375	400	430	455	470			
	5.0		292	335	345	350	365	375	400	425	455	480	495			
	10.0		302	345	355	360	375	385	410	435	465	490	505			
400	2.0		299	345	350	355	370	385	410	435	460	485	505	530		
	5.0		324	370	375	380	395	410	435	460	485	510	530	555		
	10.0		343	385	395	400	415	425	455	480	505	530	550	575		
450	2.0		318	360	370	375	390	400	430	455	480	505	525	550	575	
	5.0		356	400	405	415	430	440	465	490	515	540	560	585	610	
	10.0		372	415	425	430	445	455	480	505	535	560	575	600	630	
500	2.0		349	395	400	405	420	435	460	485	510	535	555	580	605	630
	5.0		388	430	440	445	460	470	500	525	550	575	590	620	645	670
	10.0		407	450	460	465	480	490	515	540	570	595	610	635	665	690
600	2.0		407	450	460	465	480	490	515	540	570	595	610	635	665	690	740
	5.0		457	500	510	515	530	540	565	590	620	645	660	685	715	740	790
	10.0		470	515	520	525	540	555	580	605	630	655	675	700	725	750	800

■ 图 6-47 无法兰无隔热层管道间距

■ 图 6-48 有法兰大管道与无法兰小管道间距

注：1. 当管道有隔热层时，上述管道间距应加上隔热层厚度。
2. 有侧向位移的管道或有其他要求时，应按管道净距要求再加相应增量。

表 6-17 管道间距（有法兰小管道/无法兰大管道） mm

法兰公称直径(DN)	压力等级(PN)	半径	600	500	450	400	350	300	250	200	150	100	80	50	40	25
600	2.0	407	740													
600	5.0	457	790													
600	10.0	470	800													
500	2.0	349	680	630												
500	5.0	388	720	670												
500	10.0	407	740	690												
450	2.0	318	650	600	575											
450	5.0	356	690	635	610											
450	10.0	372	705	655	630											
400	2.0	299	630	580	555	530										
400	5.0	324	655	605	580	555										
400	10.0	343	675	625	600	575										
350	2.0	267	600	550	525	495	470									
350	5.0	292	625	575	550	520	495									
350	10.0	302	635	585	560	530	505									
300	2.0	242	575	525	500	470	445	430								
300	5.0	261	595	540	515	490	465	445								
300	10.0	280	610	560	535	510	485	465								
250	2.0	203	535	485	460	435	410	390	365							
250	5.0	222	555	505	480	450	425	410	385							
250	10.0	254	585	535	510	485	460	440	415							
200	2.0	172	505	455	430	400	375	360	335	305						
200	5.0	191	525	470	445	420	395	375	350	325						
200	10.0	210	540	490	465	440	415	395	370	345						
150	2.0	140	470	420	395	370	345	325	300	275	250					
150	5.0	159	490	440	415	390	365	345	320	295	270					
150	10.0	178	510	460	435	410	385	365	340	315	290					
100	2.0	115	445	395	370	345	320	300	275	250	225	200				
100	5.0	127	460	410	385	355	330	315	290	260	235	210				
100	10.0	137	470	420	395	365	340	325	300	270	245	220				
80	2.0	95	425	375	350	325	300	280	255	230	205	180	165			
80	5.0	105	435	385	360	335	310	290	265	240	215	190	175			
80	10.0	105	435	385	360	335	310	290	265	240	215	190	175			
50	2.0	76	410	355	330	305	280	260	235	210	185	160	150	135		
50	5.0	83	415	365	340	315	290	270	245	220	195	165	155	140		
50	10.0	83	415	365	340	315	290	270	245	220	195	165	155	140		
40	2.0	64	395	345	320	295	270	250	225	200	175	150	135	120	115	
40	5.0	78	410	360	335	310	285	265	240	215	190	160	150	135	130	
40	10.0	78	410	360	335	310	285	265	240	215	190	160	150	135	130	
25	2.0	54	385	335	310	285	260	240	215	190	165	140	125	110	105	100
25	5.0	62	395	345	320	290	265	250	225	195	170	145	135	120	115	105
25	10.0	62	395	345	320	290	265	250	225	195	170	145	135	120	115	105
法兰公称直径(DN)	压力等级(PN)	半径	305	254	229	203	178	163	137	110	84	57	45	30	24	17
		管径(DN)	600	500	450	400	350	300	250	200	150	100	80	50	40	25

③ 管道外表面距管架横梁端部不应小于100mm，管道法兰外缘距管架或构架的支柱、建筑物墙壁的净距不应小于100mm（图6-50和图6-51）。

■ 图 6-49　有法兰小管道与无法兰大管道间距

注：1. 当管道有隔热层时，上述管道间距应加上隔热层厚度。
2. 有侧向位移的管道或有其他要求时，应按管道净距要求再加相应增量。

■ 图 6-50　管道与管架、构架的支柱净距

■ 图 6-51　管道与墙壁表面净距

■ 图 6-52　斜管和相邻管道的间距

④ 并排管道上安装带手轮的阀门时，管道间距除考虑法兰大小及其净距外，还应考虑两手轮间的净距不应小于 100mm。

⑤ 管道上装有外形尺寸较大的管件、小型设备、仪表测量元件或有侧向位移的管道，应加大管道间的净距。

⑥ 管沟内管道间距应比架空敷设时适当加大，其净距不应小于 80mm，法兰外缘与相邻

■ 图 6-53　阀门操作适宜位置（一）

注：以上阀门的安装尺寸要求是基于平均身高是 1.8m（±4cm）的人确定的（这些尺寸应该适应并适宜于当地操作人员的平均身高），本图被多家国内外工程公司使用。

管道的净距不应小于 50mm。

⑦ 当采用斜接的焊接支管或弯头的时候，在最接近点的管道净距应不小于 25mm。这种情况下，保温厚度（T_1，T_2）和管托高度（H_1，H_2）应在计算中考虑在内（图 6-52）。

2. 一些国内外工程公司所采用的管子间距

一些国内外工程公司所采用的管子间距见表 6-18。

表 6-18 一些国内外工程公司所采用的管子间距   mm

管子间距(℄ to ℄)150Class×150Class+300Class×300Class

3/4″	1″	1½″	2″	3″	4″	6″	8″	10″	12″	14″	16″	18″	20″	24″	NO
120	130	150	150	170	180	210	230	260	290	310	340	360	380	430	3/4″
	130	150	150	170	190	220	240	270	300	320	350	370	390	440	1″
		160	160	180	200	230	250	280	310	330	360	380	400	450	1½″
24″	820		160	190	210	240	260	290	310	340	370	390	410	460	2″
20″	770	710		200	220	250	280	300	330	360	390	410	430	490	3″
18″	740	690	650		230	270	290	320	350	380	410	430	450	500	4″
16″	710	660	620	600		290	320	360	390	420	440	470	490	550	6″
14″	690	630	600	570	530		350	380	420	450	470	500	530	580	8″
12″	670	610	580	560	520	500		410	450	480	510	530	560	620	10″
10″	630	580	550	530	490	470	440		480	510	540	560	590	650	12″
8″	600	550	520	490	460	440	410	370		520	550	580	610	670	14″
6″	560	510	480	460	430	410	390	340	310		580	610	640	700	16″
4″	520	470	450	430	400	370	350	310	290	240		630	670	730	18″
3″	500	450	430	410	380	350	340	300	270	230	200		690	760	20″
2″	480	430	410	390	360	330	320	280	260	220	190	160		810	24″
1½″	470	420	400	380	350	320	310	270	250	210	180	160	160		
1″	460	410	390	370	340	310	300	260	240	200	170	150	150	130	
3/4″	450	400	380	360	330	300	290	250	230	190	160	150	150	130	120
NO	24″	20″	18″	16″	14″	12″	10″	8″	6″	4″	3″	2″	1½″	1″	3/4″

管子间距(℄ to ℄)150Class×600Class+600Class×600Class

二、阀门的适宜位置和所需空间

阀门的适宜位置和所需空间如图 6-53～图 6-56 所示。

三、操作通道布置和标高基准

操作通道的布置和标高基准见表 6-19～表 6-21。

■ 图 6-54 阀门操作适宜位置（二）

注：以上阀门的安装尺寸要求是基于平均身高是 1.8m（±4cm）的人确定的（这些尺寸应该适应并适宜于当地操作人员的平均身高），本图被多家国内外工程公司使用。

站立操作或维修时需要的净空

项目		最佳/mm	最小/mm	最大/mm
A	高度	2100	1900	—
B	宽度	900	750	—
C	上部自由空间（对于重的部件要考虑吊装）	830～1140	720～1030	—
D	部件的高度	935～1015	900	1200
E	可以到达距离	270～300	—	500
F	使用工具的净空	—	取决于环境和所使用工具的尺寸，在很多实例中最小需要200mm	—

(a)

跪姿操作或维修时需要的净空

项目		最佳/mm	最小/mm	最大/mm
G	高度	1700	1590	—
H	宽度	取决于工作环境	1150	—
I	上部自由空间（对于重的部件要考虑吊装）	480～880	380～780	—
J	部件的高度	530～700	500	800
K	可以到达距离	270～300	—	500
L	使用工具的净空	—	取决于环境和所使用工具的尺寸，在很多实例中最小需要200mm	—

(b)

■ 图 6-55

操作或维修时需要的净空（俯视图）

项 目		最佳/mm	最小/mm	最大/mm
M	手需要的净空	—	100	—
N	肘需要的净空	1350	1200	—
O	可以到达的净空（例如为了维修）	2030	1780	—

(c)

手动操作阀门的首选布置要求

■ 最佳
■ 可接受

阀门的手动轮应在阴影区

双阀和排放阀的可接受布置

阀门控制和仪表查看的最佳位置选择

(d)

■ 图 6-55

■ 图 6-55 阀门操作适宜位置（三）

■ 图 6-56

■ 图 6-56 不同操作姿态所需尺寸

注：以上阀门的安装尺寸要求是基于平均身高是 1.8m（±4cm）的人确定的（这些尺寸应该适应并适宜于当地操作人员的平均身高）。

表 6-19 操作通道布置　　　　　　　　　　　　　　　　　　　mm

① 斜梯宜倾斜45°。梯高不宜大于5m，如大于5m，应设梯间平台。设备上的直梯宜从侧面通向平台。攀登高度在15m以内时，梯间平台的间距应为5~8m；超过15m时，每5m应设梯间平台。

国内各行业的标准规范规定的数值，可能有些差异，实际工程中需要以所依据行业标准规范的数据为准。以上是中石化关于梯子的相关规定。

② 如果有管子穿过平台，则需要保证平台的最小有效可通过宽度800mm（有的标准上要求最小有效可通过宽度850mm）。

表 6-20 一般情况下工厂标高基准（一）

表 6-21 一般情况下工厂标高基准（二）　　　　　　　　　　　　　　　　　　mm

HG 20546 规定离心泵的底板底面：大型泵高度 150mm，中、小型泵高度 300mm

SH 3011 规定泵的基础面宜高出地面 200mm，最小不得少于 100mm

第四节 管廊上管道的布置设计

一、管廊上管道布置的一般要求

① 应按各有关装置（或建筑物）进出管道交接点坐标、标高协调布置。
② 大直径管道应靠近管廊柱子布置。
③ 小直径、气体管道、热管道、公用工程管道宜布置在管廊中间。
④ 工艺管道宜布置在与管廊相连接的设备一侧。
⑤ 需设置Ⅱ形补偿器的高温管道，应布置在靠近柱子处，且Ⅱ形补偿器宜集中设置。
⑥ 需要设操作平台或维修通道时，宜布置在上层。
⑦ 对于双层管廊，气体管道、热管道、公用工程管道、泄压总管、火炬干管、仪表和电气电缆槽架等宜布置在上层；一般工艺管道、非金属及腐蚀性介质管道、低温管道等宜布置在下层。
⑧ 全厂性管架或管墩上（包括穿越涵洞）应留有10%～30%的裕量，并考虑其荷重。装置主管廊管架宜留有10%～20%的裕量，并考虑其荷重。
⑨ 要求无袋形并带有坡度的管道（如火炬管）应满足下列要求。
a. 管道宜布置在管廊顶层。
b. 管道应有坡度，坡向分液罐或其他设备，坡度不小于0.003。
c. 该管上所有支管都应从该管的顶部连接，并且应顺着管内气体流动方向倾斜45°。
⑩ 阀门的布置
a. 集中布置的阀门应交错布置，以保证管道布置紧凑。
b. 由总管引出的阀门应尽量靠近总管布置，并装在水平管道上。为了保证阀门手轮和平台的间距要求，可以使阀门中心线对齐布置，并保证阀门手轮间距为100mm（图6-57）。

■ 图6-57 支管上阀门的位置

c. 疏水阀在布置时应低于疏水点，布置在便于维修的位置，就地排放的疏水阀出口管，应引至地面并采取防冻措施。
⑪ 管廊上高点排气、低点排液。
⑫ 管道的热补偿。
a. 多根需要设置Ⅱ形补偿器的管道宜并排布置。管径较大、温度较高、需要较大的Ⅱ形补偿器的管道宜放在外侧，反之放在内侧以便于成组地设置Ⅱ形补偿器（图6-58）。

■ 图 6-58　管廊上 Π 形补偿器的布置　　■ 图 6-59　垂直布置的 Π 形膨胀弯管（补偿器）

b. 必要时可垂直布置Ⅱ形膨胀弯管（图 6-59）。在装置内管廊不宜使用垂直布置的Ⅱ形补偿器。

c. 采用钢制套筒补偿器、宽波式波形膨胀节、波纹膨胀节时，应注意管内压力产生的推力、弹性力的作用及设置支架的可能性，并应按国家现行有关标准进行计算选用。

⑬ 沿管廊两侧柱子的外侧，通常布置调节阀组、伴热蒸汽分配站、凝结水收集站及取样冷却器、过滤器等小型设备。

⑭ 调节阀的阀组应尽量布置在地面上以方便操作和检修。调节阀应尽量布置靠近设备的一侧。一般布置在管架柱子外侧 500～1000mm。

与调节阀组一起的孔板应尽量装在立管上（图 6-60）。为了接线方便，孔板安装标高一般为 1800～2000mm。要尽量保证孔板前后直管长度。直管长度在孔板前为 15～20 倍公称直径，不得小于 10 倍公称直径，在孔板后为 5 倍公称直径，不得小于 3 倍公称直径，以保证测量精度。

⑮ 管廊上敷设有坡度的管道，可通过调整管托下加型钢或钢板垫枕的办法来实现。对于放空气体总管（或去火炬总管）宜布置在管廊柱子的上方，以便于调整标高。

⑯ 管廊上管道进行支承时，对于奥氏体不锈钢裸管，宜在支点处的管道底部焊与管道材质相同的弧形垫板（图 6-61）。

调节阀与孔板组装尺寸 mm

DN	A	B	C	H
50	>700	1400	1800	400
80	>1200	1400	1800	400
100	>1400	1400	1800	400
150	>2000	1300	1800	500
200	>2000	1300	1800	500
250	>2500	1300	1800	500
300	>3000	1500	2000	500
350	>3500	1500	2000	500

$90° \leqslant \alpha \leqslant 135°$

■ 图 6-60　调节阀与孔板组装　　　　　　■ 图 6-61　弧形垫板

⑰ 管廊上管道的数量应通过管道走向研究决定（图6-62）。

二、管廊上管道布置设计工程实例

工程实例一 管廊上的管道排列（图6-63）

工程实例二 某乙烯工程管廊的计算机三维模型截面图（图6-64）

工程实例三 管廊上管道阀门及其操作平台的设置（图6-65）

■ 图6-62 管道走向研究图（平面图）

第六章 管道布置

图6-63 管廊上的管道排列（断面图）

387

■ 图 6-64 某乙烯工程管廊的计算机三维模型截面图

注：上图是 38m 高、13m 宽的装置内主管廊计算机三维模型截面图，管廊的地面布置了泵、控制阀组，向上依次布置了工艺管线层、公用工程管线层、特殊要求管线（如不能有下袋）层、火炬管线层、电缆桥架层、干燥塔所在的层等。

三、管廊上管道布置设计常见错误及纠正

管廊上管道布置设计常见错误及纠正见表 6-22。

■ 图 6-65　某乙烯工程的管廊上管道阀门及其操作平台的设置

表 6-22　管廊上管道布置设计常见错误及纠正

错误设计	正确设计	工程实例说明
		直径较大的管线宜布置在靠近管架柱,腐蚀介质不宜布置在上层,轻烃类管线不应布置在高温管线上方,长距离输送的公用工程管线布置在上层
		宽度 B 一般不宜小于 2m。导向支架 L 应为 30～40 倍公称直径 带 Π 形补偿器的管线,最热和最大直径的管线放在外侧,低温在内侧
		管线应"步步低"或"步步高",避免出现中间低的 U 形,以免积液
		不应在应力或位移量较大处连接支管

第五节　塔的管道布置设计

一、塔的分类

1. 蒸馏（精馏或分馏）塔（Distillation Column）（图 6-66）

■ 图 6-66　泡罩型精馏塔

蒸馏塔的功用是将多成分系的原料经过加热后，以塔中央的下面适当位置为进料层，进行蒸馏或精馏，因此称为蒸馏塔（Distillation Column）、精馏塔（Rectification Tower）、分馏塔（Fractionating Tower）、蒸发塔（Evaporator Tower）、稳定塔（Stabilizer Column）、汽提塔（Stripper）等。

2. 反应塔（React Ion Tower）

蒸馏塔的功能是将含多成分的原料，依物理的方法利用各成分不同的沸点（Boiling Point）进行分离各种物质的作业。反应塔的功能则相反，反应塔内所要进行的是化学反应（如分解结合、聚合等），其内部构造依反应的种类、条件而异，外观与蒸馏塔相同，均为竖立圆筒形，塔身的长度大致上均比直径为大，成为细长形的塔。

3. 萃取塔（Extraction Tower）

萃取塔的功能是将原料中所含的一部分成分利用萃取剂（Extracting Reagent）（液体、固体）提取（吸附）分离的方法，一般液体原料采用液体萃取剂来提取的比较多，也有液体与固体、气体与固体、气体与液体等各种情形的萃取方法。

4. 吸收塔（Absorption Tower）

吸收塔的功能是在塔内进行液体吸收气体的操作，为了使气体与液体有良好的接触，其流向［并流（Cocurrent Current）、逆流（Counter Current）（或称对流）］、装填位置以及内部构造（如架层、填充物）等设计都要经过周密安排（如温度、压力、流速等条件），才能在操作上发挥最高效能。

5. 洗涤塔（Washing Tower）

洗涤塔是属于吸附和吸收的一种。这种操作往往是被吸收物的量较少，被吸收的物质一

第六章　管道布置

一般不是目的物,非吸收物质是目的物的情况比较多,洗涤塔(Washing Tower)也称为捕集器(Scrubber)。

二、塔的管道侧和操作侧划分

可将塔的四周大致划分为检修所需要的操作侧(检修侧)和管道布置所需要的管道侧,如图 6-67 所示。如果将操作侧分为三个区,即操作区、吊装区、仪表和爬梯区更为确切。

■ 图 6-67　塔的管道侧和操作侧的划分

三、塔的管道布置设计要点

① 塔顶管道一般有塔顶油气、放空和安全阀出口管道。塔顶放空管道一般安装在塔顶油气管道最高处的水平管段的顶部,并应符合防火规范的要求。对于安全阀的配管应符合以下原则。

a. 安全泄压装置的出口介质允许向大气排放时,防空口不得朝向临近设备或有人通过的地区,放空管口的高度应高出以安全泄压装置为中心,半径为 8m 的范围内的最高操作平台 3m,如图 6-68 所示。

b. 安全阀后面的管道布置应使排放不会积液;安全阀可在平台上进行维修,DN100 以上

■ 图 6-68　安全泄压装置出口高度

■ 图 6-69　沿塔敷设的管道

391

时，应可以使用吊柱；排入大气的安全阀出口的低点加 φ8mm 的泪孔，对易燃易爆介质的管线上应配密闭收集的导管；出口管要有充分的支承；当排入防空总管或去火炬总管的介质带有凝液或可冷凝气体时，安全阀的出口应高于总管，否则，应采取排液措施，并且，应顺流向以 45°从泄压总管的上部接入。

c. 若安全阀进出口管上设有切断阀时，应当用单闸板闸阀，且阀杆应水平安装。

② 塔顶油气管道内的介质一般为气相，管径较大，管道尽可能短，要"步步低"，不宜出现袋形管，且具有一定的柔性。

③ 每一条管道应尽可能沿塔敷设，通常将塔的管道和塔的保温外切线或同圆线成组布置，个别管道可单根沿塔布置（图 6-69），使管道布置美观且易于设置支架。

④ 每一根沿塔管道，需在重心上部设承重支架，并在适当位置设导向支架，以免管口受力过大。

⑤ 分馏塔顶油气管道一般不隔热，只防烫，如该管道至多台换热设备，为避免偏流，应对称布置（图 6-70）。

⑥ 塔顶为两级冷凝时，其管道布置应使冷凝液逐级自流，油气总管与冷凝器入口支管应对称布置。

⑦ 当塔顶压力用热旁路控制时，热旁路管应保温，尽量短，其调节阀安装在回流罐上部，且管道不得出现"袋形"，如图 6-71 所示。

■ 图 6-70　对称布置分馏塔顶油气管道　　　　■ 图 6-71　塔顶压力用热旁路控制时的管道布置

⑧ 特殊要求的管道与塔开口直接焊而不采用法兰连接，以减少泄漏。

⑨ 塔体侧面管道一般有回流、进料、侧线抽出、汽提蒸汽、重沸器入口和返回管道等。为使阀门关闭后无积液，上述管道上的阀门宜直接与塔体管口相接，进（出）料管道在同一角度有两个以上的进（出）料开口时，管道应考虑具有一定的柔性。

⑩ 分馏塔侧线到汽提塔的管道上如有调节阀，其安装位置应靠近汽提塔，以保证调节阀前有一段液柱，其液柱的高度应满足工艺专业提出的要求（图 6-72）。

⑪ 塔底的操作温度一般较高，因此在布置塔底管道时，其柔性应满足有关标准或规范的要求。尤其是塔底抽出管道和泵相连时，管道应短且少拐弯，又需有足够的柔性以减少泵管口受力（图 6-73）。

塔底抽出线应引至塔裙或底座外，塔裙内严禁设置法兰或仪表接头等管件。塔底到塔底泵的抽出管道在水平管段上不得有"袋形"，应是"步步低"，以免塔底泵产生汽蚀现象。抽出管上的隔断阀应尽量靠近塔体，并便于操作。

图 6-72　分馏塔侧线到汽提塔的管道上调节阀的安装位置

⑫ 除非是辅助重沸器，或者是两个以上并联的重沸器同时操作，而且要求在较宽的范围内调节其热负荷，塔底到重沸器的管道一般不宜设阀门。塔底釜式重沸器带有离心泵时，重沸器的标高应满足离心泵所需要的有效汽蚀余量，同时使塔底液面与重沸器液面的高差所形成的静压头足以克服降液管、重沸器和升气管的压力损失。因此，管道的布置应在满足柔性要求的同时，使管道尽量短，弯头尽量少（图 6-74）。

图 6-73　塔底管道运行时的变形　　　　图 6-74　塔底到重沸器管道的布置

⑬ 塔的人孔应设在塔的操作区内，进出塔比较方便、安全、合理的地方。

⑭ 设置人孔的部位必须注意塔的内部构件，一般应设在塔板上方的鼓泡区，不得设在塔的降液管或受液槽区域内。

⑮ 塔体上的人孔（或手孔），一般每 3~8 层塔板布置一个。

⑯ 一座塔上的人孔宜布置在同一垂直线上，使其整齐美观。

塔的操作分布图如图 6-75 所示，某聚甲醛项目塔的操作侧照片如图 6-76 所示。

四、塔的附件及布置

1. 塔的平台

塔平台为从人孔、手孔处检修设备；紧固法兰；操作和维修调节阀组及检修、安装液面调节阀、大口径阀门、检测仪表、安全阀等附件而设。

■ 图 6-75　塔的操作分布图　　　　■ 图 6-76　某聚甲醛项目塔的操作侧

当下列附件需要布置在距地面 3600mm 以上，或距平台面 1800mm 以上时，应考虑设置平台（从地面至 3600mm 以下的高度时，可使用移动平台）：控制阀组；重沸器；人孔；安全阀；DN100 以上的阀，电动阀；取样装置；DN200 及以上的盲法兰或"8"字盲板；有必要增加法兰的地方；液位计。

现有的平台宽度一般为 1000～1500mm。人孔用平台最小宽度为 1000mm。

塔顶平台是为操作吊柱、放空阀和维修安全阀设置的，可制成方形，大小按需要确定。此外，还应考虑如下事项。

① 人孔中心线以距平台 600～1000mm 为宜，最适宜高度为 750mm（SH 3011 规定平台距人孔底部不宜大于 800mm）。

② 有两个以上塔设备并列的情况下，建议统一平台标高，做联合平台。平台应设防护栏杆和踢脚板，栏杆高度以 1.2m 为宜；平台的进出口处应有自动复位栏杆；影响检修的栏杆段，应为可拆卸的。

③ 联合平台应考虑各塔、架之间的热胀及其移动因素，留有缝隙，加入适当的销子。塔身用法兰连接时，应在法兰下侧设置平台，平台面与法兰的距离不宜大于 1.5m。

④ 通常，平台的均布荷载为 250～400kgf/m² （2.5～4kPa）为宜，因维修或管架原因需要平台承担更大负荷时，须给设备工程师提出条件。

图 6-77～图 6-79 所示为平台设置的照片。

2. 吊柱

通常，塔的高度超过 15m 以上，及需满足以下要求时需要设置吊柱：有填料时；有内件及附件装卸的情况。

吊柱布置应注意的事项如下。

① 吊柱下方地面应留有充分的作业空间。
② 应能达到塔上所有检修和操作平台的位置。
③ 在吊柱回转覆盖范围内,应有一处能够避开所有平台和管道的竖直通道。
④ 吊柱应布置在检修侧范围内。
吊柱布置如图 6-80 所示。

■ 图 6-77 某石化公司塔的联合平台设置

■ 图 6-78 某 30 万吨/年合成氨塔的塔顶平台

■ 图 6-79 某乙烯工程塔的联合平台布置

■ 图 6-80 吊柱布置

3. 梯子

塔器上的梯子几乎都是直梯,是上下各层平台以及安全逃生的通道,也可作为观察、操作和维修某些附件的设施。

需要经常上去进行操作和维修工作的平台应设置梯子;下列附件也可靠近直梯布置:3″及以下的阀;各种液位计视镜;手孔;压力计等仪表。

梯子布置应注意的事项如下。
① 梯子的布置间距必须满足 GB 50160《石油化工企业设计防火规范》的规定。
② 直梯宽度以 0.4~0.6m 为宜,高度超过 2m 时应加设安全护笼。

③ 塔平台直梯应自下而上分段错开布置。

④ 高度在 15m 及以下时，每段高 5~8m 为宜，超过 15m 时，每段应不高于 5m，否则应设中间休息平台（按 SH 3011 的规定）。

4. 管口方位

塔的管道与其他设备管道相比，其特点是根据工艺要求安排好管口和塔盘等内部结构的关系，这种关系的好坏对管道布置的简化、操作的方便、检修的难易、是否经济等有很大的影响。因此，需要对塔的内部结构、塔的操作进行充分了解。

（1）人孔 从检修和操作上考虑，人孔方位应布置在检修侧，且宜设在同一垂线上，但不能朝向加热炉和其他危险气体发生区域；若有两台塔并列时，人孔应朝向一致（同一方向）。对有塔盘等内部结构的塔，人孔开设的方位必须注意同内部构件的关系，应开设在降液管以外的区域。

① 塔顶人孔。注意到降液盘区即可，但降液管在 300mm 以下时，可圆周（360°）布置（图 6-81）。

■ 图 6-81 塔顶人孔

② 中间人孔。
a. 单流（图 6-82）：

■ 图 6-82 单流情况

b. 双流（图 6-83）：

③ 塔底人孔（图 6-84、图 6-85）。

（2）仪表管口 仪表最好不要放在人孔旁（有破损的危险）。

① 液位计和液位调节器的开口应布置在便于监视、检查及能从抽出泵和调节阀的旁通处看得见的位置，且液面应不受流入液体冲击的影响。

第六章 管道布置

■ 图 6-83 双流情况

■ 图 6-84 塔底人孔（无挡板的场合）

■ 图 6-85 塔底人孔（有挡板的场合）

② 液位调节变送器，应设在平台或梯子上操作方便的地方，站在梯子平台上操作的液位调节器和液位计宜安装在梯子的右侧。

③ 液位调节器最适宜的位置，是在检查液位调节器时，可以看到液位计的地方；并应考虑由于液相进料影响的液位波动。当设置的挡板不能避免液位波动时，应与设备专业协商解决液位计的方位，取决于受液槽与重沸器返回口间的关系（图6-86、图6-87）。

■ 图6-86 液位计开口（单溢流塔板）
1—受液槽；2—重沸器返回口；3—检修侧；
4—管道侧；5—液位计开口

■ 图6-87 液位计开口（双溢流塔板）
1—受液槽；2—重沸器返回口；3—检修侧；
4—管道侧；5—液位计开口
注：*处表示宜在此范围内开口；**处表示在此范围内开口时，应与设备专业商定。

④ 两个低温液位计不要靠在一起，防止"冷桥"产生和结霜（图6-88）。

(a) 不适合　　　　　(b) 适合

■ 图6-88 两低温液位计的布置

⑤ 压力表开口和压差计上部开口应布置在气相区。框架内的塔，如果压力表、温度计管口与结构梁过于接近，应考虑安装的可能性，必要时与设备工程师商量以进行修改。

⑥ 回流管、进料管和抽出管等布置如下（图6-89～图6-91）。

塔顶气相（馏出线）开口布置在塔顶头盖中部，安全阀开口、放空管开口一般布置在塔顶气相开口的附近，也可将放空管开口布置在塔顶气相管道最高水平段的顶部。

塔顶回流或中段回流的开口，一般布置在塔板的管道侧，回流管的内部结构和开口方位与塔溢流方式有关。

■ 图 6-89　回流管布置

气相进料开口一般布置在塔板上方，与降液管平行，当气流速度较高时，应设分配管；气液相混合进料开口一般布置在塔板上方，并设分配管，当流速较高时应切线进入，并设螺旋导板。

■ 图 6-90　进料管布置

塔板的抽出口：单溢流塔板，从流体的均衡性考虑，开口应与受液槽垂直布置；双溢流塔板，无论是一个开口或是两个开口，开口都宜布置在与降液管平行的塔中心线上。

■ 图 6-91　抽出管布置

五、塔的管道支架

① 从塔顶部出来的管道或侧线进出口的管道，应以靠近管口处的第一个支架为承重支架，如再设第二个承重支架时应为弹簧支吊架。一般在承重支架之下，按规定间距设导向支架（图 6-92、表 6-23）。

■ 图 6-92 塔外壁上的支架设置　　　　　　■ 图 6-93 设置支架的顺序

表 6-23 塔器上的垂直管道的导向支架间最大间距 H

管径 DN	15	20	25	40	50	80	100	150	200	250	300	350	400	600	800
最大间距 H	3.5	4	4.5	5.5	6	7	8	9	10	11	12	13	14	16	18

注：此表为某乙烯工程参考的数据。

② 设置支架的顺序自上而下为固定支架、导向支架、弹簧支架。最后一个导向支架距水平管道宜不小于 25 倍管道公称直径，以免影响管道自然补偿。若沿塔壁垂直管段热位移量大时，其水平管段应设弹簧支架，若热位移不大时，可设导向支架（图6-93）。

③ 直接与塔管口相连接的大于或等于 $DN150$ 的阀门下面宜设支架（图6-94）。

■ 图 6-94 阀门下面的支架

六、塔的管道布置设计工程实例

- 工程实例一　塔的管道布置设计（图 6-95、图 6-96）
- 工程实例二　一般塔的管道布置设计（图 6-97）
- 工程实例三　变径塔的管道布置设计（图 6-98）
- 工程实例四　变径塔管道布置计算机三维模型（图 6-99～图 6-101）

■ 图 6-95 塔的管道布置设计立面图

■ 图 6-96 塔的管道布置设计平面图

■ 图 6-97 一般塔的管道布置设计

图 6-98

图 6-98 变径塔的管道布置设计

■ 图 6-99　变径塔的操作侧

■ 图 6-100　变径塔的管道侧

■ 图 6-101　变径塔的管道侧（某乙烯工程）

七、塔的管道布置设计常见错误及纠正

塔的管道布置设计常见错误及纠正见表 6-24。

表 6-24 塔的管道布置设计常见错误及纠正

错误设计	正确设计	备注
		当管道与塔壁温差较大，相对伸长时，应由各支管吸收，L 的长度应足够吸收补偿相对伸长量
		防止阀门上部积液
		尽量减少可能积液的管段，阀门应设在根部
		防止积液堵塞

续表

错误设计	正确设计	备注
		消防蒸汽、冲洗水快速接头等不应朝向操作者，且布置位置应尽量靠近平台入口侧
		视镜、手孔、人孔盖的上面不得布置管线
		不应站在梯子上开关阀门，应设置平台
		塔底热油管，因管道向下、热胀，如需设支架时宜设弹簧支架
		两设备底部连接的管线，一般操作温度大于安装时温度，为防止管口受力过大，宜设弹簧管托
		塔回流线与塔壁的温差较大时，所产生的相对伸长量也大，在水平管段上的第一个支架有垂直位移，应设弹簧支架。如果 L 较长，足够吸收相对伸长量时，可设导向管卡（限制支架垂直位移）

第六节 容器的管道布置设计

一、容器的分类

容器包括立式容器和卧式容器。大型容器和容器组应布置在专设的容器区内。按流程顺序与其他设备一起布置。

根据容器的用途和功能分类如下。

① 分离器：将流体中含有的固体、液体和气体分离的容器总称为分离器。

② 气液分离器：通过对含液滴气流的缓冲、分离回收其飞沫，并能防止压力急剧变化的容器。

③ 沉降器：将互不溶解液的混合液静置，靠密度差来分离轻重液体的容器。

④ 闪蒸罐：把带压液体通入低压容器内，使部分或全部液体汽化的容器。

⑤ 混合器：将两种以上的物料混合的容器。

⑥ 稀释器：在液体物料中添加水或其他溶剂，使液体浓度降低的容器。

⑦ 溶解器：在固体物料中加入热溶剂，使之溶解为液体的容器。

⑧ 蓄压器：将具有压力的气体、蒸汽或液体储于容器内，使相应系统维持恒定压力的容器。

⑨ 供给器：向主流体内补充或添加液体的容器。

⑩ 计量器：为测量流体的质量或体积配备的容器。

⑪ 废气排放器：把装置中产生的废气集中并安全排至大气的容器。

⑫ 反应器：在容器内进行化学反应的容器。

二、开口方位

1. 基本考虑

开口方位应考虑设备的整体布置，必须满足下述各项要求：满足工艺过程要求；容易操作；容易维修；经济；美观。

2. 检修侧和管道侧

容器附近的空间自分为维修所需的检修侧和管道布置所需的管道侧（图6-102）。整体布置上应做到操作、维修方便，外观整齐、美观。

■ 图6-102　检修侧和管道侧

检修侧内设置的管口和附件：人孔、手孔、检查孔；仪表管口；吹扫管口（氮气、水蒸气）；铭牌；吊柱。

管道侧内设置的管口；与管道相接的管口。

3. 决定管口方位的注意事项

① 卧式容器上的进口管口和出口管口距离尽量远。
② 卧式容器出口管口应朝向泵侧设置。
③ 人孔盖和人孔吊柱原则上设在人孔的右侧，但是为了便于操作，也可改在左侧。
④ 操作平台间超过3m的梯子，为了方便进出，原则上设成侧向进出。
⑤ 卧式容器的排凝管口设在流体出口的反方向。
⑥ 卧式容器的人孔原则上设在容器顶部或封头处。
⑦ 卧式容器的安全阀、压力表和放空等管口，统一设在容器顶部。
⑧ 立式容器若用支耳支承，并有梁下管口时，应特别注意高度和方向。
⑨ 卧式容器原则上将出口管口端的鞍座固定。

4. 标准的管口方位例子

卧式容器和立式容器的代表性管口方位布置如图6-103所示。

■ 图6-103 管口方位例子

三、框架平台和梯子

1. 框架平台

两层以上布置容器的框架平台按以下规定，并用梯子上下平台。

框架的大小：由图6-104中的 $A \sim C$ 尺寸决定框架的边，也应注意其他的决定框架大小的因素。C 尺寸在操作、维修时不小于600mm。

2. 框架柱的位置

① 卧式容器轴向与框架柱的位置采用图6-105中①～③之一的形式。确定框架柱的位置时注意以下各点。鞍座与框架相同；鞍座与框架端柱的间距；框架端。
② 原则上优先选取图6-105中①柱的布置。对③除非受管桥限制才选取外，一般不选用，因为钢架不经济。
③ 框架平台面最大伸出尺寸为2500mm，以此保证图6-106中的 A、B 尺寸。
④ 卧式容器垂直方向上的柱位置由以下各条决定。
a. 保证图6-104中的 C 尺寸。

■ 图 6-104　框架的大小

注：1. 有保温、保冷、防火层时，按其外表面计算。
2. 图中两个"B"尺寸为同性质的尺寸，可查相应标准。

■ 图 6-105　柱的位置

■ 图 6-106　框架平台面最大伸出尺寸

b. 框架下设备的布置，应保证它们的操作、维修空间。

c. 不需要操作、维修时，图 6-107 中的 C 尺寸可取最小值。

⑤ 与换热器等同一框架布置时，换热器鞍座与容器的某鞍座位置取齐，以便共用一条梁。

■ 图 6-107　卧式容器垂直方向上的柱位置

3. 梯子（图 6-108）

① 梯子按平行于容器轴向设置，并从侧向上下至通道面。
② 4000mm 以上框架平台按最大 4000mm 设置中间踏步平台。
③ 梯子上方保证 2150mm 以上的空间。
④ 梯子角度宜选用 45°，有效宽度按 750mm 规划。

■ 图 6-108　梯子

4. 平台形式

① 高于 3m 的操作平台上的阀（大于 2in）、人孔、安全阀和调节阀等，需设通道和检修场地。
② 1½in 以下的阀、立管的截止阀和仪表等的操作，原则上用梯子。
③ 平台的上下用梯子。
④ 平台的最小尺寸如图 6-109 所示。
⑤ 立式容器的平台参照"敷塔管道设计"。

■ 图 6-109　平台的最小尺寸

四、管道布置规划

一般容器管道受工艺过程和容器结构的约束因素较少，所以重点在操作方便、经济美观方面，进行管道的敷设。

① 应满足工艺要求。例如：入口管道避免出现袋形；有无坡度。
② 优先考虑卧式容器的大口径管道，然后考虑其他管道，考虑支承，美观地敷设。
③ 管道可在容器本体设置支架。
④ 从立式容器上部管口下来的管道和大口径管道应优先配置。
⑤ 管道上的阀门宜直接与管口相接。

⑥ 安全阀四周：安全阀安装位置靠近容器的主管位置，无距离设置时，要进行压降核算；安全阀跳动时，产生推力，应设计抗推力的支架；入口管道和出口管道常常有温差，应考虑能伸缩的支架；排向大气的喷出管口附近设 $\phi 9$ 的泪孔，以便不存液体和雨水，排放不要朝向通道口；多个安全阀相邻安装时，排出管采用集合管形式。

⑦ 受热作用的管道应考虑其柔性要求，如与离心压缩机相接的管道，仪表用的较长连接管。

⑧ 产生振动的管道应对支架进行加固。

五、容器管道布置设计工程实例

工程实例一 卧式容器的管道布置（图 6-110～图 6-112）

■ 图 6-110 卧式容器管道布置平面图

工程实例二 带分离罐的卧式容器管道布置立面图（图 6-113）

六、容器管道支架

① 从立式容器顶部出来的管道或侧线进出口的管道，应以靠近管口处的第一个支架为承重支架，如再设第二个承重支架时应为弹簧支吊架。一般在承重支架之下，按规定间距设导向支架（可参见上一节塔的支架图）。

■ 图 6-111 卧式容器下部操作平台

注：卧式容器的中心标高高于 3m，且人孔设于封头中心线处时，需要设下部人孔平台，其标高便于对人孔、仪表和阀门的操作。

（容器上部所有管接口的法兰面应高出平台顶面最小 150mm，且人孔设于容器顶部）

■ 图 6-112 卧式容器上部操作平台

■ 图 6-113 带分离罐的卧式容器管道布置立面图

② 直接与塔或容器管口相连接的大于或等于 DN150 的阀门下面宜设支架（可参见上一节塔的支架图）。

③ 管道 T 形支架。地面容器管道上设置的支架常用 T 形架。图 6-114 所示为设置此种支架的规划，但不限于此。

④ 从容器筒体或容器上部平台设置的支架，如图 6-114 所示。

■ 图 6-114　管道 T 形支架

七、容器管道布置设计常见错误及纠正

容器管道布置设计常见错误及纠正见表 6-25。

表 6-25　容器管道布置设计常见错误及纠正

错误设计	正确设计	备注
		回流油罐进泵管线不得出现袋形，防止气阻和汽蚀，防止泵抽空
		初馏和常压塔顶回流罐的通往燃料气的管线，其切断阀应靠近设备管口，管线不得出现袋形，以免积液影响罐内压力，在管线的高点设 DN20 放空阀
		为使停工时管内不积液，应采用偏心大小头

414

第七节　换热设备的管道布置设计

一、换热设备的分类

换热器种类很多，按其结构分主要有管壳式、管箱式、套管式等。对于空气冷却器，按送风方式分为强制通风式和抽风式两种，按结构空冷器可分为干式、湿式、干-湿联合式三种。

二、换热器管道布置一般要求及典型实例

① 工艺管道布置应注意冷热物流的流向，一般冷流自下而上，热流由上而下。
② 管道布置应方便操作，并不妨碍设备的检修（图6-115、图6-116）。
　a. 管道布置不影响设备的抽芯（管束和内管）。
　b. 管道和阀门的布置，不应妨碍设备的法兰和阀门自身法兰的拆卸或安装。在图6-115所示范围内不宜布置管道或阀门。

①~⑧是检修空间，对于U形管换热设备不必考虑⑥~⑧。

■ 图6-115　管壳式换热设备的检修空间

注：1. 参见本书第五章第八节换热设备布置提供的数据。

③ 换热器的基础标高，应满足其下部排液管距地面或平台面不小于150mm。
④ 换热器的管道，尽量减少高点和低点，避免中途出现"气袋"或"液袋"，并设高点放空，低点放净；在换热设备区域内应尽量避免管道交叉和绕行；尽量减少管道架空的层数，一般为2~3层。
⑤ 两台或两台以上并联的换热设备入口管道应对称布置，对气液两相流换热设备则必须对称布置，才能达到良好的传热效果。
⑥ 换热器的进出口管道上测量仪表，应靠近操作通道及易于观测和检修的地方安装。

■ 图6-116　某项目的换热器管道布置照片

⑦ 与换热器相接的易凝介质的管道或含有固体颗粒的管道副线,其切断阀应设在水平管道上,并应防止形成死角积液。

⑧ 在寒冷地区,室外的换热器的上水管道与下水管道应设置排液阀和防冻连通管。

换热器管道布置如图 6-117、图 6-118 所示。

■ 图 6-117 换热器管道布置平面图

■ 图 6-118 换热器管道布置立面图

⑨ 成组布置的换热器区域内,可在地面或平台面上敷设管道,但不应妨碍通行和操作;调节阀组宜平行于设备布置;成组布置的换热器之间管道布置的净距应大于或等于650mm;并联多组换热设备的进出口管道应对称布置。

⑩ 可根据管道布置的要求来确定管口的形式。管口可以水平、垂直或任意角度,也可在管口法兰前用弯头代替直管(图6-119)。

■ 图6-119 管口形式

a. 一般情况下,通常采用图6-119(a)所示形式。

b. 当管道口径比较大,可能需要增加换热器的安装高度。当对安装高度有限制时,采用图6-119(b)所示形式。这种情况发生如下。

ⅰ. 当希望换热器的安装高度与其他换热相同时。

ⅱ. 当换热器放置在结构下,由于换热器的安装高度的增加,可能引起不必要的结构高度的增加时。

ⅲ. 当换热器安装在水平容器上方时。

ⅳ. 当换热器叠加放置时。

c. 当采用图6-119(b)所示的形式时,应及时向设备专业提出条件。这些活动应在管道走向研究阶段完成。

ⅰ. a 尺寸应由管道工程师确认。

ⅱ. h 尺寸应根据排放的口径来决定。

⑪ 在框架上换热器的管道布置如下(图6-120、图6-121)。

■ 图6-120 框架上的换热器管道布置平面图

■ 图 6-121　框架上的换热器管道布置立面图

　　a. 对于多台并联的换热器，为了使流量分配均匀，管道宜对称布置。但支管有流量调节装置时除外。

　　b. 多台换热器公用的蒸汽或冷却水的总管宜布置在平台下面。

　　c. 在塔顶管道进入分配总管的地方，至少应有一段相当于3倍管径长度的直管段，以保证物料均匀地分配到各换热器中去。

　　d. 换热器气体出口至分离器之间的管道应有一定的坡度，坡向分离器可确保管内及换热器内不积液。

　　e. 当换热器布置在框架的中层或底层时，应在框架内设置吊车梁。保证足够的吊装高度或有可拖动措施，且吊车可靠近该框架。

　⑫ 立式换热器的管道布置如下。

　　a. 管口方位应与折流板相符合（图 6-122）。

　　b. 双程时，壳程和管程的进入管口应在一方向（图 6-123）。

(a) 折流板为偶数　　(b) 折流板为奇数

■ 图 6-122　折流板与管口方位

■ 图 6-123　双程立式换热器

c. 与管箱连接的管道应有可拆卸段。
　d. 对于大口径固定管板式换热器，应考虑其上下封头（管箱）拆卸所需空间和吊装设施操作空间。
　e. 不得占用换热器上方的预留抽芯和吊装空间。
　f. 应考虑设备管程和壳程的排气、排液，防止内部积液，影响换热效果。

三、空冷器管道设计具体要求及典型实例

　① 分馏塔顶至空冷器油气管道，一般不宜出现"液袋"。当空冷器进出口无阀门或为两相流时，管道必须对称布置，使各片空冷器流量均匀（图 6-124）。

■ 图 6-124　空冷器管道对称布置的要求

　② 空冷器的入口集合管应靠近空冷器管口连接，如因应力或安装需要，出口集合管可不靠近管口连接，集合管的截面积应大于分支管截面积之和。
　③ 空冷器入口为气液两相流时，各根支管应从下面插入入口集合管内，以使集合管底的流体分配均匀；同时在集合管下方设置停工排液管道，接至空冷器出口管道上。
　④ 空冷器入口管道较高，如距离较长，需在中间设置专门管架以支承管道。
　空冷器的管口不能承受过大的应力，否则容易发生泄漏。所以，作用在管口上的热胀应力与其他应力之和不得超过制造厂规定的受力范围。如超过时，可将入口管按图 6-125 设计，以增加柔性。空冷器的入口管比出口管温度高，其膨胀率也大，随着管道的膨胀，管束在构架上并不固定，可有小量的移动。必须校验入口联箱和出口联箱不同的膨胀量对管束的影响，常把出口管做成弯管，以补偿这部分膨胀差值。
　⑤ 湿式空冷器的回水系统为自流管道，故管道布置时拐弯不宜过多。
　⑥ 空冷器的操作平台上设有半固定蒸汽吹扫接头，其阀门宜设在易接近处，并应注意蒸气接头方向，保证安全操作。

■ 图 6-125 空冷器入口管

空冷器的布置及管道布置如图 6-126 所示。

■ 图 6-126 空冷器的布置及管道布置

四、换热设备管道布置设计常见错误及纠正

换热设备管道布置设计常见错误及纠正见表 6-26。

第八节 加热炉的管道布置设计

一、加热炉的种类

加热炉的炉型大体分下面三种（图 6-127）：立管圆筒炉；卧管箱式炉；立管箱式炉。

二、燃烧器（喷嘴）的形式及位置

① 燃烧器（喷嘴）大体分下面三种形式：燃气喷嘴；燃油喷嘴；油、气混烧喷嘴。

② 燃烧器一般设置在炉底及侧壁（底烧喷嘴或侧烧喷嘴）。喷嘴数量及安装位置取决于加热炉的热负荷及炉体构造（图 6-128、图 6-129）。

表 6-26 换热设备管道布置设计常见错误及纠正

错 误 设 计	正 确 设 计	备 注
		为了换热设备的检修，或避免在换热设备上焊支架时壳体变形影响换热设备抽芯检修，故换热设备顶部避免敷设管线
		由于热胀，支架不可直接布置在设备下部，防止管口产生过大应力
		管箱底部的管道布置要做成可拆卸式，否则会影响管箱侧管束抽出
		蒸汽吹扫管应分别从蒸汽主管顶部引出，且不应串联连接，吹扫蒸汽应有三阀组，检查阀应设在最低处兼作放凝阀
		换热器下部管线，如变径时应采用偏心大小头，放凝阀应设在主管管底，以利排凝
		一般塔顶油气管为两相流，各冷凝器支管应由主管底引出，或水平管管底一致，防止主管积液
		在孔板和调节阀前应避免袋形，防止汽阻
		塔顶馏出线至冷凝器的管线属于汽液两相流，应对称布置，防止流体分配不均，同时也使两相流介质分布均匀，必须将主管与支管垂直布置
		一般塔顶空冷器，按两相流对称布置管线，以利分配均匀

(a) 立管圆筒炉　　(b) 卧管箱式炉　　(c) 立管箱式炉

■ 图 6-127　加热炉的种类

■ 图 6-128　立管圆筒炉喷嘴

■ 图 6-129　箱式炉喷嘴

加热炉的管道布置设计随加热炉的炉型不同而不同。加热炉区的管道布置设计一般分为两部分。一部分与炉子本身相连接的管道有加热炉进出口管道（包括对流段和辐射段）；油气联合喷嘴管道（包括燃料油、燃料气和雾化蒸汽）；吹灰器管道；炉体灭火管道（包括炉膛、回弯头箱）。另一部分与炉子本身不相连接的管道有灭火蒸汽、吹扫空气等辅助管道。

三、加热炉管道布置设计的一般要求

① 在布置加热炉的管道时，应对其进出口管道、燃料系统管道、吹灰器管道、灭火蒸汽管道等统一考虑。

② 加热炉的管道要易于检查和维护，燃烧喷嘴和管道（包括燃料油、燃料气和雾化蒸汽）要易于拆卸。

③ 燃料油和燃料气的调节阀要装在地面易于观察和维修处。

④ 加热炉的进料管道，应保持各路流量均匀；对于全液相进料管道，一般各路都设有流量调节阀调节各路流量，否则应对称布置管道，气液两相的进出管道，必须采用对称布置，以保证各路压降相同。

⑤ 转油线应以最高温度计算热补偿量，并利用管道自然补偿来吸收其热膨胀。

⑥ 加热炉的吹灰器是间歇操作，启用时管内产生大量的蒸汽冷凝液，一旦进入吹灰器，会产生腐蚀破坏，因此，蒸汽管道必须排液，蒸汽管道应有至少2‰的坡度并低于吹灰器的操作平台；管道应有一定的柔性，以便吹灰器和安装吹灰器的炉壁不受过大的力和力矩（图6-130）。

■ 图6-130 吹灰器管道立面图

■ 图6-131 炉出口转油线

⑦ 出口管道宜避免用90°弯头（管）相接，应用45°相交（图6-131）。

四、加热炉燃料油管道布置的一般要求

① 为了在负荷波动时，仍然保证稳定地供给各加热炉的喷嘴燃料油，供油量应比用油量大2~3倍。因此，燃料油系统管道要设循环管，燃料油管道引自主管架，绕加热炉一周再返回主管架，在主管架上有燃料油来回的管道。喷嘴上的燃料油管由燃料油主管的侧面或下部引出。

② 为了防止机械杂质磨损泵叶轮和堵塞喷嘴，应在燃料油管道的适当部位设置过滤器。过滤网的规格应视燃料油泵的类型及喷嘴的最小流通截面而定。

③ 为了保证喷嘴有良好的雾化效果，燃料油在喷嘴前的黏度应小于喷嘴要求的黏度。另外燃料油系统的管道上都应伴热，以防散热后燃料油黏度升高。

④ 通向喷嘴的燃料油支管应在靠近主管的地方设置阀门并接扫线蒸汽，以便在个别喷嘴停运时将支管内的燃料油全部扫尽。

■ 图 6-132　典型的立式炉油气两用烧嘴管道布置（一）
①环烧燃料总管要布置合适的支架；②烧料气总管末端的泄水阀接往厂区泄压系统；
③根据操作和检修需要，应设置少量的平台

■ 图 6-133　典型的立式炉油气两用烧嘴管道布置（二）
①环烧燃料总管要布置合适的支架；②燃料气总管末端的泄水阀接往厂区泄压系统；③根据操作和检修需要，应设置少量的平台；④长明灯阀门装在靠近燃烧器处；⑤燃料油和燃料气支管与燃烧器用软管连接；⑥长明灯总管设在平台下；⑦只烧气体的烧嘴，切断阀可以装在炉底；⑧燃料油环管；⑨燃料气环管；⑩蒸汽环管

⑤ 喷嘴的接管不得横跨看火门，也不得影响看火门的开闭；喷嘴的接管也不应影响燃烧器及风箱前板的拆卸，宜使用柔性管法兰或活接头与管口连接；阀门应靠近看火门并布置在右（或左）手侧以便左（或右）手打开看火门，边观察边调节阀门，全炉必须统一，不得有左、有右，长明灯的燃气阀门应靠近喷嘴安装（喷嘴前第一个阀门）以便于喷嘴点火。

典型的立式炉油气两用烧嘴管道布置如图 6-132、图 6-133 所示。典型的气烧嘴如图 6-134 所示。典型的油气两用烧嘴如图 6-135 所示。

■ 图 6-134　典型的气烧嘴　　　　　　■ 图 6-135　典型的油气两用烧嘴

五、加热炉燃料气管道布置的一般要求

① 燃料气要设分配主管，使每个喷嘴的燃料气都能均匀分布；燃料气支管由分配主管上部引出，以保证进喷嘴的燃料气不携带水或凝缩油。在燃料气分配主管末端装有 DN20 的排液阀，便于试运冲洗及停工扫线后排液，以及开工时取样分析管道内的含氧量，排液管上应设两道排液阀以免泄漏，该阀能在地面或平台上操作。燃料气切断总阀应设在距加热炉 15m 以外。

② 在燃料气管道上设置阻火器，就可以阻止火焰蔓延，阻火器按作用原理可分为干式和安全水封式两种。工业生产装置中加热炉的燃料气管上一般采用多层铜丝网的干式阻火器。阻火器应放置在尽可能靠近喷嘴的地方。这样，阻火器就不致处在严重的爆炸条件下，使用寿命可以延长。

③ 燃料气管道上的操作阀最好采用带有刻度的旋塞阀，可以对阀门的开度一目了然。各种管道上的切断阀，应尽可能接近各主管。以防止该阀门以上至燃料油、雾化蒸汽主管那段管道上留下冷油和凝结水，在下一次开工时不好点燃或发生泄漏现象。燃料油和雾化蒸汽管道上的操作阀应采用截止阀或球阀，以便调节。对于底烧的喷嘴，这些阀门应设在炉体外，但不要靠近管口。以防炉嘴回火或炉底火对操作人员成危险。对于底烧的立式圆筒炉的这些阀门一般在炉底平台上操作；对于底烧的立式炉的这些阀门一般在炉体外两侧的地面上操作。油气联合喷嘴管道布置如图 6-136 所示。

六、加热炉区工作蒸汽的用途及其蒸汽分配管与灭火蒸汽管道设计的特点

加热炉需要的工作蒸汽，主要是供给喷嘴雾化、炉体灭火、吹灰器吹灰、消防、吹扫和管道伴热。其管道设计的特点如下。

1. 蒸汽分配管

一般水平布置在地面上，其管中心标高距地面约500mm，两端设有支架，用管卡卡住，蒸汽分配管的底部应设置疏水阀。

2. 灭火蒸汽管道

① 由装置新鲜蒸汽管上引出的一根专用管道，其总阀应为常开的。

② 至炉膛及回弯头箱内的灭火蒸汽管均应从蒸汽分配管上引出。

③ 灭火蒸气管道上的阀门的下游管上，紧靠阀门处宜设泄放孔。泄放孔的方位应布置在阀门手轮反方向180°的位置上。

④ 蒸汽分配管距加热炉炉体不宜小于7.5m，以便安全操作。

■ 图6-136 油气联合喷嘴管道布置

七、加热炉管道布置设计工程实例

工程实例一 圆筒炉的管道布置实例（图6-137～图6-143）

■ 图6-137 圆筒炉底层管道布置平面图

■ 图 6-138 圆筒炉中间层管道布置平面图

■ 图 6-139 圆筒炉顶层管道布置平面图

图 6-140 圆筒炉上层管道布置平面图

图 6-141 圆筒炉底部燃烧器管道布置平面图

■ 图 6-142 燃烧器的燃料和蒸汽管道的布置

■ 图 6-143 看火孔处燃烧器管道的布置

工程实例二 箱式炉的管道布置实例（图 6-144）

■ 图 6-144　箱式炉的管道布置平面图

八、加热炉管道布置设计常见错误及纠正

加热炉管道布置设计常见错误及纠正见表6-27。

表6-27 加热炉管道布置设计常见错误及纠正

错误设计	正确设计	备 注
		加热炉出口转油线多为气液混相液,流速高,易振动,作为振动预防措施
		无论加热炉转油线是单向流或两相流,为防止停工存液和产生振动都不应出现U形

第九节 泵的管道布置设计

一、泵的分类

泵主要分三大类,即离心泵、往复泵和旋转泵。

离心泵的工作原理是当液体进入转动叶轮,离心力使输送液体的压力升高,从而在管道系统中呈一种平稳而无脉动的流动。各种离心泵都有汽蚀余量或允许吸入真空高度的要求,管道设计必须充分考虑这一重要因素。

往复泵有前后移动的柱塞,以置换液体迫使液体由出口管口流出。这种泵在很低的冲程数下操作,推动一次就在泵出口管道上引起一次脉动。在管道设计中要考虑防振措施。

旋转泵用以输送密度较大或黏度较大的物料;旋转泵用各种机械方法代替离心力或往复作用以输送液体。

二、泵的管道设计一般要求

① 管道布置设计必须符合管道仪表流程图(PID图)的设计要求,并应做到安全可靠、经济合理、并满足施工、操作、维修等方面的要求。

② 管道布置必须遵守安全及环保的法规,对防火、防爆、安全防护、环保要求等条件进行检查,以便管道布置能满足安全生产的要求。

③ 对于动设备的管道,应注意控制管道的固有频率,避免产生共振。

④ 管系柔性分析应满足泵制造厂关于管口受力的要求,这是设计泵管道时的依据,当缺

少制造厂的数据时，离心泵管口允许受力值可按API610规定。

⑤ 管道布置必须满足净正吸入压头（NPSH）的要求。

⑥ 泵的管道布置不得影响起重机的运行，包括吊有重物行走时不受管道的阻碍；输送腐蚀性介质的管道，不应布置在泵和电机的上方；立式泵上方应留有检修、拆卸泵所需要的空间。

⑦ 在考虑管道柔性时，应注意备用泵管道温度不同的工况，在任何工况下，管道柔性均应满足要求；泵口承受的反力必须在允许范围内，输送高温或低温介质时，泵的管道布置要经应力分析，在热应力允许范围内。管道布置形状应尽量简单。

⑧ 在泵维修时，应不需要设临时支架。

⑨ 泵的水平吸入管或泵前管道弯头处（垂直时）应设可调支架。泵出口的第一个弯头处或弯头附近宜设吊架或弹簧支架。当操作温度高于120℃或附加于垂直的泵口上的管道荷载超过泵的允许荷载时宜设弹簧吊架（图6-145）。在缺乏制造厂提供的数据时，离心泵接管管口上的允许最大荷载应符合API610的规定。

■ 图6-145 泵出口管支架的设置

⑩ 管道布置时要考虑泵的拆卸，对于螺纹连接的管道，每个设备接口应设一个活接头，并设在靠近阀门的位置；对公称直径小于或等于40mm的承插焊管道，在适当位置需设置拆卸法兰。

⑪ 多台并列布置的泵的进出口阀门应尽量采用相同的安装高度。当进出口阀门安装在立管上时，阀门安装高度宜为1.2m（参见本书第六章第三节管道布置常用数据中的阀门操作适宜位置），手轮方位应便于操作。

⑫ 对中开式泵不应在泵体上方布置进出口阀门。

⑬ 对往复泵等有脉动流体易产生振动现象时，管道形状应尽量减少拐弯。往复泵的管道布置不应妨碍活塞及拉杆的拆卸和检修。

⑭ 不带底座的管道泵进出口管道支架应尽可能接近管口（图6-146）。

三、泵的入口管道

① 为防止泵产生汽蚀和使泵入口管道不存在气袋，应满足以下要求。

a. 泵对净正吸入压头的要求。

b. 吸入管保持水平或带有（1∶50）～（1∶100）的坡度（向上抽吸时应向泵入口上坡；向下灌注时应向泵入口下坡）。

c. 当泵入口处有变径时，应采用偏心异径管。采用偏心异径管时，当弯头向下时，使异径管顶平；弯头向上并无直管段时，使异径管底平［图6-147(a)和(b)］。如弯头与异径

■ 图 6-146 不带底座的管道泵进出口管道支架的设置

■ 图 6-147 泵入口偏心异径管的设置

有直管段，仍采用顶平的异径管，并在低点增加排液口。吸入管与总管连接及其他管道布置要求如图 6-147(c)、(d) 和 (e) 所示。

d. 尽可能将入口切断阀布置在垂直管道上。

e. 吸入管道中途不得有气袋，如难于避免，应在高点设放气阀。

f. 由装置外储罐至泵的吸入管道，为了不出现气袋，应穿越防火堤，且使管墩上的管道在最低点的位置（图 6-148）。

② 为防止偏流、旋涡流而使泵性能降低，通常管道布置要求如下。

a. 单侧吸入口处如有水平布置的弯头时，应在吸入口和弯头之间设一段长度大于 3 倍管径的直管段。

b. 双侧吸入口的离心泵，为使泵轴两侧的推力相等，叶轮平衡，吸入管道应有一段直

■ 图 6-148　罐进泵吸入管道布置
①防火堤；②应尽量避免气袋；③不得高于罐出口管口

管段；当吸入管道与泵轴平行，在同一平面与泵连接时，泵吸入口法兰前方需要有至少 7 倍管径的直管段 [图 6-149(a)]，以防止由弯头引起介质偏流，从而降低泵效率和损伤叶轮；当吸入管道与泵轴成直角和泵吸入口相接时，直管段可包括弯头，也可把大小头和切断阀视为直管 [图 6-149(b)、(c)，其中图（c）中的 L_1 尽可能短]。

c. 当直管段不够长时，应在短管内安装整流或导流板，或改变管道布置。

■ 图 6-149　防止偏流、旋涡流的管道布置

③ 为防止杂物进入泵内应在泵入口管线上安装粗滤器。

a. 临时粗滤器（锥形过滤器）。

临时粗滤器通常用于试车期间，当管道吹扫或冲洗干净后可拆除。为便于拆卸，应设置一段法兰短管或留有抽出滤网的空间，并备有一个与临时粗滤器同厚的垫环，以转换临时粗滤器。过滤面积应不小于管道内截面的 2～4 倍。临时过滤器的安装应尽可能靠近泵口，图 6-150 所示为锥形过滤器安装的典型管道布置。

■ 图 6-150　锥形过滤器安装的典型管道布置

b. 永久粗滤器。

ⅰ. 通常用 Y 形或 T 形粗滤器,安装在泵的入口处,如图 6-151 所示。

■ 图 6-151　粗滤器安装在泵的入口处

ⅱ. 侧进泵立式安装 Y 形过滤器的典型安装图如图 6-152 所示。

■ 图 6-152　侧进泵立式安装 Y 形过滤器的典型安装图

ⅲ. 侧进泵水平安装 Y 形过滤器的典型安装图如图 6-153 所示。

■ 图 6-153　侧进泵水平安装 Y 形过滤器的典型安装图

ⅳ. 侧进泵 T 形过滤器的典型安装图如图 6-154、图 6-155 所示。

ⅴ. 顶进泵 T 形过滤器的典型安装图如图 6-156 所示。

ⅵ. 底进泵 Y 形过滤器的典型安装图如图 6-157 所示。

④ 泵入口靠近供液罐时,应考虑不同基础的沉降差可能危害泵接口,此时,管段应有足够的柔性,并合理确定支架位置。

⑤ 泵入口管应符合 NPSH 的要求,如需要应将轴测草图提交工艺专业确认。

⑥ 泵入口切断阀主要用于切断流体流动,因此,切断阀应尽可能靠近泵入口管口设置,以便最大限度地减少阀与泵口之间的滞留量。

⑦ 当阀门高度在 1.8～2.3m 时,应设移动式操作平台,阀门高度超过 2.3m 时宜设固

■ 图 6-154 侧进泵 T 形过滤器的典型安装图（一）

■ 图 6-155 侧进泵 T 形过滤器的典型安装图（二）

■ 图 6-156 顶进泵 T 形过滤器的典型安装图

■ 图 6-157　底进泵 Y 形过滤器的典型安装图

定式平台（图 6-158）也可采用链轮操作，但阀门的位置不允许链条接触泵及电机的转轴，以防产生火花，引起爆炸或火灾事故。

(a) 移动式操作平台　　　　　　(b) 固定式操作平台

■ 图 6-158　泵操作平台设置

⑧ 装置外管墩上的泵管道，应考虑阀门的操作及通行性，一般情况下应按图 6-159 所示设操作走廊式（管墩跨桥）平台，阀门统一布置在操作走廊的两侧。

■ 图 6-159　操作走廊式（管墩跨桥）平台

四、泵的出口管道

① 泵的出口管道应有一定柔性，特别是在高温、高压条件下，必须经过应力分析，根据应力的大小来确定管道的几何形状（图 6-160）。

图 6-160(a) 中出口管道对称布置，增加了管道的柔性，并使互为备用的两台泵的热应力大体相等，但增加了少量管子和弯头，略微增加一些压力损失和投资，在热介质的管道

■ 图 6-160 泵出口管道应力分析

中,两泵运行状态不同,一台运转,一台备用,备用侧温度较低,往往使热应力分析出现问题。

② 为防止泵的流体倒流引起泵的叶轮倒转,泵出口宜装有止回阀。升降式止回阀应安装在水平管道上;立式升降式止回阀可装在管内介质自下而上流动的垂直管道上;旋启式止回阀、旋启对夹式止回阀优先安装在水平管道上,也可安装在介质从下往上流动的垂直管道上;双板弹簧对夹式止回阀可安装在水平或垂直管道上,流体方向一般应自下而上,但在阀门结构允许时也可自上往下。要注意在安装对夹式止回阀时,出口方向必须设短管,不能与切断阀直接连接。

③ 当泵的出口管道垂直向上时,应根据需要在止回阀出口侧管道(或止回阀盖上钻孔)安装放净阀,也可在止回阀出口法兰所夹的排液环的接口安装放净阀(图 6-161、图 6-162)。

■ 图 6-161 泵出口管道布置示例($DN \geqslant 100mm$ 时)

④ 为降低泵出口切断阀高度可采用异径止回阀(图 6-163、图 6-164)。

⑤ 对于大口径顶出泵的出口管道为了便于阀门操作和支承,可采取图 6-165、图 6-166 所示的管道布置。

⑥ 泵出口压力表安装在泵口和止回阀之间的短节上,也可安装在出口异径管或异径止

■ 图 6-162 泵出口管道布置示例（$DN<100mm$ 时）

■ 图 6-163 泵出口管道采用异径止回阀的布置示例（$DN\geqslant 100mm$ 时）

■ 图 6-164 泵出口管道采用异径止回阀的布置示例（$DN<100mm$ 时）

■ 图 6-165　泵出口管道阀门布置例图（一）

■ 图 6-166　泵出口管道阀门布置例图（二）（必要时设置平台操作）

回阀上。压力表接管应设根部阀（即切断阀），压力表表头应朝向操作侧便于观察的位置。

⑦ 泵出口的管道处，一般安装异径管，当泵出口在上部时，应安装同心异径管，当泵出口在侧面时，宜安装底平偏心异径管（或参照进口偏心异径管的设置形式）。典型的侧出泵的管道布置如图 6-167 所示。

⑧ 泵出口压力表，应安装在泵出口与第一个切断阀之间的管道上且易于观察之处（图 6-168）。

⑨ 在有备用泵的场合，停运侧的泵成了死区，因此温度计应安装在两台泵合流的管线上。

■ 图 6-167　典型的侧出泵的管道布置

■ 图 6-168 典型的泵的出口压力表布置

⑩ 泵出口阀应布置在便于操作的高度或设置小平台操作。
⑪ 典型的液下泵出口管道布置如图 6-169 所示。
⑫ 典型的泵进口与出口管道布置如图 6-170 所示。

■ 图 6-169 典型的液下泵出口管道布置

■ 图 6-170 典型的泵进口与出口管道布置

441

五、往复泵的管道布置

① 往复泵的管道存在着由于流体脉动而发生振动的现象，管道应尽量减少拐弯。

② 为防止往复泵管道的脉冲振动，泵出口管道第一个支架应采用固定架，其余支架应采用防振管卡，同时注意减小支架跨距，增加支架刚度，以抑制可能产生的机械振动。

③ 除注意上述要求外，还应根据工艺要求及泵制造厂的使用经验。

④ 在泵出口（或尽量靠近出口）处安装足够容积的缓冲罐（或脉动衰减器），以缓解或消除所产生的脉冲振动。

⑤ 当输送介质温度高于180℃时，减振缓冲罐的连接管应有3m左右长度的不保温管段（图6-171）。

■ 图6-171 减振缓冲罐安装示意

⑥ 在泵的前端应留有活塞杆抽出检修的空间；管道布置不应妨碍活塞及拉杆的拆卸和检修。

⑦ 在泵和第一个容器之间的进出口管道上的支管公称直径小于或等于25mm（包括出口管道上的压力表）时，接口根部需设加强连接板，以防止管接口损坏。

⑧ 典型的柱塞泵（计量泵）进出口管道布置如图6-172所示。

六、泵的辅助管道

① 冷却水管道。

a. 设在冷却水管上的检流器应便于观察水流情况（防止断流）。冷却水管布置应尽量贴近泵座，使之不影响检修，并要考虑美观，注意防冻。这类管道宜由制造厂设计配套供应。

b. 轴承部位需要冷却时，其冷却水管道应根据制造厂图纸上的接口位置连接。

② 用于冲洗的管道，可根据具体情况设置固定管或接头。

③ 密封液管道。管道布置时，应了解泵是否带有密封液系统，该系统通常由制造厂设计及配套供应。泵的管道应与密封液设备及管道协调布置。

七、泵的特殊用途管道

在某些情况下，为保护泵体不受损坏并能正常运行，泵的进口与出口管道上常设置保护管道、自启动管道等。管道布置时这类旁通支管的连接应尽量靠近主管的阀。

① 暖泵管道：输送230℃以上介质的泵组中，常在泵的出口阀（组）前后设置使液体少量回流的旁通管作为暖泵管道。也可在止回阀的阀瓣上钻一小孔来代替暖泵管道。

■ 图 6-172 典型的柱塞泵（计量泵）进出口管道布置

② 预冷管道：输送低温介质的泵组中，常在泵的出口阀（组）前后设置 $DN20$（或 $DN25$）旁通管道（带切断阀）。

③ 小流量旁通管：当泵的工作流量低于额定流量的 20% 时，常设置小流量旁通管（图 6-173）。

■ 图 6-173 小流量旁通管　　■ 图 6-174 高扬程旁通管

④ 高扬程旁通管：为防止高扬程备用泵出口闸板因单侧受压过大，不易打开，常设旁通管予以解决（图 6-174）。

⑤ 防凝管道：环境温度低于输送物料的倾点或凝点时，其备用泵的进口与出口常设置 $DN20$ 的防凝旁通管。通常防凝管道需要伴热保温。

八、压力管道设计其他注意事项

① 输送含固体的液体管道。为减少管系压降和沉积物堵塞，泵出口与入口管的分支管连接宜采用大坡度或 45°角斜接，并且分支管道上的阀门位置应尽量靠近其根部安装（图 6-175）。这类管道上不宜选用闸阀。

■ 图 6-175 输送含固体的液体管道的布置

② 除离心泵外，其他如往复泵、容积泵应有超压保护措施，泵出口设安全阀，阀出口管道宜返回至泵的入口管。

在管道布置设计时，应注意是否带安全阀，对允许就地排放的介质，该阀出口接管应向下引至离地面约 300mm 处。

九、泵的管道布置设计工程实例

工程实例一 某裂解汽油工程泵的进出口管道（图 6-176、图 6-177）

■ 图 6-176 工程设计图纸
某裂解汽油工程泵的进出口管道

工程实例二 输送高温或低温液体泵的管道（图 6-178）
输送高温或低温液体泵的管道胀缩较大。和塔、容器不同，泵是回转机械，不能承受较

第六章　管道布置

■ 图 6-177　工程设计图纸相应的实景照片
某裂解汽油工程泵的进出口管道

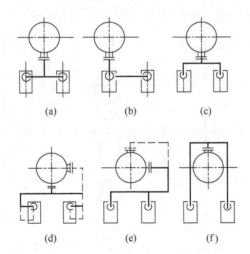

■ 图 6-178　塔底泵的管道布置方案

大的力。泵的接口受力太大，将影响泵的可靠性。因此必须根据制造厂提供的接口允许推力和力矩进行核算。设计时要进行热应力计算。图 6-178 所示的几种接管方法，由（a）到（f）管道长度增加，其补偿能力也随着增大，也就越适用于高温场合。设计时要根据物料温度来决定管道的形式。如果两台泵中有一台是备用泵，计算热应力时，两台泵的管道都要计算。

在泵的接口附近，管道要设支架。对于 Y 型泵，泵口朝上，所以应在立管或立管上弯头处设置吊架，使管道的应力和重量由支架来承受，而不是由泵体来承受，这样在泵检修吊走时也不需另设管道的临时支架。施工时要特别注意管中心线和接口中心线要对准，以减少应力。

十、泵的管道布置设计常见错误及纠正

泵的管道布置设计常见错误及纠正见表 6-28。

表 6-28　泵的管道布置设计常见错误及纠正

错 误 设 计	正 确 设 计	备　注
	（液面高于泵） （液面低于泵）	防止气袋
	>3d >2d	双吸入泵入口管应有一定长度的直管段
		防止汽蚀产生,泵入口阀只能比泵入口管直径大或相等,不得缩小
		单向阀与闸阀中间应有短管连接,否则安装困难
	可调支架	泵的入口管支架,应是可调式,且入口管及阀门位置在泵的正前方
	弹簧支架	对于外壳刚性小的鼓风机、透平机的吸入管,排出管为了防止外壳变形,安装时都必须设置弹簧支架,使管道的重量得到支承

第十节 压缩机的管道布置设计

一、压缩机的分类

压缩机按照结构分类如下：

本节仅介绍压力管道设计常用的离心式压缩机和往复式压缩机（包括蒸汽驱动机）的管道布置要求。如采用螺杆式压缩机时，应特别注意采取措施降低噪声水平。

二、离心式压缩机管道布置设计的一般要求

1. 入口管道

① 当压缩机布置在厂房内时，其入口总管通常设置在厂房外侧，这样可节约厂房占地面积，又便于安装和维修，压缩机入口不宜直接接弯头，其最短直管段应大于 2 倍公称直径，通常可取 3～5 倍公称直径。

② 原则上各段入口均应采取气液分离措施。分离罐应尽量靠近入口处，由分离罐至压缩机入口的气体管应坡向分离罐。

③ 通常为防止异、杂物进入压缩机，应在靠近其入口的管道上设置一段可拆卸短管，以便安装临时粗滤器。

2. 出口管道

① 管道布置应有利于支架设计，对离心式压缩机（包括蒸汽驱动机）通常不要求进行振动分析，但必须对管系进行柔性（热胀应力）分析，并应符合管口受力的要求。计算中应考虑设备管口的热位移。

② 压缩机出口至分离罐（分离凝液和润滑油）的管道应布置成无袋形。

③ 应注意噪声水平，必要时采取降噪声的措施。

④ 以压缩机管口不承受管道的自重为原则，应在管口上方设支架（一般为弹簧吊架），如不可能时，应在机体附近设支承点，承受管系重量。

图 6-179 所示为管系支承的基本方法。必须注意，不仅管道热胀而且机体也热胀。

3. 阀门

① 压缩机出入口的切断阀，应布置在主操作面上，必要时增加阀门伸长杆。

② 出口管与工艺系统相接时，应在切断阀前设止回阀。

③ 阀门位置不得影响压缩机的维修。阀门高度应便于操作，尽量集中布置，并使之在开停车操作时能看到有关就地仪表。

④ 安全阀应布置在便于调整的位置。

■ 图 6-179　压缩机管道的支架

注：对于大型工程项目，压缩机管道的支架不一定生根在地面，可根据项目的实际情况，生根在合适的地方，大、中型压缩机进、出口管道支架的基础不应与厂房的基础连在一起。

三、往复式压缩机管道布置设计的一般要求

① 对往复式压缩机的管道布置，除要求柔性分析外，还必须进行振动分析，直到分析合格后，管道布置设计才认为合格。

② 压缩机进出口管道布置如下。

a. 应短而直，尽量减少弯头数量，出口管道有热胀时，应使管道具有柔性。

b. 缓冲罐应靠近压缩机出入口处，使防振或减振的效果好。

c. 必要时，在容器的进出口法兰处安装孔板，以降低管段内的压力不均匀度，从而达到减振的目的。

d. 管道布置应尽量低，支架敷设在地面上，且为独立基础，加大支架和管道的刚性。避免采用吊架。对有些出入口管道在能满足管系柔性的前提下，宜尽量少用弯头，必须采用时，应使用 45°弯头或使用较大曲率半径的弯管，以减缓激振反力对管系的影响。不宜将出口管的支架生根在建筑物的梁及小柱上。

③ 管道布置应考虑液体自流到分液罐，当管道出现液袋时，应设低点排净。

④ 多台机组并排布置时，其进出口管道上的阀门和仪表应布置在便于操作、容易接近的地方。

⑤ 压缩机的介质为可燃气体时，管道低点排凝、高点放空阀门应设丝堵、管帽或法兰盖，以防泄漏，且机组周围管沟内应充砂，避免可燃气体的积聚。

⑥ 布置压缩机进出口管道时，应不影响检修吊车行走。

⑦ 压缩机的管道应布置在操作平台下，使机组周围有较宽敞的操作和检修空间。

四、压缩机蒸汽透平/汽轮机的蒸汽管道

① 对蒸汽透平/汽轮机的蒸汽管道应满足制造厂提出的力和力矩的要求，并不宜采用冷拉安装。

② 应特别注意排冷凝水设施的布置，充分保证其有效性和可靠性。

③ 对过热蒸汽也应考虑开停车时需排放冷凝水。

④ 支管连接时，应从主管的顶部引出。

五、压缩机的辅助管道

压缩机的辅助管道有冷却水、润滑油、密封油、洗涤油、气体平衡、放空等管道。对于密封油、润滑油还有油冷却器的冷却水管和冬天储罐保温用的蒸汽管。这些管道使用前必须

进行充分的清洗。润滑油系统的管道如图 6-180 所示。

■ 图 6-180　润滑油系统的管道
1—视镜；2—轴承；3—汽轮机；4—转速控制器

■ 图 6-181　压缩机管道立面图
1—破沫网；2—液面网；3—内管；4—支管；5—集合管；6—润滑油设备；7—拆卸阀门；
8—可调节弹簧垫；9—气缸支架

■ 图 6-182　压缩机管道立体图

当压缩机由电机驱动时，可能还有对电机正压通风的管道。

当压缩机用蒸汽透平驱动时，需要蒸汽管道。蒸汽透平的管道与离心式压缩机要求一样，但蒸汽温度高，压力高，所以要特别注意热应力。

六、压缩机管道布置设计工程实例

工程实例一 压缩机管道布置设计的典型图（图6-181、图6-182）

工程实例二 离心式压缩机管道布置设计工程实例（图6-183～图6-185）

工程实例三 往复式压缩机管道布置设计工程实例（图6-186、图6-187）

■ 图6-183 离心式压缩机管道布置设计平面图

注：压缩机布置在厂房内，其入口总管设置在厂房外侧，可以节约占地面积，又便于安装和维修。压缩机入口不宜直接接弯头，其最短直管段应大于2倍公称直径，通常可取3～5倍公称直径。

第六章 管道布置

■ 图 6-184 离心式压缩机管道布置设计立面图（一）
⊗—在冷态下的热位移方向；✳—在热态下的热位移方向

■ 图 6-185 离心式压缩机管道布置设计立面图（二）

■ 图6-186 往复式压缩机管道布置设计平面图

■ 图6-187 往复式压缩机管道布置设计立面图

第十一节 汽车槽车装卸站管道布置设计

一、汽车槽车装卸站管道布置设计的一般要求

1. 装卸站总管的布置

① 装卸站总管布置与汽车槽车的形式有关。槽车的装卸口在顶部时，宜采用高架布置管道；装卸口在车的低位时，宜采用低架布置管道。

② 鹤管阀门设在地面或装卸台上，应方便操作，不阻碍通道。对易燃可燃物料管道，如果 PID 图上有要求，应将切断阀安装在距装卸台 10m 以外的易接近处。

2. 鹤管的布置

① 鹤管种类很多，有固定式、气动升降式、重锤摆动式、万向式等，能适应各种情况，设计时可视具体的装卸要求选用产品。

② 在敞开式装车时，选用液下装车鹤管，以减少液体的飞溅。

③ 不允许放空的介质应采用密闭装车，鹤管的气相管应与储罐气相管道相连，将排放气排入储罐。该气相管避免出现下凹袋形，以防凝液聚集。当配管不可避免出现下凹袋形时，则必须在袋形最低点处设集液包及排液管，并按工艺要求收集处理，或对集液包局部伴热，使凝液蒸发，避免产生液封现象。无毒害、非易燃易爆的物料装车时，可将放空管引出顶棚排放。

④ 当采用上卸方式卸车时，一般是将压缩气体通入槽车，用气相加压法将物料通过鹤管压入储罐中。

3. 其他

① 装卸站应设软管站，操作范围以软管长 15m 为半径，用于吹扫、冲洗、维修和防护。

② 在装卸酸、碱、氨等介质的区域，应在适当位置设置洗眼器和安全淋浴。

③ 对于输送过程中易产生静电的易燃易爆介质管道，应有完善的防静电措施（如法兰之

■ 图 6-188 鹤管布置在装车台中心时汽车槽车装车台的布置和管道设计平面图

间设导电金属跨接措施，管道系统及设备的静电接地等）。

④ 对于高寒地区，要注意采用正确的防冻措施。

⑤ 装车计量，可选用流量计就地计量或用地中衡称量。流量计应布置在槽车进出不会碰撞的地方。设防火堤者，流量计应布置在围堤之外。

二、汽车槽车装卸站管道布置设计工程实例

工程实例一 鹤管布置在装车台中心时汽车槽车装车台的布置和管道设计（图6-188、图6-189）

■ 图6-189 鹤管布置在装车台中心时汽车槽车装车台的布置和管道设计立面图

工程实例二 鹤管布置在装车台边缘时汽车槽车装车台的布置和管道设计（图6-190）

■ 图6-190 鹤管布置在装车台边缘时汽车槽车装车台的布置和管道设计

第十二节 铁路槽车装卸站的管道布置设计

一、铁路槽车装卸站管道布置设计的一般要求

1. 装卸站总管的布置

铁路槽车装卸站管道有高架布置和低架布置两种形式。管架立柱边缘距铁路中心线应不小于3m。管架跨越铁路时，铁轨顶面至管架梁底的净高应不小于6.6m，且跨越铁路的管段上不允许装阀门、法兰及其他机械接头等管道附件。

2. 鹤管的布置

① 铁路槽车装车鹤管分大鹤管和小鹤管两种。

大鹤管有升降式、回转式和伸缩式。升降式鹤管通常布置在两股铁路专用线两侧；回转式鹤管布置在两专用线中间；而伸缩式鹤管则高架于每段专用线中间。鹤管的配置应确保其行程臂长，行车小车及各附件都不能与各种槽车的任何部位相碰，并能满足各种类型铁路槽车的对位灌装。

② 鹤管有平衡锤式、机械式和气动式等。为方便操作，两排小鹤管一般都布置在两股铁路专用线中间，可令整列车一次对位灌装。

③ 对易燃液体管道，如果 PID 图上有要求，应将切断阀安装在距装卸台 10m 以外的易接近处。

二、铁路槽车装卸站管道布置设计工程实例

工程实例一 单侧铁路槽车的装车台的布置和管道设计（图 6-191）

■ 图 6-191 单侧铁路槽车的装车台的布置和管道设计

工程实例二 双侧铁路槽车的装车台的布置和管道设计（图 6-192）

■ 图 6-192 双侧铁路槽车的装车台的布置和管道设计

第十三节 装卸码头的管道布置设计

一、装卸码头总管的布置

① 在引堤或栈桥上敷设管道，宜沿引堤或栈桥一侧或两侧布置。当管道较多需分层布置时，大管径管道及检修频繁的管道应布置在下层，两层管道的净距不应小于 0.8m，下层与地面的净引距不应小于 0.4m。

② 引堤或栈桥一般较长，其上敷设的管道应有足够的柔性，在引堤或栈桥布置之初，就应考虑设置 Ⅱ 形弯的需要。

③ 陆上输油管道应沿道路呈带状布置，并减少交叉。管道应采用低支墩敷设，特殊情况下可采用埋地敷设。

④ 码头上应有畅通的通道，供检修和操作通行。

二、鹤管的配置

① 装卸码头采用的船用鹤管种类有自支承-单管手动、混支承-单管手动、分支承-单管手动、分支承-双管手动等类型。

a. 自支承双配重单管船用鹤管是以物料管道自身作为支承体，内外臂的长度受到限制，最大长度不超过 10m，适合安装在水位稳定的河流上。其管径规格较小，可用于装卸小型的槽船。

b. 混支承单配重单管船用鹤管是物料管和支承结构采用混合形式，略优于自支承结构。但内外臂总长度也不超过 18m，可用于装卸中、小型的槽船。

c. 分支承单配重单管（双管）船用鹤管是一种大型装卸臂，这种形式是工作管道与支承结构相互独立，工作管道受力较小，适合于装卸高温、低温的液体。它具有工作管道口径范围广，内外臂伸出长，适应槽船漂移范围大的特点，除部分手动操作之外，大部分配有液压传动系统，广泛用于大型槽船的装卸。

② 不允许放空的介质应采用密闭装卸，鹤管的气相管应与储罐的气相管相接，将排放气排入储罐，该气相管避免出现下袋，以防凝液聚集，当配管不可避免出现下袋时，则必须在袋形最低点处设集液包及排液管，并按工艺要求收集处理或对集液包局部伴热，使凝液蒸发，避免产生液封现象。无毒害、非易燃易爆的物料装卸时，可设放空管排放。

三、装卸码头管道布置设计工程实例

工程实例 某LNG工程装卸码头与栈桥（图6-193～图6-195）

■ 图6-193 某LNG工程装卸码头与栈桥

■ 图6-194 某LNG工程装载LNG的船到达码头

■ 图6-195 某LNG工程装载码头的鹤管

第十四节 罐区的管道布置设计

一、储罐管口的布置

① 管口应符合设备图或设备条件图的要求。

② 常压立式储罐下部人孔也可设在靠近斜梯的起点，但宜在斜梯下面；顶部人孔宜与下部人孔成180°方向布置并位于顶平台附近。高度较高的侧向人孔，其方位宜便于从斜梯接近人孔。

③ 球形储罐顶、底各有一个人孔，其方位根据顶平台上的配管协调布置。

④ 斜梯的起点方位，应便于操作人员进出并注意美观。

⑤ 常压立式储罐用蒸汽或惰性气体吹扫或置换的接口应位于有利连接操作的方位，并在靠近管廊侧的围堰外面设软管站。

⑥ 液位计管口的布置：常压立式储罐浮子式液位指示计接口应布置在顶部人孔附近，如需设置液位控制器、液位报警器或非浮子式液位计时，为减少设备上开口，宜设置液位计联箱管，与联箱管连接的设备接口，应布置在远离物料进出口处，并位于平台和梯子上能接近处，以便于仪表的安装及维修。

⑦ 液化石油气储罐底部接管最低点距地坪的距离应有利于空气流动。

⑧ 立式储槽的底部设带集液槽的排液管时，应在基础上预留沟槽。排液口的方位应靠排液总管一侧。

二、储罐区的管道布置

① 进入罐区范围内的所有管道宜集中布置，对于界外罐区宜采用低管廊布置，应使通往各储罐的支管相互交叉最少。

② 储罐的管接口标高应是在储罐充水使基础完成初期沉降后的标高。应要求基础设计者注意控制基础的后期沉降量（一般宜在25mm以下）。

③ 罐区单层低管廊布置的管道，管道与地坪间的净高一般为500mm。

④ 罐区多根管道并排布置时，不保温管道间净距不得小于50mm，法兰外线与相邻管道净距不得小于30mm，有侧向位移的管道适当加大管间净距。

⑤ 各物料总管在进出界区处均应装设切断阀和插板，并应在围堰外易接近处集中设置。储罐上经常需要操作的阀门也应相对集中布置。

⑥ 与储罐接口连接的工艺物料管道上的切断阀应尽量靠近储罐布置。

⑦ 在罐区围堰外两列管廊成T形布置时，宜采用不同标高。

⑧ 管廊上多根管道的Π形膨胀弯管通常应集中布置，以便设管架。

⑨ 储罐上有不同的辅助装置时（如固定式喷淋器、惰性气密封层、空气泡沫发生器），与这些装置连接的水管道、惰性气体管道、泡沫混合液管道上的切断阀应设在围堰外。

⑩ 需喷淋降温的储罐，其上部及周围应设多喷头的环形管，圈数、喷头数量、喷水量及间距等应符合PID图和消防规范要求。

⑪ 泵的入口一般应低于储罐的出口。

⑫ 液化石油气储罐气相返回管道不得形成下凹的袋状，以免造成U形液封。

⑬ 当液化石油气储罐顶部安全阀出口允许直接排往大气时，排放口应垂直向上，并在排放管低点设置放净口，用管道引至收集槽或安全地点。对于重组分的气体应排入密闭系统或火炬。

三、罐区管道布置设计工程实例

- 工程实例一　常压立式储罐的管道布置设计（图6-196）
- 工程实例二　固定顶储罐的管口布置设计（图6-197）
- 工程实例三　液化石油气卧式储罐的管道布置设计（图6-198）
- 工程实例四　球形储罐的管道布置设计（图6-199）
- 工程实例五　某液氨球罐的管道布置设计（图6-200）
- 工程实例六　某机场罐区工程储罐的管道布置设计（图6-201）

图 6-197 固定顶储罐的管口布置设计

图 6-196 常压立式储罐的管道布置设计

■ 图 6-198 液化石油气卧式储罐的管道布置设计

■ 图 6-199 球形储罐的管道布置设计

■ 图 6-200　某液氨球罐的管道布置设计

■ 图 6-201　某机场罐区工程储罐的管道布置设计

第十五节　地下管道的布置设计

本节讨论的地下管，不包括无压力的下水管及暖通的管道。

一、允许直接埋地的管道

① 输送无腐蚀性、无毒和无爆炸危险的液体、气体管道，由于某种原因无法在地上敷设时。

② 与地下储罐或地下泵房有关的工艺介质管道。

③ 冷却水及消防或泡沫消防管道。

④ 操作温度小于150℃的热力管道。

上述管道还应满足：无需经常检验，凝液可自动排出及停车时管道介质不会发生凝固及堵塞。

二、建筑物内和露天装置区埋地管道设计的一般要求

1. 建筑物内的埋地管道

① 管道与建筑物墙、柱边净距不小于1m，并要躲开基础，管道标高低于基础时，管道与基础外边缘的净距应不小于两者标高差及管道挖沟底宽一半之和。

② 管道穿过承重墙或建筑物基础时应预留洞，且管顶上部净空不得小于建筑物的沉降量，一般净空为0.15m。

③ 管道在地梁下穿过时，管顶上部净空不得小于0.15m。

④ 两管间的最小净距：平行时应为0.5m，交叉时应为0.15m。

⑤ 管道穿过地下室外墙或地下构筑物墙壁时应预埋防水套管。

⑥ 管道不得布置在可能受重物压坏的地方。

⑦ 管道不得穿过设备。

⑧ 管顶最小埋设深度：素土地坪不小于0.6m；水泥地面不小于0.4m。

⑨ 埋地管道不宜采用可能泄漏的连接结构，如法兰或螺栓连接等，管材不宜采用易碎材料。

⑩ 埋地管道与地面上管道分界点一般在地面以上0.5m处（有的工程项目统一规定为地面以上0.3m处）。

⑪ 建筑物内的地下管道应尽量采用管沟敷设的方式。

⑫ 易燃易爆介质管道在装置外，如为埋地敷设，则进入装置区界附近应转为地上管道。

2. 露天装置区埋地管道

① 满足埋地管道之间、管道与构筑物之间以及管道与铁路之间平行与交叉的净距规定。

② 埋地管道的套管应伸出道路或管沟外缘两侧不小于1.0m，伸出铁路两侧不小于3.0m。以上套管内不允许有法兰、螺纹等连接件，管道焊缝需要探伤。

③ 管道高点设排气、低点设排净，并设阀门井。

④ 铸铁管或非金属管道穿过车辆通过的通道时，需预埋套管。

三、GB 50316《工业金属管道设计规范》对埋地管道设计的要求

① 埋地敷设的管道应妥善解决防冻、防凝结、吹扫、排液、防外腐蚀及承受外荷载等问题。埋地管道如有阀门应设阀井。大型阀井应考虑操作和检修人员能下到井内作业；小型阀井可只考虑人员在井外操作阀门的可能性（手操作或采用阀门伸长杆）。阀井应设排水点。

② 输送可燃气体、可燃液体的埋地管道不宜穿越电缆沟，如不可避免时应设套管。当管道介质温度超过60℃时，在套管内应充填隔热材料，使套管外壁温度不超过60℃。套管长度伸出电缆沟外壁不小于0.5m。

③ 管道与管道及电缆间的最小水平间距应符合现行国家标准GB 50187《工业企业总平面设计规范》的规定。

④ 从道路下面穿越的管道，其顶部至路面不宜小于0.7m（SH 3012规定装置内埋地管道的管顶距一般混凝土地表面不应小于0.3m；通过机械车辆的通道下不小于0.75m或采用套管保护）。从铁路下面穿越的管道应设套管，套管顶至铁轨底的距离不应小于1.2m。

⑤ 管道与电缆间交叉净距不应小于0.5m。电缆宜敷设在热管道下面，腐蚀性流体管道上面。

⑥ B类流体（按GB 50316）、氧气和热力管道与其他管道的交叉净距不应小于0.25m；

C类及D类流体管道间的交叉净距不宜小于0.15m。

⑦ 管道埋深应在冰冻线以下。当无法实现时,应有可靠的防冻保护措施。

⑧ 设有补偿器、阀门及其他需维修的管道组成件,应将其布置在符合安全要求的井室中,井内应有宽度大于或等于0.5m的维修空间。

⑨ 有加热保护的(如伴热)管道不应直接埋地,可设在管沟内。

⑩ 挖土共沟敷设管道的要求应符合现行国家标准 GB 50187《工业企业总平面设计规范》的规定。

⑪ 带有隔热层及外护套的埋地管道,布置时应有足够柔性,并在外套内有内管热胀的余地。无补偿直埋方法,可用于温度小于或等于120℃的D类流体的管道,并应按国家现行直埋供热管道标准的规定进行设计与施工。

四、大型管沟内管道布置

1. 管沟内管道布置必须符合的条件

① 输送介质无腐蚀、无毒以及非易燃易爆管道。

② 不宜埋地、又不宜架空布置的管道。

③ 正常地下水位低于沟底。

④ 防止重组分气体及有害气体在沟内聚集,必要时在沟内填砂。

2. 管沟的设计

① 管沟坡度:各种管沟沟底应有不小于0.002的纵向坡度,管沟截面底部应有0.05的坡度。管沟最低处应设下水箅子和集水坑,以便将管道偶然泄漏或沟壁渗水排除。

② 管沟沟盖板应做成0.02的横向双落水坡度,当沟宽小于1.0m时可做成单坡,以便地面渗水排至沟外。

③ 管沟埋深:盖板至设计地面的覆土深不小于0.3m,车行道路不小于0.5m。

④ 若管沟低于地下水位时,管沟应采取全防水结构。

⑤ 检查井的设置场合:对装有阀门或需要经常检修的管件;直线部分相隔100~150m(最大不超过200m);管沟纵向坡度最低点处。

⑥ 管沟内考虑自然通风,必要时通行管沟采用临时机械通风。

3. 管沟中管道阀门设置

① 管沟中管道排列要便于安装维修。

② 管沟中管道穿出沟盖板与地上管道相接,需加垂直方向套管或捣制竖井至地面上0.5m,盖板处需密封,顶部需加防雨帽(图6-202)。

③ 检查井的人孔应布置在井的边缘四角位置。阀门宜立装、手轮朝上。管道布置应紧凑,如支管以45°与主管相接,阀门设在水平管上(图6-203)。

■ 图 6-202 出管沟管处的示图

■ 图 6-203 斜管支管

④ 管道上低点排净应接至附近的排水系统污水井。

五、GB 50316《工业金属管道设计规范》对沟内管道设计的要求

① 可通行管沟的管道布置应符合以下规定。

a. 在无可靠的通风条件及无安全措施时，不得在通行管沟内布置窒息性及 B 类流体的管道。

b. 沟内过道净宽不宜小于 0.7m，净高不宜小于 1.8m。

c. 对于长的管沟应设安全入口，每隔 100m 应设有人孔及直梯，必要时设安装孔。

② 不可通行管沟的管道布置应符合下列规定。

a. 当沟内布置经常操作的阀门时，阀门应布置在不影响通行的地方，必要时可增设阀门伸长杆，将手轮引伸至靠近活动沟盖背面的高度处。

b. B 类流体（按 GB 50316）的管道不宜设在密闭的沟内。在明沟中不宜敷设密度比环境空气大的 B 类气体管道。当不可避免时，应在沟内填满细砂，并应定期检查管道使用情况。

六、室外地下管道与铁路道路及建筑物间的距离

室外地下管道与铁路道路及建筑物等设施的最小水平净距见表 6-29。

表 6-29 室外地下管道与铁路道路及建筑物等设施的最小水平净距　　单位：m

输送的流体及状态		建、构筑物基础外缘		铁路轨外侧	道路边缘	围墙基础外侧	电杆柱中心		
		有地下室	无地下室				通信	电力	高压电
B 类液体		6	4	4.5	1	1	1.2	1.5	2
B 类气体	$p \leq 0.005$	2	1	3	0.6	0.6	0.6	1.5	2
	$0.005 < p \leq 0.2$	2.5	1.5	3.5	0.6	0.6	0.6		
	$0.2 < p \leq 0.4$	3	2	4	0.8	0.6	0.6		
	$0.4 < p \leq 0.8$	5	4	4.5	1	1	1		
	$p > 0.8$	7	6	5	1	1	1.5		
氧气	$p \leq 1.6$	3	2.5	2.5	0.8	1	0.8		
	$p > 1.6$	5	3						
C、D 类流体	热力管	1.5~3①		3	0.8~1	1	0.8	1	1.5
	液体	3		3~4	0.8~1	1	0.8~1.2	1	2
	气体 $p \leq 0.25$	1.5		2.5	0.8	0.8	1	1	1.5
	$0.25 < p \leq 0.6$	1.5							
	$0.6 < p \leq 1.0$	2							
	$1.0 < p \leq 1.6$	2.5							
	$p > 1.6$	3							

① 按 C、D 类气体的设计压力决定净距。

注：1. 除注明者外，表列净距应自管（沟）壁或防护设施的外缘算起。

2. 管道低于基础时，除满足表列净距外，还应不小于管道埋设深度与基础深度之差，并应根据土壤条件确定净距。

3. p 为设计压力（MPa）。

4. 当铁路和道路是路堤或路堑时，其与管线之间的水平净距应由路堤坡脚或路堑坡顶算起，有边沟和天沟时应从沟的外缘算起，并应符合现行国家标准 GB 50187《工业企业总平面设计规范》的规定。

5. 表中流体的类别是按照 GB 50316 划分的。

七、地下管道布置设计工程实例

工程实例一 某乙烯工程地下管道施工照片（图 6-204、图 6-205）

■ 图 6-204 某乙烯工程地下管道施工照片（一）

(a)

(b)

■ 图 6-205 某乙烯工程地下管道施工照片（二）

工程实例二 管沟中敷设管道

当管道不宜于埋地或沿地面敷设，又不可能架空敷设时，可敷设在管沟中。管沟的形式一般有如下三种：可通行管沟（图 6-206）、半通行管沟（图 6-207）、不通行管沟。

半通行管沟的净高一般小于 1.6m，通道宽度一般采用 0.6m 左右。如果采用横贯管沟断面的支架时，其下面的净高应不小于 1m。

不通行管沟容积小，最小高度为 0.45m，管子外表距沟底、沟顶和侧墙的净距及相邻两根管道净距不应小于 0.15m；管道只能布置成单层，不能双层或多层布置，以便安装及检修。

在管沟中敷设管道时，如同一地沟内有几层管道，敷设应从最下面一层开始，最好在下

■ 图 6-206 可通行管沟

■ 图 6-207 半通行管沟

层的管道安装、试压、保温等全部完成后,再进行上层管道的安装。

用管沟敷设管道的优点是:管道隐蔽,不占用空间位置;检修方便(与埋地敷设比较);距离短,节省材料。缺点是:管沟修建费用较高,投资较大;管道安装、检修不如架空敷设方便;一般不适宜于敷设输送有腐蚀性及有爆炸性危险介质的管道。

第十六节 软管站的管道布置设计

一、软管站的概念

为吹扫、清洁、置换和维修等需要而设置的软管站,一般由管道、阀门和软管及其接头组成。使用介质通常为清洁水、蒸汽、氮气和压缩空气。根据需要,大多选用上述 1~4 种介质的管线组成。

二、软管站的位置

① 在装置内的软管站通常选用 15~20m 长的软管。软管站的位置不应影响正常通行、操作和维修。如设在管廊的柱旁、靠近平台的栏杆处、塔壁旁边等。

② 在塔附近,软管站可设置在地面和所有人孔的操作平台上。

③ 在炉子附近,软管站的设计要求:圆筒炉,设在地面上和主要操作平台上;箱式炉,设在地面上和主要操作平台的一端;多室的箱式炉,设在地面上和主要操作平台的一端。

④ 换热器和泵区,应设在地面上靠近柱子处。

⑤ 在框架上,软管站可设置在每层楼面上(或根据工艺的要求)。

⑥ 界区外软管站的位置应设在需要的地方,如泵房、汽车装车站或火车装车站、界外管道的吹扫口、置换接口附近,必要时可设在物料管道低点排净口处。

三、软管站管道布置设计的一般要求

① 软管站的各类管道宜从管廊上总管的顶部引出。

② 软管站的切断阀宜设在操作平台或地面以上 1.2m 的高度(图 6-208、图 6-209)。如软管站高于管廊上的总管时,可参照塔平台的软管站布置阀门。

③ 立式容器的软管站宜布置在立式容器及其平台之间的空隙内,其软管接头应向下安装,若条件允许可水平安装,但软管连接管不得妨碍人孔盖的开启。

④ 软管站的管道一般均为 DN25,特殊要求除外。管子、管件、阀门等材料选用应符合

■ 图 6-208 塔平台的软管站

■ 图 6-209 地面的软管站

管道等级规定。与软管相连接宜采用快速管接头，各介质管道所用接头的形式或规格宜有所区别。

⑤ 如果工艺或项目有要求，在某些介质的切断阀前加装止回阀。止回阀应安装在水平管道上（见图 6-210 中氮气管线）。

⑥ 在寒冷地区为了防冻，宜将水管与蒸汽管一起保温，使蒸汽管起到伴管的作用，但两管之间应保持适当间距，使水管不冻结也不过热即可。

⑦ 布置位置低于蒸汽总管的软管站的蒸汽管，当项目有要求，可在其切断阀前设疏水阀组，随时排放冷凝液，如图 6-211 所示（如工艺要求回收蒸汽冷凝液，即将疏水阀组后管线引回蒸汽冷凝液总管）。布置高于蒸汽总管的软管站的蒸汽管不需设疏水阀组。

四、常用软管站的形式典型图工程实例

大、中型乙烯工程常用软管站的几种形式参见图 6-210～图 6-212。

■ 图 6-210 软管站典型管道布置（带检查阀、止回阀形式）

■ 图6-211 软管站典型管道布置（带检查阀、止回阀及疏水阀形式）

■ 图6-212 软管站典型管道布置一般形式

第十七节 洗眼器和淋浴器的管道布置设计

一、洗眼器和淋浴器管的布置位置

对强毒性物料及具有化学灼伤的腐蚀性介质危害的作业环境区域内,需要设置洗眼器、淋浴器,其服务半径小于或等于15m。通常洗眼器、淋浴器由制造厂成套供货。

洗眼器、淋浴器应布置在地面上或塔、泵附近,不应影响正常通行、操作和维修。洗眼器、淋浴器布置在管廊的柱子旁,应在软管站布置图上表示位号及定位尺寸。

二、洗眼器和淋浴器管道布置设计的一般要求

① 洗眼器、淋浴器接入的生活饮用水,通常来自地下。如果来自管廊,应从总管顶部引出。

② 在寒冷的地方或季节,接入洗眼器、淋浴器的生活饮用水管线必须采取防冻措施。常用方式:切断阀设在地下冰冻线以下,阀后管线加排放孔及沙坑以排净管内存水;洗眼淋浴器及管道系统采用电伴热;选购带电伴热的洗眼淋浴器。

③ 洗眼器、淋浴器经常被组合成一体,以便减少费用和节省占地空间。

三、洗眼器和淋浴器管道布置典型图工程实例

洗眼器和淋浴器的管道布置如图 6-213 所示。

(a) 洗眼器   (b) 淋浴器   (c) 洗眼器与淋浴器组合在一起

■ 图 6-213 洗眼器、淋浴器的管道布置

第十八节 压力管道系统的伴热设计

一、常用伴热介质的种类

① 热水:在操作温度不高或不能采用高温伴热的介质的条件下,作为伴热的热源。

② 蒸汽:一般用于管内介质的操作温度低于150℃的伴热。

③ 热载体:一般用于管内介质的操作温度高于150℃的夹套伴热系统。常用的热载体有

重柴油或馏程大于 300℃馏分油，联苯-联苯醚或加氢联三苯等。

④ 电热：电伴热不但适用于蒸汽伴热的各种情况，而且适用于热敏性介质管道，能有效地进行温度控制，防止管道温度过热；适用于分散或远离供汽点的管道或设备以及无规则外形设备（如泵）的伴热。

二、工艺管道的伴热方式

① 内伴热管伴热：伴热管安装在工艺管道（即主管）内部，伴热介质释放出来的热量，全部用于补充主管内介质的热损失。

② 外伴热管伴热：伴热管安装在工艺管道外部，伴热管放出的热量，一部分补充主管（即被伴热管）内介质的热损失，另一部分通过保温层散失到四周大气中。当伴热所需的传热量较大（主管温度高于 150℃）或主管要求有一定的温升时，需要多管伴热，或采用传热系数大的传热胶泥，填充在常规的外伴热管与主管之间，使它们形成一个连续式的热结合，这样的直接传热优于一般靠对流与辐射的传热。

③ 以夹套伴热：夹套伴热管即在工艺管道的外面安装一套管，类似套管式换热器进行伴热。

④ 电伴热：电伴热带安装在工艺管道外部，利用电阻体发热来补充工艺管道的散热损失。

三、管道选择伴热的原因

① 需从外部补偿管内介质热损失，以维持被输送介质温度的管道。

② 在输送过程中，由于热损失而产生凝液，并可能导致腐蚀或影响正常操作的气体管道。

③ 在操作过程中，由于介质压力突然下降而自冷，可能冻结导致堵塞的管道。

④ 在切换操作或间歇停输期间，管内介质由于热损失造成温度下降，介质不能放净吹扫而可能凝固的管道。

⑤ 在输送过程中，由于热损失造成温降可能析出结晶的管道。

⑥ 输送介质由于热损失导致介质温度下降后黏度增高，系统阻力增加，输送量下降，达不到工艺最小允许量的管道。

⑦ 输送介质的凝固点等于或高于环境温度的管道。

四、伴热方式的选用原则

① 输送介质的终端温度或环境温度接近或低于其凝固点的管道：介质凝固点低于 50℃时，宜选用伴管伴热；介质凝固点为 50~100℃时，宜选用夹套管伴热；介质凝固点高于 100℃时，应选用内管焊缝隐蔽型夹套管伴热，管道上的阀门、法兰、过滤器等应为夹套型。

② 输送气体介质的露点高于环境温度需伴热的管道，宜选用伴管伴热。

③ 介质温度要求较低的工艺管道，输送介质温度或环境温度接近或低于其凝固点的管道，宜采用热水伴管伴热。

④ 液体介质凝固点低于 40℃的管道、气体介质露点高于环境温度且低于 40℃的管道及热敏性介质管道，宜采用热水伴管伴热。

⑤ 输送有毒介质且需夹套管伴热的管道，应选用内管焊缝外露型夹套管伴热。

⑥ 经常处于重力自流或停滞状态的易凝介质管道，宜选用夹套管伴热或带导热胶泥的蒸汽伴管伴热。

第十九节 热水、蒸汽伴热系统的设计

一、热水、蒸汽伴热系统的组成

热水、蒸汽伴热系统包括热源总管、热介质引入管、分配站、伴前管、伴管、伴后管、冷凝液（热水回水）收集站、收集站出口回流管、回流管总管。

二、热水、蒸汽伴热类型的选择

1. 热水伴热

① 介质温度要求较低的工艺管道、输送介质温度或环境温度接近或低于其凝固点的管道。

② 液体介质凝固点低于 40℃ 的管道、气体介质露点高于环境温度且低于 40℃ 的管道及热敏性介质管道。

③ 防冻要求的伴热。

2. 蒸汽伴热

① 输送气体介质露点高于环境温度、高于 40℃ 的需伴热的管道。

② 经常处于重力自流或停滞状态的凝介质管道。

③ 对特殊工艺加热有要求的管道（采用蒸汽伴热或热水伴热一般由工艺专业决定并在流程图上说明）。

三、伴热设计的规划

① 将流程图上有伴热要求的管线、仪表和设备列出。

② 在管道平面布置图上找出所有要伴热的管线、仪表设备的位置。

③ 确定被伴管线伴热的起止点。

④ 根据被伴要求、伴热起止点数，确定伴热站数及其位置。

⑤ 在管道平面布置图上完成伴热站规划图。

四、伴管施工图的设计

① 在伴热研究的基础上，按选定的伴热设计方法完成伴管施工图管道布置设计。

② 三维计算机模型设计。

a. 在伴热研究（规划）图基础上输入热源总管、热介质引入管、分配站、冷凝液（热水回水）收集站、收集站出口回流管、回流管总管的管道模型。

b. 一般伴前管、伴管、伴后管不做模型，利用被伴管轴测图，标注被伴管线伴热的起止点并填写伴管表。当项目有特殊要求时可对伴前管、伴管、伴后管建立模型。

③ 平面设计。

a. 根据伴热研究（规划）的结果，在管道布置图上加上分配站、冷凝液（热水回水）收集站、热源总管、热介质引入管、收集站出口回流管、回流管总管的管道。

b. 伴管用虚线表示在被伴管边上。

c. 热源总管、热介质引入管、收集站出口回流管、回流管总管的管道要画轴测图。

d. 分配站、冷凝液（热水回水）收集站画轴测图或标准图，必要时可包括伴前管、伴后管。

e. 以被伴管轴测图为基础在被伴管边上加上虚线，注出伴管来自何处，回到何处，出伴管轴测图。

f. 简易设计时可不出伴管轴测图，仅填写伴管表。

五、蒸汽供汽站/热水供水站（分配站）管道布置设计的一般要求

① 分配站的布置采用卧式（水平）或立式安装的形式。

② 分配站接管数如下：DN40 蒸汽分配站（或 DN50 热水或导热油分配站）每站设 DN15（或 DN20）接管口不多于 6 个；DN50 蒸汽分配站（或 DN80 热水或导热油分配站）每站设 DN15（或 DN20）接管口不多于 10 个。每个分配站留 1~2 个备用口，备用口应配置阀门，并用螺纹管帽或法兰盖封闭。

③ 在 3m 半径范围内至少有 3 个伴热供汽组的地方应提供伴热站。

④ 分配站尽可能靠墙、柱、平台栏杆等设置，其位置应使伴前管道尽量短。

⑤ 每组伴热供汽（供水）总管上的切断阀通常安装在蒸汽/热水主管上的出口附近，且装在水平管上，此阀宜采用截止阀。

⑥ 伴热供汽总管应从蒸汽/热水主管顶部引出，伴热供汽（供水）管应从伴热站的顶部或水平引出。

⑦ 分配站一般应设置一个固定支架及一个滑动支架。

⑧ 分配站的低点应有排液管、切断阀。蒸汽分配站还应设疏水阀。

⑨ 仪表采用的伴热供汽/供水站一般宜单独设置，不宜与管道的伴热站共用。其设计方法与管道相同（仪表元件的伴热由仪表专业自行设计，管道专业仅提供站）。

六、伴管设计

1. 伴管设计一般要求

① 蒸汽伴热和热水伴热伴管尺寸通常为 DN15，必要时用 DN20。

② 每根被伴热管道所需伴管根数由工程设计规定，根据 HG/T 20549，一般要求见表 6-30。

表 6-30 伴管根数一般要求

被伴热管道公称直径/mm	伴管根数	被伴热管道公称直径/mm	伴管根数
≤100	1	≥500	3
150~450	2		

③ 对于输送酸、碱、胺、酚溶液等管道可能因局部过热而产生腐蚀时，应在伴管与被加热的管道之间加垫石棉垫（图 6-214）。当被加热的设备或管道的材料为不锈钢而伴管为碳钢时，也应加垫石棉板，不使其直接接触。

为防止被伴设施过热，对于非金属阀座的阀、碱管、胺管伴管应根据伴管管径按间距 1~1.5m 安装隔离垫，隔离垫的大小一般为 50mm×25mm×10mm。

2. 伴管布置要求

① 伴管的伴前及伴后段尽量多根成排布置，以方便保温及支架设置。

■ 图 6-214 防止局部过热和接触腐蚀的伴管设计

② 蒸汽伴管应在管道需要伴热部位的最高点开始引入,至最低点离开,尽可能使冷凝水自流到收集站,避免袋形弯或减小袋形弯上行的总高度。

③ 被伴热管道上需经常拆卸维修的部位,其蒸汽或热水伴管应装活接头或法兰连接,如控制阀、安全阀、转子流量计等,伴热管道的分支采用三通连接。

④ 伴管的热补偿方法如下。

a. 利用伴管越过被伴热管道上的法兰、阀门等所形成的弯管作为热补偿。

b. 管道伴热时,可以将伴管的中点固定在被伴热管道上。也可以将伴管统一考虑,设置一个膨胀环或设置 Ⅱ 形补偿弯管,使其自然补偿。如图 6-215 所示。

■ 图 6-215 伴管膨胀弯

c. 对蒸汽伴热间隔约 24m,对热水伴热间隔约 30m 应设膨胀弯,阀门和法兰处的回弯应作为膨胀弯对待。如图 6-215 所示。

d. 伴管加热应合理设置固定支架及导向支架。

e. 伴管的高低点可不设高点排气与低点排液。

f. 伴管的标准布置通常有两种方式,如图 6-216 所示。

(a) 布置在水平管线时应安装在被伴管下方一侧或两侧　　　　(b) 布置在垂直管线时应均匀敷设

■ 图 6-216　伴管的标准布置

g. 每根蒸汽/热水伴管应有其独立的供汽/供水阀和冷凝液疏水阀，不宜与其他伴管合并疏水。通过疏水阀后的不回收凝结水宜集中排放。

h. 附属于管道的在线仪表，如压力计等通常应与被伴热的管道一起伴热。

i. 所有伴管（包括伴热供汽、供水和回水的伴管）弯管不能被压扁，防止影响伴热效果。

j. 应用钢带或钢丝在间隔约 1～1.5m 固定伴管（根据伴管管径大小）；但这种间隔在弯头处应适当缩小距离，因为在这些地方伴管与管子的接触不紧。

3. 蒸汽伴管特殊要求

① 每根伴管的最大有效长度（指伴管与被伴热设备或管道相接触的部分，包括盘绕的长度在内），按所用蒸汽的压力而定。伴管有效长度与蒸汽压力的关系见表 6-31（按 HG/T 20549 的规定，注意数据与 SH/T 3040 的不同，应根据项目实际情况选用）。

表 6-31　伴管有效长度与蒸汽压力的关系

蒸汽压力（表压）/MPa	DN15 管的有效长度/m	蒸汽压力（表压）/MPa	DN15 管的有效长度/m
0.15～0.3	25	>0.5～0.7	40
>0.3～0.5	35	>0.7～1.0	50

② 袋形弯上升段的总高度（$A+B+C+D$）（图 6-217），对于每个 0.1MPa 压差（供气压力与疏水阀后背压之间的差）不得大于 4m，否则应分段加热，或按照项目的工程规定。

■ 图 6-217　袋形弯

③ 一般情况下，每根伴管应在终端单独使用一个疏水器。

④ 冷凝水应采取必要的排放措施，不宜直接排入明沟、漏斗或排放至地面上。

4. 热水伴管特殊要求

① 伴后热水应回收。

② 当热水供水压力不低于 0.2MPa（表压），温度不低于 70℃时，热水伴管的最大有效伴热长度不应超过 40m（按 HG/T 20549）。

③ 伴管绕过阀门或法兰时，伴管最大的有效长度进行相应的缩短，每一处可按 3m 直管考虑，伴管每拐一个 90°弯按 1m 考虑。

④ 对热水伴热时，伴管的袋形高度没有限制，宜从被伴热的管道的最低点开始伴至最高点，然后返回至热水系统。每根热水导管的高点宜设放空口。

⑤ 当水质较差或结垢严重时，一般宜在热水伴管的供水和回水管道上靠近其切断阀设清洗口。

5. 导热油伴管特殊要求

① 导热油不得随地排放，应送至回油总管。

② 当导热油供油压力低于 0.15MPa（表压），温度不低于 200℃时，导热油伴管的最大有效伴热长度不应超过 60m（按 HG/T 20549）。

七、冷凝液站/热水回水站（收集站）管道布置设计的一般要求

① 收集站接管数如下：$DN40$ 冷凝水收集站（或 $DN50$ 热水或导热油收集站）每站设 $DN15$（或 $DN20$）接管口不多于 6 个；$DN50$ 冷凝水收集站（或 $DN80$ 热水或导热油收集站）每站设 $DN15$（或 $DN20$）接管口不多于 10 个。每个收集站留 1~2 个备用口，备用口应配置阀门，并用螺纹管帽或法兰盖封闭。

② 根据管道布置设计需要，收集站可以采用卧式（水平）或立式布置。

③ 收集站的位置，应使伴后管道尽量短。

④ 冷凝水收集站的各伴管接管口应带有各自的蒸汽疏水阀及切断阀。

⑤ 一般在 3m 半径范围内至少有 3 根冷凝液管或回水管组时，应提供冷凝液站或热水回水站。

⑥ 冷凝液站/热水回水站（收集站）应预留 1~2 个备用接头。

⑦ 蒸汽冷凝水回流管应从总管的顶部引入；冷凝水总管高于收集站时，如果确认冷凝水回流管可能有闪蒸蒸汽时，则收集管上应加止回阀。

⑧ 仪表采用的伴热冷凝液/回水站需单独设置，不宜与管道的伴热站共用。

八、伴热材料的选择

1. 管子、阀门和管件

对蒸汽伴热和热水伴热管道材料的一般规定应与采用的蒸汽和热水主管相同，如果项目允许，伴管（包括伴热供汽/供水和回水）可以用对焊连接，蒸汽供汽站/热水供水站、冷凝液站/热水回水站上的分支宜采用半管接头或焊接支管台。

2. 用于蒸汽伴热系统的阀门

用于蒸汽伴管的疏水阀宜选用本体带过滤器型，否则应选用在疏水阀前设置 Y 形过滤器。
用于热水供水和回水站上的阀门宜采用截止阀。

3. 紧固材料

伴管用紧固材料见表 6-32。

4. 铜管和不锈钢管

① 内径 8mm、外径 10mm 的铜管可用于最大压力 0.98MPa、温度低于 200℃对铜无腐蚀的情况。超过上述温度、压力时使用同样尺寸的不锈钢管。

② 铜管材料遵循 ASTM B68《光亮退火的无缝铜管》或相当的标准。不锈钢管遵循 ASTM A312/A312M 的《无缝和焊接奥氏体不锈钢管》TP 304 或相当的标准。

表 6-32　伴管用紧固材料

材　料	尺　寸	材　料	尺　寸
退火镀锌钢丝	S.W.G　#18	304不锈钢丝	S.W.G　#18
镀锌钢带	0.4mm×13mm	304不锈钢带	0.4mm×13mm

注：不锈钢丝和不锈钢带应用于不锈钢管道和设备。

③ 铜管和不锈钢管伴热管件采用卡套式连接。

④ 导热油管线特殊要求如下。

a. 导热油管线宜采用焊接，禁用螺纹连接，禁用有缝钢管。

b. 导热油管线应采用对焊法兰。

c. 导热油管线宜采用铸钢高温阀门。

d. 导热油管线宜采用柔性石墨缠绕垫片。

e. 导热油管线不宜采用有色金属材料。

九、SH/T 3040《化工管道伴管和加套管设计规范》的管道伴热设计

1. 伴管管径及根数的选用

① 伴管管径宜为 $\phi 10$、$\phi 12$、$DN15$、$DN20$、$DN25$，伴管根数不宜超过4根。

② 在不同环境温度及工艺操作条件下，蒸汽伴管管径及根数从 SH/T 3040 提供的四个表（表1蒸汽伴管温度143℃/183℃、环境温度5℃；表2蒸汽伴管温度143℃/183℃、环境温度−5℃；表3蒸汽伴管温度143℃/183℃、环境温度−15℃；表4蒸汽伴管温度143℃/183℃、环境温度−25℃）中选择；热水伴管管径及根数从 SH/T 3040 提供的四个表（表5蒸汽伴管温度90℃/100℃/110℃、环境温度5℃；表6蒸汽伴管温度90℃/100℃/110℃、环境温度−5℃；表7蒸汽伴管温度90℃/100℃/110℃、环境温度−15℃；表8蒸汽伴管温度90℃/100℃/110℃、环境温度−25℃）中选择。

③ 环境温度、伴管介质的操作条件、保温材料制品的热导率及传热系数等数据与表1～表8不同时，伴管管径及根数（采用硬质或半硬质圆形保温材料制品）按下面公式计算。

$$d=\frac{K(t-t_a)}{\left(\dfrac{1}{2\lambda}\ln\dfrac{D_o}{D_i}+\dfrac{1}{\alpha D_o}+\dfrac{1}{\alpha_i D_i}\right)\alpha_t(t_{st}-t)}$$

$$n \geqslant \frac{d}{d_o}$$

式中　D_i——保温层内径，m；

D_o——保温层外径，m；

d——伴管计算外径，m；

d_o——伴管外径，m；

t——被伴介质温度，℃；

t_a——环境温度，℃；

t_{st}——伴管介质温度，℃；

K——热损失附加系数，取 1.15～1.25；

n——伴管根数，根；

λ——保温材料制品热导率，W/(m·℃)；

α——保温层外表面向大气的传热系数，W/(m²·℃)；

α_i——保温层内加热空间空气向保温层的传热系数，W/(m²·℃)；
α_t——伴管向保温层内加热空间的传热系数，W/(m²·℃)。

2. 蒸汽分配站和疏水站

① 对于蒸汽分配站和疏水站的管径也给出了下面的公式，计算出 S 值，再查询 SH 3040 相应的表格来获得蒸汽分配站和疏水站的管径。

$$S = A + 2B + 3C$$

式中 A——$DN15$、$\phi12$、$\phi10$ 伴管根数；
B——$DN20$ 伴管根数；
C——$DN25$ 伴管根数。

② 在 3m 半径范围内如有 3 个或 3 个以上的伴热点及回收点时，蒸汽伴热系统应设置蒸汽分配站和疏水站，热水伴热系统应设置热水分配站和热水回水站。站的设置应考虑统一考虑，布局合理，方便操作和维修。

3. 蒸汽伴管沿被伴热管的最大允许有效伴热长度（包括垂直管道）（表 6-33）

凝结水不回收时，最大允许有效伴热长度可延长 20%；采用导热胶泥时，最大允许有效伴热长度宜缩短 20%；对于出现 U 形弯时，在超过规定数值（蒸汽压力 0.3～0.5MPa，累计上升 4m；蒸汽压力大于 0.5～0.7MPa，累计上升 5m；蒸汽压力大于 0.7～1MPa，累计

■ **图 6-218 蒸汽分配站和供气管的布置**

注：1. 蒸汽分配站安装位置高于蒸汽总管时，分配站低点可不设排放冷凝水的蒸汽疏水阀系统，水平安装的分配站应无袋形并坡向蒸汽总管。蒸汽分配站低于蒸汽总管时，其上游不得有下凹的袋形弯，分配站的低点应设蒸汽疏水阀组。

2. 蒸汽分配站至少有 3 根伴管（$DN15$）送至半径为 3m 范围内的地点时才设置，否则伴热供汽管可直接从蒸汽总管上引出。

3. 分配站应布置在不妨碍通行、便于操作的地方，布置应考虑整齐和美观。

4. 供汽管的阀门应布置在便于接近的地方。

5. 分配站的蒸汽应从蒸汽总管的顶部引出。

上升 6m) 时宜适当减少最大允许有效伴热长度,但伴管累计上升高度不宜超过 10m。

4. 热水伴管沿被伴热管的最大允许有效伴热长度(包括垂直管道)(表 6-34)

表 6-33 蒸汽伴管沿被伴热管的最大允许有效伴热长度

伴管直径 /mm	蒸汽压力为 p(MPa)时的最大允许有效伴热长度/m		
	$0.3 \leqslant p \leqslant 0.5$	$0.5 < p \leqslant 0.7$	$0.7 < p \leqslant 1.0$
$\phi 10、\phi 12$	40	50	50
DN15	60	75	90
DN20	60	75	90
DN25	80	100	120

注:按 SH/T 3040,应注意有效伴热长度和其他标准规定的数值的不同,根据项目实际情况选用。

表 6-34 热水伴管沿被伴热管的最大允许有效伴热长度

伴管直径 /mm	热水压力为 p(MPa)时的最大允许有效伴热长度/m		
	$0.3 \leqslant p \leqslant 0.5$	$0.5 < p \leqslant 0.7$	$0.7 < p \leqslant 1.0$
$\phi 10、\phi 12$	40	50	60
DN15	60	70	80
DN20	60	70	80
DN25	70	80	90

注:按 SH/T 3040,应注意有效伴热长度和其他标准规定的数值的不同,根据项目实际情况选用。

十、蒸汽伴热和热水伴热布置典型图工程实例

工程实例一 蒸汽分配站和供气管的布置(图 6-218)

工程实例二 冷凝水回收时收集站和冷凝水回收管的布置(图 6-219)

■ 图 6-219 冷凝水回收时收集站和冷凝水回收管的布置

注:1. 冷凝水收集站高于冷凝水总管时,低点可不设排液口;回水管应无袋形并坡向冷凝水总管。
2. 冷凝水收集站至少有 3 根冷凝水支管时才设置,否则可直接接至冷凝水总管上。
3. 冷凝水收集站应布置在不妨碍通行,便于操作的地方,布置应考虑整齐和美观。
4. 冷凝水回水管的阀门应布置在便于接近的地方。
5. 冷凝水回水管应从冷凝水总管的顶部引入。

第六章 管道布置

工程实例三 冷凝水不回收时收集站和冷凝水排放管的布置（图6-220）

■ 图6-220 冷凝水不回收时收集站和冷凝水排放管的布置

工程实例四 热水伴热管道系统（图6-221）

工程实例五 蒸汽伴热和热水伴热伴管典型图例（表6-35）

■ 图6-221 热水伴热管道系统

479

表 6-35 蒸汽伴热和热水伴热伴管典型图例

名称	图例	名称	图例
压力表	(隔膜型压力表)	篮式过滤器（>DN150）	(铜管或不锈钢管；特殊接头)
压力表		Y形过滤器	
控制阀	(夹套管；特殊接头)	T形过滤器	
安全阀		孔板	(法兰)
阀门	(法兰)	转子流量计	
设备接管	(夹套管；夹套管；特殊接头)	排气排液	
篮式过滤器（≤DN100）		泵	(伴管；特殊接头；铜管及不锈钢管；特殊接头)

伴热管尽可能靠近被伴泵液体；伴热管靠近排液口，并且不影响操作

第六章 管道布置

> **工程实例六** 蒸汽伴热和热水伴热的伴管支架（表6-36）
> **工程实例七** 某乙烯工程蒸汽伴热的伴管支架（图6-222）
> **工程实例八** 某项目的蒸汽伴热管系统（图6-223）

表 6-36 蒸汽伴热和热水伴热的伴管支架

图 6-222　某乙烯工程蒸汽伴热的伴管支架详图

1—蒸汽总管；2—凝结水总管；3—分配管；4—凝结水集合管（水平安装或垂直安装）；5—蒸汽伴热管（伴热管与输送管平行，在施工时伴热管应有坡度，尽量使它能自行排水）；6—伴热管固定带；7—过热保护带；8—膨胀环固定点；9—阀门伴热；10—伴热管通过法兰处，伴热管弯曲绕在阀和法兰周围，此时应注意不得形成垂直方向上的 U 形液袋；11—伴热管的蒸汽供给线；12—伴热回水管；13—分配管的蒸汽引入线；14—蒸汽分配管的凝结水排出管，切断阀安装在凝结水主管附近，其公称直径为 $DN15$ 或 $DN20$（按伴热管确定）；15—凝结水回收管（由凝结水集合管至凝结水总管，其直径为 $DN25$，应从上部接入凝结水总管，切断阀靠近总管）；16—仪表伴热（应与输送管的伴热管合用一个蒸汽分配管和凝结水集合管）；17—容器伴热

图 6-223　某项目的蒸汽伴热管系统

第二十节 电伴热系统

一、电伴热的概念及应用

电伴热就是用电作为外部热源将热能供给管道系统，通常以自限温电热带对管道或设备进行伴热保温。电伴热不但适用于蒸汽伴热的各种情况，而且能解决蒸汽伴热不易解决的许多问题。

① 对于热敏介质管道的伴热，电伴热能有效地进行温度控制，可以防止管道过热。

② 需要维持较高温度的管道伴热，一般维持温度超过150℃，蒸汽伴热比较困难，而电伴热则比较容易。

③ 非金属管道的伴热，一般不可能采用蒸汽伴热，可用电伴热。

④ 不规则外形的设备如泵类，由于电伴热产品柔软、体积小，可以紧靠设备外敷设，能有效地进行伴热。

⑤ 较偏远地区，没有蒸汽或其他热源的地方。

⑥ 长输管道的伴热。

⑦ 较窄小空间内管道的伴热等。

电伴热的典型结构如图6-224所示。

■ 图 6-224 电伴热的典型结构
1—电源接线盒；2—自调控伴热带；3—电伴热标签；4—保温层及其他外保护层；5—T形伴热带连接盒；6—伴热带的尾端；7—聚酯纤维带

二、电伴热的方法

① 感应加热法：在管道上缠绕电线或电缆，当接通电源后，由于电磁感应效应产生热量，以补偿管道的散热损失，维持操作介质的温度。感应加热的费用太高，限制了这种方法的发展。

② 直接通电法：在管道上通以低压交流电，利用交流电的集肤效应产生的热量，维持管道温度不降。它的优点是投资少、加热均匀，但在有支管、环管、变径和阀件的管道上很难使用，只适用于长输管道。

③ 电阻加热法：利用电阻体发热补偿管道的散热损失，以维持其操作温度。国内外广为应用的电伴热产品多属于电阻体发热产品。

三、电伴热产品的选型和计算

选用电伴热产品，主要依据工艺条件、环境情况、管道设计、管道所在区域的爆炸危险性分类。一般按下列步骤选型和计算。

1. 需伴热的管道散热损失计算

按公式（可在 SH 3040、GB 50364 等标准内查找相应的计算公式）计算出每米管道的散热损失量（W/m）。

2. 产品系列的选择

① 确定工作电压，一般为220V（交流电）。
② 根据散热损失量（W/m），查阅产品样本或说明书中的额定功率。
③ 一般按管道内介质温度，确定电伴热产品的持续性温度。
④ 按短时间管内介质的最高温度，确定电伴热产品短时间承受的最高温度。
⑤ 根据①~④项数据，可从电伴热产品技术参数表中选用符合要求的型号。
⑥ 核算维持温度下的输出功率小于该产品的额定功率即为满足要求，可选定该产品型号。

3. 确定产品结构

根据需电伴热的管道所处的区域的电气环境即爆炸危险性分类，凡属于2区的即为危险区。可从产品的结构特征表确定。

4. 电伴热带长度计算

① 管道所需电伴热带长度 L_P，一般按每米管道长度的1.05倍计算。

② 阀门所需电伴热带长度按式（6-1）计算。

$$L_V = nQ_V \Delta t / Q_M \tag{6-1}$$

式中　n——阀的个数；
　　　Q_V——阀保温后的散热量，W/℃；
　　　Δt——维持温度与环境温度之差，℃；
　　　Q_M——电伴热在维持温度时输出的热量，W/m。

法兰、管件及支架所需电伴热带长度可按图6-225查得。

■ 图6-225 管道公称直径与电伴热带长度的关系

③ 管道全部所需电伴热带总长度 L 按式（6-2）计算。

$$L = L_P + L_V + L_F + L_B + L_H \tag{6-2}$$

式中　L_P、L_V、L_F、L_B、L_H——管道、阀门、法兰、管件、支架所需的电伴热长度，m。

5. 电伴热带螺距

为使电伴热带缠绕均匀，以维持管道全线正常需要的温度，缠绕时螺距（图6-226）可按表6-37确定。

6. 电气保护设备的确定

电气保护设备一般按单一电源最大电伴热带长度确定气动开关和保险丝的安培数。此外，应有电流过载、短路和漏电保护设施。

■ 图6-226 缠绕电伴热带螺距

表 6-37　电伴热带缠绕螺距　　　　　　　　　　　mm

管径 DN	Q_T(管道散热损失)/Q_M(电伴热带可供热量)																		
	1.1	1.2	1.3	1.4	1.5	1.6	1.7	1.8	1.9	2.0	2.2	2.4	2.6	2.8	3.0	3.2	3.4	3.6	3.8	4.0
15	150	100	75	75	75	50	50	—	—	—	—	—	—	—	—	—	—	—	—	—
20	175	125	100	100	75	75	50	50	50	50	—	—	—	—	—	—	—	—	—	—
25	225	150	125	100	100	75	75	75	50	50	—	—	—	—	—	—	—	—	—	—
40	325	225	175	150	125	125	100	100	100	75	—	—	—	—	—	—	—	—	—	—
50	400	275	225	175	150	150	125	125	100	100	100	75	75	75	50	50	50	50	50	50
80	600	425	325	275	250	225	200	175	175	150	150	125	125	100	100	75	75	75	75	75
100	775	525	425	350	325	275	250	225	225	200	175	150	150	125	125	100	100	100	100	100
125	950	650	525	450	400	350	325	300	275	250	225	200	175	175	150	150	125	125	125	100
150	1125	775	625	525	450	425	375	350	325	300	275	250	225	200	175	175	150	150	150	125
200	1475	1025	800	675	600	550	500	450	425	375	350	300	275	250	225	225	200	200	175	175
250	1850	1275	1025	850	750	675	625	575	525	475	425	375	350	325	300	275	250	250	225	200
300	2175	1500	1200	1025	900	750	700	675	625	575	500	425	400	375	350	325	300	300	275	250
350	2400	1650	1325	1125	975	875	800	725	675	625	550	500	450	425	375	350	325	325	300	275
400	2750	1900	1525	1275	1125	1000	925	850	775	700	650	575	525	475	450	400	375	375	350	325
450	3075	2225	1700	1450	1275	1125	1025	950	875	825	725	650	575	525	500	450	425	400	375	350
500	3425	2375	1900	1600	1400	1250	1150	1050	975	900	800	725	650	600	550	525	475	450	425	400
600	4100	2850	2275	1925	1675	1500	1375	1250	1175	1075	950	875	775	725	675	625	575	550	500	475

单一电源最大电伴热带长度是指从一个电源接线盒引出的电伴热带总长度，如图6-227所示。

■ 图 6-227　单一电源最大电伴热带长度
1—接线盒；2—电源接线；L_1、L_2、L_3—电伴热带长度

四、电伴热设施的安装要领

① 电伴热系统安装前，被伴热管道必须全部施工完毕，并经水压试验、气密试验检查合格。

② 安装时，应先按照电伴热系统图逐一核对管道编号、管道规格、工艺条件、电伴热参数及规格型号、电气设备和控制设备规格型号等，确认无误后才能安装。

③ 电伴热带或电缆线有良好的柔性，但不得硬折，需要弯曲时，其曲率半径不得小于电热电缆外径或自限性电热带厚度的6倍。

④ 电伴热带或电缆应与被伴热管道或设备贴紧、并用扎带固定；对于非金属管道，应在管外壁与伴热带之间夹一金属片（铝箔），以提高传热效果。

⑤ 电伴热带和电热电缆的安装如图6-228所示。一般在管道的侧下方，当遇法兰时，由于法兰处易发生泄漏，应避开其正下方；当设置多根电热带时，按90°分布或等距离布置，每隔300~600mm应有扎带，扎带材料应根据管道温度选用。

■ 图6-228　电伴热带在管道上安装与固定
1—管道；2—保温层；3—外保护层；4—扎带；5—电伴热带

⑥ 电伴热系统安装完毕后，必须逐个回路进行电气测试，合格后再进行通电试验，检查发现情况应进行处理，正常后方可进行保温。

⑦ 电热电缆是制造厂根据用户的有关条件专门制作的，因此不能互相串用；安装时不得重叠、交叉和搭接，不得剪断。

电热电缆的接头处附近80mm左右不得弯曲并在接头两侧应有扎带。

五、典型部位的电伴热安装图例

典型部位的电伴热安装图例见表6-38。

六、电伴热设计工程实例

> **工程实例**　某工程公司的电伴热设计程序

1. 电伴热在管道布置图上注明的方式

在进行电伴热系统的设计时，压力管道专业在管道布置图上一般用管线号末端伴热代号ET（按PID图规定）注明的方式表示。有时同时也沿管线添加虚线表示。

2. 电伴热系统设计工作程序

填写电伴热管线条件表（填写顺序：工艺专业→管道专业→电气专业）。

电伴热条件：管道专业所提的电伴热条件，通常是填写电伴热管线条件表和提供有电伴热管线的管道布置图和轴测图，以协助电气专业人员进行电伴热设计工作。电伴热管线条件表由工艺、管道专业共同完成。

表中的内容包括以下几项。

① 电伴热管线号。

② 电伴热管线的位置。管道布置图上一般已标出电伴热管线，管道专业只需把管道布置图提供给电气专业即可。当管道布置比较复杂，如果需要，管道专业应协助电气专业在管道布置图上找出相应的管线。

③ 电伴热的设计（包括材料统计）由电气专业完成。为了统计的准确，管道专业还应提供需要电伴热管线的轴测图。

④ 提供管道保温工程规定。

电伴热管线条件表举例见表6-39。

表6-38 典型部位的电伴热安装图例

名称	图例	名称	图例
法兰连接管道	聚酯带捆扎；电热带；被伴热管道	阀门	
调节阀组	热收缩套管；电热带；被伴热管道；聚酯带捆扎；简易终端	压力表	压力表；被伴热管道；聚酯带捆扎；电热带
无终端的缠绕型泵的电伴热	电热带；聚酯带捆扎；被伴热管道	有终端的缠绕型泵的电伴热	电热带；聚酯带捆扎

表6-39 某工程公司的电伴热管道专业提出的条件表

×××工程公司	电伴热管线条件表								文件号						第 张 共 张								
	工 艺 数 据									管 道 数 据													
序号	管线编号	介质名称	管线起始点		腐蚀特性	介质温度	维持温度	最高允许温度	最高表面温度	最低环境温度	管径	管长	管道等级	安装方式	保温材料	保温厚度	保温材料热导率	泵、阀门、法兰和管架的数量				备注
			起点	终点														泵	阀门	法兰	管架	
1	2	3	4	5	6	7	8	9	10	11	12	13	14	15	16	17	18	19	20	21	22	23	24

第二十一节 夹套加热系统

一、夹套加热系统的概念

① 夹套加热系统应包括蒸汽（或热水或导热油）总管、蒸汽（或热水或导热油）进入

管、分配站、套管、冷凝水排出管、收集站、冷凝水（或热水或导热油）回流总管等。其设计要求同伴管加热系统。

② 每个分配站或回收站上所设的加热介质接口数应不超过 6 个，但至少为 3 个接口。

③ 每个分配站或收集站上所设的加热介质管口数应不超过 6 个，但至少为 3 个管口。

④ 应根据夹套管结构形式，考虑夹套管的柔性，并进行必要的柔性分析。

⑤ 在设备布置和管道布置时，必须注意夹套管的外径及保温层的条件，便于考虑管间距。

⑥ 选用全夹套、部分夹套或简易夹套应符合 PID 要求。

⑦ 全夹套、部分夹套和简易夹套的概念如下。

a. 全夹套：除法兰连接部分以外，所有管道组成件包括阀门在内均有夹套（内管焊缝隐蔽型）。

b. 部分夹套：减少阀门的夹点及现场焊的对焊口的夹套（内管焊缝外露型）。

c. 简易夹套：仅直管部分有夹套，夹套内不应有焊缝。

二、蒸汽夹套加热系统的设计

1. 蒸汽夹套加热系统设计的一般要求

① 合理布置夹套管的隔断环（端板）、热源及介质出入口，使夹套内热源介质能自动排净。蒸汽应从夹套的最高点引入，冷凝水从最低点排出。蒸汽夹套管布置应避免可能积聚冷凝水的死角和下凹的袋形。低点处应加设疏水阀排出积水。

② 按 HG/T 20549 的规定，每个蒸汽入口对应的套管总长度不宜超过 30m，超过时应另设蒸汽入口。每个阀或每根跨越管的压力降可按 3m 直管考虑。

当工艺管道需设全夹套时，每段套管长度不宜超过 6m 或 12m（可根据项目具体要求确定）。有拆卸要求时，每隔 6m 或 12m 宜设一对法兰。

SH/T 3040 也对加套管蒸汽入口至凝结水排出口的距离（即套管伴热长度）进行了规定（表 6-40），需要根据工程项目实际情况选择使用不同标准规范提供的套管伴热长度。

表 6-40 SH/T 3040 规定的套管伴热长度

套管	供汽管	蒸汽压力/MPa		
		0.3～0.5	>0.5～0.7	>0.7～1.0
		伴热长度/m		
≤DN100	DN15	45	55	60
DN125～200	DN20	55	65	70
DN250～350	DN25	55	65	70
DN400	DN40	100	110	120
DN450	DN50	100	110	120

③ 在寒冷地区，蒸汽夹套管每 6m 或 12m 长的套管需要设一个疏水阀。在非寒冷地区，允许每 30m 长设一个疏水阀。疏水阀的位置必须低于夹套冷凝水出口。同时，与之相连的冷凝水排出管也不得有高于冷凝水出口的高点。

④ 夹套管管段之间的跨越管最小直径为 DN15。其位置应利于自流排液。

⑤ 蒸汽压力 $PN \geqslant 0.7$ MPa 时，应在套管内蒸汽引入口处设防冲板（图 6-229、表 6-41）。

■ 图 6-229　防冲板示意

表 6-41　防冲板参考尺寸　　　　　　　　　　　　　　　　　　mm

内管 DN	25	40	50	65	80	100	150	200	250	300
套管 DN	50	80	80	100	125	150	200	250	300	350
α/(°)	90	60	60	60	60	60	45	45	30	30
A	75	75	75	75	75	75	75	75	75	75
t	3	3	3	3	3	4	4	4	4	4

注：α 为被加热管内角度；A 为防冲板长度；t 为防冲板宽度。

2. 确定夹套加热管的结构

夹套管组装及其配件选用应根据套管与内管的介质性质、设计温度和设计压力等条件确定。除非另有规定，夹套加热管的组合尺寸可参见表 6-42。

表 6-42　夹套加热管的组合尺寸　　　　　　　　　　　　　　　　mm

组合尺寸	内　管　管　径											
	15	20	25	40	50	80	100	150	200	250	300	350	350
套管管径	40	40	50	80	80	125	150	200	250	300	400	400	450
供汽、排液管管径	15	15	15	15	15	20	20	20	25	25	40	40	50
跨越管管径	15	15	15	15	15	20	20	20	25	25	40	40	50

3. 内管与套管连接形式

（1）全夹套的法兰连接形式（图 6-230～图 6-234）

■ 图 6-230　套管与法兰承插焊连接

▪ 图 6-231　套管与法兰对焊连接

▪ 图 6-232　内管、套管与法兰对焊连接

(2) 半夹套及简易夹套的法兰连接形式
① 管帽式夹套管：如图 6-235、图 6-236 所示。
② 端板式夹套管：如图 6-237 所示。

4. 夹套管管件结构形式

① 内管弯头的曲率半径小于或等于 1.5 倍公称直径时，可采用标准弯头（图 6-238）。内管、套管弯头的曲率半径 R_1、R_2 宜按表 6-43 确定。

内管弯头的曲率半径 R_1 大于或等于 3 倍公称直径时，套管弯头采用剖切型，套管弯头的曲率半径与内管弯头的曲率半径相等（$R_2 = R_1$）时，如图 6-239 所示。内管、套管弯头的曲率半径见表 6-44。

▪ 图 6-233　不锈钢衬垫承插焊连接

▪ 图 6-234　平焊式法兰连接

▪ 图 6-235　管帽式夹套管

▪ 图 6-236　带垫板的管帽式夹套管

■ 图 6-237　端板式夹套管

表 6-43　内管、套管弯头的曲率半径（曲率半径小于或等于 1.5 倍公称直径）　　　mm

内管	DN_1	25	40	50	80	100	150	200	250	300	350	350
	R_1	37.5	60	75	120	150	225	300	250	300	350	350
	R_1/DN_1	1.5	1.5	1.5	1.5	1.5	1.5	1.5	1	1	1	1
套管	DN_2	50	80	80	125	150	200	250	300	400	400	450
	R_2	50	80	80	125	150	200	250	300	400	400	450
	R_2/DN_2	1	1	1	1	1	1	1	1	1	1	1

■ 图 6-238　夹套管弯头（曲率半径小于或等于 1.5 倍公称直径）

■ 图 6-239　90°、45° 夹套管弯头（R_1 大于或等于 3 倍公称直径）

表 6-44 内管、套管弯头的曲率半径（R_1 大于或等于 3 倍公称直径） mm

内管	DN_1	25	40	50	80	100	150	200	250	300	350	350
套管	DN_2	50	80	80	125	150	200	250	300	400	400	450
曲率半径 $R_2 = R_1$	R_2 为 3 倍公称直径	75	120	150	240	300	450	600	750	900	1050	1050
	R_2 为 5 倍公称直径	125	200	250	400	500	750	1000	1250	1500	1750	1750
	R_2 为 6 倍公称直径	150	240	300	480	600	900	1200	1500	1800	2100	2100

② 夹套管的三通应采用剖切型，有横切和纵切两种形式（图 6-240）。应根据实际安装情况选用。

■ 图 6-240 套管三通剖切形式

③ 夹套管的四通管：当管道夹套内的工艺物料在常温下固化，或维修时需要机械清除的才采用四通来代替弯头，其结构形式如图 6-241 所示，各尺寸参见表 6-45。

④ 夹套管的异径管：内管的异径管与套管的异径管的大口端端部应错开距离，宜为 50mm，其结构形式如图 6-242 所示。

■ 图 6-241 套管四通剖切形式

■ 图 6-242 异径管接头

表 6-45 套管四通的各尺寸　　　　　　　　　　　　　　　　　　　　　mm

内管 DN	夹套管 DN	分支 DN	法兰等级:Class150			法兰等级:Class300		
			A	B	C	A	B	C
15	40	15	225	135	90	230	140	95
20	40	15	225	135	90	230	140	95
25	50	15	225	135	90	230	140	95
32	65	15	250	160	95	255	165	100
40	80	15	255	160	95	260	165	100
50	80	20	255	160	95	260	165	100
65	100	20	275	180	95	285	190	105
80	125	20	315	220	100	330	235	115
100	150	25	325	220	105	340	235	120
125	200	25	365	260	110	380	270	125
150	200	25	365	260	110	380	270	125
200	250	25	405	300	110	425	320	130
250	300	40	465	335	120	485	355	140
300	350	40	495	365	125	515	385	145

⑤ 夹套管内管的仪表管口、管顶放空口及管底排液口的结构形式如图 6-243、图 6-244 所示。

■ 图 6-243　全夹套（焊缝隐蔽型）管口连接

■ 图 6-244　半夹套（焊缝外露型）管口连接

三、夹套管内定位板

夹套管内管采用定位板定位,定位板安装方位不应影响内管热位移(图6-245、表6-46)。

■ 图6-245 定位板布置图

表6-46 定位板间距表

内管管径 DN/mm	L/m	内管管径 DN/mm	L/m
≤25	2.0	100~300	5.0
40	3.0	350	5.0
50~80	4.0		

四、热水、导热油夹套加热系统的设计

① 热水、导热油夹套加热系统的设计与蒸汽夹套加热系统设计一般相同,只是不设置疏水阀,但需设置排净口、排污管及回流管,蒸汽从夹套的最高点引入,冷凝水从低点排出,而热水、导热油应底进上出。

② 应合理布置套管的隔断环(端板)、热源及介质出入口,使夹套内热源介质能自动排净。夹套管之间的跨越管的连接位置应考虑能与每一夹套部件都能排净积污或气体。

③ 根据加热介质的不同,合理选用跨越管的连接及密封形式,在跨越管下方的连通管上,应设置直通的排净管或排污管(图6-246)。

■ 图6-246 夹套连通管排液示意

④ 热水供水压力不小于 0.2MPa（表压），入口温度不低于 70℃时及导热油供油压力不小于 0.15MPa（表压），入口温度不低于 200℃时，按 HG/T 20549 的规定，加热介质的最大加热长度应符合：热水最大加热长度 40m，导热油最大加热长度 60m（总长度为分配站至夹套管的热水或导热油进口的引入管长度、夹套管长度和夹套管的热水或导热油出口至收集站引出管长度的总和）。超过给出的限定值宜另设热水或导热油引入管。每段夹套管最大长度为 12m。通过每一个阀或每一个跨越管其压力降可按 3m 直管考虑。

五、夹套管跨越管典型布置工程实例

① 水平夹套管的跨越管一般分为三种如图 6-247~图 6-249 所示。

■ 图 6-247　跨越管垂直方向布置

■ 图 6-248　跨越管切线方向布置

■ 图 6-249　跨越管底部方向布置

② 垂直夹套管的跨越管如图 6-250 所示。
③ 夹套阀门的跨越管如图 6-251、图 6-252 所示。
④ 跨越管连接应防止积液和堵塞,并考虑跨越管的安装空间。跨越管拐弯处宜采用煨弯弯头。

■ 图 6-250 跨越管底部方向布置

■ 图 6-251 水平管上带夹套阀门的跨越管

■ 图 6-252 垂直管上带夹套阀门的跨越管

六、夹套材料及其他要求

1. 夹套材料的选择

① 夹套材料的选择应符合管道材料等级及其设计温度、设计压力和介质特性。
② 夹套管的内管应采用无缝钢管,套管可采用无缝钢管或焊接钢管。
③ 夹套管中与内管连接的管件应与内管材质相同。
④ 当套管与内管之间温度差过大或材质不相同时,应对夹套管进行应力分析计算,如两者热胀差异产生的热应力超过许用值时,内管与套管宜采用同种材质或线胀系数相近的材质。

2. 导热油管线特殊要求

① 导热油管线宜采用焊接,禁用螺纹连接,禁用有缝钢管。
② 导热油管线应采用对焊法兰。
③ 导热油管线宜采用铸钢高温阀门。
④ 导热油管线宜采用柔性石墨缠绕垫片。
⑤ 导热油管线禁用有色金属。

七、夹套管的安装要求

① 除夹套管的供给管和回收管外,夹套管的主体部分应进行预制。
② 夹套预制时,应预留调整管段,其调节裕量宜为 50～100mm,调整管段的接缝位置必须避开外开口处。
③ 内管焊缝隐蔽型夹套管,在内管焊缝处的套管应留 150mm 长缺口,待内管焊缝经 100% 射线检测,经试压合格后方可进行隐蔽作业。
④ 夹套经剖切后安装时,纵向焊缝应置于易检修部位。
⑤ 套管与内管间的间隙应均匀,并应按设计要求焊接定位板。定位板不得妨碍套管与内管的伸缩。
⑥ 夹套管内管的试验压力应按内部或外部压力高者的 1.5 倍确定,夹套管套管的试验压

力应为套管设计压力的1.5倍。

⑦ 被加热管道应经无损探伤合格及水压试验合格后方可焊接套管。

八、夹套管布置设计典型工程实例

1. 用于安装典型图（图6-253）

2. 夹套管类型示意图（图6-254）

■ 图6-253 用于安装典型图

■ 图6-254 夹套管类型示意图

第二十二节　管道设计的静电接地

一、静电接地的概念

静电是指工业静电，即生产、储运过程中在物料、装置、人体、器材和构筑物上产生和积累起来的静电，雷电不属于工业静电范畴。

静电接地系统可用一个简单的模型来说明，如图 6-255 所示。

■ 图 6-255　静电接地模型

1—带电区；2—带电体的泄漏通道；3—设备支架、外壳；4—接地端子；5—接地支线；6—接地干线；7—接地体

二、管道需要静电接地的位置

① 管道在进出装置区（含生产车间厂房）处、分岔处应进行接地。长距离无分支管道应每隔 100m 接地一次。

② 平行管道净距小于 100mm 时，应每隔 20m 加跨接线。当管道交叉且净距小于 100mm 时，应加跨接线。

③ 当金属法兰采用金属螺栓或卡子紧固时，一般可不必另装静电连接线，但应保证至少有两个螺栓或卡子间具有良好的导电接触面。

④ 工艺管道的加热伴管，应在伴管进汽口、回水口处与工艺管道等电位连接。

⑤ 风管及保温层的保护罩当采用薄金属板制作时，应咬口并利用机械固定的螺栓等电位连接。

⑥ 金属管道布置中间的非导体管段，除需进行特殊防静电处理外，两端的金属管应分别与接地干线相连，或用截面不小于 $6mm^2$ 的铜芯软绞线跨接后接地。

⑦ 非导体管段上的所有金属件均应接地。

⑧ 地下直埋金属管道可不进行静电接地。

在工程设计中，静电接地的设计，需要管道专业、工艺系统专业、电气专业、土建专业共同合作完成。

三、管廊的静电接地

① 管廊上的管道静电接地是通过接在管道上的接地铜线接至管廊柱或梁上的接地端子，再接至接地干线来完成的，为达到迅速导走静电的目的，管廊上凡需静电接地的管子都应直接在管子上焊接线板（图 6-256）。

■ 图 6-256 典型的管廊管道静电接地示意

注：接地铜线推荐使用电气专业常用多股铜芯聚氯乙烯绝缘电线，截面积 $6mm^2$、$16mm^2$ 或 $25mm^2$ 电线以及 $\phi 6mm$ 圆钢皆可酌情选用。

② 管廊上管道大约每 30～50m 左右即为一静电接地点，必须与静电接地总线（或接地极）相连，因此相应在此位置上的柱或梁要设接地端子，需静电接地的管道要加焊接地板。

管廊上的钢制管道是否需要进行静电接地，按工艺专业提供条件而定。某些可导电物料管线如水、硫酸等可不进行静电接地。

四、工艺装置内的静电接地

① 工艺装置内管道的静电接地主要通过设备的静电接地来实现，设备的静电接地板由设备专业设计。管道专业在管口方位图上表示，并向电气专业提供设备布置图。

② 厂内管线进入工艺装置或建筑物按防雷设计要求均有接地，已满足静电接地要求。

a. 厂内管线带的静电接地一般要单独设计，要引起重视以免漏项。管线接地点大致在三个地方要注意：接入泵过滤器、缓冲器等设备处是静电量的变化所在，也是接地方便处；管线的分岔处一般考虑为接地点；平行的管线直管段一般 80～100m 的间隔处支架上设有管线支座，也是方便的接地点。

b. 当有蒸汽伴管时，与其工艺管道的连接可参见图 6-257。

c. 常规的做法参见图 6-258。

■ 图 6-257 蒸汽伴管与工艺管道连接示意

■ 图 6-258 风管、保温层罩连接

d. 强调非导体管段上的金属件必须接地，尤其中间的金属接头不要遗忘，以防造成静电积聚。对软管上金属的接地参见图6-259。

(a) 软管及连接金具的接地　　　　(b) 安装在软管上的金属的接地

■ 图 6-259　软管连接金属的接地

e. 直埋地下管线与土壤接触足以达到静电接地电阻值的要求。

③ 管道通过法兰连接、焊接和螺纹连接等方式与设备相连，对于法兰连接，一般情况下是法兰通过螺栓、螺母的连接可将静电导走，并不需要另外进行法兰跨接线设计。在螺栓连接处，如果导电效果不良时，可在法兰螺栓上增设金属齿形垫的方法加以解决（图6-260）。

(a) 管道阀门齿形弹性垫跨接　　　　(b) 管道法兰齿形弹性垫跨接

(c) 内齿锁紧垫圈　　　　(d) 外齿锁紧垫圈

■ 图 6-260　管道阀门、法兰齿形弹性垫跨接典型图

④ 当工艺物料有特殊要求或法兰连接的管道系统为绝缘状态，法兰的跨接线就要进行设计，以确保静电能迅速通过法兰跨接线传导至设备接地板导走。对于管道与设备管口相连处的法兰跨接，由于其管口一般没有接地板，管口端跨接线缠在螺栓上用螺母压紧，必要时加用金属齿形垫。

⑤ 有的工程公司，管道法兰跨接线设计管道专业仅出设计说明，发标准图和统计接地板和跨接线材料。

五、法兰跨接线设计

法兰跨接线连接方式很多，本节只推荐其中两种常规跨接方式和一种特殊跨接方式。

① 法兰跨接方式如图 6-261、图 6-262 所示。

■ 图 6-261　管道法兰跨接典型图

注：跨接线推荐使用电气专业常用多股铜芯聚氯乙烯绝缘电线，截面积 6mm²、16mm² 或 25mm²（最小可用截面积大于 2.5mm²）电线以及 φ6mm 圆钢皆可酌情选用。

■ 图 6-262　管道法兰跨接工程实际应用照片

② 阀门或特殊件跨接如图 6-263 所示。

③ 当业主有特殊要求时或工艺特别强调的状况下，可以考虑另一种跨接方式，即特殊物料的阀门或特殊件跨接，如图 6-264 所示。

■ 图 6-263　管道阀门或特殊件跨接典型图（一）

注：跨接线推荐使用电气专业常用多股铜芯聚氯乙烯绝缘电线，截面积 6mm²、16mm² 或 25mm²（最小可用截面积大于 2.5mm²）电线以及 φ6mm 圆钢皆可酌情选用。

■ 图 6-264　管道阀门或特殊件跨接典型图（二）

注：跨接线推荐使用电气专业常用多股铜芯聚氯乙烯绝缘电线，截面积 6mm²、16mm² 或 25mm²（最小可用截面积大于 2.5mm²）电线以及 φ6mm 圆钢皆可酌情选用。

第二十三节　管道带压开孔/封堵的设计

一、带压开孔/封堵（Hot Tap）的概念

管道带压开孔是指在密闭状态下，以机械切削方式在运行管道上加工出圆形孔的一种作业技术。当在役管线需要加装支管时，采用管道带压开孔施工，既不影响管线的正常输送，又能保证安全、高效、环保。管道开孔特点如下：

① 工艺先进。
② 可带压作业。
③ 无火焰密闭机械切割。
④ 安全可靠。
⑤ 无污染。

几种开孔方式如下。
① 管道垂直开孔。
② 卡具管道开孔。
③ 管道开斜孔。
④ 管道倒立开孔。
⑤ 储罐开孔。其他见表6-47。

管道封堵分类如下。
① 封堵按物理机械手段分为悬挂式封堵、桶式封堵、折叠式封堵、囊式封堵等多种形式。
② 封堵按管内介质是否流动分为停输封堵和不停输封堵。

其他见表6-47。

不同管道封堵技术特点如下。
① 筒式封堵。管道筒式封堵适用于管道内壁结垢、腐蚀的管线以及不规格变形管道，一般用于油田、石化系统的生产管线。该工艺具有封堵严密，不受管道年限的限制。
② 盘式封堵。管道盘式封堵适用于管道标准而且管道内壁没有结垢、腐蚀的长输管道，大多用于输送石油、天然气、成品油的长输管道，以及管道的抢修工作。该工艺具有封堵严密、承压高、施工快的特点。

表6-47 带压开孔/封堵

带压开孔	用途	用于管道不停输带压开孔
	规格	$\phi12\sim\phi2000$
	适用压力	$0\sim10MPa$
	适用温度	$-30\sim330℃$
	适用管材	碳钢管、锰钢管、不锈钢管、灰口、球墨铸铁管、PVC管、预应力管、西气东输X系列管材
	开孔方式	手动或液压(可另配液压动力头)
带压封堵	用途	用于高温高压的各种介质管道带压封堵
	规格	$\phi12\sim\phi1000$
	适用压力	$0\sim10MPa$
	适用温度	$-30\sim280℃$
	适用介质	水、水蒸气、石油、成品油、天然气、煤气等几乎所有介质
	特殊要求	高温高压、合金材质、不锈钢材质等特殊工艺的专项开孔封堵

带压开孔/封堵不适用于以下介质流体管道。
① 酸液。
② 腐蚀性。
③ 硫。
④ 氧。
⑤ 氯。
⑥ 氨。

⑦ 剧毒流体。

其他不适用于带压开孔/封堵的管线还有：需要焊后热处理管道，焊接易导致原管线破坏的管道，焊接易导致原管道内防腐涂层破坏的管道等。

二、管道带压开孔/封堵应用

① 不停输、不必清空管道即可更换或加设阀门仪表、更换管线等。
② 不停车，管线永久性改线，增加分支，对管道进行加接旁通。
③ 对易燃易爆、有毒有害的液、气态介质的输送管线的改造，该技术更加安全可靠。

三、带压开孔/封堵工程实例

带压开孔/封堵流程，如图6-265所示。

■ 图 6-265　带压开孔/封堵流程图

(a) 焊接三通短节；(b) 安装闸板阀；(c) 开旁通孔；(d) 安装旁路，开封堵孔；(e) 安装上下游封堵机，进行封堵；
(f) 管道修复、更换或工艺改造；(g) 拆除作业设备；(h) 安装塞堵、法兰盖

第二十四节 管道布置设计常用的标准规范

管道布置设计常用的标准规范如下。
① GB 50160—2008《石油化工企业设计防火规范》
② GB 50058—92《爆炸和火灾危险环境电力装置设计规范》
③ GB 50316—2000《工业金属管道设计规范》(2008年版)
④ GB 50251—2003《输气管道工程设计规范》
⑤ GB 50235—2010《输油管道工程设计规范》
⑥ GB 50074—2014《石油库设计规范》
⑦ GB 50264—2013《工业设备及管道绝热工程设计规范》
⑧ GB 50041—2008《锅炉房设计规范》
⑨ GB 50030—2007《氧气站设计规范》
⑩ HG/T 20675—90《化工企业静电接地设计规程》
⑪ HG/T 20549—1998《化工装置管道布置设计工程规定》
⑫ HG/T 23003—92《化工企业静电安全检查规程》
⑬ SH 3010—2013《石油化工设备和管道隔热设计规范》
⑭ SH 3012—2011《石油化工管道布置设计通则》
⑮ SH/T 3022—2011《石油化工设备和管道涂料防腐蚀设计规范》
⑯ SH 3039—2003《石油化工非埋地管道抗震设计通则》
⑰ SH/T 3040—2012《石油化工管道伴管和夹套管设计规范》
⑱ SH 3041—2003《石油化工管道柔性设计规范》
⑲ SH 3059—2012《石油化工管道设计器材选用通则》
⑳ SH 3073—2004《石油化工企业管道设计支吊架设计规范》
㉑ SH 3043—2003《石油化工企业设备管道表面色和标志》
㉒ SH 3051—2004《石油化工企业配管工程术语》
㉓ SH 3052—2004《石油化工企业配管工厂设计图例》
㉔ SH 3097—2000《石油化工静电接地设计规范》

第七章 压力管道的隔热和防腐蚀

第一节 压力管道隔热设计

一、隔热的概念和分类

GB 50264 规定,为减少设备、管道及其附件向周围环境散热,在其外表面采取的包覆措施称保温,为减少周围环境中的热量传入低温设备和管道内部,防止低温设备和管道外壁表面凝露,在其外的包覆措施称保冷,保温和保冷统称为隔热(GB/T 4132—1996《绝热材料及相关术语》称绝热)。保温和保冷的热流传递方向不同。

二、隔热设计的目的

① 减少设备和管道在工作中的热量和冷量损失,以节约能源。
② 满足工艺生产要求,避免、限制或延迟设备或管道内介质的凝固、冻结,以维持正常生产。
③ 减少生产过程中介质的"温升"或"温降",以提高设备的生产能力。
④ 防止设备和管道表面结露。
⑤ 降低和维持工作环境温度,改善劳动条件,防止因热表面导致火灾和防止操作人员烫伤。
工程实际应用中,工艺流程图中常用的隔热分类和符号见表 7-1。

表 7-1 隔热分类和符号

种类	符号	类别说明
保温	H	一般保温
	HO	充分保温(操作稳定)
	TS	蒸汽伴热保温
	TW	热水伴热保温
	TO	热油及其他介质伴热保温
	JS	蒸汽夹套保温
	JW	热水夹套保温
	E	电伴热保温
	W	防冻保温
	P	人身防护
	M	双重保温
保冷	C	一般保冷
	CO	充分保冷
	JC	冷介质夹套保冷
	A	防结露

三、隔热的范围

1. 不应隔热的设备和管道

除非另外指定，下列设备及其部件将不隔热。

① 泵的操作温度低于 230℃，且没有蒸汽伴热，泵的操作温度在 230℃ 及以上时不保温，否则将引起不良影响，泵的操作温度在 0℃ 及以上时不保冷。

② 有可移动的部件如膨胀节、旋转节、滑动阀等。

③ 鼓风机及压缩机。

④ 柔性接头、软管活接头、蒸汽疏水器、吹扫接头、过滤器和安全阀的出口管线。

⑤ 临时过滤器的法兰。

⑥ 用于人身防护的人孔和手孔。

2. 管口、法兰和阀门

① 管口、法兰和阀门，包括放空及排净阀的隔热与所在管线相同。阀门的阀盖和填料压盖也应隔热。除了压盖热圈应留出可调节部分外，球阀和旋塞阀的隔热不能覆盖止动器和销，无论是阀门本身的隔热还是邻近管道和附件的隔热层均不能限制手柄操作。

② 设备法兰口的绝热要能拆卸及再安装，以便于切断管道与它的联系。

③ 法兰周围空隙、法兰式阀门、换热器管箱等将填充隔热毡。

3. 人孔和手孔

① 保温设备：从 70℃ 至 177℃，人孔和手孔盖上应保温；高于 177℃，应全部保温，且人孔和手孔盖的保温层可拆卸。

② 保冷设备：应全部保冷，且人孔和手孔盖可移动。

4. 管壳式换热器

① 保温：不高于 70℃ 时法兰和管箱不保温；从 70℃ 至 177℃ 法兰体不保温，壳盖法兰表面及管箱筒体段、壳体应保温，需要拆卸法兰的螺栓允许露在外面，不保温；温度高于 177℃ 保温将覆盖整个设备，且壳盖法兰可拆卸。

② 保冷：保冷将覆盖整个设备，但应使壳盖法兰可拆卸。

5. 管道特殊件和其他件

① 管道特殊件，一般均将隔热。管道特殊件的隔热与相应尺寸的阀门相类似，膨胀节的保温，要用保温毡缠绕连接点与相邻管道绑扎。

② 蒸汽疏水器和其出口管线，其排放的热量要回收时，需要保温。

③ 对支架、裙座、支腿转弯处，以及保冷管和设备不保温的支管，隔热将从设备及管子表面延伸至隔热层厚度大约 4 倍的距离。

④ 容器裙座保温应用如下：防火裙座，保温应紧接到邻近的防火层上；不需防火裙座，保温应从容器切线以下支撑环开始。

⑤ 在管道和设备上的检验牌、铭牌等，应露出来以便观察，所有开孔和边缘部分必须进行防风雨处理。

6. 其他

四、隔热结构

① 设备和管道的隔热结构可以分为保温结构和保冷结构两种形式，保温结构由保温层（Hot Insulation Lagging）和保护层（Jacketing）构成；保冷结构由保冷层（Cold Insulation Lagging)＋防潮层 (Moisture Resistant Lagging) 及保护层构成。

② 保温层或保冷层对维护介质温度稳定起主要作用。

③ 保护层包覆在隔热层（保温层或保冷层）的外面，起保护和防止大气、风、雨、雪致使隔热层破坏的作用，延长隔热层的使用寿命，并使隔热结构外形美观。

④ 防潮层是保冷结构用于防水、防潮，维护保冷层保冷效果的关键。

图 7-1　阀门金属隔热盒的结构及安装

阀门金属隔热盒的结构及安装如图 7-1 所示。

五、隔热设计的原则

1. 保温 (Hot Insulation)

① 保温一般应用在操作温度在 50～850℃ 的设备和管道上，要求有热损失的地方除外。

当需要严格限定热损失量时，采用充分保温，即使操作温度低于50℃，也要考虑。

② 当设备和管道带有耐火材料或保温材料衬里时，不需要外部保温，金属温度必须被控制时除外。

2. 人身防护（Personal Protection）

人身防护应用于操作温度在60℃及以上，下述操作区域内不保温的设备和管道上，因操作人员作业时可能会偶然与这些区域接触。

① 从地面或楼面2100mm高以内。

② 超出平台或走道边缘750mm以内的距离。

当需要消耗热量时，护罩或挡板也可用来代替人身防护。

3. 保冷（Cold Insulation）

保冷应用于操作温度低于10℃的设备和管道上，需要吸热的设备和管道除外。

具有下列情况之一的设备和管道必须保冷。

① 需减少冷介质在生产或输送过程中的温升或汽化（包括突然减压而汽化产生结冰）。

② 需减少冷介质在生产或输送过程中的冷量损失，或规定允许冷损失量。

③ 需防止在环境温度下，设备或管道外表面凝露。

4. 防结露（Anti-sweat）

防结露应用于操作温度高于10℃，又低于环境温度时，且设备和管道湿气冷凝表面将产生下述有害影响时。

① 表面冷凝，滴液对电气设施有危害时。

② 表面冷凝，滴液对某些设备有危害时。

③ 表面冷凝使工作人员不舒服。

六、隔热厚度的确定方法

① 隔热厚度计算时，保温和人身防护，采用介质正常操作温度，保冷及防结露，采用流体最小操作温度。

② 保温厚度的计算：当无特殊工艺要求时，采用经济厚度法计算，人身防护保温厚度按表面温度法计算，但保温层外表面的温度不得大于60℃。

③ 保冷层厚度的计算原则如下。

a. 为减少冷量损失的保冷层，应采用经济厚度法计算厚度。

b. 为防止外表面结露的保冷层应采用表面温度法计算厚度。

c. 工艺上允许一定量冷损失的保冷层，应用热平衡法计算厚度。外表的温度应高于露点温度1～3℃。

④ 我国从20世纪80年代开始，越来越多的工业部门采用经济厚度法代替表面温度计算法，如GB 50264、SH3010、水电部《保温技术规定》等都采用经济厚度这一概念。国外自20世纪50年代以来，由于能源危机，也陆续采用经济厚度法。SH3010规定，用防止结露的方法计算保冷厚度，然后用经济厚度法进行核算调整。

七、详细介绍隔热厚度计算方法的常用标准规范

由于很多国内外标准规范均详细介绍了隔热厚度的计算方法，所以在此就不过多地阐述。需要时，可以参考下列常用的标准规范：SH 3010《石油化工设备和管道隔热设计规范》；GB

50264《工业设备及管道绝热工程设计规范》；GB 8175《设备及管道保温设计导则》等。在 GB 50264 的附录中，提供了我国主要城市隔热厚度计算用气象参数，这里不再赘述。

八、隔热材料及其制品的考虑因素

① 设备和管道的保温结构应由非燃烧材料组成；保冷结构可由阻燃材料组成。设备和管道的隔热层除必须采用填充式结构外，宜选用隔热材料制品。

② 保温材料制品的安全使用最高温度应高于设备和管道的设计温度。

③ 保冷材料制品的允许使用温度应低于设备和管道的设计温度。

④ 有多种可供选择的隔热材料时，应首先选用热导率小、密度小、强度相对高、无腐蚀性、损耗小、价格低、运输距离短、施工条件好的制品。如不能同时满足，应优先选用密度小、综合经济效益高的材料或制品。

⑤ 设备和管道表面温度高于或等于 450℃ 时，宜选用复合隔热材料制品。

⑥ 保冷应选用闭孔型的材料制品，不宜选用纤维质材料制品。

⑦ 选用纤维材料制品时，除管壳外，毡席类制品应由玻璃布或铁丝网缝制。

⑧ 不宜选用石棉材料及其制品。因石棉制品污染环境，中国、美国、德国、法国、波兰、马来西亚等均禁用。

⑨ 绝热材料及其制品在长期运行时的温度应保证材料不出现变形、熔化、焦化、疏脆、松散、失强等情况。

九、隔热材料及其制品的性能要求

① 保温材料在平均温度低于或等于 350℃ 时，其热导率不得大于 $0.12W/(m·℃)$，保冷材料在平均温度低于 27℃ 时，其热导率不应大于 $0.064W/(m·℃)$。

② 硬质保温材料制品的密度不应大于 $300kg/m^3$；保冷材料制品的密度不应大于 $200kg/m^3$；半硬质、软质保温材料制品密度不应大于 $200kg/m^3$。

③ 硬质保温材料的抗压强度不应小于 $0.4MPa$；硬质保冷材料的抗压强度不应小于 $0.15MPa$。

④ 隔热材料制品的 pH 值不应小于 7。

⑤ 用于奥氏体不锈钢的隔热材料制品的氯离子含量不应大于 $25×10^{-6}$，或应符合 GB 50185—2010《工业设备及管道绝热工程施工验收规范》有关规定。

⑥ 隔热材料制品应具有安全使用温度和燃烧性能（不燃性、难燃性、可燃性）资料。

隔热材料制品应具备防潮性能（吸水性、吸湿性、防水性）资料。保温材料含水率不得大于 7.5%（质量比）；保冷材料的含水率不得大于 1%（质量比）。

隔热材料制品应具有耐大气腐蚀性、化学稳定性、热稳定性、渣球含量、纤维直径等测试报告。

⑦ 阻燃性保冷材料制品的氧指数不应小于 30。

⑧ 隔热材料的防水率应大于或等于 95%；软质隔热材料制品的回弹率应大于或等于 90%。

十、常用隔热材料

常热隔热材料见表 7-2。

表 7-2 常用隔热材料

序号	材料名称	使用密度 /kg·m⁻³	材料标准规定最高使用温度/℃	推荐使用温度/℃	常温热导率(70℃时)λ_0 W/(m·℃)	热导率参考方程	抗压强度/MPa	压缩回弹率/%	要求
1	硅酸钙制品	170	T_a~650 (T_a为环境温度,下同)	550	0.055	$\lambda=\lambda_0+0.00011(T_m-70)$ (T_m为平均温度,下同)	0.4		
		220			0.062		0.5		
		240			0.064		0.5		
2	泡沫石棉	35	普通型 T_a~500 防水型−50~500	—	0.046	$\lambda=\lambda_0+0.00014(T_m-70)$		80	室外只能用憎水型产品,回弹率95%
		40			0.053			50	
		50			0.059			30	
3	岩棉及矿渣棉制品	原棉≤150	650	600	≤0.044	$\lambda=\lambda_0+0.00018(T_m-70)$			—
		毡 {60~80 / 100~120}	400	400	0.049 / 0.049				
		板 {80 / 100~120 / 150~160}	600 / 400 / 600	400 / 350 / 350	≤0.044 / 0.046 / 0.048				
		管≤200	600	350	≤0.044				
4	玻璃棉制品	纤维平均直径≤5μm 原棉 40	400	300	0.041	$\lambda=\lambda_0+0.00023(T_m-70)$			—
		纤维平均直径≤8μm 原棉 40	400		0.042	$\lambda=\lambda_0+0.00017(T_m-70)$			—
		毡 {≥24 / ≥40}	350 / 400		≤0.048 / 0.043				
		板 {24 / 32 / 40 / 48}	300 / 300 / 350 / 400		≤0.049 / 0.049 / 0.047 / 0.044				
		毡 {≥24 / 64~120}	300 / 400		0.043 / 0.042				
		管 ≥45	350		≤0.043				

续表

序号	材料名称	使用密度/kg·m⁻³	材料标准规定最高使用温度/℃	推荐使用温度/℃	常温热导率(70℃时)λ_0	热导率参考方程 W/(m·℃)	抗压强度/MPa	要 求
5	硅酸铝棉及其制品	原棉 1# 2# 毯、板 3# 4# 毯 96 128 192	800 1000 1100 1200	800 1000 11000 1200	0.056	$T_m \leq 400℃$时： $\lambda_L = \lambda_0 + 0.0002(T_m - 70)$ $T_m > 400℃$时： $\lambda_H = \lambda_L + 0.00036(T_m - 400)$ (下式中λ_L取上式$T_m = 400℃$时计算结果。下同)	—	$T_m = 500℃$时热导率 $\lambda_{500℃} \leq 0.153$(国际送审稿重为192kg/m³时数据) $\lambda_{500℃} \leq 0.176$ $\lambda_{500℃} \leq 0.161$ $\lambda_{500℃} \leq 0.156$ $\lambda_{500℃} \leq 0.153$
6	膨胀珍珠岩质料	70 100~150 150~250	−200~800	—	0.047~0.051 0.052~0.062 0.064~0.074	—	—	—
7	硬质聚氨酯泡沫塑料	30~60	−180~100	−65 ~ 80	(25℃时) 0.0275	保温时： $\lambda = \lambda_0 + 0.00014(T_m - 25)$ 保冷时： $\lambda = \lambda_0 + 0.00009 T_m$	—	①材料的燃烧性能应符合《建筑材料燃烧性能分级方法》B₁级难燃性材料规定 ②用于−65℃以下的特级聚氨酯性能应与产品厂商协商
8	聚苯乙烯泡沫塑料	≥30	−65~70	—	(20℃时) 0.041	$\lambda = \lambda_0 + 0.000093(T_m - 20)$	0.5	材料燃烧性能应符合《建筑材料燃烧性能分级方法》B₁级难燃性材料规定
9	泡沫玻璃	150 180	−200~400	—	(24℃时) 0.060 (24℃时) 0.064	$T_m > 24℃$时： $\lambda = \lambda_0 + 0.00022(T_m - 24)$ $T_m \leq 24℃$时： $\lambda = \lambda_0 + 0.00011(T_m - 24)$	0.7	−101℃时，$\lambda \leq 0.046$ −46℃时，$\lambda \leq 0.052$ 10℃时，$\lambda \leq 0.058$ 24℃时，$\lambda \leq 0.060$ 93℃时，$\lambda \leq 0.073$ 204℃时，$\lambda \leq 0.099$ −101℃时，$\lambda \leq 0.050$ −46℃时，$\lambda \leq 0.056$ 10℃时，$\lambda \leq 0.062$ 24℃时，$\lambda \leq 0.064$ 93℃时，$\lambda \leq 0.077$ 204℃时，$\lambda \leq 0.103$

注：1. 设计计算采用的技术数据必须是产品生产厂商提供的物理化学性能及数据应符合各自的产品标准规定。
2. 设计采用的各种绝热材料的物理化学性能及数据应符合各自的国家法定检测机构核实的数据。
3. 热导率参考方程中$(T_m - 70)$、$(T_m - 400)$等表示该方程中常数项如λ_0、λ_L等应对应代入T_m为70℃、400℃时的数值。

十一、保温及人身防护材料的选用

保温及人身防护材料的选用见表 7-3。

表 7-3 保温及人身防护材料

保温层材料	热导率参考方程/$W \cdot m^{-1} \cdot ℃^{-1}$	密度/$kg \cdot m^{-3}$	推荐使用温度/℃	使用范围
岩棉管壳	$0.044+0.00018$(T_m-70)	120~200	≤350	≤14″(DN350)的管道
岩棉板	$0.044+0.00018$(T_m-70)	100~160	≤350	≥16″(DN400)的设备
岩棉毡	$0.044+0.00018$(T_m-70)	80~120	≤350	≥16″(DN400)的设备 ≥16″(DN400)的管道
硅酸铝管壳	$0.056+0.00036t_{cp}$	120~200	351~600	≤14″(DN350)的管道
硅酸铝毡	$0.039+0.00036t_{cp}$	120~200	351~600	≥16″(DN400)的设备 ≥16″(DN400)的设备
硅酸铝板	$0.0056+0.0002t_{cp}$	120~200	351~600	≥16″(DN400)的设备
硅酸铝纤维	$0.0056+0.0002t_{cp}$	130	≥900	高温管道、设备
硅酸钙制品	$0.0062+0.00011t_{cp}$	170~240	≤550	设备和管道

注:1. t_{cp} 为平均温度。
2. 与奥氏体不锈钢表面接触的隔热材料应符合 GB 50126《工业设备及管道绝热工程施工规范》要求。
3. 岩棉制品的性能及要求参见 GB/T 11835《绝热用岩棉、矿渣棉及其制品》。
4. 硅酸铝制品的性能及要求参见 GB/T 16400《绝热用硅酸铝棉及其制品》。
5. 硅酸钙制品的性能及要求参见 GB/T 10699《硅酸钙绝热制品》。

十二、保冷材料的选用

常用保冷材料的应用见表 7-4。

表 7-4 常用保冷材料的应用

保冷层材料	热导率参考方程/$W \cdot m^{-1} \cdot ℃^{-1}$	密度/$kg \cdot m^{-3}$	推荐使用温度/℃	使用范围
硬泡沫聚苯乙烯管壳	$0.041+0.000093t_{cp}$ 平均温度20℃	15~30	-50~70	用于设备和管道 ≤14″(DN350)
硬泡沫聚苯乙烯板	$0.041+0.000093t_{cp}$ 平均温度20℃	15~30	-50~70	用于设备和管道 ≥16″~40″(DN400~1000)
硬质闭孔型聚氨酯塑料管壳	$\lambda_0+0.00009t_{cp}$ $\lambda_0 \leq 0.0275$ 平均温度25℃	30~60	-65~80	设备和管道≤14″(DN350)
硬质闭孔型聚氨酯塑料板	$\lambda_0+0.00009t_{cp}$ $\lambda_0 \leq 0.0275$ 平均温度25℃	30~60	-65~80	设备和管道≥16″(DN400)
低容重闭孔型泡沫玻璃管壳	$\lambda_0+0.00011t_{cp}$ $\lambda_0 \leq 0.064$ 平均温度24℃	150~180	-200~400	设备和管道≤14″(DN350)
低容重闭孔型泡沫玻璃管板	$\lambda_0+0.00011t_{cp}$ $\lambda_0 \leq 0.064$ 平均温度24℃	150~180	-200~400	设备和管道≥16″~40″ (DN400~1000)
膨胀珍珠岩散料	常温≤0.052	100~250	-200~800	设备保冷填充物

注:1. t_{cp} 为平均温度。
2. 泡沫聚氨酯材料标准规定最高使用温度-180~100℃,但用于-65℃以下的特级聚氨酯性能应与厂商协商。
3. 保冷层材料性能及要求见本节最后所附的相应标准规范。

十三、保护层与防潮层材料选用一般原则

1. 保护层材料应符合的要求

保护层材料应具有强度高，在使用条件下不软化、不脆裂，且应抗老化，使用寿命不小于设计使用年限。国家重点工程的设计使用年限大于10年。保冷时应达12～18年。

保护层材料应能防水、耐大气腐蚀，化学性能稳定，不腐蚀隔热层或防潮层，同时还具有不燃性。金属保护层接缝形式，可按GB 50264选用。

2. 防潮层材料应符合的要求

防潮层材料应具有抗蒸汽渗透性能、防水性能、防潮性能、化学稳定性能、无毒和耐腐蚀性能，并不得对隔热层和保护层产生腐蚀或溶解作用。

防潮层应选用夏季不软化、不起泡、不流淌，低温时不脆裂、不脱落，吸水率不大于1%的材料。

对于涂抹型防潮层，其软化温度不应低于65℃，粘接强度不应小于0.15MPa，挥发物不得大于30%。沥青胶、防水冷胶料玻璃布防潮层的组成，应符合《工业设备及管道绝热工程施工规范》GB 50126的规定。防潮层外不得设置铁丝、钢带等硬质捆扎件。

十四、保护层材料的选用

保护层材料的选用见表7-5。

表7-5 保护层材料的选用

材料	$DN \leq 100$管道	$DN > 100$管道	设备与平壁	可拆卸结构
镀锌薄钢板	0.3～0.35	0.35～0.5	0.5～0.7	0.5～0.6
铝合金薄板	0.4～0.5	0.5～0.6	0.8～1.0	0.6～0.8

注：1. 需增加刚度的保护层可采用瓦楞（波纹）板形式。
2. 一般不推荐采用非金属材料做保护层。
3. 用户有特定要求时也可采用不锈钢保护层。

十五、紧固件材料的选用

绝热层紧固材料的规定和应用见表7-6；绝热保护层紧固材料的规定和应用见表7-7。

表7-6 绝热层紧固材料的规定和应用

材料	尺寸/mm(BWG)	应用
镀锌铁丝	$\phi 0.8(21^\#)$	管道4″(DN100)及以下
	$\phi 1.0 \sim 1.2(19^\# \sim 18^\#)$	管道6″～24″(DN150～600)以上
镀锌钢带	0.5×12也可用 $\phi 1.6 \sim \phi 2.5$镀锌铁丝	管道和设备26″(DN650)以上
	0.5×20	管道和设备直径不小于40″(DN1000)
不锈钢丝	参见镀锌铁丝及镀锌钢带	当保冷材料为两层或更多时，用于固定第一层
不锈钢带	0.4×13 0.5×19	根据镀锌钢带的应用中指出的管道及设备的直径范围应用

注：1. BWG为伯明翰线规。
2. 当操作温度高于370℃，奥氏体不锈钢表面的保温材料及保温保护层为不锈钢时，使用不锈钢丝和钢带。

表 7-7 绝热保护层紧固材料的规定和应用

材料	尺寸/mm	应用
抽芯铆钉 （铝 ML3、ML2）	$\phi 3.0 \times 30$	垂直管道、可拆式保温壳（仅用于保温、人身防护） 设备筒体、可拆式保温壳
镀锌钢带	0.5×12	管道和设备，≤26″~40″（DN650~1000）
	0.5×20	管道和设备，≥40″（DN1000）
不锈钢带	0.4×13	管道，≤26″~40″（DN650~1000） 圆柱形设备，<40″（DN1000）
	0.5×19	圆柱形设备，≥40″（DN1000）

注：当操作温度高于370℃，奥氏体不锈钢表面的保温材料及保温保护层为不锈钢时，使用不锈钢丝和钢带。

十六、保温和保冷辅助材料的选用

保温辅助材料规定见表 7-8；保冷辅助材料规定见表 7-9。

表 7-8 保温辅助材料规定

使用目的	材料	应用
接缝充填材料	散装岩棉	充填保温伸缩缝及保温材料空隙
防水填缝	泡沫密封剂或相当材料	保温层安装完后某些突起部分穿透暴露处
抹面水泥	要求：容重<1000kg/m³，抗压强度>0.8MPa，干燥后不产生裂纹、脱壳	保护层采用抹面水泥处
补强材料	机织热镀锌六角钢丝网，16mm 网孔，0.64mm 钢丝直径	用于抹面水泥的补强
紧固辅助材料	抽芯铆钉 $\phi 3.0mm \times 30mm$（铝 ML3、ML2）	用于设备封头外壳的紧固
	S形挂钩（搭扣）$5mm(t) \times 19mm(W) \times 50mm(L)$	用于立式容器和管道外壳的紧固
	扣环 $\phi 6mm$	用于设备封头保温钢带或钢丝的紧固
	单头螺钉 M4mm	用于阀门或法兰保温材料的紧固
	双头螺栓 M10mm	用于设备立面、储罐顶部外壳的紧固
勾缝密封	沥青玛帝脂或与保温材料性能相近的胶泥	防水勾缝密封

表 7-9 保冷辅助材料规定

使用目的	材料	应用
防潮层涂层	玛帝脂或相当材料	用于保冷的防潮层
接缝密封和防水混合物	泡沫密封剂或相当材料	保冷的接缝密封，安装完后某些突起部分穿透暴露处的填补
补强材料	玻璃布（10×10目）	为玛帝脂补强
接缝填充材料	超细玻璃棉 保冷碎块	接缝处 2~10mm 缝隙 接缝处 >10mm 缝隙
紧固辅助材料	S.S.S 形挂钩（搭扣）$5mm(t) \times 19mm(W) \times 50mm(L)$	用于立式容器和管道外壳的紧固
	S.S. 扣环 $\phi 6mm$	用于设备封头保温钢带或钢丝的紧固
	销钉	支承球罐的聚氨酯板

十七、保温厚度计算工程实例

某输油管线常年运转,直径及壁厚为 $\phi325\times6$;管内介质温度为250℃;年平均环境温度为20℃;年平均风速为3m/s,试选择保温材料并计算保温层厚度、散热量和保温后外表面温度。

① 原始数据:年运行时间8000h;投资计息年数 $n=5$ 年;年利率 $i=10\%$(复利率);预计能源价格 $f_n=29$ 元/10^6 kJ。

② 根据介质输送温度 $t=250℃$,查绝热材料性能表,选用岩棉材料制品,隔热材料的单位造价 $P_i=1600$ 元/m^3。

③ 计算保温层厚度:按经济厚度计算方法确定保温层厚度(按 SH 3010)。设保温层外表面温度为28℃。

材料的热导率为

$$\lambda=\lambda_0+0.00018t_m=0.044+0.00018\times\frac{250+28}{2}=0.06902[W/(m\cdot℃)]$$

表面传热系数(单根辐射)为

$$\alpha=11.6+7.0\sqrt{v_m}=11.6+7.0\times\sqrt{3}=23.7[W/(m^2\cdot℃)]$$

保温工程投资偿还年分摊率为

$$S=\frac{i(1+i)^n}{(1+i)^n-1}=\frac{0.1\times(1+0.1)^5}{(1+0.1)^5-1}=0.264$$

计算经济保温厚度:

$$D_o\ln\frac{D_o}{D_i}=3.795\times10^{-3}\times\sqrt{\frac{29\times8000\times0.06902\times(250-20)}{0.264\times1600}}-\frac{2\times0.06902}{23.7}=0.349$$

得出 D_o 为0.589m。

$$\delta=\frac{D_o-D_i}{2}=\frac{0.589-0.325}{2}=0.132(m)$$

取 $\delta=130$ mm。

④ 计算保温后的散热量:

$$q=\frac{2\times3.14\times(250-20)}{\frac{1}{0.06902}\times\ln\frac{0.325+0.260}{0.325}+\frac{2}{23.7\times0.585}}=167(W/m)$$

⑤ 计算保温后表面温度:

$$t_s=\frac{q}{\pi\alpha D_o}+t_a=\frac{167}{3.14\times23.7\times(0.325+0.260)}+20=23.8(℃)$$

计算出130mm厚的保温层,可满足工程要求。

十八、保冷厚度计算工程实例

$\phi219$ 管道一根,管内介质温度-40℃,需采用泡沫玻璃管壳进行保冷,计算其保冷厚度。

① $\lambda = 0.05 + 0.000233 t_m = 0.05 + 0.000233 \dfrac{-40+31}{2} = 0.049 \text{W}/(\text{m} \cdot \text{℃})$,按北京地区进行计算。

② 累年夏季空调室外干球计算温度为34℃。

③ 累年室外最热月月平均相对湿度为78%。

④ 查表得露点温度为28.5℃。

⑤ 保冷层表面温度 $t_s = 28.5 + 2.5 = 31$℃。

⑥ 在允许冷损失中传热系数 α 取 $8.141 \text{W}/(\text{m}^2 \cdot \text{℃})$。

⑦ 最大允许冷损失的计算:
$$t_a - t_d = 34 - 28.5 = 5.5 > 4.5$$

则
$$q = 4.5 \times 8.141 = 36.63$$

⑧ 保冷厚度按隔热层表面冷损失计算:
$$q = \dfrac{2\pi |t - t_a|}{\dfrac{1}{\lambda} \ln \dfrac{D_o}{D_i} + \dfrac{2}{\alpha D_o}}$$

上式经过变化近似得
$$\ln \dfrac{D_o}{D_i} = 2\lambda \left(\dfrac{|t - t_a|}{q} - \dfrac{1}{\alpha} \right)$$
$$= 2 \times 0.049 \times \left(\dfrac{|-40 - 34|}{36.63} - \dfrac{1}{8.141} \right) = 0.186$$

计算结果 $D_o = 0.365 \text{m}$。

$$\delta = \dfrac{0.365 - 0.219}{2} = 0.073 \text{ (m)}$$

故保冷厚度为70mm。

保冷层外表面温度验算如下:
$$t_s = t_a - \dfrac{q}{\pi D_o \alpha}$$
$$= 34 - \dfrac{36.63}{3.14 \times 0.365 \times 8.141} = 30 \text{℃}$$

按SH 3010提供的表面温度法求得的保冷厚度70mm是合适的。

十九、隔热设计常用标准规范

对温度为-196~850℃的保温(绝热)和人身防护,材料将满足买方的应用要求,常用规范和标准如下。

① SH 3010—2013《石油化工设备和管道隔热设计规范》

② GB 50126—2008《工业设备及管道绝热工程施工规范》

③ GB 8175—2008《设备及管道保温设计导则》

④ GB 4272—2008《设备及管道保温技术通则》

⑤ GB/T 15586—1995《设备及管道保冷设计导则》

⑥ GB 50264—2013《工业设备及管道绝热工程设计规范》

⑦ GB 50185—2010《工业设备及管道绝热工程质量检验评定标准》

⑧ GB/T 16400—2003《绝热用硅酸铝棉及其制品》

⑨ GB/T 10303—2001《膨胀珍珠岩绝热制品》
⑩ GB/T 10699—1998《硅酸钙绝热制品》
⑪ GB/T 11835—2007《绝热用岩棉、矿渣棉及其制品》
⑫ GB/T 13350—2008《绝热用玻璃棉及其制品》
⑬ GB 50645—2011《石油化工绝热工程施工质量验收规范》
⑭ JIS F7008—2001《管道保温隔热标准规范》
⑮ ASTM B209M《铝合金板规定》
⑯ ASTM C177《稳态热流测量和热传递特性试验方法》
⑰ ASTM C547《矿物纤维预制管壳保温规定》
⑱ ASTM C591《聚氨酯泡沫成型隔热规定》
⑲ ASTM C592《矿物纤维软毡和管壳保温规定》

第二节 压力管道防腐基本措施

一、正确选择材料

选择材料是一项复杂的技术工作，必须兼顾耐蚀性、力学性能、加工性能及材料来源经济性等各个方面，进行综合分析、做到合理选用。从防腐蚀角度主要考虑的问题如下。

① 管道的使用条件。
a. 介质（组成、组成变化、微量成分或杂质、相态、浓度、流速及其分布情况、pH值、有无固体悬浮物等）。
b. 温度（平均温度、变化范围、加热与冷却速度、温度梯度）。
c. 压力（平均压力、压力分布变化范围、变化方式）。
d. 装置运转、停止时的条件（启动停止频率、启动条件、停止时的措施）。
② 材料的耐蚀性能。
a. 腐蚀速率（一般要求为 0.05~0.1mm/a）。
b. 有无产生局部腐蚀的条件及材料耐局部腐蚀（点蚀、缝隙腐蚀、焊缝腐蚀等）的性能。
c. 耐应力腐蚀破裂及腐蚀疲劳性能。
③ 材料的货源、价格及经济性。
④ 使用年限的考虑。

二、防腐结构设计

结构形式对腐蚀特别是局部腐蚀，如磨损腐蚀、缝隙腐蚀、冷凝液腐蚀等关系很大，应采用对防止腐蚀有利的结构。管道防腐蚀结构设计一般考虑以下四条原则。

1. 电偶腐蚀的防止

管道设计时，对于用在电解质溶液中的管道，应尽可能避免异种金属（电位差超过50mV）管道直接组焊，否则会造成电偶腐蚀，即在电位较负的金属侧发生宏观电池腐蚀。如必须采用不同金属管道组合时，则在设计中要采取绝缘措施（图 7-2）。

2. 缝隙腐蚀的防止

管道单面焊接时焊缝必须满焊和焊透，未焊透不但影响强度，也因在管道内壁造成缝隙

（图 7-3），而引起缝隙腐蚀。

■ 图 7-2 法兰之间的绝缘　　■ 图 7-3 因未焊透引起的间隙　　■ 图 7-4 管法兰对接垫片的设计

管法兰对接时，垫片的内径要尽量和管道的内径相一致（图 7-4）。垫片材料也会对缝隙腐蚀造成影响，一些纤维类的材料，由于能渗入电解质溶液而引起缝隙腐蚀。

3. 磨损腐蚀的防止

在设计时，为避免不合适的流动状态对管道造成磨损腐蚀，通常要求流动状态均匀，为避免流体通路断面的急剧变化、不连续变化以及流动方向的急剧变化，应尽量抑制流速差和压力降，以免引起湍流和涡流。

管道中在转弯及三通处以及孔板流量计的安放位置都应进行合理设计，尽量减少流体中固体颗粒的夹带（图 7-5）。

■ 图 7-5 合理设计管道以保证合适流动状态实例

4. 避免热电池腐蚀和冷凝液腐蚀

由于管道保温不均匀，散热条件不同，在构件不同部位之间造成温差而引起热电池腐蚀。图 7-6 所示为一个热管道支承的例子。

■ 图 7-6 热管道支承结构

保温层的局部破损，雨水渗入保温层里面，使管道内的热气体与冷金属表面相接触，从而形成冷凝液——对于化工厂常常是腐蚀性溶液，造成内壁冷却面的冷凝液腐蚀。图7-7 所示为钢支柱未保温造成的冷凝液腐蚀，其对策是将钢支架一起保温，避免形成冷凝液。

■ 图 7-7 钢支柱未保温造成的冷凝液腐蚀

避免凝结水腐蚀螺栓的方法见表 7-10。

表 7-10 凝结水腐蚀螺栓

错误方向	正确方向	说　明
		螺栓不要设置在垂直方向的最下方，以避免凝结水腐蚀螺栓

三、防腐强度设计

1. 对于全面腐蚀的腐蚀裕度的确定

如果所选取的材料在管道使用的介质中只产生全面腐蚀，那么在设计时一般把腐蚀与强度问题分开处理，即首先是进行材料力学的强度设计，计算出管道壁厚，然后再按照资料提供的年均腐蚀速率（也可来自腐蚀试验的结果或经验），乘以预期的工作年限，得到一个附加的壁厚，即腐蚀裕度，加到原有的壁厚上去。

2. 对应力腐蚀破裂的考虑

设计时，尽量避免使用会产生应力腐蚀破裂的金属。但在实际生产中难以避免，因此应设法消除残余应力，以防止应力腐蚀破裂的发生。

残余应力主要来自冷加工和焊接。因此，对在应力腐蚀破裂敏感介质中应用的金属材料，用热加工成型代替冷加工成型，采取热处理等方法来消除焊接残余应力。

四、制造安装及维修时的防腐

1. 焊接

焊接对管道的腐蚀破坏影响很大，特别是对奥氏体不锈钢、低合金高强度钢和钛材。因此对这些材料焊接的严格要求，应在设计的技术条件中给出。

① 奥氏体不锈钢焊缝热影响区容易产生晶间腐蚀，应尽量采用小规范焊接，使输入热量少，并控制焊接返修次数，避免反复受热，更严格禁止用乙炔焰割、焊，以防渗碳造成晶间腐蚀。不允许有焊接飞溅物存在。

② 低合金高强度钢是对氢脆很敏感的材料，因此焊接时应使用低氢焊条，焊接操作时应

保持干燥，避开雨天，如能采用焊前预热、焊后热处理的措施则更好。

③ 钛材是极易吸氢的材料，钛在焊接时易于吸氢，将使其焊缝严重脆化。因此钛的焊接操作要求极为严格，焊工需经专门训练。

2. 热处理

① 管道如在应力腐蚀破裂敏感介质中工作，则焊缝应进行消除应力的热处理。对于碳钢和一般低合金钢，通常采用退火热处理，即在650℃保持2h。

② 对于在含湿硫化氢介质中应用的正火的低合金高强度钢，由于对硫裂十分敏感，因此应要求焊接时进行焊前预热，焊后进行高温回火热处理，保证硬度不大于200HB。

③ 对铬镍奥氏体不锈钢焊缝进行热处理时，切忌在500~850℃的温度范围内长时间加热，否则会因碳化物析出而造成晶间腐蚀。具体的热处理方案要根据具体情况确定，采用相应的热处理规范。

3. 检修

由于装置在停工检修期间会发生重大腐蚀事故，因此必须要采取措施加以预防，这也应在设计文件中给出。例如，炼油厂停工期间奥氏体不锈钢设备连多硫酸应力腐蚀开裂的预防，美国国家腐蚀工程师协会已有标准，即NACE RP 0170《炼油装置停车期间奥氏体不锈钢和其他奥氏体合金上连多硫酸应力腐蚀破裂的防护》。其要点是：采用氮气吹扫的方法，使之与氧（空气）和水隔绝；采用碱液洗净所有表面，中和各处可能生成的连多硫酸；用露点低于-15℃的干燥空气吹扫，使之与水隔绝。上述方法可采用一种或多种并用。为了便于应用操作，工程设计方应将NACE的相关内容作为设计文件的附件提供给用户。

五、防腐涂料

作为压力管道的防腐技术，应用最多、最普遍的是涂料和复合材料。对于腐蚀性特强的介质则采用非金属耐蚀材料。在石油、石化工业的个别部分管线也有采用缓蚀剂技术的。对于城市地下管线及地下长输管线采用阴极保护技术也较普遍。常用防腐涂料有以下几种。

1. 环氧树脂防腐涂料

环氧树脂防腐涂料具有附着力强、耐酸耐碱、收缩率低等优点，因此被广泛用于管道内外壁防腐。缺点是耐候性差，漆膜易粉化，特别是固化处理不好时，涂层耐水性差，膜易泛白、变脆。

2. 沥青防腐涂料

沥青涂料原料易得，价格低廉，常温能耐稀碱液和稀酸的腐蚀。漆膜弹性好、干燥快。常用作防水层。沥青涂料不耐各种有机溶剂和强氧化剂，并且低温脆化。现有的定型产品，如煤焦油瓷漆、石油沥青漆、环氧煤沥青，都是改性的沥青漆，目的是提高漆膜的硬度、耐温性、耐候性和附着力。

沥青涂料的主要用途是防水及地下管道的防腐，用于地下管道防腐时，通常配合采用玻璃布包覆。

3. 漆酚防腐涂料

漆酚涂料是生漆经过脱水缩聚，用有机溶剂稀释而成，改善了生漆毒性大、干燥慢的缺点。漆酚涂料耐酸、耐碱、耐氨、耐水，可作为氨气、氨水、氯气和硫化氢气体的防腐涂料，也可作为地下管道的防潮、防腐涂料。

4. 聚氨酯防腐涂料

聚氨酯涂料耐酸、耐碱、耐油、耐水并且耐磨性也较好。作为防腐涂料，主要是单组分的湿固化型和双组分的催化剂固化型及羟基固化型。为了改善某些性能，常和环氧树脂、沥青等混合使用。

自制的聚氨酯沥青漆，漆膜固化快、耐水性好，可用于电站压力输水管内壁、油田注水井地下钢管内壁防腐。

5. 烯烃树脂防腐涂料

烯烃树脂防腐涂料主要是以含有乙烯或丙烯分子结构的树脂为原料，再加上改性树脂、填料等制成的涂料，耐酸、耐碱、耐水、耐候性均好。

6. 过氯乙烯树脂防腐涂料

过氯乙烯涂料是一种较好的涂料，已广泛地用于化工管道防化工大气腐蚀。其缺点是附着力差，为了提高其附着力，常用环氧树脂改性，取得了一定的效果。

7. 氯化橡胶防腐涂料

以天然橡胶或合成橡胶经氯化反应后制得氯化橡胶，再将其溶在有机溶剂中，即制得氯化橡胶涂料。其特点是耐稀酸、稀碱，抗水渗透性好，附着力好，阻燃，一般用于化工大气防腐蚀，效果较好。

8. 高温防腐涂料

高温防腐涂料主要是有机硅树脂耐热涂料，使用温度可达 500℃。优点是耐水、耐候、防腐蚀性较好。缺点是附着力较差、价格贵，含铝粉的产品需烘干。也有单位用磷酸盐铅粉高温涂料，效果尚好。

9. 富锌防腐涂料

富锌涂料有无机富锌涂料和有机富锌涂料两种。无机涂料由锌粉、硅酸钠（水玻璃）和固化剂等组成；有机涂料由锌粉、树脂（主要是环氧树脂）和固化剂等组成。富锌涂料防腐原理主要是锌粉对钢铁材料能起到阴极保护的作用，因此适用于水、海水、油、海洋大气的防腐蚀。在酸、碱介质中不宜使用。

10. 水泥砂浆

水泥砂浆主要作为给水管道的内衬涂料。其特点是经济、无污染，已有半个多世纪的应用历史。目前已有聚合物水泥砂浆等改性品种，可适用于热水、海水、污水等管线，并可抑制微生物和苔藓植物的生长。

六、采用耐腐蚀非金属材料和耐腐蚀钢-非金属复合材料管道

本书在第四章第五节的非金属管、衬里管的内容中有详细的相关介绍，主要包括一些耐腐蚀的工程塑料管和钢-非金属复合材料管道的应用。

七、阴极保护技术

利用外部阴极电流使金属电位向负的方向移动，使腐蚀原电池的作用减弱，或完全停止，从而达到减缓或停止金属腐蚀的目的，这种技术称为电化学阴极保护技术。

外部阴极电流可由两种方法获得：牺牲阳极法和外电源法。

牺牲阳极法是将电位较负的一种金属（如铝、镁、锌及其合金等）连接在被保护的金属管道上，使两者在电解质中构成一个大电池，牺牲阳极电位较负，被腐蚀，金属管道得到阴极电流而减弱了或停止了腐蚀（图 7-8）。

外电源法是把电解质中的金属管道和一直流电流的负极相连,直流电源的正极和一外加的辅助阳极(耐阳极腐蚀的材料如石墨等)相连,电路接通后,金属管道获得阴极电流而被保护(图7-9)。

■ 图7-8 牺牲阳极法保护地下管线示意

■ 图7-9 外电源法保护地下管线示意

阴极保护技术适用于地下及水下金属管道,已有NACE标准(美国国家腐蚀工程师协会标准)。阴极保护通常与涂料联合使用。单独的防腐涂层,会有针孔及使用中产生的局部脱落,如同时再用阴极保护,则阴极电流只保护针孔和局部脱落处,耗电极小,经济效益更好。

阴极保护(与涂料联合使用),已成功用于地下输油管道、过江乙烯输气管道及大口径过江、过海输淡水管道的防腐(图7-10)。

■ 图7-10 过江、过海钢管阴极保护系统示意

八、缓蚀剂保护技术

在腐蚀性介质中,加入少量的一种或几种物质,能使金属的腐蚀速度大大降低,这种物质或复合物质就称为缓蚀剂。这种保护金属的方法通称为缓蚀剂保护技术。

对于金属管道来说,缓蚀剂保护技术属工艺性防腐方法,缓蚀利的添加是通过工艺操作来实现的。缓蚀剂的防腐机理一般认为是在金属表面上生成了连续的起隔离作用的吸附层保护膜,从而降低金属的腐蚀速度。工业上采用缓蚀剂保护金属管道的事例有:石油和天然气(特别是高含硫的)的采输系统;炼油装置的常、减压系统;乙烯裂解装置的工艺水系统;合成氨苯菲尔法脱碳系统;工业冷却水系统等。

第三节 压力管道外防腐涂漆

一、防腐常用涂料的性能及用途

防腐常用涂料的性能及用途见表 7-11。

表 7-11 防腐常用涂料的性能及用途

涂料种类	名称	特性	使用温度/℃	每道最小干膜厚度/μm	主要用途
酚醛树脂涂料	酚醛耐酸漆	耐酸、耐水、耐油、耐溶剂、不耐碱，与其他涂料兼容性较差	−40～120	30	用于酸性气体环境作面漆
	酚醛磁漆	漆膜坚硬、光泽较好、耐水耐候性一般	−40～120	30	用于耐潮湿、干湿交替的部位
	酚醛底漆	具有良好的防腐性，与其他涂料兼容性较差	−40～120	30	用于室内钢材表面防锈打底
	环氧酚醛漆	优异的耐化学品性能、防腐蚀性能及耐冷热循环	−50～230	100	用于设备和管道外防腐
沥青类涂料	石油沥青漆	耐水、防潮、耐腐蚀性好。但机械性能差，耐候性不好，不耐有机溶剂	−20～70	100	用于管道外壁的防潮、耐水、防腐蚀，与玻璃布同时使用
	铝粉沥青底漆	附着力良，防潮、耐水、耐润滑油	−20～90	120	用于设备和管道的表面打底
	环氧煤沥青漆	具有良好的耐水性能，防腐性好，能够与阴极保护粗兼容	−20～90	100	主要用于地下管道和埋地储藏外表面的长效防腐
醇酸树脂涂料	醇酸底漆	漆膜坚韧，附着力良，防腐性能良好，易施工	<80	40	用于钢材表面作防锈底漆
	醇酸磁漆	漆膜坚韧，附着力良，防腐性能好，耐候性一般，耐水性稍差	<80	40	用于内、外钢材表面对于耐老化性能无特殊要求或要求不高的面漆涂装
环氧树脂涂料	环氧酯底漆	漆膜坚硬耐久，附着力强，与磷化底漆配套使用，可提高漆膜的耐潮、耐盐雾和防腐性能	≤120	30	用于沿海地区和湿热带气候的金属表面打底
	环氧富锌底漆	有阴极保护作用，优异的防腐性能，优异的附着力和耐冲击性，耐油、耐潮湿、干燥快	≤120	50	用于环境恶劣，且防腐要求比较高的金属表面作底漆
	环氧磷酸锌底漆	具有良好的防腐蚀性能，漆膜干燥快，附着力强	≤120	50	用于钢铁表面打底漆及地上设备和管道的防腐
	环氧厚浆漆	附着力良，具有良好的耐盐水性，有一定的耐强溶剂性能，耐碱液腐蚀，漆膜坚硬耐久	≤120	100	分为聚酰胺固化和聚胺固化两种类型，适用于大型钢铁设备和管道的防锈打底或中间防腐涂层
	环氧封闭漆	具有优异的润湿性和附着力	≤120	25	用于无机富锌或热喷金属涂层表面，封闭孔隙，防止后继涂层产生起泡等弊病
	环氧云铁漆	附着力、耐盐水性优异，有一定的耐强溶剂性能，耐碱液腐蚀，漆膜坚硬耐久	≤120	100	用于石油化工设备、管道及钢结构的中间涂层
	环氧玻璃鳞片涂料	漆膜附着力好，耐久性、耐候性优异、耐水、耐化工大气腐蚀，该漆具有极为优异的硬度和耐磨性；防腐蚀性能极佳	≤120	150	用于防腐性能和抗机械性能要求较高的钢材表面作防腐漆
	改性厚浆型环氧涂料	厚浆型，单道漆膜成膜厚度高，附着力好，耐水浸泡，耐化工大气性能极为优异，具有优异的硬度和耐磨性；防腐蚀性能极佳，可与阴极保护相兼容	≤120	120	用于严酷的腐蚀大气环境防腐或水浸泡，土壤埋地环境的防腐，也可作为外防腐涂层的中间漆
	耐磨环氧漆	漆膜附着力好，耐久性、耐候性优异、耐水、耐化工大气腐蚀，该漆具有极为优异的硬度和耐磨性；防腐蚀性能极佳；且可以在潮湿环境中固化	≤120	150	用于浪溅区域、水位变动区域及对耐磨性要求较高的部位

续表

涂料种类	名称	特性	使用温度/℃	每道最小干膜厚度/μm	主要用途
环氧树脂涂料	双组分铁红环氧底漆	具有良好的抗水性能和防腐蚀性能,漆膜干燥快,附着力好	≤120	30	用于一般防腐要求的设备和管道底漆
	环氧树脂防腐漆	附着力、耐盐水性良好,有一定的耐溶剂性能,耐碱液腐蚀,漆膜坚硬耐久		40	用于大型钢铁设备和管道的防化学腐蚀
	环氧面漆	各色环氧面漆,耐碱性溶液,耐化学品泼溅性良好	≤120	50	用于室内结构的面漆
无机硅酸锌涂料	水基无机富锌	高温、超常效防腐,耐水性差,漆膜脆	≤400	50	用于钢结构设备的常温大气区域防腐的底漆使用,同时也可用作200~450℃条件下的耐高温底漆使用
	无机富锌底漆	漆膜干燥快,具有优异的防腐性能和耐热性能,优良的耐磨性,耐冲击性能优异,但与其他各类涂料不易配套	≤400	≤50	用于防腐性能要求和耐候性能要求较高的钢材表面作防腐底漆
有机硅耐热涂料	有机硅铝粉耐热漆	常温干燥,漆膜附着力好,具有良好的耐水、耐候性和耐久性,具有一定的耐化工大气腐蚀性能	≤600	20	用于烟囱排气管、烘箱等高温设备;也可用于发动机外壳、烟囱排气管、烘箱火炉等的外部防腐蚀
	丙烯酸改性有机硅耐热漆	常温干燥,漆膜附着力好,具有良好的耐水、耐候性和耐久性,具有一定的耐化工大气腐蚀性能	≤250	20	用于烟囱排气管、烘箱等高温设备;也可用于发动机外壳、烟囱排气管、烘箱火炉等的外部防腐蚀
聚氨酯涂料	聚氨酯防腐底漆	附着力强、防锈性好、适用于金属制品的防腐和打底	≤120	40	可作为严重腐蚀条件环境下钢板的长效保护涂料,可在施工温度低于10℃环境下施工
	脂肪族聚氨酯面漆	高光泽,保色性和保光性强,良好的耐酸、碱、盐类腐蚀性、良好的物理机械性能,优秀的装饰性能	≤120	40	用于海洋大气、化工大气等环境,要求耐候性、耐腐蚀性兼备的多种设备设施的防护涂装、石油化工设备以及其他钢结构制品的户外设施
聚硅氧烷面漆	丙烯酸聚硅氧烷面漆	漆膜坚韧、耐久、光泽好,具有优异的耐冲击性、耐磨性、耐水性和耐化学药品性能,耐各种油类,耐候性极为优异	≤120	40	用于防腐性能要求较高并且对于涂料耐老化性能要求很高的钢材表面作防腐面漆
冷喷铝涂料	环氧聚硅氧烷面漆	漆膜坚韧、耐久、光泽好,具有优异的耐冲击性、耐磨性、耐水性和耐化学药品性能,耐各种油类,耐候性极为优异	≤120	40	用于防腐性能要求较高并且对于涂料耐老化性能要求很高的钢材表面作防腐面漆
高氯化聚乙烯涂料	高氯化聚乙烯铁红防腐底漆	施工方便,具有良好的耐酸碱盐、耐水等性能,也具有良好的耐候性	<80	20	用于大气腐蚀环境钢铁防腐蚀底漆
	各色的氯化聚乙烯面漆	施工方便,具有良好的耐酸碱盐、耐水等性能,也具有良好的耐候性,替代以前常用的氯磺化聚乙烯防腐涂料	<80	30	用于大气腐蚀环境钢铁防腐蚀装,也可以用于常温含有低浓度碱盐腐蚀性介质的防腐蚀涂装
丙烯酸涂料	丙烯酸面漆(各色)	保光保色性一般,适用于一般性防腐	<80	30	用于内、外钢材表面对于耐老化性能无特殊要求或要求不高的面漆涂装

二、压力管道外防腐涂漆一般工作范围

① 表面处理:所有设备、管道和其他部件在涂漆前都必须进行合格的表面处理。

② 下列部件将涂 1~2 遍底漆:法兰表面;现场预制的容器和球罐的成型板的外表面;所有钢结构(包括钢结构的预制件和管架的型钢);碳钢的管子和管件外表面。

③ 下列设备在制造厂的车间内将完成 2 遍防锈底漆：将在制造厂的车间完全焊接的压力容器和塔（包括分成两部分的塔）；将在制造厂的车间完全焊接的小尺寸常压罐；将在制造厂的车间完全焊接的换热器；压缩机及其附件；现场组装的大尺寸泵和鼓风机；路灯杆。

④ 下列设备在制造厂车间内将完成 2 遍底漆、2 遍面漆（或按制造厂的涂漆标准）：阀门；完全在制造厂车间组装的小尺寸泵和鼓风机；电机和电器设备；仪表、仪表盘；制造厂标准设备。

⑤ 下列设备和材料不涂漆：有色金属铝、铜、铅等，奥氏体不锈钢、镀锌表面、涂防火水泥的金属表面以及塑料和涂塑料的表面；设备的铭牌及其他标志板或标签；机器的精加工部件（如阀杆、调节阀门的填料部件、控制弹簧杆、旋转轴或其他滑动装置，透平机、发动机和电机的表面罩等）；不需涂漆（如铝皮、镀锌铁皮等）的保温外表面。

三、涂漆工作现场安全与防护

与涂漆相关的安全与防护工作要做好，尤其要注意以下几点。
① 当表面处理采用喷砂器或电动工具清洁时，使用防护罩如护目镜是很必要的。
② 当涂漆使用有机溶剂在几乎密闭的环境下完成时，要提供适当的通风及照明。
③ 工作现场要使用防火监测器，移走任何不安全火源。

四、SH 3022 对钢材表面处理的分级

钢材表面的除锈等级按照石化标准，分为四级，见表 7-12。

表 7-12 钢材表面的除锈等级

级别	除锈工具	除锈程度	除锈要求
St2	手工和动力工具除锈	彻底	钢材表面无可见的油脂和污垢,且没有附着不牢的氧化皮、铁锈和涂料涂层等附着物
St3	手工和动力工具除锈	非常彻底	钢材表面无可见的油脂和污垢,且没有附着不牢的氧化皮、铁锈和涂料涂层等附着物,除锈应比 St2 更为彻底,底材显露部分的表面应具有金属光泽
Sa2	喷射或抛射除锈	彻底	钢材表面无可见的油脂和污垢,且氧化皮、铁锈和涂料涂层等附着物已基本清除,其残留物应是牢固附着的
Sa2.5	喷射或抛射除锈	非常彻底	钢材表面无可见的油脂、污垢、氧化皮、铁锈和涂料涂层等附着物,任何残留的痕迹应仅是点状或条纹状的轻微色斑
Sa3	喷射或抛射除锈	使金属表观洁净	钢材表面无可见的油脂、污垢、氧化皮、铁锈和涂料涂层等附着物,该表面应显示均匀的金属色泽

五、HG/T 20679 对钢材表面处理的分级

管道、设备和钢结构表面处理等级以表示除锈方法的字母 "Sa"、"St" 或 "Fl"、"Be" 表示。
① 喷射或抛射除锈有 Sa1、Sa2、Sa2.5、Sa3 四个质量等级。
② 手工和动力工具除锈有 St2 和 St3 两个质量等级。
③ 火焰除锈有 Fl 质量等级。
④ 化学除锈有 Be 质量等级。

六、SH 3022 地上管道的防腐

① 地上管道的防腐涂料见表 7-13。

表 7-13 地上管道的防腐涂料

涂料用途		涂料种类和性能[a]											
		沥青涂料	高氯化聚乙烯涂料	醇酸树脂涂料	环氧磷酸锌涂料	环氧富锌涂料	无机富锌涂料	环氧树脂涂料	环氧酚醛树脂涂料	聚氨酯涂料	聚硅氧烷涂料	有机硅涂料	冷喷铝涂料	热喷铝(锌)
一般防腐		√	√	√	√	√	△	√	√	√	△	△	△	△
耐化工大气		√	√	○	√	√	√	√	√	√	√	○	√	√
耐无机酸	酸性气体	○	√	○	○	○	○	○	○	○	○	○	○	○
	酸雾	○	√	×	○	○	○	○	○	○	○	×	○	○
耐有机酸酸雾及飞沫		√	○	×	○	○	○	○	○	○	○	×	○	○
耐碱性		○	√	×	○	○	○	√	×	○	○	○	√	×
耐盐类		○	√	○	√	√	√	√	√	√	√	○	√	√
耐油	汽油、煤油等	×	√	×	○	√	√	√	√	√	√	○	√	√
	机油	×	√	○	√	√	√	√	√	√	√	○	√	√
耐溶剂	烃类溶剂	×	×	×	○	○	√	√	√	√	√	○	○	○
	酯、酮类溶剂	×	×	×	×	○	○	×	○	×	○	×	○	○
	氯化溶剂	×	×	×	×	×	×	○	√	○	√	×	×	×
耐潮湿		√	○	○	√	√	√	√	√	√	√	○	√	○
耐水		√	○	×	√	√	○	√	√	√	√	○	√	○
耐温/℃	常温	√	√	√	√	√	√	√	√	√	√	△	△	△
	≤100	×	×	○	√	√	√	√	√	√	√	△	△	√
	101~200	×	×	×	×	○	○[①]	○	○[①]	○[①]	○[①]	△	√	√
	201~350	×	×	×	×	×	√	×	×	×	×	√	√	√
	351~600	×	×	×	×	×	○[②]	×	×	×	×	√	○[③]	○[②]
耐候性		×	√	×	○	○	○	×	○	√	√	√	○	○
耐热循环性/℃	≤100	×	√	√	√	√	×	○	√	√	√	√	√	×
	101~200	×	×	×	×	×	×	×	×	×	√	√	√	×
	201~350	×	×	×	×	×	×	×	×	×	×	√	×	×
	351~500	×	×	×	×	×	×	×	×	×	×	√	×	×
附着力		√	○	○	√	√	○	√	√	√	√	√	√	√

① 最高使用温度120℃。
② 最高使用温度400℃。
③ 最高使用温度550℃。

注：表中"√"表示性能良好，宜选用；"○"表示性能一般，可选用；"×"表示性能较差，不宜选用；"△"表示由于价格或施工等原因，不宜选用。

② 底层涂料对钢材表面除锈等级的要求应符合表 7-14 的规定，对锈蚀等级为 D 级的钢材表面，应采用喷射或抛射除锈。

七、HG/T 20679 地上管道的防腐

① 按腐蚀程度选择涂料的品种（表 7-15、表 7-16）。

表 7-14 底层涂料对钢材表面除锈等级的要求

底层涂料种类	除 锈 等 级		
	强腐蚀	中等腐蚀	弱腐蚀
醇酸树脂底漆	Sa2.5	Sa2 或 St3	St3
环氧铁红底漆	Sa2.5	Sa2.5	Sa2 或 St3
环氧磷酸锌底漆	Sa2.5 或 Sa2	Sa2	Sa2
醇酸树脂底漆	Sa2.5	Sa2 或 St3	St3
环氧铁红底漆	Sa2.5	Sa2.5	Sa2 或 St3
环氧磷酸锌底漆	Sa2.5 或 Sa2	Sa2	Sa2
环氧酚醛底漆	Sa2.5	Sa2.5	Sa2.5
环氧富锌底漆	Sa2.5	Sa2.5	Sa2.5
无机富锌底漆	Sa2.5	Sa2.5	Sa2.5
聚氨酯底漆	Sa2.5	Sa2.5	Sa2 或 St3
有机硅耐热底漆	Sa3	Sa2.5	Sa2.5
热喷铝（锌）	Sa3	Sa3	Sa3
冷喷铝	Sa2.5	Sa2.5	Sa2.5

注：不便于喷射除锈的部位，手工和动力工具除锈等级不低于 St3 级。

表 7-15 常温涂料的选用

腐蚀程度	涂 料 名 称
强腐蚀	过氯乙烯涂料、聚氯乙烯涂料、氯磺化聚乙烯涂料、氯化橡胶涂料、生漆、漆酚涂料、环氧树脂涂料
中等腐蚀	环氧树脂涂料、聚氯乙烯涂料、氯磺化聚乙烯涂料、氯化橡胶涂料、聚氨酯涂料（催化固化型）、沥青漆、酚醛树脂涂料、环氧沥青漆
弱腐蚀	酚醛树脂涂料、醇酸树脂涂料、油基涂料、富锌涂料、沥青漆

表 7-16 耐高温涂料的选用

腐蚀程度	耐温度/℃	涂 料 名 称
中等腐蚀	≤250	氯磺化聚乙烯改性耐高温涂料
弱腐蚀	300～450	有机硅耐热涂料

② 涂膜厚度见表 7-17。

表 7-17 涂膜厚度   μm

腐蚀程度	室 内	室 外
强腐蚀	200～220	220～250
中等腐蚀	120～150	150～200
弱腐蚀	80～300	100～150

八、埋地管道防腐

本书按照 SH 3022 介绍，HG/T 20679 也有埋地管道防腐规定，应根据工程项目的具体情况确定遵循的标准规范。

① 埋地设备和管道表面处理的除锈等级为 St3。
② 埋地设备和管道防腐等级，应根据土壤腐蚀性等级按表 7-18 确定。

表 7-18 土壤腐蚀性等级及防腐等级

土壤腐蚀性等级	土壤腐蚀性质					防腐等级
	电阻率 /Ω·m	含盐量（质量比）/%	含水量（质量比）/%	电流密度 /mA·cm^{-2}	pH 值	
强	<50	>0.75	>12	>0.3	<3.5	特加强级
中	50～100	0.75～0.05	5～12	0.3～0.025	3.5～4.5	加强级
弱	>100	<0.05	<5	<0.025	4.5～5.5	普通级

注：其中任何一项超过表列指标者，防腐等级应提高一级。

③ 埋地管道穿越铁路、道路、沟渠，以及改变埋设深度时的弯管处，防腐等级应为特加强级。

④ 防腐涂层可选用石油沥青或环氧煤沥青防锈漆。防腐涂层机构应符合表7-19和表7-20的规定。

表7-19 石油沥青防腐涂层结构   mm

防腐等级	防腐涂层结构	每层沥青厚度	涂层总厚度
特加强级	沥青底漆—沥青—玻璃布—沥青—玻璃布—沥青—玻璃布—沥青—玻璃布—沥青—聚氯乙烯工业膜	≈1.5	≥7.0
加强级	沥青底漆—沥青—玻璃布—沥青—玻璃布—沥青—玻璃布—沥青—聚氯乙烯工业膜	≈1.5	≥5.5
普通级	沥青底漆—沥青—玻璃布—沥青—玻璃布—沥青—聚氯乙烯工业膜	≈1.5	≥4.0

表7-20 环氧煤沥青防腐涂层结构   mm

防腐等级	防腐涂层结构	涂层总厚度
特加强级	底漆—面漆—玻璃布—面漆—玻璃布—面漆—玻璃布—两层面漆	≥0.8
加强级	底漆—面漆—玻璃布—面漆—玻璃布—两层面漆	≥0.6
普通级	底漆—面漆—玻璃布—两层面漆	≥0.4

⑤ 石油沥青防腐涂层对沥青性能的要求应符合表7-21的规定。石油沥青性能应符合表7-22的规定。

表7-21 石油沥青防腐蚀涂层对沥青性能的要求

介质温度/℃	性能要求			说　明
	软化点(环球法)/℃	针入度(25℃)/(1/10mm)	延度(25℃)/cm	
常温	≥75	15~30	>2	可用30号沥青或30号与10号沥青调配
25~50	≥95	5~20	>1	可用10号沥青或10号沥青与2号、3号专用沥青调配
51~70	≥120	5~15	>1	可用专用2号或专用3号沥青
71~75	≥115	<25	>2	专用改性沥青

表7-22 石油沥青性能

牌号	软化点(环球法)/℃	针入度(25℃)/(1/10mm)	延度(25℃)/cm
专用2号	135±5	17	1.0
专用3号	125~140	7~10	1.0
10号	≥95	10~25	1.5
30号	≥70	25~40	3.0
专用改性	≥115	<25	>2

防腐涂层的沥青软化点应比设备或管道内介质的正常操作温度高45℃以上，沥青的针入度小于20（1/10mm）。

⑥ 玻璃布宜采用含碱量不大于12%的中碱布，经纬密度为10×10根/cm²，厚度为0.10

~0.12mm，无捻、平纹、两边封边、带芯轴的玻璃布卷。不同管径适宜的玻璃布宽度见表7-23。

表 7-23　不同管径适宜的玻璃布宽度　　　　　　　　　　　　　　　　　　mm

管径(DN)	<250	250～500	>500
布宽	100～250	400	500

⑦ 聚氯乙烯工业膜应采用防腐专用聚氯乙烯薄膜，隔热70℃，耐寒－30℃，拉伸强度（纵、横）不小于14.7MPa，断裂伸长率（纵、横）不小于200％，宽400～800mm，厚(0.2±0.03) mm。

九、设备、管道和钢结构外表面涂色及标志

除非客户对用于标识管道内流体和储罐内储存原料的颜色另有要求，设备、管道和钢结构外表面涂色及标志按相关的标准、规范执行。

① 石油和化工工程项目，设备的外表面涂色及标志色，按SH 3043《石油化工企业设备管道钢结构表面色和标志规定》执行（表7-24）。

② 石油和化工工程项目，地上管道的外表面涂色及标志色按SH 3043《石油化工企业设备管道钢结构表面色和标志规定》执行（表7-25）。

表 7-24　设备外表面涂色及标志色

设备类别	表面色	标志色
静止设备		
一般容器、反应器、换热器	银	大红
重质物料罐	中灰	大红
其他	银	大红
工业炉	银	大红
锅炉	银	大红
机械设备		
泵	出厂色或银	大红
电机	出厂色或苹果绿	大红
压缩机、离心机	出厂色或苹果绿	大红
风机	出厂色或天酞蓝	大红
鹤管	银	大红
钢烟囱	银	大红
火炬	银	大红
联轴器防护罩	淡黄	
消防设备	大红	白

表 7-25　地上管道的外表面涂色及标志色

名称	表面色	标志色
物料管道		
一般物料	银	大红
酸、碱	管道紫	大红
公用物料管道		
水	艳绿	白
污水	黑	白
蒸汽	银	大红
空气及氧	天酞蓝	大红
氮	淡黄	大红
氨	中黄	大红
紧急放空管（管口）	大红	淡黄
消防管道	大红	白
电气、仪表保护管	黑	
仪表管道		
仪表风管	天酞蓝	
气动信号管、导压管	银	

③ 管道标志的设置如下。

a. 管道及其分支、设备进出口处和跨越装置边界处应刷字样和箭头。

b. 字样表示应采用下列方法之一，同一装置或单元内的字样表示应一致：介质的中文名称；介质的英文名称、缩写或代号；管号。

c. 当介质为双向流动时，应采用双向箭头表示。

④ 按照SH 3043《石油化工企业设备管道钢结构表面色和标志规定》规定，管道上的阀门、小型设备表面色见表7-26。

表 7-26　管道上的阀门、小型设备表面色

名称	表面色	备注	名称	表面色	备注
阀门阀体		或出厂色	小型设备	银	或出厂色
灰铸铁、可锻铸铁	黑		调节阀		
球墨铸铁	银		铸铁阀体	黑	
碳素钢	中灰		铸钢阀体	中灰	
耐酸钢	海蓝		锻钢阀体	银	
合金钢	中酞蓝		膜头	大红	
阀门手轮、手柄			安全阀	大红	
钢阀门	海蓝				
铸铁阀门	大红				

⑤ 基本色的颜色范围和色样，在 SH 3043《石油化工企业设备管道钢结构表面色和标志规定》中有规定。国家标准 GB 7231《工业管道的基本识别色、识别符号和安全标识》对基本色的颜色范围和色样也有相关的规定。

十、某工程项目涂色设计统一规定疏漏引起的设计错误

图 7-11 是某工程项目相邻区域两个火炬塔架（150m 高）的照片，图 7-11(a) 只是火炬管筒体涂了红白相间航空保护色，而图 7-11(b) 是火炬管筒体和火炬塔架都涂了红白相间航空保护色。两种涂色方案均符合国家标准规范，只是这个项目的统一规定制定方（某国内设计单位负责）没有把项目统一规定设计到位，引起同一相邻区域不同设计方负责的两个火炬塔架涂色方案的差异，造成不好的影响。

(a)　　　　　　　　(b)

■ 图 7-11　国外某工程项目涂色设计统一规定的疏漏错误引起涂色不一致

十一、压力管道外防腐涂漆遵循的中国标准

① GB 7231—2003《工业管道的基本识别色、识别符号和安全标示》
② GB 8923.1—2008《涂覆涂料前钢材表面处理 表面清洁度的目视测定 第 1 部分 锈蚀等级和处理等级》
③ HG/T 20679—90《化工设备管道外防腐设计规定》
④ HG/T 20587—96《化工建筑涂装设计规定》
⑤ GB 50727—2011《工业设备及管道防腐蚀工程施工质量验收规范》
⑥ SH 3022—2011《石油化工设备和管道涂料防腐蚀技术规范》
⑦ SH 3043—2003《石油化工设备管道钢结构表面色和标志规定》。

第八章 长输管道和公用管道设计简述

第一节 概 述

一、长输管道和公用管道的定义

长输管道（GA）指产地、储存库、使用单位间用于输送商品介质的压力管道；公用管道（GB）指城市或乡镇范围内的用于公用事业或民用的燃气管道和热力管道。

二、长输管道和公用管道的特点

长输管道一般具有输送距离长（常穿越多个行政区、省、市，甚至可能跨越国界），输送商品介质，中途大多设有加压站，穿越、跨越工程多，绝大部分为埋地敷设等特点。与公用管道、工业管道相比较，其主要不同点是：输送的介质比较单一；工艺流程比较简单；由于输送距离长，要求输送压力高；管道有可能通过各种地质条件的地区，如穿越沙漠、沼泽、永久冻土层、地震带及容易产生泥石流等条件恶劣地段，并有可能穿过高山、河流和湖泊，穿越公路和铁路。

公用管道是为城镇服务的市政管道，包括燃气管道和热力管道。与长输管道、工业管道相比较，其主要特点是：一般敷设于城镇地下，由于城镇人口与建、构筑物稠密，各种地下管道与设施多，管道间应保证必要的安全距离；一般公用管道压力较低，以尽量减少介质泄漏而发生安全事故；在城镇中各类用户繁多，管道密集，选线条件复杂；公用管道直接为千家万户服务，对于输送介质成分要求严格；城镇燃气均为常温输送，热力管道输送的介质仅为热水和蒸汽，输送的介质必须要有所需的热能和相应的温度。

本章主要依据标准规范介绍基本概念和相关知识，并把设计时常用到的标准规范列在了各节的后面。

第二节 输油管道和输气管道设计

一、输油管道工程和输油站

1. 输油管道工程（Oil Pipeline Project）

输油管道工程是指用管道输送油品的建设工程，一般包括钢管、管道附件和输油站等。

2. 输油站（Oil Transport Station）

输油站是输油管道工程中各类工艺站场的统称，如输油首站、输油末站、中间泵站、中间热泵站、中间加热站及分输站等。分输站是输油管道途中以管道支线向用户分输的输油站。

二、输气管道工程和输气站

1. 输气管道工程（Gas Transmission Pipeline Project）

输气管道工程是指用管道输送天然气或人工煤气的工程，一般包括输气管道、输气站、管道穿越及辅助生产设施等工程内容。

2. 输气站（Gas Transmission Station）

输气站是输气管道工程中各类工艺站场的统称，一般包括输气首站、输气末站、压气站、气体接收站和气体分输站等站场。气体接收站是在输气管道沿线，为接收输气支线来气而设置的站，一般具有分离、调压、计量、清管等功能。气体分输站是在输气管道沿线，为分输气体至用户而设置的站，一般也具有分离、调压、计量、清管等功能。

三、输油线路的选择应符合的条件

① 输油管道线路的选择应根据沿线的气象、水文、地形、地质、地震等自然条件和交通、电力、水利、工矿企业、城市建设等的现状与发展规划，在施工便利和运行安全的前提下，通过综合分析和技术经济比较确定。

② 线路总走向确定以后，局部线路走向应根据中间站和大、中型经跨越工程的位置进行局部调整。

③ 输油管道不得通过城市、城市水源区、工厂、飞机场、火车站、海（河）港码头、军事设施、国家重点文物保护单位和国家自然保护区。当输油管道受条件限制必须通过时，应采取保护措施并经国家有关部门批准。

④ 输油管道应避开滑坡、崩塌、沉陷、泥石流等不良地质区和地震烈度等于或大于 7 度地区的活动断裂带。当受条件限制必须通过时，应采取防护措施并应选择合适位置，缩短通过距离。

⑤ 符合相关的规范。

四、输气线路的选择应符合的条件

① 线路走向应根据地形、工程地质、沿线主要进气与供气点和地理位置及交通运输、动力等条件，经方案比较后确定最优线路。

② 宜避开多年生经济作物区域和重要的农田基本建设设施。

③ 大、中型河流穿（跨）越工程压气站的选择，应符合线路总走向。

④ 线路必须避开重要的军事设施、可燃易爆仓库及国家级重点文物保护单位的安全保护区。

⑤ 线路应避开机场、火车站、海（河）港码头、国家级自然保护区。

⑥ 除管道专用公路的隧道、桥梁外，不应通过铁路和公路的隧道和桥梁。

⑦ 符合相关的规范。

五、长输管道线路工程设计应参考的数据

长输管道线路工程设计应取全、取准的资料如下。

① 沿线气象资料。
② 河流、沟渠、沟谷、湖泊的水文与地质资料，满足规范规定的洪水设防标准要求。
③ 沿线地形、地貌、断面测量资料。
④ 沿线管道防腐要求提供的腐蚀测试资料。
⑤ 沿线地质勘察资料，灾害性地质分析与评估报告。
⑥ 输送介质物化性质资料；沿线输送压力分布资料。
⑦ 与沿线计划、规划、水利、电力、邮电、交通、环保、农林等行政主管部门的相关批复、协议文函资料。
⑧ 业主或主管部门的委托、协议与各类文件资料。

六、埋地输油管道与周围的建筑物最小间距遵循的规范

输油管道按 GB 50253—2003《输油管道工程设计规范》，与周围构筑物保持一定的距离，还应符合下列规定。

① 与城镇居民点或人群密集的村庄、学校的距离，不宜小于 15m。
② 与飞机场、海（河）港码头以及大、中型水库和水工建、构筑物、工厂的距离不宜小于 20m。
③ 与高速公路及一、二级公路水平敷设时，其距离不宜小于 10m。
④ 与铁路平行敷设时，管道应敷设在距离铁路用地范围边线 3m 以外。
⑤ 同军工厂、军事设施、易燃易爆仓库、国家重点文物保护单位的最小距离应同有关部门协调解决。

七、输油管道敷设的一般要求

① 输油管道应采用地下埋设方式。当受到自然条件限制时，局部地段可采用土堤埋设或地上敷设。
② 当输油管道需改变平面走向、适应地形变化时，可采用弹性弯曲、弯管或弯头。
③ 当输油管道采用弹性弯曲时，应符合下列规定。
   a. 弹性弯曲的曲率半径，不宜小于钢管外直径的 1000 倍，并应满足管道强度的要求。竖向下凹的弹性弯曲管段，其曲率半径应满足在管道自重作用下的变形条件。
   b. 在相邻的反向弹性弯管之间及弹性弯管和人工弯管之间，应采用直管段连接，直管段长度不应小于钢管的外直径，且不小于 500mm。
   c. 输油管道平面和竖向同时发生转角时，不宜采用弹性弯曲。
④ 当输油管道采用弯管或弯头时，其所能承受的温度和内压力，应不低于相邻直管段所承受的温度和内压力。不得采用虾米腰弯头或褶皱弯头。管子对接安装引起的误差不得大于 3°。
⑤ 埋地管道的埋设深度，应根据管道所经地段的农田耕作深度、冻土深度、地形和地质条件、地下水深度、地面车辆所施加的荷载及管道稳定性的要求等因素，经综合分析后确定。一般情况下管顶的覆土厚度不应小于 0.8m。

在岩石地区或在特殊情况下，可减少管顶覆土厚度，但应验证管道的稳定和外力对管道的影响，必要时应采取保护措施。

⑥ 当输油管道采取土堤埋设时，土堤设计应符合以下规定。
   a. 输油管道在土堤中的径向覆土厚度，不应小于 1.0m；土堤顶宽不应小于 1.0m。

b. 土堤边坡坡度应根据当地自然条件、填土类别和土堤高度确定。对黏性土堤，堤高小于2m时，土堤边坡坡度可采用（1：0.75）～（1：1）；堤高为2～5m时，可采用（1：1.25）～（1：1.5）。

c. 土堤受水浸淹部分的边坡应采用1：2的坡度，并应根据水流情况采取保护措施。

d. 在沼泽和低洼地区，土堤的堤肩高度应根据常水位、波浪高度和地基强度确定。

e. 当土堤阻挡水流排泄时，应设置泄水孔或涵洞等构筑物；泄水能力应满足重现期为25年一遇的洪水流量。

f. 软弱地基上的土堤，应防止填土后基础的沉陷，确保管道安全。

g. 土堤用土，应满足填方的强度和稳定性的要求。

⑦ 地上敷设的输油管道，应符合下列规定。

a. 应采取补偿管道纵向变形的措施。

b. 输油管道跨越人行通道、公路、铁路和电气化铁路时，其净空高度分别不得小于2.2m、5.0m、6.0m和11.0m。

c. 地上管道沿山坡敷设时，应采取防止管道下滑的措施。

八、输气管道敷设的一般要求

① 输气管道应采取埋地方式敷设，特殊地段也采用土堤、地面等形式敷设。

② 埋地管道覆土层最小厚度应符合表8-1的规定。在不能满足要求的覆土厚度或外荷载过大、外部作业可能危及管道之处，均应采取保护措施。

表8-1 最小覆土层厚度   m

地区等级	土壤类		岩石类	地区等级	土壤类		岩石类
	旱地	水田			旱地	水田	
一级	0.6	0.8	0.5	三级	0.8	0.8	0.5
二级	0.6	0.8	0.5	四级	0.8	0.8	0.5

注：1. 对需平整的地段应按平整后的标高计算。
2. 覆土层厚度应从管顶算起。

③ 输气管道出土端及弯头两侧，回填时应分层夯实。

④ 当管沟纵坡较大时，应根据土壤的性质，采取防止回填土下滑措施。

⑤ 在沼泽、水网（含水田）地区的管道，当覆土层不足以克服管子浮力时，应采取稳管措施。

⑥ 当输气管道采用土堤埋设时，土堤深度和顶部宽度，应根据地形、工程地质、水文地质、土壤类别及性质确定，并应符合下列规定。

a. 管道在土堤中的覆土厚度不应小于0.6m，土堤顶部宽度应大于管道直径2倍且不得小于0.5m。

b. 土堤的边坡坡度，应根据土壤类别和土堤的高度确定。

c. 当土堤阻碍地表水或地下水泄流时，应设置泄水设施。泄水能力根据地形和汇水量按防洪标准重现期为25年一遇的洪水量设计；并应采取防止水流对土堤冲刷的措施。

d. 土堤的回填土，其透水性能宜相近。

e. 沿土堤基底表面的植被应清除干净。

⑦ 输气管跨越道路、铁路的净空高度应符合表8-2的规定。

表 8-2　输气管道跨越道路、铁路净空高度

道路类型	净空高度/m	道路类型	净空高度/m
人行道路	2.2	铁路	6.0
公路	5.5	电气化铁路	11.0

⑧ 用于改变管道走向的弯头、弯管的曲率半径应大于或等于公称直径的 5 倍，并应满足清管或检测仪器能顺利通过的要求。

⑨ 输气管道采用弹性敷设时，弹性敷设管道与相邻的反向弹性弯管之间及弹性弯管和人工弯管之间，应采用直管段连接，直管段长度不应小于管子外径值，且不应小于 500mm。弹性敷设管道的曲率半径应满足管子强度要求，且不得小于钢管外直径的 1000 倍。

⑩ 输气管道的弯头和弯管不得采用褶皱或虾米弯。管子对接偏差不得大于 3°。

九、管道沿线应设置的标志

为便于管道的维护管理，管道沿线应设置的标志有以下几种。

① 应设置里程桩、转角桩，并标明管道的主要参数。

② 沿管道起点至终点每隔 1km 连续设置阴极保护测试桩，可同里程桩结合设置，置于物流前进方向左侧。

③ 管道与公路、铁路、河流和地下构筑物交叉处两侧应设置标志桩，通航河流上的穿跨越工程，必须设置警示牌。

④ 在易于遭到车辆碰撞和人畜破坏的管段应设置警示牌，并应采取保护措施。

⑤ 采用高耸塔架的跨越工程，当影响飞机飞行安全时，应设置警示灯。

十、石油天然气站、场、库常用标准规范

① GB 50160—2008《石油化工企业设计防火规范》
② GB 50183—2004《石油天然气工程设计防火规范》
③ GB 50016—2014《建筑设计防火规范》
④ GB 50058—2014《爆炸和火灾危险环境电力装置设计规范》
⑤ SH 3011—2011《石油化工工艺装置设备布置通则》
⑥ GB 50074—2014《石油库设计规范》
⑦ SY/T 0004—98《油田集输工程设计规范》
⑧ SY/T 0010—96《气田集气工程设计规范》
⑨ GB 50253—2010《输油管道工程设计规范》
⑩ GB 50251—2003《输气管道工程设计规范》
⑪ GB 50028—2006《城镇燃气设计规范》
⑫ GB 50041—2008《锅炉房设计规范》
⑬ GB 50156—2012《汽车加油加气站设计与施工规范》
⑭ SY 0092—98《汽车用压缩天然气加气站设计规范》
⑮ SY 0093—98《汽车用液化石油气加气站设计规范》

十一、输油和输气管道工程常用标准规范

① GB 50253—2014《输油管道工程设计规范》

② GB 50251—2003《输气管道工程设计规范》
③ GB 50183－2004《石油天然气工程设计防火规范》
④ SY/T 0015.1—98《原油和天然气输送管道穿跨越工程设计规范 穿越工程》
⑤ SY/T 0015.2—98《原油和天然气输送管道穿跨越工程设计规范 跨越工程》
⑥ SY/T 0450—2004《输油（气）钢质管道抗震设计规范》
⑦ SY/T 0053—2004《油气田及管道岩土工程勘察规范》
⑧ SY/T 0055—2003《长距离输油输气管道测量规范》
⑨ SY 0007—1999《钢质管道及储罐防腐蚀控制工程设计规范》
⑩ GB 9711.1～2—2011《石油天然气工业输送钢管交货技术条件》第Ⅰ部分：A级钢管，第Ⅱ部分：B级钢管。
⑪ SY/T 4056—93《石油天然气钢质管道对接焊缝射线照相及质量分级》
⑫ SY/T 4065—93《石油天然气钢质管道对接焊缝超声波探伤及质量分级》
⑬ SY/T 0036—2000《埋地管道强制电流阴极保护设计规范》
⑭ SY/T 0019—97《埋地钢质管道牺牲阳极、阴极保护设计规范》
⑮ SY 0009—2004《石油地面工程设计文件编制规程》
⑯ SY/T 0003－2003《石油天然气工程制图标准》
⑰ SYJ 4039—89《石油工程建设基本术语》
⑱ SY/T 0078—93《钢质管道内腐蚀控制标准》
⑲ SY/T 5257—2004《油气输送用钢制弯管》
⑳ SY/T 0510—2010《钢质对焊管件》
㉑ SY 0401—98《输油输气管道线路工程施工及验收规范》
㉒ STJ 4006—90《长输管道阴极保护工程施工及验收规范》
㉓ SY/T 4079—95《石油天然气管道穿越工程及验收规范》
㉔《原油、天然气长输管道与铁路相互关系的若干规定》
㉕ SY/T 0023—97《埋地钢质管道阴极保护参数测试方法》

另外，还有各类防腐涂层、材料的技术标准与试验方法，各类钢配件、钢焊条、钢丝绳的技术标准，各类建筑结构、地基基础、建筑材料和荷载规范，各种牺牲阳极或排流保护的技术标准，业主指定或制定的有关标准规定和条件。

第三节 燃气管道设计

一、燃气管道的分类

根据燃气管道的用途可分为长距离输气管道、城市燃气管道和工业企业燃气管道三类。

二、燃气设计压力级别的确定

GB 50028—2006《城镇燃气设计规范》中，燃气管道按燃气设计压力 p 分为七级（表8-3）。

三、输送液态液化石油气的管道设计压力的确定

输送液态液化石油气管道的设计压力应按管道系统起点的最高工作压力确定，可按下式计算：

表 8-3 燃气管道分级

名称		压力/MPa
高压燃气管道	A	$2.5<p\leqslant 4.0$
	B	$1.6<p\leqslant 2.5$
次高压燃气管道	A	$0.8<p\leqslant 1.6$
	B	$0.4<p\leqslant 0.8$
中压燃气管道	A	$0.2<p\leqslant 0.4$
	B	$0.01\leqslant p\leqslant 0.2$
低压燃气管道		$p<0.01$

$$p=H+p_b$$

式中 p——管道设计压力，MPa；

H——所需泵的扬程，MPa；

p_b——始端储罐最高工作温度下的液化石油气饱和蒸气压力，MPa。

四、输送液态液化石油气的管道级别分类

液化石油气（液）管道按设计压力分为三级（表 8-4）。

表 8-4 液化石油气（液）管道级别

名称	压力
Ⅰ级管道	$p>4.0$
Ⅱ级管道	$1.6\leqslant p\leqslant 4.0$
Ⅲ级管道	$p<1.6$

五、有毒而无臭味的城镇燃气的使用应采取的安全措施

城镇燃气在使用时应具有可以觉察的臭味，无臭味或臭味不足的燃气应加臭。燃气中臭剂的最小量应符合下列要求。

① 有毒燃气泄漏到空气中，达到对人体允许的有害浓度之前应能察觉。

② 无毒燃气泄漏到空气中，达到爆炸下限的 20% 浓度时，应能察觉。

③ 对于含一氧化碳有毒成分的燃气，空气中一氧化碳含量达到 0.02%（体积）时，应能察觉。

六、城镇燃气加臭剂应符合的要求

① 加臭剂和燃气混合在一起后应具有特殊的臭味。

② 加臭剂不应对人体、管道或与其接触的材料有害。

③ 加臭剂的燃烧产物不应对人体呼吸有害，并不应腐蚀或伤害与此燃烧产物经常接触的材料。

④ 加臭剂溶解于水的程度不应大于 2.5%（质量）。

⑤ 加臭剂应有在空气中能察觉的加臭剂含量指标。

七、用户室内燃气管道的燃气压力的确定

用户室内燃气管道的最高压力不应大于表 8-5 的规定。

表 8-5 用户室内燃气管道的最高压力

燃 气 用 户	最高压力(表压)/MPa
工业用户及单独的锅炉房	0.4
公共建筑和居民用户(中压进户)	0.2
公共建筑和居民用户(低压进户)	0.005

八、城镇燃气管道平面布置设计时应考虑的因素

① 要使主要燃气管道工作可靠，应使燃气从管道的两个方向得到供应，为此，管道应逐步连成环形。

② 高、中压管道最好不要沿车辆来往频繁的城市主要交通干线敷设，否则对管道施工和检修造成困难，来往车辆也将使管道承受较大的动荷载。对于低压管道，有时在不可避免的情况下，征得有关方面同意后，可沿交通干线敷设。

③ 燃气管道不得在堆积易燃易爆材料和具有腐蚀性液体的场地下面通过。燃气管道不宜与给水管、热力管、雨水管、污水管、电力电缆、电信电缆等同沟敷设。当需要同沟敷设时，必须采取防护措施。

④ 燃气管道可以沿街道的一侧敷设，也可以双侧敷设。在有轨电车通行的街道上，当街道宽度大于 20m 或管道单位长度内所连接的用户分支管较多等情况下，经过技术经济比较，可以采用双侧敷设。

⑤ 燃气管道布线时，应与街道轴线或建筑物的前沿相平行，管道宜敷设在人行道或绿化地带内，并尽可能避免在高级路面的街道下敷设。

⑥ 在空旷地带敷设燃气管道时，应考虑到城市发展规划和未来建筑物布置的情况。

⑦ 为保证在施工和检修时互不影响，也为了避免由于漏出的燃气影响相邻管道的正常运行，甚至逸入建筑物内，地下燃气管道与建、构筑物基础以及其他各管道之间应保持必要的水平净距和垂直净距。

⑧ 地下燃气管道不得从建筑物和大型构筑物的下面穿越。

⑨ 输送湿燃气的燃气管道，应埋设在土壤冰冻线以下，燃气管道坡向凝水缸的坡度不宜小于 0.002。

九、地下燃气管道埋设深度应满足的要求

地下燃气管道埋设的最小覆土厚度（路面至管顶）应符合下列要求。

① 埋设在车行道下时，不得小于 0.9m。
② 埋设在非车行道（含人行道）下时，不得小于 0.6m。
③ 埋设在庭院（指绿化地及载货汽车不能进入之地）内时，不得小于 0.3m。
④ 埋设在水田下时，不得小于 0.8m。

十、液态液化石油气管道设计的一般要求

① 液态液化石油气在管道内的平均流速，应经技术经济比较后确定，一般可取 0.8～1.4m/s，最大不应超过 3m/s。

② 液态液化石油气输送管道不得穿越居住区和公共建筑群。

③ 液态液化石油气管道宜采用埋地敷设，其埋地深度应在土壤冰冻线以下，且覆土厚度（路面至管顶）不应小于 0.8m。

④ 地下液态液化石油气管道与建、构筑物和相邻管道之间的水平净距和垂直净距应符合 GB 50028《城镇燃气设计规范》的有关要求。

十一、输送液态液化石油气的管道阀门设置的原则

① 起、终点和分支点需要设置。

② 穿越国家铁路线、高速公路、Ⅰ、Ⅱ级公路和大型河流两侧需要设置。

③ 管道沿线每隔 5000m 左右处需要设置。

④ 地上液态液化石油气管道两阀门之间的管段上应设置管道安全阀；地下管道分段阀门之间应放置放散阀，其放散管管口距地面不应小于 2m。

⑤ 液化石油气压缩机进出口管道阀门及附件的设置应符合下列要求。

a. 进出口管道应设置阀门。

b. 进口管道应设置过滤器。

c. 出口管道应设置止回阀和安全阀。

d. 进出口管道之间应设置旁通管及旁通阀。

十二、液化石油气管道及附件材料选择的原则

① 液化石油气管道和最高工作压力在 0.6MPa 以上的气态液化石油气管道，应采用钢号为 10、20 或具有同等性能以上的无缝钢管。其技术性能应符合现行的国家标准 GB/T 8163《输送流体用无缝钢管》和其他有关标准的规定。

最高工作压力在 0.6MPa 以下的气态的液化石油气管道可采用钢号 Q235-A 或 Q235-B 的镀锌水、煤气输送钢管的厚壁管，其技术性能应符合现行的国家标准 GB/T 3091《低压流体输送用焊接钢管》的规定。

② 管道宜采用焊接连接。管道与储罐、容器、设备及阀门宜采用法兰连接。

③ 阀门及附件的配置应按液化石油气系统设计压力提高一级。

④ 液化石油气储罐容器设备和管道上严禁采用灰口铸铁阀门，寒冷地区应采用钢制阀门。

⑤ 液化石油气储罐必须设置安全阀。安全阀的开启压力应取储罐最高工作压力的 1.10~1.15 倍，其阀口总通过面积应符合国家现行标准《压力容器安全监察规程》的规定。液化石油气储罐安全阀的设置应符合下列要求。

a. 必须选用全启封闭弹簧式的安全阀。

b. 容积为 100m^3 或 100m^3 以上的储罐应设置 2 个或 2 个以上安全阀。

c. 安全阀应装设放散管，其管径不应小于安全阀出口的管径。放散管管口应高出储罐操作平台 2m 以上，且应高出地面 5m 以上。

d. 安全阀与储罐之间必须装设阀门，阀门应选用单闸板闸阀，铅封开。

十三、燃气管道穿越设计工程实例

工程实例一 燃气管道穿越铁路的设计（图 8-1）

燃气管道架空时，可与其他管道共架，但严禁将燃气管道敷设在铁路桥上。燃气管道与铁路和公路交叉时，应在其下面穿越。

工程实例二 燃气管道穿越河流、湖泊的设计（图 8-2）

■ 图 8-1 燃气管道穿越铁路示意

1—检漏管；2—钢套管；3—输送管道；4—夹式支架；5—沥青麻刀

■ 图 8-2 燃气管道河底敷设

1—规划河底断面；2—配重块；3—管道；4—阀门

燃气管道与河流、湖泊等交叉时，可利用架空跨越或河底埋设方式。

河底埋设的设计要点如下。

① 管道穿越地点宜选择水面窄，河床稳定、平坦，河面宽度在洪水和枯水期变化较小，河床地质构造较单一的地段。

② 河底管道周围宜回填粗砂或卵石，管槽宜回填密度和粒度较大的物料，以防止管道外露受冲刷以及在静水浮力和水流冲击作用下失稳而遭破坏。

③ 管道壁厚宜适当加厚。管道焊缝应全部经过无损探伤检查，并应进行特加强绝缘层防腐。

④ 重要的河流两侧应设置阀室和放散管。

⑤ 为了防止河岸坍塌和受冲刷，在回填管沟时应分层夯实，并干砌或浆砌石护坡。

⑥ 穿越部分长度要大于河床和不稳定的河岸部分，且大于规定河床。

⑦ 管道应埋在河床中。埋深应大于最大冲刷深度和锚泊深度。当有河道疏浚计划时，应按疏浚后的河床深度确定冲刷深度。对小河渠，埋深一般应超过河床底1m。

十四、燃气管道设计常用标准规范

① 长距离输气管道：GB 50251—2003《输气管道工程设计规范》

② 城市燃气管道：GB 50028—2006《城镇燃气设计规范》

③ 工业企业燃气管道：GB 50316—2000《工业金属管道设计规范》（2008年版）

④ GB 6222—2005《工业企业煤气安全规程》

⑤ GB 50016—2014《建筑设计防火规范》

⑥ CJJ 33—2005《城镇燃气输配工程施工验收规范》
⑦ SY/T 0036—2000《埋地钢质强制电流阴极保护设计规范》
⑧ SY/T 0019—97《埋地钢质管道牺牲阳极、阴极保护设计规范》
⑨ GB 15558.1—2003《燃气用埋地聚乙烯管材》
⑩ GB 15558.2—2005《燃气用埋地聚乙烯管件》
⑪ GB/T 13295—2008《水及燃气管道用球墨铸铁管、管件和附件》
⑫ GB/T 3091—2008《低压流体输送用焊接钢管》
⑬ GB/T 8163—2008《输送流体用无缝钢管》
⑭ CJ/T 125—2000《燃气用钢骨架聚乙烯塑料复合管》
⑮ CJ/T 126—2000《燃气用钢骨架聚乙烯塑料复合管件》

第四节 热力管道设计

一、输送干线和输配干线

① 输送干线（Transmisson Mains）——自热源至主要负荷区且长度超过 2km，无分支管的干线。

② 输配干线（Distribution Pipelines）——有分支管接出的干线。

二、多热源供热系统、多热源分别运行、多热源解列运行、多热源联网运行

1. 多热源供热系统（Heating System with Muti-heat Sources）

由多个热源及将其连接成一体的热力网和全部热用户组成的供热系统。多热源供热系统有三种运行方式：多热源分别运行、多热源解列运行、多热源联网运行。

2. 多热源分别运行（Independently Opreation of Muti-heat Sources）

在采暖期（或供冷期）将热力网用阀门分隔成多个部分，由各个热源分别供热的运行方式。这种方式实质是多个单热源的供热系统分别运行。

3. 多热源解列运行（Separately Opreation of Muti-heat Sources）

采暖期（或供冷期）基本热源首先投入运行，随气温变化基本热源满负荷后，分隔出部分管网划归尖峰热源供热，并随气温进一步变化，逐步扩大或缩小分隔出的管网范围，使基本热源在运行期间尽可能接近满负荷。这种方式实质还是多个单热源的供热系统分别运行。

4. 多热源联网运行（Pooled Opreation of Muti-heat Sources）

采暖期（或供冷期）基本热源首先投入运行，随气温变化基本热源满负荷后，尖峰热源投入与基本热源共同在热力网中供热，并使基本热源在运行期间保持满负荷，尖峰热源承担随气温变化而增减的负荷。

三、城市热力网形式的确定

① 热水热力网宜采用闭式双管制。

② 以热电厂为热源的热水热力网，同时有生产工艺、采暖、通风、空调、生活热水多种热负荷，在生产工艺热负荷与采暖热负荷所需供热介质参数相差较大，或季节性热负荷占总热负荷比例较大，且技术经济合理，可采用闭式多管制。

③ 当热水热力网满足下列条件，且技术经济合理时，可采用开式热力网。

a. 有水处理费用较低的丰富的补给水资源。
b. 具有与生活热水热负荷相适应的廉价低位能热源。
④ 开式热水热力网在生活热水热负荷足够大且技术经济合理时，可不设回水管。
⑤ 蒸汽热力网的蒸汽管道，宜采用单管制。当符合下列情况时，可采用双管制或多管制。
a. 各用户间所需蒸汽参数相差较大或季节性热负荷占总热负荷比例较大且技术经济合理。
b. 热负荷分期增长。

四、热力网管道的位置应符合的规定

① 城市道路上的热力网管道应平行于道路中心线，并宜敷设在车行道以外的地方，同一条管道应只沿街道的一侧敷设。
② 穿过厂区的城市热力网管道应敷设在易于检修和维护的位置。
③ 通过非建筑区的热力网管道应沿公路敷设。
④ 热力网管道选线时宜避开土质松软地区、地震断裂带、滑坡危险地带以及高地下水位区等不利地段。

五、热力管网地上或地下敷设的原则

① 城市街道上和居住区内的热力网管道宜采用地下敷设。当地下敷设困难时，可采用地上敷设，但设计时应注意美观。
② 工厂区的热力网管道，宜采用地上敷设。

六、热力网管道埋地敷设主要要求

① 热水热力网管道地下敷设时，应优先采用直埋敷设；热水或蒸汽管道采用管沟敷设时，应首选不通行管沟敷设；穿越不允许开挖检修的地段时，应采用通行管沟敷设；当采用通行管沟困难时，可采用半通行管沟敷设。蒸汽管道采用管沟敷设困难时，可采用保温性能良好、防水性能可靠、保护管耐腐蚀的预制保温管直埋敷设，其设计寿命应不低于25年。
② 河底敷设管道必须远离浅滩、锚地，选择在较深的稳定河段，埋设深度应按不妨碍河道整治和保证管道安全的原则确定。对于一至五级航道河流，管道（管沟）应敷设在航道底设计标高2m以下，对于其他河流，管道（管沟）应敷设在稳定河底1m以下。对于灌溉渠道，管道（管沟）应敷设在渠底设计标高0.5m以下。管沟敷设或直埋敷设管道河底敷设时，应进行抗浮计算。
③ 热力网管道同河流、铁路、公路等交叉时应垂直相交。特殊情况下，管道与铁路或地下铁路交叉角度不得小于60°；管道与河流或公路交叉角度不得小于45°。
④ 地下敷设管道与铁路或不允许开挖的公路交叉，交叉段的一侧留有足够的抽管检修地段时，可采用套管敷设。套管敷设时，套管内不应采用填充式保温，管道保温层与套管间应留有不小于50mm的空隙。套管内的管道及其他钢部件应采取加强防腐措施。采用钢套管时，套管内、外表面均应进行防腐处理。
⑤ 地下敷设热力网管道和管沟应设坡度，其坡度不小于0.002。进入建筑物的管道应坡向干管。地上敷设的管道可不设坡度。
⑥ 地下敷设热力网管道的覆土深度应符合下列规定。
a. 管沟盖板或检查室盖板覆土深度不应小于0.2m。

b. 直埋敷设管道的最小覆土深度应考虑土壤和地面活荷载对管道强度的影响并保证管道不发生纵向失稳。具体规定应按CJJ/T 81《城镇直埋供热管道工程技术规程》规定执行。

⑦ 燃气管道不得进入热力网管沟。当自来水管道、排水管道或电缆与热力网管道交叉必须穿入热力网管沟时，应加套管或用厚度不小于100mm的混凝土防护层与管沟隔开，同时不得妨碍热力管道的检修及地沟排水。套管应伸出管沟以外，每侧不小于1m。

⑧ 热力网管沟与燃气管道交叉当垂直净距小于300mm时，燃气管道应加套管。套管两端应超出管沟1m以上。

七、地上敷设热力网管道主要要求

① 地上敷设热力网管道穿越行人过往频繁地区，管道保温结构下表面距地面不应小于2.0m；在不影响交通的地区，应采用低支架，管道保温结构下表面距地面不应小于0.3m。

② 管道跨越水面、峡谷地段时，在桥梁主管部门同意的条件下，可在永久性的公路桥上架设。管道架空跨越通航河流时，应保证航道的净宽与净高符合《全国内河通航标准》的规定。管道架空跨越不通航河流时，管道保温结构表面与50年一遇的最高水位垂直净距不应小于0.5m。跨越重要河流时，还应符合河道管理部门的有关规定。

③ 热力网管道进入建筑物或穿过构筑物时，管道穿墙处应封堵严密。

④ 地上敷设的热力网管道同架空输电线或电气化铁路交叉时，管道的金属部分（包括交叉点两侧5m范围内钢筋混凝土结构的钢筋）应接地。接地电阻应不大于10Ω。

八、热力管网通行管沟的设计要求

① 工作人员经常进入的通行管沟应有照明设备和良好的通风。人员在管沟内工作时，空气温度不得超过40℃。

② 通行管沟应设事故人孔。设有蒸汽管道的通行管沟，事故人孔间距应不大于100m；热水管道的通行管沟，事故人孔间距应不大于400m。

③ 整体混凝土结构的通行管沟，每隔200m宜设一个安装孔。安装孔宽度应不小于0.6m且大于管沟内最大一根管道的外径加0.1m，其长度至少应保证6m长的管子进入管沟。当需要考虑设备进出时，安装孔宽度还应满足设备进出的需要。

九、城市热力网管道材料选用的一般要求

① 城市热力网管道应采用无缝钢管、电弧焊或高频焊焊接钢管。管道及钢制管件的钢材钢号应不低于表8-6的规定。管道和钢材的规格及质量应符合国家相关标准的规定。

表8-6 热力网管道钢材钢号及适用范围

钢 号	适 用 范 围	钢板厚度
Q235-A·F	$p \leqslant 1.0$MPa, $t \leqslant 150$℃	$\leqslant 8$cm
Q235-A	$p \leqslant 1.6$MPa, $t \leqslant 300$℃	$\leqslant 16$cm
Q235-B、20、20g、20R及低合金钢	可用于CJJ 34规范适用范围的全部参数	不限

注：p为管道设计压力；t为管道设计温度。

② 热力网凝结水管道宜采用具有防腐内衬、内防腐涂层的钢管或非金属管道。非金属管道的承压能力和耐温性能应满足设计技术要求。

③ 热力网管道的连接应采用焊接。有条件时管道与设备、阀门等连接也应采用焊接，当需要拆卸时，采用法兰连接。对公称直径小于或等于 25mm 的放气阀，可采用螺纹连接，但连接放气阀的管道应采用厚壁管。

④ 室外采暖计算温度低于 −5℃ 地区露天敷设的不连续运行的凝结水管道放水阀门，室外采暖计算温度低于 −10℃ 地区露天敷设的热水管道设备附件均不得采用灰铸铁制品。室外采暖计算温度低于 −30℃ 地区露天敷设的热水管道，应采用钢制阀门及附件。

⑤ 城市热力网蒸汽管道在任何条件下均应采用钢制阀门及附件。

⑥ 弯头的壁厚应不小于管道壁厚。焊接弯头应双面焊接。

⑦ 钢管焊制三通，支管开孔应进行补强。对于承受干管轴向荷载较大的直埋敷设管道，应考虑三通与管的轴向补强，其技术要求按 CJJ/T 81《城镇直埋供热管道工程技术规程》规定执行。

⑧ 变径管制作应采用压制或钢板卷制，壁厚不应小于管道壁厚。

十、热力网管道及设备保温的一般要求

① 热力网管道及设备的保温结构设计，应按 GB 4272《设备及管道保温技术通则》、GB 8175《设备和管道保温设计导则》、GB 50264《工艺设备及管道绝热工程设计规范》和 CJJ 34《城市热力网设计规范》的规定执行。

② 供热介质设计温度高于 50℃ 的热力管道、设备、阀门应保温。在不通行管沟敷设或直埋敷设条件下，热水热力网的回水管道、与蒸汽管道并行的凝结水管道以及其他温度较低的热水管道，在技术经济合理的情况下可不保温。

③ 需要操作人员接近维修的地方，当维修时，设备及管道保温结构表面温度不得超过 60℃。

④ 保温层设计时应优先采用经济保温厚度。当经济保温厚度不能满足技术要求时，应按技术条件确定保温层厚度。

十一、城市热力网设计常用的规范

① CJJ 34—2010《城市热力网设计规范》
② CJJ 28—2014《城市供热管网工程施工及验收规范》
③ GB 50016—2014《建筑设计防火规范》
④ CJJ/T 81—2013《城镇直埋供热管道工程技术规程》
⑤ CJJ 38—90《城市供热管网质量检验、评定》
⑥ CJJ/T 88—2000《城市供热系统安全运行技术规程》
⑦ GB 4272—2008《设备及管道绝热技术通则》
⑧ GB 8175—2008《设备和管道保温设计导则》
⑨ GB 50264—2013《工艺设备及管道绝热工程设计规范》
⑩ GB 3096—2008《声环境质量标准》

第五节　工程应用实例——西气东输管道工程

一、西气东输管道工程介绍

西气东输管道工程横贯我国东西，起点是新疆塔里木的轮南，终点是上海市西郊的白鹤

镇（图8-3）。干线管道全长约3900km，支线管道总长近2000km，向我国东部4省1市供气。干线管道的设计输量$120×10^8 m^3/a$，设计压力10.0MPa，管径1016mm，壁厚14.6～26.2mm，材质X70钢。干线管道穿跨越长江1次、黄河3次、淮河1次，其他大型河流8次，共需建设陆上隧道15条，修建伴行公路近1000km。管道干线共设工艺站场35座，线路截断阀室138座。

图8-3　西气东输管道路线走向图

工程于2002年7月4日开工，2003年底建成靖边到上海段，先期输送长庆气田天然气，2005年上半年全线贯通，输送新疆塔里木气田天然气。

二、西气东输管道工程设计的创新技术

1. 设计压力和管径的优选

我国陆上长距离输气管道的工作压力大多数未超过6.4MPa，管径未超过660mm，而国际天然气管道的发展趋势则是采用高强度、高韧性管材，大口径、高压力输送。

西气东输管道工程在可行性研究中，对输送压力、管径和管壁粗糙度进行了充分的论证，对6.4MPa、8.4MPa、10.0MPa、12.0MPa四种输送压力，ϕ914mm、ϕ965mm、ϕ1016mm、ϕ1067mm和ϕ1118mm五种管径输送方案进行了投资比选。最终确定采用10.0MPa输送压力、ϕ1016mm管径的输送工艺方案。

2. 内涂减阻技术

西气东输管道全线采用非腐蚀性天然气输送管道的内壁减阻覆盖层。大管径干线输气管道采用内涂层技术在国内尚属首次。

内涂层的效益主要体现在：在管径、压力不变的前提下，可提高输量；在输量和压力一定的前提下，可缩小管径，节约钢材；在管径、输量、压力不变的前提下，可减少压缩机站的站数；由于摩阻减小，压缩机的动力消耗减小；延长清管周期，减少清管次数；减轻管内壁腐蚀，保证介质纯度。

3. 卫星遥感选线

西气东输管道沿线所经地区地形地貌十分复杂，地质灾害种类较多。为此，选线和定线

过程中运用了卫星遥感技术。

从遥感的视角对线路进行了方案的比选,通过对不同线路的优缺点进行评价,为确定最优的中线方案提供了依据。实现了从图上定线。直接从最新的遥感影像图上进行线路选择,然后再将选定的坐标用 GPS 进行现场定位,既节约了时间又减轻了劳动强度。

4. 大型穿越设计

西气东输管道穿越长江、黄河、淮河共 5 次。长江穿越是西气东输工程的控制性工程,为了确定最优的穿越方案,在过江点选择上,利用多时相遥感资料,确定最佳穿越位置。

① 以盾构法为三江口断面的过江主方案,矿山隧道法作为备用方案。

② 以定向钻作为乌鱼洲断面的过江主方案。

③ 以定向钻方案作为板桥断面的过江主方案,盾构方案作为备用方案。

以上三种方案各有优缺点:三江口方案在河道的稳定性、河床冲刷方面有优势,由于设计断面地质条件复杂,虽然盾构法在过江方案技术上可行,但施工工期相对较长;乌鱼洲方案虽然地质条件较好,但河床、岸线的稳定性差,管道运行期间安全有隐患;板桥方案施工技术上切实可行,施工工期短,在市场方面靠近用户,投资省,但在岸线的稳定性和河床冲刷方面不是最好,尤其是断面冲刷大,将来管道运营时安全有隐患。

针对以上三种不同过江点的推荐方案,进行了综合经济技术比选,最后确定在三江口通过长江,过江的施工方案采用盾构法施工。工程地点位于江苏省南京长江大桥下游 38.5km 处,南岸出发井距长江大堤 210m,北岸接收井距大堤 102m,该地区是南京附近主要的水陆交通要塞。穿越点断面两岸大堤的自然地面高程为 4~5m(黄河高程),河面宽约 1500m,两堤外坡角之间的宽度为 1673m。深槽最高标高为 $-36.7m$,最低标高为 $-41.6m$,隧道深度达 50 多米。根据设计要求,隧道内将敷设直径为 $\phi1016mm$ 和 $\phi813mm$ 的输气管道 2 条,直径为 $\phi508mm$ 的输油管道 1 条,直径为 $\phi50mm$ 的光缆套管 3 条,同时考虑维护检修空间,隧道直径设计为 $\phi3.8m$,隧道全长为 1992m。

5. 管材和制管技术

我国 1985 年以前建成的油、气管道普遍采用的是 Q235 和 16Mn,相当于 API 标准中的 X42 和 X52 级钢。20 世纪 90 年代,我国试制成功了 X60 和 X65 级管道用钢板,并成功卷制了相应螺旋缝埋弧焊钢管。为了适应西气东输工程的需要,经过几年的努力,我国已经成功研制出了 X70 钢级的管线钢,具备了批量生产 X70 钢级的管线钢板卷的能力。

(1) X70 高等级钢材的应用 在同等设计压力和管径的情况下,采用较高级别的管线钢可减少管道壁厚,节省大量钢材,从而显著减少投资。表 8-7 为西气东输管道采用 X60 钢级、X65 钢级和 X70 钢级钢材的用钢量对比表。从表 8-7 中可看出,如采用 X60 钢将比采用 X70 钢多用钢材 27.35 万吨,大约为总用钢量的 17.1%,采用 X65 钢比采用 X70 钢多用钢材 13.04 万吨,大约为总用钢量的 8.2%。

表 8-7 西气东输管道不同钢级方案耗钢量对比

钢 管 材 质	X70	X65	X60
耗钢量合计/10^4t	159.61	172.65	186.96

西气东输管道采用了 X70 高等级钢材。按照西气东输工程沿线的地区等级,设计时采用了四种壁厚,在四种壁厚的钢管中,1 类地区为螺旋埋弧焊管,2、3、4 类地区为埋弧直缝焊管,对应的钢管壁厚及耗钢量见表 8-8。

表 8-8 不同地区等级钢管壁厚

输气压力/MPa	钢管材质	外径/mm	地区等级	壁厚/mm	耗钢量/10^4t
10	X70	1016	1	14.6	98.03
			2	17.5	31.84
			3	21.0	20.40
			4	26.2	9.34

在钢管类型选择上，西气东输管道在钢管壁厚小于16mm 的地区选用了螺旋埋弧焊管。螺旋埋弧焊管成为西气东输干线用管的基本管型，从而使近100万吨的大口径干线管制造及其部分原料的生产可以立足国内，节约了工程造价。

(2) 金相组织 西气东输所用的 X70 钢材采用了针状铁素体型钢，这种金相组织的 X70 钢具有晶粒细化、组织均匀、易于实现高强度与高韧性的平衡、耐腐蚀性能好等优点。针状铁素体型管线钢为高档管线钢，与铁素体-珠光体型管线钢相比，具有更良好的焊接性能、抗天然气中硫化氢腐蚀和氢诱发裂纹性能、抗大气腐蚀性能，且具有高达450J 的冲击韧性。

第九章 应力分析和管道支吊架

第一节 管道应力分析基础知识

一、管道应力分析的目的

进行管道应力分析（Stress Analysis）有以下几个目的。
① 使管道应力在规范的许用范围内。
② 使设备管口荷载符合制造商的要求或公认的标准。
③ 计算出作用在管道支吊架上的荷载。
④ 解决管道动力学问题。
⑤ 辅助压力管道布置设计的优化。

二、管道应力分析的主要内容

管道应力分析分为静力（Dead Stress）分析和动力（Dynamic Stress）分析。

1. 静力分析
① 压力荷载和持续荷载作用下的管道一次应力计算——防止塑性变形破坏。
② 管道热胀冷缩以及端点附加位移等位移荷载作用下的管道二次应力计算——防止疲劳破坏。
③ 管道对机器、设备作用力的计算——防止作用力太大，保证机器、设备正常运行。
④ 管道支吊架的受力计算——为支吊架设计提供依据。
⑤ 管道上法兰的受力计算——防止法兰泄漏。
⑥ 管系位移计算——防止管道碰撞和支吊点位移过大。

2. 动力分析
① 管道自振频率分析——防止管道系统共振。
② 管道强迫振动响应分析——控制管道振动及应力。
③ 往复压缩机气柱频率分析——防止气柱共振。
④ 往复压缩机压力脉动分析——控制压力脉动值。
⑤ 管道地震分析——防止管道地震应力过大。

三、管道应力分析计算需要的文件和资料准备

① 管道命名表（由工艺系统专业提供）。

② 应力计算轴测图（由管道布置提供）。
③ 管材工程设计规定（由管道材料提供）。
④ 装置布置图（由设备布置提供）。
⑤ 设备图（由设备专业提供）。
⑥ 结构模板图（包括钢结构、平台等）（由结构专业提供）。
⑦ 建筑物平、立、剖面图（由建筑专业提供）。

四、管道上可能承受的荷载

管道上可能承受以下几种荷载（Load）。
① 重力荷载，包括管道自重、保温重、介质重和积雪重等。
② 压力荷载，包括内压力和外压力。
③ 位移荷载，包括管道热胀冷缩位移、端点附加位移、支承沉降等。
④ 风荷载。
⑤ 地震荷载。
⑥ 瞬变流冲击荷载，如安全阀启跳或阀门快速启闭时的压力冲击。
⑦ 两相流脉动荷载。
⑧ 压力脉动荷载，如往复压缩机往复运动所产生的压力脉动。
⑨ 机器振动荷载，如回转设备的振动。

五、管道元件变形的几种基本形式

管道元件变形的基本形式有拉伸（压缩）、剪切、扭转和弯曲共四种，受多种荷载作用的管子变形都可视为这四种基本变形的组合。

1. 拉伸（压缩）

管道的轴向拉伸和压缩表现为管道沿轴线方向发生伸长或缩短，是由大小相等、方向相反、作用线与管道中心轴线重合的一对外力引起的管子变形形式。图 9-1 所示为管道轴向拉伸和压缩时的受力简图。

■ 图 9-1 轴向拉压管道受力分析

根据圣维南原理可知，管子的两端部沿截面上的力不一定均匀分布，但远离端部的任一横截面上的内力是均匀分布的。

2. 剪切

管子的剪切变形是由大小相等、方向相反、作用线垂直于管轴且距离很近的一对力引起的管子变形形式。其变形特点表现为受剪管子的两部分沿力的作用方向发生相对错动，如图9-2 所示。

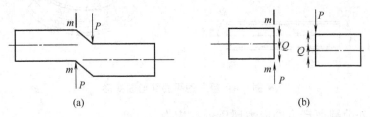

■ 图 9-2 管子的剪切变形

与管道的拉伸和压缩相似，可以近似地认为在管子远离端部的任一截面上的剪力（内力）是沿截面均匀分布的，且其内（剪）力与外力大小相等、方向相反，可认为其切应力沿截面也均匀分布。

3. 扭转

管子的扭转变形是由大小相等、方面相反、作用面垂直于管轴的两个力矩引起的管子变形形式。其变形特点表现为管道元件的任意两个横截面绕管子的中心轴线发生相对转动，如图 9-3 所示。

■ 图 9-3 管子的扭转变形

根据圣维南原理可知，在管子的任一截面上的内力（矩）M_n 是均匀分布的，且根据力的平衡法则可知，$M_n = M$。

M_n 也是一个矢量，且规定：按右手螺旋法则，当矢量方向与截面的外法线方向一致时，M_n 为正，反之为负。对于管子的扭转变形，其应力在管子各横截面上的分布已不再是均匀的。

4. 弯曲

这里仅研究纯弯曲的情况，即管子各横截面上只有正应力而无切应力，管道元件中心轴线变形后为一平面曲线。此时管子的弯曲变形是由大小相等、方向相反、作用面为沿管子中心轴线的纵向平面并包含轴线在内的两个力矩引起的管子变形形式。其变形特点表现为管子的中心轴线由直线变为平面曲线，如图 9-4 所示。

应满足工程上规定的刚度条件，即 $y_{max} \leqslant [f]$（$[f]$ 为工程上规定的许用挠度值）。

六、一次应力和二次应力

一次应力（Primary Stress）是指由于外加荷载，如压力或重力等的作用产生的应力。一次应力的特点是：满足与外加荷载的平衡关系，随外加荷载的增加而增加，且无自限性，当其值超过材料的屈服极限时，管道将产生塑性变形而破坏。管道承受的介质内压、自重、

■ 图 9-4　管子的平面纯弯曲变形

介质重量等持续外荷载而产生的应力属于一次应力。

二次应力（Secondary Stress）是由于管道变形受到约束而产生的应力，它不直接与外力平衡，二次应力的特点是具有自限性，当管道局部屈服和产生小量变形时应力就能降下来。二次应力过大时，将使管道产生疲劳破坏。在管道中，二次应力一般由热胀冷缩和端点位移引起。

七、蠕变和应力松弛

蠕变（Creep）是指金属在高温和应力同时作用下，应力保持不变，其非弹性变形随时间的延长缓慢增加的现象。高温、应力和时间是蠕变发生的三要素。应力越大、温度越高，且在高温下停留时间越长则蠕变越严重。

应力松弛（Stress Relaxation）是指在高温下工作的金属构件，在总变形量不变的条件下，其弹性变形随时间的延长不断转变成非弹性变形，从而引起金属中应力逐步下降并趋于一个稳定值的现象。

蠕变和应力松弛的实质是相同的，都是高温下随时间发生的非弹性变形的积累过程。所不同的是应力松弛是在总变形量一定的特定条件下一部分弹性变形转化为非弹性变形；而蠕变则是在恒定应力长期作用下直接产生非弹性变形。

八、四种材料的强度理论

第一强度理论——最大拉应力理论，其当量应力 $S=\sigma_1$。它认为引起材料断裂破坏的主要因素是最大拉应力。亦即无论材料处于何种应力状态，只要最大拉应力达到材料单向拉伸断裂时的最大应力值，材料即发生断裂破坏。

第二强度理论——最大伸长线应变理论，其当量应力 $S=\sigma_1-\mu(\sigma_2+\sigma_3)$。它认为引起材料断裂破坏的主要因素是最大伸长线应变。亦即无论材料处于何种应力状态，只要最大伸长线应变达到材料单向拉伸断裂时的最大应变值，材料即发生断裂破坏。

第三强度理论——最大切应力理论，其当量应力 $S=\sigma_1-\sigma_3$。它认为引起材料屈服破坏的主要因素是最大切应力。亦即无论材料处于何种应力状态，只要最大切应力达到材料屈服时的最大切应力值，材料即发生屈服破坏。

第四强度理论——变形能理论，其当量应力 $S=\dfrac{1}{\sqrt{2}}\sqrt{(\sigma_1-\sigma_2)^2+(\sigma_2-\sigma_3)^2+(\sigma_3-\sigma_1)^2}$。它认为引起材料屈服破坏的主要因素是材料内的变形能。亦即无论材料处于何种应力状态，只要其内部积累的变形能达到材料单向拉伸屈服时的变形能值，材料即发生屈服破坏。

在管道强度设计中主要采用最大切应力强度理论。

九、弹性变形和塑性变形

构件或物体在外力作用下产生变形,当外力除去后能完全恢复其原有形状,不遗留外力作用过的任何痕迹,这种变形称为弹性变形（Elasticity Deformation）。

构件或物体在外力作用下产生变形,当外力去除后,构件或物体的形状不能复原,即遗留了外力作用下的残余变形,这种变形称为塑性变形（Plastic Deformation）。

十、弹性体的应力与虎克定律

弹性体的应力与应变服从广义虎克定律（Hook's Law）,其具体表达式如下：

$$\varepsilon_x = \frac{1}{E}[\sigma_x - \nu(\sigma_y + \sigma_z)]; \varepsilon_y = \frac{1}{E}[\sigma_y - \nu(\sigma_x + \sigma_z)]; \varepsilon_z = \frac{1}{E}[\sigma_z - \nu(\sigma_x + \sigma_y)]$$

$$\gamma_{xy} = \frac{\tau_{xy}}{G}; \gamma_{yz} = \frac{\tau_{yz}}{G}; \gamma_{zx} = \frac{\tau_{zx}}{G}$$

式中 ε_x、ε_y、ε_z——X、Y、Z 三个方向的线应变；

σ_x、σ_y、σ_z——X、Y、Z 三个方向的正应力,MPa；

γ_{xy}、γ_{yz}、γ_{zx}——XY、YZ、ZX 三个平面内的切应变；

τ_{xy}、τ_{yz}、τ_{zx}——XY、YZ、ZX 三个平面内的切应力,MPa；

E——材料的弹性模量,MPa；

ν——材料的泊松比；

G——材料的切变模量,MPa。

G 与 E 和 ν 之间有如下关系：

$$G = \frac{E}{2(1+\nu)}$$

十一、金属管道组成件耐压强度计算

GB 50316《工业金属管道设计规范》、SH 3059《石油化工管道设计器材选用通则》HG/T 20645《化工装置管道机械设计规定》、ASME B31.3《工艺管道》等常用的标准规范详细介绍了压力管道元件的强度计算,包括下列金属管道组成件：金属直管；弯管/弯头及斜接弯头；三通；盲板与平板封头；开孔（支管）补强；蒸汽夹套管端板等。

十二、应力分析方法的发展趋势

① 对某些简单管道,可以利用材料力学理论。对于复杂的静不定管道,除了材料力学的理论,还需要借助于结构力学的理论来求解,然后利用弹性力学或塑性力学的准则建立其强度判定条件。当这样的方程数量太多时,用手工进行计算有时是不现实的,它可能需要花费很长时间才能得出结果。

② 进行应力分析可以采取多种方法,而且新的应力计算方法也在不断出现。这些方法呈现出朝着两个相反方向发展的特点。一是针对简单管道的计算方法,新的方法朝着如何快速、便捷地判断管道的强度是否安全的方向发展,以节省管道强度判断的人力和物力。二是针对复杂管道的计算方法,新的方法则朝着功能更加强大、计算机操作更加快捷方便的方向

发展，而且程序中存入大量的常用数据可随时调用，以减少输入的工作量。

③ 在工程设计中，对操作条件缓和、相连设备对管道的附加力不敏感、管道空间形状简单且符合简单判断式或图表法分析条件的管道，不一定非要采用计算机进行详细计算和分析，以降低设计成本。

十三、快速管道应力分析方法

成熟的工程公司都拥有比较完备的快速管道应力分析手段，一般都采用一定的管道应力分析简化计算图表，配合少量的手工计算。当然，此类方法的计算结果总是偏于保守，不够准确，并且具有很大的局限性。但是这类方法总是基于一种简单的、可靠的计算方法，更多的是考虑管线的位移在允许的范围内——即管线有足够的柔性，能够吸收管线由于受热荷载等产生的位移。依据位移应力评定标准，只计算膨胀的二次应力，及对端点或设备的作用力及力矩。

第二节 管道的柔性设计

一、管道柔性的概念

管道柔性（$Piping\ Flexibility$）是反映管道变形难易程度的一个物理概念，表示管道通过自身变形吸收热胀冷缩和其他位移变形的能力。

进行管道设计时，应在保证管道具有足够的柔性来吸收位移应变的前提下，使管道的长度尽可能短或投资尽可能少。在管道柔性设计中，除考虑管道本身的热胀冷缩外，还应考虑管道端点的附加位移。设计时，一般采用下列一种或几种措施来增加管道的柔性。

① 改变管道的走向。
② 选用波形补偿器、套管式补偿器或球形补偿器。
③ 选用弹性支吊架。

二、管道柔性设计的目的

管道柔性设计的目的是保证管道在设计条件下具有足够的柔性，防止管道因热胀冷缩、端点附加位移、管道支承设置不当等原因造成下列问题。

① 管道应力过大引起金属疲劳和（或）管道推力过大造成支架破坏。
② 管道连接处产生泄漏。
③ 管道推力或力矩过大，使与其连接的设备产生过大的应力或变形，影响设备正常运行。

三、柔性分析的方法

进行柔性分析可以采取多种方法，如对比分析法、经验公式判断法和数值解析法。应根据具体情况选择采用。目前还有一些其他方法在工程中也时有用到，如有限元计算法，而且新的应力计算方法也在不断出现。

这些方法呈现出朝着两个相反方向发展的特点：一是针对简单管系的计算方法，新的方法朝着如何快速、便捷地判断管系的强度是否安全的方向发展，以节省管系强度判断的人力和物力；二是针对复杂管系的计算方法，新的方法则朝着功能更加强大、计算机操作更加快捷方便的方向发展，而且程序中存入大量的常用数据可随时调用，以减少输入的工作量。

在工程设计中，对操作条件缓和、相连设备对管系的附加力不敏感、管系空间形状简单且符合简单判断式或图表法分析条件的管系，不一定采用计算机进行详细计算和分析，以降低设计成本。

四、柔性分析的对比分析法

符合下列条件之一的管道，可认为满足柔性要求。
① 与实际运行良好的管道相同。
② 与经过详细柔性分析并合格的管道相比，没有实质变化。

五、柔性分析的 ASME 经验公式判断法

1. ASME 简单判断式

ASME 简单判断法是由美国 ASME B31.1 标准给出的一种快速确定管系热膨胀补偿是否满足要求的简便方法，在工程设计中得到了广泛的应用。但是，该方法仅是一个判断式，它并不能计算出管系中的应力、边界反力和位移等数值，只进行简单的判断。它的判断结果是粗略的，也是比较保守的，因此对贵重的管道（如合金钢、不锈钢、特殊耐热钢、超低温用钢管道等）不宜用它进行最终分析。

具有同一直径、同一壁厚、无分支管、两端固定、中间无支承约束的非剧毒管道若不存在下列情况则可以按 ASME 简单判断式 [式(9-1)] 进行判断：存在剧烈冷热循环变化的管道；大直径薄壁管；不等腿的管道展开长度大于端点连线长度 2.5 倍的 U 形管道；不在端点连线方向上的端点附加位移占总位移量的大部分；近似直线的锯齿形状的管道。

$$\frac{D_o \delta}{(L-U)^2} \leqslant 208.4 \tag{9-1}$$

式中 D_o——管道外直径，mm；
L——管道的伸展长度，m；
U——固定点之间的连线长度，m；
δ——作用于管道的总热位移荷载，mm，由管端处管道自由热胀冷缩位移以及设备热胀冷缩位移叠加构成，前者在热胀条件下取正值，在冷缩条件下取负值，后者以造成端点相向移动取正值，相背移动取负值。

2. ASME 简单判断式不适用的管道

① 在剧烈循环条件下运行，有疲劳危险的管道。
② 大直径薄壁管道（管件应力增强系数 $i \geqslant 5$）。
③ 与端点连线不在同一方向的端点附加位移量占总位移量大部分的管道。
④ $L/U > 2.5$ 的不等腿 U 形弯管管道，或近似直线的锯齿状管道。

3. 简单判断式的求解步骤

在进行 ASME 简单判断式的求解时，一般情况下并不困难，只需要将式中各参数按各自的定义求出并代入公式计算即可。但当管系两端点有附加位移时，一些设计人员往往将端点位移的正、负号搞错而导致计算错误。为此，特将端点位移的正、负号判断方法进行介绍。端点位移的正、负号可按以下两种方法确定。

第一种方法（热胀趋势法）判断步骤如下：

① 选择任一端点为始端,而另一端则为末端。
② 假想始端固定,而末端开放,并以此判断管系的热胀方向。
③ 管系中各管段的热胀量 $\Delta l = \Delta Tl$。同一方向的管道热胀量为各管段热胀量的代数和,并判断末端在该方向上的位移趋势。
④ 两端点有附加位移时,对于始端,其附加位移方向与管系的热胀趋势相同时取"+",与管系位移趋势相反时取"-"。对于末端,其附加位移方向与管系的热胀趋势相同时取"-",与管系的热胀趋势相反时取"+";

第二种方法(热胀坐标法)判断步骤如下。
① 选择任一端为始端,另一端则为末端。
② 假想始端固定,末端开放,并以始端为原点建立坐标系。
③ 从始端(坐标原点)沿管系向末端行走,与坐标同向时位移为正,反向时为负,最后分别取各方向的位移代数和。该代数和具有"+"、"-"号,"+"号表示该方向的总位移方向与坐标轴同向,而"-"号表示该方向的总位移方向与坐标轴反向。
④ 端点有附加位移时,对于始端,如果其附加位移方向与坐标轴同向则为"+",反向则为"-";对于末端,如果其附加位移方向与坐标轴同向则为"+",反向则为"-"。

热胀趋势法和热胀坐标法得到的结果是相同的。

【工程实例】 ASME 简单判断式的工程应用

有一 $\phi 273\text{mm} \times 8\text{mm}$ 的碳钢管道,其设计温度为 250℃,安装温度为 20℃,线胀系数为 $\alpha_T = 12.8 \times 10^{-6} \text{℃}^{-1}$。管道走向如图 9-5 所示,其中 A、D 为固定点。试计算其柔性是否足够。

■ 图 9-5 管道走向及尺寸

$\Delta_X = (250-20)\alpha_T \times 3000 = 8.83$
$\Delta_Y = (250-20)\alpha_T \times 1000 = 2.94$
$\Delta_Z = (250-20)\alpha_T \times 5000 = 14.72$
$\Delta = (\Delta_X^2 + \Delta_Y^2 + \Delta_Z^2)^{1/2} = 17.42$
$A = D\Delta/(L-U)^2 = 501.12$

其中
$L = 5+1+3 = 9\text{m}$
$U = (5^2+1^2+3^2)^{1/2} = 5.92$

因为 $A = 501.12 > 208.4$,所以该管道不能满足柔性要求。

六、柔性分析的数值解析法

1. 数值解析法的使用条件

① 操作温度高于 400℃ 或低于 -50℃ 的管道。
② 进出加热炉的工艺管道。
③ 进出高温反应器的工艺管道。
④ 进出蒸汽发生器的管道。
⑤ 进出汽轮机的蒸汽管道。
⑥ 进出离心式压缩机、鼓风机的工艺管道。
⑦ 进出往复式压缩机、往复泵的工艺管道。
⑧ 符合图 9-6 规定的泵管道。
⑨ 有特别要求的管道。
⑩ 其他直径及温度符合图 9-7 及图 9-8 的管道。

■ 图 9-6 泵管道柔性分析方法划分

■ 图 9-7 低碳钢及低合金钢管道柔性分析方法划分

■ 图 9-8 不锈钢管道柔性分析方法划分

2. 应采用计算机分析程序进行详细应力分析的管道条件

一般情况下，数值解析法范围内的管道所形成的管系应采用计算机分析程序进行详细的应力分析。某些资料上给出了更具可操作性的规定，在此一并介绍给读者，供参考。下面是某些资料给出的应采用计算机分析程序进行详细应力分析的管道条件。

① 操作温度高于或等于 400℃ 的所有规格的管道。
② $DN \geqslant 80mm$，操作温度高于或等于 300℃、低于或等于 -20℃ 的管道。
③ $DN \geqslant 150mm$ 操作温度高于或等于 200℃ 的管道。
④ $DN > 650mm$ 的大口径管道。
⑤ $DN \geqslant 300mm$ 的真空管道。
⑥ 敏感设备（如泵、压缩机、蒸汽透平等）相连的工艺管道和蒸汽管道。
⑦ 用简单计算法判断补偿不够或者用图表法无法查到的管道。
⑧ 有弹簧支吊架的管道。
⑨ 有波纹膨胀节的管道。
⑩ 有冷紧的管道。

除此之外，对下列管道应根据具体情况确定是否需要用计算机进行详细应力分析。

① 贵重金属管道（如合金钢、不锈钢、特殊耐热钢、超低温用钢管道等）。
② 开停工频繁的管道。
③ 直管部分较长、热胀冷缩量较大的管道。
④ 相连机械或设备的管口有较大位移的管道。
⑤ 刚度较大的厚壁管道。
⑥ 剧毒介质管道。

七、管道柔性设计计算结果的内容及其合格标准

1. 管道柔性计算结果一般应包括的内容

① 输入数据。
② 各节点的位移和转角。
③ 各约束点的力和力矩。
④ 各节点的应力（及评估报告）。
⑤ 二次应力最大值的节点号、应力值和许用应力范围值。
⑥ 弹簧参数表。

2. 管道柔性设计的合格标准

① 管道上各点的二次应力值应小于许用应力范围。
② 管道对设备管口的推力和力矩应在允许的范围内。
③ 管道的最大位移量应能满足管道布置的要求。

八、管道柔性设计时管道计算温度的确定

管道计算温度应根据工艺设计条件及下列要求确定。

① 对于无隔热层管道：介质温度低于 65℃ 时，取介质温度为计算温度；介质温度高于或等于 65℃ 时，取介质温度的 95% 为计算温度（有的资料显示，全部按介质温度计算）。
② 对于有隔热层管道，除另有计算或经验数据外，应取介质温度为计算温度。
③ 对于夹套管道应取内管或套管介质温度的较高者作为计算温度。

④ 对于外伴热管道应根据具体条件确定计算温度。
⑤ 对于衬里管道应根据计算或经验数据确定计算温度。
⑥ 对于安全泄压管道，应取排放时可能出现的最高或最低温度作为计算温度。
⑦ 进行管道柔性设计时，不仅应考虑正常操作条件下的温度，还应考虑开车、停车、除焦、再生及蒸汽吹扫等工况。

九、管道柔性设计时应考虑的管道端点的附加位移

在管道柔性设计中，除考虑管道本身的热胀冷缩外，还应考虑下列管道端点的附加位移。
① 静设备热胀冷缩时对连接管道施加的附加位移。
② 转动设备热胀冷缩在连接管口处产生的附加位移。
③ 加热炉管对加热炉进出口管道施加的附加位移。
④ 储罐等设备基础沉降在连接管口处产生的附加位移。
⑤ 不与主管一起分析的支管，应将分支点处主管的位移作为支管端点的附加位移。

十、管件的柔性系数和应力增强系数

弯管（或弯头）在承受弯矩后，管子的截面会发生椭圆化，即扁平化。这样，在应力计算中犹如弯管截面惯性矩减少了 K 倍，刚度下降。若以同一弯矩值作用在弯管上比作用在直管上其位移量会大 K 倍。此 K 值称为弯管的柔性系数。

应力增强系数是在疲劳破坏循环次数相同的情况下，作用于直管的名义弯曲应力与作用于管件的名义弯曲应力之比。

柔性系数和应力增强系数是在进行管道柔性设计中考虑弯管、三通等管件柔性和应力的影响所采用的系数。管道中的弯管在弯矩作用下与直管相比较，其刚度降低、柔性增大，同时应力也将增加，因此，在计算管件时就要考虑它的柔性系数和应力增强系数。而管道中的三通等管件，由于存在局部应力集中，在验算这些管件的应力时，则采用了应力增强系数。

十一、应力集中的问题

工程上根据实际的需要，经常遇到压力管道元件开孔分支、变径、拐弯等问题，以致压力管道在这些局部区域发生了形状或截面面积的变化。试验和实践都证明，当管道元件的形状或截面发生突变，或者受到的外力发生突变时，该局部区域的应力将急剧增加，且随着远离这个区域，其应力水平则迅速降低并在某一尺寸处而趋于正常。通常把因管道元件的外形突然变化或荷载的突然变化而引起局部应力增大的现象称为应力集中（Stress Concentration）。

从微观上讲，管道元件中总避免不了气孔（Blowhole）、夹渣（Slag Inclusion）、夹杂（Inclusion）甚至裂纹（Crack）等制造缺陷（Defects）的存在，这些缺陷的存在导致了材料的微观不连续，它不仅直接削弱了管道元件的承载能力，而且也会引起应力集中问题。

由于应力集中的存在，可能会使压力管道元件的整体应力在尚未达到材料的屈服极限时，而应力集中区域的最大应力已经达到或远远超过了材料的屈服极限（Yield Limit）。

十二、管道的一次应力和二次应力的合格判断式

管道的一次应力（S_L）不得超过设计温度下管道材料的许用应力（S_h），即

$$S_L \leqslant S_h$$

管道的二次应力（S_E）不得超过许用应力范围（S_a），即

$$S_E \leqslant S_a = f(1.25S_c + 0.25S_h) \tag{9-2}$$

式中 f——在预期寿命内，考虑循环总次数影响的许用应力范围减少系数；

S_c——管子材料在20℃时的许用应力，MPa；

S_h——管子材料在设计温度下的许用应力，MPa。

若 $S_h > S_L$，它们之间的差值可以加到式(9-2)中，在此情况下，许用应力范围为

$$S_a = f[1.25(S_c + S_h) - S_L]$$

S_L——由内压及持续外载产生的纵向应力，MPa。

十三、压力管道补偿器类型的选用及布置

① 由于设备布置或其他因素使管道系统的几何形状受到限制，补偿能力不能满足要求时，应在管道系统的适当位置安装补偿器。

根据补偿器的形成可以将其分为两类：一类是由于工艺需要在布置管道时自然形成的弯曲管段，称为自然补偿器，如 L 形补偿器、Z 形补偿器（图 9-9）、Π 形补偿器（图 9-10、图 9-11）；另一类是专门设置用于吸收管道热膨胀的弯曲管段或伸缩装置，称为人工补偿器，如波纹式补偿器、填料函式补偿器等。

■ 图 9-9 L 形与 Z 形补偿器

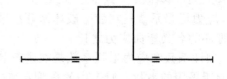

■ 图 9-10 Π 形补偿器的导向支座

■ 图 9-11 火炬管道的 Π 形补偿器

如自然补偿的形式为 L 形，则需考虑其中较短管 [图 9-9(a) 中 OB 管段] 是否有足够的吸收管系热膨胀的能力，如 OB 管段的长度不够，则应加长至 C 或重新考虑管线布置，以免发生管系因弯曲过度而破坏。

如自然补偿的形式为 Z 形，则不应在 Z 形管道中 B 处 [图 9-9(b)] 加以固定使之成为两个 L 形（AB 和 AC），即只需在两端（A、C）加以固定保持 Z 形。

管道在自然补偿时如选用立体形方式，则较平面形的补偿效果更好。

② 补偿器的选用和布置规定如下。

a. Ⅱ形补偿器结构简单、运行可靠、投资少，应优先选用。Ⅱ形补偿器宜设置在两固定点中部，为防止管道横向位移过大，应在Ⅱ形补偿器两侧设置导向架。导向支座与Ⅱ形补偿器管端的距离一般取管径的30～40倍。

b. Ⅱ形补偿器与固定点的距离不宜小于两固定点间距的1/3。

c. 管道布置受限制时，在设计压力和输送介质允许的情况下可选用金属波纹管补偿器。波形式补偿器补偿能力大、占地小，但制造较为复杂，价格高，适用于低压大直径管道。

波纹式补偿器是用3～4mm厚的金属薄片制成的，它利用金属本身的弹性伸缩来吸收管线的热膨胀，每个波纹可吸收5～15mm的膨胀量。它的优点是体积小、结构严密。但是为了防止补偿器本身产生纵向弯曲，补偿器不能做得太长，每个补偿器的波纹总数一般不得超过6个。这使补偿器的补偿能力受到限制。这类补偿器仅用在内压小于0.7MPa的管道上。

d. 布置无约束金属波纹管补偿器应符合下列要求。

ⅰ. 两个固定支座间仅能布置一个补偿器。

ⅱ. 固定支座必须具有足够的强度，以承受内压推力的作用。

ⅲ. 对管道必须进行严格保护，尤其是靠近补偿器的部位应设置导向架，第一个导向支架与补偿器的距离应小于或等于4倍公称直径，第二个导向支架与第一个导向支架的距离应小于或等于14倍公称直径，以防止管道有弯曲和径向偏移造成补偿器的破坏。

e. 布置带约束的金属波纹管补偿器应符合应力计算的要求。

f. 套管式、球形补偿器因填料容易松弛、发生泄漏，对可燃介质管道和有毒介质管道严禁选用（采用自然沉降地基的储罐，存在后期的沉降量，其管应采用金属软管）。

③ 储罐前的管道当地震烈度大于或等于7度、有不均匀沉陷，且公称直径大于或等于150mm时，应设置储罐抗震用金属软管。金属软管的直径不应小于储罐进出口的直径。金属软管应布置在靠近储罐壁的第一道阀门和第二道阀门之间。

十四、冷紧和自冷紧

冷紧（Cold Spring）是指在安装时（冷态）使管道产生一个初位移和初应力的一种方法。

如果热胀产生的初应力较大时，在运行初期，初始应力超过材料的屈服强度而发生塑性变形，或在高温持续作用下，管道上产生应力松弛或发生蠕变现象，在管道重新回到冷态时，则产生反方向的应力，这种现象称为自冷紧。

冷紧的目的是将管道的热应变一部分集中在冷态，从而降低管道在热态下的热胀应力和对端点的推力与力矩，也可以防止法兰连接处弯矩过大而发生泄漏，但冷紧不改变热胀应力范围。

十五、冷紧比及其选择

冷紧比为冷紧值与全补偿量的比值。对于材料在蠕变温度下工作的管道，冷紧比宜取0.7。对于材料在非蠕变温度下工作的管道，冷紧比宜取0.5。

与敏感设备相连的管道不应采用冷紧。因为由于施工误差使得冷紧量难以控制，另一方面，在管道安装完成后要将与敏感设备管口相连的管法兰卸开，以检查该法兰与设备法兰的同轴度和平行度，如果采用冷紧将无法进行这一检查。

十六、带约束的金属波纹管膨胀节的形式

① 单式铰链型膨胀节，由一个波纹管及销轴和铰链板组成，用于吸收单平面角位移 [图 9-12(a)]。

(a) 单式铰链型膨胀节

(b) 单式万向铰链型膨胀节

图 9-12 单式铰链型膨胀节与单式万向铰链型膨胀节

② 单式万向铰链型膨胀节，由一个波纹管及万向环、销轴和铰链板组成，能吸收多平面角位移 [图 9-12(b)]。

③ 复式拉杆型膨胀节，由用中间管连接的两个波纹管及拉杆组成，能吸收多平面横向位移和拉杆间膨胀节本身的轴向位移。

④ 复式铰链型膨胀节，由用中间管连接的两个波纹管及销轴和铰链板组成，能吸收单平面横向位移和膨胀节本身的轴向位移。

⑤ 复式万向铰链型膨胀节，由用中间管连接的两个波纹管及销轴和铰链板组成，能吸收互相垂直的两个平面横向位移和膨胀节本身的轴向位移。

⑥ 弯管压力平衡型膨胀节，由一个工作波纹管或用中间连接的两个工作波纹管及一个平衡波纹管构成，工作波纹管与平衡波纹管间装有弯头或三通，平衡波纹管一端有封头并承受管道内压，工作波纹管和平衡波纹管外端间装有拉杆。此种膨胀节能吸收轴向位移和/或横向位移。拉杆能约束波纹管压力、推力。常用于管道方向改变处。

⑦ 直管压力平衡型膨胀节，一般由位于两端的两个工作波纹管及有效面积等于两倍工作波纹管有效面积、位于中间的一个平衡波纹管组成，两套拉杆分别将每一个工作波纹管与平衡波纹管相互连接起来。此种膨胀节能吸收轴向位移。拉杆能约束波纹管压力、推力。

⑧ 带约束的金属波纹管膨胀节的共同特点是管道的内压推力（俗称盲板力）没有作用于固定点或限位点处，而是由约束波纹管膨胀节用的金属部件承受。

十七、膨胀节的选型及计算

在工程设计中，经常由于工艺、布置空间等方面的要求而使用金属波纹膨胀节，由于工艺要求、管线走向、空间限制等诸方面的因素是千变万化的。因而，在膨胀节的选型、安装位置等方面的设计及计算也是很复杂的。

① 膨胀节通常适用于高温低压的场合。

② 对于有疲劳因素的管线应特别注意膨胀节的使用寿命（安全循环次数）。

③ 膨胀节绝不应使用于有扭转的位置。

④ 应特别注意负压时膨胀节对系统的影响。

在带有膨胀节的部分的实际计算过程中，厂商的样本只是一个参数，由于压力、温度、安装空间等因素，建议应力分析工程师向制造厂提出一个设计技术要求，并要求制造厂予以答复，然后进行复算，通过适当的调整，使其在负荷、应力、补偿量等诸方面均满足要求。

十八、波纹管膨胀节施工安装应注意的问题

① 膨胀节的施工和安装应与设计要求相一致。
② 膨胀节的安装使用应严格按照产品安装说明书进行。
③ 禁止采用使膨胀节变形的方法来调整管道的安装偏差。
④ 固定支架和导向支架等应严格按照设计图纸进行施工,需要改动时应经原分析设计人员认可。
⑤ 膨胀节上的箭头表示介质流向,应与实际介质流向相一致,不能装反。
⑥ 安装铰链型膨胀节时,应按照施工图进行,铰链板方向不能装错。
⑦ 在管道系统(包括管道、膨胀节和支架等)安装完毕、系统试压之前,应将膨胀节的运输保护装置拆除或松开。按照国标 GB/T 12777《金属波纹管膨胀节通用技术条件》的规定,运输保护装置涂有黄色油漆,应注意不能将其他部件随意拆除。
⑧ 对于复式大拉杆膨胀节,不能随意松动大拉杆上的螺母,更不能将大拉杆拆除。
⑨ 装有膨胀节的管道,进行水压试验时,应考虑设置适当的临时支架以承受额外加到管道和膨胀节上的荷载。试验后应将临时支架拆除。

十九、转动设备的允许推力限制

管道对转动设备的允许推力和力矩应由制造厂提出,当制造厂无数据时,可按下列规定进行核算。
① 离心泵的允许推力和力矩应符合 API610 规定。
② 汽轮机的蒸汽管道对汽轮机接管法兰的最大允许推力和力矩应符合 NEMA SM23 的规定。
③ 离心压缩机的管道对压缩机接管法兰的最大允许推力和力矩应符合 API617 的规定,其数值是 NEMA SM23 规定值的 1.85 倍。

二十、NEMA SM23 对汽轮机管口受力的限制

定义机轴方向为 X 方向,铅垂向上方向为 +Y,汽轮机各管口受力必须满足下列各项要求。
作用于任一管口上的合力及合力矩应满足以下要求:
$$0.9144F_R + M_R \leqslant 26.689 D_e$$

式中　D_e——当量直径,mm;
　　　F_R——单个管口上的合力,当接管采用无约束膨胀节时应包括压力产生的作用力(凝汽式汽轮机垂直向下出口可不考虑膨胀节内压推力),N;
　　　M_R——单个管口上的合力矩,N·m。

当管口公称直径小于或等于 200mm 时,D_e = 管口公称直径;当管口公称直径大于 200mm 时,D_e = (管口公称直径+400)/3。

$$F_R = \sqrt{F_x^2 + F_y^2 + F_z^2};\ M_R = \sqrt{M_x^2 + M_y^2 + M_z^2}$$

式中　F_x、F_y、F_z——单个管口上 X、Y、Z 方向的作用力,N;
　　　M_x、M_y、M_z——单个管口上 X、Y、Z 方向的力矩,N·m。

① 进汽口、抽汽口和排汽口上的力和力矩合成到排汽口中心处的合力及合力矩应满足以下条件:

$$0.6096F_c + M_c \leqslant 13.345D_c$$

式中　F_c——进汽口、抽汽口和排汽口的合力，N；
　　　M_c——进汽口、抽汽口和排汽口的力和力矩合成到排汽口中心处的合力矩，N·m；
　　　D_c——按公称直径计算得到的各管口面积之和的当量直径，mm。

当各管口面积之和折合成圆形的折算直径小于或等于230mm时，D_c=折算直径；当各管口面积之和折合成圆形的折算直径大于230mm时，D_c=(折算直径+460)/3。

② F_c 和 M_c 在 X、Y、Z 三个方向的分力和分力矩应满足以下条件：

$$|F_{cx}| \leqslant 8.756D_c \qquad |M_{cx}| \leqslant 13.345D_c$$
$$|F_{cy}| \leqslant 21.891D_c \qquad |M_{cy}| \leqslant 6.672D_c$$
$$|F_{cz}| \leqslant 17.513D_c \qquad |M_{cz}| \leqslant 6.672D_c$$

式中　F_{cx}、F_{cy}、F_{cz}——F_c 在 X、Y、Z 方向上的分力，N；
　　　M_{cx}、M_{cy}、M_{cz}——M_c 在 X、Y、Z 方向上的分力矩，N·m。

③ 对于具有向下排汽口的凝汽式汽轮机，其排气口安装无约束膨胀节时，允许存在由压力引起的附加力（此附加力垂直于排出口法兰面并作用于中心）。对于此种汽轮机，在进行①、②两项校核过程中，计算排汽口上的垂直分力时不包括压力荷载。

对于具有向下排汽口的凝汽式汽轮机，还应进行如下校核：同时考虑压力荷载和其他荷载时，如果作用于排汽口的垂直分力不超出排汽口面积的 0.1069 倍，则认为压力荷载在排汽口引起的作用力是允许的。力的单位为 N，面积单位为 mm^2。

二十一、高温管道用较厚的管子代替较薄的管子时应注意的问题

管子壁厚的增加提高了管道的刚度，增加了管壁面积和自重，因而必须对管道的柔性进行分析，以校核固定点、设备管口和各支吊架的荷载，还应校核弹簧支吊架的型号是否合适。

二十二、无中间约束、两端固定的管道冷紧后固定点推力的瞬时最大值

应按下面公式计算：

$$R_m = R\left(1 - \frac{2C}{3}\right)\frac{E_m}{E_a}$$

$$R_a = CR \text{ 或 } R_a = C_1 R$$

式中　R_m——在最高和最低设计温度下的瞬时最大推力（或力矩），N (N·m)；
　　　R——按全补偿值及 E_a 为基础计算的推力（或力矩），N (N·m)；
　　　C——冷紧比；
　　　E_a——安装温度下管子材料的弹性模量，MPa；
　　　E_m——最高或最低设计温度下管子材料的弹性模量，MPa；
　　　R_a——安装温度下的估计瞬时推力（或力矩），N (N·m)；
　　　C_1——自冷紧比（如果 $C_1 < 0$ 则取为 0），$C_1 = 1 - \dfrac{[\sigma]^t}{\sigma_E} \times \dfrac{E_a}{E_m}$；
　　　σ_E——计算所得最大位移应力范围，MPa；
　　　$[\sigma]^t$——热态钢材许用应力，MPa。

二十三、塔顶部管口的热膨胀量（初位移）的确定

塔顶部管口可分三类处理，即封头中心管口、封头斜插管口和上部筒体径向管口，管口的热膨胀量分别按下列方法确定。

1. 封头中心管口热膨胀量的计算

封头中心管口只有一个方向的热膨胀，即垂直方向，考虑到从塔固定点至封头中心管口之间可能存在操作温度和材质的变化，故总膨胀量按下式计算：

$$\Delta Y = L_1 \alpha_1 (t_1 - t_0) + L_2 \alpha_2 (t_2 - t_0) + \cdots + L_i \alpha_i (t_i - t_0) \tag{9-3}$$

式中　ΔY——塔顶管口总的热膨胀量，cm；
　　　L_i——塔固定点至封头中心管口之间因温度和材质变化的分段长度，m；
　　　α_i——线胀系数，由 20℃ 至 t_i（℃）的每米温升 1℃ 时的平均线膨胀量，cm/(m·℃)；
　　　t_i——各段的操作温度，℃；
　　　t_0——安装温度，一般取 20℃。

2. 封头斜插管口热膨胀量的计算

封头斜插管口有两个方向的热膨胀，即垂直方向和水平方向的热膨胀，垂直方向的热膨胀量计算同式(9-3)，水平方向的热膨胀量按下式计算：

$$\Delta X_{封} = L_{封} \alpha_1 (t - t_0) \tag{9-4}$$

式中　$\Delta X_{封}$——封头斜插管口水平方向的热膨胀量，cm；
　　　$L_{封}$——塔中心线距封头斜插管口法兰密封面中心的水平距离，m；
　　　α_1——线胀系数，由 20℃ 至 t（℃）的每米温升 1℃ 时的平均线膨胀量，cm/(m·℃)；
　　　t——塔顶部的操作温度，℃；
　　　t_0——安装温度，一般取 20℃。

3. 上部筒体径向管口热膨胀量的计算

上部筒体径向管口有两个方向的热膨胀，即垂直方向和水平方向的热膨胀，垂直方向的热膨胀量计算同式（9-3），水平方向的热膨胀量按下式计算：

$$\Delta X_{筒} = L_{筒} \alpha_1 (t - t_0) \tag{9-5}$$

式中　$\Delta X_{筒}$——上部筒体径向管口水平方向的热膨胀量，cm；
　　　$L_{筒}$——分馏塔中心线距上部筒体径向管口法兰密封面的距离，m；
　　　α_1——线胀系数，由 20℃ 至 t（℃）的每米温升 1℃ 时的平均线膨胀量，cm/(m·℃)；
　　　t——塔上部的操作温度，℃；
　　　t_0——安装温度，一般取 20℃。

二十四、疲劳破坏

疲劳破坏是指在循环荷载的作用下，发生在构件某点处局部的、永久性的损伤积累过程，经过足够多的循环后，损伤积累可使材料产生裂纹，或使裂纹进一步扩展至完全断裂。疲劳损伤一般发生在应力集中处，如管道的支管连接处。

二十五、安全阀反力计算

关于安全阀排放反力的计算，以下公式供在设计中参考使用，作为正式计算时应根据安

全阀出口管线的走向配置、管架设置、介质特性及业主或专利商要求，参见原文进行计算。

1. 按 API RP 520 Part Ⅱ（《安全阀的尺寸、选择和安装》Part Ⅱ 安装）

$$F=\frac{W\sqrt{\frac{kT}{(k+1)M}}}{366}+(A_\circ+p_2)$$

式中　F——排放点的反力，lbf；
　　　W——气体流量，lb/h；
　　　k——绝热指数，$k=c_p/c_V$；
　　　c_p——比定压热容；
　　　c_V——比定容热容；
　　　M——流体的气体分子量；
　　　T——华氏绝对温度（华氏温度+460），℉；
　　　$A_\circ$——排放点的出口面积，in²；
　　　p_2——排放点的静压力，psi。

$$F=\frac{W\sqrt{\frac{KT}{(k+1)M}}}{27.8}+(A_\circ+p_2)$$

式中　F——排放点的反力，N；
　　　W——气体流量，kg/h；
　　　k——绝热指数，$k=c_p/c_V$；
　　　c_p——比定压热容；
　　　c_V——比定容热容；
　　　M——流体的气体分子量；
　　　T——绝对温度（摄氏温度+273），°K；
　　　$A_\circ$——排放点的出口面积，cm²；
　　　p_2——排放点的静压力，kgf/cm²。

2. 按 ASME B31.1（《动力管线》）

$$F=\frac{W}{Gc}V+(P_1-P_a)A$$

式中　F——反力，lbf；
　　　W——质量流量，lb/s；
　　　Gc——引力常数，32.2 lb·ft/(lbf·s²)；
　　　V——流速，ft/s；
　　　P_1——静压力，lbf；
　　　P_a——大气压力，lbf；
　　　A——流通面积，in²。

二十六、某乙烯工程安全阀排放反力计算工程实例

某乙烯工程安全阀排放反力计算工程实例如图 9-13 所示。

在某乙烯工程项目中，安全阀的反力计算是根据 ASME B31.1 的计算原理和提供的计算公式，采用 Excel 表格编辑了公式，使用时，只需要在指定格内输入必要信息数据，会自动

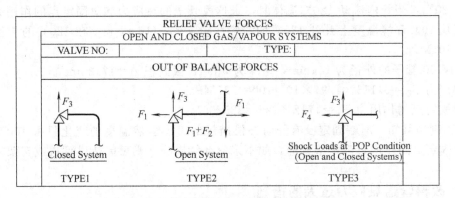

■ 图 9-13 某乙烯工程安全阀排放反力计算

得出 F_1、F_2、F_3、F_4 各力的大小。对于成批计算时，方便了很多。

TYPE1 是闭式排放系统，TYPE2 是开式排放系统，TYPE3 是闭式排放系统或开式排放系统的瞬时冲击荷载。F_1、F_2、F_3、F_4 的计算公式已经在表中列出。

TYPE1（闭式排放系统）或 TYPE2（开式排放系统）计算时，都要再计算 TYPE3，并分别与 TYPE3 相应的力进行比较，取其中较大的值。例如，在计算闭式系统的 F_3 时，先计算 TYPE1 的 F_3，再计算 TYPE3 的 F_3，比较两者的值，取大者。

二十七、管道的热应力与计算实例

当管道热胀时，受各种支架及其所连接设备的约束，即热胀受阻而产生热应力。此外，由于管道局部的温度分布不均，轴向及管内外存在温度梯度，也产生热应力。

图 9-14(a) 所示为一端固定一端自由的管道，热胀时不受阻，所以没有热应力。图 9-14(b) 为两端固定的管道，热胀受阻而产生热应力 S_E 和对固定点的作用力 F_x。

■ 图 9-14 管道热膨胀变形

$$S_E = eE/100$$
$$F_x = AS_E$$

式中　E——管材的弹性模量，MPa；
　　　A——管道的截面积，mm^2；
　　　S_E——热应力，MPa；
　　　F_x——对固定点的作用力，N；
　　　e——单位线膨胀量，cm/m，$e = \Delta L/L$；
　　　L——管道的计算长度，m；
　　　ΔL——管道的热膨胀量，cm。

已知 $DN100$、长 1m、两端固定的碳素钢管，管子壁厚为 5mm，如图 9-14(b) 所示。环境温度为20℃，当管内流动120℃流体时，求这段管子的热应力和对固定点的作用力（已查到碳素钢从20℃环境温度上升到120℃的线膨胀量 $e=0.116 \text{cm/m}$；在120℃的弹性模量 $E=1.94\times10^5\text{MPa}$）。

① DN100 管子的外径为114mm，壁厚为5mm，截面积 $A=1712\text{mm}^2$。

② 热应力 $S_E=0.116\times1.94\times10^5/100=225\text{MPa}$。

③ 对固定点的作用力 $F_x=1712\times225=385200\text{N}$。

从上述例题可知，两端固定没有任何补偿措施的管道虽然温度的变化只有100℃，但热应力和对固定点的作用力都是很大的，如不采取补偿措施，则可能造成管道或支架损坏。

二十八、改善管道热应力过大的措施

如计算结果显示，应力过大或对设备的力和力矩过大，可以采取下列措施加以改善。

① 改变管道的走向，以增加管道的柔性。

② 将刚件支架改为弹簧吊架，增加弹簧吊架的柔性或将可变弹簧吊架改为恒力弹簧吊架。

③ 改变支架结构，减少活动支架的摩擦力，或将支架改为吊架。

④ 提高法兰的等级，或将法兰连接改为焊接以减少泄漏。

⑤ 设置波形补偿器等元件以解决管道热膨胀问题等。但是，对于危险性较大的可燃介质管道和有毒介质管道，严禁采用套管式和球形补偿器，因为这些元件是管道中的薄弱环节，易于损坏和泄漏。

⑥ 在支架有上下位移处，应设置弹簧吊架或弹簧支架。如图9-15所示。

■ 图9-15　弹簧吊架的使用

二十九、L形管系长臂与短臂的补偿设计

① 对于L形管系，长臂与短臂接近相等或差别不大时（图9-16），常常认为该几何形状管道系统在任何情况下都富有弹性，这是错误的。实际上管道系统产生的力是很大的。

■ 图9-16　L形管系长度与弹性力的关系

② 对平面管道系统，欲增加其弹性，宜增加远离固定点连线的管子长度。以L管系为

例（图 9-17）。

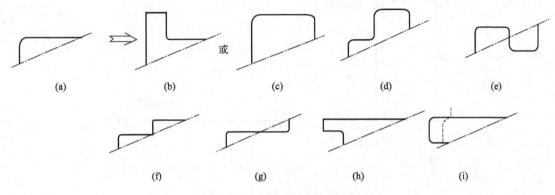

■ 图 9-17　L 形平面管系布通方案图

如图 9-17(a) 所示管系，其热胀不能自补偿，按图 9-17(b)、图 9-17(c) 改变后均能自然补偿。如将原管系图 9-17(a) 改变为图 9-17(d)、图 9-17(e) 的形状，其效果不如图 9-17(b)、图 9-17(c)。如按图 9-17(f)、图 9-17(g) 改变，是不允许的。如按图 9-17(h)、图9-17(i)、图 9-17(b) 改变，是没有效果的。

③ 对空间管系，欲增加其弹性一般情况下，是在远离端点连线的方向增加管子长度，使图形接近正方体。以空间 Z 形为例（图 9-18）。假定图 9-18(a) 为原几何形状，其热胀不能自补偿，需要改变形状。如果在高的方向增加管长是有效果的，如图 9-18(b)，但不如图 9-18(c) 在宽的方向增加管系长度，使管系接近正立方体效果显著。如在长轴方向增加管长如图 9-18(e) 虽有效果，但此方法不好。如按图 9-18(d) 变化则弹性减少。

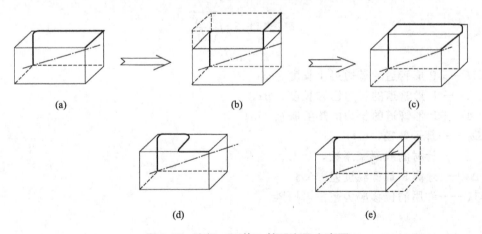

■ 图 9-18　空间（立体）管系布置方案图

三十、公式法计算 L 形补偿器短臂长度及实例

L 形补偿器如图 9-19 所示，其短臂 L_2 的长度可按下式计算。L 形补偿器的长臂的长度不应取的太长，否则会造成短臂的侧向移动量过大。

$$L_2 = 1.1\sqrt{\frac{\Delta L \cdot d}{300}}$$

■ 图 9-19 L 形补偿器

式中 L_2——L 形补偿器短臂的长度，m；
ΔL——长臂 L 的膨胀量，mm；
d——管子外径，mm。

例：有 $\phi406 \times 13.0$ 碳素钢钢管的 L 形补偿器，如果长臂的热膨胀量为 70mm，求短臂的长度。

解：短臂的长度 $L_2 = 1.1\sqrt{\dfrac{\Delta L \cdot d}{300}} = 1.1 \times \sqrt{\dfrac{70 \times 406}{300}} \approx 10.7\text{m}$

三十一、导向悬臂法计算 L 形管道短边长度

$$H \geqslant 774.6\sqrt{\dfrac{D_0 \Delta}{[\sigma]_A}}$$

$$\Delta = \alpha \Delta t L$$

式中 H——L 形管道的短边最小长度，m；
L——L 形管道的长边已知长度，m；
Δ——L 形管道的长边的热膨胀量，m；
D_0——管子外径，m；
α——管材的线膨胀系数，1/℃；
Δt——最高和最低温度差，℃；
$[\sigma]_A$——许用的位移应力范围，MPa。

三十二、图表法计算 L 形管道短边长度及实例

① L 形补偿器短臂长度 L_2 的计算。

a. 求得 $\dfrac{L_1 \cdot \sigma_A}{10^4 \cdot e}$（$\sigma_A$ 为许用应力范围，单位：MPa；e 为单位线膨胀量，单位：cm/m。

b. 从图 9-20 查得系数 K 值。

c. 计算出 $L_2 = K \cdot L_1$。

② 例：有 DN400 碳素钢无缝钢管 L 形补偿器，管线设计温度 250℃，许用应力范围 $\sigma_A = 110$MPa。长臂 L_1 为 15m，求短臂 L_2 的长度。

解：

a. 碳钢由 20℃升至 250℃的单位线膨胀量 $e=0.289\text{cm/m}$（由线膨胀系数与温差计算得出）。

b. $\dfrac{L_1 \cdot \sigma_A}{10^4 \cdot e}=\dfrac{15\times110}{10^4\times0.289}=0.571$，因此由图 9-20 查得 K 为 0.65。

c. $L_2=K \cdot L_1=0.65\times15=9.8\text{m}$。

■ 图 9-20　L 形补偿器短臂长度 L_2 的计算表

三十三、公式法计算 Z 形补偿器垂直臂长度及实例

Z 形补偿器（图 9-21）的垂直臂 L_3 的长度可按下式计算。

■ 图 9-21　Z 形补偿器

$$L_3 = \sqrt{\frac{6 \cdot \Delta t \cdot E \cdot d}{10^3 \cdot R \cdot \left(1 + 1.2 \dfrac{L_1}{L_2}\right)}}$$

式中　L_3——Z 形补偿器垂直臂的长度，m；

　　　Δt——计算温差，℃；

　　　E——管子的弹性模量，MPa；

　　　d——管子外径，mm；

　　　R——允许弯曲应力，MPa。

例：一条管线 $\phi 114 \times 5$ 碳钢管道，采用了 Z 形补偿器。其长平行臂 L_1 为 20m，短平行臂 L_2 为 15m，管线设计温度按 250℃，安装环境温度取 20℃，求 Z 形补偿器垂直臂的长度。

解：由资料查得 $E = 183 \times 10^3$ MPa，$R = 110$ MPa，代入式中得，

$$L_3 = \sqrt{\frac{6 \cdot \Delta t \cdot E \cdot d}{10^3 \cdot R \cdot \left(1 + 1.2 \dfrac{L_1}{L_2}\right)}} = \sqrt{\frac{6 \times (250 - 20) \times 183 \times 10^3 \times 114}{10^3 \times 110 \times \left(1 + 1.2 \times \dfrac{20}{15}\right)}} = 317 \text{cm}$$

第三节　管道支吊架的设计

一、管道支吊架设计的内容

管道支吊架（Pipe Supports and Hangers）设计包括管道支吊架的设置和管道支吊架结构的设计两大部分。管道支吊架设计的基本内容如下。

① 管道支吊架设置。

② 标准管道支吊架的选用。

③ 非标准管道支吊架的选用。

④ 管架数据表的编制。

⑤ 管架材料表的编制。

⑥ 管架设计说明的编制。

管道支吊架的位置和类型以及管架生根部位一经确定，就应标注在管道平面布置图上，若工程需要也应在管道轴测图上进行标注；如果使用计算机三维模型软件设计，则需要标在三维模型中。

二、管道支吊架的作用及分类

管道支吊架的作用及分类见表 9-1。

表 9-1　管道支吊架的作用及分类

序号	大 分 类		小 分 类	
	名称	用 途	名 称	用 途
1	承重管架	承受管道荷载（包括管道自身荷载、隔热或隔声结构荷载和介质荷载等）	(1)刚性架	用于无垂直位移的场合
			(2)可调刚性架	用于无垂直位移，但要求安装误差严格的场合
			(3)可变弹簧架	用于有少量垂直位移的场合
			(4)恒力弹簧架	用于垂直位移较大或要求支吊点的荷载变化不能太大的场合
2	限制性管架	用于限制、控制和约束管道在任一方向的变形	(5)固定架	用于固定点处不允许有线位移和角位移的场合
			(6)限位架	用于限制管道任一方向线位移的场合
			(7)轴向限位架	用于限位点处需要限制管道轴向线位移的场合
			(8)导向架	用于允许有管道轴向位移，但不允许有横向位移的场合
3	减振架	用于限制或缓和往复式机泵进出口管道和由地震、风压、水击、安全阀排出反力等引起的管道振动	(9)一般减振架	用于需要减振的场合
			(10)弹簧减振器	用于需要弹簧减振的场合
			(11)油压减振器	用于需要油压减振器减振的场合

三、支吊架的结构组成

一般情况下，管道支吊架可以分为三部分，即附管部件、生根部件和中间连接件。与管子直接相接触或与管子直接焊在一起的部分称为附管部件。与地面、设备及建、构筑物等支承设施相连的部分称为生根部件。连接附管部件和生根部件的部分称为中间连接件。并非所有支吊架都由这三部分组成，有时仅包含两部分甚至一部分。

下列情况下，附管部件不能与管子直接焊接。
① 吊架支承且管内介质温度高于或等于 400℃ 的碳钢管道。

对于吊架支承情况，由于焊缝受拉，而且焊缝受力面积较小，又存在较大的应力集中，焊后一般也不进行热处理，故在高于 400℃ 的情况下，焊缝会因回火而发生应力松弛，而且是在高应力的作用下发生应力松弛，此时容易在应力松弛过程中因金属不稳定而造成焊缝拉裂。故焊接型吊架不应用在高于 400℃ 情况下。
② 低温管道。

对于低温管道，如果采用焊接结构，会由于金属传热较快而造成较大的冷量损失。因此，对于低温管道一般应选用管卡形式，且管卡卡在保冷层的外层，使金属支吊架不直接与管子接触。保冷层中要适当设置一些软木块等以起到强度加强作用。

③ 合金钢或有热处理要求的碳钢管道。

对于多数合金钢管道，或者设计提出要求焊后热处理的碳钢管道，如果焊后不进行热处理，会影响材料的使用性，如增加其应力腐蚀开裂的倾向，或增加高合金钢延迟裂纹产生的倾向。对于现场不能或者不便进行热处理的管道，不应采用焊接型支吊架。对于大气腐蚀较严重的潮湿地区，不锈钢管道也不宜采用焊接，以防电偶腐蚀的发生而导致支吊架很快破坏。

④ 生产中需要经常拆卸检修的管道。

经常拆卸的管道，如果采用焊接，不便于支吊架的拆除，除非附管部件与中间连接件可以拆除。

⑤ 高空敷设且不宜焊接施工的管道。

金属焊接的劳动强度较大，而且需要专用的设备，高空作业比较困难，故高空敷设的管道不宜采用焊接型管道支吊架。

非金属衬里管道、镀锌管道、渗铝管道等不允许焊接的管子，一旦现场焊接了支吊架，会损坏其耐腐蚀覆层，故此时也不应采用焊接型管道支吊架。

一般情况下，附管部件应与管子同材质，只有当管子为普通碳素钢，并确认管子壁厚有较大的裕量时，可采用普通碳素钢。

不能采用焊接附管部件时，应采用管卡（管箍）型附管部件。在使用管卡（管箍）作为附管部件时，除上面讲到的保冷管道其附管部件应置于保冷层外面时，尚应注意下列问题。

① 与不锈钢管子（尤其是温度高于100℃的不锈钢管子）相连时，应在管子与管卡（管箍）之间设置非金属（如石棉）垫层，使其隔离，以免发生电偶腐蚀或碳迁移现象。

② 对于 $DN \geqslant 50mm$ 的管子，当采用管卡承重时，应设置挡铁。

③ 当管子有保温时，管卡（管箍）与中间连接件相连的部分应露出隔热层外，以便于隔热保护层的封闭。

④ 当水平管子在工作状态下有平面位移时，管卡（管箍）宜与吊架配合使用，以适应管子支承点的位移，避免隔热层的损坏。

四、管道支架生根的结构形式

① 在设备本体上生根。采用预焊生根件。

② 在混凝土结构上生根。通常采用的方法有预埋钢板或型钢或套管、在混凝土结构上钻孔后用膨胀螺栓固定等。

③ 在墙上生根（图9-22）。墙上预留孔、砌预制块（带有预埋钢板），以及采用膨胀螺栓固定等。

④ 在地面/基础上生根（图9-23）。

⑤ 在钢结构/大管上生根（图9-24）。

⑥ 在建、构筑物平台及设备平台生根。

当支吊架在建筑物和构筑物的梁柱、加热炉钢结构、塔与建筑物和构筑物平台等部位生根时，生根部件采用焊接方式直接焊在上述结构上是最简便有效的办法。由于这些部位处于常温，故生根部件可采用普通碳素钢（镇静钢或沸腾钢）材料。在征得有关专业的同意后也

■ 图 9-22 在墙上生根

■ 图 9-23 在地面/基础上生根

■ 图 9-24 在大管上生根

可以采用螺栓连接。无论采用焊接还是螺栓连接，均应向有关专业提出支吊架所承受的荷载条件，并得到相关专业的确认。除此之外，尚应注意生根点的平面尺寸是否能满足生根件尺寸的要求，否则应采取措施。

当支吊架生根在建筑物和构筑物的墙体、设备基础等非钢体结构上时，应及时向有关专业提出预埋钢板的条件，详细给出生根位置、生根面积和支承荷载等有关要求。此时生根构件可采用焊接形式，生根构件材料采用普通碳素钢。

设计从设备上生根的支架时，要求在设备上预焊生根件。如果现场安装支架在设备壁上直接焊接，许多设备需要重新检验，且拖延施工进度。焊后残余应力会影响设备的防腐能力和机械性能。对于非金属衬里的设备，现场焊接会损坏内衬如橡胶、塑料、玻璃等。

对容器类设备上的生根件［包括管道支架预焊件、平台预焊件及保温（冷）的预焊件等］确定下来，把条件及资料送交设备制造厂，这对于提前制造设备是十分有利的。越是复杂的、制造周期长的设备，越需提前提出条件。

在设计中，应将生根件（预焊件）的位置、荷载（力及力矩）、预焊件的尺寸或标准等提供给设备设计者，以满足支架设计的要求。

当支吊架生根在地面上时，应考虑地面的承载能力。当地面为一般的混凝土时，管道专业可不向有关专业提出条件，此时生根部件可直接置于地面或采用膨胀螺栓固定在地面上，生根部件材料采用普通碳素钢。当管子直径较大而支架承重荷载较大时，一般的路面已不能满足其承重要求，此时应为支吊架专设基础，并预埋钢板或地脚螺栓，生根部件与预埋件焊接或与螺栓连接。一些设计单位规定，凡 $DN \geqslant 150mm$ 的管子其落地支架均应专设基础，并详细向土建专业提出支架位置、基础标高、支承标高、支承荷载、预埋件尺寸等条件。

当支吊架生根在邻近的大管子上时，它的生根部件对于大管子来说相当于其附管部件，故此时要求同附管部件部分。

五、支吊架形式的一般选用原则

① 在确保安全使用的前提下，优先选用标准管架和定型元件，以减少管架类型和非标准管架。选用标准系列支吊架有利于支吊架的预制和安装，也可减少用材品种，从而可节省采购、制造、管理等方面的费用。采用标准系列支吊架还有利于装置的美观。

② 支吊架形式应能满足管道的承重、限位或防振的基本要求。在进行支吊架选型时，应首先根据管道的承重、限位或防振要求来选择其合适的形式。

③ 在选用管道支吊架时，应按照支承点所承受的荷载大小和方向、管道的位移情况、工作温度、是否保温或保冷、管道的材质等条件选用合适的支吊架。

④ 焊接型的管托、管吊比卡箍型的管托、管吊省钢材，且制作简单，施工方便。因此，除下列情况外，应尽量采用焊接型的管托和管吊：管内介质温度高于或等于400℃的碳素钢材质的管道；低温管道；合金钢材质的管道；生产中需要经常拆卸检修的管道；架空敷设且不易施工焊接的管道；非金属衬里管道。

⑤ 为防止管道过大的横向位移和可能承受的冲击荷载，一般在下列位置设置导向管托，以保证管道只沿着轴向位移。

a. 安全阀出口的高速放空管道和可能产生振动的两相流管道。

b. 横向位移过大可能影响邻近管道时；固定支架之间的距离过长，可能产生横向不稳定时。

c. 为防止法兰和活接头泄漏，要求管道不宜有过大的横向位移时。

⑥ 当架空敷设的管道热胀量超过100mm时，应选用加长管托，以免管托滑到管架梁下。

⑦ 凡支架生根在需整体热处理的设备上时，应向设备专业提出所用垫板的条件。

⑧ 对于荷载较大的支架位置要事先与有关专业设计人联系，并提出支架位置、标高和荷载情况。

⑨ 凡需要限制管道位移量时，应考虑设置限位架。

⑩ 支吊架形式应能适应管道或生根设备材料及热处理的要求。

⑪ 支吊架形式应能适应生根条件的要求。在通常的设计中，往往会出现这样的情况：最佳的支承位置和支吊架形式不一定具备合适的支承生根条件。此时就应考虑变换支架形式，或者在满足要求的条件下改变生根位置进行支承。

⑫ 支吊架形式应便于管道的拆卸检修，有利于施工，并不妨碍操作及通行。当支吊架位于操作人员可能通过的地方且位置又较低时，应考虑取消三角支承或改为吊架。当管道经常拆卸时，应避免采用焊接结构。

⑬ 支吊架选型尚应符合经济性原则。

六、确定管道支架位置的要点

① 承重架距离应不大于满足管道刚度及挠度要求下的最大间距。

② 在管道垂直段弯头附近，或在垂直段重心以上做承重架，垂直段长时，可在下部增设

导向架。

③ 在集中荷载大的管道组成件附近设承重架，设在弯管和大直径三通式分支管附近。

④ 尽量使设备接口的受力减小。如支架靠近接口，对接口不会产生较大的热胀弯矩。

⑤ 支架的位置及类型应尽量减小作用力对被生根部件的不良影响。

⑥ 对于需要进行详细应力计算的管道，应根据应力计算结果设计管架。

⑦ 在敏感的设备（泵、压缩机）附近，应设置支架，以防止设备口承受过大的管道荷载。

⑧ 往复式压缩机的吸入或排出管道以及其他有强烈振动的管道，宜单独设置支架（支架生根于地面的管墩或管架上），以避免将振动传递到建筑物上。

⑨ 除振动管道外，应尽可能利用已有的建筑物、构筑物的梁柱作为支架的生根点，且应考虑生根点所能承受的荷载，生根点的构造应能满足生根件的要求。

⑩ 管道支吊架应设在不妨碍管道与设备连接和检修的部位，考虑维修方便，使拆卸管段时最好不需做临时支架。

七、管道布置过程中对支架位置的考虑

① 管道走向首先要满足安全生产、工艺要求，此外应使操作、安装、维修方便。

② 管道尽量集中布置，如成排布置，便于做联合支架，尽量减少分散独立设置的柱式架。同时应整齐美观。

③ 管道布置应靠近可能做支架的点，如靠近为其他目的做的构筑物，沿建筑物的墙、柱或沿平台下敷设，以便利用梁和柱来支承。

④ 管道成组布置时，各管道的被支承面应取齐，即水平管管托底面和不保温管的管底应取齐，竖直管管托底面和不保温管的管底应侧齐，以便设计支架。

⑤ 采用弹簧支座或吊架时，管道与生根构件之间应有足够的空间。

八、常用支吊架形式及其选用

化工行业有管架标准图（HG/T 21629），国内外一些工程公司或者互相借鉴，或者自行编制，标准和特殊管道支吊架的设计方法可参见《工业管道应力分析与工程应用》第七章的详述。常用支吊架形式已基本形成系列化。虽然不同的国家、不同的行业、不同的设计单位所用的支吊架形式不尽相同，但总的来说大同小异。这些支吊架系列包括平（弯）管支托、假管支托、型钢支架、悬臂支架、管托、管卡、摩擦减振支架、吊架等。

1. 管卡（Pipe Clamp）

管卡是一种应用比较广泛的支架形式，它常与梁柱或其他支架（如悬臂支架等）配合使用，用于非隔热管道，也可用于保冷管道。一般由扁钢或圆钢制作。常用的管卡形式如图9-25 所示。

图9-25 中共给出了 A、B、C、D、E、F 六种管卡，其应用情况分述如下。

A 型管卡常配有支耳板，当它们与悬臂支架配合用于竖管时，可起承重作用，当它们与水平梁配合用于水平管时，可起止推作用。该管卡的承载能力取决于扁钢的宽度、螺栓的数量、支耳板的大小和数量，一般情况它适用于 $DN80 \sim 350$ 的光管承重或止推。

B 型管卡既可与悬臂支架配合，又可与水平支承梁配合，用于 $DN80 \sim 350$ 光管（竖直或水平）的导向。

C 型管卡专用于保冷管道的承重和导向。当它用于竖直管子的承重时，限用于 $DN50$ 以

■ 图 9-25 管卡系列示意

下的管子,当管子直径较大时,应辅以其他承重支架。

D型和E型管卡均用圆钢做支架零部件,形式较简单。又由于它沿管子切向拉紧,可获得较大的卡紧力,故不大于 $DN50$ 的竖直光管常以D型管卡进行承重。E型常用于 $DN15\sim 150$ 的竖直或水平光管的导向,此时它的固定螺母为生根件,上下各一个,便于保证导向间隙。

F型管卡常又称防振管卡,用于有机械振动的管道。该支架用扁钢做卡箍零部件以增大其受力面积,而以螺栓切向拉紧有利于增加支架的卡紧力,管卡与管子之间垫若干石棉块,既便于增加振动阻尼,又使管子能够有少量的轴向位移,固定螺母为双螺母,以防止因振动而脱落。

2. 吊架(Hanger)

吊架一般用于管子的承重。其刚度较小,与管子之间又不存在摩擦力,故它对管系的柔性限制较小。正因为它的刚度较小,降低了管系的稳定性,因此在一个管系中,不可全部用吊架承重。另外,当管子有较大的横向位移时,也不能选用吊架,一般规定吊架吊杆的偏转角不大于4°。何时选用吊架,何时选用其他形式的承重架,往往取决于可用的支架生根条件。当生根点位于被支承管子的上面时,可考虑用吊架。常用的吊架形式如图9-26所示。

图中共给出了A、B、C三种生根形式和1、2、3、4、5、6六种吊装形式。两者组合共可得到18种吊架形式。在生根部件和附管部件之间还可根据需要添加其他中间连接件,如可调螺母(又称花篮螺母)、弹簧吊架等。

3. 管托(Pipe Shoe)

管托主要用于隔热管道,并分别与不同的生根形式配合使用,可以实现管子的滑动(承重)、固定、导向、止推等作用。常用的管托形式如图9-27所示。

图9-27中共给出了A、B、C三种管托形式和1、2、3、4四种生根形式。三种管托形式可单独使用,也可与四种生根形式组合使用。两者组合使用时,可以得到12种限位管托形式。

A型和B型管托适用于管道允许现场焊接的情况,其中A型一般适用于管子 $DN\leqslant 150mm$ 的情况,B型适用于 $DN=200\sim 400mm$ 的情况。对于 $DN\geqslant 450mm$ 的情况,应考虑按设备支座要求制作管托。当管道材料对支架材料不敏感时,A型或B型中的垫板可以取消不用。C型适用于管托不允许在现场直接与管道焊接的场合(如管道保冷时)。A型、

■ 图 9-26 吊架系列示意

■ 图 9-27 管托系列示意

B型、C型单独使用时即为一般的滑动管托。

1型生根形式可以通过管托实现隔热管道在此处的全固定,使其成为固定点。2型生根形式与管托配合可以实现管道的双向止推,即限制管道在此处的轴向位移。3型和4型与管托配合可以实现管子的导向,即限制管道在此处的横向位移。其中4型常与附塔悬臂支架配合用于竖直管道的导向。

对于不隔热管道,一般不用管托,此时它的止推和导向往往借助于图 9-28(a)、(b) 所示的支架形式进行。而光管的固定则是借助于管卡和止推卡实现。光管的滑动则不需要任何支架,将管子直接置于支承梁上即可。对于较重的管道,有时为了防止因热位移而划伤管道,则在相应的位置焊一块垫板,如图 9-28(c) 所示。

4. 平(弯)管支托 (Horizontal/Elbow Pipe Support)

平(弯)管支托主要用于距地面或平台较近(一般不大于 1500mm)的水平管道或弯管的承重。根据结构的不同,它可分别适用于水平和垂直方向有少量位移的情况。常见的平(弯)管支托形式如图 9-29 所示。

(a) 止推　　　　　　(b) 导向　　　　　　(c) 滑动

■ 图 9-28　光管的止推和导向支架示意

■ 图 9-29　平（弯）管支托示意

图 9-29 中共给出 A、B、C 三种附管部件形式，同时给出了 1、2、3 三种生根部件形式，附管部件形式与生根部件形式以不同的形式组合可以得到 9 种平（弯）管支托形式，它们各自的适用情况如下。

A 型支承形式常用于允许附管部件与管子可直接焊接的情况；B 型用于附管部件不允许与管道直接焊接的情况；C 型用于高度可上下少量调节的情况。三种形式均可用于保温或光管情况。

1 型生根形式一般用于 $DN \leqslant 125mm$ 的管子支承；2 型一般用于 $DN \geqslant 150mm$ 的管子支承，此时应向土建专业提出有关基础大小、荷载大小、预埋地脚螺栓或钢板要求等条件；3 型一般用于置在平台上的情况，此时应向有关专业提出支承荷载大小的条件，以便布置承重梁。三种情况均可以螺栓与生根设施相连，也可以焊接形式与生根设施相连，视方便而定，并向有关专业提出相应条件。

图 9-29 给出了 (a)、(b) 两种支架上下部分的连接形式：(a) 型为螺栓连接，此时不允许管道有水平位移；(b) 型无连接要求，可允许管子有少量的水平位移。(a)、(b) 两种连接形式常配对出现，用于阀组、集合管、蒸汽分配器等两端的支承。

5. 耳轴（Dummy Support）

耳轴主要用于水平敷设的管道承重。当水平管道拐弯且其跨度超出标准要求的最大允许值时，可以借助于该形式的支架承重。该支架一般仅作承重用，而且仅能用于允许支架与管子直接焊接的情况。当管道有保温时，它可与滑动管托配合使用，此时的滑动管托形式与直接支承在管子上的形式相同。

耳轴的最大长度视不同管径而定，一般最大不应超过 2000mm。

图 9-30 的 A 型适用于向下拐弯的情况，B 型适用于向上拐弯的情况，C 型适用于水平拐弯的情况。

■ 图 9-30 耳轴示意

6. 柱型钢支架（Angle Steel Section Support）

单柱型钢支架常常代替平（弯）管支托用于小直径（$DN \leqslant 40mm$）管道的承重。所用型钢一般为角钢，并与管卡配合使用。由于管卡不利于管道的热位移（尤其是管子隔热时更是如此），故此类支架不适用于管子有较大位移的场合。

常用的单柱型钢支架形式如图 9-31 所示。该支架形式也可为组合形式。图 9-31 中共给出了 A、B、C、D 四种支承形式，同时给出了 1、2、3、4 四种生根形式，两者组合可得到 16 种支架形式。它们各自的适用场合如下。

■ 图 9-31 单柱型钢支架示意

A、C、D 型支承形式均适用于平管的支承。其中 A 型常用于生根点距管子较近的情况，C 型和 D 型常用于生根点距管子较远的场合。C 型和 D 型的区别在于前者用于上支场合，后者用于下吊场合；B 型支承形式用于竖管的支承。

1 型生根形式适用于地面情况，此时无需向有关专业提出条件，用膨胀螺栓固定即可；2 型用于平台生根情况，此时应酌情向有关专业提出荷载条件，以便设置承重梁；3 型用于在设备上生根的情况，其中，增设垫板的目的是使质量较差的支架材料不会影响到设备材料，此时垫板材料应与设备同材质，该形式限用于设备允许现场焊接的情况；4 型用于生根在建筑物梁柱上的情况，此时一般不必向有关专业提出条件。

单柱型钢支架的最大支承高度 L 一般不宜超过 1200mm，最大承载视采用的型钢规格而定，最大不超过 4500N（对∠75mm×75mm×6mm 角钢）。

7. 框架型型钢支架（Frame Steel Section Support）

框架型型钢支架主要用于水平管道的承重。该类支架常利用系统已有的梁柱作为生根点，其特点是承重能力大，支承刚度大，常代替系统支承梁进行局部支承。

常见的框架型型钢支架形式如图 9-32 所示。

图 9-32 中共给出了 A、B、C、D 四种形式，究竟采用哪种形式视原有的梁柱和被支承管的位置而定。一般情况下，该种支架的尺寸最长应不超过 1500mm，最高尺寸 H 应不超

过 2000mm，支承荷载视所用型钢规格、尺寸 L 和 H 而定，一般最多不超过 10000N。

■ 图 9-32 框架型型钢支架示意

8. 悬臂支架（Cantilever Support）

悬臂支架常用于管道的承重或导向。此类支架是应用比较多的一种支架形式，支架的种类也比较多。按生根条件分，可分为生根在钢结构梁柱上的悬臂支架和生根在设备上的悬臂支架两种；按有无斜撑来分则分为悬臂式和三角式两种；按支承的作用来分则分为承重型和导向型两种；按悬臂的数量来分则分为单肢型和双肢型两种。

（1）在钢结构梁柱上生根的悬臂支架 此类支架常见类型如图 9-33 所示。

■ 图 9-33 钢结构梁柱上生根的悬臂支架示意

图 9-33 中共给出了 A、B、C 三种形式。A 型常用于支承荷载较小的情况，其长度 L 最大一般不宜超过 600mm。B 型、C 型常用于支承荷载较大的情况，其长度 L 最大一般不宜超过 1200mm。支架承受的荷载大小视所选用型钢的规格和荷载作用点到梁柱的距离而定。

这类支架一般均用角钢、槽钢等做受力部件。它可与滑动管托、导向管托等配合使用，分别用于水平保温管道的承重和导向，也可与固定管托、导向管托、管卡等配合使用，分别用于垂直保温管道的承重和导向及光管的承重（仅限于 $DN \leqslant 40mm$ 的情况）和导向。

（2）在设备上生根的悬臂支架 此类支架常用于沿立式设备（如塔、罐等）上敷设的竖直管道的承重和导向。常见的形式如图 9-34 所示。

图 9-34 中共给出了 A、B、C、D 四种形式，它们的适用场合分述如下。

A 型一般用于 $DN \leqslant 150mm$ 的情况下。它通过与管卡、固定管托、滑动管托配合，分别用于光管承重（带支耳时）、光管的导向、保温管道的承重和导向。当用于承重时，与管卡或管托配合的螺栓孔应为横向椭圆形，以适应管道有少量的横向位移。B 型一般适用于管子 $DN=200\sim350mm$ 的情况下，使用方法同 A 型。C 型适用于 $DN=400\sim600mm$ 的管子承重。当用于保温管子时，双肢间的距离应加大一些，以适应隔热厚度的要求。管子不保温

■ 图 9-34　设备上生根的悬臂支架示意

时，双肢间的距离应尽可能小。D 型适用于 $DN=400\sim600\text{mm}$ 的管子导向。当管子有保温时，管子四周应有滑动管托，且管托高度应大于保温厚度。当管子不保温时，应将管托去掉并代之以厚度为 4mm 的钢板，以防止管子发生位移时，支架划伤管子。无论保温与否，都应控制支架内壁与管托或钢板之间有不大于 3mm 的间隙。

上述形式均适用于设备不允许现场焊接的情况。当设备允许现场焊接时，可将生根部件换成贴合钢垫板，而中间支承件直接焊在贴合钢垫板上即可，这样处理的结果可以简化支架形式，也便于减少支承误差，同时增加了支架的可靠性。

9. 摩擦减振支架（Friction Vibration-reducing Support）

摩擦防振支架就是利用给管道上一些点施加一个较大的摩擦力，以达到减振目的的。摩擦减振对强迫振动来说并不是很有效，故在设计中不能以这种支架作为强迫振动的防振支架，而仅能作为一种辅助防振支架。

常用的摩擦减振支架如图 9-35 所示。图中给出了 A、B 两种形式的摩擦减振支架，分别适用于不同的生根形式。

■ 图 9-35　摩擦减振支架示意

10. 其他支架形式

工程上还常常用到一些组合式支架，以满足一些特殊情况的管道支承需要。图 9-36 给出了几种常见的组合支架形式。

A 型支架俗称邻管支架，它是利用邻近的两个大管子来支承一些小管子。这种支架在管廊上或并排多根管道布置的场合应用较多。

B 型支架多用于软管站的管道支承。软管站一般由 $2\sim4$ 根 $DN\leqslant40\text{mm}$ 的管子组成，B 型支架可以随意生根在设备或土建平台的边梁甚至平台栏杆上，即满足了管子的支承需要，也方便了操作。

C 型支架常用于穿越平台管子的承重。在采用 C 型支架时，一定要给相关专业提供有关

■ 图9-36 常用组合支架形式示意

的荷载资料，以便在平台的支承处设置承载梁，因为一般的平台钢板仅有几毫米厚，是不能直接承受管子荷载的。

D型支架是地面生根的门型支架；E型为地面生根的支柱；F型为地面生根的角钢支架；G型为可调支腿。

九、弹簧支吊架

弹簧支吊架是管道支吊架中的一种特殊形式，它一般是由专业生产厂制造的组合件，制造要求高，选用也比较复杂。

当管道在某处有竖向位移时，如果此时采用刚性支吊架会造成管道的脱空或顶死，从而造成相邻支吊架或设备管口的受力增加，严重时会导致它们的破坏。在这种情况下，就应考虑选用弹簧支吊架，使支吊架在承受一定荷载的情况下能允许管系有一定的竖向位移。

目前工程上常用的弹簧支吊架主要有两类，即恒力弹簧支吊架和可变弹簧支吊架，而且已形成标准系列。对应的国家标准为 GB 10181《恒力弹簧支吊架》和 GB 10182《可变弹簧支吊架》。化工行业弹簧支吊架的标准一般以 HG/T 20644—98 为准。

1. 可变弹簧支吊架（Variable Spring Supports and Hangers）

可变弹簧支吊架的核心部件是一个被控制的圆柱弹簧，当被支承管道发生竖向位移时，会带动圆柱弹簧的控制板使弹簧被压缩或被拉长。

国家标准 GB10182 共给出了 A、B、C、D、E、F、G 七种标准形式，与 HG/T 20644 标准是一致的，如图9-37所示：A型为上螺纹悬吊型；B型为单耳悬吊型；C型为双耳悬吊型；D型为上调节搁置型；E型为下调节搁置型；F型为支承搁置型；G型为并联悬吊型。它们的适用情况分述如下。

A、B、C 三种形式均为悬吊型可变弹簧吊架，上端通过吊杆与生根部件相连，下端则通过可调螺母和吊杆与附管部件相连。三者所不同的是上端与吊杆的连接方式不同。

■ 图 9-37 可变弹簧支吊架系列示意

D 型和 E 型为搁置型可变弹簧吊架,即其底座搁置于支承梁或平台梁的上面,下端则通过可调螺母和吊杆与附管部件相连。与 A、B、C 三种形式相比,D 型、E 型更容易使操作人员接近,以便从弹簧支吊架的刻度指示板上了解支承点的位移情况,并与计算值进行对比。D 型和 E 型仅仅是吊杆与弹簧连接的方式不同,前者便于随时调节弹簧荷载,而后者则对防止雨水进入弹簧支架有利。

F 型为支托型可变弹簧支架,它与前面几种吊架形式相比刚性较大,但当管道在支承点同时有横向位移时,会因摩擦力的作用使它发生倾斜甚至失稳。为此,一些生产厂则开发出了带滚轮的支托型可变弹簧支架,当管子在支承点的横向位移大于 6mm 时,应考虑选用带滚轮的支托型可变弹簧支架。

G 型为并联悬吊型可变弹簧吊架，它常用于生根条件不太合适，或弹簧承载过大而需要并联设置时。当然，选用 A~E 中任何一种的两个可变弹簧支吊架并联也可以，应视方便而定。

可变弹簧支吊架标准系列中都给出了它们的对应关系数据表，选用时查表即可。

当管系中某点的垂直位移量较大时，从标准弹簧支吊架表中可能已选不到合适的弹簧吊架，即要么找不到最大工作位移能满足荷载要求的标准系列，要么因刚度较大而使荷载变化率超出标准要求，此时可考虑采用串联可变弹簧支吊架。如果弹簧支吊点的垂直位移比较大，选用两个可变弹簧串联仍不能满足要求时，可以串联更多的可变弹簧，但此时应考虑是否改用恒力弹簧更合适。

当管道支承点的荷载超出标准可变弹簧支吊架的最大允许荷载时，或者受支承条件（如竖管支承）、生根条件等限制不宜采用单个可变弹簧支吊架进行支承时，可选用两个或两个以上的可变弹簧支吊架并联支承。

可变弹簧支吊架串联安装时，应选用最大荷载相同的弹簧，每个弹簧的压缩量应按其工作位移范围比例进行分配。可变弹簧支吊架并联安装时，应选用同一型号的弹簧，每个弹簧承受的荷载应按并联弹簧个数平均分配。

2. 恒力弹簧支吊架（Constant Spring Supports and Hangers）

当管系在支承点的竖向位移较大而选用可变弹簧会引起较大的荷载转移时，应考虑选用恒力弹簧支吊架。

工程中实际应用的恒力弹簧支吊架种类并不多，国标 GB 10181 给出了两种常用的形式，即立式恒力弹簧吊架（用 LH 表示）和卧式恒力弹簧吊架（用 PH 表示），一般情况下多用卧式系列。根据承受荷载大小的不同，恒力弹簧吊架有单吊和双吊两种。

可变弹簧支吊架串联的目的是为适应管道支承点有较大的位移量和防止有较大的荷载变化率，但这种问题对恒力弹簧吊架都不存在，故恒力弹簧吊架一般不串联使用，对于管道荷载较大，或者受吊点条件（如竖管）和生根条件的影响，恒力弹簧吊架可以并联使用。

十、恒力弹簧支吊架、可变弹簧支吊架和刚性支吊架的刚度

1. 恒力弹簧支吊架、可变弹簧支吊架、刚性支吊架的刚度

恒力弹簧支吊架的刚度理论上为零；刚性支吊架的刚度理论上为无穷大；可变弹簧支吊架的刚度等于弹簧产生单位变形所需要的力。

2. 恒力弹簧支吊架和可变弹簧支吊架在应用上的限制

恒力弹簧支吊架适用于垂直位移量较大或受力要求苛刻的场合，避免冷热态受力变化太大，导致设备受力或管系应力超标。

可变弹簧支吊架适用于支承点有垂直位移，用刚性支承会脱空或造成过大热胀推力的场合。与恒力弹簧支吊架相比，使用可变弹簧支吊架会造成一定的荷载转移，为防止过大的荷载转移，可变弹簧支吊架的荷载变化率应小于或等于 25%。

十一、弹簧支吊架的施工安装

弹簧支吊架在施工安装中应注意以下问题。

① 弹簧支吊架的施工和安装应与设计要求相一致。

② 一般情况下，弹簧定位装置在安装过程中应保持不动，直到整个管系安装完毕且试压完成后，在管道升温之前将定位装置取出，使弹簧正常工作。

③ 对于转动机器，在管道安装过程中允许将机器管口附近几组弹簧的定位装置取消，并对弹簧荷载进行调校，以满足机器管口零应力安装要求。

十二、管道跨度的确定

1. 管道跨度的计算方法

一般连续敷设的管道允许跨距 L 应按三跨连续梁承受均布荷载时的刚度条件计算，按强度条件校核，取（L_1 和 L_2）两者中的小值（图 9-38）。

（1）刚度条件

$$L_1 = 0.039 \sqrt[4]{\frac{E_t I}{q}} \text{（装置内）}; \quad L_1' = 0.048 \sqrt[4]{\frac{E_t I}{q}} \text{（装置外）}$$

式中　L_1、L_1'——装置内、外由刚度条件决定的跨距，m；
　　　E_t——管材在设计温度下的弹性模量，MPa；
　　　I——管子扣除腐蚀裕量及负偏差后的截面惯性矩，mm^4；
　　　q——每米管道的重量，N/m。

（2）强度条件

$$L_2 = 0.1 \sqrt{\frac{[\sigma]^t W}{q}} \text{（不考虑内压）}; \quad L_2' = 0.071 \sqrt{\frac{[\sigma]^t W}{q}} \text{（考虑内压）}$$

式中　L_2、L_2'——不考虑及考虑内压由强度条件决定的跨距，m；
　　　$[\sigma]^t$——管材在设计温度下的许用应力，MPa；
　　　W——管子扣除腐蚀裕量及负偏差后的抗弯截面模量，mm^3。

I 和 W 分别按以下两式计算：

$$I = \frac{\pi}{64}(D_o^4 - D_i^4); \quad W = \frac{\pi}{32 D_o}(D_o^4 - D_i^4)$$

式中　D_i——管道内径，mm；
　　　D_o——管道外径，mm。

一个管系通常包括各种形式和不同荷载条件的管段，由于其承受重量荷载的能力各不相同，应根据情况按照管道的基本跨距 L_0（取 L_1 和 L_2 中的较小值）及管段的形状，确定不同管段的最大允许跨距。

2. 水平弯管的最大允许外伸尺寸

水平弯管的最大允许外伸尺寸按图 9-39 选用。确定管道的基本跨距 L_0 后，按支架配置情况定出弯管一边 A 或 B 的尺寸，再由图 9-39 求另一边的最大允许尺寸。

3. 水平 Π 形管段的最大允许外伸尺寸

水平 Π 形管段的最大允许外伸尺寸按图 9-40 选用。确定管道的基本跨距 L_0 后，定出 A 或 B 任一边的尺寸，再由图 9-40 求另一边的尺寸。

4. 带垂直管段的 Z 形管段的最大允许外伸尺寸

带垂直管段的 Z 形管段的最大允许外伸尺寸按图 9-41 选用。确定基本跨距 L_0 后，依据

■ 图 9-38 形状系数

■ 图 9-39 水平弯管的最大允许外伸尺寸

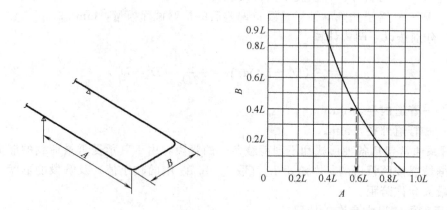

■ 图 9-40 水平 Π 形管段的最大允许外伸尺寸

已知的尺寸 B，再按 A、C 段中任一段尺寸求另一段尺寸。

5. 某国外大型工程项目管道最大基本跨度工程实例

（1）碳钢管和厚壁不锈钢管的最大基本跨距（表 9-2）数据遵循下列要求。

① 设计温度低于 350℃ 的 STD 标准壁厚或者更大壁厚的碳钢管。

② 设计温度低于 350℃ 的 Sch 40S 壁厚或者更大壁厚的 DN400 以下的奥氏体不锈钢管。

③ 设计温度低于 280℃ 的 Sch 10S 壁厚或者更大壁厚的双相不锈钢管。

表 9-2 碳钢管和厚壁不锈钢管的最大基本跨距

公称直径	最大跨度/mm①,②			
	气体管道		液体管道	
	裸管	保温管③	裸管	保温管③
DN25	3850	2300	3450	2250
DN40	4750	3000	4100	2800
DN50	5350	3600	4550	3300
DN80	6550	4600	5450	4200
DN100	7500	5550	6100	4900
DN150	9150	6800	7100	5800
DN200	10500	8050	7950	6700
DN250	11800	9050	8700	7400
DN300	12900	9800	9150	7800
DN350	15150	11850	10850	9300
DN400	16250	12850	11200	9750
DN450	17250	13750	11500	10150
DN500	18200	14450	11750	10400
DN600	18950	16050	12150	10950

① 跨度基于直管,其他形式应乘上一个形状系数(参见图 9-40)。
② 具有不小于 1.5mm/m 坡度自流管需要另外核实跨度。
③ 表内保温的重量基于:保温厚度从 70mm(DN25)到 200mm(DN600),保温层密度为 190kg/m³。

(2) Sch 10S 不锈钢管的最大基本跨度(表 9-3) 下列数据应用于壁厚为 Sch 10S、最高设计温度为 350℃ 奥氏体不锈钢管。

表 9-3 Sch 10S 不锈钢管的最大基本跨度

公称直径	最大跨度/mm①,②			
	气体管道		液体管道	
	裸管	保温管③	裸管	保温管③
DN25	3900	2200	3450	2100
DN40	4850	2800	4000	2600
DN50	5450	3300	4300	3000
DN80	6700	4050	4950	3500
DN100	7650	4800	5300	4000
DN150	9400	5750	5950	4600
DN200	10750	6800	6450	5200
DN250	12000	7600	6950	5650
DN300	13000	8250	7350	6050
DN350	13750	8700	7600	6300
DN400	14700	9450	7750	6550
DN450	15650	10150	7850	6750
DN500	16450	11000	8400	7300
DN600	18050	12700	9050	8050

① 跨度是基于直管,其他形式应乘上一个形状系数(参见图 9-40)。
② 具有不小于 15mm/m 坡度自流管子需要另外核实跨度。
③ 表内保温的重量基于:保温厚度从 70mm(DN25)到 200mm(DN600),保温层密度为 190kg/m³。

(3) 垂直管线的最大跨度(见表 9-4)。

■ 图9-41　带垂直管段的Z形管段的最大允许外伸尺寸

表9-4　垂直管线的最大跨度

公称直径	最大跨度/mm 充水+保温	公称直径	最大跨度/mm 充水+保温
DN20~50	3000	DN200~350	6000
DN75~150	5000	DN400	8000

十三、导向支架的设置

在下列情况下须设导向支架。
① 为防止振动使管道出现过大的横向位移。
② 横向位移过大，可能影响邻近管道。
③ 固定支架之间的距离过长，可能产生横向不稳定。
④ 设计只允许沿轴向位移的管道。
⑤ 导向支架不宜靠近弯头和支管连接处。

十四、水平管段和Π形补偿管段的最大导向间距

水平管段和Π形补偿管段的最大导向间距参见图9-42与表9-5的规定。

表9-5　水平管段最大导向间距　　　　　　　　　　　　　m

管道公称直径 DN/mm(in)	最大导向间距/m	管道公称直径 DN/mm(in)	最大导向间距/m
25(1)	12.2	250(10)	30.5
40(1½)	13.7	300(12)	33.5
50(2)	15.2	350(14)	36.6
65(2½)	18.3	400(16)	38.1
80(3)	19.8	450(18)	41.4
100(4)	22.9	500(20)	42.7
150(6)	24.4	600(24)	45.7
200(8)	27.4		

(a) 水平管段   (b) Π形补偿管段

■ 图 9-42 导向间距

十五、垂直管段的最大导向间距

为了约束由风载、地震、温度变化等引起的横向位移,沿直立设备布置的立管应设置导向支架。立管导向支架间的允许间距参见表 9-6 的规定。

表 9-6 垂直管段最大导向间距   m

管子公称直径	气体管		液体管	
DN/mm(in)	不保温	保温	不保温	保温
25(1)	4.3	3.4	4.0	3.4
40(1½)	5.2	4.0	4.6	3.7
50(2)	5.8	4.6	4.9	4.3
80(3)	7.0	6.1	6.1	5.5
100(4)	7.9	7.0	6.7	6.1
150(6)	9.8	8.8	7.9	7.3
200(8)	11.3	10.1	8.8	8.2
250(10)	12.5	11.6	9.8	9.4
300(12)	13.7	12.8	10.4	10.1
350(14)	14.6	13.4	10.7	10.4
400(16)	15.5	14.3	11.3	11.0
450(18)	16.5	15.2	11.6	11.6
500(20)	17.4	16.2	12.5	12.2
600(24)	19.2	18.0	13.4	13.4

① 刚性支吊架应设置在垂直位移量可以忽略不计的位置。
② 支吊架宜设置在直管段部分,不宜设在小半径弯头、支管连接点处。
③ 支吊架宜靠近阀门、法兰及管道附件设置,但不宜对其进行直接支承。
④ 支吊架和生根点应避开管道或设备焊缝。
⑤ 衬里管道若选用与其直接焊接的支架,其生根部件的焊接应在衬里前进行。
⑥ 对成排管道的支架,宜采用管卡固定,以保持管道的位置和间距。有热伸长管道的支架应能保证管道的轴向移动。
⑦ 生根于容器器壁上的管架,由配管专业根据实际配管情况及应力计算结果将其生根点所承受的荷载提交设备专业进行生根部件结构设计。

十六、垂直管段支吊架的设置

① 垂直管段上若设置支架,其支承点宜设在该管段重心的上方。
② 在有热伸长的垂直管段上设置支架时,刚性支架不应超过一个。
③ 当垂直管段用管夹承受垂直荷载时,应在管壁相应位置上焊接挡块,挡块尺寸为

50mm×50mm×8(10)mm。挡块数量：管径小于或等于 $DN50$ 为一块；管径为 $DN80\sim100$ 的对称配置两块；管径大于或等于 $DN150$ 的沿管外壁均匀配置三块。

十七、管道固定支架的设置

① 管径小于或等于 $DN50$，设计温度不超过150℃的水平直管段，每隔40m宜设置一个固定架。

② 穿越界区的管道在距界区分界线段1m处应设置固定架。

③ 调节阀组应设两个支架，一般第一个支架（按介质流入方向）应为固定架。

④ 对于复杂管道可用固定点将其划分为几个形状较为简单的管段，如L形管段、U形管段、Z形管段等以便进行分析计算。

⑤ 确定管道固定点位置时，使其有利于两固定点间管段的自然补偿。

⑥ 选用Ⅱ形补偿器时，宜将其设置在两固定点的中部。

⑦ 固定点宜靠近需要限制分支管位移的地方。

⑧ 固定点应设置在需要承受管道振动、冲击荷载或需要限制管道多方向位移的地方。

⑨ 作用于管道中固定点的荷载，应考虑其两侧各滑动支架的摩擦反力。

⑩ 进出装置的工艺管道和非常温的公用工程管道，宜在装置分界处设固定点。

十八、与敏感设备及附件相连管道支吊架的设置

① 与敏感设备连接的管道，应在靠近敏感设备（泵、压缩机等）处设置支架。

② 往复式压缩机进出口管道应设置独立支承。

③ 与安全阀相连管道，其管架设置应考虑防止管道振动和承受安全阀排放反力的作用。

十九、防振支架位置的确定

防振支架的位置除满足上述的基本原则之外，尚应符合下列要求。

① 有机械振动的管道，应设防振管卡。防振管卡的数量及位置应满足管系动应力分析的要求。

② 有地震设防要求的管道应在适当位置设置防振支架。

③ 可能发生水击、两相流等而且能引起管道的振动时，应在适当位置设置防振管卡。

④ 防振支架的生根部分应有足够的刚度。

⑤ 防振支架应尽量沿地面设置。

⑥ 防振支架宜设独立基础，并避免生根在厂房的梁柱上。

二十、支吊架材料

各部件的材料选取应符合下列原则。

① 对附管部件，当它与管道直接焊接时，宜与管子同材质，或材料相当；不与管子直接焊接时，可选用普通碳素钢（如Q235B），但此时所选材料应能适应设计温度的要求。

② 对于在设备（如塔、容器等）上生根的生根部件，当它与设备直接焊接时，宜与设备同材质，或材质相当；不与设备直接焊接时，可选用普通碳素钢（如Q235B），但此时所选材料应能适应设计温度的要求。

③ 其他生根部件和中间连接件，可选用普通碳素钢，但所选材料应能适应设计温度的要

求。

④ 常用支吊架材料的适用温度范围应符合表 9-7 的要求。

表 9-7 常用支吊架材料的适用温度范围

材料	使用温度范围/℃	材料标准		
		管材	板材	棒材
Q235B	−30～350	GB/T 3091,GB/T 3092	GB 709	GB 702
20	−20～425	GB 8162,GB 8163	GB 710,GB 711	GB 699
12CrMo	≤525	GB 9948	GB 150	GB 3077
15CrNo	550	GB 9948	GB 150	GB 3077
1Cr5Mo	≤600	GB 9948	GB 150	GB 1221
奥氏体不锈钢	−196～700	GB/T 14975,GB/T 14976	GB 4237,GB 4238	GB 1220,GB 1221
超低碳奥氏体不锈钢	−196～525	GB/T 14975,GB/T 14976	GB 4237	GB 1220

⑤ 支吊架材料应尽量选用标准型材。常用的型材标准包括：GB 702《热轧圆钢和方钢的尺寸、外形、重量及允许偏差》；GB 704《热轧扁钢的尺寸、外形、重量及允许偏差》；GB 706《热轧工字钢的尺寸、外形、重量及允许偏差》；GB 707《热轧槽钢的尺寸、外形、重量及允许偏差》；GB 9787《热轧等边角钢的尺寸、外形、重量及允许偏差》；GB 9788《热轧不等边角钢的尺寸、外形、重量及允许偏差》。

⑥ 许用应力。

关于材料许用应力的选取，不同的标准有不同的规定。

MSS SP—69 标准规定：一般支吊架材料的许用应力应取下列三个数据中的最小值：材料在室温下最小抗拉强度的 1/5；材料在设计温度下最小抗拉强度的 1/4；材料在设计温度下最小屈服强度的 5/8。

SH 3037 标准规定，支吊架材料的许用应力应按 GB 150 的要求确定。SH 3037 标准规定的许用应力值偏高。

对于支吊架用螺栓材料，其许用应力可取按 MSS 标准确定的基本许用应力的 25%，对支吊架材料所受的切应力，其许用应力可取按 MSS 标准确定的基本许用应力的 80%，压缩应力不应超过材料基本许用应力的 160%。

二十一、热塑性塑料管道材料支吊架

对于热塑性管道材料的支吊架需要着重考虑的事项如下。

① 为了防止过大的应力和位移，管道应适当加以支撑。

② 阀门及其他各种集中的重荷载的支撑点应尽可能靠近集中荷载的地方。

③ 为防止机械损坏如压碎、擦伤和压痕，管道应加以支撑。

④ 支吊架形式的选择应使管道有足够的柔性，以防过度弯曲和轴向应力以及由反复收缩膨胀引起的应力疲劳。由弹性垫或多个膨胀节组成的带有多个端点的管道必须正确约束以抵抗轴向应力或使管道平移和旋转减至最低。

⑤ 用于钢管的支架对于热塑性管子也同样适用，但管道与钢支架间应提供保护措施，如钢支架与管子相连处加塑料 U 形卡或橡胶作为衬垫，作为另一种提供保护的方案，管子与支点连接处可加塑料衬套，以缓和钢支架对管子的冲击或振动。

⑥ 为减少立管下部管件的荷载，必须每隔一定间距即加以支撑。在管子连接处或其他管件下边使用立管管卡或双螺栓管卡以防止管子的过度压力。

⑦ 为防止管道的平移或转动,需在特定的地方固定,应尽可能靠近二通及弯头处设固定支架,以能防止管件过度弯曲和轴向应力。

⑧ 为阻止横向位移但允许轴向位移时,必须设置导向支架以防止管道的超应力。

⑨ PVC（聚氯乙烯）、CPVC（氯化聚氯乙烯）、PVDF（聚偏三氯乙烯）、PP（聚丙烯）等热塑性管道材料的支吊架间距,需参考相关的标准规范或厂家提供的数据。

二十二、热成型玻璃钢管道材料支吊架

对热成型玻璃钢管材的支架设计重点如下。

① 为避免点荷载,管道必须加以支撑。点荷载能引起极大破坏,它会影响系统的使用寿命。

② 管道应加以支撑以防止机械损坏,如压碎、擦伤和压痕。

③ 只要管子与钢支架间有保护层,用于钢管的支架对于热成型玻璃钢管也同样适用。也就是说对于钢支架,可以在管子外加塑性 U 形夹或橡胶作为衬垫。作为另一种提供保护的方案,可以用玻璃钢或套筒在支点处衬垫在支撑点的管道上。

④ 为减少低处管件荷载,每隔一定间距竖管都需加支架。在靠近承插管箍或组装的玻璃钢管下方用承重管卡或双螺栓管卡可防止管卡过度压力。

⑤ 支吊架间距需参考相关的标准规范或厂家提供的数据。

表 9-8 给出了玻璃钢管支吊架的典型详图。

表 9-8 玻璃钢管支吊架的典型详图

| U形螺栓导向只允许轴向位移 | 轴向限制性支架 | 支撑梁固定 |
| 地面固定 | 法兰固定 | 阀门的支撑和固定 |

二十三、管架设计常见错误及纠正

管架设计常见错误及纠正见表 9-9。

表 9-9 管架设计常见错误及纠正

错误设计	正确设计	说　明
		止振架、支柱等,其自身应有一定的刚性,刚性不够的梁、柱,不能作止振支架,否则可能更加助低频振动 如果支架设置不当,等于在振动的腹部加上砝码,使振动频率由低变高,所以,一定要有固定的支点来作支架
		热油泵进出口,因有垂直位移应设可变弹簧吊架,否则热态时泵口受力,其吊点越靠近垂直管越好 设计时,按泵口不受垂直荷载计算
		防止电位腐蚀

续表

错误设计	正确设计	说　明
		正确应用标准支吊架 管卡主要用于不保温管线,若用于保温的热管线上,由于热胀,可使保温外壳被推坏
		保冷管道支吊架设置应考虑防止冷量损失
		Π形补偿器焊接时应注意: ①焊口不应放在补偿器的平臂上。因胀力,工作时平臂受到的弯曲应力最大,因此,平臂上特别是平臂中央不允许有焊口 ②焊口以留在补偿器的悬臂中部为最好,因为此处弯曲应力最小
		振动管系上 $DN \leqslant 40mm$ 的支管或支管处位移量较大或支管管径小于主管径三级应采用加强管口(O-LET 和 BOSS),并焊接斜撑以防疲劳断裂

二十四、压力管道管架设计工程实例

工程实例一　Π形弯管的布置与支架设置的比较(图9-43)

图9-43(a)优于图9-43(b),因在图9-43(b)中 JK 及 MN 管段太长,管道易下垂。

(a)对支架有利

(b)对支架不利

(c)增加了构件使支承合理

■ 图9-43　Π形弯管的布置与支架设置比较

RS—承重支架;GS—导向支架

工程实例二 装有波形膨胀节管道的支架间距（图 9-44）

根据美国膨胀节制造商协会 EJMA 的标准，装有波形膨胀节的管道，支架的设置应按图 9-44 所示。

图 9-44 装有波形膨胀节管道的支架间距

第二导向架以后的所有其他导向架的最大间距应采用下面公式计算：

$$L = 0.01571\sqrt{\frac{EI}{pa \pm fe_x}}$$

式中　L——导向架的最大间距，m；

　　　E——管子材料的弹性模量，kgf/cm² （1MPa=10.2kgf/cm²）；

　　　I——管子的惯性矩，cm⁴；

　　　p——设计压力，kgf/cm²；

　　　a——膨胀节的有效面积，cm²；

　　　f——膨胀节每波起始的弹性系数，(kgf/cm)/波 （1N=0.102kgf）；

　　　e_x——膨胀节每波的轴向行程，cm/波。

膨胀节受压时取（＋）号；受拉时取（－）号。

工程实例三 管廊上管道的支架（图 9-45）

图 9-45 管廊上管道支架类型举例

AS—固定支架；RS—承重支架；GS—导向支架

① 管廊上管道支架的间距，受到管廊结构的梁及柱间距的限制。小管道支架间距一般为 3m，大管道支架间距为 6m。对于小管道的最大允许支架间距小于 3m 时，最好利用大管支承小管，或在管廊的梁两侧另增加悬臂梁。对于大直径管道只需在主梁上支承就够了。

② 设固定架的注意点：一般应在柱子轴线的主梁上设置，不要设在次梁上；尽量不要使固定架两侧的推力相差过大。

③ 设有Π形膨胀弯时，图 9-45 中 4～5 点及 6～7 点的距离要适当，可按柔性分析决定（一般可按 40 倍公称直径考虑），同时考虑管道的横向位移不至于太大，此外 1～2 点之间的管道应有充分的柔性。

工程实例四 塔类管道的支吊架设计（图9-46）

■ 图9-46 塔类管道支吊架设计

工程实例五 泵类管道的支吊架设计（图9-47）

■ 图9-47 泵类管道支吊架设计

工程实例六 压缩机、透平机管道的支吊架设计（图 9-48）

■ 图 9-48 压缩机、透平机管道支吊架设计

工程实例七 安全阀管道的支吊架设计（图 9-49）

■ 图 9-49 安全阀管道支吊架设计

工程实例八 调节阀组管道的支吊架设计（图 9-50）

图 9-50　调节阀组管道支吊架设计

第四节　压力管道荷载的计算

一、管道荷载的内容

根据荷载的性质和计算方法不同，支吊架承受的荷载可以分为三类，即基本荷载、位移荷载和短时间作用荷载。

支吊架承受的基本荷载是指：管道自重；隔热结构重；管内介质重（包括水压试验时的充水重）；集中荷载（如阀门、法兰、小型管道设备等的重量）等，这类荷载有时也称持续荷载，它不随管系的温升或温降而改变，分配到每个支承点的荷载大小只与管道几何形状和支承点的位置有关。

二、管道荷载条件依据的资料

① 管道布置设计工程规定。
② 管道布置图。
③ 装置设备布置图。
④ 管道等级表。
⑤ 隔热设计规定。
⑥ 管道材料专业发的有关文件。
⑦ 管道仪表流程图（PID 图）。

三、不同空间几何形状管道基本荷载的确定

值得注意的是，管道内的充水重不能与介质重同时考虑，并且只有当管子需要进行水压试验时才考虑充水重的影响。一般情况下，对于大直径管道，尤其是大直径气体管道，其充水重要比介质重大许多，故这类管道的支吊架应考虑能承受水压试验时的充水重。对于并行的多根管道，如管廊上的管道，每根管道不能同时计入充水重，实际的水压试验过程也是逐根进行的，此时在向结构专业提出荷载条件时，以其中的最大一根管道充水重计算即可。

冷态下，管道的基本载荷是按管系的空间几何形状进行分配的，即通过管系的空间几何形状和支承点的位置可以计算出各承重点的分配载荷。

1. 水平直管无集中载荷（图 9-51）

$$G_B = \frac{q(a+b)}{2}$$

式中　G_B——B 点所承受的荷载，N；
　　　q——管道单位长度的基本荷载，N/m；
　　　$a、b$——支、吊架间距，m。

■ 图 9-51　水平直管无集中载荷

2. 带有集中载荷的水平直管（图 9-52）

■ 图 9-52　带有集中载荷的水平直管

■ 图 9-53　带有阀门等集中载荷的水平管道基本载荷分配示意图

$$G_A = \left(\frac{qL}{2} + \frac{Pb}{L}\right)$$

$$G_B = \left(\frac{qL}{2} + \frac{Pa}{L}\right)$$

式中　$G_A、G_B$——A 点、B 点承受的荷载，N；
　　　q——管道单位长度的基本荷载，N/m；
　　　$a、b$——支吊架间距，m。

3. 带有阀门等集中载荷的水平管道基本载荷（图 9-53）

图 9-53 给出了装有两个阀门的水平管道，阀门重量分别为 F_1 和 F_2。管道中共有 A、B、C 三个支撑点，各支撑点的位置尺寸及阀门的位置尺寸分别为 $L_1、L_2、a、b、c、d$。那么各支撑点所承受的基本载荷可分别按下式计算：

$$Q_A = \frac{1}{2}qL_1 + \frac{b}{L_1}F_1$$

$$Q_B = \frac{1}{2}qL_1 + \frac{1}{2}q_2L_2 + \frac{a}{L_1}F_1 + \frac{d}{L_2}F_2$$

$$Q_C = \frac{1}{2}qL_2 + \frac{c}{L_2}F_2$$

式中　Q_A——支撑点 A 所承受的管道基本载荷，N；
　　　Q_B——支撑点 B 所承受的管道基本载荷，N；
　　　Q_C——支撑点 C 所承受的管道基本载荷，N。
　　　其他符号见定义。

4. 带有垂直段管道的集中荷载（图 9-54）

图 9-54 给出了有竖直管段的管道情况，此时对两个支撑点 A、B 来说，可将竖直段管道看作一集中载荷，该集中载荷 $F = b \cdot q$，那么可以得到两支撑点的载荷分别为：

$$Q_A = \frac{1}{2}qL + \frac{c}{L}bq$$

$$Q_B = \frac{1}{2}qL + \frac{a}{L}bq$$

式中　Q_A——支撑点 A 所承受的管道基本载荷，N；
　　　Q_B——支撑点 B 所承受的管道基本载荷，N；
　　　q——管子总单位长度重量，N/m；
a、b、c、L——分别为图示的结构尺寸，m。

■ 图 9-54　带有垂直段的管道基本载荷分配示意图

■ 图 9-55　垂直管道的集中载荷

5. 垂直管道的集中载荷（图 9-55）

垂直管线上支点的集中荷载等与垂直部分全部荷载于水平部分 1/2 荷载之和。

$$G_B = \frac{qa}{2} + \frac{qb}{2} + ql$$

6. L 形垂直弯管（图 9-56）

■ 图 9-56　L 形垂直弯管的集中载荷

■ 图 9-57　水平弯管（弯管两段接近相等）

$$G_A = qa + \frac{qb}{2}$$

$$G_B = ab/2$$

7. 水平弯管（弯管两段接近相等）（图 9-57）

在弯管两段接近相等的条件下，按下式计算：

$$G_A = G_B = \frac{q(a+b)}{2}$$

式中　G_A、G_B——A 点 B 点的荷载，N；
　　　q——管道单位长度的基本荷载；N/m；
　　　a、b——管段长度，m。

8. 水平弯管（弯管两段不相等）（图 9-58）

$$G_A = \frac{Q_1 L_1 + Q_2 L_2}{L}$$

$$G_B = Q_1 + Q_2 - G_A$$

式中 Q_1、Q_2——a、b 管段的基本荷载，N；
　　　a——管段长度，m；
　　　b——管段长度，m；
　　　L——A、B 两端间垂直距离，m；
　　　L_1——$a/2$ 处距 B 端的垂直距离，m；
　　　L_2——$b/2$ 处距 B 端的垂直距离，m。

■ 图 9-58　弯管两段不相等

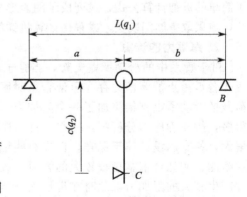

■ 图 9-59　带分支的水平管（分支在同一平面）

9. 带分支的水平管（分支在同一平面）（图 9-59）

$$G_A = \frac{q_1 L}{2} + \frac{q_2 bc}{2L}$$

$$G_B = \frac{q_1 L}{2} + \frac{q_2 ac}{2L}$$

$$G_C = \frac{q_2 C}{2}$$

式中 G_A、G_B、G_C——A、B、C 点的荷载；N；
　　　q_1、q_2——管道单位长度的基本荷载，N/m；
　　　a、b、c、L——管段长度或支吊架间距，m。

10. 带分支的水平管（分支在同一平面，带有垂直管段）（图 9-60）

$$G_A = \left[\frac{q_1 L}{2} + \frac{q_2 b}{L}\left(\frac{G}{2} + l\right)\right]$$

$$G_B = \left[\frac{q_1 L}{2} + \frac{q_2 a}{L}\left(\frac{C}{2} + l\right)\right]$$

$$G_C = \frac{q_2 C}{2}$$

式中 G_A、G_B、G_C——A、B、C 点的荷载，N；
　　　q_1、q_2——管道单位长度的基本荷载；N；
　　　a、b、c、L——管段长度或支吊架间距，m；
　　　l——垂直管段的长度，m。

■ 图 9-60　带分支的水平管
（分支在同一平面，带有垂直管段）

11. 水平门形管道（水平单支点）（图 9-61）

$$Q_B = \frac{q(b+c)}{2}$$

$$Q_C = \frac{q(a+b)}{2}$$

■ 图 9-61 水平门形管道（水平单支点）　　■ 图 9-62 水平门形管道（水平双支点）

12. 水平门形管道（水平双支点）（图 9-62）

$$Q_C = \frac{q(b+c)}{2}$$

$$Q_D = \frac{q(a+b)}{2}$$

四、位移荷载的计算

管道在热态下工作时，由于热胀的作用，管系中各承重点的基本荷载不仅会发生再分配，同时还将使约束位移的支承点遭受位移荷载，即对管系垂直位移有阻碍的支承点将承受垂直位移荷载，对管道水平位移有阻碍的支承点（如固定支架、止推支架、导向支架等）和端点（如与设备的连接点等），将承受水平位移荷载，在各滑动支架处，由于管道与支架之间存在相对运动，因此还会产生摩擦力，也就是说，此类支架还将承受摩擦力，除此之外，对某些形式的支架和边界条件，它还将承受弯矩荷载。

1. 位移荷载的计算

工程上常见的一些形状简单的管系，如Ⅱ形补偿器、L形管道等，一些手册或专著中给出了简单的近似计算公式，或列成了图表形式，设计人员可视管系的具体情况，或采取简单计算法，或采取查阅图表法，或采用计算机详细分析法去求解管系对支承点或端点的位移荷载。

2. 摩擦力的计算

对于管系中的滑动承重支架，当管子在此处有位移时，其摩擦力是客观存在的。管系中由于各承重点的摩擦力存在可使管系对固定端的水平位移荷载减少，但却给本来不承受水平荷载的滑动承重支架添加了一个附加力。一般情况下，管系中的摩擦力要比水平位移荷载小得多，故在静应力分析中，一般不计入摩擦力对水平位移荷载的影响，这样得到的位移荷载偏大，使支承设计偏于保守。但在有些情况下，摩擦力给滑动承重支架添加的附加力是不可忽略的。例如，基本荷载较大的管道，或者多根管道集中并排布置时，都会对滑动承重支承件产生较大的附加力，此时在进行支吊架强度设计时应予考虑。

管道在滑动承重支架处的摩擦力与该点所承受的垂直荷载的大小成正比，力的方向与管道在该点的位移方向相反，即摩擦力可以用下式表示：

$$F_f = -\mu \sum F_n$$

式中 F_f——滑动承重支架所受摩擦力，N；

μ——管子支架与支承件相对运动的摩擦因数，钢对钢滑动摩擦 $\mu=0.3$，钢对钢滚动摩擦 $\mu=0.1$，不锈钢对聚四氟乙烯滑动摩擦 $\mu=0.1$，钢对混凝土滑动摩擦 $\mu=0.6$；

F_n——支架摩擦面上所承受的各垂直荷载之和（包括基本荷载和位移荷载），N。

对于单根管道的承重点，摩擦力会引起支承件的剪切破坏。而对于集中承重的管廊，摩擦力会引起梁的横向弯曲和剪切破坏。此时摩擦力引起的对梁的推力应为各热管道引起的摩擦力之和再乘以一个系数，即有

$$F_f = -K \sum \mu F_n$$

式中 K——牵制系数。

当管廊上某支承面同时支承数根管道时，热管道因产生的摩擦力会推动支承梁沿管道的位移方向发生变形，而冷管道或位移量较小的管道会趋于阻止支承梁的这种变形，从而抵消了一部分热管道的摩擦力。这种由于同一支承面上相邻冷管道对热管道的位移阻碍而使热管道摩擦力减小的现象称为管道的牵制。由于牵制作用而使摩擦力减小的幅度用牵制系数 K 表示。牵制系数的选取应符合下列原则：当某承重支承面并排敷设 1～2 根管道时，取 $K=1$；当某承重支承面并排敷设 3 根管道时，应按表 9-10 选取；当某承重支承面并排敷设 4 根及 4 根以上的管道时，牵制系数 K 应按图 9-63 选取。

表 9-10 承受 3 根管道时的牵制系数

α	K	α	K	α	K
$\alpha<0.5$	0.5	$0.5 \leqslant \alpha \leqslant 0.7$	0.67	$0.7<\alpha$	1

注：α 为主要热管道（指介质温度高于 100℃ 的管道）的重量与全部管道重量之比。

图 9-63 承受 4 根及 4 根以上管道时的牵制系数

3. 短时作用荷载的计算

短时作用荷载包括风荷载、雪荷载、地震荷载、安全阀排放反力等。这些荷载虽然作用时间短，但有时可能产生较大的荷载值，故在支承件强度设计时应计入。考虑这些荷载同时出现的可能性很小，故工程上一般不同时计入，而是根据具体情况，计入其中的较大值。

（1）风荷载和雪荷载的计算 一般情况下，对于较大直径的管道或并排多根敷设的管道才考虑风荷载和雪荷载的影响。风荷载及雪荷载可按 GBJ 9《建筑结构荷载规范》进行计算。

(2) 地震荷载的计算　一般情况下，对于有地震设防要求的管道，才考虑地震荷载的作用。地震荷载可按 SH 3039《石油化工企业非埋地管道抗震设计通则》进行计算。

(3) 安全阀排放反力的计算　对于装有安全阀的管道支承点，才考虑安全阀排放反力的作用。安全阀排放反力可按 SH 3037《石油化工企业管道支吊架设计规范》进行计算。

五、压力管道荷载的最终计算和条件的提出

1. 管道重量

按管道材料标准或管材生产厂家的资料计算。

2. 流体重量

① 流体为液体，当流体密度大于水的密度时，按充满管道容积的流体重量计算；当流体密度小于水的密度时，按充满管道容积的水重量计算。

② 流体为气体，当气体管道需进行水压试验时，按充满管道容积的水重量计算，当气体管道需考虑气体冷凝液在管道中的填充量时，可按充满管道截面积的 10%～20% 计算。

3. 隔热层重量

按隔热标准或生产厂家提供的资料计算。

4. 集中荷载

① 管件（包括阀门）重量来源于样本或生产厂家的资料。

② 管道支吊架重量。

③ 安全阀反力，通常是通过计算提供。

④ 调节阀推力，通常由仪表专业提供。

⑤ 风荷载、地震荷载等通常由土建专业自行考虑。

当装置内的管架由土建专业设计时，压力管道设计人员应附上管架生根部位和形式的图，并在图上附上作用在建、构筑物的荷载重和水平推力。或者把计算的荷载填入类似表 9-11 的表格，和标注了管架的管道布置图或设备布置图一起向土建专业提出管道荷载条件。

表 9-11　作用在建、构筑物的管道荷载

管架编号或管线号	荷重/kN		水平力/kN		P 作用点坐标		标高 /mm	尺寸/mm		角度/(°)	备注
	P	P_y	P_x	P_z	N	E(W)		e/e_1	A	α	
××××	10000		$0.3P$	$0.3P$	×××	×××	+6500	500			C
××××	5000		—	—	×××	×××	+3000	—			B
××××	9000		$0.3P$	$0.3P$	×××	×××	+6000	200			FL
⋮	⋮	⋮	⋮	⋮	⋮	⋮	⋮	⋮	⋮	⋮	

注：C 表示作用在柱上；B 表示作用于梁上或梁侧或梁底；FL 表示作用在楼板上面或底面。

5. 典型管架构件受力图（图 9-64～图 9-66）

■ 图 9-64　悬臂架受力图

表9-12 管线荷载的简化计算

DN	空管重/kg·m⁻¹				保温层		充水重/kg·m⁻¹	空管重①+充水重+保温重/kg·m⁻¹				空管重①+充水重/kg·m⁻¹			
	Class150	Class300	Class600	Class1500	保温厚度/mm	保温重/kg·m⁻¹		Class150	Class300	Class600	Class1500	Class150	Class300	Class600	Class1500
50	5.44	7.48	11.11	11.11	65	6.3	2.20	14.59	16.88	20.94	20.94	8.29	10.58	14.64	14.64
80	11.29	15.27	15.27	21.34	80	9.0	4.77	26.41	30.87	30.87	37.67	17.41	21.87	21.87	28.67
100	16.10	16.10	22.32	41.03	80	10.2	8.21	36.44	36.44	43.41	64.36	26.24	26.24	33.21	54.16
150	28.30	28.30	42.60	86.00	80	12.7	18.64	63.04	63.04	79.05	127.66	50.34	50.34	66.35	114.96
200	33.32	42.54	64.64	146.00	90	17.2	33.46	87.98	98.30	123.06	214.18	70.78	81.10	105.86	196.98
250	41.77	60.32	96.00	215.35	90	19.9	53.26	119.94	140.72	180.68	314.35	100.04	120.82	160.78	294.45
300	49.73	73.85	132.06	318.50	90	22.6	76.06	154.36	181.37	246.57	455.38	131.76	158.77	223.97	432.78
350	67.95	94.51	158.11	363.00	90	24.4	90.66	191.16	220.91	292.14	521.62	166.76	196.51	267.74	497.22
400	77.88	123.31	203.53	497.20	90	27.0	119.8	234.03	284.91	374.75	703.66	207.03	257.91	347.75	676.66
450	87.81	155.93	254.63	604.50	90	29.8	152.99	281.14	357.43	467.98	859.83	251.34	327.63	438.18	830.03
500	117.09	183.41	311.16		90	33.0	187.77	351.91	426.19	569.27		318.91	393.19	536.27	
600	140.96	255.18	441.84		90	38.0	273.90	469.78	597.70	806.76		431.78	559.70	768.76	
750	176.76	206.01	349.00		100	50.0	433.50	681.47	714.23	874.38		631.47	664.23	824.38	
900	265.08	282.41			100	60.0	622.93	979.82	999.23			919.82	939.23		
1050	268.68	330.14			100	68.0	859.61	1228.53	1297.37			1160.53	1229.37		
1200	331.45	471.10			100	77.0	1125.23	1573.45	1729.86			1496.45			

① 考虑到管子上一些附件的重量，此处的空管重按"空管重×1.12"计算。

注：保温材料为岩棉，表面材料为铝。

例如：从表中可以直接查出DN350的管子，Class300时，此处的空管重为220.91kg/m，对于不保温管线，空管重+充水重为196.51kg/m。对于保温管线，空管重+充水重+保温重为220.91kg/m。

■ 图 9-65 三角架端部受力图

■ 图 9-66 三角架中间受力图

六、管道垂直荷载计算工程实例

工程实例一 某大型工程管线荷载的简化计算表（表 9-12）

表 9-12 为管线荷载的简化计算表，工程项目的大部分管线的荷载均按照表 9-12 中的数据查询计算，误差均在要求之内，比一根管线一根管线地计算或者查询管线重量表，简化了很大的工作量。这个工程项目也使用了表 9-13 和表 9-14。

工程实例二 意大利某工程公司荷载简化计算钢制法兰及阀门重量表（表 9-13、表 9-14）

表 9-13 法兰连接的阀门重量

管径	闸阀/kg			截止阀/kg			止回阀/kg		
	Class150	Class300	Class600	Class150	Class300	Class600	Class150	Class300	Class600
1/2″	2.5	—	9	3	5	5	2	3.0	6
3/4″	4.5	6.2	13	5	7	7	3	4.5	9
1″	5.5	7.5	18	6	9	9	5	6.0	11
1¼″	9.2	13.2	22	11	15	15	8	9.0	15
1½″	12.5	17.0	35	14	18	18	11	13.0	22
2″	23.0	34.0	50	21	36	40	17	27.0	31
2½″	31.0	46.0	62	30	48	53	23	37.0	45
3″	40.0	60.0	85	36	60	71	28	48.0	58
4″	59.0	93.0	140	59	96	136	45	73.0	105
6″	100.0	180.0	270	109	172	362	81	130.0	219
8″	165.0	280.0	570	180	391	650	139	228.0	389
10″	250.0	390.0	840	255	560	906	189	282.0	503
12″	335.0	640.0	1200	390	831	1224	303	587.0	745
14″	570.0	890.0	1715	599	—	—	450	615.0	—
16″	715.0	1090.0	2120	807	—	—	580	845.0	1725
18″	820.0	1535.0	2850	—	—	—	752	1115.0	—
20″	1040.0	1890.0	3258	—	—	—	928	1390.0	—
22″	1315.0	2090.0	4240	—	—	—	—	—	—
24″	1590.0	2290.0	5067	—	—	—	1185	1832.0	—

表 9-14　法兰重量

管径	对焊法兰/kg			滑套法兰/kg			孔板法兰/kg		
	Class150	Class300	Class600	Class150	Class300	Class600	Class150	Class300	Class600
1/2″	0.9	0.9	1.4	0.9	1.4	1.4	—	—	—
3/4″	0.9	1.4	1.8	0.9	1.4	1.4	—	—	—
1″	1.1	1.8	2.3	0.9	1.4	1.8	—	8.2	8.2
1¼″	1.1	2.7	3.2	1.4	1.8	2.7	—	9.5	9.5
1½″	1.8	3.6	4.5	1.4	2.7	3.2	—	13.0	13.0
2″	2.7	4.1	5.4	2.3	3.2	4.1	—	15.0	15.0
2½″	4.5	5.4	8.2	3.2	4.5	5.9	—	19.5	19.5
3″	5.2	6.8	10.4	3.6	5.9	7.1	—	22.0	22.0
4″	6.8	11.3	19.0	5.9	10.0	16.8	—	31.0	44.0
6″	10.9	19.0	36.7	8.6	17.7	36.3	—	45.0	88.0
8″	17.7	30.4	53.1	13.6	28.3	52.2	—	70.0	129.0
10″	23.6	41.3	85.7	19.5	36.7	80.3	—	100.0	204.0
12″	36.3	62.6	102.5	29.0	52.2	97.5	—	150.0	245.0
14″	46.3	84.4	157.4	38.6	74.4	117.5	—	193.0	320.0
16″	57.6	111.6	218.2	42.2	99.8	166.0	—	268.0	—
18″	63.5	138.3	251.7	54.4	127.0	210.2	—	340.0	—
20″	77.1	171.5	313.3	70.4	147.4	277.7	—	413.0	—
22″	101.6	210.9	326.6	83.9	188.8	267.6	—	510.3	—
24″	118.0	247.2	443.2	95.3	222.3	397.3	—	613.0	—

七、格林乃尔法热膨胀力的计算及实例

对一般常见的几何形状简单的平面管系，由于管段热胀引起的弯曲应力及作用于固定管架的热膨胀力，可按格林乃尔（Grinnell）法快速推算，具体可参见《工业管道应力分析与工程应用》第六章工业管道荷载计算，步骤如下。

① 根据管段相应的图表查出系数 K_x、K_y 和 K_z。
② 根据管道操作条件和所用材料，由表中查出相应之 C 值。
③ 按下式分别计算 x、y、z 三方向的热膨胀力。

$$F_x = 0.01 K_x C \frac{I}{L^2}$$

$$F_y = 0.01 K_y C \frac{I}{L^2}$$

$$F_z = 0.01 K_z C \frac{I}{L^2}$$

式中　F_x、F_y、F_z——分别为 x、y、z 方向上的热膨胀力，kN；
　　　K_x、K_y、K_z——分别为 x、y、z 方向上的系数；
　　　　　　　　C——格林乃尔法综合系数，$C = \Delta l \times E \times 10^{-5}$，$\Delta l$ 为每 1m 的伸长量（mm），E 为弹性模量，可通过表格直接查出数值；
　　　　　　　　L——相应管段计算参数，m；
　　　　　　　　I——管子断面惯性矩，cm⁴。

八、Π型自然补偿器设计及水平荷载数据查询

■ 图 9-67 两固定点之间无分支的Π型自然补偿器

图 9-67 中

① $h \leqslant 5000$m;

② F 作用在固定点的水平热应力;

③ 两固定点之间管子的长度变化量 $\Delta l = L \cdot \alpha \cdot \Delta T$($L$ 为两固定点之间的距离,α 为管子的膨胀系数,ΔT 为管子的温度变化);

④ l 为Π型自然补偿器如图所示的长度。

可以根据表 9-15 提供的估算数据设计Π型自然补偿器 L、l、F 的数据。

表 9-15 Π型自然补偿器设计工程经验数据查询表(含尺寸及应力)

l/mm	2″-Sch. 40		2″-Sch. 80		2″-Sch. 160		3″-Sch. 40		3″-Sch. 80		3″-Sch. 160	
	Δl/mm	F/kN	Δl/mm	F/kN	Δl/mm	F/kN	Δl/mm	F/kN	Δl/mm	F/kN	Δl/mm	F/kN
2000	150	0.65	180	1.09	219	1.91	109	1.96	125	3.20	153	5.59
2500	224	0.54	273	0.91	337	1.60	161	1.64	187	2.68	234	4.66
3000	312	0.47	383	0.79	478	1.39	221	1.41	261	2.32	330	4.06
3500	412	0.41	—	—	—	—	290	1.25	346	2.07	441	3.62
4000	—	—	—	—	—	—	367	1.14	441	1.88	—	—
4500	—	—	—	—	—	—	452	1.05	—	—	—	—

l/mm	4″-Sch. 40		4″-Sch. 80		4″-Sch. 160		6″-Sch. 40		6″-Sch. 80		6″-Sch. 160	
	Δl/mm	F/kN	Δl/mm	F/kN	Δl/mm	F/kN	Δl/mm	F/kN	Δl/mm	F/kN	Δl/mm	F/kN
2000	89	3.40	98	5.75	120	11.20	69	8.12	72	15.44	82	32.38
2500	128	2.82	145	4.79	182	9.36	97	6.72	104	12.82	124	27.01
3000	174	2.44	200	4.16	255	8.12	128	5.78	141	11.08	173	23.43
3500	226	2.17	263	3.69	341	7.24	163	5.12	184	9.84	229	20.87
4000	284	1.96	334	3.35	437	6.59	202	4.62	230	8.91	292	18.96
4500	347	1.80	412	3.09	—	—	244	7.16	282	8.18	362	17.47
5000	415	1.68	496	2.87	—	—	289	3.91	338	7.60	439	16.28
5500	468	1.53	—	—	—	—	324	3.57	380	6.95	496	14.91
6000	—	—	—	—	—	—	361	3.29	425	6.41	—	—
6500	—	—	—	—	—	—	399	3.05	471	5.95	—	—
7000	—	—	—	—	—	—	438	2.84	—	—	—	—
7500	—	—	—	—	—	—	478	2.67	—	—	—	—

l/mm	8″-Sch. 20		8″-Sch. 30		8″-Sch. 40		10″-Sch. 20		10″-Sch. 30		10″-Sch. 40	
	Δl/mm	F/kN	Δl/mm	F/kN	Δl/mm	F/kN	Δl/mm	F/kN	Δl/mm	F/kN	Δl/mm	F/kN
3000	110	7.50	110	8.74	110	10.97	101	10.65	99	14.51	98	18.81
3500	137	6.59	137	7.69	139	9.66	125	9.32	123	12.72	123	16.51

续表

l/mm	8″-Sch. 20		8″-Sch. 30		8″-Sch. 40		10″-Sch. 20		10″-Sch. 30		10″-Sch. 40	
	Δl/mm	F/kN	Δl/mm	F/kN	Δl/mm	F/kN	Δl/mm	F/kN	Δl/mm	F/kN	Δl/mm	F/kN
4000	166	5.90	167	6.90	170	8.68	151	8.31	149	11.38	149	14.80
4500	198	5.37	199	6.29	203	7.92	177	7.53	177	10.33	178	13.47
5000	231	4.95	233	5.80	239	7.31	205	6.90	205	9.50	208	12.40
5500	258	4.51	261	5.29	268	6.67	229	6.29	230	8.65	233	11.31
6000	286	4.15	290	4.87	298	6.14	254	5.78	255	7.96	258	10.40
6500	315	3.84	320	4.51	328	5.69	279	5.35	281	7.36	284	9.63
7000	345	3.58	350	4.20	359	5.30	305	4.98	307	6.86	311	8.97
7500	375	3.35	381	3.93	391	4.97	330	4.66	333	6.42	338	8.40
8000	405	3.15	412	3.69	424	4.67	357	4.37	360	6.03	366	7.89
8500	437	2.97	444	3.49	458	4.41	384	4.13	387	5.68	394	7.45
9000	469	2.81	477	3.30	492	4.18	411	3.90	415	5.38	423	7.06
9500	—	—	—	—	—	—	438	3.70	444	5.12	453	6.70
10000	—	—	—	—	—	—	466	3.52	473	4.87	483	6.38
10500	—	—	—	—	—	—	495	3.36	—	—	—	—

l/mm	12″-Sch. 20		12″-Sch. 30		12″-Sch. 40		14″-Sch. 20		14″-Sch. 30		14″-Sch. 40	
	Δl/mm	F/kN	Δl/mm	F/kN	Δl/mm	F/kN	Δl/mm	F/kN	Δl/mm	F/kN	Δl/mm	F/kN
3000	98	14.06	94	21.40	91	29.19	94	23.75	92	31.32	90	39.50
3500	120	12.25	116	18.71	114	25.58	117	20.70	114	27.36	112	34.57
4000	144	10.90	139	16.68	138	22.86	140	18.41	137	24.39	135	30.88
4500	168	9.84	164	15.11	163	20.76	164	16.63	162	22.08	160	28.01
5000	194	8.99	190	13.85	190	19.07	190	15.21	187	20.23	186	25.71
5500	217	8.18	213	12.61	213	17.39	213	13.85	210	18.43	209	23.43
6000	240	7.52	236	11.59	236	15.98	236	12.72	233	16.93	232	21.53
6500	263	6.95	260	10.72	260	14.79	259	11.76	256	15.66	256	19.92
7000	287	6.46	283	9.98	284	13.77	283	10.94	280	14.57	279	18.54
7500	311	6.04	308	9.33	309	12.88	307	10.22	304	13.62	304	17.35
8000	336	5.67	332	8.76	334	12.10	331	9.59	329	12.80	328	16.30
8500	361	5.34	357	8.26	360	11.42	356	9.05	353	12.06	354	15.37
9000	386	5.06	383	7.82	386	10.81	381	8.56	379	11.42	379	14.54
9500	411	4.79	409	7.42	412	10.26	406	8.11	404	10.83	405	13.81
10000	437	4.56	435	7.07	439	9.77	432	7.72	430	10.31	432	13.14
10500	463	4.35	461	6.73	466	9.32	458	7.37	457	9.83	458	12.53
11000	489	4.16	488	6.44	494	8.92	485	7.04	483	9.40	486	11.99

l/mm	16″-Sch. 10		16″-Sch. 20		16″-Sch. 30		18″-Sch. 10		18″-Sch. 20		18″-Sch. 30	
	Δl/mm	F/kN	Δl/mm	F/kN	Δl/mm	F/kN	Δl/mm	F/kN	Δl/mm	F/kN	Δl/mm	F/kN
4000	141	16.04	135	22.63	131	30.04	139	19.15	132	27.08	124	45.72
4500	165	14.43	159	20.39	154	27.12	162	17.19	155	24.34	146	41.24
5000	190	13.13	183	18.60	179	24.78	186	15.61	178	22.17	169	37.66
5500	212	11.95	205	16.93	200	22.56	209	14.21	200	20.17	189	34.29
6000	235	10.97	227	15.54	222	20.72	231	13.03	222	18.50	210	31.48
6500	258	10.13	250	14.37	244	19.15	254	12.03	244	17.09	232	29.10
7000	282	9.42	272	13.35	267	17.81	277	11.18	266	15.89	253	27.06
7500	305	8.79	296	12.48	290	16.65	301	10.45	288	14.84	275	25.28
8000	329	8.25	319	11.71	313	15.63	324	9.80	311	13.93	297	23.74
8500	353	7.77	342	11.03	336	14.73	348	9.22	334	13.11	319	22.37
9000	378	7.35	366	10.43	360	13.93	372	8.72	357	12.40	342	21.16
9500	402	6.97	391	9.89	384	13.21	396	8.26	381	11.75	365	20.06
10000	427	6.62	415	9.41	408	12.57	420	7.86	405	11.17	388	19.08

续表

l/mm	16″-Sch. 10		16″-Sch. 20		16″-Sch. 30		18″-Sch. 10		18″-Sch. 20		18″-Sch. 30	
	Δl/mm	F/kN	Δl/mm	F/kN	Δl/mm	F/kN	Δl/mm	F/kN	Δl/mm	F/kN	Δl/mm	F/kN
10500	452	6.31	440	8.97	433	11.99	445	7.49	428	10.65	411	18.20
11000	477	6.03	464	8.57	458	11.46	469	7.15	452	10.17	435	17.39
11500	—	—	490	8.20	483	10.97	494	6.84	477	9.74	459	16.65
12000	—	—	—	—	—	—	—	—	—	—	483	15.97

l/mm	20″-Sch. 10		20″-Sch. 20		20″-Sch. 30		24″-Sch. 10		24″-Sch. 20		24″-Sch. 30	
	Δl/mm	F/kN	Δl/mm	F/kN	Δl/mm	F/kN	Δl/mm	F/kN	Δl/mm	F/kN	Δl/mm	F/kN
4000	137	22.39	124	42.28	118	65.90	134	29.23	120	55.61	—	—
4500	160	20.07	146	38.01	139	59.41	157	26.14	141	49.85	—	—
5000	184	18.21	168	34.59	160	54.22	180	23.67	163	45.25	150	85.52
5500	206	16.56	189	31.48	180	49.36	203	21.52	184	41.15	168	77.83
6000	229	15.19	210	28.88	200	45.31	226	19.73	204	37.75	188	71.41
6500	252	14.02	231	26.69	221	41.88	249	18.22	225	34.86	207	65.98
7000	275	13.02	253	24.80	241	38.94	273	16.92	247	32.39	227	61.33
7500	298	12.16	274	23.17	262	36.39	296	15.80	268	30.24	246	57.29
8000	322	11.41	296	21.74	284	34.15	320	14.82	289	28.36	267	53.76
8500	345	10.74	318	20.47	305	32.18	344	13.95	311	26.71	287	50.65
9000	369	10.15	341	19.36	327	30.43	368	13.17	333	25.24	307	47.87
9500	393	9.62	363	18.35	349	28.86	392	12.49	355	23.92	328	45.38
10000	417	9.14	386	17.44	371	27.45	416	11.87	377	22.74	349	43.16
10500	441	8.71	409	16.62	393	26.17	440	11.30	400	21.66	370	41.13
11000	466	8.32	432	15.88	416	25.00	464	10.79	422	20.69	391	39.30
11500	490	7.96	455	15.20	439	23.94	489	10.32	445	19.80	413	37.61
12000	—	—	479	14.57	462	22.97	—	—	468	18.98	435	36.07

第五节 管道的防振设计

一、压力管道的振源种类

压力管道的振源多种多样，大致可以分为来自系统由身的和系统外的两大类。来自系统自身的主要有与管道直接相连接机器、设备的振动和管道流体的不稳定流动引起的振动；来自系统外的有风荷载、地震荷载等。一般而言，管道振动最常见的振源是机器的振动和管内流体的不稳定流动所引起的振动。

二、工厂中常见的振动问题及处理方法

1. 管道振动

目前石油化工厂管道振动有多种形式，大的振动将导致诸如隔热材料损坏、仪表指示错误、管道支架损坏、管道疲劳失效等问题。因此，预计管道有害振动时，应进行管道振动分析，以便进行设计将振动减到最小。

2. 振源

下列设备是主要振动源：往复式压缩机及往复泵进出口管道的振动；两相流管道呈柱塞流时的振动；水锤；安全阀排气系统产生的振动；风荷载、地震荷载引起的振动。

3. 管道防振方法

（1）往复式压缩机进出口管道 由压缩机制造商对管系进行详细的声学振动分析。防振

措施常采用增加压缩机缓冲罐的容积、局部加大管径、改变相关管道走向等。所有这些方法，取决于振动分析结果。

当脉动频率与管系机械固有频率重合或接近时，即使激发源很小，但由于共振，也将产生大的振动。为避免共振，使管系固有频率与脉动频率之比在下列范围之外，以确定管道支架跨距：

$0.8 < f/f_h < 1.2$（f 为脉动频率；f_h 为管系固有频率）。

（2）往复式泵的进出口管道　为使压力脉动最小（管道振源），缓冲器应与泵管口接近，管道支架跨距也是按声学固有频率与脉动频率不发生共振的原则确定的。

（3）减压比大于或等于 1.8 液体介质除外的减压阀周围的管道　采用低噪声的阀可减少振动带来的噪声，采用普通阀时，在阀下方设置 10 倍管内径的直管，阀四周的管道完全固定。

（4）安全阀出口管道　安全阀周围管道要完全固定，因为安全阀启跳引起的冲击力很大。

（5）常压或蒸馏装置从炉子到分馏塔的转油线　利用支架尽可能增加管道的刚性。因为激振源不能消除，首先进行管道柔性分析。然后进行管系的振动模态分析，此类管系的振动一般为低频振动，使管系的一阶振动频率大于 4Hz 即可避开共振。如果管系发生振动，常采用不限制管道热位移的减振器来减小振动。

三、振动管道支架的设计

① 支架应采用防振管卡，不能只是简单支承。
② 支架间距应经过振动分析后确定。
③ 支架结构和支架的生根部分应有足够的刚度。
④ 宜设独立基础，尽量避免生根在厂房的梁柱上。
⑤ 当管内介质温度较高，产生热胀时，应满足柔性分析的要求。
⑥ 支架应尽量沿地面设置。

四、往复式压缩机管系的振动分析及措施

1. 往复式压缩机管系的特点

往复式压缩机的工作特点是吸、排气流呈间歇性和周期性，因此不可避免的要激发进、出口管道内的流体呈脉动状态，使管内流体参数（如压力、速度、密度等）随位置及时间作周期性变化。这种现象称为气流脉动。脉动流体沿管道输送时，遇到弯头、异径管、分支管、阀门、盲板等元件将产生随时间变化的激振力，受该激振力作用，管系便产生一定的机械振动响应。压力脉动越大，管道振动的振幅和动应力越大。强烈的脉动气流会严重地影响气阀的正常开闭，减小工作效率，此外，还会引起管系的机械振动，造成管件疲劳破坏，发生泄漏，甚至造成火灾爆炸等重大事故。因此降低气流脉动是往复式压缩机配管设计的主要任务之一。

管道振动的第二个原因是共振。管道内气体构成一个系统，称为气柱。气柱本身具有的频率称为气柱固有频率。活塞往复运动的频率称为激发频率。管道及其组成件组成一个系统，该系统结构本身具有的频率称为管系机械固有频率。在工程上常把（0.8～1.2）f 的频率范围作为共振区。当气柱固有频率落在激发频率的共振区内时，发生气柱共振，产生较大压力脉动。管系机械固有频率落在激发频率的共振区或气柱固有频率的共振区时，发生结构

共振。因此配管设计必须避免发生气柱及结构的共振,即调整气柱固有频率和管系机械固有频率。

管道振动第三个原因是由于机组本身的振动引起。机组本身的动平衡性能差、安装不对中、基础及支承设计不当均会引起机组振动,带动管系振动。

解决往复式压缩机管系的气流脉动与管道振动问题,要从设计阶段着手,应用振动计算专用软件进行分析计算,将管道振动消灭在设计阶段。振动计算包括:气柱固有频率与气动传递特性的计算;压力脉动不均匀度沿管分布及谱分析;管系结构固有频率、振型分析、振幅及动应力计算。

2. 管道振动的机理与对策

管道系统之所以发生振动是因为管道系统上作用有周期性的激振力。此激振力通常源于管道内气体压力的脉动(或称波动)。对于端点安装往复式压缩机的管系,压力脉动是无法避免的,我们的任务是将压力脉动控制在一定的范围内,不使其产生有害振动。压力脉动在管道的转弯处或在截面发生变化处形成激振力。这些力在大小、方向以及相位上各不相同,作用在管道的弯头和变截面(如异径接头、阀门、三通等)处,激发管道作受迫振动。

压缩机管道系统内各点的压力脉动和振动取决于三个因素。

① 压缩机的参数:包括转速、活塞冲程、连杆长度、气缸直径、流量、压力、温度和缓冲器的容积等。

② 被压缩的介质的物理参数:包括分子量、绝热指数、温度和压力等。

③ 系统的几何配置情况:包括各管段的长度、外径、壁厚、走向;分支管的位置;阀门的安装位置及其重量;各辅助设备的位置、外形尺寸;各支承的设置位置和刚性等。

当上述三个因素确定之后,系统内各点的压力脉动和振动情况也就相应确定下来,由此可见,只要掌握计算气流压力脉动及管道振动规律,不难设计出使压力脉动和振动均控制在安全、经济范围内的优质管道系统。

3. 振动分析所使用的控制标准

往复式压缩机管系的振动分析应满足:美国石油学会 API 618 标准关于脉动控制要求,保证压缩机管系的气流脉动不超过允许值;根据美国普渡压缩机技术协会关于机械振幅要求,保证机械振动全振幅不超过允许值。

美国石油学会制定的 API 618 标准,从量上规定了对压力脉动和振动控制的设计要求。

① 当压力在 0.35~20.7MPa 之间时,压力不均匀度按下式计算:

$$\delta = 126.77/(pdf)^{1/2} \tag{9-6}$$

式中　δ——压力不均匀度;
　　　p——管内平均绝对压力,MPa;
　　　d——管道内径,mm;
　　　f——脉动频率,Hz。

② 脉动频率 f 按下式计算:

$$f = nm/60 \tag{9-7}$$

式中　n——压缩机转速,r/min;

m——激发频率的阶次。

管道因振动而损坏的可能性主要取决于振幅和频率,也就是取决于交变应力的大小和循环次数。对温度不超过370℃碳钢和低合金钢管道,设计疲劳强度不应超过50MPa。由压力脉动及其他荷载产生的综合一次应力不应超过管道的热态许用应力。

③ 根据美国石油协会API618的规定,缓冲器容积按下式计算:

$$V_s = 9.27V(kT_s/M)^{1/4} \tag{9-8}$$

$$V_d = V_s/R^{1/k} \tag{9-9}$$

式中　V_s——入口缓冲器的最小容积,m^3;

　　　V_d——出口缓冲器的最小容积,m^3;

　　　k——绝热指数;

　　　T_s——吸入侧绝对温度,K;

　　　M——气体分子量;

　　　V——与缓冲器相连的气缸每转排(吸)总净容积,m^3;

　　　R——气缸的级压比。

4. 管道压力脉动的控制措施

由于往复式压缩机间歇性和周期性吸排气,管道内流体必然呈脉动状态。进行压力脉动分析不可能完全消除压力的脉动,而是将其控制在允许的范围内[参见式(9-6)]。

压力脉动的控制措施如下。

① 首先要进行气柱固有频率的计算,使气柱固有频率(至少前三阶)与活塞激发频率错开,从而避开气柱共振。影响气柱固有频率的因素除介质的组分外有缓冲器的尺寸与位置、管径的大小、管系的分支的多少与位置、各管段的长度、孔板及其安装位置、各管段的端点条件等。

② 合理设计缓冲器并安装在尽量靠近气缸的位置。缓冲器是最简单而有效的消振措施。它能使缓冲器后面的管道内的气流变得缓和,其作用与柔性分析中的补偿器相似。要达到理想的减振效果,缓冲器应有足够的容积[可参照式(9-8)确定]。缓冲器有两种形式:一种是简单的无内件的缓冲器,另一种是有内件滤波型缓冲器。采用内件滤波型缓冲器可以更有效地控制缓冲器后的管道内的压力脉动,适当减少缓冲器的容积,但同时会增大阻力降。缓冲器的安装应尽量靠近气缸,对上进气下排气的压缩机,入口缓冲器应布置在气缸上方,并尽量靠近气缸。出口缓冲器应布置在气缸的正下方并尽量靠近气缸。

③ 合理的增设消振孔板。在容器的入口处加装适当尺寸的孔板,可以将该管段内的压力驻波变成行波,使管道尾端不再具有反射条件,从而降低了压力不均匀度,达到减轻管道振动的目的。加装消振孔板同时又产生局部阻力损失,所以压缩机制造厂在确定缓冲器容积时一般不应考虑加装孔板,但当缓冲器容积过大无法制造安装时,也可考虑加装孔板,同时需对孔板的局部阻力损失进行核算。

消振孔板的孔径比要经压力脉动计算确定,一般孔径比为0.43～0.5,孔板厚度为3～5mm,孔板内径边缘处必须保留锐利棱角,不得倒角,否则效果要降低。孔板太厚会增大局部阻力损失,并产生噪声。孔板的材料与管道相同。孔板的形式与法兰的密封面相适应。消振孔板通常安装在缓冲器的进出口管口处。

④ 设置集管器。并机运行的管道在汇合处脉动量会相互叠加,叠加的结果,有时相互抵消,有时相互加强,这就要看投入运行的压缩机的曲柄错角,如果相位一致则加强,相位相

反则减弱。为避免在多机汇合处产生过大脉动值，在汇合处设置集管器，其尺寸太小不影响缓冲作用。集管器的设计原则是：集管器的通流面积，应大于所有进气管通流面积总和的3倍。

⑤ 控制管系各管段的压力脉动值，使其不超过式(9-6)的计算值。当主管道上的压力不均匀度超标时，首先核算缓冲器容积，缓冲器容积不够时，加大缓冲器容积，如果缓冲器已制造完毕或缓冲器太大难以制造时，采取加装消振孔板方法。当分支管（如跨线、放空线等）脉动值超标时，可适当加大该管管径或在该分支的适当位置加装孔板。如果该分支的末端为盲板或关闭的阀门，应考虑改变该管段的长度。

在整个管系脉动值都控制在允许的范围内后，再进行管系结构振动的计算，将机械振动的振幅和动应力控制在允许的范围内。

5. 管道振动的控制措施

① 进行管系的机械固有频率计算，使机械固有频率（至少前三阶）与活塞激发频率错开并与气柱固有频率（至少前三阶）错开。通常对于中、低压管道（$p \leqslant 8\text{MPa}$），管道机械固有频率不低于 24Hz；对高压管道（$p > 8\text{MPa}$），管道机械固有频率不低于 28Hz。

② 在管道柔性分析满足的前提下，应尽量减少转弯，因为过多的转弯会减小管系的刚度，使管系的机械固有频率降低，并且在弯头处产生激振力，从而发生振动。

③ 支架应采取防振管卡，而不能只为承重或止推。因为防振管卡可以约束 X、Y、Z 三个方向的线位移，对直径较小的管子甚至可以约束 RX、RY、RZ 三个角位移，而承重或止推架却只能约束一个方向的线位移。为保证管道与管卡充分接触，在管卡与管道之间垫石棉橡胶板。

④ 支架的间距应满足最小频率的要求。

⑤ 管道应尽量沿地面敷设，便于设置支架，管道过高则支架难以生根，同时支架的刚度很难保证。支架的刚度可参照表 9-16。

表 9-16 支架的刚度

支架高度/m	K_x/kN·m^{-1}	K_y/kN·m^{-1}	K_z/kN·m^{-1}	K_{rx}/kN·m·rad^{-1}	K_{ry}/kN·m·rad^{-1}	K_{rz}/kN·m·rad^{-1}
$\leqslant 1$	1×10^7	1×10^7	1×10^7	1×10^4	1×10^4	1×10^4
1~2	1×10^6	1×10^6	1×10^6	5×10^3	5×10^3	5×10^3
2~3	1×10^5	1×10^5	1×10^5	1×10^3	1×10^3	1×10^3
3~4	5×10^4	5×10^4	5×10^4	5×10^2	5×10^2	5×10^2
4~5	1×10^4	1×10^4	1×10^4	1×10^2	1×10^2	1×10^2
5~6	5×10^3	5×10^3	5×10^3	5×10^1	5×10^1	5×10^1
> 6	4×10^3	4×10^3	4×10^3	3×10^1	3×10^1	3×10^1

对于较高的支架宜采用框架结构，单根立柱刚度较小。

⑥ 为防止机组的转动不平衡力引起管系振动，进出口缓冲器要有牢固的支承，靠近压缩机的管段的支架应重点考虑。

⑦ 在阀门等集中质量处应加支架，因为集中质量处振动频率低。

五、固有频率与激振频率

① 共振区域（图 9-68）：通常 ω_0 应避开 $0.8\omega_1 \sim 1.2\omega_1$ 的区域，在工程中最好避开 $0.5\omega_1 \sim 1.5\omega_1$ 的区域，这样振幅较小。

② 通常 ω_0 应在 ω_1（压缩机的吸入或吸出频率）的 1.2 倍以上。设计时最好控制 ω_0 在 ω_1 的 1.5 倍以上。

③ 激振频率：

$$\omega_1 = \frac{n}{60} \times 缸数 \times 单（双）作用 \quad (Hz)$$

式中　n——压缩机转速，r/min。

六、气体的压力脉动

往复压缩机的活塞在气缸中进行周期性往复运动，引起吸排气呈间歇性和周期性，管内气体压力不但随位置变化，而且随时间作周期性变化，这种现象称为气体压力脉动。压力脉动的大小通常用压力不均匀度来衡量。压力不均匀度 δ 的表达式如下：

■ 图9-68　固有频率与激振频率

β—放大因子；ω_0—固有频率（角频）；
ω_1—激振频率（角频）

$$\delta = \frac{p_{max} - p_{min}}{p_0} \times 100\%$$

式中　p_{max}——不均匀压力的最大值（绝压），MPa；
　　　p_{min}——不均匀压力的最小值（绝压），MPa；
　　　p_0——平均压力（绝压），$p_0 = (p_{max} + p_{min})/2$，MPa。

七、两相流介质呈柱塞流时引起的管道振动分析及其设计

在解决这类管道的机械振动时，主要是从管道布置和工艺操作两方面来进行。例如，对饱和蒸汽管道，每隔一段距离要进行一次疏水，及时排出凝结水，从而杜绝两相流动的出现；对于减压转油线，在它的两相流段尽量不拐弯、不缩径、不设节流元件，并使它沿介质流向呈一坡度设置，使汽、液两相介质分层流动，可避免激振力的产生。对于这类有潜在振动可能的管道，作为防振措施尽量不要采用吊架，并尽可能将一般承重支架改为导向支架或管卡形式，必要时可设一些摩擦防振支架。

八、水锤引起的管道振动分析及其设计

水锤产生的管道机械振动而造成管道破坏的主要原因是振动初始值引起的较大振幅或力幅，因此工程上解决水锤的问题主要从以下两方面入手。

① 从管道元件选型或工艺操作方面予以解决。例如，对大型泵出口管道上的止回阀，采用辅助液压缓闭型止回阀；流量调节时采用小流量长时间调节等。

② 加强管道支承，使管道获得足够的刚度，从而使水锤产生的管道最大振幅不超过允许值。在冲击力发生的方向或力的作用方向设置适当的止推支架，可防止较大的瞬时冲击力直接导致的管子破坏。

九、振动问题分析工程实例

工程实例一　某合成气压缩机振动问题及其处理

1. 背景

某油田技术改造项目共包括三组（6台）往复式压缩机。现场开车过程中，两台合成气压缩机及其附属管线产生较大振动。

2. 现场分析

通过对现场情况的分析和研究，确定了造成合成气压缩机工艺管线振动的主要原因。

① 压缩机缓冲罐容积偏小，缓冲效果不明显，导致气体介质压力脉动较大。

② 压缩机的相关管线管径偏小，导致气体流速过大，振动加剧。

③ 个别管架的结构形式和生根位置存在不合理之处。

3. 采取措施

① 限制流速，降低压力脉动。首先应要减小振源振动，在压缩机管道的适当位置安装减振孔板，并对振动较大的管线进行局部扩径，以降低气体介质的流速。

② 优化管线走向，增加管线刚度。压缩机进出口管线存在一些补偿弯，导致管系柔性增加，不利于减振。对各级进出口管线进行了应力分析，在保证压缩机管口荷载不超出允许值的前提下，对压缩机某入口管线采取扩径措施，尽量减少弯头数量，使压缩机进出口管线短而直，由于采用直管连接能减少气体流向的变化，降低因气流方向改变而转变为振动的机械能，从而起到减振的效果。

③ 合理选择管架生根位置，增加管架刚度。现场发现部分管架生根在钢结构上，而钢结构又与厂房结构连为一体，这样振动很容易通过钢结构传递给其他不发生振动的管线甚至整个压缩厂房。针对以上问题，将管架改为在地面上设置的，有独立基础的支架，选择较大截面积型钢，重点位置的减振支架增加斜撑以增强刚度，达到了很好的抑振效果。

④ 管系动态分析，避免共振现象。用 Caesar Ⅱ 软件对全部压缩机管线系统进行了分析，计算出了管道系统的各阶频率，并且通过对管道走向、管架位置和形式的调整与优化，使整个管系各阶频率大于激振力频率的 1.5 倍，并满足了不等于激振力频率整数倍的要求，避免了共振现象的出现。

工程实例二 某石油化工总厂循环氢压缩机入口管线减振分析

现场检查发现，某石油化工总厂循环氢压缩机入口管线从入口分液罐到催化剂分离器间管线及分离器出口段架空管线振动较大，且带动与其相连的设备和立柱一起振动。为解决此振动问题，需进行管道系统气流脉动和机械振动控制的计算与研究，以达到安全运行的目的。

1. 气柱固有频率分析

往复式压缩机的管流速一般都比较低（4~20m/s），与气体的声速相比（空气常温下为340m/s）可以略去不计，把管内所含有的气体视作静止的，称为气柱，气流脉动共振现象发生在激发频率与气柱固有频率相重合的时候，所以，欲避开气流脉动共振，需确定管系气柱固有频率。

管系气柱是多自由度的振动系统，它有许多阶固有频率。气柱固有频率取决于系统内的介质参数以及管系尺寸、器件和管系的几何配置。在压缩机端，气柱受到持久的周期性激发作用。激发频率也存在着若干阶，这些阶的激发频率若有一个与气柱固有频率重合，就会引起气柱共振。此时管流脉动激烈。做到任何一阶都不重合常常会遇到很大困难，通常要求避开一阶、二阶或更高一阶固有频率的共振，以便把脉动控制在允许的范围内。工程上规定，激发频率与气柱固有频率的比值，若在 0.8~1.2 范围内，脉动都是大的，称此范围为共振区。

转速为 333r/min，激发主频率的共振区为 8.88~13.32Hz，要求气柱固有频率的前三阶应避开激发主频率的共振区。

计算结果表明（过程略）：前三阶气柱固有频率分别为 2.89Hz、10.48Hz、13.28Hz，第二、三阶频率落在激发主频率的共振区。要想避开，必须采取修改管道走向或加缓冲器、孔板等措施。缓冲器容积加大到 $0.69m^3$ 时，前三阶气柱固有频率分别为 $2.16Hz$、$7.5Hz$、$8.7Hz$，都避开了主频率的共振区。

2. 气流脉动分析

过大的气流脉动会引起管道的机械振动。消减气流脉动的方法是比较多的，可以根据实际情况，按 API618 标准衡量原管系的压力脉动值是否在允许范围内，并采取相应措施。

改变缓冲器的容积是最简单有效的消振措施，但容积大小要合标准，安装位置要足够靠近气缸，才能使后继管线气流足够平稳，达到 API618 标准。如果增设孔板，则孔板计算要精确，安装位置要恰当，还应计算孔板阻力损失，使损失在允许范围内。如果条件允许，采取适当改变管径、增加支管等措施也是行之有效的。

入口管系压力脉动不均匀度计算值最大点与 API 标准允许值的比较见表 9-17。

表 9-17 入口管系压力脉动不均匀度计算值最大点与 API 标准允许值比较（一）

管内径/mm		一阶 5.55Hz	二阶 11.1Hz	三阶 16.65Hz	四阶 22.2Hz	五阶 27.75Hz	六阶 33.3Hz
100	计算						0.07
	API 标准	2.86	2.03	1.65	1.43	1.28	1.17
150	计算	0.46	3.84	0.35	0.31	0.14	
	API 标准	2.34	1.65	1.36	1.17	1.05	0.95

计算结果表明：二阶主频下压力脉动值超过 API 标准，主要是由于入口缓冲器的容积较小，为 $0.196m^3$，而设计计算值为 $0.69m^3$。如果修改管系后仍有振动时应加大缓冲器的容积。缓冲器的容积为 $0.69m^3$ 压力脉动不均匀度计算结果见表 9-18。

表 9-18 入口管系压力脉动不均匀度计算值最大点与 API 标准允许值比较（二）

管内径/mm		一阶 5.55Hz	二阶 11.1Hz	三阶 16.65Hz	四阶 22.2Hz	五阶 27.75Hz	六阶 33.3Hz
100	计算			0.16	0.12	0.06	0.05
	API 标准	2.86	2.03	1.65	1.43	1.28	1.17
150	计算	0.18	1.25				
	API 标准	2.34	1.65	1.36	1.17	1.05	0.95

计算结果表明：压力脉动值均符合 API 标准。

3. 机械振动分析

气流脉动的压力波动力与压缩机运行时的作用力和惯性力都影响着管道振动，同时管道的布置和支承情况也直接影响着管道振动，在脉动控制研究中显然已把脉动值控制在允许范围内，但如果管道的走向不当、支承间距不当或支承设计不合理，即使气流脉动不大，也同样会引起危险的管道振动。

机械系统有其本身的固有频率，当这些频率的某一阶或几阶与激发频率接近时，会发生机械共振现象，此时，管道振动较大。

另外，还应注意气柱系统固有频率与机械系统固有频率是否重叠的问题，研究工作的任务是使两者与激发频率在前几阶不重合。

从管道振动的观点看，对管系施加恰当的约束可以调整其机械固有频率，使机械固有频率与激振力频率不重合，支承要有足够的刚性以便控制残留的激振力所引起的振动。较低频率的振动模态是由管道的横向振动组成的，故在支承有足够刚度的基础上。在管道的径向不应有任何间隙,但应允许管道在轴向有位移的可能。

在管道的布置上,有集中质量(阀、法兰)等的部位应注意适当支承。另外在弯头、异径管等存在激振力的部位,约束应尽量靠近这些地方,即使对于直径较小的管道也有避免长距离无支承或悬吊的情况。在管道缓冲器上的阀或仪表等,也应将其支承在母管或容器上,目的是为了防止这些元件一起振动时,形成不同的振动而导致破坏应力产生。避免将分支上的阀或仪表等支承在振动物体上,因为两者振动不同会产生附加动应力。

管道跨距对于不同的管道配置是不同的,以保证每一管道在结构上具有合适的局部固有频率。为了增加管卡的阻尼,可使用少许可以压缩的衬垫材料,如石棉橡胶等材料,确保管卡与管道充分接触,在管的径向没有任何间隙。

根据压缩机的转速,计算的激发主频(二阶)为11.1Hz,共振区的频率范围(0.8~1.2)f为8.88~13.32Hz。设计的原则应使压缩机的进出口管系的结构固有频率至少前三阶避开激发频率共振区的频率范围。

下列数据是对压缩机入口管系的前十阶固有频率的计算结果:7.48Hz、16.05Hz、20.14Hz、25.87Hz、26.75Hz、26.87Hz、29.14Hz、29.30Hz、32.13Hz、32.17Hz。通过观察管系的各阶振动模态可知,在7.48Hz、16.05Hz下的振动模态为架空管线振动,与现场观察的振动情况相同,而此几阶频率正好落在前三阶激振频率的共振区内,故应对管系的结构进行修改。

上述分离器出口架空管线振动的主要原因是用来支承的立柱的刚度较低,由于管线较高(EL+7000),立柱的刚度设计很难满足要求。故必须将此架空管线修改为沿地面敷设,在地面设管墩支承。

修改后的管系固有频率计算如下:20.08Hz、24.95Hz、25.49Hz、26.24Hz、26.88Hz、29.30Hz、32.15Hz、32.17Hz、32.18Hz、32.23Hz。

前几阶频率都完全避开了激振主频的共振频率区。

4. 推荐方案要点

通过上述分析可知,循环氢压缩机入口管线产生振动的主要原因有:用来支承立柱的刚度太小,无法满足防振的设计要求;入口缓冲器的容积较小,抑制气体压力脉动效果差。针对上述情况需进行如下修改:将分液罐出口架空管线改为沿地敷设,标高从6000mm降到500mm左右,竖直管线在适当处增设支架;将入口缓冲器的容积加大至0.69m^3(原来为0.196m^3,出口缓冲器容积是0.196m^3)。

第六节 管道的抗震设计

一、地震中管道损坏的特点

地震对管道造成损坏是严重的,损坏的程度受多种因素的影响,如震级、地质、管道材料、管道敷设方向与地震波传播方向的相对关系、连接结构形式等。

1. 地下管道

① 地震烈度:地震烈度大,管道损坏严重,震中损坏大。烈度在8度以下钢管道基本不发生明显损坏,烈度8度时出现小直径钢管道断裂,9度以上大直径钢管损坏。

② 地基:地基密实、均匀性好,管道的抗震力强。

③ 敷设方向:与地震波传播方向一致的管道破坏严重。

④ 管道材料:脆性材料的管道地震中易损坏。

⑤ 连接结构：螺纹连接、主支管交接处损坏严重，焊接结构抗震性好。
⑥ 振动方向：管道基础不均匀下沉和垂直方向（竖向）震动严重的位置，管道开裂、折断严重。

2. 地上管道

工业管道很多都是架空敷设的，管道的支承有框架、支柱支承、单杆支承，也有借助相邻近构筑物、设备实现支承的。处于与地震波传播方向垂直的管线损坏比较严重，震后出现支柱损伤、倾倒，轻型浅埋支架倒塌，管道滑落地面，有的落地管段出现波形曲线。

3. 地震烈度与管道损坏程度

按 MSK—1992 国际上公认的地震烈度标准《欧洲地震烈度表》，管道在不同地震烈度时的损坏情况大致如下。

① 地震烈度为 6 度——架空管道在管架上位移不明显，在土质条件差的区段有支墩倾斜。

② 地震烈度为 7 度——在个别情况下沿地上钢管道（公称直径 100~150mm，柔性）纵轴平面出现明显屈曲，管道在管架上位移，但没有破坏；地上管道混凝土和少筋钢筋混凝土支墩上出现裂纹，管道非刚性接口损坏，石棉水泥、混凝土和陶瓷管道破坏。

③ 地震烈度为 8 度——钢筋混凝土支墩出现裂缝，混凝土支墩明显损坏，在许多管段出现浅埋柱式支架倾斜、下陷和塌落，个别情况出现管道从管架滑落，沿地柔性钢管出现纵向屈曲。

④ 地震烈度为 9 度——大部分混凝土或钢筋混凝土支墩破坏或明显破坏，支架损坏、管道滑落，地面钢管发生纵向屈曲。

⑤ 地震烈度为 10 度——架空管道大量破坏，地下干线管道破坏。

⑥ 地震烈度为 11 度——架空管道完全破坏，地下管道大量破坏，地面钢管明显破坏。

⑦ 地震烈度为 12 度——架空管道完全破坏，所有地下管道破坏或损坏，地面钢管道大量破坏。

二、抗震设计应注意的问题

为达到抗震的目的，应注意以下问题。

① 管件、阀门等管道组成件宜采用钢质制品。

② 管道的补偿器宜采用非填料函式补偿器（如 U 形补偿器、波形补偿器等）。有填料的补偿器一旦出现过大的变形时易产生泄漏，导致次生性灾害。提高变形性能的伸缩段结构如图 9-69 所示。采用伸缩段吸收轴向变形要考虑垂直方向管道位移引起的附加荷载。

③ 管道与储罐等设备的连接应具有柔性。

④ 管道穿过建、构筑物时应加套管，管道与套管之间应填塞软质不可燃材料。

⑤ 自力跨越道路的拱形管道应有防止倾倒的措施。设防烈度为 8 度、9 度时，不应采用自力跨越道路的拱形管道。

⑥ 管架上应设有防止管道侧向滑落的措施。

⑦ 铺设在港口码头、引桥上的管道应有防止管道被水浮起、冲落的措施。

⑧ 沿立式设备布置的竖直管道和采用吊架吊挂的管道应合理设置导向支架。

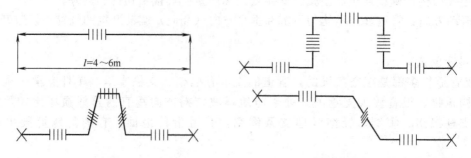

■ 图 9-69　伸缩段（带有无保护外套的波纹伸缩节）

三、管道的抗震验算

1. 应进行抗震验算的管道（表 9-19）

表 9-19　管道抗震验算条件

管　道　级　别	公称直径/mm	介质温度/℃	设防烈度
SHA 级中毒性程度为极度危害	80~125		9
	>125		8、9
SHA 级中毒性程度为非极度危害，SHB/SHC 级	≥200 且 <300	≥300	9
	≥300	≥200	
	≥500 且 ≥0.8 倍设备直径		
	≥800		
SHE 级	≥300	≥370	9

注：管道级别按照 SH 3059—2001《石油化工管道设计器材选用通则》进行划分。

2. 管道抗震验算

管道的抗震验算，仅考虑水平方向的地震作用，不考虑竖直方向的地震作用，并分别对水平面内两个主轴方向进行验算。

管道水平地震作用按下式计算：

$$q = \alpha_1 mg$$

式中　q——管道水平地震作用，N/m；
　　　α_1——与管系基本自振周期相对应的水平地震影响系数；
　　　m——管道每米长度的质量，kg/m；
　　　g——重力加速度，取 $g=9.81 \text{m/s}^2$。

水平地震作用与由压力、重力等持续荷载所引起的管道纵向应力不得大于管道在计算温度下许用应力的 1.33 倍（对于 SHA 级中毒性程度为极度危害的管道，取 1.2 倍）。

进行抗震验算时，不考虑风荷载的作用。

四、管道柔性设计和防震设计的关系

管道的柔性设计是保证管道有足够的柔性以吸收由于热胀冷缩及端点位移产生的变形。防震设计是保证管系有一定的刚度，以避免在干扰作用下发生强烈振动。管道的布置及支架设置在满足柔性设计的要求同时还要满足防震设计要求。

第七节 计算机辅助应力分析工作程序

计算机辅助应力分析工作程序如图 9-70 所示。

■ 图 9-70 计算机辅助应力分析工作程序

第八节 Caesar Ⅱ 的工程应用

一、输入和建模

① 交互式图形输入,用户可直观地查看模型,Caesar Ⅱ 支持单线图、双线图、线框图

和实体图。

② 在线帮助对输入区域提供了方便的、相关的信息。

③ 约束类型包括是否有附加位移的固支；单向或双向作用的平动、转动；双线性作用的平动；导向和限位架；带摩擦的支承等。

④ 用户可修改材料数据库，包括随温度变化的许用应力。

⑤ 内置阀门库、弹簧库、膨胀节库和法兰库，允许用户扩展自己的库。

⑥ 钢结构建模，帮助用户建立边界条件，提供多种钢结构数据库。

⑦ 交互式的列表编辑输入格式，用户可查看和编辑多个单元数据，具有块编辑特性。

⑧ 用户完全控制如何计算和进行错误检查。

⑨ 玻璃纤维管 FRP 的建模和分析。

⑩ 自动的膨胀节建模，调用膨胀节供应商提供的数据库建立膨胀节的相关参数。

⑪ 其他的输入和建模包括：冷紧单元；弯头、三通应力强度因子 SIF 的计算；多任务批处理功能；英制/公制/国际单位制的转换，用户可定义自己的单位。

二、静态分析

CaesarⅡ进行静态分析时，通常使用软件推荐的荷载工况来满足管道规范应力要求。对于特殊情况，用户可改变荷载工况。增加或减少荷载工况。

CaesarⅡ允许分析管道和钢结构一体的复合模型，用户可得到管道-钢结构非线性作用计算和图形结果；涉及所有静力荷载，如管道自重、内外压力、温度、附加位移、预拉伸（冷紧）；可模拟各种形式的波纹膨胀节；提供多种设计规范，如 ASME B31.1、ASME B31.3；可计算风荷载、地震荷载。

弹簧设计选择程序，提供许多制造商的弹簧库。CaesarⅡ允许使用标准或扩充的荷载范围来选择弹簧，它根据建议的操作和安装位置，从弹簧制造商提供的弹簧库中选择合适的弹簧支架。

根据 ASCE#7 或用户自己定义的风压或风速数据自动作用和分析风荷载。

管口柔性和应力的计算程序包括如下内容。

① WRC297、API650 和 BS 5500 定义的管口柔性，根据 WRC297、WRC107 和 ASME Section Ⅷ Division2 计算管口和容器应力。

② 法兰泄漏及应力程序包括简单的法兰泄漏检查、根据 ASME B16.5 和 ASME Section Ⅷ Division1 计算应力、评估法兰荷载。

③ 设备荷载检查程序包括蒸汽轮机 NEMA SM23、离心泵 API 610、离心式压缩机 API 617、封闭式供水加热器 HEI 和空冷热交换器 API661 等标准。

三、动态分析

动态分析功能包括如下内容。

① 振型和自然频率的计算。

② 评价一个阻尼系统在谐振力或位移下的振动响应，以模拟机械和声学的振动。

③ 地震反应谱分析。

④ 力频谱分析，允许一般冲击荷载，如水锤、蒸汽锤以及安全阀泄放的计算，它可以把

随时间变化的荷载转变成对应的频率响应数据。

⑤ Caesar Ⅱ也可动态显示时程分析的结果。

⑥ 通过估计系统高频率模态响应来改善动态解的正确度。

⑦ 允许用户任意组合动态和静态荷载以合理地满足管道规范要求的临时荷载。

⑧ 安全阀荷载的合成和力频谱的计算，计算动态推力荷载和提高瞬态压力。

⑨ 从 LIQT 和 PIPENET 计算的结果可自动转变为 Caesar Ⅱ可使用的响应谱数据。

四、数据转换接口

Caesar Ⅱ提供了几个外部接口可以和其他软件进行数据转换。通过 Caesar Ⅱ主菜单的 Tools 选项可得到这些接口。选择 External interface 项可得到一些接口软件。其中包括 Intergraph 的 PDS。

Caesar Ⅱ提供的 Intergragh 接口程序能够把管系结构从一个 Intergragh PDS 核心文件转换成一个标准的 Caesar Ⅱ二进制输入文件，可转换的信息包括管道元件的走向、长度、直径、温度、压力、节点号，则可以形成管系的结构和各个节点的坐标。但根据 Intergragh PDS 提供的核心文件的紊乱程度，接口程序所做的一些假设有可能不正确，因此要求对作为结果的 Caesar Ⅱ输入文件进行一些修改。用户必须在 Caesar Ⅱ输入文件中加入所有节点的特性（约束、荷载、位移等），并有必要修改和增加材料特性、三通类型、约束详细资料、温度压力等。

五、Caesar Ⅱ的工程实例

下面是一个典型的泵入口管线的应力分析过程（图 9-71）。在节点 20 和 65 处只是一个承重架，从 Caesar Ⅱ计算的结果可以得出，在泵入口节点 5 和 85 上的荷载偏大（MY，FX）。现在节点 20 和 65 处各加一个导向架（X 向约束）（图 9-72），这时，从 Caesar Ⅱ计算的相应结果可以得出，在泵入口节点 5 和 85 上的荷载已经降了下来，这说明适当调整管架的形式可以降低设备口的荷载。

■ 图 9-71　PUMP-1

Job：F：\ COADE \ CAESAR Ⅱ \ PUMP-1

NODE	CASE	TYPE	FX	FY	FZ	MX	MY	MZ
			---- Forces(N.) ----			-- Moments(N.m.) ----		
5		Rigid ANC						
	1	OPE	1334.	624.	810.	−146.	1134.	−1553.
	2	SUS	−8.	−240.	0.	30.	−7.	3.
85		Rigid ANC						
	1	OPE	−1425.	287.	697.	−77.	−1219.	1666.
	2	SUS	14.	−246.	−2.	31.	10.	−3.

图 9-72　PUMP-2

Job：F：\ COADE \ CAESAR Ⅱ \ PUMP-2

NODE	CASE	TYPE	FX	FY	FZ	MX	MY	MZ
			---- Forces(N.) ----			-- Moments(N.m.) ----		
5		Rigid ANC						
	1	OPE	−585.	737.	841.	−169.	−119.	−1648.
	2	SUS	3.	−241.	−1.	30.	1.	4.
85		Rigid ANC						
	1	OPE	641.	421.	736.	−105.	130.	1766.
	2	SUS	−2.	−248.	−3.	31.	0.	−4.

第九节　管道应力分析和管道支吊架常用标准规范

① GB 50316—2000《工业金属管道设计规范》（2008年版）
② GB 50009—2012《建筑结构荷载规范》
③ SH/T 3041—2002《石油化工管道柔性设计规范》
④ SH 3039—2003《石油化工非埋地管道抗震设计通则》
⑤ SH 3059—2012《石油化工管道设计器材选用通则》

⑥ SH 3073—2004《石油化工企业管道支吊架设计规范》
⑦ JB/T 8130.1—1999《恒力弹簧支吊架》
⑧ JB/T 8130.2—1999《可变弹簧支吊架》
⑨ GB/T 12777—2008《金属波纹管膨胀节通用技术条件》
⑩ GB 150—2011《压力容器》
⑪ HG/T 20645—1998《化工装置管道机械设计规定》
⑫ GB 50251—2003《输气管道工程设计规范》
⑬ GB 50253—2014《输油管道工程设计规范》
⑭ DL/T 5054—1996《火力发电厂汽水管道设计技术规定》
⑮ SDGJ 6—2006《火力发电厂汽水管道应力计算技术规定》
⑯ ASME B31.3 Process Piping
⑰ ASME B31.1 Power Piping
⑱ ASME B31.4 Liquid Transmission and Distribution piping systems
⑲ ASME B31.8 Gas Transmission and Distribution piping systems
⑳ API 610 Centrifugal Pumps for General Refinery Services
㉑ API 617 Liquid Transportation System for Hydrocarbone, Liquid , Petroleum Gve, Anhydrone Ammonis, and Alcohols
㉒ NEMA SM-23 Steam Turbine
㉓ API 661 Air-Cooled Heat Exchangers for General Refinery Service

第十章 压力管道设计制图

第一节 压力管道设计制图的内容

压力管道设计的图纸主要包括下面几项。
① 装置设备平面、立面布置图。
② 管道平面、立面布置图,局部详图。
③ 管道支吊架图(包括标准支吊架和非标准支吊架施工图)。
④ 伴热设计的图纸。
⑤ 管道非标准配件制造图。
⑥ 轴测图。
⑦ 各种复用标准图。

在这里,主要介绍装置设备布置平面、立面图、管道布置平面图和轴测图(单线图)的设计制图。无论是使用 AutoCAD、Microstation 绘制,还是使用 PDS、PDMS、AutoPlant、SmartPlant 3D 三维管道模型辅助设计软件制图,所得的成品图的基本要求是一样的。国内 GB、SH、HG 等标准均有压力管道设计制图的有关规定,内容基本一致,许多同外大、中型石油化工工程公司的压力管道设计制图要求和我国基本相同。

第二节 压力管道设计常用图纸的幅面

图纸幅面(图 10-1、表 10-1):按国家标准(单位:mm)为 A0(841×1189)、A1(594×841)、A2 (420×594)、A3 (297×420)、A4 (210×297) A5(148×210)。

表 10-1 图纸幅面 (摘自 GB 14689—2008)   mm

幅面代号	0	1	2	3	4	5
$W \times L$	841×1189	594×841	420×594	297×420	210×297	148×210
c	10				5	
a	25					

设备、管道布置图图幅应尽量采用 A0,比较简单的也可采用 A1 或 A2。同区的图应采用同一种图幅。图幅不宜加长或加宽。

■ 图 10-1 图纸幅面

第三节 压力管道设计的图纸比例

一、装置设备布置图的比例

在石油化工行业，装置设备布置图常用比例为 1∶100，也可以用 1∶200 或 1∶50，视装置的设备布置疏密情况而定。

二、管道布置图的比例

管道布置图的比例，通常根据装置的占地大小与设备尺寸、管径的不同以及管道的多少等决定。

对于石油炼制、石油化工、化工装置等（露天布置的设备）用 1∶30，也可采用 1∶25 或 1∶50 比例绘图。

对于油罐区设备及其他大型设备用 1∶50、1∶100、1∶300 比例绘图。

对于食品工业装置、制药装置及试验装置等小型设备（室内布置的设备）用 1∶20、1∶30 比例绘图（国际上通常采用 1∶33⅓ 的比例）。

同区的或各分层的分张绘制的有关图纸，应采用同一比例，遇到设备小、管道密集处可增绘放大图。

三、轴测图的比例

轴测图可以不按比例画，图形不过分失真，宜大体成比例。

四、使用 AutoCAD 实现图纸比例的方法

① 使用 AutoCAD 画图，经常使用的是 1∶1 绘制，即 AutoCAD 中的 1 单位代表 1mm（地下管道跨度比较大，常使用 1∶1000 绘制的，即 AutoCAD 中的 1 单位代表 1m），在这里称为绘图比例 1∶N。

② 标准压力管道的工程项目图框按 1∶1 做成 AutoCAD 的图块。例如 A0 图框，已经在 AutoCAD 中按照 841（单位）×1189（单位），做成标准图块。

③ 如果使用 1∶M 出图，只要把标准图框的 AutoCAD 的图块放大 M 倍后，插入 AutoCAD。在插入后的图框内，按照 1∶1 绘制压力管道的管子、阀门及其他元件。在打印时选用 1∶M 出图。这样，就实现了按照 1∶M 比例压力管道图纸的设计。

④ 电子文档的标注样式、线型比例、文本高度等要按照 1∶M 的比例进行设置，保证出

图后,可以清晰地显示。例如,准备设计 1：M 的压力管道图纸,要输入的文本高度由下面公式计算。

输入高度=成品图纸上文本高度×M

如要求成品图纸上文本高度为 3mm,出图比例为 1：50,则输入到电子文档中的文本高度应为

$$3 \times 50 = 150 \text{mm （AutoCAD 单位）}$$

第四节 装置设备布置图的设计

一、装置设备平面图的设计

这里主要介绍石油化工装置设备布置图的画法。

① 装置布置图中标注的标高、坐标以米为单位,小数以下至毫米为止。其余的尺寸以毫米为单位,只注数字,不注单位。采用其他单位标注尺寸时,应注明单位。

② 设备布置图一般只绘平面图。对于较复杂的装置或有多层建、构筑物的装置,可绘制剖视图,以表达清楚。

③ 在标题栏的正上方列一设备表,便于识图。

④ 在绘制平面图的图纸的右上角,应画一个与建筑图的制图北向一致的方向标。

⑤ 多层建、构筑物,应依次分层绘制各层的设备布置平面图。如果在同一张图纸上绘制几层平面时,应从最低层平面开始,在图中由下至上或由左至右按层次顺序排列。

⑥ 按土建专业图纸标注建筑物和构筑物的轴线号及轴线间尺寸。按建筑图纸所示位置画出门、窗、柱、楼梯、操作台、下水箅子板、管沟、明沟、散水坡等。画出平台及其梯子。画出围堰。画出复杂大型机械设备的基础。画出吊车轨。建、构筑物的轴线和柱网宜按整个装置统一编号。通常横向用阿拉伯数字从左向右顺序编列,纵向用大写英文字母从下向上顺序编列,其中 I、O 和 Z 三个字母不使用。由于管廊在装置内是最长的构筑物,因此通常先编管廊的柱线号,然后再编其他建筑物和构筑物。

⑦ 画出厂内道路。辅助间和生活间应写出各自的名称。

⑧ 画出设备、机、泵等规格表中列出的全部设备,但小型的不设基础的设备如小过滤器、阻火器、汽水分离器、混合器等可不绘出。

⑨ 用虚线按比例画出表示预留的检修场地(如换热器管束抽出场地,过滤器滤网抽出场地,压缩机活塞抽出检修所需的场地,某些大型机械检修时放置拆卸下来的机壳转子及主要部件的场地)。

⑩ 非定型设备可适当简化外形,包括附属的操作台、梯子和支架。卧式设备,应画出其特征管口或标注固定侧支座。

⑪ 动设备可画基础,表示出特征管口和驱动机的位置。

⑫ 在设备图形的中心线上方标注出设备位号。

⑬ 设备的类型和外形尺寸,可根据工艺专业提供的设备数据表中给出的有关数据和尺寸。如设备数据表中未给出有关数据和尺寸的设备,应按实际外形简略画出。

⑭ 设备的平面定位尺寸尽量以建、构筑物的轴线或管架、管廊的柱中心线为基准线进行标注。不宜以区的分界线为基准线标注尺寸。也可采用坐标系进行标注定位尺寸。

⑮ 定位基准。

a. 卧式设备和换热器以中心线和靠近柱轴线一端的支座为基准。

b. 立式反应器、塔、槽、罐和换热器以中心线为基准。

c. 离心式泵、压缩机、鼓风机、蒸汽透平以中心线和出口管中心线为基准。
d. 往复式泵、活塞式压缩机以缸中心线和曲轴（或电机轴）中心线为基准。
e. 板式换热器以中心线和某一出口法兰端面为基准。
⑯ 设备的标高。
a. 卧式换热器、槽、罐以中心线标高表示（CL EL ××××）。
b. 立式、板式换热器以支承点标高表示（POS EL ××××）。
c. 反应器、塔和立式槽罐以支承点标高表示（POS EL ××××）。
d. 泵、压缩机以主轴中心线标高（CL EL ××××）或以底盘底面标高（即基础顶面标高）表示（POS EL ××××）。
e. 对管廊、管架则应注出架顶的标高（TOS EL ××××）。

写上附注。附注的内容包括相对标高±0.000与绝对标高的关系、需要特别说明的事项、有关图纸档案号等。

二、装置设备立面图的设计

① 画出设备平面图剖切符号范围内所有的设备及建筑物。
② 建、构筑物的立面或剖切面应参照土建专业图纸并适当简化，但应画出建、构筑物的梁柱、门、窗、平台、斜梯、直梯、斜撑、栏杆、吊车轨、设备机泵的基础、围堰等。
③ 塔及立式容器的分层平台及梯子也应表示齐全。油罐、圆筒炉及其他圆筒形设备上的盘梯应基本按投影画出。空气冷却器应画出构架。
④ 立面图只标注标高，特殊情况下才标注尺寸。需要标注标高的地方有地面、厂房和构架的分层面、平台面、吊车轨顶、建筑物的檐口、设备机泵等的基础面或支座顶面、卧式圆筒形设备及大型管道的中心、立式圆筒形设备的最高点（通常为顶部管口的法兰面或上端封头切线）、立式设备及支耳底面或其支架的顶面、烟囱上口、管架的梁顶、空气冷却器构架顶部（管束底部）等。
⑤ 与设备平面图一样标注设备编号。在每一个立面图下面标注剖切编号。
⑥ 写上必要的附注。

三、装置设备布置图常用图例

装置设备布置图的图例可以参考 SH/T 3052—2004《石油化工配管工程设计图例》。在此仅列出一些常用图例供参考。对于管道布置图，可根据实际需要派生。在绘制设备布置图时，应按设备的实际外形轮廓线绘制。
① 容器（表10-2）。
② 加热炉（表10-3）。
③ 换热器（表10-4）。
④ 转动机械及其他（表10-5）。

第五节　管道布置平面图的设计

一、管道布置平面图设计的一般要求

① 管道布置平面图应按比例绘制。

表 10-2 容器图例

条号	名称	顶视		侧视		备注
1	塔式容器	塔体无变径	塔体变径			
2	立式容器					
3	悬挂式容器					
4	卧式容器					
5	箱式容器					
6	球形容器					
7	旋风分离器					

表 10-3 加热炉图例

条号	名称	顶视	侧视	备注
1	圆筒炉			
2	卧式炉			

表 10-4 换热器图例

条号	名称	顶视	侧视	备注
1	浮头式换热器			
2	固定管板式换热器			
3	重沸器			
4	空冷器			

表 10-5　转动机械及其他设备图例

条号	名　称	顶　视	侧　视	备　注
1	泵			
2	压缩机(往复式)			
3	桥式吊车			

② 画出装置区内所有的建、构筑物，表示出梁柱、门、窗、墙、平台、梯子、斜撑、栏杆、吊车轨、设备机泵的基础、围堰等的位置及大小。建、构筑物的纵横向轴线最好按整个装置统一编号。

③ 画出装置区内所有的设备机泵并定位，对于复杂的大型机泵最好画出其大致的轮廓外形，设备的管口应以双线表示。为了便于判断管道布置图和平台梯子的位置是否合理，最好将设备的仪表管口、塔顶吊柱、设备上的附属装置（如搅拌装置、加料装置等）画出。

④ 画出装置区内所有的管道走向及其所有组成件（包括焊接在管道上的所有仪表元件）的位置，表示出组装焊缝的位置。伴热管只画出伴热蒸汽分配站和凝结水收集站（如果项目有要求，则可以在管道布置平面图上和轴测图上表示出伴热管的走向和起止点）。大型复杂的特殊阀门宜画出其大致轮廓外形。

⑤ 画出就地安装的仪表箱，但不需要标注定位尺寸。

⑥ 标注出管线号（管线号一般包括管径、介质类别、材料选用等级、管道编号、隔热、伴热等信息）、坡度、流向等。这些标注应整齐有序，适当集中，便于查找。

⑦ 若平面图太复杂，可将图纸分层，分别画出。

a. 当塔与管廊连接时，塔和管廊应表示在同一张图上。

b. 当设备布置在管廊下时，应将设备与管廊分开表示在不同的平面图上。

c. 大型压缩机除主管外，有许多小口径管道（油管、排放管等），这时，应将这些小口径管道另外出图。

d. 人工操作的管道部件应与其操作平台一起表示。

图 10-2 所示为平面图的划分。

⑧ 管道布置平面图上其他内容（北向标、管口方位表、标题栏、说明、文字的大小、线形大小等），应根据所在压力管道行业的制图标准规范或者所在单位的工程标准统一规范。

二、管道布置平面图设备的画法

① 设备的位置以设备中心线为准，根据该项目的总图条件来绘制。

■ 图 10-2 平面图的划分
—— 管廊上的管子与设备周围相关的管线表示在一起；
----- 管廊上的管线是分开表示的

② 基础外形、设备外形、框架、梯子、平台和管口均要在配管图中表示，对于泵等简单的转动设备可不必表示其外形。
③ 设备的保温需表示。
④ 设备截面的画法为周围剖面线、中间为空白表示。
⑤ 对于仪表、液位计的外形要表示，温度计仅表示管口。带有管道附件的压力计，如属于管道专业范围，该附件应表示口径和等级（或形式）。
⑥ 换热器或卧式罐上的放空和排净不需表示。
⑦ 泵上的仪表排净及放空不需表示。
⑧ 管口的管口号或管口名称应表示，与管道相连的管口要再图上标注角度和管口表上未表示的尺寸。
⑨ 平面图上可不表示平台栏杆。
⑩ 如果平台位置距管口太近，管口表示不清楚，这时应加一断面图。
⑪ 平台及楼面的标高应表示。
⑫ 设备位号应表示，且尽量沿中心线标注。
⑬ 当平面图上只表示设备的一个断面时，其标高应表示出在该平面图上所表示的此设备的范围。
⑭ 卧式换热器或储罐安装高度应在图中表示。
⑮ 管道布置平面图设备的画法实例如图 10-3～图 10-7 所示。

■ 图 10-3 垂直设备的画法

■ 图 10-4 卧式设备的画法

三、管道布置平面图构筑物的画法

1. 构筑物画法的一般要求

① 对于构筑物无论在图纸范围内还是外，均应用实线表示。

② 平台及楼面标高应表示。

③ 柱线号和柱间距在平面图上应表示，但立面图则不需表示（柱线号用 φ10mm 的圆表示）。

④ 柱线号应从图纸的正面看，水平书写。

第十章 压力管道设计制图

■ 图 10-5 箱式炉与加热器的画法

■ 图 10-6 圆柱形炉与加热器的画法

■ 图 10-7 空冷器的画法

⑤ 柱线号的数字或字母应与布置图一致（大小写字母应有所区别）。
⑥ 对于没有柱线号的简单的构筑物（如操作平台），柱子则不需表示。

2. 钢结构

① 基础外形、柱子、主梁及次梁均要表示。
② 斜撑的中心线应表示。
③ 梯子、台阶应表示。
④ 钢结构防火后的外形应表示出来。
⑤ 楼板用相交阴影线表示。

3. 混凝土结构

① 柱、梁及楼面的外形应表示。
② 断面用三条斜线表示。
③ 依据与参考线的距离来表示设备坑和油堤的位置，这些尺寸依据布置图来表示，除另有说明，墙的厚度不需表示。
④ 储油池、电缆沟和排污坑应在图上表示，但名称、尺寸及位置不需表示。
⑤ 楼层不需表示。

注意，当钢结构的一部分（如柱基础，设备平台等）超出了界区线，钢结构的整个外形应表示，不能有界区线切断。而与其他图纸相接的通道和横梁可以在界区线处断开。

4. 管道布置平面图构筑物的画法实例

构筑物的画法如图 10-8 所示。

■ 图 10-8　构筑物的画法

四、管道布置平面图的一般画法

① 重叠或交叉管线（图 10-9）。
② 剖面（图 10-10）。
③ 等级分界（图 10-11）。
④ 异径管（图 10-12）。
a. 同心异径管仅表示口径。
b. 底平的偏心异径管，口径前加"ECC"，顶平的偏心异径管，口径前加"ECC"，后加"(TOP FLAT)"。
⑤ 放空和排放（图 10-13）。

■ 图 10-9　重叠或交叉管线的画法

■ 图 10-10　剖面的画法

■ 图 10-11　等级分界的画法

■ 图 10-12　异径管的画法

(a) 管道上的放空和排放　　　　(b) 设备上的放空和排放

■ 图 10-13　放空和排放的画法

■ 图 10-14　软管站的画法

■ 图 10-15　冷紧的画法

(a) 钢楼面　　(b) 混凝土楼面

■ 图 10-16　穿楼面管线的画法

管道上的放空和排放，应将阀门的手柄方向以及放空、排放的类型及口径标在管线上，设备上的放空和排放需表示其类型、口径及等级。

⑥ 软管站（图10-14）。

软管站的位置（在总布置图上）及站号表示如下。

⑦ 冷紧（图10-15）。

⑧ 穿楼面的管线（图10-16）。

⑨ 带凸台的分支管线（图10-17）。

⑩ 用于安装温度计的凸台或接头（图10-18、图10-19）。

(a) 在平面图和立面图上表示　　　(b) 在轴测图上表示

■ 图 10-17　带凸台分支管线的画法

■ 图 10-18　用于安装温度计的凸台或接头的画法（一）

■ 图 10-19　用于安装温度计的凸台或接头的画法（二）

⑪ 补强板（图10-20）。

对于补强板，应表示口径"$\phi \times t$"，并在前面加"STP"。

■ 图 10-20　补强板的画法

⑫ 集液包（图10-21）。

装在主管上的集液包应与主管表示在同一张图上。

(a) 平面图　　　　(b) 详图

■ 图10-21　集液包的画法

⑬ 夹套管（图10-22）。

a. 导向板的详图，管端及与外管相连的管线应单独出图表示。

b. 对于外管，应按下面部分表示：管线起点及终点；管线与外管相连；长、直管线。

(a) 单线内管　　　　(b) 双线内管

■ 图10-22　夹套管的画法

c. 内管双线表示的管道在轴测图中的表示应与单线表示的管线相同。

⑭ 伴热管线（图10-23）。

无论伴热管的根数是几根，仅用单虚线表示伴热，虚线的长度应清楚地表示伴热范围。

6P 2141 A1A(TS)

■ 图10-23　伴热管的画法

⑮ 塔的分层表示（图10-24）。

当塔的断面表示在平面图的接续线以外出时，竖向布置时以较高标高应从高至低，横向布置时应从左至右的顺序布置。

⑯ "不按比例"的表示（图10-25）。

■ 图10-24　塔的分层表示

■ 图 10-25 "不按比例"的表示

五、管道布置平面图维修空间边界的表示法

① 对于操作和检修空间用双点划线表示，延伸至相邻图纸的空间也应在本图上表示。

② 需要表示的空间：换热器管束抽出空间；过滤器滤网抽出空间；更换催化剂时汽车进入的空间；吊车的起吊空间。

③ 管道布置平面图维修空间边界的表示实例如图 10-26～图 10-28 所示。

■ 图 10-26 换热器管束抽出空间

■ 图 10-27 过滤器滤网抽出空间

■ 图 10-28 装换催化剂的空间

六、管道布置平面图尺寸的表示法

1. 管道布置平面图尺寸表示的一般要求

① 总尺寸及标高在平面图上应表示。
② 管线的长度用整数表示,小数点以后舍去,精确到毫米。
③ 对于斜管,表示平面尺寸。
④ 斜管的尺寸表示至小数点第一位。除以下情况外,要避免重复标注尺寸:管廊上配管的间隔尺寸;与其他区的图纸的连接尺寸。
⑤ 管道元件要原封不动地使用各资料数据表中的数值。
⑥ 组装尺寸用整数表示(每一元件总尺寸的计算至小数点第一位圆整)。
⑦ 与其他图纸相接的管道尺寸应表示在相接区的附近。
⑧ 垫片的厚度包括在相关阀门尺寸中(图10-29)。
⑨ "EL"加注在管中心标高前,如果因梁或支架,管子需标管底标高时,加注"BOP EL"。
⑩ 在坡度管和重力流管线要控制标高时,应以"WP EL"(工作点标高)表示。
⑪ 构筑物的标高在下列状况要标明"A"处标高,如图10-30所示。
⑫ 尺寸的箭头使用下列方法表示,如图10-31所示。

■ 图10-29 垫片的厚度包括在相关阀门尺寸中的标注

■ 图10-30 构筑物标高

■ 图10-31 尺寸箭头表示方法

2. 斜管

(1) 坡向符号的使用

① 用三角形表示单管线的坡向,如果PID或UFD已表示了坡度,那么配管图上可不用表示。
② 双线管的坡向用椭圆符号表示(图10-32)。

■ 图10-32 双线管的坡向符号

（2）工作点（WP）的表示（图10-33）　对于斜管，工作点应表示：管道的拐弯处；界区线或接续线的交接点。

（3）大坡度管道的表示（图10-34）

■ 图10-33　工作点的表示

■ 图10-34　大坡度管道的表示

3. 平面尺寸的表示

① 尺寸应以构筑物（或建筑物）柱子中心为基准至管中心标注（图10-35）。
② 为了尺寸标注的起点清楚，垫片用短细线示意（图10-35）。
③ 区域总尺寸标注应在图纸的上方和左侧（图10-36）。
④ 管廊的管线穿过两边的接续线或界区线，管道之间的尺寸应在两侧表示。

a. 管廊的次梁尺寸间距相等时，则不需表示，除非管道尺寸从次梁引出，则必须表示（图10-37）。

■ 图10-35　平面尺寸的表示（一）

■ 图 10-36 平面尺寸的表示（二）

■ 图 10-37 管廊的次梁尺寸标注

b. 次梁的间距不等时，应标注其尺寸（图 10-37）。
c. 与其他图相接的管线，在接续线处的尺寸在每张图上以同样的方法表示（图 10-38）。
⑤ 电气及仪表电缆槽的说明和尺寸如图 10-39 所示。

■ 图 10-38 接续线处的尺寸标注

■ 图 10-39 电缆槽的说明和尺寸

⑥ 当管廊的管线在一张图上分开成多排时，按图 10-40 所示的形式表示。

⑦ 水平斜管尺寸的标注按下述方法进行（图 10-41）：角度和三角形的一条边表示法；三角形的两条边表示法。

⑧ 小口径管线、管件、阀门和仪表的尺寸标注如图 10-42 所示。

⑨ 孔板的尺寸标注如图 10-43 所示。

⑩ 立管的尺寸标注如图 10-44 所示。

■ 图 10-40 成排管廊的表示

■ 图 10-41 水平斜管尺寸的表示

■ 图 10-42 小口径管线、管件、阀门和仪表的尺寸标注

■ 图 10-43　孔板的尺寸标注

■ 图 10-44　立管的尺寸标注

七、塔的垂直管线

对于塔的每个截面尺寸"A"和"B"都应表示（图 10-45）。

■ 图 10-45　塔的垂直管线尺寸标注

八、管线和阀门的标高

① 如果标高不能与管线平行书写，可按图 10-46 所示的形式表示。

② 如果管道布置在构筑物上，梁、地板和平台的标高也要表示（在剖面图上，柱号和平面尺寸可不表示）(图 10-46)。

③ 阀门的标高

按图 10-47 所示的形式表示，并留有垫片的空隙。

■ 图 10-46　管线的标高标注

■ 图 10-47　阀门的标高标注

九、管线号及流向

① 在表示管道上的管线号、标高（EL）和流向箭头时，应注意为梁上的管架号留出空间。

② 管线号、标高和流向箭头应为一组。

管线号及流向的表示如图 10-48～图 10-52 所示。

■ 图 10-48　管线上面有空间时

■ 图 10-49　管线上面没有写标高的空间时

■ 图 10-50　管线间距太窄

■ 图 10-51　标高不能沿着管线表示时

■ 图 10-52　多根管线重叠而管线号不能沿线标注时

第六节　轴测图的设计

一、轴测图的概念

管道轴测图又称单管管段图或单线图，是沿北向方向标（N），按正等轴测投影绘制的形象的管道立体视觉图形。管道轴测图供施工单位在施工现场预备管道材料并预制、装配的图纸。

二、轴测图的内容

轴测图主要包括五部分内容（图 10-53）：管道轴测图形、工程数据、管段材料表、北向标、图签。

1. 管道轴测图形

管道轴测图形是按照管道布置平面图的设计，把管线的必要信息以及它们在空间中的相对位置表示出来的图形，包括管子、管件、阀门、仪表元件代号、管线标高、管线长度、介质流向、坡度、管线号、管架、连接信息等，尤其是更加详尽地表示出了在管道布置平面图形上很难表达清楚的管道立管上的具体设计。

2. 工程数据

工程数据包括装置及工区代号、管线号、配管图号、轴测图号、保温涂漆代号、各种尺寸、标高和管道标志、组件规格、编号、设计条件（温度、压力、保温涂漆要求）、制作检验要求等标注说明。

3. 管段材料表

管段材料表组成该管段所有组件的元件代码名称、管道材料的描述和数量。

第十章 压力管道设计制图

图 10-53 轴测图

4. 北向标和图签

北向标和图签则需要根据工程项目的具体情况而定。图签主要是项目名称、设计日期、签名（设计人、校核人、审核人）、设计单位的名称等一些信息。

三、轴测图的设计方式

1. 从计算机三维模型中抽取轴测图

项目采用计算机三维模型计算机软件进行压力管道设计，如 PDS、PDMS、AutoPlant 等软件，可以使用软件的功能，自动生成标准格式的轴测图电子文档。

2. 使用 AutoPlant Isometrics 等专用轴测图绘制软件设计轴测图

一些中、小型工程项目，使用 AutoCAD 或者 Microstation 进行管道布置平面图的设计，使用 AutoPlant Isometrics 等专门用于绘制轴测图的软件按照管道布置平面图，设计、绘制轴测图，软件可以自动生成各种形式的管道材料汇总报表。

3. 使用 AutoCAD 绘制管道轴测图

使用 AutoCAD 的专门用于绘制轴测图的模式（执行"ddrmodes"命令，可以转换到绘制轴测图的模式，AutoCAD R14 及以上版本均可实现）。

4. 手工绘制管道轴测图

以前计算机技术落后的情况下，人们通常在专门用于绘制管道轴测图的图纸上绘制，与使用计算机绘制相比：一方面，速度慢，不宜修改；另一方面，每一个设计人绘制的风格不统一。现在已经很少使用手工绘制管道轴测图。

四、轴测图设计的一般要求

① SH/T 3052《石油化工配管工程设计图例》和 HG/T 20549《化工装置管道布置设计工程规定》中均有图例符号的相关规定。

② 轴测图无论管径的大小，均采用单线绘制管线，线条的宽度及字体规定可以根据所在项目的工程规定，也可以参见 HG/T 20549《化工装置管道布置设计工程规定》中的规定。

③ 轴测图上的北向 N 或者 PN（Plant North）（图 10-54）通常指向图纸的右上方，项目特殊要求时也可以指向左上方，同一装置的轴测图上的方向标取向应相同。轴测图上的北向标与管道布置图上的北向标的北向应一致。

■ 图 10-54 北向标

④ 除使用工程中规定的缩写词外，图中是采用英文还是使用中文应按照项目的具体规定。

⑤ 管道轴测图不必按比例绘制，但相对比例要协调。

⑥ 阀门的手柄方向应表示在轴测图上（图 10-55）。

⑦ 轴测图的尺寸标注

a. 水平管道的标注。尺寸线应与管道相平行，尺寸界线为垂直线。尺寸的大小要和管道布置平面图上一致。从邻近的主要基准点到各个独立的管道元件如孔板法兰、异径管、拆卸用的法兰、仪表接口、不等径支管的尺寸，不应画封闭尺寸，如图 10-56 所示的管道轴测图中的尺寸 D、E、F。

第十章 压力管道设计制图

■ 图 10-55 管道轴测图上表示阀门的手柄方向

■ 图 10-56 水平管道的标注

■ 图 10-57 管线上法兰、阀门和其他管道元件的标注

b. 管线上法兰、阀门和其他管道元件的标注。一般要标出相对的位置，在立管上的阀门和其他元件需表示出标高（图10-57）。

c. 管线的特殊角度（非正南、正北、正东、正西、正上、正下的情况）应该表示在轴测图上（图10-58）。

⑧ 在轴测图上需要表示出连接管道的信息（图10-59），以便查找。

■ 图 10-58　管线特殊角度的标注

■ 图 10-59　轴测图上表示出连接管道的信息

⑨ 使用 AutoCAD 绘制轴测图，汇总管道材料需要使用其他专门开发的计算机软件，或者是经过 Excel 和 Access 另外统计、汇总管道材料，实现自动快速生成管段表，与 AutoCAD 绘制的轴测图形配合使用。

⑩ 使用 AutoPlant Isometrics、PDS、PDMS 软件，在轴测图上会自动生成管段材料表。

五、管道布置平面图和管道轴测图常用图例

管道布置平面图和管道轴测图常用图例见表 10-6～表 10-12。也可参考 SH/T 3052 或 HG 20519 所提供的图例。

表 10-6 管件符号

管件	承插焊接及螺纹	焊接 单线	焊接 双线	法兰 单线	法兰 双线
90°弯头（长半径）					
90°弯头（短半径）		SR	SR	SR	SR
半管接头					
45°弯头					
三通					
焊接支管台					
同心异径管		3″×2″	16″×14″	4″×3″	4″×3″
偏心异径管		ECC 3″×2″	ECC 16″×14″	ECC 4″×3″	ECC 4″×3″
		ECC 3″×2″ (TOP FLAT)	ECC 16″×14″ (TOP FLAT)	ECC 4″×3″ (TOP FLAT)	ECC 4″×3″ (TOP FLAT)
管帽					
丝堵					
焊接支管					

表 10-7 连接件符号

法兰		滑套,承插焊及螺纹	对 焊	松套法兰及管道突缘	盲法兰	高压用松套法兰及管道突缘	"8"字盲板
	单线						
	双线						

承插焊和螺纹管线附件	管接头	活接头		盲法兰	高压用松套法兰及管道突缘
					(雄) (雌)

		Y形过滤器		阻火器		爆破膜	
		平面	立面	平面	立面	平面	立面
单线		STR 101	STR 101	SMA 101	SMA 101	SRD 101	SRD 101
双线		STR 102	STR 102	SMA 102	SMA 102	SRD 102	SRD 101

	临时过滤器	柔性软管	视镜	膨胀节
	平面和立面	平面和立面	平面和立面	平面和立面
单线	STR 103	SXH 101	SG 101	SXB 101
双线	STR 104	STR 102	SG 102	SXB 102

表 10-8　阀门符号 (1/5)

阀门形式	单线和双线				轴测图
	正视	顶视	俯视	侧视	
截止阀					
闸阀					
止回阀 升降式 旋启式					
球阀					
旋塞阀					
三通球阀					
三通旋塞阀					
三通阀					
角阀					
Y形阀					
针形阀					

表 10-9　阀门符号 (2/5)

阀门形式	单线和双线				轴测图
	正视	顶视	俯视	侧视	
对夹式蝶阀（手柄操作）					
法兰型蝶阀（手柄操作）					
隔膜阀					
Y形隔膜阀					
底阀					
下斜阀					
链轮操作					
滑板阀（板阀）					
挤压阀					
单向阀					

表 10-10 阀门符号 (3/5)

阀门形式		单 线 和 双 线				轴测图
		正视	顶视	俯视	侧视	
齿轮调节阀						
水平调节阀						
夹套型阀						
未经许可不得开或关		LO OR LC CSO OR CSC	LO OR LC CSO OR CSC	LO OR LC CSO OR CSC	LO OR LC CSO OR CSC	LO OR LC CSO OR CSC
高压管线切断阀	切断阀（直通式） 活接头式					
	切断阀（直通式） 法兰式					
	角阀 活接头式					
	角阀 法兰式					
	平衡阀（法兰式）					
	止回阀 角式（法兰式）					
	止回阀 柱式（法兰式）					

表 10-11 阀门符号 (4/5)

阀门形式	SW	SCR'D	BW		
			单线	双线	轴测图
闸阀					
截止阀					

阀门形式	单线和双线				轴测图
	正视	顶视	俯视	侧视	
减压阀					
安全阀（角阀）					
电动阀或气动阀					
调节阀					
蝶式调节阀					
柱型控制阀					
角型控制阀					
COMFLEX型控制阀					

表 10-12 阀门符号（5/5）

压力管道施工与检验

第一节 压力管道设计代表在施工现场的任务

一、设计交底

设计交底应作为现场设计代表的工作内容之一，在现场施工单位收到并已下发有关人员阅读过设计图纸资料后开展设计交底。

一般在施工之前，由施工经理、业主及施工等单位共同进行现场技术交底。内容包括：描述本工程的设计规范、设计要点和内容、设计范围、概况；图纸编号及查阅的方法；设计及今后施工中所采用和执行的标准、规范、规定；解释图纸资料中采用的图例符号和缩写词的含义；工程主要采用的管道材料、特殊材料和管架等材料，以及在采购工作中要必须遵循的事项；描述设备布置、管道布置的设计原则和方案；指出设计和施工的重点和注意事项；解答施工单位对图纸资料中发现和存在的各类或典型问题。

二、设计修改

现场设计代表的主要工作内容是对原设计中出现的问题进行修改以及材料选择的替换。现场出现的任何问题对施工进度、项目投资、施工质量都有直接影响。

① 对于设计原因引起的设计修改，首先应仔细校对图纸查找原因，现场考察，制定修改方案，填写设计变更通知单，重大问题应向施工现场负责人汇报。

② 对于非设计原因的设计修改包括如下内容。

a. 业主变更：设计已完，在施工过程中业主提出对设计内容、条件、标准、材料、材质等修改。

b. 采购变更：对原设计材料由于采购原因或为节省投资利用现有库存所进行的修改，也包括实际采购的设备、管件、阀门等与原有设计不同而产生的修改。

c. 其他变更：为满足当地法律、法规、使用习惯、施工要求等原因而进行的修改，或其他外部原因引起的变更修改。

对非设计原因的变更要弄清原因，慎重处理。不得因变更而对以后的生产、安全、操作、维修等产生不利因素或造成事故隐患。对影响工期进度、增加工程投资和影响工程质量的重大变更，必须得到现场总负责人的批准。

对 EPC（Engineering-Procurement-Construction 的缩写，即设计、采购和施工，亦即交钥匙总承包）项目，业主变更往往是进行索赔的有效因素和依据，因此非设计原因的变更一定要有业主或施工单位授权的负责人签署和认可。

三、吹扫、试压

压力管道设计代表根据需要，配合施工单位进行设备管道的吹扫、试压和清洗方案的制订。检查现场吹扫、试压和清洗用的临时管线，以及这些管线是否按图纸要求进行安装。设计代表要了解设备管道的吹扫、试压和清洗过程及注意事项。例如，蒸汽吹扫要注意与其他非吹扫管线的隔离，管线上的仪表、控制阀等要拆除，要设定安全区域并注意环保要求，注意吹出口方向及临时加固，要便于进行打靶检查；管道的化学清洗应注意人身保护，以及对其他管道设备的隔离，清洗之后的管线应进行氮封；压力试验应注意，试验压力大于 0.6MPa 时尽量不采用气体试压，对大口径气体管线的水压试验要对管架进行加固并设置必需的临时支架，要注意试压用水的 Cl^- 含量对不锈钢管的腐蚀，试压之前管道不应最终涂漆和保温。

四、检验及验收

1. 材料检验

压力管道设计代表有时需要根据要求配合施工现场材料部门进行材料的开箱检验，此时应注意管道材料的规格、数量是否与工程要求一致，注意材料的生产厂商及合格证书等。

2. 施工过程的检验及信息反馈

为确保项目的质量控制，现场设计代表有义务对施工质量负责。应配合有关质检人员检查管道是否按图纸要求进行预制和施工。管道放空，排液点的位置是否满足工艺和现场要求。管架的设置和安装是否满足图纸要求。管道的冷紧和膨胀节的安装是否满足制造厂要求，管道设备保温材料厚度是否按设计要求等。

3. 施工验收

工程施工扫尾阶段，压力管道设计代表可根据要求配合业主和承包方对工程进行验收，要做好三查、四定，即查设计漏洞，查施工质量隐患，查未完成工程，对检查出的问题定任务、定人员、定措施、定整改时间。

五、安全管理

进入施工现场，设计代表必须确保人身安全，做到"安全第一，预防为主"。

根据工程施工的特点、作业环境的特点和各种工程施工中的不安全因素制定针对性的技术措施，遵守现场安全条例，如进入施工现场必须戴安全帽，穿安全用鞋和工作服，不得在火灾危险区吸烟，远离放射源等。施工现场的安全管理专业也会对施工现场人员提出一些具体要求和规定。

六、施工完工后的工作

1. 竣工图

项目施工结束后，竣工图通常由施工单位完成（压力管道设计代表应给予配合）。

有时根据合同要求设计代表需进行工图的绘制。竣工图应将现场所有的压力管道设计修改体现到竣工图中。尤其是隐蔽工程竣，要详细标其注修改的坐标、尺寸和标高等。

2. 资料整理入库

项目结束后，设计代表应将现场的设计变更通知单、工程联络单及其他有关资料按编号顺序整理成册。有时还需根据业主或承包方的要求，对这些设计变更通知单和工程联络单等所产生的费用变更、进度和质量的影响等进行汇总、统计，以进行工程概算的调整和总费用的结算。所有设计变更通知单、工程联络单及往来传真等资料最终均应归档入库。

3. 工程总结

项目结束后，压力管道设计代表要根据工程日记、设计变更等有关资料对工程进展中现场所发生的各种重大设计、施工、验收、质量等问题进行收集、整理，编写各专业的施工代表的工作总结。对其问题发生的原因、产生的后果以及今后的纠正和预防措施进行论述。最终由现场总设计代表汇总编制完整的项目工作总结。

第二节　管道组成件的检验

一、SH 3501 规定在施工现场对阀门应进行的检验

按照 SH 3501 的规定，对阀门检验的规定如下。

① 设计要求进行低温密封试验的阀门，应有制造单位的低温密封性试验合格证明书。

② 用于 SHA 级管道的通用阀门，其焊缝或阀体、阀盖的铸钢件，应有符合 SH 3064《石油化工钢制通用阀门选用、检验及验收》中规定的无损检测合格证明书。

③ 阀门安装前，应按设计文件中的"阀门规格书"对阀门的阀体和密封面，以及有特殊要求的垫片和填料材质进行抽检，每批至少抽查一件。合金钢阀门的阀体应逐件进行快速光谱分析。若不符合要求，该批阀门不得使用。

④ 阀门在安装前，应逐个对阀体进行液体压力试验，试验压力为公称压力的 1.5 倍，停压 5min，无泄漏为合格。

⑤ 具有上密封结构的阀门，应逐个对上密封进行试验，试验压力为公称压力的 1.1 倍。试验时应关闭上密封面，并松开填料的盖，停压 4min，无泄漏为合格。

⑥ 阀门液体压力试验和上密封试验应以洁净水为介质。不锈钢阀门进行液体压力试验时，水中的氯离子含量不得超过 100mg/L，试验合格后应立即将水渍清除干净。

⑦ 阀门的阀座密封面应按现行 SH 3064《石油化工钢制通用阀门选用、检验及验收》的规定进行密封性试验。

⑧ 凡按现行 SH 3064《石油化工钢制通用阀门选用、检验及验收》制造或制造厂取得 API 认证，且用户到制造厂监造和验收的阀门，每批可按 5% 且不小于 1 个进行抽检，若有不合格，必须按原规定数加倍抽检，若仍不合格，则该批阀门不得使用，并应做好标记和隔离。

⑨ 安全阀应按设计文件规定的开启压力进行调试。调试时压力应平稳，启闭试验不得少于三次。调试合格后，应及时进行铅封。

⑩ 试验合格的阀门应做出标识，并填写阀门试验记录。

二、应逐个进行壳体压力试验和密封试验的阀门

下列管道的阀门,应逐个进行壳体压力试验和密封试验。不合格者不得使用。

① 输送剧毒流体、有毒流体、可燃流体管道的阀门。

② 输送设计压力大于 1MPa 或设计压力小于或等于 1MPa 且设计温度小于－29℃或大于 186℃的非可燃流体、无毒流体管道的阀门。

三、应进行壳体压力试验和密封试验的抽检阀门

输送设计压力小于或等于 1MPa 且设计温度为－29～186℃的非可燃流体、无毒流体管道的阀门,应从每批中抽查 10%,且不得少于 1 个,进行壳体压力试验和密封试验。当不合格时,应加倍抽查,仍不合格时,该批阀门不得使用。

四、阀门壳体压力试验和密封试验压力的规定

阀门的壳体压力试验压力不得小于公称压力的 1.5 倍,试验时间不得少于 5min,以壳体填料无渗漏为合格;密封试验宜以公称压力进行,以阀瓣密封面不漏为合格。

五、安全阀调试的规定

安全阀应按设计文件规定的开启压力进行调试。调压时压力应稳定,每个安全阀启闭试验不得少于三次。调试后应按规范规定的格式填写"安全阀最初调试记录"。

第三节　管 道 焊 接

一、焊接和焊接冶金过程的特点

焊接是通过加热或加压,或两者并用,并且用(或不用)填充材料,使焊接达到两者结合的一种加工方法。

焊接的冶金过程与金属的冶炼一样,通过加热使金属熔化,在金属熔化过程中,金属、熔渣、气体之间发生复杂的化学反应和物理变化。

二、压力管道施工中经常采用的焊接方法

经常采用的焊接方法有手工电弧焊、氩弧焊、埋弧焊、二氧化碳气体保护焊和氧-乙炔焊。

1. 气焊(GasWelding)

气焊是依靠燃气和氧气发生剧烈的燃烧反应产生的火焰热量加热和熔化母材和焊丝,形成焊接接头的焊接方法。由于气体火焰温度低、热量比较分散,生产效率低,焊接变形大,接头性能较差。但气焊时熔池温度容易控制,容易实现单面焊和双面成形。在工程中气焊常用于薄板和小直径管子的焊接,以及铜铝及其合金的焊接。常用的燃气有乙炔、液化烃和氢气等。

2. 手工电弧焊(Manual Welding)

手工电弧焊通常是指采用药皮焊条的手工焊接法。它利用产生于焊条和工件之间的电弧热来熔化焊条和母材,形成连接被焊工件的焊接接头。这种焊接方法适用于各种钢材及各种厚度、结构形状和各种位置的焊接。由于焊接时线能量较气焊、埋弧焊和电渣焊

小，所以金相组织细，热影响区小，焊接质量好。管道焊接自底层到盖面层可全部采用手工电弧焊。

3. 惰性气体保护焊（Inert Gas Welding）

惰性气体保护焊是一种以电弧为热源的焊接方法。焊接时从焊枪喷嘴连续喷出保护气体排除焊接区中的空气，保护电弧及焊接熔池不受大气的污染。在实际生产中常用的惰性气体保护焊方法有氩（氦）弧焊、CO_2 气体保护焊和混合气体保护焊。其特点是惰性气体不与焊缝金属发生化学反应，同时又隔离了熔池金属与空气的接触，所以焊缝金属中的合金元素就不会氧化烧损，焊缝中也不会产生气孔。另外，由于热量集中，焊接热影响区小，变形也小。

4. 埋弧焊（Submerged Arc Welding）

埋弧焊是电弧在可熔化的颗粒状焊剂覆盖下燃烧的一种电焊方法。向熔池连续不断送进的裸焊丝，既是金属电极也是填充材料，电弧在焊剂层下燃烧，将焊丝、母材熔化形成熔池。熔融的焊剂成为熔渣，覆盖在液态金属熔池表面，使高温熔池金属与空气隔开。随着电弧的移动，熔池金属冷却凝固成焊缝，熔渣形成渣壳，覆盖在焊缝表面。熔渣除了起机械保护作用外，还与熔化金属参与冶金反应，从而影响焊缝金属的化学成分。埋弧焊热量集中，焊接速度快，焊缝热影响区小，焊件残余变形小。埋弧焊适用于焊接中厚板的长焊缝，在锅炉、压力容器制造中被广泛应用。

三、对焊工资格管理要求

焊工资格管理主要通过焊工考试来进行，根据《锅炉压力容器焊工考试规则》规定，从事手工电弧焊、气焊、钨极氩弧焊、熔化极气体保护焊、自动埋弧焊的焊工必须按该规则经基本知识和操作技能考试合格后，才准许担任钢制锅炉压力容器受压元件的焊接工作。焊工操作技能考试项目包括焊接方法、母材钢号类别、试件类别和焊接材料四项内容。

焊工考试项目合格证有效期规定如下：焊工考试合格证有效期为两年，在两年内若连续中断合格项目的焊接工作超过六个月以上时，合格证即失效，如需再参加焊接施工，应经过复核考试；焊工在两年内焊接质量一贯保持优良者，经过考试委员会核准可延长合格证有效期，但最多不超过两年；焊工焊接质量一贯低劣者，经企业检查部门提出，考试委员会核准可注销其合格证。

四、焊接工艺评定及其目的

焊接工艺评定是按照所拟定的焊接工艺指导书，根据焊接工艺评定标准的规定焊接试件、检验试件、测定焊接接头是否具有所要求的使用性能。

焊接工艺评定的目的在于验证拟定的焊接工艺的正确性。

五、焊条型号的表示

焊条主要分为碳钢焊条、低合金钢焊条和不锈钢焊条三种。

1. 碳钢焊条

碳钢焊条型号根据熔敷金属的抗拉强度、药皮类型、焊接位置和焊接电流种类划分。字母"E"表示焊条；前两位数字表示熔敷金属抗拉强度的最小值，单位为MPa；第三位数字表示焊条的焊接位置，"0"及"1"表示焊条适用于全位置焊接（平、立、仰、横），"2"表示焊条适用于平焊及平角焊，"4"表示焊条适用于向下立焊；第三位和第四位数字组合时表示焊接电流种类及药皮类型。

举例如下：

2. 低合金钢焊条

低合金钢焊条型号根据熔敷金属的抗拉强度、化学成分、药皮类型、焊接位置和焊接电流种类划分。字母"E"表示焊条；前两位数字表示熔敷金属抗拉强度的最小值，单位为MPa；第三位数字表示焊条的焊接位置，"0"及"1"表示焊条适宜于全位置焊接（平、立、仰、横），"2"表示焊条适用于平焊及平角焊，"4"表示焊条适用于向下立焊；第三位和第四位数字组合时表示焊接电流种类及药皮类型，后缀字母为熔敷金属的化学成分分类代号，并以短划"-"与前面数字分开，如还具有附加化学成分时，附加化学成分直接用元素符号表示，并以短划"-"与前面后缀字母分开。

举例如下：

3. 不锈钢焊条

不锈钢焊条型号根据熔敷金属的化学成分、力学性能、焊条药皮类型和焊接电流种类划分。字母"E"表示焊条；"E"后面的数字表示熔敷金属中的含碳量，"00"表示含碳量不大于0.04%，"0"表示含碳量不大于0.10%，"1"表示含碳量不大于0.15%，"2"表示含碳量不大于0.20%，"3"表示含碳量不大于0.45%；熔敷金属中铬元素的近似百分含量、熔敷金属中镍元素的近似百分含量、熔敷金属中其他重要合金元素及近似百分含量分别放在含碳量的后边，并分别以短划"-"连接最后的两位数字表示药皮类型及焊接电流种类，"15"表示碱性药皮，适用于直流反接，"16"表示碱性或其他药皮，适用于交流或直流反接。

举例如下：

六、在焊接接头中容易出现的焊接缺陷

① 裂纹（热裂纹、冷裂纹、再热裂纹）。
② 未焊透。
③ 未熔合（层间未熔合和焊道与母材之间未熔合）。
④ 气孔（表面气孔和内部气孔）。
⑤ 夹渣。
⑥ 咬边。
⑦ 焊瘤。
⑧ 未焊满。
⑨ 下塌。
⑩ 焊缝超高。
⑪ 烧穿。
⑫ 飞溅。

七、未焊透和咬边的危害

未焊透是指焊接时接头根部未完全熔透的现象。咬边是指由于焊接参数选择不当或操作工艺不正确，沿焊趾的母材部位产生的沟槽或凹陷。

未焊透及咬边破坏了焊接接头的连续性，减小了结构承载横截面的有效面积，并且在其周围产生了应力集中。当缺陷超标时会降低焊缝的强度，危及安全。

八、SH 3501 对焊接接头表面质量提出的要求

① 不允许有裂纹、未熔合、气孔、夹渣和飞溅存在。
② 设计温度低于-29℃的管道及其他条件下的不锈钢管道和淬硬倾向较大的合金钢管道焊缝表面，不得有咬边现象。其他材质管道焊缝咬边深度不应大于 0.5mm，连续咬边长度不应大于 100mm，且焊缝两侧咬边总长不大于该焊缝全长的 10%。
③ 焊缝表面不得低于管道表面。焊缝余高 Δh：对于 100%射线检测焊接接头，$\Delta h \leq 1 + 0.1b_1$ 且不大于 2mm；其余的焊接接头，$\Delta h \leq 1 + 0.2b_1$ 且不大于 3mm（b_1 为焊接接头组对后坡口的最大宽度，mm）。

第四节 施工检验标准的比较

一、GB 50235《工业金属管道工程施工规范》和 GB 50184《工业金属管道工程施工质量验收规范》管道射线检测和超声波检测

GB 50235—2010 的表面无损检测、射线检测和超声检测按 GB 50184—2011 执行。GB

50184—2011关于焊缝射线检测和超声波检测主要规定如下。

① 100%射线检测的焊缝质量合格标准不应低于国家现行标准《承压设备无损检测　第2部分　射线检测》JB/T 4730.2规定的Ⅱ级；抽样或局部射线检测的焊缝质量合格标准不应低于国家现行标准《承压设备无损检测　第2部分　射线检测》JB/T 4730.2规定的Ⅲ级。

② 100%超声检测的焊缝质量合格标准不应低于国家现行标准《承压设备无损检测　第3部分　超声检测》JB/T 4730.3规定的Ⅰ级；抽样或局部超声检测的焊缝质量合格标准不应低于国家现行标准《承压设备无损检测　第3部分　超声检测》JB/T 4730.3规定的Ⅱ级。

③ 检验数量应符合设计文件和下列规定。

a. 管道焊缝无损检测的检验比例应符合表11-1的规定。

表11-1　管道焊缝无损检测的检验比例

焊缝检查等级	Ⅰ	Ⅱ	Ⅲ	Ⅳ	Ⅴ
无损检测比例/%	100	≥20	≥10	≥5	—

b. 管道公称尺寸小于500mm时，应根据环缝数量按规定的检验比例进行抽样检验，且不得少于一个环缝。环缝检验应包括整个圆周长度。固定焊的环缝抽样检验比例不应少于40%。

c. 管道公称尺寸大于或等于500mm时，应对每条环缝按规定的检验数量进行局部检验，并不得少于150mm的焊缝长度。

d. 纵缝应按规定的检验数量进行局部检验，且不得少于150mm的焊缝长度。

e. 抽样或局部检验时，应对每一焊工所焊的焊缝按规定的比例进行抽查。当环缝与纵缝相交时，应在最大范围内包括与纵缝的交叉点，其中纵缝的检查长度不应少于38mm。

f. 抽样或局部检验应按检验批进行。检验批和抽样或局部检验的位置应由质量检查人员确定。

④ 当焊缝局部检验或抽样检验发现有不合格时，应在该焊工所焊的同一检验批中采用原规定的检验方法做扩大检验，焊缝质量合格标准应符合规范的规定。

检验数量应符合下列规定。

a. 当出现一个不合格焊缝时，应再检验该焊工所焊的同一检验批的两个焊缝。

b. 当两个焊缝中任何一个又出现不合格时，每个不合格焊缝应再检验该焊工所焊的同一检验批的两个焊缝。

c. 当再次检验又出现不合格时，应对该焊工所焊的同一检验批的焊缝进行100%检验。检验方法为检查射线或超声检测报告和管道轴测图。

二、GB 50316《工业金属管道设计规范》管道射线照相或超声波检测

无损检测比例见表11-2。

三、SH 3501《石油化工有毒、可燃介质管道工程施工及验收规范》对管道焊接接头的无损检验

① 管道焊接接头无损检测后焊缝缺陷等级的评定，应符合现行JB 4730《压力容器无损检测》的规定。

表 11-2 无损检测比例

无损检测比例	需要检测的管道
100%	①进行替代性试验的管道
	②剧烈循环条件
	③A1 类流体
	④设计压力大于或等于 10MPa 的 B 类及 A2 类流体
	⑤设计压力大于或等于 4MPa,设计温度高于或等于 400℃ 的 B 类及 A2 类流体
	⑥设计压力大于或等于 10MPa,设计温度高于或等于 400℃ 的 C 类流体
	⑦设计温度低于 −29℃ 的所有流体
10%	⑧设计压力大于或等于 4MPa,且低于以上④～⑥项参数的 B 类、C 类及 A2 类流体
5%	⑨除上述 100% 和 10% 的检测及 D 类流体以外的管道
不进行无损检测	⑩所有 D 类流体管道

注:1. 对于 D 类流体管道要求进行抽查时应在设计文件中规定抽查不合格应修复,但不要求加倍抽查。
2. 夹套内管的所有焊缝在夹套以内时应经 100% 无损检测。
3. 除注明外无损检测均指采用射线照相或超声波检测。

射线透照质量等级不低于 AB 级。焊接接头经射线检测后的合格等级应符合表 11-3 的规定。

表 11-3 焊接接头射线检测百分率及合格等级

管道级别	输送介质	设计压力 p(表压)/MPa	设计温度 t/℃	检测百分率/%	合格级
SHA	毒性程度为极毒危害介质(苯除外)	—	—	100	Ⅱ
	毒性程度为高度危害介质的丙烯腈、光气、二硫化碳和氟化氢	—	—	100	Ⅱ
	—	$p \geqslant 10.0$	—	100	Ⅱ
SHB	—	$4.0 \leqslant p < 10.0$	$t \geqslant 400$	100	Ⅱ
	毒性程度为极度危害介质的苯 毒性程度为高度危害介质(丙烯腈、光气、二硫化碳和氟化氢除外) 甲 A 类液化烃	$p < 10.0$	$-29 \leqslant t < 400$	20	Ⅱ
	甲类、乙类可燃气体和甲 B 类可燃液体、乙 A 类可燃液体	$p < 10.0$	$-29 \leqslant t < 400$	10	Ⅱ
		$p < 4.0$	$t \geqslant 400$	10	Ⅱ
SHC	毒性程度为中度、轻度危害介质管道 乙 B 类、丙类可燃液体介质管道	$4.0 \leqslant p < 10.0$	$t \geqslant 400$	100	Ⅱ
		$p < 4.0$	$t \geqslant 400$	5	Ⅲ
		$p < 10.0$	$-29 \leqslant t < 400$	5	Ⅲ
SHD	设计温度低于 −29℃ 的低温管道	—	$t < -29$	100	Ⅱ

注:1. 抽样检测的范围,应覆盖所有管道编号。
2. 在被检测的焊接接头中,固定焊的焊接接头不得少于检测数量的 40%,且不少于一个焊接接头。

超声检验时,管道焊接接头经检测后的合格标准:规定进行百分之百超声检测的焊接接头Ⅰ级合格;局部进行超声检测的焊接接头Ⅱ级合格。

磁粉和渗透检测,Ⅰ级合格。

② 当设计文件未规定时,每名焊工焊接的同材料类别、同规格管道的焊接接头射线检测百分率,应符合表 11-3 的规定,且不少于一个焊接接头。

当管道的公称直径等于或大于 500mm 时,其焊接接头射线检测的百分率,应按每个焊接接头的焊缝长度计算。

四、GB 50235《工业金属管道工程施工规范》和 GB 50184《工业金属管道工程施工质量验收规范》的适用范围

GB 50235—2010 适用于设计压力不大于 42MPa，设计温度不超过材料允许的使用温度的工业金属管道工程的施工及验收。该规范不适用于下列管道。

① 石油、天然气、地热等勘探和采掘装置的管道。
② 长输管道。
③ 核能装置的专用管道。
④ 海上设施和矿井的管道。
⑤ 采暖通风与空气调节的管道及非圆形截面的管道。

GB 50184—2011 适用于设计压力不大于 42MPa，设计温度不超过材料允许使用温度的工业金属管道工程施工质量的验收。该规范应与现行国家标准《工业安装工程施工质量验收统一标准》GB 50252 和《工业金属管道工程施工规范》GB 50235 配合使用。

五、SH 3501《石油化工有毒、可燃介质管道工程施工及验收规范》的适用范围

该规范适用于石油化工企业设计压力 400Pa（绝压）～42MPa（表压），设计温度－196～850℃的有毒（毒性程度为极度危害、高度危害、中度危害、轻度危害）、可燃介质钢制管道的新建、改建或扩建工程的施工及验收。

该规范不适用于长输管道及城镇公用燃气管道的施工及验收。

六、GB 50235、GB 50517、GB/T 20801、SH 3501、SH 3502、HG 20225、DL 5031 施工验收规范的比较（表 11-4）

表 11-4　GB 50235、GB 50517、GB/T 20801、SH 3501、SH 3502、HG 20225、DL 5031 施工验收规范的比较

项目		GB 50235—2010	GB 50517—2010	GB/T 20801—2006	SH 3501—2010	SH 3502—2000	HG 20225—1995	DL 5031
适用范围		核能、矿井专用；动力、公用；长输管道以外的所有工业管道（和 GB 50184 配套使用）	石油化工金属管道	工业金属压力管道	石油化工钢制有毒、可燃介质管道	石油化工钢制有毒、可燃介质管道	化工行业，金属管道	火力发电厂和热力网
介质	性质 毒性	GB 5044 中规定的毒物，无毒介质	GB 5044 中规定的毒物，无毒介质	无毒，及 GB 5044 中规定的高度和中度危害介质	GB 5044 中规定的毒物，无毒介质	GB 5044 中规定的毒物，无毒介质	GB 5044 中规定的毒物，无毒介质	蒸汽、水、压缩空气、氧气、乙炔
	可燃性	可燃介质和非可燃介质	可燃介质和非可燃介质	可燃介质和非可燃介质	可燃介质	可燃介质和非可燃介质	可燃介质和非可燃介质	同上
	参数 设计压力	≤42MPa（含真空）	≤42MPa（含真空）	0.1MPa≤最高工作压力≤42MPa	400Pa（绝对压力）～42MPa（表压）	0～9.8MPa（表压）	—	—
	设计温度	材料允许使用的温度	≥－196℃	无毒非可燃液体高于标准沸点，其他不限	－196～850℃	－60～250℃	—	—

续表

项目	GB 50235—2010	GB 50517—2010	GB/T 20801—2006	SH 3501—2010	SH 3502—2000	HG 20225—1995	DL 5031
材料	钢、铜、铝、钛、铅、铸铁、硅铁、耐蚀衬里	钢、有色金属、复合管	钢、有色金属、铸铁	钢	工业纯钛	钢、铜、铝、钛、铅、铸铁、硅铁、耐蚀衬里	钢

第五节 管道的试压和吹扫

一、进行管道系统试压需要符合的条件

管道系统试压前，应由施工单位、建设/监理单位和有关部门联合检查确认下列条件，方能进行管道系统试压。

① 管道系统全部按设计文件安装完毕。
② 管道支吊架的形式、材质、安装位置正确，数量齐全，紧固程度、焊接质量合格。
③ 焊接及热处理工作已全部完成。
④ 焊缝及其他应检查的部位不应隐蔽。
⑤ 试压用的临时加固措施安全可靠。临时盲板设置正确，标志明显，记录完整。
⑥ 合金钢管道的材质标记明显清楚。
⑦ 试压用的检测仪表的量程、精度等级、检定期符合要求。
⑧ 有经批准的试压方案，并经技术交底。

二、GB 50235 对管道液压试验压力的规定

① 液压试验应使用洁净水。当对不锈钢、镍及镍合金管道，或对连有不锈钢、镍及镍合金管道或设备的管道进行试验时，水中氯离子含量不得超过 25×10^{-6}（25 体积浓度）。也可采用其他无毒液体进行液压试验。当采用可燃液体介质进行试验时，其闪点不得低于 50℃，并应采取安全防护措施。
② 试验前，注入液体时应排尽空气。
③ 试验时，环境温度不宜低于 5℃。当环境温度低于 5℃时，应采取防冻措施。
④ 承受内压的地上钢管道及有色金属管道试验压力应为设计压力的 1.5 倍。埋地钢管道的试验压力应为设计压力的 1.5 倍，并不得低于 0.4MPa。
⑤ 当管道的设计温度高于试验温度时，试验压力应符合下列规定。
a. 试验压力应按下式计算：

$$P_T = 1.5P[\sigma]_T/[\sigma]^t$$

式中 P_T——试验压力（表压），MPa；
  P——设计压力（表压），MPa；
  $[\sigma]_T$——试验温度下，管材的许用应力，MPa；
  $[\sigma]^t$——设计温度下，管材的许用应力，MPa。

b. 当试验温度下管材的许用应力与设计温度下管材的许用应力的比值大于 6.5 时，应取 6.5。

c. 应校核管道在试验压力条件下的应力。当试验压力在试验温度下产生超过屈服强度的

应力时,应将试验压力降至不超过屈服强度时的最大压力。

⑥ 当管道与设备作为一个系统进行试验,管道的试验压力等于或小于设备的试验压力时,应按管道的试验压力进行试验;当管道试验压力大于设备的试验压力,并无法将管道与设备隔开,以及设备的试验压力大于按规范计算的管道试验压力的77%时,经设计或建设单位同意,可按设备的试验压力进行试验。

⑦ 承受内压的埋地铸铁管道的试验压力,当设计压力小于或等于0.5MPa时,应为设计压力的2倍;当设计压力大于0.5MPa时,应为设计压力加0.5MPa。

⑧ 对位差较大的管道,应将试验介质的静压计入试验压力中。液体管道的试验压力应以最高点的压力为准,最低点的压力不得超过管道组成件的承受力。

⑨ 对承受外压的管道,试验压力应为设计内、外压力之差的1.5倍,并不得低于0.2MPa。

⑩ 夹套管内管的试验压力应按内部或外部设计压力的最高值确定。夹套管外管的试验压力除设计文件另有规定外,应按规范的规定执行。

⑪ 液压试验应缓慢升压,待达到试验压力后,稳压10min,再将试验压力降至设计压力,稳压30min,应检查压力表无压降、管道所有部位无渗漏。

三、SH 3501 对管道压力试验的压力规定

① 管道压力试验的压力应符合下列规定:真空管道为0.2MPa;液体压力试验的压力为设计压力的1.5倍;气体压力试验的压力为设计压力的1.15倍。

② 管道压力试验时,试验温度、应力值应符合下列规定。

a. 当设计温度高于试验温度时,管道的试验压力应按下式计算:

$$p_t = K p_0 \frac{[\sigma]_1}{[\sigma]_2}$$

式中 p_t——试验压力,MPa;

K——系数,液体压力试验取1.5,气体压力试验取1.15;

p_0——设计压力,MPa;

$[\sigma]_1$——试验温度下材料的许用应力,MPa;

$[\sigma]_2$——设计温度下材料的许用应力,MPa。

b. 液体压力试验时的应力值,不得超过试验温度下材料屈服点的90%。

c. 气体压力试验时的应力值,不得超过试验温度下材料屈服点的80%。

四、对不能参与系统试压的设备、管道附件应采取的措施

因试验压力不同或其他原因不能参与系统试压的设备、仪表、安全阀、爆破片及已运行的管道等,应加置盲板隔离,并有明显标志。

五、GB 50235 对管道气压试验压力的规定

① 承受内压钢管及有色金属管的试验压力应为设计压力的1.15倍。真空管道的试验压力应为0.2MPa。

② 试验介质应采用干燥洁净的空气、氮气或其他不易燃和无毒的气体。

③ 试验时应装有压力泄放装置,其设定压力不得高于试验压力的1.1倍。

④ 试验前,应用空气进行预试验,试验压力宜为0.2MPa。

⑤ 试验时，应缓慢升压，当压力升至试验压力的50%时，如未发现异状或泄漏，应继续按试验压力的10%逐级升压，每级稳压3min，直至试验压力。应在试验压力下稳压10min，再将压力降至设计压力，采用发泡剂检验应无泄漏，停压时间应根据查漏工作需要确定。

六、可采用气压试验代替液压试验的 SH 3501 的规定

按照 SH 3501 的规定，管道系统的压力试验应以液体进行。液压试验确有困难时，可用气压试验代替，但应符合下列条件，并有经施工单位技术总负责人批准的安全措施。

① 公称直径小于或等于300mm、试验压力小于或等于1.6MPa 的管道系统。
② 公称直径大于300mm、试验压力等于或小于0.6MPa 的管道系统。
③ 若超过上述条件的管道系统必须用气压试验代替液压试验时，其所有的焊接接头，应经无损检测合格。
④ 脆性材料管道组成件未经液压试验合格，严禁参加管道系统气体压力试验。

七、SH 3501 对液压试验用液体温度的规定

按照 SH 3501 的规定，当设计未规定时，非合金钢和低合金钢的管道系统，液压试验时液体的温度不得低于5℃；合金钢的管道系统，液体温度不得低于15℃，且应高于相应金属材料的脆性转变温度。

八、SH 3501 液体压力试验应用洁净水的要求

液体压力试验应用洁净水进行，当生产工艺有要求时，可用其他液体。奥氏体不锈钢管道用水试验时，水中的氯离子含量不得超过25mg/L。

九、进行管道气体泄漏性试验的 SH 3501 的规定

按照 SH 3501 的规定，管道系统气体泄漏性试验应按设计文件规定进行。气体泄漏性试验应符合下列规定。

① 泄漏性试验应在压力试验合格后进行，试验介质宜采用空气。
② 泄漏性试验可结合装置试车同时进行。
③ 泄漏性试验的检查重点应是阀门填料函、法兰或螺纹连接处、放空阀、排气阀、排水阀等。
④ 经气压试验合格，且在试验后未经拆卸的管道，可不进行气体泄漏性试验。

十、奥氏体不锈钢管道器材的酸洗、钝化

接触腐蚀性介质的奥氏体不锈钢表面应除垢并进行酸洗、钝化处理。管道内表面有特殊清洁要求的油管道或其他管道，一般在投产前可采用槽浸法或系统循环法进行酸洗。

钝化的目的是使不锈钢表面形成一层致密的钝化膜，以增强抗腐蚀能力。

十一、管道系统的吹扫方法

管道系统压力试验合格后，应进行吹扫。吹扫可采用人工清扫、水冲洗、空气吹扫等方法。公称直径大于600mm 的管道，宜用人工清扫；公称直径小于600mm 的管道，宜用洁

净水或空气进行冲洗或吹扫。

十二、管道系统吹扫的要求以及吹扫压力的确定

① 管道系统吹扫前，应符合下列要求。

a. 不应安装孔板、法兰连接的调节阀、节流阀、安全阀、仪表件等。对已焊在管道上的阀门和仪表，应采取相应的保护措施。

b. 不参与系统吹扫的设备及管道系统，应与吹扫系统隔离。

c. 管道支架、吊架要牢固，必要时应予以加固。

② 管道吹扫压力不得超过容器和管道系统的设计压力。

十三、管道吹扫压力及各种吹扫介质的吹扫规定

① 吹扫压力不得超过容器和管道系统的设计压力。

② 管道系统水冲洗时，宜以最大流量进行冲洗，流速不得小于 1.5m/s。

③ 水冲洗后的管道系统，可用目测排出口的水色和透明度，应以出、入口的水色和透明度一致为合格。

④ 管道系统空气吹扫时，宜利用生产装置的大型压缩机和大型储气罐，进行间断性吹扫。吹扫时应以最大流量进行，空气流速不得小于 20m/s。

⑤ 管道系统在空气或蒸汽吹扫过程中，应在排出口用白布或涂白色油漆的靶板检查，在 5min 内，靶板上无铁锈及其他杂物为合格。

⑥ 有特殊清洗要求的管道系统，应按专门的技术规程进行处理。

⑦ 吹扫的顺序应按主管、支管、疏排管依次进行。吹出的脏物不得进入已清理合格的设备或管道系统，也不得随地排放污染环境。

⑧ 经吹扫合格的管道系统，应及时恢复原状，并填写管道系统吹扫记录。

十四、装置施工过程中单机试车的目的

单机试车的目的是检查机泵、搅拌器等设备和电器、仪表的性能与安装质量是否符合规范和设计要求。

十五、工程中间交接过程中"三查"、"四定"的内容

"三查"是指查设计漏项、查工程质量隐患、查未完工程。

"四定"是指对查出的问题定任务、定人员、定措施、定时间限期整改。

十六、装置联动试车的目的和内容

联动试车的目的是检验全系统的设备、仪表、联锁、管道、阀门、供电等的性能和质量是否符合设计和规范的要求。

联动试车的内容包括系统的气密、干燥、置换、三剂的装填、水运、气运、油运等。一般仅从单系统开始，然后扩大到几个系统或全系统的联运。

十七、施工现场工程实例

工程实例一 国外某工程施工现场试压时的储罐被吸瘪事故（图 11-1）

■ 图 11-1　国外某工程试压后抽水，由于塑料袋盖住了放空阀口，造成储罐被吸瘪

工程实例二　国内某工程施工现场试压时的储罐被吸瘪事故（图 11-2）

■ 图 11-2　国内某施工现场，在试压结束后，抽水时忘记打开储罐顶部的放空阀，造成储罐被吸瘪

工程实例三　国外某工程吊装时塔被摔散的事故（图 11-3）

■ 图 11-3　国外某工程塔吊装时被摔散的事故

第六节　常用的施工与验收规范

① CCJ 28—2004《城市供热管网工程及验收规范》
② CJJ 23—1989《城镇燃气输配工程施工及验收规范》
③ GB 50236—2011《现场设备、工业管道焊接工程施工规范》
④ GB 50235—2010《工业金属管道工程施工规范》
⑤ GB 50126—2008《工业设备及管道绝热工程施工规范》
⑥ GB 50184—2011《工业金属管道工程施工质量验收规范》
⑦ GB 985—2008《气焊、手工电弧焊及气体保护焊焊缝坡口的基本形式与尺寸》
⑧ GB 986—88《埋弧焊焊缝坡口的基本形式和尺寸》
⑨ FJJ 211—86《夹套管施工及验收规范》
⑩ HG 20225—95《化工金属管道工程施工及验收规范》
⑪ GB 50727—2011《工业设备及管道防腐蚀工程施工质量验收规范》；
⑫ GB 50645—2011《石油化工绝热工程施工质量验收规范》
⑬ SH 3501—2011《石油化工有毒、可燃介质管道工程施工及验收规范》
⑭ SH/T 3517—2013《石油化工钢制管道工程施工工艺标准》
⑮ SH/T 3022—2011《石油化工设备和管道涂料防腐蚀设计规范》
⑯ SH 3010—2013《石油化工设备和管道隔热技术规范》
⑰ SH/T 3502—2009《钛及铝管道施工及验收规范》
⑱ SH 3505—1999《石油化工施工安全技术规程》
⑲ SH 3508—2011《石油化工工程施工及验收统一标准》
⑳ SH 3010—2013《石油化工设备和管道隔热技术规范》
㉑ SH 3509—1988《石油化工工程焊接工艺评定》
㉒ SH 3517—2013《石油化工钢制管道工程施工技术规程》
㉓ SH 3514—2001《石油化工设备安装工程质量检验评定标准》
㉔ SH 3518—2013《石油化工阀门检验及管理规程》
㉕ SH/T 3520—2004《石油化工工程铬钼耐热钢管道焊接技术规程》
㉖ SH/T 3523—2009《石油化工铬镍不锈钢、铁镍不锈钢和镍合金焊接规程》
㉗ SH/T 3525—2004《石油化工低温钢焊接规程》
㉘ SH/T 3526—2004《石油化工异种钢焊接规程》
㉙ SH/T 3527—2009《石油化工不锈钢复合钢焊接规程》
㉚ SH/T 3533—2013《石油化工给排水管道工程施工及验收规范》
㉛ SY/T 0420—1997《埋地钢制管道石油沥青防腐层技术标准》

专业与项目管理

第一节 压力管道设计专业项目管理问题分析及措施

一、项目中压力管道设计专业的组织分解

由于压力管道设计工作通常是一项需要多人才能共同完成的工作,所以,为了确保整个专业在特定项目中实现技术、进度、安全经济和优良的设计及服务质量等目标,专业管理具有重要的作用。首先,将项目中压力管道设计专业的组织分解介绍如下,如图12-1所示。

图 12-1 项目中压力管道设计专业的组织分解

二、压力管道设计专业项目管理常见的问题分析

1. 压力管道设计人员

合格的压力管道设计人力资源是工作的基础,是工作质量、效率和效益的决定因素。

(1) 人力资源的数量 工程公司的压力管道设计人员数量应以能满足工程设计进度和质量的需要为基本前提,还要能满足和适应不断扩大的设计范围和规模的需要。

某些设计单位在平稳运行期，压力管道设计人员数量还能满足设计的需要；但在项目较集中时或在设计不熟悉的工程时，经常会遇到人力匮乏或合格人员不足，尤其是专业负责人和技术骨干不足的难题；还有一些设计单位，项目较集中时能满足人力资源需求，但是在平稳运行期，人力资源却大量地富裕。

（2）职业技能　压力管道设计人员的职业技能主要体现在：压力管道设计基础知识；正确理解和应用标准规范的能力、经验；对装置设备布置、管道布置技能的掌握能力；柔性分析、应力分析知识；对不同品种、规格、材料管道元件的特点、安装要求的掌握；对相关专业设计条件的正确理解和转化；施工实践经验；设计适应能力；计算机使用能力、运用软件能力及外语能力等方面。

压力管道设计人员常暴露出的一些问题：在设计过程中，一般性的设计错误时常可见，压力管道设计不能满足相关专业要求，设计效率不高；在施工过程中，设计修改通知单多等；在生产和检修过程中，操作不便、检修困难等问题也时有反映；另外，压力管道设计中的不经济、不合理及不安全等问题也应引起管理和设计人员高度重视。

（3）工作态度　压力管道设计人员的工作态度反映的是：敬业精神、工作认真仔细、同事间团结合作、服务态度、虚心好学、积极向上及组织纪律性等。

目前，某些工程公司由于管理水平和方式有待提高、激励制度不尽合理等原因，造成不少压力管道设计人员组织纪律性松散，设计法规观念不强，自觉学习和工作的积极性不高，责任心不强，技术水平和能力提高缓慢，适应能力不强，不能满足压力管道设计的需要。反映在压力管道设计上主要是：设计质量需进一步提高，设计效率低等。

（4）人才的稳定性　压力管道设计人员的稳定性对压力管道设计质量、效率、工程设计水平和服务质量有直接的影响。由于工程公司的人才激励制度不到位、个人职业发展机会不公平、工资奖金分配不公、与所在团队的领导相处不和谐、外界有更好的发展机会诱惑等因素影响，造成目前压力管道设计人员，尤其是技术骨干流失现象严重，压力管道设计质量、效率和技术水平下降，专业建设落后，管理不力等，影响了服务的质量和团体的竞争力。

2. 压力管道专业负责人

① 经过严格培训、考核和实践锻炼的、合格的专业负责人匮乏。

② 按照业主和项目的要求，项目一旦开工，专业负责人不能对本专业的人力、工具和工作等作出全面的计划和准备。

③ 专业负责人不能合理而有效地组织、安排各种资源，人力、物力要么不足，影响进度和质量，要么浪费严重。

④ 压力管道专业负责人专业技术水平高，人际技能常常偏低。

⑤ 由于人力的影响，专业负责人承担了过多设计人的工作，致使其没有充足的时间和精力去从事专业管理，弱化了本职工作。造成其对内和对外协调不到位、返工、影响自己或相关专业进度和质量的事时有发生，同时还使专业进度、质量、费用缺乏控制等。

3. 设计进度

任何一个项目的成功与否，与设计进度有着紧密的关系，是业主十分关注的。整个项目的设计进度，尤其是在详细设计阶段，更是与管道设计进度密不可分。管道设计进度受多种因素的影响，主要有如下几条。

① 工作量的大小。

② 工作的难易程度。

③ 计划是否周详和合理。

④ 合格管道设计的人力、物力资源是否合理地组织和被利用。
⑤ 软、硬件设施是否满足设计需要。
⑥ 管道专业中设计人员的技术水平、经验、工作效率和团结、协作。
⑦ 专业间的团结和协作。
⑧ 控制是否到位，异常情况或变化等是否能得到及时和合理地处理等，根本的因素仍是人和管理。

4. 设计质量

根据管道设计的特点，其主要质量要求如下。

(1) 自身设计质量
① 安全、经济、合理地选用管道元件材料；确定管道元件的大小和强度。
② 在满足相关要求的前提下经济、合理和规范地布置设备和管道及其元件。
③ 完整、准确地统计管道元件的规格和数量。
④ 明确、完整和准确地说明相关事项。

(2) 输出接口条件质量
① 正确地提出接口条件。
② 正确地反馈相关信息。

(3) 满足管道设计和服务质量要求必须具备的条件
① 各级人员具有优良的职业道德、良好的技术水平、主动积极、认真负责以及团结合作。
② 合理的组织和策划。
③ 有效的专业管理。
④ 合适和高效的工具（软、硬件）。
⑤ 严格的检查和监督措施。
⑥ 高效的激励与约束机制。

三、提高压力管道设计专业项目管理水平措施

1. 管理创新

大力深化设计体制创新，靠创新去开拓市场，靠技术进步去赢得市场，靠服务去保住市场，靠管理去获得效益。

不断创新和改进项目及部室管理，才有可能通过项目及部室管理来促进压力管道设计管理水平的提高，才能为项目及部室管理不断注入新的活力和动力。不断规范和完善管道专业管理及作业程序，使上述专业管理方面的工作细则具体化，使各级压力管道设计人员有章可循。

2. 以人为本

树立以人为本的根本思路，以创新管理机制和分配制度为突破口，以不断培养人、激励人、提升人的价值和发挥人的主观能动性、积极性和创造性为目标。

3. 建立学习型组织

在结合自身特点的情况下，以终身学习的态度和思路，建立公司与行业管理和技术培训中心，培育学习型组织，持续不断地进行全员、全方位的企业管理、技术管理培训，用现代化的管理模式去塑造人、去用人、去激励人，使各层次管理真正实现现代化。

4. 有效的培训体系

随着科技的进步和时代的发展，知识和技术更新越来越快，为了保持管道专业与时代同步发展和进步，在管理和技术方面的再学习、再培养是非常有必要的。

压力管道设计专业管理要由经过严格培训、考核和合格的专业负责人来完成。应建立科学和合理的管道专业负责人培养、锻炼、任用、检查和考核体系，加快专业负责人培养，加快专业技术骨干的培养，逐步建立和形成以项目管理为中心的、以部室为支撑的、以专业负责人带头的、以专业技术骨干为核心的、以全体成员为之努力的、具有强大生命力和竞争力的专业组织，更好地服务于市场。

5. 完善质量保证体系

建立专业管理问题追踪、分析、解决、评价和完善体系，及时制定措施并监督落实。加强在实际工作中对专业负责人的管理和指导，出现问题及时解决。

6. 赢得市场竞争

21世纪的今天，经济发展、科技进步和信息革命一浪高过一浪，中国的工程公司企业正面临着全球化、满足利益相关群体需要、高绩效工作系统等一系列挑战。

市场对于压力管道设计的需求是广泛的、严格的和挑剔的，谁能适应市场需要，谁的设计进度快、谁的设计质量高、谁的设计经济可靠，市场就会选择谁，如果任何一方不能很好地满足，都将可能导致市场竞争的失败和市场的枯萎乃至灭亡。所以说最大限度地适应市场需求、满足市场需要是压力管道设计的一项中心任务，实现这一中心任务主要应从提高管道专业项目管理和技术水平等方面采取措施。

要想在市场竞争中取胜，获得业界工程设计的核心竞争力，必须进行以压力管道设计专业项目管理创业为主导的"二次创业"，彻底转变在计划经济体制条件下形成的行政型、经验型、粗放型的管理模式，使之向市场化、知识化、集约化的方向发展，实现工程公司专业项目管理的现代化。也就是说，中国正在进入一个与管理相结合的改革和与改革相结合的管理的新时期。在这一时期，谁能够最快地吸收各种管理学新知识，谁就会获得竞争主动权；谁拥有更多的知识，谁能够通过管理创新把更多的知识组合成独特的能力，谁就能够赢得未来。

第二节　管道专业负责人的职责和主要任务

一、专业负责人应具备的条件

① 进行计划、组织、领导、控制和评价管道专业实施各项活动的能力。并能协调与项目有关的其他各专业之间的条件关系。

② 对项目实施过程中管道专业出现的问题能准确地进行判断，并能提出解决办法和措施。对项目实施过程中管道专业潜在的问题能及时预测，并能提出预防措施。

③ 善于信息交流和沟通，充分调动成员的积极性，处理好不同层次的人际关系。

④ 善于计划和利用自己的时间，把时间集中到处理最重要和关键的问题上。

⑤ 精通管道专业的业务，对管道布置、材料、应力分析、管架、地下管、英语、计算机等都应有一定深度的了解，尤其对管道的设计程序、设计条件、各专业之间的关系都要有较全面的了解。

⑥ 一般担任中型以上项目的专业负责人应有多年的工程设计经验和主项负责人或单项专业负责人及现场的经验，并经过专业负责人的培训。

二、专业负责人的主要职责

在项目经理和专业部室的双重领导下（矩阵管理模式），负责压力管道设计专业的进度控制、费用控制（含人工时）、设计质量控制、职业健康与环境管理、信息管理等。

三、专业负责人的主要任务

① 协助项目经理拟定合同附件,组织管道专业开展调研工作,收集设计基础资料,落实设计输入条件,明确工作范围,编制工程规定。

② 参加项目计划的编制,并根据项目计划编制管道专业的设计进度计划,估算设计工作量,落实设计进度,提出该项目在管道专业各阶段的人力负荷。检查管道专业设计进度执行情况及提示本专业下步应关注的问题及纠正措施。

③ 严格执行质量体系文件,按照质量保证程序的规定组织专业人员进行设计输入、输出和设计接口的工作,并做好协调。

④ 组织管道专业人员拟定设计方案,做好技术经济比较,解决主要技术问题。

⑤ 参加工程上与管道专业有关的技术方案讨论和各种会议,组织管道专业人员参加设计文件的会签,注意与其他专业的衔接和协调。

⑥ 负责组织编制管道专业的设计文件,严格执行校审制度,校审管道专业的设计条件和设计成品,并按规定签署。

⑦ 对 EPC 总承包和采购服务项目,组织编制管道专业询价技术文件,参加技术评审,评阅供货商返回的有关图纸和文件,配合采购工作。

⑧ 组织管道专业设计成品、基础资料、计算书、调研报告、文件、电函、设计条件、设计变更等的整理和归档。

⑨ 编写管道专业的工程总结和设计完工报告,并参加设计回访工作。

四、大、中型工程项目压力管道专业负责人的工作程序

1. 明确项目任务、组织项目的管道设计组

项目的成功依赖于设计单位或工程公司的整体水平和项目组成员的整体素质,专业组人员的整体素质对项目的成功与效果起着关键的作用。

① 明确合同项目的任务及范围。

② 根据所承担项目的规模大小、复杂程度和工作范围、特点及业主的要求,配备符合条件、有能力的设计、校审人员。

③ 专业组主要成员确定后,应充分发挥和利用他们的特长,调动他们的积极性,共同努力完成项目任务。

2. 做好设计前阶段的主要工作

① 熟悉合同文件。明确业主的所有要求,采用的标准、条件及进度,将一些不明确的内容进一步明确和澄清,将其注入设计产品,依法履约,避免高风险。

② 确定办公方式。根据项目规模大小、复杂程度、专业协作关系决定采取集中或分散的办公形式。大型复杂项目,集中办公,以利于本专业之间及时沟通。中、小型项目一般采用分散形式,以充分利用人力、节省工时。

③ 确定设计采用的标准、规范。设计采用的标准、规范需要与业主进行沟通和建议,前期专业负责人与业主一起确定,避免管道材料与国外设备、安全阀、仪表阀门不配套。

④ 编制本专业的进度计划和人员安排计划。编制设计计划,详细说明设计工作的范围、原则、标准、程序和方法,与各部门接口关系。

根据项目总进度计划及接口时间表排出专业进度计划、人工时计划,报给工程项目组和管道专业科室,由工程项目组和管道专业科室审核是否安排合理。有问题,要向工程项目组和管道专业科室反映,以便及时进行协调与调整,确保项目顺利有效、有序进行,又不造成

人力资源的浪费。

根据管道专业计划，实行人员的动态管理。根据项目的进展情况不断地调整人员构成与数量，既保证工作效率，又节省人工时费用。

3. 质量控制

① 检查项目质量计划执行情况。

② 检查项目质量文件和记录。

③ 进行项目质量审核，改进项目质量管理。

④ 控制质量关键点如下。

a. 严格执行质量保证体系。

b. 材料控制。

c. 设备布置图质量控制。

d. 输出条件的质量控制。

土建的一次、二次条件包括的内容范围，钢结构、框架、管廊、基础等条件，都要严格把关。

设备的管口方位及梯子平台的条件，对专业负责人来讲是一项重要的工作。特别是设备的管口方位，一定要严格把关。

e. 管道布置质量控制

整个装置的配管要统一规划、布置。专业负责人应该进行统一规定，特别是对同一种类型设备的配管事先要统一，在设计的过程中定期检查各个设计人员执行情况，有问题及时纠正、解决。

加强各专业的联系，事先与各专业协商，如与仪表和电气专业人员协商仪表与电气桥架位置和尺寸；尽早将管道研究图提交给仪表和电气专业，以使上述专业尽早安排仪表箱和电气控制盘的位置。

加强设计资料、设计文件、接口条件的管理，必须保证所有的设计人员使用的条件都是最新版本。

4. 进度控制

按审批后的专业进度计划和人员安排计划进行进度控制。专业进度计划是设计、材料汇总、采购、施工安装、生产维修的重要依据。

大、中型项目，一般采用长短进度计划相结合。在专业总进度计划下，排出每周的项目成员周计划，这个计划事先都要和项目成员协调好。每周进行检查，计划没有完成的，与项目成员一起找原因，如果是工作安排或外界原因就及时调整、协调，充分调动工作的积极性。

5. 费用控制

① 在保证管道材料满足合同要求下，采用合理设计、制造的产品，控制其造价。

② 与采购部、施工部及时交换意见，并参考以往项目的设计裕量、施工裕量，合理地制定设计与施工裕量。

③ 合理安排进度计划，做好设计与采购部门、制造厂与施工现场的各项工作衔接，避免和减少停工、误工损失和抢工费用的发生。

④ 提高工作效率，减少人工时和劳力消耗；严格工程质量管理，减少返工浪费。

6. 采购管理

在保证质量的前提下及符合经济的条件下，保证材料供应的进度和数量，以满足现场施工的需要。

① 重视设计与采购部门的接口关系。因为采购的控制，要从设计开始抓起，对设计的选型、选材、裕量进行控制。要考虑经济性。在保证质量、满足设计要求、保证进度的基础

上,价格要合理。

② 要求采购部门及时反馈所订设备与散材制造厂商的文件。

③ 还应重视对厂商文件的技术评审。重视对厂商文件的技术评审,使采购到的管材完全符合请购文件所规定的各项技术要求、规范和标准。

第三节 项目经理技能和职责

一、管道工程师与项目经理

压力管道设计属于多学科综合性专业,是一项专业技能工作与团队合作管理相结合的专业,一般情况下,在石油化工工程项目建设过程中,管道专业工作量大,几乎贯穿工程设计、采购和施工全过程,是承前启后的专业。有一部分管道工程师在职业生涯中成为项目经理。

二、项目经理的技能

建设工程项目管理是指通过运用系统的理论和方法,对建设工程项目自项目开始至项目结束进行的计划、组织、指挥、协调和控制等专业化活动,以使项目的费用目标、进度目标、质量目标及其他目标得以实现。一个建设工程项目往往由许多参与单位承担不同的建设任务和管理任务,各参与单位的工作性质、工作任务、利益和组织特征不尽相同,因此就形成了代表不同利益方的项目管理。一般有如下类型:业主方的项目管理、设计方的项目管理、施工方的项目管理、建设项目总承包方的项目管理。图12-2为某工程项目设计方的项目管理主要工作基本程序实例。

■ 图12-2 设计方的项目管理工作程序实例

项目经理在项目管理中起着非常重要的作用,是工程项目的核心人物,是企业法定代表人根据授权的范围、期限和内容委托对项目实施过程全面负责的项目管理者,是企业法定代表人在项目上的代表人。项目经理关系着整个项目的成败甚至影响着公司在竞争中能否始终立于不败之地,决定着企业能否始终获取经济利益。在项目管理活动中发挥综合集成、团队领导、制定决策、促进沟通、营造气氛等职能并充当相应的角色。这就要求项目经理应有较强的经营管理知识、专业技术知识、法律与财务知识等。在国内大中型项目的项目经理还必须由取得工程建设类相应专业注册执业资格证书的人员担任,在某些其他国家执行的项目没有这种资质要求。项目经理的技能主要包括以下几项。

1. 个性因素

项目经理个性方面的素质通常体现在他与组织中其他人的交往过程中所表现出来的理解力和行为方式上。素质优秀的项目经理能够有效理解项目中其他人的需求和动机并具有良好的沟通能力,是项目经理最重要的能力,包括以下几项。

① 号召力,调动下属工作积极性的能力,号召力来自于项目经理良好的思想素质,只有具备遵纪守法、坚持原则、善于管理的素养,勇于负责、勤奋努力、不怕吃苦等品质的项目经理才有号召力。

② 交流能力,有效倾听、劝告和理解他人行为的能力。

③ 应变能力,灵活、耐心和耐力。

④ 对政策高度敏感。

2. 管理技能

管理技能要求项目经理把项目作为一个整体来看,认识到项目各部分之间的相互联系和制约以及单个项目与母体组织之间的关系,包括以下几项。

① 有计划、组织、目标定位、项目组织的整体意识。

② 处理项目与外界之间关系的能力。

③ 以问题为导向的意识。

④ 授权能力,使项目团队成员共同参与决策。

3. 技术技能

优秀的项目经理应具有该项目所要求的相关技术经验或知识。技术技能是在具体情况下运用管理工具和技巧的专门知识和分析能力,包括以下几项。

① 使用项目管理工具和技巧的特殊知识(如心理学、经济学、法律学的相关知识)。

② 项目知识、理解项目的方法、过程和程序、相关的专业技术。

③ 计算机应用能力。

④ 尤其是一些国际型工程项目,对外语应用能力要求较高。这种技术技能是使项目经理有能力了解项目主要专业的技术问题。

三、项目经理的职责

随着全球范围竞争的加剧,国内行业动向的发展变化,传统的任务执行者和只拥有单一技术技能的专家模式的项目经理已经无法适应新的形势了。优秀的项目经理不但要有过硬的技术能力、多方面的经营管理能力、还有具有良好的亲和力,针对团队能够进行有效的激励等多方面技能。他必须保证项目全体成员能够有机的组合成一个配合良好、合理高效的团队。抓好以下管理和控制。

1. 合同管理

工程承包合同是承发包双方用以明确工程承包的内容和范围、工程进度、质量、造价、双方权利、义务等的契约，是双方协商一致具有法律效力的重要文件，是完成项目建设的依据，也是项目经理工作的主要依据。任何超越合同条款范围的内容，均要通过重新谈判，签订补充协议后执行。项目经理必须加强项目的合同管理，认真履行合同条款。2012年某工程公司签订了一项工程项目总承包合同，因负责合同签订的项目经理没有看清楚合同内要求所有设计文件必须是所在国家的语言，而这种语言在国内很少有人会，项目的实际执行造成了很多不便，增加了设计成本。

2. 项目协调程序管理

从工程项目内部讲，需协调各部门成员间的复杂关系，控制工程项目的资源配置状况，保证项目总体目标的全面推进。从外部环境讲，需协调好工程项目与社会、各级政府、各利益相关方面之间的关系，为工程项目营造良好的外部条件为了做好工程项目的建设工作。抓好项目协调程序管理可以提高工作效率，减少矛盾，为创造良好的合作气氛打下基础。

3. 计划管理

工程项目的建设工期是项目合同的主要目标之一，对此，项目经理要努力实现，并消除误期赔偿风险。项目的进度计划根据工程项目的具体情况进行编制和分解，一般要编制项目总进度计划、单项工程进度计划、单位工程进度计划、分项工程进度计划、分部工程进度计划，并注意相互间的协调和制约。

4. 进度控制

项目经理在管理好项目计划的同时，要对计划中关键线路上的关键目标进行严格控制。为了保证总计划按时完成，要合理调整资源配置，合理安排资金、工时、材料的投入。在进度控制上除了满足完成计划的目的外，还应通过进度控制寻找综合效益。

5. 质量控制

项目的质量是业主非常重视的合同目标之一，它直接关系到项目的进度、费用和人民生命财产安全，同时，不仅影响到业主的经济效益和社会效益，而且也决定着企业的信誉和发展。质量控制也包括了安全、环保的要求。

6. 费用控制

工程建设是一个复杂的系统工程，各方面既相互关联又渗透，项目中各种管理和控制的优劣最后都会全面综合地反映到费用上来，费用控制贯穿于项目的各个环节。做好费用控制，首先要抓好各阶段费用估算和费用分解指标，同时在施工中要不断检查计划费用执行情况。在工程项目实施中，要尽量避免窝工、停工、返工，减少浪费，降低风险。

附 录

附录一 压力管道设计管道最小连接尺寸

确定管道组成件之间的最小连接尺寸的依据和原则如下。

① 对焊钢制管法兰可直接与管子和无缝管件焊接,平焊、承插焊钢制管法兰与无缝管件、承插焊管件连接时,中间必须加一短管。

② 有关弯头的连接尺寸均以长半径弯头为基准进行计算,使用短半径弯头时,需重新计算。

③ 法兰与三通之间的连接尺寸 H、J 是以等径三通的尺寸 (M) 算出的,使用异径三通时,需重新计算,即三通 M+法兰 D(或 E)。

④ 法兰之间的连接按双头螺柱考虑,螺柱长度按加厚型螺母确定,使用薄型螺母时,需重新计算。

在管道连接最小尺寸中使用的符号如下。

L——长半径 90°对焊弯头尺寸。
S——短半径 90°对焊弯头尺寸。
D——平焊法兰加直管的最小尺寸。
E——对焊法兰高度。
F——按长半径弯头尺寸和 D 确定的最小尺寸。
G——按长半径弯头尺寸和 E 确定的最小尺寸。
H——按等径三通尺寸和 D 确定的最小尺寸。
J——按等径三通尺寸和 E 确定的最小尺寸。
L_1——各类法兰阀门的结构长度,mm。
H_0——闸阀、截止阀全开时阀杆高度或止回阀凸起部高度,mm。
D_0——阀门手轮直径,mm。
SO——平焊法兰。
SW——承插焊法兰。
WN——对焊法兰。

管道组成件尺寸依据的标准如下。

① ASME B16.5《Pipe Flanges And Flanged Fittings》
② ASME B16.9《Factory-made Wrought Buttwelding Fittings》
③ ASME B16.10《Face-to-face And End-to-end Dimensions Of Valves》
④ ASME B16.11《Forged Fittings,SocKet-Welding And Threaded》
⑤ ASME B16.34《Valves-flanged,Threaded,And Welding End》
⑥ ASME B16.47《Large Diameter Steel Flanges NPS 26 Through NPS 60》
⑦ ASME B36.10M《Welded and Seamless Wrought Steel Pipe》

管径：1/2″

记号	压力等级(Class)	ASME							
		150 RF	300 RF	600 RF	300 RJ	600 RJ	900 RJ	1500 RJ	2500 RJ
A		89	95	95	95	95	121	121	133
B		11.5	14.5	20.9	20.1	20.1	28.9	28.9	36.9
C		15.7	22.4	28.7	—	—	—	—	—
D		46	52	58	—	—	—	—	—
E		47.8	52.3	58.7	57.9	57.9	66.8	66.8	79.5
F		100	110	110	—	—	—	—	—
G		130	140	140	140	140	150	150	160
L		76	76	—	—	—	—	—	—
N		6.1/6	12.7/12	12.7/12	—	—	—	—	—
螺柱	数量	4	4	4	4	4	4	4	4
	尺寸	M14×70	M14×75	M14×85	M14×80	M14×80	3/4″×4″	3/4″×4′	3/4″×4 3/4″
环号		—	—	—	R11	R11	R12	R12	R13
法兰近似间隔		—	—	—	3	3	4	4	4
API 602 CL.800 SW 阀门参考尺寸	闸阀 L_1	108	140	165	—	—	—	—	—
	闸阀 H_0	161	161	161	—	—	—	—	—
	闸阀 D_0	100	100	100	—	—	—	—	—
	截止阀 L_1	108	152	165	—	—	—	—	—
	截止阀 H_0	163	163	163	—	—	—	—	—
	截止阀 D_0	100	100	100	—	—	—	—	—
	止回阀 L_1	152	152	164	—	—	—	—	—
	止回阀 H_0	55	55	55	—	—	—	—	—

管径：3/4″

	压力等级		ASME							
	(Class)		150	300	600	300	600	900	1500	2500
记号			RF	RF	RF	RJ	RJ	RJ	RJ	RJ
	A		98	117	117	117	117	130	130	140
	B		13.0	16.0	22.4	22.4	22.4	31.9	31.9	38.4
	C		15.7	25.4	31.8	—	—	—	—	—
	D		46	55	61	—	—	—	—	—
	E		52.3	57.2	63.5	63.5	63.5	76.2	76.2	85.6
	F		110	120	120	—	—	—	—	—
	G		140	150	160	160	160	170	170	180
	L		76	76	—	—	—	—	—	—
	N		4.6	14.2	14.2	—	—	—	—	—
螺柱	数量		4	4	4	4	4	4	4	4
	尺寸		M14×70	M16×85	M16×100	M16×90	M16×95	3/4″×4 1/4″	3/4″×4 1/4″	3/4″×4 3/4″
环号			—	—	—	R13	R13	R14	R14	R16
法兰近似间隔			—	—	—	4	4	4	4	4
API 602 CL.800 S.W 阀门参考尺寸	闸阀	L_1	117	152	191	—	—	—	—	—
		H_0	161	161	161	—	—	—	—	—
		D_0	100	100	100	—	—	—	—	—
	截止阀	L_1	117	178	190	—	—	—	—	—
		H_0	163	163	163	—	—	—	—	—
		D_0	100	100	100	—	—	—	—	—
	止回阀	L_1	178	178	190	—	—	—	—	—
		H_0	62	62	62	—	—	—	—	—

管径：1″

			ASME						
压力等级 (Class) 记号			150 RF	300 RF	600 RF	300 RJ	600 RJ	900 RJ	1500 RJ	2500 RJ
A			108	124	124	124	124	149	149	159
B			14.5	17.5	23.9	23.9	23.9	35.4	35.4	41.4
C			17.5	26.9	33.3	—	—	—	—	—
D			47	57	63	—	—	—	—	—
E			55.6	62	68.3	68.3	68.3	79.5	79.5	95.3
F			110	120	130	—	—	—	—	—
G			150	160	160	160	160	180	180	190
L			102	102	—	108.35	—	—	—	—
N			4.8	14.2	14.2	—	—	—	—	—
螺柱	数量		4	4	4	4	4	4	4	4
	尺寸		M14×75	M16×90	M16×100	M16×95	M16×105	7/8″×4¾″	7/8″×4¾″	7/8″×5¼″
环号			—	—	—	R16	R16	R16	R16	R18
法兰近似间隔			—	—	—	4	4	4	4	4
API 602 CL.800 S.W 阀门参考尺寸	闸阀	L_1	127	165	216	—	—	—	—	—
		H_0	196	196	196	—	—	—	—	—
		D_0	125	125	125	—	—	—	—	—
	截止阀	L_1	127	203	216	—	—	—	—	—
		H_0	201	201	201	—	—	—	—	—
		D_0	125	125	125	—	—	—	—	—
	止回阀	L_1	203	203	216	—	—	—	—	—
		H_0	69	69	69	—	—	—	—	—

管径：1$\frac{1}{2}''$

	压力等级(Class)	ASME							
记号		150 RF	300 RF	600 RF	300 RJ	600 RJ	900 RJ	1500 RJ	2500 RJ
A		127	156	156	156	156	178	178	203
B		17.5	21.0	28.9	27.4	28.9	38.4	38.4	52.5
C		22.4	30.2	38.1	—	—	—	—	—
D		52	60	68					
E		62	68.3	76.2	74.7	76.2	88.9	88.9	119.2
F		130	140	150					
G		170	180	180	180	180	200	200	230
L		102	102	—	108.35				
N		6.6	14.5	16					
螺柱	数量	4	4	4	4	4	4	4	4
	尺寸	M14×80	M20×100	M20×120	M20×105	M20×115	1″×5¼″	1″×5¼″	1⅛″×6¾″
环号		—	—	—	R20	R20	R20	R20	R23
法兰近似间隔		—	—	—	4	4	4	4	3
API 602 CL.800 S.W 阀门参考尺寸	闸阀 L_1	165	191	241	—	—	—	—	—
	H_0	244	244	244					
	D_0	160	160	160					
	截止阀 L_1	165	229	241	—	—	—	—	—
	H_0	246	246	246					
	D_0	160	160	160					
	止回阀 L_1	229	229	241	—	—	—	—	—
	H_0	80	80	80					

管径：1½″

	压力等级	ASME							
记号	(Class)	150 RF	300 RF	600 RF	300 RJ	600 RJ	900 RJ	1500 RJ	2500 RJ
	A	127	156	156	156	156	178	178	203
	B	17.5	21.0	28.9	27.4	28.9	38.4	38.4	52.5
	C	22.4	30.2	38.1	—	—	—	—	—
	D	52	60	68	—	—	—	—	—
	E	62	68.3	76.2	74.7	76.2	88.9	88.9	119.2
	F	109	117	126	—	—	—	—	—
	G	119	126	133	132	133	146	146	177
	H	129	137	146	—	—	—	—	—
	J	119	126	133	132	133	146	146	177
	K	80	85	95	—	—	—	—	—
	N	120	125	135	130	130	145	145	175
	L	102	102	—	108.35	—	—	—	—
螺柱	数量	4	4	4	4	4	4	4	4
	尺寸	M14×80	M20×100	M20×120	M20×105	M20×115	1″×5¼″	1″×5¼″	1⅛″×6¾″
	环号	—	—	—	R20	R20	R20	R20	R23
	法兰近似间隔	—	—	—	4	4	4	4	3
阀门参考尺寸	闸阀 L_1	165	191	241	—	—	—	—	—
	H_0	244	244	244	—	—	—	—	—
	D_0	160	160	160	—	—	—	—	—
	截止阀 L_1	165	229	241	—	—	—	—	—
	H_0	246	246	246	—	—	—	—	—
	D_0	160	160	160	—	—	—	—	—
	止回阀 L_1	229	229	241	—	—	—	—	—
	H_0	80	80	80	—	—	—	—	—

管径：2″

	压力等级	ASME							
记号	(Class)	150	300	600	300	600	900	1500	2500
		RF	RF	RF	RJ	RJ	RJ	RJ	RJ
	A	152	165	165	165	165	216	216	235
	B	19.5	22.5	31.9	30.5	33.5	46.5	46.5	59.0
	C	25.4/25	33.3/33	42.9/43.4	—	—	—	—	—
	D	55	63	73	—	—	—	—	—
	E	63.5	69.9	79.5	77.8	81.1	109.5	109.5	134.9
	F	131	139	150	—	—	—	—	—
	G	140	146	156	154	157	186	186	211
	H	139	147	157	—	—	—	—	—
	J	127	133	143	141	145	173	173	199
	K	80	90	100	—	—	—	—	—
	N	120	140	170	135	135	165	165	190
	L	152	152	—	159.92	—	—	—	—
螺柱	数量	4	8	8	8	8	8	8	8
	尺寸	M16×95	M16×100	M16×115	M16×105	M16×110	7/8″×5¾″	7/8″×5¾″	1″×7″
	环号	—	—	—	R23	R23	R24	R24	R26
	法兰近似间隔	—	—	6	5	3	3	3	
阀门参考尺寸	闸阀 L_1	178	216	292	232	295	371	371	454
	H_0	378	413	441	413	441	594	594	594
	D_0	200	200	200	200	200	300	300	355
	截止阀 L_1	203	267	292	283	295	371	371	454
	H_0	340	372	457	372	457	619	619	616
	D_0	200	200	250	200	250	400	400	400
	止回阀 L_1	203	267	292	283	295	371	371	454
	H_0	175	197	210	197	241	241	241	245

管径：2½″

mm

记号	压力等级 (Class)	ASME							
		150 RF	300 RF	600 RF	300 RJ	600 RJ	900 RJ	1500 RJ	2500 RJ
A		178	191	191	191	191	244	244	267
B		22.5	25.5	35.4	33.5	37.0	49.5	49.5	67.1
C		28.4	38.1	47.5	—	—	—	—	—
D		79	88	97	—	—	—	—	—
E		69.9	76.2	85.6	84.1	87.2	112.6	112.6	152.3
F		154	163	173	—	—	—	—	—
G		165	172	181	180	183	208	208	248
H		175	184	194	—	—	—	—	—
J		146	152	162	160	164	189	189	229
K		105	115	125	—	—	—	—	—
N		145	155	160	160	165	190	190	230
L		152	152	—	159.92	—	—	—	—
螺柱	数量	4	8	8	8	8	8	8	8
	尺寸	M16×100	M20×110	M20×130	M20×115	M20×125	1″×6¼″	1″×6¼″	1⅛″×7¾″
	环号	—	—	—	R26	R26	R27	R27	R28
	法兰近似间隔	—	—	—	6	5	3	3	3
阀门参考尺寸	闸阀 L_1	190	241	330	257	333	422	422	514
	H_0	445	476	489	476	489	753	753	753
	D_0	200	200	250	200	250	450	450	450
	截止阀 L_1	216	292	330	308	333	422	422	514
	H_0	387	438	523	438	523	541	641	781
	D_0	200	300	300	300	300	400	400	500
	止回阀 L_1	216	292	330	308	333	422	422	514
	H_0	178	203	219	203	219	264	264	264

管径：3″

压力等级 (Class)		ASME							
记号		150 RF	300 RF	600 RF	300 RJ	600 RJ	900 RJ	1500 RJ	2500 RJ
A		191	210	210	210	210	241	267	305
B		24.0	29.0	38.4	37.0	40.0	46.5	56.0	76.6
C		30.2	49.2	52.3	—	—	—	—	—
D		80	93	102	—	—	—	—	—
E		69.9	79.2	88.9	87.2	90.5	109.5	125.3	177.7
F		194	207	217	—	—	—	—	—
G		184	194	203	202	205	224	240	292
H		166	179	188	—	—	—	—	—
J		156	165	175	173	176	195	211	264
K		105	120	130	—	—	—	—	—
N		145	155	165	165	165	185	200	255
L		152	152	—	159.92	—	—	—	—
螺柱	数量	4	8	8	8	8	8	8	8
	尺寸	M16×100	M20×120	M20×135	M20×125	M20×130	7/8″×5¾″	1⅛″×7″	1¼″×8¾″
环号		—	—	—	R31	R31	R31	R35	R32
法兰近似间隔		—	—	—	6	5	4	3	3
阀门参考尺寸	闸阀 L_1	203	283	356	298	359	384	473	584
	H_0	476	505	530	505	530	756	753	753
	D_0	250	250	250	250	250	450	450	500
	截止阀 L_1	241	318	356	333	359	384	473	584
	H_0	400	438	603	438	603	721	835	800
	D_0	250	300	300	300	300	400	500	500
	止回阀 L_1	241	318	356	333	359	384	473	584
	H_0	191	222	267	222	267	270	270	270

管径：4″

	压力等级 (Class)	ASME							
记号		150 RF	300 RF	600 RF	300 RJ	600 RJ	900 RJ	1500 RJ	2500 RJ
	A	229	254	273	254	273	292	311	356
	B	24.0	32.0	44.9	40.0	46.5	52.5	62.0	87.7
	C	33.3	47.8	60.2	—	—	—	—	—
	D	83	98	110	—	—	—	—	—
	E	76.2	85.9	108.0	93.8	109.5	122.2	131.9	201.6
	F	235	250	263	—	—	—	—	—
	G	229	238	260	246	262	275	284	354
	H	188	203	215	—	—	—	—	—
	J	181	191	213	199	214	227	237	307
	K	110	125	135	—	—	—	—	—
	N	155	160	185	170	185	200	210	280
	L	152	152	—	159.92	—	—	—	—
螺柱	数量	8	8	8	8	8	8	8	8
	尺寸	M16×100	M20×125	M24×160	M20×130	M24×155	1⅛″×6¾″	1¼″×7¾″	1½″×10¼″
环号		—	—	—	R37	R37	R37	R39	R38
法兰近似间隔		—	—	—	6	5	4	3	4
阀门参考尺寸	闸阀 L_1	229	305	432	321	435	460	549	683
	闸阀 H_0	578	604	654	604	654	864	864	870
	闸阀 D_0	250	250	300	250	300	500	500	600
	截止阀 L_1	292	356	432	371	435	460	549	683
	截止阀 H_0	476	524	686	524	686	850	857	1300
	截止阀 D_0	300	355	450	355	450	500	500	610
	止回阀 L_1	292	356	432	371	435	460	549	683
	止回阀 H_0	219	276	299	276	299	318	318	318

管径：5″

	压力等级(Class)	ASME							
记号		150 RF	300 RF	600 RF	300 RJ	600 RJ	900 RJ	1500 RJ	2500 RJ
	A	254	279	330	279	330	349	375	419
	B	24.0	35.0	50.9	43.0	52.5	59.0	81.5	105.2
	C	36.6	50.8	66.8	—	—	—	—	—
	D	85	101	116	—	—	—	—	—
	E	88.9	98.6	120.7	106.5	122.2	134.9	163.4	241.3
	F	277	292	307	—	—	—	—	—
	G	279	289	311	297	313	326	354	432
	H	210	225	240	—	—	—	—	—
	J	213	222	245	230	246	259	287	365
	K	110	125	145	—	—	—	—	—
	N	165	175	195	185	200	210	240	320
	L	203	203	—	210.92				
螺柱	数量	8	8	8	8	8	8	8	8
	尺寸	M20×110	M20×135	M27×180	M20×135	M27×175	1¼″×7½″	1½″×9¾″	1¾″×12¼″
	环号	—	—	—	R41	R41	R41	R44	R42
	法兰近似间隔	—	—	—	6	5	4	3	4
阀门参考尺寸	闸阀 L_1	254	381	508	397	511	562	676	806
	闸阀 H_0	702	781	857	781	857	943	1108	1073
	闸阀 D_0	300	300	400	300	400	560	690	690
	截止阀 L_1	356	400	508	416	511	562	676	805
	截止阀 H_0	492	676	807	676	807	1150	1225	1350
	截止阀 D_0	300	400	500	400	500	610	610	610
	止回阀 L_1	330	400	508	416	511	562	676	806
	止回阀 H_0	235	295	337	295	337	400	400	400

管径：6″

	压力等级(Class)	ASME							
记号		150 RF	300 RF	600 RF	300 RJ	600 RJ	900 RJ	1500 RJ	2500 RJ
	A	279	318	356	318	356	381	394	483
	B	25.5	37.0	54.4	45.0	56.0	64.0	92.6	120.7
	C	39.6	52.3	72.9	—	—	—	—	—
	D	90	102	123	—	—	—	—	—
	E	88.9	98.6	123.7	106.5	125.3	147.6	181.0	285.8
	F	319	331	352	—	—	—	—	—
	G	318	327	352	335	354	376	410	514
	H	233	245	266	—	—	—	—	—
	J	232	241	267	249	268	291	324	429
	K	115	130	150	—	—	—	—	—
	N	165	175	200	185	200	225	255	360
	L	203	203	—	210.92	—	—	—	—
螺柱	数量	8	12	12	12	12	12	12	8
	尺寸	M20×110	M20×135	M27×190	M20×140	M27×185	1⅛″×7½″	1⅜″×10¼″	2″×14″
	环号	—	—	—	R45	R45	R45	R46	R47
	法兰近似间隔	—	—	—	6	5	4	3	4
阀门参考尺寸	闸阀 L_1	267	403	559	419	562	613	711	927
	闸阀 H_0	772	810	1041	810	1041	1013	1219	1201
	闸阀 D_0	300	355	500	355	500	560	610	610
	截止阀 L_1	406	444	559	460	562	513	711	927
	截止阀 H_0	543	717	920	717	920	1225	1230	1370
	截止阀 D_0	355	450	600	450	600	610	610	610
	止回阀 L_1	356	444	559	460	562	613	711	927
	止回阀 H_0	324	337	381	337	381	400	400	400

管径：8″

记号	压力等级 (Class)	150 RF	300 RF	600 RF	300 RJ	600 RJ	900 RJ	1500 RJ	2500 RJ
					ASME				
A		343	381	419	381	419	470	483	550
B		29.0	41.5	61.9	49.5	63.5	71.5	103.2	141.3
C		44.5	62	82.6	—	—	—	—	—
D		99	117	137	—	—	—	—	—
E		101.6	111.3	139.7	119.2	141.3	170	224.0	331.8
F		404	422	442	—	—	—	—	—
G		406	416	445	424	446	475	529	637
H		277	295	315	—	—	—	—	—
J		279	289	318	297	319	348	402	510
K		125	145	165	—	—	—	—	—
N		185	195	220	200	225	250	305	415
L		203	203		210.92				
螺柱	数量	8	12	12	12	12	12	12	12
	尺寸	M20×120	M24×155	M30×210	M24×160	M30×205	1⅜″×8¾″	1⅜″×11¾″	2″×15½″
	环号	—	—	—	R49	R49	R49	R50	R51
	法兰近似间隔	—	—	—	6	5	4	4	8
阀门参考尺寸	闸阀 L_1	292	419	660	435	664	740	841	1038
	闸阀 H_0	965	1026	1251	1026	1251	1276	1311	1451
	闸阀 D_0	355	400	560	400	560	450	610	610
	截止阀 L_1	495	559	660	575	664	740	841	1038
	截止阀 H_0	651	940	1400	940	1400	1350	1800	2150
	截止阀 D_0	450	560	460	560	460	610	610	760
	止回阀 L_1	495	533	660	549	664	740	841	1038
	止回阀 H_0	381	413	476	413	476	587	479	559

管径：10″

记号	压力等级 (Class)	150 RF	300 RF	600 RF	300 RJ	600 RJ	900 RJ	1500 RJ	2500 RJ
					ASME				
A		406	445	510	445	510	545	585	675
B		30.5	48.0	69.9	56.0	71.5	78.0	119.2	183.0
C		49.3	66.5	92.2	—	—	—	—	—
D		114	132	157	—	—	—	—	—
E		101.6	117.3	159.8	125.3	160.3	192.1	265.1	436.6
F		495	513	538	—	—	—	—	—
G		483	499	540	507	541	573	646	818
H		330	348	373	—	—	—	—	—
J		318	333	375	341	376	408	481	653
K		140	160	185	—	—	—	—	—
N		195	210	250	215	250	285	355	530
L		254	254	—	261.92	—	—	—	—
螺柱	数量	12	16	16	16	16	16	12	12
	尺寸	M24×130	M27×175	M33×235	M27×180	M33×230	1⅜″×9¼″	1⅞″×13½″	2½″×20″
	环号	—	—	—	R53	R53	R53	R54	R55
	法兰近似间隔	—	—	—	6	5	4	4	6
阀门参考尺寸	闸阀 L_1	330	457	787	473	791	841	1000	1292
	H_0	1200	1251	1530	1251	1530	1543	1645	1610
	D_0	400	500	690	500	690	610	610	610
	截止阀 L_1	622	622	787	638	791	841	1000	1292
	H_0	730	1345	1575	1345	1575	1550	2000	2540
	D_0	500	610	610	610	610	610	760	760
	止回阀 L_1	622	622	787	638	791	841	1000	1292
	H_0	448	464	549	464	549	606	591	629

管径：12″

	压力等级 (Class)	ASME							
记号		150 RF	300 RF	600 RF	300 RJ	600 RJ	900 RJ	1500 RJ	2500 RJ
	A	483	520	560	520	560	610	675	760
	B	32.0	51.0	73.4	59.0	75.0	87.5	138.3	202.0
	C	55.6	73.2	98.3	—	—	—	—	—
	D	131	148	173	—	—	—	—	—
	E	114.3	130	161.8	138	163.4	208.1	296.7	481
	F	588	605	631	—	—	—	—	—
	G	572	587	619	595	621	665	754	938
	H	385	402	427	—	—	—	—	—
	J	368	384	416	392	418	462	551	735
	K	155	175	200	—	—	—	—	—
	N	215	230	265	240	265	310	400	585
	L	254	254	—	261.92	—	—	—	—
螺柱	数量	12	16	20	16	20	20	16	12
	尺寸	M24×135	M30×190	M33×240	M30×195	M33×235	1⅜″×10″	2″×15¼″	2¾″×22″
环号		—	—	—	R57	R57	R57	R58	R60
法兰近似间隔		—	—	—	6	5	4	5	8
阀门参考尺寸	闸阀 L_1	356	502	838	518	841	968	1146	1445
	H_0	1397	1448	1784	1448	1784	1781	1975	2096
	D_0	500	560	610	560	610	610	610	760
	截止阀 L_1	698	711	838	727	841	958	1146	1445
	H_0	890	1450	1700	1450	1700	1750	2311	2692
	D_0	560	610	610	610	610	610	760	760
	止回阀 L_1	698	711	838	727	841	968	1146	1445
	H_0	540	562	575	562	575	695	645	699

管径：14″

Sch.	管子壁厚
STD	9.5
40	11.1
XS	12.7
80	19.1
120	27.8
160	35.7

管子　90°弯头　45°弯头　三通　异径管　　管帽　短管　翻边短管

90°弯头-
90°弯头

三通	
Nom. Size	M
×14	279.4
×12	269.7
×10	257.0
×8	247.7
×6	238.3

90°弯头-异径管　　　　　异径管-三通-三通-90°弯头

SO-短管　WN　SO-短管-90°弯头　WN-90°弯头　SO-短管-三通　WN-三通　最大1″ SO-短管　最大1″ WN-短管

mm

	压力等级 (Class)	ASME							
记号		150 RF	300 RF	600 RF	300 RJ	600 RJ	900 RJ	1500 RJ	2500 RJ
A		535	585	605	585	605	640	750	—
B		35.0	54.0	76.4	62.0	78.0	97.2	149.4	—
C		57.2	76.2	100.1	—	—	—	—	—
D		137	156	180	—	—	—	—	—
E		127.0	142.7	171.5	150.7	173	224	314.3	—
F		670	689	714	—	—	—	—	—
G		660	676	705	684	707	757	848	—
H		416	435	460	—	—	—	—	—
J		406	422	451	430	453	503	594	—
K		165	180	205	—	—	—	—	—
N		235	250	280	255	280	330	420	—
L		305	305	—	312.92	—	—	—	—
螺柱	数量	12	20	20	20	20	20	20	16
	尺寸	M27×150	M30×195	M36×250	M30×200	M36×245	1½″×11″	2¼″×16¾″	
环号		—	—	—	R61	R61	R62	R63	
法兰近似间隔		—	—	—	6	5	4	6	
阀门参考尺寸	闸阀 L_1	381	762	889	778	892	1038	1276	—
	H_0	1527	1698	1861	1698	1861	2026	2216	
	D_0	560	460	610	460	610	610	760	
	截止阀 L_1	787	991	889	1006	892	1038	1276	
	H_0	1295	1556	1800	1556	1800	2000	2692	
	D_0	610	610	610	610	610	760	760	
	止回阀 L_1	787	838	889	854	892	1038	1276	
	H_0	559	597	670	597	670	749	711	

管径：16″

	压力等级(Class)	ASME							
记号		150 RF	300 RF	600 RF	300 RJ	600 RJ	900 RJ	1500 RJ	2500 RJ
	A	595	650	685	650	685	705	825	—
	B	37.0	57.5	82.9	65.5	84.5	100.2	164.0	—
	C	63.5	82.6	112.8	—	—	—	—	—
	D	154	173	202.4	—	—	—	—	—
	E	127.0	146.1	184.2	154.0	185.7	227	328.6	—
	F	764	783	812	—	—	—	—	—
	G	737	756	794	764	795	837	938	—
	H	459	478	507	—	—	—	—	—
	J	432	451	489	459	490	532	633	—
	K	180	200	230	—	—	—	—	—
	N	245	260	300	270	300	345	445	—
	L	305	305	—	312.92	—	—	—	—
螺柱	数量	16	20	20	20	20	20	16	
	尺寸	M27×155	M33×210	M39×270	M33×215	M39×265	1⅜″×11½″	2½″×18½″	
	环号				R65	R65	R66	R67	
	法兰近似间隔	—	—	—	6	5	4	8	
阀门参考尺寸	闸阀 L_1	406	838	991	854	994	1140	1407	
	H_0	1740	2035	2156	2035	2156	2261	2331	
	D_0	600	610	610	610	610	610	760	
	截止阀 L_1	914	1067	991	1083	994	1140	1140	
	H_0	1619	1700	1930	1700	1930	2310		
	D_0	610	610	760	610	760	760		
	止回阀 L_1	864	864	991	880	994	1140	1407	
	H_0	626	645	765	645	765	730	749	

管径：18″

三通	
Nom. Size	M
×18	342.9
×16	330.2
×14	330.2
×12	320.5
×10	307.8
×8	298.5

Sch.	管子壁厚
STD	9.5
30	11.1
XS	12.7
40	14.3
80	23.8
120	34.9
160	45.2

	压力等级 (Class)	ASME							
记号		150 RF	300 RF	600 RF	300 RJ	600 RJ	900 RJ	1500 RJ	2500 RJ
	A	635	710	745	710	745	785	915	—
	B	40.0	60.5	89.4	68.5	91.0	114.7	179.5	—
	C	68.3	88.9	123.7	—	—	—	—	—
	D	168	189	223	—	—	—	—	—
	E	139.7	158.8	190.5	166.7	192.1	241.3	344.6	—
	F	854	875	909	—	—	—	—	—
	G	826	845	876	853	878	927	1030	—
	H	511	532	566	—	—	—	—	—
	J	483	502	533	510	535	584	587	—
	K	195	215	250	—	—	—	—	—
	N	265	285	315	295	320	370	470	—
	L	305	305	—	312.92	—	—	—	—
螺柱	数量	16	24	20	24	20	20	16	—
	尺寸	M30×165	M33×215	M42×285	M33×220	M42×280	1⅛″×13¼″	2¾″×20¼″	—
	环号	—	—	—	R69	R69	R70	R71	—
	法兰近似间隔	—	—	—	6	5	5	8	—
阀门参考尺寸	闸阀 L_1	432	914	1092	930	1095	1232	1559	—
	H_0	2077	2277	2400	2277	2400	2470	2823	—
	D_0	460	610	610	610	610	760	760	—
	截止阀 L_1	978	—	—	—	—	—	—	—
	H_0	1980	—	—	—	—	—	—	—
	D_0	610	—	—	—	—	—	—	—
	止回阀 L_1	978	978	1092	994	1095	1232	1559	—
	H_0	651	759	895	759	895	851	880	—

管径：20″

	压力等级 (Class)	ASME							
记号		150 RF	300 RF	600 RF	300 RJ	600 RJ	900 RJ	1500 RJ	2500 RJ
	A	700	775	815	775	815	855	985	—
	B	43.0	63.5	95.4	73.1	98.6	120.7	195.5	—
	C	73.2	95.3	133.4	—	—	—	—	—
	D	183	205	243	—	—	—	—	—
	E	144.5	162.1	196.9	171.6	200.0	260.4	373.1	—
	F	945	967	1005	—	—	—	—	—
	G	907	924	959	934	962	1022	1135	—
	H	564	586	624	—	—	—	—	—
	J	526	543	578	553	581	641	754	—
	K	210	230	270	—	—	—	—	—
	N	280	300	335	310	335	395	510	—
	L	305	305	—	314.52	—	—	—	—
螺柱	数量	20	24	24	24	24	20	16	
	尺寸	M30×175	M33×220	M42×300	M33×225	M42×295	2″×14″	3″×22¼″	
	环号	—	—	—	R73	R73	R74	R75	
	法兰近似间隔	—	—	—	6	5	5	10	
阀门参考尺寸	闸阀 L_1	457	991	1194	1010	1200	1333	1686	
	H_0	2270	2458	2461	2458	2461	2750	3102	
	D_0	460	510	610	610	610	760	610	
	截止阀 L_1								
	H_0								
	D_0								
	止回阀 L_1	978	1016	1194	1035	1200	1333	1686	
	H_0	676	854	975	854	975	864	949	

管径：24″

记号	压力等级 (Class)	ASME							
		150 RF	300 RF	600 RF	300 RJ	600 RJ	900 RJ	1500 RJ	2500 RJ
A		815	915	940	915	940	1040	1170	—
B		48.0	70.0	108.4	81.2	113.2	155.9	224.2	—
C		82.6	106.4	146.1	—	—	—	—	—
D		173	196	236	—	—	—	—	—
E		152.4	168.1	209.6	179.3	214.3	308.0	427.0	—
F		1087	1110	1151	—	—	—	—	—
G		1067	1083	1124	1094	1129	1222	1342	—
H		605	628	668	—	—	—	—	—
J		584	600	641	611	646	740	859	—
K		200	220	265	—	—	—	—	—
N		270	285	325	295	330	425	545	—
L		305	305	—	316.13	—	—	—	—
螺柱	数量	20	24	24	24	24	20	16	—
	尺寸	M33×190	M39×245	M48×340	M39×250	M48×335	2½″×17¾″	3½″×25½″	—
环号		—	—	—	R77	R77	R78	R79	—
法兰近似间隔		—	—	6	6	6	11	—	—
阀门参考尺寸	闸阀 L_1	508	1143	1397	1165	1407	1568	1972	—
	闸阀 H_0	2667	2867	3013	2867	3013	3242	3766	—
	闸阀 D_0	610	610	760	610	760	610	610	—
	截止阀 L_1	—	—	—	—	—	—	—	—
	截止阀 H_0	—	—	—	—	—	—	—	—
	截止阀 D_0	—	—	—	—	—	—	—	—
	止回阀 L_1	1295	1346	1397	1368	1407	1568	1972	—
	止回阀 H_0	880	940	1111	940	1111	959	1099	—

mm

管径：26″

压力等级(Class)	ASME B16.47B 系列					ASME B16.47A 系列			
记号	75	150	300	600	900	150	300	600	900
A	762.0	785.9	866.6	889.0	1022.4	870.0	971.6	1016.0	1085.0
D	58.7	88.9	144.5	187.2	265.2	120.7	184.2 (196.9)	228.6 (235.0)	292.1 (303.2)
E	33.3	41.1	88.9	117.6	141.2	68.3	79.2 (91.9)	114.3 (120.7)	146.1 (157.2)
G	1049	1080	1135	1178	1256	1111	1175 (1188)	1219 (1226)	1283 (1294)
螺栓直径	5/8	3/4	1-1/4	1-5/8	2-1/2	1-1/4	1-5/8	1-7/8	2-3/4
螺栓孔数	36	36	32	28	20	24	28	28	20
环号	—	—	—	—	—	—	R93	R93	R100

注：括号内为环槽面法兰的尺寸。

管径：28″

压力等级(Class)	ASME B16.47B 系列					ASME B16.47A 系列			
记号	75	150	300	600	900	150	300	600	900
A	814.1	836.7	920.8	952.5	1104.9	927.1	1035.1	1073.2	1168.4
D	62.0	95.3	149.4	196.9	282.7	125.5	196.9 (209.6)	241.3 (247.7)	304.8 (315.9)
E	33.3	44.5	88.9	122.2	153.9	71.4	85.9 (98.6)	117.6 (124.0)	149.1 (160.2)
G	1129	1162	1216	1263	1350	1192	1264	1308 (1315)	1372 (1383)
螺栓直径	5/8	3/4	1-1/4	1-3/4	2-3/4	1-1/4	1-5/8	2	4
螺栓孔数	40	40	36	28	20	28	28	28	20
环号	—	—	—	—	—	—	R94	R94	R101

注：括号内为环槽面法兰的尺寸。

管径：30″

Nom. Size	M
×30	558.8
×28	546.1
×26	546.1
×24	533.4
×20	508.0
×18	495.3
×16	482.6
×14	482.6
×12	472.9
×10	460.2

mm

压力等级(Class) 记号	ASME B16.47B 系列					ASME B16.47A 系列			
	75	150	300	600	900	150	300	600	900
A	863.6	887.5	990.6	1022.4	1181.1	984.3	1092.2	1130.3	1231.9
D	65.0	100.1	158.0	211.1	295.4	136.7	209.6 (222.3)	254.0 (260.4)	317.5 (328.6)
E	33.3	44.5	93.7	131.8	161.8	74.7	91.9 (104.6)	120.7 (127.0)	155.7 (166.8)
G	1208	1243	1301	1354	1438	1280	1353 (1365)	1397 (1403)	1461 (1472)
螺栓直径	5/8	3/4	1-3/8	1-7/8	3	1-1/4	1-3/4	2	3
螺栓孔数	44	44	36	28	20	28	28	28	20
环号	—	—	—	—	—	—	R95	R95	R102

注：括号内为环槽面法兰的尺寸。

管径：32″

Nom. Size	M
×32	596.9
×30	584.2
×28	571.5
×26	571.5
×24	558.8
×20	533.4
×18	520.7
×16	508.0
×14	508.0

mm

压力等级(Class) 记号	ASME B16.47B 系列					ASME B16.47A 系列			
	75	150	300	600	900	150	300	600	900
A	914.4	941.3	1054.1	1085.9	1238.3	1060.5	1149.4	1193.8	1314.5
D	69.9	108.0	168.1	222.3	309.6	144.5	222.3 (236.5)	226.7 (274.6)	336.6 (347.7)
E	35.1	46.0	103.1	136.4	166.6	80.8	98.6 (112.8)	123.7 (131.6)	165.1 (176.2)
G	1289	1327	1387	1442	1529	1364	1442 (1456)	1486 (1494)	1556 (1567)
螺栓直径	5/8	3/4	1-1/2	12	3	1-1/2	1-7/8	2-1/4	3-1/4
螺栓孔数	48	48	32	28	20	28	28	28	20
环号	—	—	—	—	—	—	R96	R96	R103

注：括号内为环槽面法兰的尺寸。

管径：34″

Nom. Size	M
×34	635.0
×32	622.3
×30	609.6
×28	596.9
×26	596.9
×24	584.2
×20	558.8
×18	546.1
×16	633.4

mm

压力等级 (Class) 记号	ASME B16.47B 系列					ASME B16.47A 系列			
	75	150	300	600	900	150	300	600	900
A	965.2	1004.8	1107.9	1162.1	1314.5	1111.3	1206.5	1244.6	1397.0
D	73.2	110.2	173.0	239.8	325.4	149.4	231.6 (245.9)	276.1 (284.0)	355.6 (369.9)
E	35.1	49.3	103.1	147.6	177.8	82.6	101.6 (115.9)	127.0 (134.9)	171.5 (185.7)
G	1369	1406	1468	1535.2	1621	1445	1527 (1541)	1572 (1579)	1651 (1665)
螺栓直径	5/8	7/8	1-1/2	2-1/4	3-1/4	1-1/2	1-7/8	2-1/4	3-1/2
螺栓孔数	52	40	36	24	20	32	28	28	20
环号	—	—	—	—	—	R97	R97		R104

注：括号内为环槽面法兰的尺寸。

管径：36″

Nom. Size	M
×36	673.1
×34	660.4
×32	647.7
×30	635.0
×28	622.3
×26	622.3
×24	609.6
×20	584.2
×18	571.5
×16	558.8

mm

压力等级 (Class) 记号	ASME B16.47B 系列					ASME B16.47A 系列			
	75	150	300	600	900	150	300	600	900
A	1033.5	1057.1	1171.4	1212.9	1346.2	1168.4	1270.0	1314.5	1460.5
D	85.9	117.3	180.8	249.2	331.7	157.2	241.3 (255.6)	288.8 (296.7)	368.3 (382.6)
E	36.6	52.3	103.1	152.4	179.3	90.4	104.6 (118.9)	130.3 (138.2)	177.8 (192.1)
G	1458	1489	1552	1621	1703	1529	1613 (1627)	1660 (1668)	1740 (1754)
螺栓直径	3/4	7/8	1-5/8	2-1/4	3	1-1/2	2	2-1/4	3-1/2
螺栓孔数	40	44	32	28	24	32	32	28	20
环号	—	—	—	—	—	R98	R98		R105

注：括号内为环槽面法兰的尺寸。

管径：38″

Nom. Size	M
×38	711.2
×36	711.2
×34	698.5
×32	685.8
×30	673.1
×28	647.7
×26	647.7
×24	635.0
×20	609.6
×18	596.9

mm

压力等级 (Class) 记号	ASME B16.47B 系列					ASME B16.47A 系列			
	75	150	300	600	900	150	300	600	900
A	1084.3	1124.0	1222.2	1270.0	1460.5	1238.3	1168.4	1270.0	1460.5
D	88.9	124.0	192.0	260.4	358.8	157.2	180.8	260.4	358.9
E	38.1	53.8	111.3	158.8	196.9	87.4	108.0	158.8	196.9
G	1537	1572	1640	1708	1807	1605	1629	1708	1807
螺栓直径	3/4	1	1-5/8	2-1/4	3-1/2	1-1/2	1-1/2	2-1/4	3-1/2
螺栓孔数	40	40	36	28	20	32	32	28	20
环号	—	—	—	—	—	—	—	—	—

管径：40″

Nom. Size	M
×40	749.3
×38	749.3
×36	736.6
×34	723.9
×32	711.2
×30	698.5
×28	673.1
×26	673.1
×24	660.4
×20	635.0
×18	622.3

mm

压力等级 (Class) 记号	ASME B16.47B 系列					ASME B16.47A 系列			
	75	150	300	600	900	150	300	600	900
A	1135.1	1174.8	1273.0	1320.8	1511.3	1289.1	1238.3	1320.8	1511.3
D	91.9	128.5	198.4	270.0	369.8	163.6	193.5	270.0	369.8
E	38.1	55.6	115.8	165.1	203.2	90.4	114.3	165.1	203.2
G	1616	1653	1722	1794	1894	1688	1718	1794	1894
螺栓直径	3/4	1	1-5/8	2-1/4	3-1/2	1-1/2	1-5/8	2-1/4	3-1/2
螺栓孔数	44	44	40	32	24	36	32	32	24
环号	—	—	—	—	—	—	—	—	—

管径：42″

Nom. Size	M
×42	711.2
×40	711.2
×38	711.2
×36	711.2
×34	711.2
×32	711.2
×30	711.2
×28	698.5
×26	698.5
×24	660.4
×20	660.4
×18	647.7
×16	635.0

mm

压力等级(Class) 记号	ASME B16.47B 系列					ASME B16.47A 系列			
	75	150	300	600	900	150	300	600	900
A	1185.9	1225.6	1333.5	1403.4	1562.1	1346.2	1289.1	1403.4	1562.1
D	95.3	133.4	204.7	285.8	377.7	171.5	200.2	285.8	377.7
E	39.6	58.7	119.1	174.5	212.6	96.8	119.1	174.5	212.6
G	1696	1734	1805	1886	1978	1772	1800	1886	1978
螺栓直径	3/4	1	1-3/4	2-1/2	3-1/2	1-1/2	1-5/8	2-1/2	3-1/2
螺栓孔数	48	48	36	28	24	36	32	28	24
环号	—	—	—	—	—	—	—	—	—

管径：44″

Nom. Size	M
×44	762.0
×42	762.0
×40	749.3
×38	736.6
×36	723.9
×34	723.9
×32	711.2
×30	711.2
×28	698.5
×26	698.5
×24	698.5
×20	685.5

mm

压力等级(Class) 记号	ASME B16.47B 系列					ASME B16.47A 系列			
	75	150	300	600	900	150	300	600	900
A	1251.0	1276.4	1384.3	1454.2	1648.0	1403.4	1352.6	1454.2	1648.0
D	104.6	136.7	214.4	295.4	397.0	177.8	206.2	295.4	397.0
E	42.9	60.5	127.0	179.3	220.7	101.6	124.0	179.3	220.7
G	1781	1813	1891	1972	2073	1854	1883	1972	2073
螺栓直径	7/8	1	1-3/4	2-1/2	3-3/4	1-1/2	1-3/4	2-1/2	3-3/4
螺栓孔数	36	52	40	32	24	40	32	32	24
环号	—	—	—	—	—	—	—	—	—

管径：46″

Nom. Size	M
×46	800.1
×44	800.1
×42	787.4
×40	774.7
×38	762.0
×36	762.0
×34	749.3
×32	749.3
×30	736.6
×28	736.6
×26	736.6
×24	723.9

mm

压力等级(Class)	ASME B16.47B 系列					ASME B16.47A 系列			
记号	75	150	300	600	900	150	300	600	900
A	1301.8	1341.4	1460.5	1511.3	1733.6	1454.2	1416.1	1513.8	1733.6
D	108	144.5	222.3	306.3	417.6	185.7	215.9	306.3	417.3
E	44.5	62.0	128.5	185.7	231.9	103.1	128.5	185.7	231.9
G	1861	1897	1975	2059	2170	1938	1969	2059	2170
螺栓直径	7/8	1-1/8	1-7/8	2-1/2	4	1-1/2	1-7/8	2-1/2	4
螺栓孔数	40	40	36	32	24	40	28	32	24
环号	—	—	—	—	—	—	—	—	—

管径：48″

Nom. Size	M
×48	838.2
×46	838.2
×44	838.2
×42	812.8
×40	812.8
×38	812.8
×36	787.4
×34	787.4
×32	787.4
×30	762.0
×28	762.0
×26	762.0
×24	736.6

mm

压力等级(Class)	ASME B16.47B 系列					ASME B16.47A 系列			
记号	75	150	300	600	900	150	300	600	900
A	1352.6	1392.2	1511.3	1593.9	1784.4	1511.3	1466.9	1593.9	1784.4
D	111.3	149.4	223.8	322.3	425.5	192.0	223.8	322.3	425.5
E	46.0	65.0	128.5	195.3	239.8	108.0	133.4	195.3	239.8
G	1940	1978	2053	2151	2254	2021	2053	2151	2254
螺栓直径	7/8	1-1/8	1-7/8	2-3/4	4	1-1/2	1-7/8	2-3/4	4
螺栓孔数	44	44	40	32	24	44	32	32	24
环号	—	—	—	—	—	—	—	—	—

管径：50″

压力等级(Class) 记号	ASME B16.47B 系列				ASME B16.47A 系列		
	75	150	300	600	150	300	600
A	1403.4	1443.0	1562.1	1670.1	1568.5	1530.4	1670.1
D	115.8	153.9	235.0	335.0	203.2	231.6	335.0
E	47.8	68.3	138.2	203.2	111.3	139.7	203.2
G	2021	2059	2140	2240	2108	2137	2240
螺栓直径	7/8	1-1/8	1-7/8	3	1-3/4	2	3
螺栓孔数	44	48	44	28	44	32	28
环号	—	—	—	—	—	—	—

管径：52″

压力等级(Class) 记号	ASME B16.47B 系列				ASME B16.47A 系列		
	75	150	300	600	150	300	600
A	1457.5	1493.8	1612.9	1720.9	1625.6	1581.2	1720.9
D	120.7	157.2	242.8	342.9	209.6	238.3	342.9
E	47.8	69.9	142.8	209.6	115.8	144.5	209.6
G	2102	2139	2224	2324	2191	2220	2324
螺栓直径	7/8	1-1/8	1-7/8	3	1-3/4	2	3
螺栓孔数	48	52	48	32	44	32	32
环号	—	—	—	—	—	—	—

管径：54″

压力等级 (Class)	ASME B16.47B 系列				ASME B16.47A 系列		
记号	75	150	300	600	150	300	600
A	1508.3	1549.4	1673.4	1778.0	1682.8	1657.4	1778.0
D	125.5	162.1	239.8	355.6	215.9	252.5	355.6
E	49.3	71.4	136.7	216.0	120.7	152.4	215.9
G	2183	2220	2297	2413	2273	2310	2413
螺栓直径	7/8	1-1/8	1-7/8	3	1-3/4	2-1/4	3
螺栓孔数	48	56	48	32	44	28	32
环号	—	—	—	—	—	—	—

管径：56″

压力等级 (Class)	ASME B16.47B 系列				ASME B16.47A 系列		
记号	75	150	300	600	150	300	600
A	1574.8	1600.2	1765.3	1854.2	1746.3	1708.2	1854.2
D	134.9	166.6	268.2	368.3	228.6	260.4	368.3
E	50.8	73.2	153.9	223.8	124.0	153.9	223.8
G	2268	2299	2401	2501	2362	2394	2502
螺栓直径	1	1-1/8	2-1/4	3-1/4	1-3/4	2-1/4	3-1/4
螺栓孔数	40	60	36	32	48	28	32
环号	—	—	—	—	—	—	—

管径：58″

压力等级(Class) 记号	ASME B16.47B 系列				ASME B16.47A 系列		
	75	150	300	600	150	300	600
A	1625.6	1674.9	1827.3	1905.0	1803.4	1759.0	1905.0
D	138.2	174.8	274.6	376.2	235.0	266.7	376.2
E	52.3	74.7	153.9	228.6	128.5	158.8	228.6
G	2348	2385	2484	2586	2445	2477	2586
螺栓直径	1	1-1/4	2-1/4	3-1/4	1-3/4	2-1/4	3-1/4
螺栓孔数	44	48	40	32	48	32	32
环号	—	—	—	—	—	—	—

管径：60″

压力等级(Class) 记号	ASME B16.47B 系列				ASME B16.47A 系列		
	75	150	300	600	150	300	600
A	1676.4	1725.7	1878.1	1993.9	1854.2	1810.0	1993.9
D	144.5	179.3	271.5	395.2	239.8	273.1	395.2
E	55.6	76.2	150.8	239.8	131.8	163.6	239.8
G	2431	2465	2558	2681	2526	2559	2681
螺栓直径	1	1-1/4	2-1/4	3-1/2	1-3/4	2-1/4	3-1/2
螺栓孔数	44	52	40	28	52	32	28
环号	—	—	—	—	—	—	—

附录二 金属材料的平均线胀系数

金属材料的平均线胀系数

在下列温度与20℃之间的平均线膨胀系数 $\alpha/10^{-6}\,°C^{-1}$

材料	-196	-150	-100	-50	0	50	100	150	200	250	300	350	400	450	500	550	600	650	700
碳素钢、碳钼钢、低铬钼钢(至Cr3Mo)	—	—	9.89	10.39	10.76	11.12	11.53	11.88	12.25	12.56	12.90	13.24	13.58	13.93	14.22	14.42	14.62	—	—
铬钼钢(Cr5Mo至Cr9Mo)	—	—	—	9.77	10.16	10.52	10.91	11.15	11.39	11.66	11.90	12.15	12.38	12.63	12.86	13.05	13.18	—	—
奥氏体不锈钢(Cr18Ni9至Cr19Ni14)	14.67	15.08	15.45	15.97	15.28	16.54	16.84	17.06	17.25	17.42	17.61	17.79	17.99	18.19	18.34	18.58	18.71	15.87	18.97
高铬钢(Cr13、Cr17)	—	—	—	8.95	9.29	9.59	9.94	10.20	10.45	10.67	10.96	11.19	11.41	11.61	11.81	11.97	12.11	—	—
Cr25-Ni20	—	—	—	—	—	—	15.84	15.98	16.05	16.06	16.07	16.11	16.13	16.17	16.33	16.56	16.66	16.91	17.14
灰铸铁	—	—	—	—	—	—	10.39	10.68	10.97	11.26	11.55	11.85	—	—	—	—	—	—	—
球墨铸铁	—	—	—	9.48	10.08	10.55	10.89	11.26	11.66	12.20	12.50	12.71	—	—	—	—	—	—	—
蒙乃尔(Monel) Ni67-Cu30	9.99	11.06	12.13	12.81	13.26	13.70	14.16	14.145	14.74	15.06	15.36	15.67	15.98	16.28	16.60	16.90	17.18	—	—
铝	17.86	18.72	19.65	20.78	21.65	22.52	23.38	23.92	24.47	24.93	—	—	—	—	—	—	—	—	—
青铜	15.13	15.43	15.76	16.41	16.97	17.53	18.07	18.22	18.41	18.55	18.73	—	—	—	—	—	—	—	—
黄铜	14.77	15.03	15.32	16.05	16.56	17.10	17.62	18.01	18.41	18.77	19.14	—	—	—	—	—	—	—	—
铜及铜合金	13.99	14.99	15.70	16.07	16.63	16.96	17.24	17.48	17.71	17.87	18.18	—	—	—	—	—	—	—	—
铜镍合金(Cu70-Ni30)	12.00	12.64	13.33	13.98	14.47	14.94	15.41	15.69	16.02	—	—	—	—	—	—	—	—	—	—

附录三 金属材料的弹性模量

金属材料的弹性模量

材料	在下列温度(℃)下的弹性模量/10^3 MPa																		
	−196	−150	−100	−20	20	100	150	200	250	300	350	400	450	475	500	550	600	650	700
碳素钢(C≤0.30%)	—	—	—	194	192	191	189	186	183	179	173	165	150	133	—	—	—	—	—
碳素钢(C>0.30%)、碳锰钢	—	—	—	208	206	203	200	196	190	186	179	170	158	151	—	—	—	—	—
碳钼钢、低铬钼钢(至Cr3Mo)	—	—	—	208	206	203	200	198	194	190	186	180	174	170	165	153	138	—	—
中铬钼钢(Cr5Mo至Cr9Mo)	—	—	—	191	189	187	185	182	180	176	173	169	165	163	161	156	150	—	—
奥氏体不锈钢(至Cr25Ni20)	210	207	205	199	195	191	187	184	181	177	173	169	164	162	160	155	151	147	143
高铬钢(Cr13至Cr17)	—	—	—	203	201	198	195	191	187	181	175	165	156	153	—	—	—	—	—
灰铸铁	—	—	—	—	92	91	89	87	84	81	—	—	—	—	—	—	—	—	—
铝及铝合金	76	75	73	71	69	66	63	60	—	—	—	—	—	—	—	—	—	—	—
紫铜	116	115	114	111	110	107	106	104	101	99	96	—	—	—	—	—	—	—	—
蒙乃尔合金(Ni67-Cu30)	192	189	186	182	179	175	172	170	168	167	165	161	158	156	154	152	149	—	—
铜镍合金(Cu70-Ni30)	160	158	157	154	151	148	145	143	140	136	131	—	—	—	—	—	—	—	—

附录四 常用单位换算

1. SI、CGS 制与重力制单位对照

SI、CGS 制与重力制单位对照

量的名称	SI	CGS制	重力制	量的名称	SI	CGS制	重力制
长度	m	cm	m	应力	Pa 或 N/m²	dyn/cm²	kgf/m²
质量	kg	g	kgf·s²/m	压力	Pa	dyn/cm²	kgf/m²
时间	s	s	s	能量	J	erg	kgf·m
加速度	m/s²	Gal	m/s²	功率	W	erg/s	kgf·m/s
力	N	dyn	kgf	温度	K	℃	℃

2. 长度单位换算

长度单位换算

米/m	英寸/in	英尺/ft	码/yd	英里/mile	英海里/UK nautical mile	（国际海里）/nmile	千米/km
1	39.3701	3.28084	1.09361	6.21371×10⁻⁴	5.39612×10⁻⁴	5.39957×10⁻⁴	1×10⁻³
0.0254	1	0.083333	0.0277778	1.57828×10⁻⁵	1.37061×10⁻⁵	1.37149×10⁻⁵	2.54×10⁻⁵
0.3048	12	1	0.333333	1.89394×10⁻⁴	1.64474×10⁻⁴	1.64579×10⁻⁴	3.048×10⁻⁴
0.9144	36	3	1	5.68182×10⁻³	4.93421×10⁻⁴	4.93737×10⁻⁴	9.144×10⁻⁴
1609.344	63360	5.280	1.760	1	0.868421	0.868976	1.60984
1853.18	72960	6.080	2026.87	1.15152	1	1.00064	1.85318
1852	72913.4	6076.1	2025.37	1.15078	0.999361	1	1.852
1000	39370.1	3280.84	1093.61	0.621371	0.539612	0.539957	1

3. 面积与地积单位换算

面积与地积单位换算

平方米/m²	公顷/hm²	平方英寸/in²	平方英尺/ft²	英亩/acre
1	1×10⁻⁴	1550.00	10.7639	2.47105×10⁻⁴
10000	1	1550.00×10⁴	10.7639	2.47105
6.4516×10⁴	0.4516×10⁻³	1	6.94444×10⁻³	1.59423×10⁻⁷
0.0929030	9.29030×10⁻⁴	144	1	2.29568×10⁻³
4046.86	0.404686	6272640	43560	1

4. 体积单位换算

体积单位换算

立方米/m³	立方分米(升)/dm³(L)	立方英寸/in³	立方英尺/ft³	英加仑/UK gal	美加仑/US gm
1	1000	61023.7	35.3147	219.969	264.172
0.001	1	61.0237	0.0353147	0.219969	0.264172
1.63871×10⁻⁵	0.0163871	1	5.78704×10⁻³	3.60465×10⁻³	4.32900×10⁻³
0.0283168	28.3168	1728	1	6.22883	7.46052
4.54609×10⁻³	4.54609	277.420	0.160544	1	1.20095
3.78541×10⁻³	3.78541	231	0.133681	0.832674	1

5. 质量单位换算

质量单位换算

千克 /kg	吨 /t/	磅 /lb	英吨 /UK ton	美吨 /US sh ton
1	0.001	2.2046	9.84207×10^{-4}	1.10281×10^{-3}
1000	1	2204.62	0.984207	1.10231
0.452592	4.53592×10^{-4}	1	4.46429×10^{-4}	0.0005
1016.05	1.01605	2240	1	1.12
907.185	0.907183	2000	0.892857	1

注：英吨又名长吨（1ong ton）；美吨又名短吨（short ton）。

6. 市制单位换算

市制单位换算

类别	名称	对主单位的比	折合米制	备注	类别	名称	对主单位的比	折合米制
长度	市尺	主单位	0.3333m	1市尺=$\frac{1}{3}$m	体积和容积	市升	容积主单位	/L
	市丈	10市尺	3.3333m			立方市尺	体积主单位	0.0376m³
	市里	1500市尺	0.5km			市石	100市升	100L
面积和地积	平方市尺	面积主单位	0.1111m²	1平方市尺=$\frac{1}{9}$m²	质量	市两	0.1市斤	50g
	市亩	地积主单位	666.7m²			市斤	主单位	0.5kg
	平方市里	375市亩	0.25km²			市担	100市斤	50kg

7. 密度单位换算

密度单位换算

千克/立方米 /(kg/m³)	磅/立方英寸 /(lb/in³)	磅/立方英尺 /(lb/ft³)	磅/英加仑 /(lb/UK gal)	磅/美加仑 /(lb/US gal)
1	3.61273×10^{-5}	0.062428	0.0100224	0.008354
27679.9	1	1728	277.42	2.31
16.0185	5.78704×10^{-4}	1	0.160544	0.133681
99.7763	0.0036	6.22883	1	0.832674
119.8	0.004329	7.48052	1.20095	1

8. 温度换算公式

温度换算公式

开尔文/K	摄氏度/℃	华氏度/℉	兰氏度/°R
K	K−273.15	$\frac{9}{5}$K−459.67	$\frac{9}{5}$K
℃+273.15	℃	$\frac{9}{5}$℃+32	$\frac{9}{5}$℃+491.67
$\frac{5}{9}$(℉+459.67)	$\frac{5}{9}$(℉−32)	℉	℉+459.67
$\frac{5}{9}$°R	$\frac{5}{9}$(°R−491.67)	°R−459.67	°R

9. 力单位换算

力单位换算

牛/N	千克力/kgf	达因/dyn	吨力/tf	磅达/pdl	磅力/lbf
1	0.101972	100000	$1.01972×10^{-4}$	7.23301	0.224809
9.80665	1	9809.665	10^{-3}	70.9316	2.20462
10^{-5}	$1.01972×10^{-6}$	1	$1.01972×10^{-9}$	$7.23301×10^{-5}$	$2.24809×10^{-6}$
9806.65	1000	$9.80665×10^{8}$	1	70931.6	2204.62
0.138255	0.0140981	13825.5	$1.40981×10^{-5}$	1	0.0310810
4.44822	0.453592	144.822	$4.53592×10^{-4}$	32.1740	1

10. 压力和应力单位换算

压力和应力单位换算

单位	千克力/厘米² /(kgf/cm²)	兆帕(斯卡)/MPa	巴/bar	标准大气压/atm	毫米水柱/mmH₂O	毫米水银柱/mmHg	磅/英寸²/(lb/in²)
千克力/厘米²	1	0.0981	0.981	0.9678	10^{4}	735.6	1422
兆帕(斯卡)(MPa)	10.2	1	10	9.869	$1.02×10^{5}$	$750×10^{3}$	$1.45×10^{2}$
巴	1.02	0.1	1	0.9869	$10.2×10^{3}$	750	14.50
标准大气压	1.0332	0.1013	1.0133	1	$1.0332×10^{4}$	760	14.696
毫米水柱	10^{-4}	$9.81×10^{-6}$	$98.1×10^{-6}$	$0.9678×10^{-4}$	1	$73.56×10^{-3}$	$1.422×10^{-3}$
毫米水银柱	$1.36×10^{-3}$	$1.333×10^{-4}$	$1.333×10^{-3}$	$1.316×10^{-3}$	13.6	1	$19.34×10^{-3}$
磅/英寸²	$70.3×10^{-3}$	$6.89×10^{-3}$	$68.9×10^{-3}$	$68.05×10^{-3}$	703	51.72	1

注：$1MPa=100kPa=10^{6}Pa=10.1972kgf/cm^{2}=10bar=9.86927atm=145.038lb/in^{2}=7500.62mmHg=10.1972×10^{4}mmH_{2}O$。

$1kg·f/cm^{2}=98.0665kPa=9.80665×10^{-2}MPa=0.980665bar=0.967841atm=10mH_{2}O=735.559mmHg$。

mmHg：0℃，$g=9.80665m/s^{2}$。

mmH₂O：4℃，$g=9.80665m/s^{2}$。

11. 钢制管法兰公称压力等级

钢制管法兰公称压力等级

PN (MPa)	美洲体系				2.0		5.0		11.0	15.0		26.0	42.0
	欧洲体系	0.25	0.6	1.0	1.6	2.5	4.0		6.3	10.0		16.0	
ASME(Class)					150		300		600	900		1500	2500

注：1MPa=10bar。

参考文献

[1] Mohinder L. Nayyar著. 管道手册. 李国成等译. 北京：中国石化出版社，2006.
[2] 化学工业部化工工艺配管设计技术中心站组织编写. 化工管路手册. 北京：化学工业出版社，1986.
[3] H. A. 巴克兰诺夫著. 化工管路手册. 北京：重工业出版社，1954.
[4] 沈松泉等主编. 压力管道安全技术. 南京：东南大学出版社，2000.
[5] 唐永进著. 压力管道应力分析. 北京：中国石化出版社，2003.
[6] 陆培文，孙晓霞，杨炯良编著. 阀门选用手册. 北京：机械工业出版社，2001.
[7] 国家质量监督检验检疫总局特种设备安全监察局. 全国压力管道设计审批人员培训教材. 北京：中国石化出版社，2005.
[8] 张德姜，王怀义，刘绍叶主编. 石油化工装置工艺管道安装设计手册第二篇管道器材. 第三版. 北京：中国石化出版社，2005.
[9] 张德姜，王怀义，刘绍叶主编. 工艺管道安装设计手册. 北京：中国石化出版社，1998.
[10] 李昂主编. 管道工程施工及验收标准规范实务全书. 北京：金版电子出版公司，2004.
[11] 王怀义，康美琴. 管道设计"常见病"200例. 炼油设计. 1989，(6).
[12] 王怀义主编. 石油化工管道安装设计便查手册. 北京：中国石化出版社，2003.
[13] 蔡尔辅. 石油化工管道设计. 北京：化学工业出版社，2002.
[14] 周明衡，常德功主编. 管路附件设计选用手册. 北京：化学工业出版社，2004.
[15] 汪寿建编著. 化工厂工艺系统设计指南. 北京：化学工业出版社，1996.
[16] 岳进才编. 压力管道技术. 北京：中国石化出版社，2001.
[17] 左景伊，左禹编著. 腐蚀数据与选材手册. 北京：化学工业出版社，1995.
[18] 王松汉主编. 石油化工设计手册. 北京：化学工业出版社，2001.
[19] 钟谆昌，戚盛豪主编. 简明给水设计手册. 徐彬士，钟谆昌主审. 北京：中国建筑工业出版社，1989.
[20] 顾顺孚，潘秉勤主编. 管道工程安装手册. 北京：中国建筑工业出版社，1985.
[21] 郭邦海主编. 管道技术实用手册. 北京：中国建材工业出版社，1999.
[22] 陈匡明主编. 化工机械材料腐蚀与防护. 北京：化学工业出版社，1990.
[23] [美] 玛克斯·皮特斯，克洛斯·蒂默毫斯著. PLANT DESIGN AND ECONOMICS FOR CHEMICAL ENGINEERS. 中国化工咨询服务公司译. 北京：化学工业出版社，1988.
[24] McAllister E W. Pipeline Rules of Thumb Handbook. Sixth Edition. Elsevier Science and Technology Books/Harcourt，2005.
[25] Peter Smith Piping Materials Selection and Applications. Gulf Professional Publishing is an Imprint of Elsevier. Copyright 2005, Elsevier Inc. All Rights Reserved.
[26] Design of Piping Systems. Second Edition. M. W. Kellogg Co. New York. John Wiley & Sons Inc. London. Chapman & Hall LTD. 1956.
[27] Mohinder L. Nayyar. Piping Handbook. Seventh Edition. Original Edition Copyright (2000) by The McGraw-Hill Companies，Inc.
[28] 周伟立编. 石油天然气管道设计维护与施工标准实务全书. 哈尔滨：哈尔滨地图出版社，2004.
[29] [日] 小栗富士雄著. 配管设计施工指南. 康文甲，周正民译. 北京：中国建筑工业出版社，1980.
[30] [美] 利普·威瓦著. 工艺管线设计. 石油部北京炼油设计研究院译. 北京：石油工业出版社，1981.
[31] 章日让. 石化工艺管道安装设计实用技术问答. 北京：中国石化出版社，1991.
[32] 化工部化工机械研究院. 腐蚀与防护手册. 北京：化学工业出版社，1991.
[33] 张杰. 生产与运营管理. 北京：对外经济贸易大学出版社，2004.
[34] 宋岢岢. 工业管道应力分析与工程应用. 北京：中国石化出版社，2011.
[35] 石油和化工工程设计工作手册编委会. 石油和化工工程设计工作手册. 东营：中国石油大学出版社，2010.